# *gewohnt:* un/common

# Editorial

Der soziale Wohnbau hat sich von seinem ursächlichen Anliegen, Wohnungen für das Existenzminimum zu schaffen, im europäischen Kontext der sozialen Entwicklung seit Anfang des 20. Jahrhunderts bereits deutlich entfernt. Sicherheitsdefinitionen in Normen und Gesetzgebungen, eine Optimierung der energetischen Verluste sowie angestrebte Ausbaustandards steigern kontinuierlich die Errichtungskosten und damit die Mietkosten von Wohnraum, der dadurch für einen größer werdenden Teil der Gesellschaft nicht mehr leistbar sein wird. Unter dem Aspekt des wirtschaftlichen Wandels und der letzten Finanzmarktkrisen wächst zudem die Zahl der Personen, die in einem finanziell prekären Umfeld leben. Allein im europäischen Raum ist die Zahl der arbeitslosen, untypisch beschäftigten, freien DienstnehmerInnen, HeimarbeiterInnen, Teilzeit- und Kurzzeitbeschäftigten seit dem Jahr 2000 enorm gestiegen. Gleichzeitig nehmen Wohn- und Lebenshaltungskosten, Konsumdruck und Qualitätsansprüche stetig zu. Ein Abbild dieser aufgehenden sozialen Schere stellen auch unsere Städte dar. Während finanzkräftige Haushalte in die grünen Randlagen ausweichen oder das Stadtleben in den revitalisierten Zentren genießen, bleiben ärmere Haushalte in den Siedlungen der Vorkriegszeit sowie in innerstädtischen, nicht sanierten Quartieren. Diese zunehmende Segregation der Bevölkerung in einzelnen Quartieren manifestiert sich auch im Außenraum durch abnehmende öffentliche und private Investitionen. Steigende Mietpreise und der ständig wachsende Kampf um Wohnraum zeigen, dass der Wohnungsmarkt im europäischen Kontext mit seinen althergebrachten Typologien nicht mehr in der Lage ist, auf die sich verschärfende soziale Lage und die veränderten Anforderungen zu reagieren.

*GAM.16* stellt sich dieser gesellschaftspolitischen Entwicklung und plädiert für eine langfristige Sicherstellung der Leistbarkeit von Wohnraum für zunehmend prekäre Lebenssituationen. Die Beiträge in der vorliegenden Ausgabe stellen neue architektonische Raumbildungen für neue Formen des Zusammenlebens vor, die das Bewusstsein für gemeinschaftliche Ressourcen als auch die konvivialen Beziehungen zwischen den Menschen stärken, und gleichzeitig neue Möglichkeiten eröffnen, um auch einen ökonomischen *Return of Invest* erzielen zu können. Aktuell scheint die Idee der Commons, des Sharings, einen anderen Stellenwert zu erhalten. Es zeichnet sich ein Paradigmenwechsel ab, der als Alternative zu Besitz und Eigentum vielmehr das temporäre Teilen von Gegenständen, Erlebnissen

In the European context of social development since the early twentieth century, social housing has already clearly distanced itself from its original objective of creating apartments for individuals at the minimum subsistence level. Definitions of safety in norms and legislation, optimization of energy loss, and target development standards constantly raise the costs of construction and thus also the rent for housing, thus making it no longer affordable for an increasing segment of society. Moreover, due to economic change and the most recent financial crises, the number of people who are living in a financially precarious environment has skyrocketed. In Europe alone, the number of unemployed, atypically employed, and freelance employees, homeworkers, part-time and temporary wage earners has grown tremendously since the year 2000. At the same time, the costs of living and housing, the pressure of consumption society, and quality expectations are constantly on the rise. Our cities are a reflection of this gaping social divide. With financially sound households slipping out into the green peripheries or enjoying urban life in the revitalized city centers, poorer households remain in prewar housing developments and in unrenovated, inner-city districts. This increasing segregation of the population into individual districts also manifests in exterior space through the decline in public and private investments. Rising rents and the ever-growing struggle for living space have shown that the housing market in a European context, with its traditional typologies, is no longer in a position to respond to the aggravated social situation and the changing requirements.

*GAM.16* confronts this sociopolitical development and makes the case for securing the affordability of housing in the long term with a view to increasingly precarious living situations. The contributions in the present edition introduce new architectural spatial formations for new types of cohabitation, which strengthen awareness of common resources and also of convivial relations among people, while simultaneously opening up new opportunities for attaining an economic return on investment. Currently, the idea of the commons, of sharing, appears to be taking on new significance. A paradigm shift is becoming apparent, which, as an alternative to ownership and property, is increasingly focused on the temporary sharing of

und Erfahrungen verstärkt fokussiert. Davon angeregt untersucht *GAM.16*, welche architektonisch-räumlichen Konzepte des (scheinbar?) „Privaten" mit den vielfältigen Arten des Zusammenlebens innerhalb unserer Gesellschaft kompatibel, möglich oder denkbar sind. Diese Frage lässt sich sowohl im urbanen Maßstab wie im Struktur- oder Detailmaßstab von Wohngebäuden und innenräumlichen Raumsequenzen untersuchen.

Um alternative Visionen zu generieren, ist neben der Betrachtung der sich abzeichnenden und gegenwärtigen bildenden alternativen Lebenskonzepte auch eine erneute Auseinandersetzung mit historischen Modellen sinnvoll. Forschung ist notwendig, um in der Vergangenheit scheinbar gescheiterte Ideen und Planungen auf ihre jeweils zeitgenössische Relevanz immer wieder aufs Neue zu überprüfen und für die Zukunft zu interpretieren. Dabei wird nicht selten deutlich, dass diese unter anderem Namen und/oder mit anderem Zielpublikum durchaus „gesellschaftsfähig" und sogar zukunftsweisend sein können. *GAM.16* stellt eine solche historisch reflektierte Programmatik des Wohnens neu zur Diskussion, die im Sinne des Nicht-Gewohnten und Nicht-Gewöhnlichen nicht nur altbekannte Typologien weiterschreibt, sondern sich gestaltend aus einer Gesellschaft entwickelt, die sich in Veränderung befindet.

Im ersten Themenzirkel „**Realitäten**" steht die theoretische Auseinandersetzung mit der Thematik „Ware Wohnen" im Hinblick auf die bewusste politische Steuerung dessen, was wir als „privat" denken. **Jakob Öhlinger** definiert in seiner Kritik an der „Ware Wohnung" die Veränderung, die der „Lebensraum" und sein Umfeld durch die derzeit vorherrschende politische Ökonomie erfahren musste. Die für eine Spekulation nötige Entkopplung des Wohn-Objekts von dessen BesitzerInnen wirkt sich nicht nur auf den Binnengrundriss, sondern auch auf die Schwellenräume, den Umgebungsraum und letztlich auf die Stadt aus. Ob ein visionäres Modell wie das Einküchenhaus ebenfalls aus ökonomischen oder gesellschaftspolitischen Gründen „gestoppt" wurde, oder ob es sich nur verwandeln musste, um auf die richtige Zielgruppe zu treffen, lässt sich beim derzeitigen Stand der Forschung nicht mehr mit Bestimmtheit sagen. **Günther Uhligs** Artikel aus dem Jahr 1979 zeigt die vielfältigen Einflüsse und Eingriffe, denen solche Architektur-Konzepte unterliegen – und ist in seiner Darstellung gesellschaftspolitischer Akzeptanzschwellen aktuell alarmierend aktuell. **Philipp Markus Schörkhuber** skizziert die Entstehung eines politischen Zusammenhangs zwischen dem „öffentlichen" Interesse und der indi-

objects and experiences. Inspired by this, *GAM.16* investigates which architectural-spatial concepts of the (seemingly?) "private" are compatible, possible, or conceivable with the diverse forms of cohabitation within our society. This issue can be explored on both an urban scale and a structural or detailed scale in terms of residential buildings and interior sequences of space.

In order to generate alternative visions, it makes sense to newly examine historical models in addition to reflecting on the alternative living concepts that are emerging and presently forming. Research is necessary in order to consider the ideas and plans that appear to have failed in the past as to their contemporary relevance, reexamining them again and again and interpreting them with an eye to the future. It often becomes clear in the process that such ideas can certainly be "socially acceptable" and even visionary under another name and/or with a different target audience in mind. *GAM.16* puts such historically reflected housing agendas up for discussion once again, agendas that not only further well-known typologies in the sense of the non-familiar and the non-usual, but also formatively develop from a society that is immersed in change.

The first thematic section "**Realitäten**" engages in a theoretical analysis of the topic "housing as commodity" with a view to the purposeful political governance of what is considered "private." **Jakob Öhlinger**, in his critique of "housing as commodity," defines the change that "living space" and its surroundings have been confronted with due to the currently prevailing political economy. The decoupling of the housing object from its owners, which is necessary for speculation purposes, has an effect not only on the inside floor plan but also on the threshold spaces, the surrounding environment, and ultimately on the city itself. It is impossible to definitively determine, based on the current state of research, whether a visionary model like the Einküchenhaus was likewise halted for economic or sociopolitical reasons, or whether it merely had to change in order to reach the right target group. **Günther Uhlig**'s article from 1979 shows the manifold influences and interventions to which such architectural concepts are subject – and his rendering of sociopolitical acceptance thresholds is alarmingly topical today. **Philipp Markus Schörkhuber** sketches the emergence of a po-

viduellen „Behausung" anhand von Untersuchungen einer ForscherInnengruppe um Michel Foucault, die sich auf den französischen Begriff des „Habitats" richten, das „genau in der Verbindung zwischen dem Gebauten und der gesamten Stadt, zwischen BewohnerIn und der staatlichen Aufteilung des städtischen Raumes liegt".

Am Beginn des zweiten Themenblocks „Ungewohnt", der sich der Betrachtung verschiedenster Fallbeispiele mehr oder weniger bekannter, teilweise historischer, aber in jedem Fall als unkonventionell bezeichneten Formen des Wohnens im Sinne einer konvivialen Praxis widmet, steht die Frage, ob und wie Architektur überhaupt imstande ist, ein Phänomen wie Gemeinschaft zu fundieren. **Heike Delitz** entlarvt zunächst den Gemeinschaftsbegriff als modernen Mythos, bevor sie ausführt, wie das Kollektiv der Achuar, einer vormodernen südamerikanischen Gesellschaft, gerade durch ihre (in unseren Augen) disperse Siedlungsweise ihren Zusammenhalt zu bilden imstande ist. **Marson Korbi** zeigt in diesem Zusammenhang anhand einiger historischer Beispiele, wie das kollektive Leben von WissensarbeiterInnen organisiert war und wie ökonomisch-motivierte Clusterbildungen in Bursen und StudentInnenhäusern kreative Wechselwirkungen hervorbrachten, die sich auch auf die Gegenwart übertragen lassen. Abseits von den von uns als selbstverständlich akzeptierten Normierungen veranschaulichen die Fallbeispiele aus Delhi (**Nikolai Roskamm** und **Gesa Königstein**) und Hongkong (**Fritz Strempel**), wie durchsetzungsfähig Menschen und Architekturen gegen das System agieren können, wenn sie sich im Kollektiv organisieren – oder durch soziale Marginalisierung dazu gezwungen werden. Roskamm und Königstein entdecken in den informellen Siedlungen Delhis eine besondere Form der Commons, und rücken sie damit in die Nähe von traditionellen Formen der Allmende, während Strempel die momentane politische Energie fokussiert, die sich aus informellen Praktiken des *Urban Commoning* – wie der temporären Pop-Up Siedlung der philippinischen Community im Finanzzentrum Hongkongs – zu bilden vermag. Die Sehnsucht nach Commoning zeichnet sich, zumindest schattenhaft, auch in den vier österreichischen alternativen Siedlungsbeispielen ab, die das Kollektiv **wohnlabor** (**Jomo Ruderer** und **Rebekka Hirschberg**) in Fallstudien und Interviews untersucht. Die Aktivierung sozialer und ökonomischer Potenziale innerhalb verschiedener Organisations- und Finanzierungsmodelle wird hier nicht nur als Gegen-Vision zu den sich ausdünnenden sozialen Netzen gedacht, sondern in mehr oder weniger unterschiedlichen

litical relationship between "public" interests and individual "dwellings" by citing studies undertaken by a group of researchers around Michel Foucault, who were focused on the French concept of "habitat," which "lies precisely in the connection between the built and the city as a whole, between the resident and the state's partitioning of urban space."

At the beginning of the thematic block "**Ungewohnt**"—dedicated to considering highly varied case studies of more or less well known, sometimes historical, but always unconventionally designated forms of housing in the sense of a convivial practice—the question arises as to whether (and how) architecture is even in a position to substantiate a phenomenon like community. First, **Heike Delitz** exposes the concept of community as a modern myth before she goes on to explain how the collective of the Achuar, a premodern South American society, is able to maintain cohesion especially through its (in our eyes) disperse settlement pattern. In this context, **Marson Korbi** demonstrates, citing some historical examples, how collective life was organized by knowledge workers and how economically motivated cluster formations in student hostels and dormitories gave rise to creative reciprocal interaction that can be transferred to the present. Well beyond the norms that we naturally accept, the case studies from Delhi (**Nikolai Roskamm** and **Gesa Königstein**) and Hong Kong (**Fritz Strempel**) illustrate how assertive individuals and architectures can stand up to the system if they organize themselves collectively—or if they are forced to do so through social marginalization. In Delhi's informal settlements, Roskamm and Königstein have discovered a special form of commons, which they associate with more traditional forms of commons, whereas Strempel focuses on the momentary political energy that tends to arise from informal practices of "urban commoning," such as the temporary pop-up settlements of the Philippine community in Hong Kong's financial district. The yearning for commoning is also evident, at least in shades, in the four Austrian alternative settlement examples researched by the collective **wohnlabor** (**Jomo Ruderer** and **Rebekka Hirschberg**) through case studies and interviews. The activation of social and economic potentials within different models of organization and financing is conceived here not only as a countervision to the thinning social

Gestalten des gemeinschaftlichen Wohnens umgesetzt und gelebt. Architekturen der Gegenkultur werden auch in **Christina Linortners** Beitrag thematisiert, in dem sie eine Reise in zwei US-amerikanische Landkommunen der 1960er Jahre unternimmt und skizziert, inwiefern die Lernmethodik des Selbstbaus als primäre Triebkraft des gemeinschaftlichen Lebens gelesen werden kann. Alternative Formen des Zusammenlebens manifestieren sich aber auch aktuell in London, wo als Reaktion auf steigende Mietpreise immer mehr Menschen das Wohnen auf einem Hausboot bevorzugen. Inwiefern dieser „Landverlust" im Sinne einer Entwurzelung aber durchaus ähnliche gesellschaftspolitische Gesetze und Ausschlusskriterien einer Gemeinschaft wie an Land hervorbringt, erklärt **Gregory Cowan** im Interview mit **Petra Eckhard** (*GAM*).

Im dritten und letzten Teil von *GAM.16* – „Common" – werden im Sinne eines Ausblicks Möglichkeitsräume vorgeschlagen, die soziale wie auch architektonisch-räumliche Synergien kreieren. So untersucht die Entwurfsstudie von **Massimo Bricocoli**, **Gennaro Postiglione** und **Stefania Sabatinelli** in Form eines von Studierenden erarbeiteten Familienatlas, wie neue Familienkonzepte räumlich organisiert und umgesetzt werden können. Mit neuen familiären Konstellationen spielt auch der Beitrag von **Karla Mäder**, der durch eine Fotostrecke die ersten beiden Texte des letzten Teils aneinander klammert und die Grenzen zwischen Wirklichkeit, Entwurf, und (Wohn-)-Bühne verschwimmen lässt. Der Unterschied zwischen diesen Bereichen liegt in den Grenzen, die „real" in Form von ökonomischen Zwängen, gesellschaftlichen Normen, politischen Ansprüchen oder unserer eigenen Bequemlichkeit vorliegen und dem Mangel an freien Denkräumen geschuldet sind. Wie man konkret und mit den Mitteln der Architektur dagegen aufbegehren kann, zeigt das abschließende Gespräch von **Sigrid Verhovsek** (*GAM*) mit **Alexander Hagner**, **Andreas Lichtblau** und **Manfred Omahna**, in dem unterschiedliche Entwurfsansätze sozialpolitischer Motivation zur Diskussion gestellt werden.

Neu gedacht und gestaltet präsentieren sich auch die Fakultätsnachrichten dieser Ausgabe, in denen wie gewohnt die spannendsten Auszüge aus dem Fakultätsleben an der TU Graz des letzten Jahres nachzulesen sind. ▪

*Andreas Lichtblau/Sigrid Verhovsek*

webs; it is also being implemented and lived in more or less different forms of communal housing. Architectures of counter-culture are likewise thematized in the contribution by **Christina Linortner**. She embarks on a journey to two American agricultural communes of the 1960s and traces how the learning method of do-it-yourself building can be interpreted as the primary driving force behind communal living. Yet alternative forms of cohabitation also manifest in London, where an increasing number of people are choosing to live on a houseboat in response to escalating rents. And Gregory Cowan, in an interview with **Petra Eckhard** (*GAM*), explains how this "loss of land," as an act of uprooting, spawns truly similar sociopolitical laws and community exclusion criteria to those found on land.

The third and last section of *GAM.16* — "Common" — suggests spaces of potentiality, in the sense of a view to the future, which foster synergies of both social and architectural-spatial nature. For example, the design study by **Massimo Bricocoli**, **Gennaro Postiglione**, and **Stefania Sabatinelli**, taking the form of a family atlas developed by students, explores how new family concepts can be spatially organized and realized. The contribution by **Karla Mäder** also acts out new family constellations, separating the first two texts in this last section through a series of photographs and thus allowing the boundaries between reality, design, and (housing) stage to blur. The difference between these two areas has to do with the boundaries that exist "in the real" as economic pressures, societal norms, political demands, or our own complacency, owing to the lack of free spaces of thought. How it becomes possible to rebel against this in a concrete way and with the means of architecture is touched upon by the concluding conversation by **Sigrid Verhovsek** (*GAM*) with **Alexander Hagner**, **Andreas Lichtblau**, and **Manfred Omahna**, in which different design approaches based on sociopolitical motivation are put up for discussion.

In this edition, the Faculty News has also been newly conceived and redesigned, featuring, as usual, the most exciting highlights from life in the Faculty of Architecture at Graz University of Technology during the past year. ▪

*(Übersetzung: Dawn Michelle d'Atri)*

# Realitäten

# Entsolidarisiertes Wohnen
## Die Auswirkungen der Wohnraumprivatisierung

## Solidarity-Free Living
## The Effects of the Privatization of Housing Space

Jakob Öhlinger

1

Der aktuelle Trend zu kapitalgetriebenen, identitätslosen Wohnbauten vollzieht sich auch im Grazer Stadtraum. | The current trend towards capital-driven, faceless housing projects is also unfolding in the urban landscape of Graz. © Jakob Öhlinger

Die Bildung von Eigentum wird im Sinne des Neoliberalismus in den Köpfen der Gesellschaft verankert und politisch auf allen Ebenen forciert. Eine der aktuellsten Ausformungen der neoliberalen Wohnungsversorgung stellen die Vorsorgewohnungen dar, welche sich als Anlageform größter Beliebtheit erfreuen. Aufgrund der niedrigen Zinslage seit der Weltwirtschaftskrise 2007 investiert auch die österreichische Bevölkerung vermehrt in Immobilien – kapitalistische KleininvestorInnen werden dabei zu WohnungsvermieterInnen. Mit der propagierten Privatisierung von Wohnraum und der Betrachtung von Wohnen als Ware gehen explodierende Mietkosten einher: In Österreich müssen gesellschaftliche Randgruppen beinahe die Hälfte ihres Einkommens für das Wohnen ausgeben. Zu den VerliererInnen zählen Menschen mit niedrigem Einkommen, welche einen unproportional hohen Wohnkostenanteil zu leisten haben – so lautet das Naturgesetz der Wohnungsversorgung. Durch die steigenden Wohnkosten werden Räume, die dem Sozialen dienen können, aus Kostengründen wegrationalisiert. Gemeinschafts- und Schwellenräume, welchen als Übergang vom Öffentlichen zum Privaten ein hoher Stellenwert zukommen sollte, werden (bewusst?) vernachlässigt. Immer mehr identitätslose Orte entstehen aufgrund von fehlenden sozialen Qualitäten. Diese Prozesse und Folgen der Ökonomisierung, die laut Bernhard Laux aktuell „eine unheilvolle Allianz mit neoliberalen Ideen ein[gehen]",[1] führen vor allem in der Wohnraumschaffung zu einer immer stärker voranschreitenden Entsolidarisierung der Gesellschaft, die dringend eine Auseinandersetzung mit alternativen, d.h. solidarischen Wohn- und Finanzierungsmodellen erfordert.

**Das Streben nach Eigentum – Neoliberalismus in *klein*, *mittel* und *groß*.** Der Neoliberalismus bedingt die „Durchdringung aller Lebensbereiche und sozialen Beziehungen durch das Kapital"[2] und erweitert die kapitalistische Produktionsform auf Boden und Architektur.

*Klein.* Der Soziologe und Architekt Harald Trapp führt aus: „Das private Haus, das Zuhause oder Heim, die private Territorialität wird kapitalisiert. Das neoliberale Subjekt hat nicht Mieter, sondern Eigentümer zu sein."[3] Die Anschaffung von Wohnraum als Eigentum verursacht die Verschuldung der neoliberalen Subjekte, weshalb das Wirtschaftssystem die Individuen an der maximal erreichbaren Kreditsumme misst und den InvestorInnen ein stetiger Anstieg der Preise mit einhergehender Renditensteigerung suggeriert wird. „Unterstützt durch eine angebotsorientierte Politik wird die Anschaffung von Eigentum als einzig wirtschaftlich sinnvolle Art des Wohnens propagiert."[4]

*Mittel.* In einem größeren Maßstab kann festgestellt werden, dass auch bei ganzen Stadtquartieren die Tendenz zur Privatisierung vorhanden ist. In Graz stellen die Reininghausgründe das aktuell größte Stadtentwicklungsgebiet dar. Bis 2025 soll auf einer Fläche von 54 Hektar ein Stadtteil für

10.000 Menschen entstehen. Die Entscheidung, die Reininghausgründe als Ganzes anzukaufen und nach öffentlichen Interessen zu entwickeln, ließen sich die Regierenden 2012 mittels einer Befragung der Bevölkerung abnehmen, welche einen ganzheitlichen Ankauf durch die Stadt Graz mehrheitlich ablehnte. Mit der realisierten Aufteilung des Areals auf unterschiedliche private Investoren muss sich die Stadt Graz die Gestaltungshoheit mit jedem Grundeigentümer bzw. jeder Grundeigentümerin einzeln vertraglich sichern.[5] Michael Sammer, Soziologe und Mitglied der Gruppe Offene Reininghausgesellschaft äußert diesbezüglich seine Bedenken: „Diese Gelegenheit bekommen die Stadtpolitiker nur einmal, aber wir haben die Befürchtung, dass sie das bis heute nicht erkennen. Sie sehen die Jahrhundertchance nicht. Irgendwelche Genossenschaften werden irgendwelche Wohnobjekte bauen. Alles verläuft hinter verschlossenen Türen, es gibt für dieses Projekt keine zündende Diskussion mehr, aus dem Rathaus kommt keine einzige wirklich kreative Idee."[6]

*Groß.* Auf der Ebene der Gesetzgebung wird ebenfalls kräftig an der Eigentumsbildung gearbeitet. Beispielsweise ermutigt die britische Initiative „Help to Buy" nach wie vor Menschen, in den Besitz von Wohnraum zu gelangen. KaufwerberInnen benötigen in Großbritannien lediglich 5 Prozent Eigenkapital, um die Kreditwürdigkeitsgrenze von 25 Prozent zu erreichen, da sie mit 20 Prozent des Gesamtvolumens vom Staat unterstützt werden.[7] Begonnen hat diese Privatisierungskampagne die neoliberale Regierung von Margaret Thatcher, welche von 1975 bis 1990 die MieterInnen zum Ankauf ihrer Gemeindewohnungen zu vergünstigten Preisen drängte. Den Gemeinden war es jedoch untersagt, den Gewinn wieder in Wohnbau zu investieren, was einer Selbstenteignung durch den Verkauf ihres Wohnungsbestandes gleicht. In Deutschland wurde in den 1990er Jahren ein Großteil der Wohnbaugenossenschaften privatisiert. Das Wohnungsunternehmen Vonovia – der größte private Vermieter Deutschlands – erhielt den Großteil seines Wohnungsbestandes aus dem Ankauf kommunaler Wohnungen. Die Aktienentwicklung verläuft blendend: AnlegerInnen erzielen jährlich Renditen von bis zu 16 Prozent.[8] Mit der Förderung von Eigentumsbildung befasste sich auch das Regierungsprogramm der im Mai 2019 aufgekündigten österreichischen Bundesregierung

1 Laux, Bernhard: „Entsolidarisierung der Gesellschaft", *Regensburger RU-Notizen* 25,2 (2005),14–17, hier 17.

2 Trapp, Harald: „Kapital Heim", *ARCH+* 231 (2018), 34–39, hier 34.

3 Ebd., 36.

4 Ebd., 38.

5 Vgl. Kühn, Christian: „Nicht alle Schlauen überleben", *Die Presse*, 12. Jänner 2018, online unter: https://www.gat.st/news/nicht-alle-schlauen-ueberleben#.Wq9_9q08THE.facebook (Stand: 19. März 2018).

6 Müller, Walter: „Reininghaus-Gründe in Graz: Sie sehen die Jahrhundertchance nicht", *Der Standard*, 23. April 2013, online unter: https://www.derstandard.at/story/1363708974490/reininghaus-gruende-in-graz-sie-sehen-die-jahrhundertchance-nicht (Stand: 29. Juli 2017).

7 Vgl. Trapp, Kapital Heim, 38f (wie Anm. 2).

8 Vgl. Brüser, Christian: „Gut wohnen für wenig Geld", Ö1-Radiosendung im Rahmen der Reihe *Journal-Panorma*, 5. November 2019.

In the spirit of neoliberalism, the acquisition of property is deeply anchored in the minds of society and politically promoted at all levels. One of the most recent forms of neoliberal housing supply is investment property in the form of apartments, which is largely popular as a form of investment. Due to the low interest rates since the global economic crisis in 2007, the Austrian population is also investing more in real estate—small capitalist investors are becoming apartment landlords. The propagated privatization of housing and the view of housing as a commodity is accompanied by exploding rental costs: In Austria, marginalized groups in society have to spend almost half of their income on their accommodation. Among the losers are people with low incomes who have to pay a disproportionately high share for accommodation costs—this is the natural law of housing supply. Due to rising accommodation costs, spaces that can serve social purposes are being rationalized away for cost reasons. Community and threshold spaces, which should be given high priority as transition from the public to the private sphere, are (deliberately?) neglected. More and more places lacking identity are created due to a lack of social qualities. These processes and consequences of economization, which according to Bernhard Laux are currently "forming an ominous alliance with neoliberal ideas,"[1] lead to an ever-increasing desolidarization of society—above all in the creation of housing—which in turn urgently necessitates an examination of alternatives, i.e. solidary housing and financing models.

### The Pursuit of Ownership—Neoliberalism *Small, Medium* and *Large.* Neoliberalism implies the "permeation of all areas of life and social relations by capital"[2] and extends the capitalist form of production to land and architecture.

*Small.* As the sociologist and architect Harald Trapp explains: "The private house, the domicile or home, private territoriality, is being capitalized. The neoliberal subject must not be a tenant, but an owner."[3] The acquisition of housing as property creates the indebtedness of neoliberal subjects, which is why the economic system measures individuals by the maximum attainable loan amount and suggests to investors a constant rise in prices with an accompanying increase in returns. "Supported by supply-oriented policies, the purchase of property is propagated as the only economically viable form of living."[4]

*Medium.* On a larger scale, it can be seen that there is also a tendency towards privatization in entire urban districts. In Graz, the Reininghaus Grounds are currently the largest urban development area. By 2025, a city district for 10,000 people is to be built on an area of 54 hectares. In 2012, political decision makers delegated the decision to the public on whether to purchase all of the Reininghaus Grounds (and to develop them according to public interests) by means of a public survey, whereby a majority rejected the city's all-encompassing purchase of the grounds. With the allocation of the premises to different private investors, the city of Graz must contractually secure design sovereignty with each individual property owner.[5] Michael Sammer, sociologist and member of the group Offene Reininghausgesellschaft, expresses his concerns in this regard as follows: "The city officials get this opportunity only once, but we're afraid they still haven't realized this. They don't see the once-in-a-century chance. Some housing cooperative will build some type of residential buildings. Everything is going on behind closed doors; there is no more stimulating discussion left for this project, not a single really creative idea comes from Graz City Hall."[6]

*Large.* At the legislative level, there is also a lot of work being done on property acquisition. For example, the British "Help to Buy" initiative continues to encourage people to buy into housing. Buyers in the UK need only 5 percent equity capital to reach the 25 percent credit limit, as the state supports them with 20 percent of the total amount.[7] This privatization campaign was started by Margaret Thatcher's neoliberal government, who from 1975 to 1990 urged tenants to buy their council flats at reduced prices. However, the municipalities were prohibited from reinvesting the profits in housing, which is like expropriating one's own property by selling one's housing stock. In Germany, the majority of housing cooperatives were privatized in the 1990s. The housing company Vonovia—Germany's largest private landlord—obtained the

1   Bernhard Laux, "Entsolidarisierung der Gesellschaft," *Regensburger RU-Notizen* 25, no. 2 (2005): 17.

2   Harald Trapp, "Kapital Heim," *ARCH+* 231 (2018): 34.

3   Ibid., 36.

4   Ibid., 38.

5   See Christian Kühn, "Nicht alle Schlauen überleben," *Die Presse*, January 12, 2018, available online at: https://www.gat.st/news/nicht-alle-schlauen-ueberleben#.Wq9_9q08THE.facebook (accessed March 19, 2018).

6   Walter Müller, "Reininghaus-Gründe in Graz: Sie sehen die Jahrhundertchance nicht," *Der Standard*, April 23, 2013, available online at: https://www.derstandard.at/story/1363708974490/reininghaus-gruende-in-graz-sie-sehen-die-jahrhundertchance-nicht (accessed July 23, 2017).

7   See Trapp: "Kapital Heim" (see note 2), 38f.

Kurz. Angekündigte positive Änderungen des Mietrechts waren eindeutig an die Vermieterseite adressiert. So heißt es im Regierungsprogramm (Kapitel „Modernisierung des Wohnrechts"): „Wir müssen alles unternehmen, dass wieder vermehrt Wohnraum im Eigentum erworben werden kann, denn Eigentum ermöglicht ein selbstbestimmtes, abgesichertes Leben."[9] Die Bevölkerung wird dazu angehalten, Investmentstrategien zu entwickeln und unabhängig von einer staatlichen Vorsorge selbst aus eigener, unternehmerischer Kraft eine Absicherung aufzubauen. „Statt auf Sparguthaben oder staatliche Sicherheitsleistungen zu vertrauen, sollen sich die Individuen am Aktienmarkt beteiligen und Vermögensaufbau durch Investition in (Anlage-) Immobilien betreiben."[10] Die mediale Moralisierung des Vorsorgebegriffs soll die Bevölkerung in die Kapital- und Immobilienmärkte lenken und die Wohnung als gewinnbringende Ware und Kapital ausweisen, um den sozialen Aufstieg über die Vermögensleiter zu garantieren und die nicht-solidarische Form der Wohnungsversorgung zu forcieren.[11] Vorsorgewohnungen werden angeschafft, um Mieteinnahmen zu lukrieren, und als Anlage leerstehend belassen, da die Vermietung den Wert der Anlage mindert. Dieses Warten ohne Vermietung wird als spekulativer oder investiver Leerstand bezeichnet.[12]

**Wohnen als Ware.** Betrachtet man das Wohnen als Investment, verliert der Gebrauchswert an Bedeutung, denn Wohnraum wird weitestgehend am Tauschwert gemessen. Die Ware wird mit der Intention gekauft, Rendite zu erzielen und sie wieder weiter zu verkaufen: Wohnen wird zum Investment.[13] Finanzinvestoren legen Kapital im Wohnsektor an und spekulieren auf Mietsteigerung. 2015 zielten 79 Prozent aller Wohnungsanfragen auf Anlageimmobilien ab, weshalb Webportale wie immobilienscout24.at längst die Rubrik „Vorsorgewohnung" als Filteroption einsetzen. In Wien werden aktuell 24 Prozent der angebotenen Wohnungen als reine Anlageobjekte zum Kauf angeboten. Ein Vergleich dazu: Vor der Wirtschaftskrise lagen 80 Prozent der Wohnbautätigkeit im geförderten und 20 Prozent im freifinanzierten Bereich (2008) – zehn Jahre später hat sich dieses Verhältnis beinahe umgekehrt.[14]

Vorsorgewohnungen können prinzipiell als standardisierte Neubauwohnungen mit einer Nutzfläche zwischen 50 und 70 Quadratmeter für Singles und Paare beschrieben werden.[15] Wohnideale des gehobenen Mittelstandes werden zum gesellschaftlichen Standard erkoren. Um Wohnraum leistbar zu halten, werden Grundrisse verkleinert, gewohnte Wohnmuster kleiner skaliert und mit dem Prädikat „smart" auch an „smart people" verkauft: junge, dynamische, erfolgreiche Menschen, die gerne bei Sonnenschein auf den grünen Boulevards gemeinsam mit Kindern und Hunden flanieren. Abweichende Bevölkerungsgruppen sind nicht Teil des Konzepts. Die zusätzlich propagierte Eigentumsbildung lässt deutlich die Handschrift des Neoliberalismus erkennen. Um den optimalen Tauschwert einer Anlagewohnimmobilie zu generieren, darf diese nicht aus der Sicht von NutzerInnen bzw. MieterInnen

geplant werden, sondern muss den Anforderungen der UnternehmerInnen bzw. AnlegerInnen entsprechen. „Wenn Wohnungen bereits bei der Planung als zinstragendes Kapital konzipiert sind, wird Wohnraum als Kapital zur Ware."[16] In einem weiteren Schritt muss eine Entkopplung des Objekts mit dessen BesitzerInnen geschehen. Die Wohnungen werden vom Plan weg verkauft, beschönigende Schaubilder und Symbolfotos sollen eine angenehme Atmosphäre vermitteln. Die InvestorInnen bekommen die eigene Wohneinheit nie zu Gesicht. Eine Emotionalisierung mit der Immobilie muss verhindert werden, Entscheidungen unterliegen dem objektiven Handeln zum Erlangen maximaler Renditen. Mitbestimmung in der Gestaltung der eigenen Wohneinheit ist nicht vorgesehen. „Wo sich der ganze Kontakt mit der Wohnung auf monatliche Kontoeingänge und eine jährliche Kostenaufstellung für die Steuererklärung beschränkt, hat Wohnungseigentum für den bzw. die BesitzerIn seine ganze physische Präsenz und fordernde Last abgestreift – mit anderen Worten: seine wahrhaft kapitalistische Form erreicht."[17]

# "Generally speaking, the desi Precisely because today's co seem to have a 'firm ideologi because they rely solely on b it is necessary to recall this po already part of the concept of

Als typisches Beispiel eines Vorsorgewohnungsprojektes gilt das neu in Graz entstehende „Green Paradise" des Instituts für Anlageberatung (IFA AG). Entsprechend der finanziellen Kaufkraft können hier Wohnungen erworben werden: Runde Wohntürme, eingebettet in das Grün des selbsternannten Grazer „Trendbezirks" Straßgang. Auf hochauflösenden

9 Bundesregierung Kurz (Hg.): *Regierungsprogramm 2017–2022 der Neuen Volkspartei und der Freiheitlichen Partei Österreichs*, Wien 2017, 47.

10 Aigner, Anita: „Wohnraum als Investment: Eine Kritik der Vorsorgewohnung", *dérive – Zeitschrift für Stadtforschung* 75 (2019), 17–25, hier 22.

11 Vgl. ebd. sowie Trapp: „Kapital Heim", 38 (wie Anm. 2).

12 In London wuchs der Wohnungsleerstand in den Stadtteilen Chelsea und Kensington von 2013 bis 2014 um 40 Prozent. Vgl. Amann, Wolfgang/ Mundt, Alexis: „Investiver Wohnungsleerstand", Report, Institut für Immobilien, Bauen und Wohnen/IIBW im Auftrag des Landes Vorarlberg, 2018.

13 Vgl. Trapp: „Kapital Heim", 34 (wie Anm. 2).

14 Vgl. Aigner: „Wohnraum als Investment", 18 (wie Anm. 10).

15 Vgl. Brüser: „Gut wohnen für wenig Geld" (wie Anm. 8).

16 Aigner: „Wohnraum als Investment", 21 (wie Anm. 10).

17 Ebd.

majority of its housing stock from the purchase of communal apartments. The performance of shares is excellent: Investors achieve annual returns of up to 16 percent.[8] The government program of Austria's Kurz government, which was terminated in May 2019, also dealt with the promotion of the acquisition of property. The announced positive changes in tenancy law were clearly addressed to the landlord. This is what the government program says (in the chapter "Modernization of the Right to Housing"): "We must do everything we can to ensure that more residential property can be acquired again, because property enables a self-determined, secure life."[9] The population is encouraged to develop investment strategies and, independently of a state pension plan, to build up financial reserves from its own entrepreneurial power. "Instead of relying on savings or government guarantees, individuals should participate in the

**or community is political. ...unal projects no longer ...foundation,' and precisely ...ing law or financial reasons, ...cal content—content that is ...mmunity itself."** Heike Delitz, *GAM.16*, p. 75

stock market and accumulate wealth by investing in (investment) property."[10] Those who do not "take precautions" in time are presented as naive and unwise. The moralization of the concept of precaution in the media is intended to guide the population into the capital and real estate markets and to identify the home as a profitable commodity and capital in order to guarantee social advancement via the ladder of wealth and to expedite the solidarity-free form of housing supply.[11] Investment property in the form of apartments is purchased to earn rental income or to be left vacant as an investment, as the rental reduces the value of the investment. This waiting without renting is referred to as speculative or investment vacancy.[12]

**Housing as Commodity.** If housing is regarded as an investment, its utility value loses importance, as housing is largely measured by its exchange value. The commodity is bought with the intention of generating returns and reselling

it: Housing becomes an investment.[13] Financial investors invest capital in the housing sector and speculate on rising rents. In 2015, 79 percent of all inquiries for apartments aimed at investment properties, which is why web portals such as the Austrian platform immobilienscout24.at have long since used the category "Vorsorgewohnung" (investment property in the form of apartments) as a filter option. In Vienna, 24 percent of the apartments on offer are currently offered for sale purely as investment properties. In comparison: Before the economic crisis, 80 percent of housing construction activity was in the subsidized sector and 20 percent in the privately financed sector (2008)—ten years later this ratio had almost been reversed.[14]

In principle, investment property can be described as standardized new apartments with a usable floor space of between 50 and 70 square meters for singles and couples.[15] The living ideals of the upper middle classes have been selected as the social standard. In order to keep housing affordable, floor plans are reduced in size, familiar living patterns are scaled-down and also sold with the label "smart" to "smart people": young, dynamic, successful people who enjoy strolling along the green boulevards with children and dogs in the sunshine. Population groups who differ are not part of the concept. The further propagation of property acquisition clearly shows the signature of neoliberalism. In order to generate the optimum exchange value of an investment property, it must not be planned from the point of view of users and tenants, respectively, but must meet the respective requirements of entrepreneurs and investors. "If apartments are designed as interest-yielding capital at the planning stage, housing becomes a commodity as capital."[16] The next step is to disconnect the object from its owner. The apartments are sold right from the planning stage; beautifying diagrams and symbolic photos should convey a pleasant atmosphere. The investors never get to see their own apartment unit. Any emotional ties to the property must be prevented; decisions are subject to objective action to achieve maximum

8   See Christian Brüser, "Gut wohnen für wenig Geld," radio program on Ö1 as part of the series *Journal-Panorama*, November 5, 2019.

9   Kurz Government, ed., *Regierungsprogramm 2017–2022 der Neuen Volkspartei und der Freiheitlichen Partei Österreichs* (Vienna, 2017), 47.

10  Anita Aigner, "Wohnraum als Investment: Eine Kritik der Vorsorgewohnung," *dérive – Zeitschrift für Stadtforschung* 75 (2019): 17–25, esp. 22.

11  See ibid., and Trapp, "Kapital Heim" (see note 2), 38.

12  In London, the vacancy rate in the districts of Chelsea and Kensington grew by 40 percent between 2013 and 2014. See Wolfgang Amann and Alexis Mundt, eds., "Investiver Wohnungsleerstand," report, Institut für Immobilien, Bauen und Wohnen/IIBW on behalf of the Austrian Federal State of Vorarlberg, 2018.

13  See Trapp, "Kapital Heim" (see note 2), 34.

14  See Aigner, "Wohnraum als Investment" (see note 10), 18.

15  See Brüser, "Gut wohnen für wenig Geld" (see note 8).

16  Aigner, "Wohnraum als Investment" (see note 10), 21.

Schaubildern wird von den Vorteilen einer Wohnung am grünen Stadtrand in Kombination mit dem urbanen Leben im Getümmel der Innenstadt geschwärmt. Verschwiegen wird den Interessierten, dass das urbane Leben weit entfernt vom Bauplatz stattfindet, weil gemeinschaftlich-öffentliche Nutzungen nicht geplant sind. Mit dem Rad erreicht man laut Google Maps die Innenstadt bei grüner Welle in 21 Minuten. Zwei Tiefgaragenstellplätze pro Wohneinheiten lassen aber ohnehin auf ein wenig fahrradfreundliches Publikum schließen. Mit diesen Diskrepanzen muss sich die Zielgruppe von „Green Paradise" nicht beschäftigen, denn sie wird nicht darin wohnen. Investment, solide Geldanlage, grundbücherliche Sicherheit, Risikominimierung, steuerliche Begünstigungen, Serviceleistungen sind nur wenige Schlagwörter aus dem Finanzjargon, mit welchen das Projekt beschrieben wird. Diagramme mit steigenden Kurven zur Bevölkerungs- und Mietpreisentwicklung in der steirischen Landeshauptstadt sollen die letzten Zweifel am sinnvollen Investment ausräumen.[18] Neben den zahlreichen fotorealistischen Renderings sind zwei (!) Wohnungsgrundrisse samt Beispielbildern der Möblierung angefügt. Diese sind mit einer Größe von 43 bis 66 Quadratmeter nicht auf eine diverse Bewohnerschaft, also ein realistisches Abbild der Gesellschaft, ausgelegt, sondern portionieren den Gesamtnutzwert der Liegenschaft von 6.000 Quadratmeter in verkaufbare „Häppchen". Die Wohnung wird zum Schließfach – das Wohnhaus zur Ansammlung von Schließfächern, zwischen welchen kaum miteinander kommuniziert werden soll. Den Wohnraum erweiternde Gemeinschaftseinrichtungen sind nicht konzipiert und auf die Gestaltung von Zwischen- und Freiräumen wird kein Wert gelegt – sie gelten als finanziell nicht verwertbar.

Das Modell der Vorsorgewohnung wurde von Tochterunternehmen der Banken, die neben der Bauwirtschaft die größten finanziellen Vorteile des Anlegerbooms lukrieren, entwickelt, um Gewinne mit dem neoliberalen Ziel der Eigentumsbildung zu erwirtschaften. Eigentumswohnungen werden wie ein Finanzprodukt konzipiert, produziert, vertrieben und vermarktet. Die Anbieter von Vorsorgewohnungen verdienen dabei dreifach: an der Errichtung (durch die Vergabe von Darlehen an die BauträgerInnen), am Verkauf (durch die Vergabe von Darlehen an die KäuferInnen) und an den Dienstleistungen der Vermietung (wie Verwaltung, Instandhaltung und der Unterstützung bei der steuerlichen Aufbereitung). Die Anschaffung der Wohnung unterliegt allen neoliberalen Tendenzen zur Wertsteigerung. Das Aufnehmen von Fremdkapital bringt steuerliche Begünstigungen, da Kreditzinsen von der Steuer abgeschrieben werden können und die Umsatzsteuer vom Kaufpreis über die Vorsteuer vom Finanzamt wieder geltend gemacht werden kann.[19] Der Preis von Anlagewohnungen richtet sich dem kapitalistischen Geschäftsmodell folgend nicht nach den tatsächlichen Errichtungskosten, sondern nach einem fiktiven, am Markt umsetzbaren Preis. Die Kosten klettern von durchschnittlich 1.800 Euro/Quadratmeter im geförderten Bereich auf 5.230 Euro/Quadratmeter im freifinanzierten Sektor, obwohl beide Modelle fast ident sind. Die Mietpreise werden selbstverständlich nach dem von den AnlegerInnen entrichteten Kaufpreis bemessen, der beinahe um das Dreifache über den tatsächlichen Kosten liegt.[20]

**Die Folgen der Wohnraumprivatisierung.** Die Entwicklung zum Wohnen im Eigentum begünstigt den Rückzug in die eigene Kleinzelle. Die Stadt entwickelt sich vom heterogenen Raum mit diversen, abgestuften Übergängen vom Öffentlichen zum Privaten hin in Richtung Dichotomie: es gibt entweder privat oder öffentlich. Wohngebäude sind Behälter einzelner privater Einheiten, die keinen Bezug zueinander pflegen. Die wenig einfühlsame Behandlung und Gestaltung des Zwischenraums, das Schaffen großer Distanzen zwischen den Menschen und ein auf motorisierten Individualverkehr beruhendes Verkehrssystem haben drastische Auswirkungen auf die Verringerung der Aktivitäten im und zum öffentlichen Raum. Wo sich Menschen aufhalten, werden andere Menschen angezogen. Soziale Aktivitäten und Interaktion werden als die größten Qua-

„Ganz generell ist das Begehr die heutigen Gemeinschaftsp mehr haben, gerade weil sie s berufen, ist an diesen politisch Begriff der Gemeinschaft selb

litäten des öffentlichen Raums erachtet, ohne sie werden die städtischen Räume als tot, trist und leblos empfunden. Soziale Interaktion findet an der Randzone – dem Schwellenraum – dem Übergang vom privaten zum öffentlichen Raum statt.[21]

In unmittelbarer Nachbarschaft zum Anlagewohnungsvorzeigeprojekt „Green Paradise" entstand bereits von der sReal Immobilienvermittlung GmbH, einer Tochtergesellschaft der Erste Bank und Sparkasse, das Anlegerprojekt „Greencity", dessen sieben sechsgeschossige Punkthäuser im Jahr 2018 fertiggestellt wurden. Ein hochglänzender Web-Auftritt verspricht Interessierten unter dem Slogan „Urbanes Wohnen im Grünen" entweder das perfekte Geschäft mit dem Wohnen oder ein luxuriöses Leben in den Suburbs von Graz. Beworben wird das Projekt mit einem einzigen Zufahrtstunnel zu den jeweiligen Tiefgaragen der Punkthäuser am Rande des Geländes. „Somit

18 Vgl. IFA Institut für Anlageberatung AG (Hg.): *Green Paradise Graz. Ihr Investment*, Linz 2019.

19 Vgl. Aigner: „Wohnraum als Investment", 10f (wie Anm. 10).

20 Vgl. ebd., 23.

21 Vgl. Gehl, Jan: *Leben zwischen Häusern*, Berlin 2015, 97.

returns. There is no provision for participation in the design of one's own apartment unit. "Where all contact with the apartment is limited to monthly account receipts and an annual statement of costs for the tax return, apartment ownership for the owner has been stripped of its entire physical presence and demanding burden—in other words, it has reached its truly capitalist form."[17]

The newly emerging "Green Paradise" from the Institut für Anlageberatung (IFA AG) is a typical example of an investment property project in Graz. Apartments can be acquired here depending on one's own purchasing power: round residential towers, embedded in the green of Straßgang, the self-proclaimed "trendy district" of Graz. High-resolution images show the advantages of an apartment on the green outskirts of the city in combination with urban life in the hustle and bustle of the city center. What is concealed to interested parties is the fact that urban life takes place far away from the

marketable morsels. The apartment becomes a safe deposit box—the residential building becomes a collection of such safes, between which communication should rarely take place. Shared facilities extending the living space are not designed and no value is placed on the design of intermediate and open spaces—they are not considered financially exploitable.

The investment property model has been developed by subsidiaries of banks, which—along with the construction industry—enjoy the greatest financial benefits of the investor boom in order to generate profits with the neoliberal objective of property acquisition. Condominiums are designed, produced, distributed and marketed like a financial product. The providers of investment property earn money in a threefold way: through construction (by granting loans to the developers), through sales (by granting loans to the buyers) and through rental services (such as administration, maintenance and support with

nach Gemeinschaft ein politisches. Gerade weil nun
ekte scheinbar kein ‚festes ideologisches Fundament'
allein auf baurechtliche oder finanzielle Gründe
Gehalt zu erinnern, ein Gehalt, der bereits im
steckt." Heike Delitz, *GAM.16*, S. 72

site, as there are no plans for communal public uses. According to Google Maps, you can reach the city center by bicycle in 21 minutes if you catch all the green lights. However, the provision of two underground parking spaces per apartment unit suggests that prospective buyers are not inclined towards biking. The target audience of "Green Paradise" does not have to deal with these discrepancies, because it will not dwell there. Sound investment of money, security in the land register, risk minimization, tax benefits, and services are just a few key words from the financial jargon used to describe the project. Diagrams showing rising curves in population and rental trends in the Styrian capital are intended to settle any doubts on whether the investment makes sense.[18] In addition to the numerous photorealistic renderings, two (!) floor plans of the apartments with sample pictures of the furniture are included. With a floor space of 43 to 66 square meters, they are not designed for a diversity of residents, i.e. a realistic representation of society, but split the total useful value of the 6,000 square meters property into

tax processing). The purchase of the apartment is subject to all neoliberal tendencies towards enhancement in value. Raising borrowed capital brings tax benefits, as loan interest can be written off against tax and VAT can be reclaimed from the purchase price from the tax office via input tax.[19] According to the capitalist business model, the price of investment property is not based on the actual construction costs, but on a fictitious price that can be cashed in on the market. Costs are climbing from an average of 1,800 euros per square meter in the subsidized sector to 5,230 euros per square meter in the privately financed sector, although both models are almost identical. The rental charges are of course based on the purchase price paid by the investors, which is almost three times higher than the actual costs.[20]

17 Ibid.

18 See IFA Institut für Anlageberatung AG, ed., *Green Paradise Graz, Ihr Investment* (Linz, 2019).

19 See Marcu, "Wohnraum als Investment," here quip. 105, 106.

20 See ibid., 23.

bleibt das Areal oberirdisch bis auf Einsatz- und Müllfahrzeuge autofrei."[22] Gesetzliche Bestimmungen und das Verfolgen sparsamer Lösungen bringen fatale Einbußen der Qualität jener Schnittstelle zum öffentlichen Raum und beeinträchtigen diesen schlussendlich selbst. Aufgrund hoher Geschwindigkeiten und dem Parken im eigenen Gebäude entziehen sich motorisierte BewohnerInnen unbewusst jeglicher sozialen Interaktion. Tiefgaragen in halbperipheren Neubaugebieten mit nur einem Zufahrtstunnel zu errichten, um sich als „autofreie" Zone bewerben zu können, schafft keine gemeinschaftsbildenden Räume.

Das Erscheinungsbild der meisten Wohnungsbauten ist geprägt von abweisenden Erdgeschosszonen. Müllräume und Tiefgaragenausfahrten docken direkt an das Infrastruktursystem „Stadt" an und installieren leblose Orte im öffentlichen Raum. Doch Bauträgern wird zum Beispiel die Errichtung von Müllräumen in Erdgeschosszonen immer noch mit Fördergeldern vergütet. Sowohl nichtgenutzte öffentliche Räume als auch Begegnungsorte in Wohngebäuden verkommen aufgrund ihrer einseitigen Nutzung als Transitraum ohne Aufenthaltsqualitäten. Sie verkommen zu Nicht-Orten, zu Orten ohne soziale Interaktion und damit zu Orten ohne Eigenschaften, zu welchen die Bevölkerung keinen Bezug herstellt und welche darum nicht wahrgenommen werden. Diese unwirtlichen Orte werden, ähnlich wie Menschen in prekären Verhältnissen, zum Restprodukt unserer Gesellschaft. Ohne Eigenschaft und Identität zu sein, ebnet den Weg zur vollkommenen Verwahrlosung aufgrund fehlendem Verantwortungsgefühls der Gesellschaft.

Die Wegrationalisierung gemeinschaftsbildender Räume wird mit dem Argument begründet, dass ansonsten die Leistbarkeit von Wohnraum nicht mehr gewährleistet werden kann, denn der gewinnbringenden Spekulation mit Wohnraum liegen immer weiter steigende Wohnungspreise zugrunde.[23] Kleinwohnungen unter 40 Quadratmeter, welche derzeit bevorzugt als Vorsorgewohnungen errichtet werden, weisen österreichweit durchschnittliche Wohnkosten von 11,3 Euro/Quadratmeter auf. Haushalte mit niedrigem Einkommen müssen einen immer höheren Wohnkostenanteil aufwenden. 42 Prozent der armutsgefährdeten Haushalte geben über 40 Prozent ihres Einkommens für das Wohnen aus und erheblich materiell Deprivierte bezahlen im Durchschnitt 10 Euro/Quadratmeter Wohnfläche. Bei der Gruppe mit hohem Einkommen verhält es sich genau umgekehrt: kein einziger Haushalt muss einen Wohnkostenanteil von über 40 Prozent Haushaltseinkommen stemmen und die durchschnittlichen Wohnkosten belaufen sich auf niedrige 4,2 Euro/Quadratmeter Wohnfläche.[24]

### Solidarische Wohn- und Finanzierungsmodelle.

In Berlin hat sich die Miethöhe in den vergangenen zehn Jahren verdoppelt. Finanziell Schwache müssen folglich in ihrem gewohnten Umfeld Platz für eine kapitalstärkere Bewohnerschaft machen. Auf Drängen der Bevölkerung[25] hat die Stadtregierung von Berlin 670 Wohnungen in der Karl-Marx-Allee[26] erworben, um stärkere Mitsprache bei der Mietpreisgestaltung zu erhalten.[27] In einem weiteren Schritt wurde das Gesetz zum Mieten-

deckel verabschiedet, welches Mietpreissteigerungen in den kommenden fünf Jahren unterbindet.[28] Im Gegensatz zu Berlin erscheint die Situation in Wien wesentlich entspannter, wo vom gesamten Wohnungsbestand 22,2 Prozent als Gemeindewohnungen und 21,2 Prozent als Genossenschaftswohnungen ausgewiesen werden.[29] Dies hat die Stadt den Leistungen des Roten Wiens in der Zwischenkriegszeit zu verdanken, ein historisches Beispiel einer groß angelegten Bewegung gegen die Privatisierung von Wohnraum mit all seinen Auswirkungen auf die Gesellschaft. 1919 startete die sozialdemokratische Stadtregierung Wiens eine Wohnbauoffensive, um die vorherrschenden gesundheitsschädlichen Lebensbedingungen des Proletariats auszumerzen, welche aufgrund der liberal-kapitalistischen Ausrichtung des Wirtschaftssystems und der Wohnungsproduktion nach privat-kapitalistischen Kriterien entstanden waren.[30] Mit der Wohnbausteuer, einer progressiven Staffelung der Besteuerung von bewohnbarem Raum, war es der Stadtregierung möglich, große Immobilien und Grundstücke anzukaufen, um ihr kommunales Wohnbauprogramm zu verwirklichen.[31] Die Miethöhe zielte auf keinen Gewinn ab, womit diese im Durchschnitt auf nur 4 Prozent eines Arbeitereinkommens reduziert werden konnte. Im freifinanzierten Sektor bei schlechterer Wohnungsausstattung betrug die Höhe des Mietzinses zur selben Zeit vergleichsweise 20–25 Prozent des Haushaltseinkommens.[32] Dem Architekturhistoriker Helmut Weihsmann zufolge „wurde nicht der tatsächliche, ökonomisch ermittelte Marktpreis für eine Wohnung verrechnet, sondern ein politischer, nach gesamtgesellschaftlicher Berechnung ermittelter Preis."[33]

Aktuell stellen Baugruppen die Gegenbewegung zur allgemeinen Wohnungsversorgung dar. Abweichend von der Konvention hinsichtlich Organisation, Planung und Wohnen präsentiert sich „Bikes and Rails" im gerade entstehenden Wiener Sonnwendviertel als Teil von „habiTAT" – dem Miethäusersyndikat in Österreich. Das Modell des Miethaussyndikats

22 IVG Immobilienverwaltung GmbH (Hg.): „Greencity Graz", online unter: http://www.greencity-graz.at/das-projekt/ (Stand: 29. Juli 2017).

23 Vgl. Holm, Andrej: *Mietenwahnsinn. Warum Wohnen immer teurer wird und wer davon profitiert*, München 2014, 86.

24 Vgl. Statistik Austria, EU-Silc 2018.

25 70.000 Personen unterzeichneten eine Initiative zur Enteignung von Wohnbaufirmen.

26 Diese Wohnungen wurden erst in den 1990er Jahren privatisiert.

27 Vgl. DPA (Hg.): „Berlin kauft 670 Wohnungen in der Karl-Marx-Allee", *Welt*, 15. Juli 2019, online unter: https://www.welt.de/politik/deutschland/article196873257/Berlin-kauft-670-Wohnungen-in-der-Karl-Marx-Allee-Deutsche-Wohnen-geht-leer aus.html?fbclid=IwAR1JZaunpmIkejW7B5_2rGE1bQYQzGL6ntVsmatTCKzsXQobLnI8rDumxjw (Stand: 15. Juli 2019).

28 Vgl. Brüser: „Gut wohnen für wenig Geld" (wie Anm. 8).

29 Vgl. Statistik Austria, Mikrozensus 2018.

30 Vgl. Weihsmann, Helmut: *Das rote Wien. Sozialdemokratische Architektur und Kommunalpolitik 1919–1934*, Wien 2002, 10.

31 Vgl. Zimmerl, Ulrike: *Siedlung und Siedlerbewegung im Wien der Zwischenkriegszeit*, Wien 2002, 84.

32 Vgl. Weihsmann: *Das rote Wien*, 19 (wie Anm. 30).

33 Ebd., 30.

**The Consequences of the Privatization of Housing Space.** The trend towards living in privately owned homes favors the retreat into one's own small cell. The city evolves from being heterogeneous space with diverse, gradual transitions from the public to the private into being a dichotomy: there is either private or public. Residential buildings are containers of individual private units with no relation to one another. The lack of sensitive attention to and design of interstitial space, the creation of long distances between people, and a transport system based on motorized private transport all have drastic effects when it comes to the reduction of activities in and around public space. People are attracted to spaces where there are already other people. Social activities and interaction are regarded as the greatest qualities of public space; without them urban spaces are perceived as dead, dreary, and dull. Social interaction takes place at the edge—the threshold space, and the space of transition from private to public.[21]

In the immediate vicinity of the "Green Paradise" investment apartment showcase project, sReal Immobilienvermittlung GmbH (a subsidiary of Erste Bank und Sparkasse) has already developed the "Greencity" investment project, whose seven six-story tower blocks were completed in 2018. Under the slogan "Urban Living in the Green," a high-gloss web presence promises interested parties either the perfect deal with housing space or a luxurious life in the suburbs of Graz. The project is advertised with one single access tunnel to the respective underground car parks of the tower blocks at the edge of the premises. "This means the area remains car-free above ground except for emergency and garbage vehicles."[22] Legal regulations and the pursuit of economical solutions bring fatal losses in the quality of the interface with public space and ultimately negatively affect the latter. Due to high speeds and parking in one's own building, motorized residents unwittingly avoid any social interaction. The construction of underground car parks with only one access tunnel in semi-peripheral new development areas, in order to be able to advertise something as a "car-free" zone, does not create any community-building spaces.

The appearance of most residential buildings is characterized by uninviting ground floor zones. Garbage rooms and underground garage exits connect directly to the infrastructure system of the "city" and implement dead spots in the public space. But developers, for example, still receive funding for building garbage rooms in ground floor zones. Both unused public spaces and meeting places in residential buildings are decaying due to their one-sided use as transit spaces with no recreational qualities. They are degenerating into non-places, into places without social interaction and thus into places without characteristics, to which the population has no relation and which are therefore not perceived. These inhospitable places, like people in precarious circumstances, are becoming the residual product of our society. To be without quality and identity paves the way to total neglect due to a societal lack of a sense of responsibility.

Rationalizing community-building spaces is justified by the argument that the affordability of housing space can otherwise no longer be guaranteed, as profitable speculation in housing is based on ever-increasing apartment prices.[23] Small apartments of less than 40 square meters, which are currently preferably built as investment properties, have average accommodation costs of 11.3 euros per square meter in all of Austria. Low-income households must spend an ever-increasing percentage of their income on accommodation costs. 42 percent of households at risk of poverty spend more than 40 percent of their income on accommodation and severely materially deprived households pay 10 euros per square meter of living space, on average. In the high-income group, the opposite is true: no single household has to pay more than 40 percent for its housing costs and the average housing costs are only 4.2 euros per square meter of living space.[24]

21  See Jan Gehl, *Leben zwischen Häusern* (Berlin, 2015), 97.

22  IVG Immobilienverwaltung GmbH ed., "Greencity Graz," available online at: http://www.greencity-graz.at/das-projekt/ (accessed July 29, 2017).

23  See Andrej Holm, *Mietenwahnsinn. Warum Wohnen immer teurer wird und wer davon profitiert* (Munich, 2014), 86.

24  See Statistics Austria, EU SILC 2018.

2

„Niemand will das" – Stiller Protest gegen die Privatisierung von Wohnraum | "No one wants this" – Silent protest against the privatization of housing © Monika Ziegerhofer

**Solidarity-based Housing and Financing Models.**
In Berlin, rents have doubled over the past ten years. The financially weak must therefore make room for a more affluent population in their own familiar environments. Under pressure from the population,[25] the municipal government of Berlin has acquired 670 apartments in Karl-Marx-Allee[26] in order to have a stronger say in rent pricing.[27] As a further step, a rent cap was put into place that prevents rent increases over the next five years.[28] In contrast to Berlin, the situation in Vienna appears much more relaxed, with 22.2 percent of the total housing stock classified as municipal housing and 21.2 percent as cooperative housing.[29] The city owes this to the achievements of Red Vienna in the interwar period, a historical example of a large-scale movement against the privatization of housing with all its effects on society. In 1919, the Social Democratic municipal government of Vienna launched a housing offensive to eradicate the existing health-damaging living conditions of the proletariat, which had arisen due to the liberal-capitalist orientation of the economic system and housing production according to private-capitalist criteria.[30] With the housing tax, a progressive differentiation of the taxation of habitable space, it was possible for the municipal government to purchase large properties and plots of land in order to implement its municipal housing program.[31] The rental rate was not aimed at a profit, meaning it could be reduced on average to only 4 percent of a worker's income. In the privately financed sector for lower-quality housing, the rent level was at the same time at 20–25 percent of the household income.[32] According to the architectural historian Helmut Weihsmann, "it was not the actual market price for an apartment as determined by the economy that was charged, but a political price determined according to the calculation of society as a whole."[33]

Currently, building communities represent the counter-movement to the common housing supply. Current projects such as "Bikes and Rails" in the newly emerging Vienna Sonnwendviertel—itself a part of "habiTAT," the tenement syndicate in Austria—deviate from conventions regarding organization, planning, and living. The model of the tenement syndicate represents a radical political alternative to conventional housing procurement. If capital is concreted under the heading of "housing construction in the investment sector" and land allotted for building is "for the most part withdrawn for decades

from any measures to compensate for actual housing requirements,"[34] the tenement syndicate has set itself the goal of buying real estate off the speculation market and preventing profit from being generated by housing. This is guaranteed in the long term by the fact that all 5,000 members must agree unanimously in the case of an intended separation of a residential building from the syndicate, which will most probably never happen.[35]

Community housing projects often also differ from conventions in terms of housing funding and use alternative financing options. Markus Distelberger, lawyer and consultant for community and alternative projects, developed the model of the "asset pool": Here, private individuals make their capital available and pay it into a trust account—they thus subscribe to a bond. If the money is needed again, the payout is made plus a value protection according to the consumer price index. The asset pool thus lives on permanent circulation of money. The great advantage for the investors is, in particular, the personal connection to a project financed with their own capital. Due to the interest rate based on the consumer price index, higher profits are achieved than with standard savings accounts of banks. Within six months, the southeast Styrian building community Cambium was able to fill its trust account with two million euros.[36] In these non-profit housing models, a usage fee is paid instead of rent. This contribution is calculated according to the loss in value index of 1.5 percent of the construction costs. Assuming construction costs of 2,000 euros per square meter and considering operating costs and an internal administrative charge, this fee amounts to around 6 euros per square meter.[37] Anything beyond this serves the capital accumulation of only a few.[38]

25  70,000 people signed an initiative to expropriate housing companies.

26  These apartments were not privatized until the 1990s.

27  See DPA, ed., "Berlin kauft 670 Wohnungen in der Karl-Marx-Allee," *Welt*, July 15, 2019, available online at: https://www.welt.de/politik/deutschland/article196873257/Berlin-kauft-670-Wohnungen-in-der-Karl-Marx-Allee-Deutsche-Wohnen-geht-leer aus.html?fbclid=IwAR1J ZaunpmlkejW7B5_2rGE1bQYQzGL6ntVsmatTCKzsXQobLnl8rDumxjw (accessed July 15, 2019).

28  See Brüser, "Gut wohnen für wenig Geld" (see note 8).

29  See Statistics Austria, Micro-census 2018.

30  See Helmut Weihsmann, *Das rote Wien. Sozialdemokratische Architektur und Kommunalpolitik 1919–1934* (Vienna, 2002), 10.

31  See Ulrike Zimmerl, *Siedlung und Siedlerbewegung im Wien der Zwischenkriegszeit* (Vienna, 2002), 84.

32  See Weihsmann, *Das rote Wien* (see note 30), 19.

33  Ibid., 38.

34  Wenzel Mraček, "Äpfel, Birnen, Bäume und Beton," *Wolkenschaufler* 25 (2019), available online at: https://www.gat.st/news/wolkenschaufler25 (accessed August 13, 2019).

35  See Brüser, "Gut wohnen für wenig Geld" (see note 8).

36  Ibid.

37  Calculation: 2,000 × 0.015/12 = 2.5 €/m² + 2 €/m² service charges

38  See Brüser, "Gut wohnen für wenig Geld" (see note 8).

stellt eine radikale politische Alternative zur konventionellen Wohnraumbeschaffung dar. Wird unter dem Titel „Wohnbau im Anlagebereich" Kapital betoniert und Baugrund „zum überwiegenden Teil für Jahrzehnte etwaigen Maßnahmen zur Kompensation tatsächlichen Wohnbedarfs entzogen",[34] hat sich das Mietshaussyndikat das Freikaufen von Immobilien vom Spekulationsmarkt und die Unterbindung von Profit durch das Wohnen zum Ziel gesetzt. Dies wird langfristig sichergestellt, indem im Falle einer angestrebten Loslösung eines Wohnhauses aus dem Syndikat alle 5.000 Mitglieder einstimmig zustimmen müssen, was mit an Sicherheit grenzender Wahrscheinlichkeit nie eintreten wird.[35]

Gemeinschaftliche Wohnprojekte unterscheiden sich häufig auch in der Wohnraumfinanzierung von der Konvention und wenden alternative Finanzierungsvarianten an. Markus Distelberger, Rechtsanwalt und Berater von Gemeinschafts- und Alternativprojekten, entwickelte das Modell des „Vermögenspools": Hier stellen Privatpersonen ihr Kapital zur Verfügung und zahlen dies auf ein Treuhandkonto ein – sie zeichnen somit eine Anleihe. Sollte das Geld wieder benötigt werden, wird die Auszahlung zuzüglich einer Wertsicherung gemäß Verbraucherpreisindex vorgenommen. Der Vermögenspool lebt somit von einer ständigen Geldzirkulation. Den großen Vorteil für die AnlegerInnen stellt im Besonderen der persönliche Bezug zu dem mit dem eigenen Kapital finanzierten Projekt dar. Wegen der Verzinsung nach dem Verbraucherpreisindex werden höhere Gewinne als bei gängigen Sparbüchern von Banken erzielt. Die südoststeirische Baugruppe Cambium konnte innerhalb von sechs Monaten ihr Treuhandkonto mit zwei Millionen Euro füllen.[36] In diesen nicht-profitorientierten Wohnmodellen wird anstelle der Miete ein Nutzungsbeitrag entrichtet. Dieser Beitrag wird nach dem Wertverlustindex von 1,5 Prozent der Errichtungskosten berechnet. Bei angenommenen Errichtungskosten von 2.000 Euro/Quadratmeter sowie der Berücksichtigung von Betriebskosten und einer internen Verwaltungsabgabe beträgt diese Abgabe rund 6 Euro/Quadratmeter.[37] Alles was darüber hinaus geht, dient der Kapitalakkumulation einiger weniger.[38]

**Fazit und Ausblick.** Der Wiener Wohnbau versuchte gezielt ein Wohnungsangebot für die breite Masse mit niedrigem Lohnniveau zu schaffen, um die Wohnungsversorgung und Steigerung der Wohnqualität innerhalb der Stadt für alle Menschen sicherzustellen und die Verknappung von leistbarem Wohnraum zu entschärfen. Anlegerwohnungen treiben die Entsolidarisierung der Gesellschaft voran, denn ohne Beziehung der EigentümerInnen zu Wohnungen und NutzerInnen können keine soziale Kontakte entstehen. Finanziell Schwache fallen dabei aus dem Rahmen freifinanzierter Wohnungsversorgung und werden durch steigende Mieten aus dem gewohnten Umfeld vertrieben. Einkommensschwache müssen einen hohen Wohnkostenanteil leisten, während sich die Politik immer mehr aus der sozialen Verantwortung zurückzieht – ein Rückschritt in das 19. Jahrhundert?

Anfang November 2019 wurde nach 15-jähriger Pause wieder ein Wiener Gemeindebau feierlich eröffnet. Der „Barbara-Prammer-Hof" zitiert semantisch alle charakteristischen Elemente seiner Vorgänger aus der Zwischenkriegszeit: die Hofform, die großen roten Lettern an der Hauptfassade und die Investition in mit sozialdemokratischen Werten aufgeladenen Kunstinstallationen. Der im Feld der Architektur, Stadtkultur und Immobilienwirtschaft tätige Journalist Wojciech Czaja diagnostiziert, dass man „ein Bekenntnis zum sozialen Gesamtkunstwerk wie anno dazumal […] vergeblich suchen [wird]. Doch in Zeiten exorbitant steigender Wohnkosten, in denen sich die Einkommensschwächeren nicht einmal mehr den klassischen geförderten Wohnbau leisten können, ist der Gemeindebau neu immerhin ein Bekenntnis zum wirklich billigen Bauen."[39] Baugruppen greifen auf selbst geschaffene Alternativen zurück, arrangieren sich aber mit dem System der Wohnraumversorgung. Durchdrungen von selbstreflektiertem Denken und gefangen in der akademischen Blase wird dem Neoliberalismus folgend die Sache selbst in die Hand genommen. Die Gemeinschaftsprojekte müssen jedoch Acht geben, um nicht selbst als Kinder der Revolution aufgefressen zu werden, indem sie vom Neoliberalismus zu lukrativen Konditionen imitiert werden.[40]

Aufgrund der immer weiter voranschreitenden gesellschaftlichen Etablierung der Privatisierung von Sozialpolitik erscheint ein Ausbruch aus den gewohnten Mustern immer schwieriger. Historisch stellt das Erfolgsmodell der Wiener Gemeindebauten eine politisch motivierte ganzheitliche Idee des „guten" Wohnens dar, welche ein Jahrhundert später gänzlich verloren gegangen ist. Anstelle kleiner privater Initiativen müsste man wieder an den Rahmenbedingungen des Wohnens auf einer politischen und rechtlichen Ebene ansetzen, um solidarisches Wohnen garantieren zu können. Wohnen ist ein Grundbedürfnis der Menschen, die nicht zu den VerliererInnen eines als unantastbar geltenden Systems werden dürfen. Nur dann kann Wohnbau unserer heterogenen Gesellschaft gerecht werden und sich gleichsam in die diverse Struktur der Stadt einfügen, um ein friedvolles Miteinander und soziale Qualitäten über die eigenen vier Wände hinaus zu schaffen. ∎

34 Mraček, Wenzel: „Äpfel, Birnen, Bäume und Beton", *Wolkenschaufler* 25 (2019), online unter: https://www.gat.st/news/wolkenschaufler25 (Stand: 13. August 2019).

35 Vgl. Brüser: *Gut wohnen für wenig Geld* (wie Anm. 8).

36 Ebd.

37 Berechnung: 2.000 * 0,015/12 = 2,5 €/m² + 2 €/m² Betriebskosten zzgl. Mwst. + 1 €/m² Verwaltungsabgabe.

38 Vgl. Brüser: *Gut wohnen für wenig Geld* (wie Anm. 8).

39 Czaja, Wojciech: „Wie viel hat der neue Gemeindebau mit der einstigen Idee des Roten Wien zu tun?", *Der Standard*, 17. November 2019, online unter: https://www.derstandard.at/story/2000111096207/wie-viel-hat-der-neue-gemeindebau-mit-der-einstigen-idee (Stand: 20. November 2019).

40 „Couchsurfing" stellt ein 2004 gegründetes, weltweites Netzwerk von Personen dar, welche Reisenden kostenlos eine Unterkunft anbieten und selbst auf dieses Service zurückgreifen können. „Airbnb" hat dieses Konzept viele Jahre später als Plattform zur Buchung und Vermietung privater Unterkünfte kommerzialisiert.

**Conclusion and Outlook.** Vienna's social housing programs specifically attempted to create housing possibilities for the masses with low levels of income in order to ensure the supply of housing and increase the quality of urban living for all people, and to mitigate the shortage of affordable housing. Investment properties promote the desolidarization of society, as social contact cannot be established without any relationship between the owners and both their apartments and users. The financially weak fall outside the framework of privately financed housing supply and are driven out of their familiar environments by rising rents. Low-income groups must put a high proportion of their income towards accommodation costs, while politicians are increasingly withdrawing from social responsibility—a step backwards into the 19th century?

In early November 2019, after a 15-year break, a Viennese *Gemeindebau* (municipal tenement complex) was ceremoniously opened. The "Barbara-Prammer-Hof" semantically quotes all the characteristic elements of its predecessors from the interwar period: the courtyard form, the large red letters on the main façade, and the investment in art installations charged with Social Democratic values. The journalist Wojciech Czaja, who works in the field of architecture, urban culture, and the real estate industry, diagnoses that "a commitment to the social *Gesamtkunstwerk* like in the old days […] will be sought in vain. But in times of exorbitantly rising housing costs, in which those with lower incomes can no longer even afford the classic subsidized housing, a *Gemeindebau* is now at least a commitment to really affordable housing."[39] Building communities resort to self-created alternatives but come to terms with the housing supply system. Pervaded by self-reflective thinking and trapped in an academic bubble, they take matters into their own hands, following neoliberalism. The community projects must, however, be careful not to be eaten up as children of the revolution by being imitated by neoliberalism on profitable terms.[40]

As a result of the ever-increasing social establishment of the privatization of social policy, it seems increasingly difficult to break out of the familiar patterns. Historically, the successful model of the Viennese *Gemeindebau* represents a politically motivated holistic idea of "good" housing, which has been completely lost over the past century. Instead of small private initiatives, it would be necessary to return to the framework conditions of housing on a political and legal level in order to be able to guarantee solidarity-based housing. Housing is a basic need of people, who must not become the losers of a system that is considered untouchable. Only then will housing be able to do justice to our heterogeneous society and, to a certain extent, fit into the diverse structure of the city in order to create peaceful coexistence and social qualities beyond one's own four walls. ∎

*Translation: Otmar Lichtenwörther*

39 Wojciech Czaja, "Wie viel hat der neue Gemeindebau mit der einstigen Idee des Roten Wien zu tun?," *Der Standard*, November 17, 2019, available online at: https://www.derstandard.at/story/2000111096207/wie-viel-hat-der-neue-gemeindebau-mit-der-einstigen-idee (accessed November 20, 2019).

40 "Couchsurfing" is a worldwide network of people, founded in 2004, who offer travelers accommodation free of charge and who themselves can make use of this service. "Airbnb" commercialized this concept four years later as a platform for booking and renting private accommodation

# Zur Geschichte des Einküchen- hauses

## On the History of the Einküchenhaus

Günther Uhlig

Der nachfolgende Text wurde erstmals in Lutz Niethammers *Wohnen im Wandel. Beiträge zur Geschichte des Alltags in der bürgerlichen Gesellschaft*, erschienen im Peter Hammer Verlag, Wuppertal abgedruckt. Der hier mit freundlicher Genehmigung von Günther Uhlig abgedruckte Originaltext von 1979 verwendet Formulierungen und Bezeichnungen von Personen, die geschlechtsneutral zu verstehen sind.

The following text was first printed in Lutz Niethammer's *Wohnen im Wandel: Beiträge zur Geschichte des Alltags in der bürgerlichen Gesellschaft*, published by Peter Hammer Verlag, Wuppertal. The original text from 1979, reprinted here with the kind permission of Günther Uhlig, considers all person-related descriptions to be meant in a gender-neutral way.

Das Einküchenhaus und die langanhaltende Debatte um seine Realisierung ist ein Stück verlorener Geschichte. Der Grund: Seine Gegenspieler, Kleinfamilien und Familiensinn, haben sich mit Intoleranz und Anspruch auf gesellschaftliche Uniformität gegen alle alternativen Lebensmodelle durchgesetzt und sie der Lächerlichkeit und damit dem schnellen Vergessen ausgeliefert. Das Einküchenhaus markiert die Geschichte der Niederlagen von Reformideen im Wohnungsbau, in der Auseinandersetzung um ein städtisches Lebensmodell. Der Sieger jedoch, die Kleinfamilie und ihre Wohnform, die sich mit dem Programm des sozialen Massenwohnungsbaus seit den 20er Jahren dieses Jahrhunderts etablierte, ist selbst längst auf der Strecke geblieben. Durch dieselben ökonomischen Kräfte, die sie schufen, wieder infrage gestellt, verteidigt sich die Kleinfamilie noch vehement, und ihr ideologisches Ende ist noch lange nicht absehbar; ihre konkrete städtische Lebensform aber steckt in der Krise. Indiz dafür ist der soziale Wohnungsbau. Sein Programm war auf die Bedürfnisse der Kleinfamilie maßgeschneidert. Das bauliche Ergebnis, die standardisierte Neubauwohnung in der Trabantenstadt im Grünen, ist inzwischen zum Belegstück von Kommunikations- und Lebensfeindlichkeit geworden.

Neue Ansätze wird der Wohnungsbau nur finden können, wenn er sich auf neue soziale Träger bezieht. In erster Linie auf die Bewohner und auf ihre sich artikulierenden Bedürfnisse. Wenn nun z.B. Familien sich zusammenschließen, um wechselseitig die Kinderbeaufsichtigung zu übernehmen, so entwickeln sich in einer solchen Initiative erste Ansätze kollektiver Lebensformen, die jedoch ihre soziale Identität und ihren Raumbedarf noch gegen die von den isolierten, gestapelten Standardwohnungen ausgehende Kontaktsperre durchsetzen muss. Die Architektur findet in der Berücksichtigung der sozialen Bedürfnisse eine Quelle ihrer Regeneration. Eine andere ist die historische Reflexion. Die Architektur beginnt sich auf ihre Reformgeschichte, auf die Bruchstellen und die dort zurückgelassenen Elemente ihrer Alternativen zu besinnen, die der dominante Prozess ins Abseits gedrängt hat.[1] Diese Geschichtsaufarbeitung geschieht gegenwärtig auf breiter Basis in der Architektur, in der Absicht, den neu aufbrechenden Lebens- und Wohnbedürfnissen eine offene, flexible, mit historischer Erfahrung angereicherte Fachdisziplin zur Seite stellen zu können, die weder soziale Prozesse von vornherein nach Maßgabe von technischen und formalästhetischen Lösungswegen rezipiert noch aus unbewusster Fixierung auf den Hauptstrom der sozialen Entwicklung die Sensibilität für die Bedürfnisse von Minderheiten unausgebildet lässt. In der Geschichte des Zentral- oder Einküchenhauses (als Geschichte kollektiver Lebensweisen) kann die Problematik des heutigen Wohnungsbaus beleuchtet werden.

**1. Einküchenhäuser für das Bürgertum.** Was ist ein Einküchenhaus? In Deutschland um 1901 in die sozialistische Reformdebatte geworfen,[2] wird es zunächst erst einmal bekämpft und verdrängt, und erst einige Jahre später erscheint das Thema im fortschrittlichen Teil der bürgerlichen Presse wieder. Sie rezipiert ein inzwischen in Kopenhagen um 1904 fertiggestelltes Einküchenhaus. Eine Chronistin berichtet: Die 25 Familien des ersten Einküchenhauses bewohnen 3- bis 5-Zimmer-Wohnungen, in denen sie leben wie in einem anderen Haus gleicher Größe. Hinzu kommen allerdings Zentralheizung, Zentralstaubsauger und „durch Tapetentüren verdeckte elektrische Speiseaufzüge". Obzwar nun jeder in seiner Wohnung schalten und walten könne, wie er Lust habe, so gebe es doch etwas Gemeinsames: „Das Gemeinsame liegt nur darin, dass jegliche Arbeit für den Haushalt zentralisiert ist, so dass der Einzelne der Sorge für Reinigung, Luft, Licht, Wärme und Beköstigung mit ihrem Drum und Dran, von Einkaufen, Feueranmachen, Kochen, Servieren, Abwaschen etc. vollkommen enthoben ist. Wer erinnert sich nicht des köstlichen Behagens, mit dem man als Kind das Märchen vom Tischlein deck' dich hörte! Die Zentralhaushaltung ist das verwirklichte Tischlein deck' dich. Die glücklichen Bewohner stehen auf: das Frühstück ist da. Entsprechend der Verschiedenheit der Frühstücksstunde der Einzelnen wird jedem nach dem im Küchenraum sorgsam beobachteten Merkzettel auf die Minute pünktlich nach Wunsch das zierlich servierte, reichliche Frühstück aufs Zimmer befördert. Ein elektrisches Klingelzeichen ruft zum Speiseaufzug." Wir könnten noch stundenlang mitträumen oder wenigstens weiterzitieren; aber hören wir noch einen Absatz. „Es ist ein besonderes Entgegenkommen des Unternehmers, dass für Mahlzeiten an denen Gäste teilnehmen" – diese müssen eine Stunde vor den Mahlzeiten der Küche gemeldet werden –, „prächtigeres Geschirr verwendet wird. Sonstige Extrabedienung wie

1   Das Thema kollektives Wohnen wurde zur Zeit der Studentenbewegung von ArchitekturstudentInnen wieder an die hiesige Hochschul-Seminardiskussion eingeführt. Noch als Beispiele kulturrevolutionärer Modelle zur möglichst eigenen Verwendung aus der Geschichte bezogen, gerieten sie in die Phase der orthodox marxistischen Ökonomiekritik, in der die Wiederentdecker ihre neuen Wohnweisen samt Avantgarderolle (die an die Arbeiterklasse als dem neu erkannten Subjekt der Geschichte übergeben wurde) als Reformismus und Eskapismus „entlarvten". Siehe z.B.: Schlandt, Joachim: „Servicehaus, Kollektivhaus, Kommune", *Bauen und Wohnen* 4 (1971), 141–146. Andere Veröffentlichungen entstanden zur Legitimation eigener Entwürfe: Mühlestein, Erwin: „Kollektives Wohnen, gestern und heute", *archithese* 14 (1975), 3–23. Verdient gemacht um das Thema „kollektives Wohnen" hat sich die Schweizer Architekturzeitschrift *archithese* mit den Nr. 8 (1973), 12 (1974) und 14 (1975), in denen besonders die Aufsätze von Martin Steinmann und Stanislaus v. Moos zu empfehlen sind. Die historischen Vorläufer im 19. Jahrhundert dokumentieren: Bollerey, Franziska: *Architekturkonzeptionen der utopischen Sozialisten*, München 1977; Hayden, Dolores: *Seven American Utopias. The Architecture of Communitarian Socialism 1790–1975*, Cambridge 1976; sowie enger auf den Haushalt bezogen: Hayden, Dolores: „Collectivizing the Domestic Workplace", *LOTUS international* 12 (1976), 72–89. Als neue Generation von Arbeiten mit der Absicht kritischer Wiederaneignung von Reformpositionen: Pirhofer, Gottfried: „Gemeinschaftshaus und Massenwohnungsbau", *Transparent* 3,4 (1977), 38–56, und Stahl, Gisela: „Von der Hauswirtschaft zum Haushalt oder wie man vom Haus zur Wohnung kommt", in: Neue Gesellschaft für bildende Kunst (Hg.): *Wem gehört die Welt Kunst und Gesellschaft in der Weimarer Republik*, Berlin 1977, 87–108.

2   Vgl. Braun, Lily: *Frauenarbeit und Hauswirtschaft*, Berlin 1901.

The Einküchenhaus[1] is a piece of lost history, along with the long-running debate about its realization. The reason: its opponents—nuclear families and the family spirit—have prevailed against all alternative ways of life due to intolerance and a claim to social uniformity, thus placing the Einküchenhaus at the mercy of ridicule and rapid obscurity. Indeed, the Einküchenhaus is a poster child for the history of the defeat of reform ideas in the context of housing, in the endeavor to arrive at an urban model of living. Yet the winner in this struggle—the nuclear family and its housing form, having become well established through the program of mass social housing since the 1920s—has long since fallen by the wayside. Once again challenged by the same economic powers that nurtured it, the nuclear family is upholding its status, so that its ideological demise is far from certain; still, its concrete urban life form is in a state of crisis. An indicator of this is social housing. Its agenda was custom tailored to the needs of the nuclear family. The architectural result—the standardized newly built apartment in the green satellite town—has meanwhile come to represent evidence of hostility toward communication and vitality.

Housing will only arrive at fresh approaches if it agrees to engage with new social agency: first and foremost with the residents, but also with their articulated needs. When, for instance, families come together to help look after each others' children, then such an initiative gives rise to initial approaches to collective forms of living, which, however, still must assert their social identity and their spatial needs against the blockades of contact arising from standardized housing units that are isolated and stacked. In its consideration of social needs, architecture discovers a source of regeneration. Another source is historical reflection. Architecture begins to reflect on its history of reform, on the points of fracture and the elements of its alternatives now left behind, which has pushed the dominant process even further to the margins.[2] This reappraisal of history is currently playing out in architecture in a broad way, with the aim of providing the newly emerging living and housing needs with an open, flexible specialist discipline that is enriched with historical experience. This discipline neither enables social processes to be received a priori according to technical and form-aesthetic solutions, nor allows a sensitivity toward the needs of minorities to remain untouched due to an unwitting fixation of the main current of social development. The history of the Zentralküchenhaus[3] or the Einküchenhaus (as a history of collective lifestyles) that best illuminates the problematic nature of present-day housing.

## 1. Einküchenhaus for the Bourgeoisie.

What is an Einküchenhaus? Tossed into the debate on social reform around 1901 in Germany,[4] it was initially contested and suppressed, before reappearing several years later as a topic in the progressive part of the bourgeois press. Thematized in the press was an Einküchenhaus finished in Copenhagen around 1904. A chronicler reported that this first Einküchenhaus had twenty-five families residing there, each in a three- to five-room apartment, in a living situation comparable to that found in other buildings of similar size. Certain amenities were new, however, such as centralized heating, a central vacuum cleaner, and "electrical dumb waiters hidden by jib doors." Although everyone was free to do their own thing in their own apartment, there were still some commonalities: "The only common factor was how all household work is centralized, so that each individual is fully absolved of taking care of cleaning, air, light, heat, and provision of food, and of all related activities, such as shopping, lighting a fire, cooking, serving, doing dishes, etc. Who fails to remember the delightful sense of contentment that came over us as children listening to the fairy tale 'The Wishing-Table'! Centralized housekeeping is the Wishing-Table come to life. The happy residents get out of bed: breakfast is already ready. Taking the different breakfast times of the residents into consideration, memos in the kitchen are carefully monitored in order to be able to convey, at the desired time, a generous, finely served breakfast to each individual's room, catering to

1  [Translator's note: The German term "Einküchenhaus" refers to a co-housing model with a central kitchen and shared services.]

2  The theme of collective housing was reintroduced by architecture students during the period of the student movement as part of discussion in seminars at local universities. Drawn from history as examples of cultural-revolutionary models preferably for one's own use, they became embroiled in the phase of orthodox Marxist economic criticism, in which the rediscoverers "unmasked" their new ways of living, along with the role of the avant-garde (which had been handed over to the working class as the newly identified subject of history), as reformism and escapism. See, for example, Joachim Schlandt, "Servicehaus, Kollektivhaus, Kommune," *Bauen und Wohnen* 4 (1971): 141–46. Other publications were created to legitimate one's own designs: Erwin Mühlestein, "Kollektives Wohnen, gestern und heute," *archithese* 14 (1975): 3–23. Deserving of mention in relation to the topic "collective living" is the Swiss architecture magazine *archithese*, especially nos. 8 (1973), 12 (1974), and 14 (1975), in which the articles by Martin Steinmann and Stanislaus von Moos are to be particularly recommended. The historical precursors in the nineteenth century are documented by: Franziska Bollerey, *Architekturkonzeptionen der utopischen Sozialisten* (Munich, 1977); Dolores Hayden, *Seven American Utopias: The Architecture of Communitarian Socialism 1790–1975* (Cambridge, MA, 1976); and more closely referencing the household: Dolores Hayden, "Collectivizing the Domestic Workplace," *LOTUS international* 12 (1976): 72–89. For a new generation of works with the aim of critically reappropriating reform positions, see: Gottfried Pirhofer, "Gemeinschaftshaus und Massenwohnungsbau," *Transparent* 3, no. 4 (1977): 38–56, and Gisela Stahl, "Von der Hauswirtschaft zum Haushalt oder wie man vom Haus zur Wohnung kommt," in *Wem gehört die Welt: Kunst und Gesellschaft in der Weimarer Republik*, ed. Neue Gesellschaft für bildende Kunst (Berlin, 1977), 87–108.

3  [Translator's note: A residential building with a central kitchen.]

4  Lily Braun, *Frauenarbeit und Hauswirtschaft* (Berlin, 1901).

Wäsche, Ausläuferdienste, wird separat – aber alles äußerst billig – bezahlt. Billig, das ist überhaupt nicht die Lösung. Alles vollkommen aufs Beste eingerichtet und doch billig, das kann eben doch nur die zentralorganisierte Haushaltung leisten."[3]

Die Utopie des Tischlein deck' dich löste nicht nur Glücksgefühle aus. Es entstanden Stürme der Entrüstung in der konservativen Publizistik, für die der geheiligte Stand der Familie und der Ehe auf dem Spiele stand – zunächst aber ließ sich eine Gruppe von Reformern anstacheln, das nächste Experiment in Berlin zu riskieren. 1908 hatte noch die „hohe Warte" ebenfalls in einer Rezension des Kopenhagener Modells geschrieben, dass es sich beim „Einküchenhaus" um „das städtische Mietshaus der Zukunft" handle, und gefragt, wann Berlin – endlich! – folge.[4] 1909 war es soweit. Die „Einküchenhausgesellschaft der Berliner Vororte" eröffnete am 1. April fünf Einküchenhäuser.[5] Erbaut von den renommiertesten Berliner Architekten, waren die Wohnungen schon Monate vor der Fertigstellung vermietet. Damit war die Richtigkeit und Notwendigkeit des Projektes bewiesen, so urteilte kurz darauf die progressive Presse, wenn sie auch – leider – konstatieren musste, dass das Projekt, nicht die Idee, zunächst gescheitert sei: Schon ein Monat nach Betriebsbeginn hatte die Einküchenhausgesellschaft Konkurs angemeldet. Die mit viel Propaganda gestartete Bewegung, die das Problem auf der Grundlage des Kapitalismus, und mit der Zusammenfassung individueller Dienstboten zu einem gastronomischen Servicebetrieb lösen wollte, erlitt einen Rückschlag, auch wenn der neue Besitzer die Berliner Häuser dann mit ausreichender Rendite weiterführen konnte. Erst im Verlaufe der 20er Jahre wurden Einzelküchen in die Wohnungen eingebaut.

Mit dem ersten Versuch in Deutschland intensivierte sich auch die fachliche Auseinandersetzung. Wie zukunftsreich war das Modell? Für den Bürger standen natürlich nicht nur die sogenannten Dienstbotenkalamitäten auf dem Spiel, von denen das Einküchenhaus stets zu befreien versprach. Die Aggression und angstbesetzte Abwehr, die das Einküchenhaus auslöste, bezeichnete tiefere Risse und Probleme innerhalb des Bürgertums selbst. Ökonomischen Umschichtungen ausgesetzt, die ihn sozial immer nach unten zwängen, wäre für den *petit bourgeois*

eine Zentralisierung und Rationalisierung seines aufwendigen Prestigehaushaltes, den er nicht mehr bezahlen konnte, an sich die ihm genau angemessene Strategie gewesen. Aber er wehrte sich gegen die Zumutung, vor die ihn das Einküchenhaus setzte und die einen Sprengsatz für seine gesamte Familienstruktur hätte bedeuten können, und suchte die gefährdeten Insignien seines Wohlstandes hochzuhalten. Obzwar eine dünne intellektuelle Avantgarde des Bürgertums das Einküchenhaus besetzte und sich darin offenbar wohl fühlte, fehlte die breite Resonanz, die größere private Investoren auf den Plan gerufen hätte. Vorurteilslose Architekten versuchten nun, sich in dieser diffusen Situation der Sache als Promoter anzunehmen, die vielleicht, richtig angepackt und den richtigen Kreisen schmackhaft gemacht, neue Aufträge einbringen konnte. Der Architekt W. C. Behrendt befragte 1909 einige Kollegen. Aber auch ihre zuversichtlichen Statements lockten die Geldgeber nicht aus der Reserve.[6] Henry van de Velde z.B. irrte sich schlicht, als er meinte, dass „wirklich gar kein Grund" vorläge, „sich über das Geschick und über die Zukunft der Idee des ‚Einküchenhauses' zu beunruhigen. Diese Idee ist in sozialer und kultureller Hinsicht so ausgezeichnet, dass nichts sie wird hindern können ihren Weg zu machen. Und das umso mehr, als sie unfehlbar ein gutes Geschäft sein muss und glänzende pekuniäre Erfolge erzielen wird, wenn sich Persönlichkeiten mit ihr befassen, die in dieser Art von Ausnutzung kompetent sind."

3 Schwimmer, Rosika: „Zentralhaushaltungen", *Die Umschau* 52 (1907), 1024–1029, hier 1026f.

4 Lux, Joseph August: „Das Zentralküchenhaus", *Hohe Warte* (1908), 48.

5 Vgl. Einküchengesellschaft der Berliner Vororte und Gesellschaft für neue Heimkultur zur Reform des Wohnungs-, Haushaltungs- und Erziehungswesens (Hg.): *Das Einküchenhaus und seine Verwirklichung als Weg zu einer neuen Heimkultur*, Berlin 1908. Diese sehr informative und apart aufgemachte Programmbroschüre enthält auch Modellfotos und Lagepläne der in Friedenau und Lichterfelde projektierten Entwürfe von Muthesius und Geßner. Zusammenfassung (ebenfalls mit Fotos) in: „Die Berliner Einküchenhausbewegung", *Dokumente des Fortschritts* (1909), 129–140.

6 Vgl. Behrendt, Walter Curt: „Probleme des Einküchenhauses", *Neudeutsche Bauzeitung* (1909), 465–474. Im Aufsatz sind die Urteile renommierter Architekten wiedergegeben: August Endell, Carl Jentsch, Karl Scheffler, Fritz Schumacher, Paul Schultze-Naumburg und Henry van de Velde. Die folgenden Zitate vgl. 470f.

their very wishes. An electrical bell signal alerts them to the arrival of the dumb waiter." We could spend hours enjoying this dream or at least continuing to quote from the article, but let us content ourselves with one more paragraph: "Providing more opulent tableware for meals attended by guests"—necessitating notice given to the kitchen an hour before the given meal—"displays special goodwill on the part of the building administrator. Other extra services, such as laundry or running errands, are paid separately—but everything is extremely cheap. Yet cheapness is not the actual solution. Only centrally organized housekeeping can manage to keep everything perfectly arranged and still cheap at the same time."[5]

The utopia of the Wishing-Table, however, does not merely elicit feelings of joy. It also sparked storms of indignation in the conservative papers, where the sanctified state of marriage and family were at stake—still, a group of reformers could be incited to risk the next experiment in Berlin. In 1908, those taking "the high road" wrote, likewise in a review of the Copenhagen model, that the Einküchenhaus was "the urban tenement building of the future" and openly wondered when Berlin would—finally!—follow in its tracks.[6] The time had come at last in 1909. A society called "Einküchenhausgesellschaft der Berliner Vororte" (Einküchenhaus Association of the Berlin Suburbs) opened five versions of the Einküchenhaus on April 1.[7] Built by the most renowned Berlin architects, the apartments already had renters months before completion. This, in fact, proved the appropriateness and necessity of the project, as the progressive press determined soon thereafter, even if it was also forced to establish—sadly—that the project, though not the idea behind it, had failed: only one month after the start of operations, the Einküchenhausgesellschaft filed for bankruptcy. The movement, which had begun with a great deal of propaganda and which pursed the aim of solving the [housing] problem by tapping into the foundations of capitalism and by bringing individual domestic servants together to create a gastronomic service company, received a severe blow—despite the new owner of the Berlin buildings actually being able to continue operations due to sufficient yields. Not until the 1920s were individual kitchens installed in the apartments.

The first such experiment in Germany also served to intensify professional discussion in the field. How promising was this model for the future? For the citizens themselves, it was of course not only the so-called servant calamities that were at stake, from which the Einküchenhaus promised liberation. The aggression and angst-fueled resistance triggered by the Einküchenhaus indicated deeper fissures and problems

within bourgeois society itself. A highly appropriate strategy for members of the petite bourgeoisie, who were subjected to economic restructuring that propelled them ever lower socially, would have been a centralization and rationalization of their costly household of prestige, which they could no longer afford to uphold. But they resisted the imposition which arose in the face of the Einküchenhaus and which could have been an explosive charge for their entire family structure, instead striving to uphold the endangered insignia of their prosperity. Although a thin intellectual bourgeois avant-garde inhabited the Einküchenhaus and clearly felt comfortable there, a broad resonance was lacking, which would have brought larger private investors to the scene. In this diffuse situation, unbiased architects were now trying to embrace the endeavor as promoters who, with the right approach and by making it appealing to the right circles, might just succeed in garnering new commissions. W. C. Behrendt consulted several fellow architects in 1909. But even their sanguine statements could not break through the reserve of potential funders.[8] Henry van de Velde, for instance, was clearly mistaken in thinking that there was "really no reason" to trouble oneself "with the craft and with the future of the Einküchenhaus idea." Yet this very idea is so socially and culturally outstanding that nothing could stop it from making its own way. And this all the more as it must infallibly be a good investment and would attain radiant pecuniary success if personalities who have competence in this kind of utilization would but focus on the issue.

The personalities mentioned here, however, overlooked both the Einküchenhaus idea and the Berlin examples. Perhaps Van de Velde himself even provides the reason for this rejection when he continues (though emphatically in the affirmative): "Besides, this idea carries the seed of an even more complete community among the people living in the same house. For we will not long content ourselves with a building in which only the kitchen is shared …" In this line of thought,

5    Rosika Schwimmer, "Zentralhaushaltungen," *Die Umschau* 52 (1907): 1024–1029, esp. 1026–1027.

6    Joseph August Lux, "Das Zentralküchenhaus," *Hohe Warte* (1908), 48.

7    See Einküchengesellschaft der Berliner Vororte und Gesellschaft für neue Heimkultur zur Reform des Wohnungs-, Haushaltungs- und Erziehungswesens, ed., *Das Einküchenhaus und seine Verwirklichung als Weg zu einer neuen Heimkultur* (Berlin, 1908). This highly informative and distinctively designed program brochure also contains model photos and site plans of designs by Muthesius and Geßner projected onto Friedenau and Lichterfelde. A summary is found in: "Die Berliner Einküchenhausbewegung," *Dokumente des Fortschritts* (1909), 129–40.

8    See Walter Curt Behrendt, "Probleme des Einküchenhauses," *Neudeutsche Bauzeitung* (1909), 465–474. In this article, the opinions of renowned architects are presented: August Endell, Carl Jentsch, Karl Scheffler, Fritz Schumacher, Paul Schultze-Naumburg, and Henry van de Velde. For the following quotes, see pages 473–474. [Translation: Dawn Michelle d'Atri.]

Die Persönlichkeiten aber, von denen hier die Rede ist, ließen sowohl die Einküchenhausidee als auch die Berliner Beispiele allein. Möglicherweise hat van de Velde den Grund der Ablehnung selbst mitgegeben, wenn er (allerdings emphatisch zustimmend) fortfährt: „Außerdem trägt sie, die Idee, den Keim einer noch vollständigeren Gemeinschaft zwischen in demselben Hause lebenden Menschen in sich. Denn wir werden uns nicht lange mit dem Haus begnügen, in dem nur die Küche gemeinschaftlich ist [...]" Van de Velde wird sodann noch deutlicher und erinnert sich, dass schon vor 18 Jahren der Anarchist Kropotkin in seinem Buche *La Conquête du Pain* den Gedanken des Einküchenhauses verkündet und gepriesen habe. Wörtlich habe er geschrieben, dass es „zwischen 12 und 2 Uhr sicher 20 Millionen Amerikaner und ebenso viele Engländer" gibt, „die alle Rinder- oder Hammelbraten essen, Schweinefleisch, Kartoffeln und Gemüse. Und 8 Millionen Öfen brennen während 2 bis 3 Stunden, um all das Fleisch zu braten und das Gemüse zu kochen, 8 Mill. Frauen verbringen ihre Zeit damit, die Mahlzeiten zu richten, die vielleicht alle zusammen nur aus 10 verschiedenerlei Gerichten bestehen." Dieser Satz taucht dann im Verlaufe der weiteren Publizistik um das Einküchenhaus immer wieder auf, es ist aber sicher kein Zufall, dass der ursprüngliche Autor verschwiegen wurde. Nur van de Velde insistiert: Es sei für ihn von Reiz, so bekennt er zu sehen, dass die Idee der Zentralküche schon vor so langer Zeit von „kommunistischen Ideologen" vertreten worden sei und dass wir „gar nicht mehr davor zurückschrecken, eine Idee, sogar einen Fortschritt von dem Nachbar zu übernehmen, selbst von dem, der uns am meisten verhasst ist, vorausgesetzt, dass wir diese Idee, diesen Fortschritt in Geld umsetzen können und dass die Taler in unsere Tasche rollen".

Nun, van de Velde wird in diesem Punkt zu naiv gewesen sein. Spätere Verfechter der Zentralküchenhäuser – einschließlich proletarischer Provenienz – haben dann auch diesen Fehler zu vermeiden und geflissentlich jegliche Verbindung mit der unfeinen Vergangenheit der Einküchenhäuser zu übertünchen versucht. Sogar die Option auf „mögliche weitergehende Gemeinsamkeiten" wurde nach Möglichkeit abgestreift und in einer Art Selbstzensur von vornherein baulich unterbunden. Diese pragmatisch orientierten Vertreter des Einküchenhauses kannten ihre Pappenheimer besser. Lassen wir als ihr Sprachrohr den konservativen Architekten Schultze-Naumburg fungieren, der an derselben Stelle wie van de Velde die Gegenposition bezog. Er witterte instinktsicher in den Einküchenhäusern eine Verkümmerung des Seelischen und ließ sie nur als Abfütterungsanstalten in Notzeiten gelten. Im Übrigen waren sie für den Neo-Biedermeier Architekten Schultze-Naumburg typisches Kuriosum der von ihm geschmähten Großstadt Berlin.

In Deutschland hat es nach dem Debakel um 1909 mit den Berliner Häusern bis 1919 keine nennenswerten weiteren Versuche gegeben. In Zürich aber betrieb um 1915 ein Sozialreformer namens Oskar Schwank die Gründung einer „Wohn- und Speisehausgenossenschaft". Sie baute im folgenden Jahr

das Gemeinschaftshaus, das im Volksmund das „Amerikanerhaus" genannt wurde. Es ist, so schrieb kürzlich ein Biograf dieses Hauses, seither nur wenig verändert worden und geeignet, die ursprünglichen Kommuneideen, die dem Plan zugrunde gelegen hatten, noch spürbar werden zu lassen.[7] Zu vermuten ist, dass der Gründer die anderen europäischen Beispiele gekannt hat.[8] Zwar ist die ursprüngliche Idee verwässert worden, da man nachträglich Einzelküchen einplante, während die Zentralküche zum Restaurant umgebaut wurde; die Bewohner scheinen jedoch von der Ausstrahlung auch des reduzierten Hauses infiziert worden zu sein. In der erwähnten Reportage kommen noch einige der ersten Bewohner zu Wort. Es wird berichtet, dass sie leuchtende Augen bekämen, „besonders wenn man von den zwanziger und dreißiger Jahren spricht, in denen das soziale Leben in diesem Hause eine Blütezeit erlebt haben muss. Frau Müller kennt noch die Geburtsdaten der ‚Alten', Frau Ochsner war vor dem Krieg mit rund einem Viertel der Hausbewohner ‚duzis'. Alle berichteten von Festen. Zur

# „Architektur ist ganz generell ein Medium oder Modus der I Koexistenz'. Jede Form des k Gesellschaft bezeichnet wird, wird von dieser permanent m zu werden)."
Heike Delitz, *GAM.16*, S. 78

Einweihung der Galeriefenster im vierten Stock hängte man Lampions auf, ein Trichtergrammophon quäkte Tanzmusik durch die Gänge, Frau Ochsner kochte Kaffee und verkaufte Bier. Jeder brachte seinen Stuhl mit. Auf der Galerie wurde getanzt. Ein Fest gab es auch, als der Spezerei'-Steiner vom Parterre aus Amerika zurückkehrte und in Ochsners Stube Salami, Bier und Wein ausgab, bis die Polizei morgens um vier einschritt." Und ein Bewohner, der seit 1923 dabei ist, ergänzte: „Wenn zwei oder drei auf der Galerie zusammensaßen, dann kamen bald andere heraus, um dabeizusein. Oft jassten wir und hörten dabei Grammophonmusik. Manchmal zogen wir uns auch in eine Wohnung zurück, wenn es allzu laut wurde.

7    Vgl. Trösch, Peter: „Idastrasse 28, Zürich-Wiedikon", *Tagesanzeiger Magazin* 3, Beilage zum *Tagesanzeiger für Stadt und Kanton Zürich*, 17. Januar 1975, 7–12. Erste Hinweise auf das Haus gibt: Steinmann, Martin: „Das Laubenganghaus", *archithese* 12 (1974), 3–12, hier 7f.

8    In jedem Fall kannte Schwank die Familistères von Godin in Guise, denen er sein Gebäude nachempfunden hat.

Van de Velde then clarifies and recalls how, eighteen years before, the anarchist Kropotkin had presented and lauded the idea of the Einküchenhaus in his book *La Conquête du Pain* [translated as *The Conquest of Bread*]. He is said to have written that "between twelve and two o'clock there are more than twenty million Americans and as many Englishmen who eat roast beef or mutton, boiled pork, potatoes, and a seasonable vegetable. And at the lowest figure eight million fires burn during two or three hours to roast this meat and cook these vegetables; eight million women spend their time to prepare this meal, that perhaps consists at most of ten different dishes." This sentence appears again and again in further published material on the Einküchenhaus, but it is surely no coincidence that the original author was kept secret. Still, Van de Velde insists: for him, it is admittedly appealing to see how the idea

in time as Van de Velde. He instinctively scented mental degeneration in the Einküchenhaus and only accepted it as an establishment for providing sustenance in times of need. Otherwise, for the neo-Biedermeier architect Schultze-Naumburg, this type of housing was merely a typical curiosity of the, in his eyes, reviled metropolis of Berlin.

In Germany, after the fiasco around 1909 with the Berlin buildings, no noteworthy related attempts were made until 1919. In Zurich around 1915, however, a social reformer by the name of Oskar Schwank initiated the founding of the "Wohn- und Speisehausgenossenschaft" (Residential and Food Cooperative). The following year, they erected the shared house, which was commonly called the "Amerikanerhaus" (American House). As was recently written in a biography of this house, the building has hardly been changed since its early days and is suitable for allowing the original communal ideas, which formed the foundation of the original plan, to still be palpably

sozial aktiv und nicht passiv zu verstehen, sie ist
ektiven Existenz, oder, sie ist die ‚Basis der sozialen
ktiven Lebens, ob dieses nun als Gemeinschaft oder
t eine spezifische architektonische Gestalt – und
ervorgebracht (statt nur noch ausgedrückt

of the central kitchen had already been represented by "communist ideologies" so long ago and that we "no longer shy away from adopting an idea, an innovation, from our neighbors, even from those who are most hated, provided that we can turn this idea, this innovation, into money and that the thalers in our pockets roll."

Now, Van de Velde was surely too naïve in this respect. Later advocates of buildings with central kitchens—including those of proletarian provenance—tried to avoid this mistake and to deliberately cover up any association with the indelicate past of the Einküchenhaus. Even the option of "possible further commonalities" was cast off if possible and architecturally inhibited in the first place through a kind of self-censorship. These pragmatically minded proponents of the Einküchenhaus knew exactly what they were dealing with. Let us allow the conservative architect Schultze-Naumburg be their mouthpiece, as he took the opposite position at the same point

felt.[9] One must assume that the founders knew of the other European models.[10] While the original idea was watered down, considering that individual kitchens were included in the planning later and the central kitchen turned into a restaurant, the residents appear to have been captivated by the charisma of the building, even in its reduced form. In the aforementioned report, some of the first residents are given a chance to speak. It is chronicled that they got bright-eyed, "especially when talking about the 1920s and 1930s, a period when social life in this building must have been flourishing. Frau Müller still remembers the birthdays of the 'older ones,' while Frau Ochsner was

9    See Peter Trösch, "Idastrasse 28, Zürich-Wiedikon," *Tagesanzeiger Magazin* 3, supplement to the newspaper called *Tagesanzeiger für Stadt und Kanton Zürich*, January 17, 1975, 7–12. Initial information about the building was provided by: Martin Steinmann, "Das Laubenganghaus," *archithese* 12 (1974). 3–12, esp. 7–8.

10   In and around Dalmonh ome familiar with Berlin's Familienhaus in Rehan according to which he modeled his own building.

Eine ganze Reihe von Hausbewohnern war fast immer dabei: Zehnders, Ochsners, der Merzgöpfi, Josefine Scheiwiller vom Tabaklädeli und andere."[9]

Ein Beispiel wollen wir noch erwähnen, das in Deutschland von einem Regierungsbaumeister namens Wilhelm Rave ausgedacht und 1919 veröffentlicht worden ist.[10] Hören wir, wie anders er sich Bedürfnisse und Zusammenleben der Menschen in seinem Zentralküchenhaus vorstellt, das sich „Wohngruppenhaus mit Bedienungsgemeinschaft" nennt. Die in Reihe addierten Wohnungen haben keine gemeinsamen räumlichen Bezüge, sondern sind völlig unabhängig voneinander angelegt. Denn gemeinsame Einrichtungen wie Galerien und Höfe (wie im Züricher Amerikanerhaus) oder gar Lese- und Speisesäle, so weiß es der Projektant, sind „für eine allgemeine Verbreitung in deutschen Landen ungeschickt" und könnten allenfalls „auf einige Wochen in der Sommerfrische ertragen werden". Stattdessen wird ein sog. nationalwirtschaftlicher Begründungszusammenhang angeboten: Durch die Umwandlung der Dienstboten in Lohnarbeiter sei der Bourgeoisie weit eher gedient als

mit der unproduktiven Dienerschaft. Die Vorteile der „Dienstbotengemeinschaft", die sein Haus vorsehe, ermögliche es nun, die Zahl der Dienstboten drastisch zu verringern, ohne dass man um „schädigenden Einfluss auf die gehobenen Volkskreise" sich besorgen müsse. Bebel mokierte sich über Herrn v. Treitschke, der ausgerufen haben soll: „Ohne Dienstboten keine Kultur!"[11] Rave belässt auch, dem eingedenk, einige seinem Haus, die durch „Kochen und Waschen, den Wert der Verbrauchsgüter" erhöhen und „ihrer Herrschaft durch Übernahme niederer Arbeiten wertvollere Leistungen auf wirtschaftlichem und kulturellem Gebiet" ermöglichen. Der Rest der Dienstboten kommt in die Fabrik, wo er „Kräfte frei" macht, „die durch Herstellung von Ausfuhrgütern unmittelbar dem Volksganzen nützlich gemacht werden können". Diese Reformfantasien eines besseren Lebens sollten in einem Flachbau untergebracht werden, der, das schlechte Image des großen Miethauses vermeidend, gegenüber den Villenbebauungen gerade noch so viel Konzentrierung aufweist, dass die horizontale Speisetransportanlage technisch beherrscht werden kann.

Dieser Rufer blieb ohne Widerhall. Das Wiener Einküchenhausmodell hingegen wurde realisiert. Schon vor dem Krieg von rührigen Sozialreformern als mittelständische Baugenossenschaften gegründet, hatte die „Heimhof-Genossenschaft" 1912 ein Heim für alleinstehende berufstätige Frauen gebaut. Vom Erfolg dieses ersten Einküchenhauses ermutigt, ging man 1922 daran, ein Familienküchenhaus zu errichten, das aus Geldmangel zunächst auf den ersten Bauabschnitt mit 24 Wohnungen beschränkt, vier Jahre später dann mit Geld und Baugrund der Gemeinde Wien auf volle Größe – 246 zumeist Zwei- und Einzimmerwohnungen kamen hinzu – ausgebaut wurde. Waren die Wohnungen und Zimmer auch klein, so „erfüllte das Haus doch alle Träume von einem hauswirtschaftlich unbeschwerten Leben", berichtete eine der Vorsitzenden der Heimhof Genossenschaften deutschen Lesern.[12] Zentralküche, Speisesaal, Gesellschaftsraum, in dem auch Tageszeitungen auslagen, standen zur Verfügung, und neben Bädern und Duschen gab es später noch einen Kindergarten. Wenn man den Speisesaal nicht benützen wollte, dann brachte ein Aufzug die Speisen

in die Wohnung. Pro Stockwerk versah ein Dienstmädchen die nötigen Arbeiten. Eine Zentralwäscherei übernahm zum Selbstkostenpreis die Besorgung der Wäsche. In den meisten seiner Gemeinschaftseinrichtungen unterschied sich der Heimhof nicht von denen des Wiener Gemeindewohnbaus, während der gemeinnützige Wohnungsbau in Deutschland derselben Zeit den Komfort parzellierte und jeder einzelnen Standardwohnung zuzuschlagen suchte. Das wichtigste Unterscheidungsmerkmal blieb die Zentralküche, in der die einzelnen „Zwerghaushalte" aufgegangen sind. Verkürzt wäre es, darin nur arbeitstechnische

9   Trösch: „Idastrasse 28", 9f. (wie Anm. 7).

10  Vgl. Rave, Wilhelm: „Wohnungsgruppen mit Bedienungsgemeinschaft. Ein Vorschlag für die Bedürfnisse des Mittelstandes", *Der Städtebau* 3,4 (1919), 34–39.

11  Wiedergegeben in Bebel, August: *Die Frau und der Sozialismus*, Berlin/Bonn 1977 (Nachdruck der 1929 erschienen Jubiläumsausgabe, zuerst 1879), 473. Bebel plädiert in den Kapiteln über Küche und Ernährung für Haushaltszentralisierung.

12  Urban, Gisela: „Das Wiener Einküchenhaus", *Westfälisches Wohnungsblatt* 17.6 (1927), 234–238; vgl. auch Schlesinger, Therese: „Das erste Familieneinküchenhaus in Wien", *Die sozialistische Genossenschaft* 2 (1922), 96–97.

on a first-name basis with about a quarter of the building's residents before the war. Everyone was talking about the celebrations. To inaugurate the windows on the gallery level of the fifth floor, paper lanterns were hung up, a horn gramophone bleated dance music through the hallways, Frau Ochnser brewed coffee and sold beer. Everyone brought their own chair. People danced on the gallery level. There was also a celebration when the owner of Steiner's Spices from the ground floor returned from America and treated everyone to salami, beer, and wine in the Ochsners' parlor, until the police intervened around four in the morning." And one resident, who has lived there since 1923, added: "When two or three people were sitting together on the gallery level, then soon others would come out to be there too. Often we played Jass while listening to music on the gramophone. Sometime we withdrew to one of the apartments, if it got way too loud. A whole range of residents were almost always there: the Zehnders, Ochsners, the Merzgöpfi, Josefine Scheiwiller from the little tobacco store, among others."[11]

Let us mention another model, which was conceived in Germany by a government architect named Wilhelm Rave and published in 1919.[12] We can hear about his very different idea of the needs and cohabitation of people in his Zentralküchenhaus, which was called "Wohngruppenhaus mit Bedienungsgemeinschaft" (Residential Group Building with Collective Services). The apartments, which were added in series, lack any common spatial references but were rather designed to be completely independent. In fact, common facilities like gallery levels and courtyards (as found in the Amerikanerhaus in Zurich) or even reading and dining halls were, according to the project designer, "too unfavorable for general circulation in the German-speaking countries" and could, at best, only be "borne for several weeks in a summer retreat." Instead, a so-called "national economic context of rationale" was offered: turning servants into wageworkers was considered to be much more beneficial for the bourgeoisie than unproductive domestic servants. The advantages of the "community of servants" envisaged for his building would now make it possible to drastically reduce the number of servants without dealing with the "detrimental impact on sophisticated segments of the population." Bebel mocked Herr von Treitschke, who is said to have proclaimed: "Zero culture without servants!"[13] With this in mind, Rave entrusted his house to servants, who through "cooking and washing heighten the value of the commodities" and facili-

tate, "with their mastery of basic work, more valuable services in an economic and cultural sphere." According to him, the rest of the servants belong in the factory, where they can "set power free" which "can be made directly useful to the people as a whole, through the production of export commodities." These reform fantasies of a better life were to play out in a low-rise building, which, in avoidance of the poor image of the large-scale tenement building, displayed just enough concentration in contrast to villa developments that the horizontal food-handling system could be technically mastered.

This call met with little resonance. The Vienna Einküchenhaus model, in turn, came to fruition. Already established before the war as a medium-sized building cooperative by enterprising social reformers, the "Heimhof-Genossenschaft" built a home for single working women in 1912. Emboldened by the success of this first Einküchenhaus, the building of a central kitchen housing block for families commenced in 1922, yet due to a shortage of funds, construction was limited to the first building phase with twenty-four apartments. Four years later, thanks to funding and a plot from the Vienna municipal authority, it was expanded to full size; 246 apartments were added, most with one or two rooms. As one of the chairs of the Heimhof-Genossenschaft told German readers, even though the apartments and rooms were small, "the building still fulfilled all dreams of a life free of household chores."[14] A central kitchen, dining hall, and lounge with daily newspapers were all available, and in addition to the bathrooms and showers, a kindergarten was also later added. If someone didn't want to use the dining hall, then meals were brought to the apartment using a dumb waiter. On each story, a maidservant carried out the necessary work. A central laundry facility took care of clothes washing at a net cost price. In terms of its shared facilities, the Heimhof was not much different than Vienna municipal housing, whereas the nonprofit housing in Germany during the same period took a parceling approach to comfort and sought to pounce on all individual standard dwellings. The most important differentiator was still the central kitchen, through which the individual "dwarf households" came together. It would be short-sighted

11 Trösch, "Idastrasse 28," 9–10 (see note 9).

12 See Wilhelm Rave, "Wohnungsgruppen mit Bedienungsgemeinschaft: Ein Vorschlag für die Bedürfnisse des Mittelstandes," *Der Städtebau* 3, no. 4 (1919): 34–39.

13 Reproduced in August Bebel, *Die Frau und der Sozialismus* (Berlin and Bonn, 1977) (reprint of the anniversary edition of 1929, first published in 1879), 473. In the chapters on kitchens and nutrition, Bebel advocates household centralization.

14 Gisela Urban, "Das Wiener Einküchenhaus," *Westfälisches Wohnungsblatt* 17, no. 6 (1027). 204–238, see also Therese Schlesinger, "Das erste Familieneinküchenhaus in Wien," *Die sozialistische Genossenschaft* 2 (1909): 04–07.

Bequemlichkeiten zu erblicken. Das soziale Potenzial wird etwas erkennbarer, wenn man sich vorstellt, dass im Heimhof die übliche disziplinierende Hausherrschaft, der sich der Mieter stets zu unterwerfen hat, nicht nur eigentumsrechtlich durch die Genossenschaftsstrukturen aufgehoben war, sondern überdies noch in einem tätigen und diskutierenden Sinne: Alljährlich wurden Hausbewohner gewählt, die für die Verwaltung sowie für die Führung der Zentralküche verantwortlich waren. Sie beriefen regelmäßig Hausversammlungen ein, in denen Anregungen und Beschwerden der Hausbewohner besprochen wurden.[13]

Erstaunlich ist auf den ersten Blick, dass trotz der Einwände, die der Großstädter zur Verteidigung seines sogenannten „Distanzbedürfnisses" und zur Vermeidung von „sozialer Kontrolle" gegen das Einküchenhaus vorbringen könnte, das Modell keinen breiten Anklang gefunden haben soll. Die Wünsche der Bewohner und derer, die es gerne geworden wären, dürften wohl sehr im Gegensatz gestanden haben zu den Ansichten, die man sich in den üblicherweise zögerlich-reaktionären Kapitalfraktionen, die im Wohnungsbau langfristige Anlage suchen, über diese „Utopien" gemacht und ausgestreut hat. Aber daran lag es nicht allein. Eine kulturelle Massenströmung hätte allemal Kapitalgeber gefunden. Die Zahl der bürgerlichen Interessenten blieb auch in Wien beschränkt. Das von innen her bedrohte aufwendige bürgerliche Familienleben war nicht für das paradoxe Modell zu seiner Rettung zu gewinnen, nicht zur Hereinnahme von Öffentlichkeit zur Wahrung seiner Intimität und nicht einmal zum Ersetzen der ökonomisch und sexuell bedrohlich gewordenen Dienstboten durch Maschinenkraft konnte sich der Kleinbürger entschließen. Er wahrte stattdessen seine Prestigesymbole und gebot über die verkleinerte Menagerie, über Kleinfamilie und Zugehfrau. – Historisch dokumentierten zumindest die Nationalsozialisten genau die Bedrohung, die vom Heimhof Wien ausging: Sie schlossen Zentralküche und Gesellschaftsraum.

**2. Einküchenhaus in Arbeiter- und Frauenbewegungen.** Die bisher vorgestellten Einküchenhäuser, auf kapitalistischer Basis betrieben und nur für bessergestellte Kreise zugänglich, galten den sozialistischen Bewegungen als individualistische Versuche. Sie blieben in der Tat Einzelereignisse, es fehlte ihnen die Verknüpfung mit gesellschaftlichen Trägern, mit Reformbewegungen, die sich der häuslichen Zentralwirtschaft als Ziel oder Mittel für weitere Ziele bedient hätten. Wir werden im folgenden einige Seiten dieser Reformgeschichte rekapitulieren. Das Einküchenhaus ist in ihr Theorie geblieben. Der schließlich von Gewerkschaften und SPD mitgetragene soziale Massenwohnungsbau verzichtete auf die vorgeschlagene Verknüpfung von Reform der Konsumwirtschaft und Reform des Wohnungswesens, die sich im Zentralhaushalt als Doppelstrategie verwirklichen sollte. Einzelhaushalt und Kleinfamilie und nicht die Sozietät größerer Familieneinheiten formten am Ende den sozialen Massenwohnungsbau.

Gegen 1900 begann die Debatte. Ihren Höhepunkt und gleichzeitigen Abriss erfuhr sie um 1919/21, zur Zeit der Weltwirtschaftskrise flackerte sie noch einmal auf.

1901 legte die Sozialdemokratin Lily Braun ihr Reformmodell vor.[14] Ihr Referat vor dem Arbeiterinnen-Bildungsverein über Wohnkultur und Hauswirtschaftsreform für die Arbeiterschichten wurde allerdings von anderen Problemen und Perspektiven verdrängt. Die SPD hatte gerade eine Initiative vorbereitet, die vom Reich ein Vorgehen gegen die Wohnungsnot verlangte. In der Resolution des Lübecker Parteitags zum Wohnungsproblem wurde gefordert, dass Staat, Länder und Kommunen schleunigst die Wohnungsnot beseitigen sollten. Waren die Genossenschaften nach Mehrheitsmeinung des Parteitages „eine zeitweilig nützliche Ergänzung zu der von den Gemeinden, Staaten und dem Reiche zu ergreifenden Maßnahmen zur Linderung der Wohnungsnot", so warnte er gleichzeitig vor „einer Überschätzung der Bedeutung der Baugenossenschaften".[15]

Welche Chance mögen die im Hinblick auf genossenschaftliche Stützung formulierten Wohnreformen von Lily

**"Architecture is generally to b and not passive, it is a mediur or, it is the 'basis of social coe tive life, wether it is called co cific architectural design — ar (rather than merely expresse**

Braun gehabt haben, wenn es forsch hieß, dass nunmehr die Arbeiterbewegung im Beginn einer Phase stehe, in der die inselhafte Selbsthilfe aufzugeben sei zugunsten der Staatshilfe, und dass der Kampf der Arbeiterklasse gegen die Wohnungsnot letztlich ihr Kampf um die politische Macht in Staat und Gemeinde sei? So praktikabel ihr mikropolitisches Reformmodell gewesen sein mag, so deplaziert war es, und so heftig waren auch die Reaktionen der eigenen Parteigenossen. Sie selbst berichtete einige Jahre später in ihren Memoiren, dass ihr „all jene Gründe, mit denen vor Jahrzehnten die Sozialdemokratie der Selbsthilfe der Gewerkschaften entgegengetreten war, mit

---

13 Pollak, Marianne: „Die Hausfrau im Einküchenhaus", in: dies. (Hg.): *Frauenprobleme gestern und heute*, Wien 1928, 41–42.

14 Vgl. Braun: *Frauenarbeit* (wie Anm. 2).

15 Zitiert nach Schneider, Dieter: *Selbsthilfe, Staatshilfe, Selbstverwaltung*, Frankfurt am Main 1973, 114. Das Buch gibt im Übrigen einen guten ersten Überblick über die frühe Wohnungsreformdebatte.

to see in it only operational conveniences. The social potential becomes more evident if one imagines that, at the Heimhof, the usual *Hausherrschaft* to which renters were subordinate had been rescinded by the cooperative structures not only when it came to property rights, but also in terms of activity and discussion: every year, residents of the building were elected to take over responsibility for the administration and management of the central kitchen. They regularly convened tenants' meetings in which suggestions and complaints from the residents were discussed.[15]

At first glance, it is astonishing that—despite the objections that city dwellers could raise against the Einküchenhaus to defend their so-called "need for distance" and to avoid "social control"—the model did not end up becoming widely accepted. The desires of the residents, and of those who would wished they could have been residents, must have been very

nderstood as socially active
mode of collective existence,
tence.' Every form of collec-
unity or society, has a spe-
permanently co-produced
y it." Heike Delitz, *GAM.16*, p. 79

contrary to the views held about these "utopias" and disseminated by the usually hesitant and reactionary capital-based factions interested in long-term housing investments. But this was not the only reason. A mass flow of culture would always have found investors. The number of interested persons from the bourgeoisie in Vienna remained small. Elaborate middle-class life, threatened from within, could not be convinced to let itself be saved by this paradoxical model, for bourgeois citizens were not willing to accept a more open life, for fear of losing the intimacy of the personal sphere, or even to replace the now economically and sexually threatening perilous servants with machine power. Instead, they safeguarded their symbols of prestige and commanded over the diminished menagerie, over nuclear family and maidservant.—In history, the National Socialists precisely documented the threat emanating from the Heimhof in Vienna: they closed the central kitchen and the lounge.

**2. Einküchenhaus in the Workers' and Women's Movements.** The Einküchenhaus buildings introduced above, which were operated on a capitalistic basis and were accessible only to more affluent circles, were considered individualistic experiments by the socialist movements. Indeed, they remained isolated endeavors and lacked links to social agencies, to reform movements that would have used centralized housekeeping as an objective or a means to other ends.

In the following, we will devote several pages to recapitulating this history of reform. In this history, the Einküchenhaus remained a theory. Mass social housing, which was ultimately carried by the unions and by the Social Democratic Party (SPD), eschewed the suggested link between the reform of the consumer economy and the reform of the housing sector, as was to be realized through the central household as a dual strategy. In the end, it was the individual household and the nuclear family, not a society of larger family units, that were to shape mass social housing.

Around 1900 the debate began. It experienced its climax and downfall almost simultaneously, around 1919–21, but then flared up again around the time of the global economic crisis. In 1901, the social democrat Lily Braun introduced her reform model.[16] However, the lecture she held for the working classes at the educational association of housing culture and domestic economy reform was lost among many other problems and perspectives. The SPD had just organized an initiative demanding that the Reich take action against the housing shortage. The resolution of the Lübeck party convention on the housing issue called for the government, on national, state, and local levels, to expeditiously redress the housing shortage. According to the majority opinion of the party convention, the cooperatives were "a temporarily useful addition to the measures taken by the municipalities, states, and the Reich to alleviate the housing shortage," but at the same time it warned against "an overestimation of the importance of the building cooperatives."[17]

Did the housing reforms conceived by Lily Braun with cooperative support in mind stand a chance, when it was brashly stated that the workers' movement was now at the beginning of a phase in which isolatory self-help was to be abandoned in favor of state aid, and that the struggle of the working class against the housing shortage was ultimately their struggle for political power in state and community? As feasible as her micropolitical reform model may have been, it was equally misplaced, and the reactions of the fellow party members were just as intense. She herself chronicled in her memoirs several years

---

15 Marianne Pollak, "Die Hausfrau im Einküchenhaus," in *Frauenprobleme gestern und heute*, ed. Marianne Pollak (Vienna, 1928), 41–42.

16 See Braun, *Frauenarbeit* (see note 4).

17 Cited in Dieter Schneider, *Selbsthilfe, Staatshilfe, Selbstverwaltung* (Frankfurt am Main, 1973), 114. The book also provides a good initial overview of the early debate on housing reform.

denen sie noch heute den Genossenschaften entgegentritt – als Ablenkungen vom Hauptziel, der Verwirklichung des Sozialismus, und vom allein wichtigen Kampf: dem politischen; als Versöhnung des Proletariats mit dem Gegenwartsstaat […] wie ein Hagel von Pfeilen entgegengeschleudert" wurden. Ihr Fehler, so gestand sie sarkastisch ein, hatte darin bestanden, innerhalb der kapitalistischen Gesellschaftsordnung schon sozialistische Ideen verwirklichen zu wollen – „wie die alten, überwundenen Utopisten".[16]

Damit war entdeckt, was die Reformerin lieber verborgen hätte. In ihrem Referat „Frauenarbeit und Hauswirtschaft" hatte sie jeden historischen Bezug auf die Sozialreformer des 19. Jahrhunderts vermieden. Obwohl Fourier in den Schriften zu den Phalanstères die Abschaffung des zeit- und kräfteraubenden Einzelhaushaltes teils mit denselben Vokabeln das Wort geredet hat wie später Kropotkin und Lily Braun, wird er als Ahnherr verschwiegen. Zu laut mag das Verdikt in den Ohren geklungen haben, das die SPD-Führung den Sozialutopisten entgegengeschleudert hatte: Der Fourierismus treibt unter sozialistischer Flagge großbürgerliche Ausbeutung![17] Frau Brauns Verzicht auf die Ahnen war vergeblich, sie wurde in dieselbe Ecke gestellt. Sie gründete ihre Argumentation auf eine Analyse sachlicher Produktivkräfte, die nicht nur die Arbeit unmittelbar vergesellschafteten, sondern zugleich mittelbar die traditionell organisierte Hauswirtschaft unterhöhlten. Damit erübrigte sich ihrer Meinung nach die Diskussion um den sozialen Charakter der Vorgänger. Brauns Vorgehen ist interessanterweise ähnlich dem Ebenezer Howards, dem Theoretiker und Gründer der ersten englischen Gartenstadt, der zur selben Zeit eine kooperative Zivilisation als Modell für die Stadtplanung forderte. Die soziale Basis war eine Co-operative Hauswirtschaft, die sich, nach den Plänen von Unwin und Parker, in einer einheitlich-harmonischen Stadtarchitektur niederschlagen sollte. Während sich in der englischen New Town Letchworth um 1906 wenigstens ein Block in der geplanten Weise verwirklichen ließ,[18] war Lily Brauns Kampf in Deutschland vergebens.

Ihr Konzept hatte die Kopplung der Wohnungsbeschaffung mit der Gründung von Haushaltsgenossenschaften vorgesehen, um zeitgleich mit der Lösung der Wohnprobleme – sei es zunächst in vereinzelter genossenschaftlicher Selbsthilfe, sei es auch mit künftiger Staatshilfe – ein breites Reformspektrum einzufangen. Im Einzelnen erwartete sie von der Haushaltsgenossenschaft, dass sie

– den Dilettantismus in der Ernährung der Menschen beenden und
– die Kindererziehung verbessern könnte (wenn geschultes Personal zur Verfügung stehe),
– die Voraussetzung für die Emanzipation der Frau schaffe, indem Zeit für die Übernahme eines höherwertigen Berufes eingespart wird, und schließlich für den bürgerlichen Haushalt
– die Dienstbotenreform ermögliche.

Die Haushaltsgenossenschaft dachte sich L. Braun verwirklicht in „einem Häuserkomplex, das einen großen, hübsch bepflanzten Garten umschließt [in dem] sich etwa 50–60 Wohnungen [befinden], von denen keine eine Küche enthält. An Stelle der 50–60 Küchen, in denen eine gleiche Zahl Frauen zu wirtschaften pflegt, tritt eine im Erdgeschoss befindliche Zentralküche, die mit allen arbeitssparenden Maschinen ausgerüstet ist."[19] Diese idyllisch projektierte Haushaltsgenossenschaft, erster Denkanstoß auf der Ebene eines Referats, wurde in der Rezension in der bürgerlichen Presse ein „Zukunftskarnickelstall" geheißen, „wo sich das Familienleben auf das Schlafzimmer beschränkt".[20]

Lily Brauns Vorschlag wurde auch von denen zurückgewiesen, die sich gerade den Kampf um die Verbesserung der sozialen Lage der proletarischen Frau zu eigen gemacht hatten. In einer publizierten Kontroverse mit Henriette Fürth hat L. Braun noch einmal präzisiert: sie habe keinen Globalvorschlag unterbreiten wollen, sondern einen pragmatischen Vorschlag für einen minoritären Anfang, denn „ohne gesetzliche Reformen wird weder die Wohnungsfrage durch die Baugenossenschaften noch die Arbeiterinnenfrage durch Wirtschaftsgenossenschaften in ihren traurigen Konsequenzen gemildert werden können. Aber ebenso wie Gewerkschaften, Konsum- und Baugenossenschaften solche Reformen vorbereiten, großen Kreisen von Arbeitern ihre Lage erleichtern helfen und vor allem wichtige Mittel zur Aufklärung und Erziehung der Arbeiterschaft für ihre zukünftigen Bestimmung sind, ebenso wird es die Wirtschaftsgenossenschaft sein." Die Einwände gegen ihre Kostenrechnungen nahm Frau Braun elastisch auf (gut, möge sie sich hier und dort geirrt haben, mögen doch die erfahreneren Genossinnen solidarisch genauere Zahlen errechnen!); in einem blieb sie in der Auseinandersetzung konsequent: „Die Wirtschaftsgenossenschaften entfalten ihre emanzipatorischen Potenziale nur dort, wo die Einküchenkonzeption an

16 Braun, Lily: *Memoiren einer Sozialistin*, Berlin 1909, 325f.

17 „In seinem Bestreben auf Aussöhnung der Klassengegensätze durch freiwilliges Entgegenkommen der Besitzenden musste der Fourierismus immer mehr zu einer reinen Humanitätsduselei verflachen, oder er wurde, wie im Phalanstère zu Guise […], als Deckmantel missbraucht, um unter sozialistischer Flagge großbürgerliche Ausbeutung zu treiben. Notwendigerweise müssen alle sozialistischen Experimente, die innerhalb der bürgerlichen Welt versucht wurden und auf die Aussöhnung sich gegenseitig ausschließender Gegensätze gerichtet sind, zugrunde gehen." August Bebel zitiert nach Richter, Claire: *Hauswirtschaftlicher Großbetrieb als Selbstzweck*, Berlin 1919, 123.

18 Vgl. Parker, Barry/Unwin, Raymond: *The Art of Building a Home*, London 1901. In einem der Kapitel entwerfen sie theoretisch und in Zeichnungen die Idee der „Quadrangles", Blöcke der zukünftigen Stadt, in der die isolierende Parzellenstruktur der Stadt durch neue, soziale Formen verdrängt werden soll, die auf kooperativer Hauswirtschaft beruhen. Der einzig realisierte Quadrangle in der Gartenstadt Letchworth, Homesgarth genannt, entstand nach den Plänen des Architekten Harold Clapham Lander. Auch Ebenezer Howard, der Gründer der Gartenstadt, wohnte einige Jahre in diesem Einküchenhaus.

19 Braun: *Frauenarbeit*, 21 (wie Anm. 2).

20 Braun: *Memoiren*, 322 (wie Anm. 16). Ein interessanter Hinweis übrigens, definiert er doch Familienleben durch Schlafzimmer und (in F2) Küche.

later that "all of the reasons employed by social democracy to oppose the self-help of the trade unions decades ago, arguments still cited today when opposing the cooperatives—as distractions from the main goal, the realization of socialism, and from the only important struggle: the political one; as reconciliation of the proletariat with the contemporary state ... hit her like a hail of arrows." Her error, as she sarcastically admitted, had been her desire to already realize socialist ideas within the capitalist social order—"like the old, vanquished utopists."[18]

This uncovered what this reformer would preferred to have kept hidden. In her speech "Frauenarbeit und Hauswirtschaft" (Female Labor and the Domestic Economy), she had avoided any historical reference to the social reformers of the nineteenth century. Although, in his writings on the Phalanstères, Fourier spoke of the elimination of the time-consuming and exhausting individual household, at times using the same vocabulary, as Kropotkin and Lily Braun later did, but his role of progenitor was ignored. The verdict that the SPD leadership hurled at the social utopists may have sounded too loud in their ears: Fourierism is exploiting the bourgeoisie under the socialist flag![19] Frau Braun's omission of the forbearers was in vain, for she was placed in the same corner. She based her argumentation on an analysis of expert productive forces that not only directly socialized the labor, but also indirectly undermined the traditionally organized domestic economy. In her opinion, this made the discussion about the social character of the predecessors superfluous. Interestingly enough, Braun's approach is similar to that of the theorist Ebenezer Howard, founder of the first English garden city, which at the same time called for cooperative civilization as a model for urban planning. The social basis was a cooperative domestic economy, which, according to the plans by Unwin and Parker, were to be reflected in a uniform, harmonious urban architecture. While in the new English town of Letchworth at least one block was realized in the planned way around 1906,[20] Lily Braun's struggle in Germany was in vain.

Her concept had provided for the coupling of housing procurement with the establishment of household cooperatives, in order to arrive at a broad reform spectrum while simultaneously solving housing problems—whether initially through isolated cooperative self-help or rather through future state aid. In particular, she expected household cooperatives to

- end dilettantism in terms of human nutrition and
- improve child education (if trained personnel is available),
- foster conditions for the emancipation of women by freeing up time to pursue a higher profession, and ultimately for the bourgeois household
- facilitate the reform of servants.

The household cooperative, thought L. Braun, could be realized in "a residential complex surrounding a large, nicely cultivated garden ... [in which] ... around 50–60 apartments are situated, none with a kitchen. In place of the 50–60 kitchens, in which just as many women work, there is a central kitchen on the ground floor equipped with all kinds of labor-saving machines."[21] This projected idyll of a household cooperative, in the form of an initial thought-provoking lecture, was called a "rabbit pen of the future" in a review published in the bourgeois press, "where family life is limited to the bedroom."[22]

Lily Braun's proposal was also rejected by those who had just embraced the struggle to improve the social situation of the proletarian woman. In a published controversy with Henriette Fürth, L. Braun once again clarified: the idea was to make not a global proposal but rather a pragmatic one for a minoritarian beginning, because "without legal reforms the sad consequences of the housing issue or the worker issue cannot be alleviated by the building cooperatives or the economic cooperatives respectively. But just as the unions the consumer and building cooperatives pave the way for such reforms, help large circles of workers to ease their situation, and, above all, serve as important means of informing and educating the working class about their future purpose, the economic cooperatives do the same." Frau Braun resiliently accepted the objections to her cost calculations (well, she may have made mistakes here and there, so the more experienced colleagues can calculate this more precisely!); but in one respect she stayed resolute: "The economic cooperatives only develop their emancipatory potential in situations where the Einküchenhaus concept replaces the

18  Lily Braun, *Memoiren einer Sozialistin* (Berlin, 1909), 325–326.

19  "In its endeavor to reconcile class differences through the voluntary concession of the owners, Fourierism degenerated to a purely sentimental humanitarianism, or it was, as in the case of the Phalanstère in Guise ..., misused as a smokescreen to carry on bourgeois exploitation under the socialist flag. All socialist experiments attempted within the bourgeois sphere, and aimed at reconciling mutually exclusive extremes, must inevitably perish." August Bebel cited in Claire Richter, *Hauswirtschaftlicher Großbetrieb als Selbstzweck* (Berlin, 1919), 123.

20  See Barry Parker and Raymond Unwin, *The Art of Building a Home* (London, 1901). In one of the chapters, they engage in design, theoretically and through drawings, of the idea of "Quadrangles," which are blocks of the city of the future, in which the isolating plot structure of the city is to be displaced by new social forms based on a cooperative domestic economy. The only built Quadrangle in Letchworth Garden City, called Homesgarth, was erected according to plans drafted by the architect Harold Clapham Lander. Ebenezer Howard, the founder of this garden city, even lived in this Einküchenhaus for several years.

22  Braun, *Memoiren*, (see note 17), 322. It is interesting to note, by the way, how he defines family life through the bedroom and (in F2) the kitchen.

Stelle der vielen Familienhaushalte tritt. Wirtschaftsgenossenschaften für Alleinstehende (die Frau Fürth nur gelten ließ) hätten nicht jene durchgreifende Bedeutung."[21]

Frau Braun hat freilich auch Zustimmung erfahren. Genossinnen aus dem linken Spektrum der Frauenbewegung und auch einige Theoretiker der Partei pflichteten, wenngleich verhalten, bei. So hatte sich schon Bebel in seinem weitverbreiteten Buch „Die Frau und der Sozialismus" für Einküchenhaushalte ausgesprochen, doch wollte er sie, ähnlich wie Karl Kautsky, im Grunde erst in der zukünftigen Gesellschaft realisiert wissen.[22] Mit der Gründung einer „Hausgenossenschaft GmbH" ging Frau Braun 1903 daran, ihre Pläne in die Tat umzusetzen. Der Berliner Architekt Kurt Berndt hatte schon Pläne ausgearbeitet – doch das Projekt musste wegen mangelnder Unterstützung aufgegeben werden.[23] Keine Arbeiterorganisation wollte mit Nebenlinien experimentieren, kulturelle Versuche starten, die, so sagte es die vorsichtige Funktionärin Fürth voraus, „die Kräfte zersplittert hätten" für eine Sache, „die vom Standpunkt praktisch-proletarischer Gegenwartspolitik aussichtslos und undurchführbar" sei.[24] In der gegenwärtigen, „noch kapitalistischen" Gesellschaft beschränkte sich die Sozialdemokratie auf die Kritik der bestehenden Verhältnisse und auf den Kampf um den Achtstundentag; in der städtischen Mietskaserne sah sie zwar einen Hort der Ausbeutung, stellte ihr aber keine eigenen Wohnkonzepte entgegen. Als die SPD dann selbst den Wohnungsbau realisieren musste, konnte sie sich auf nichts anderes beziehen als das, was die bürgerlichen Wohnreformer schon längst – als ihre Ultima Ratio – vorgelegt hatten: das Kleinhaus und die (von Bodenreform gereinigte) Gartenstadt.

In der Frauenbewegung hat die Konkretisierung der Diskussion um ein zukünftiges Lebens- und Wohnmodell auf das Projekt Einküchenhaus die Debatte zwar forciert, aber immer im Sinne des rechten Flügels auch entstellt. War es zunächst noch offen, wie das Wohnmodell genau aussehen sollte, und ging es Frauen wie Wally Zepler und Oda Olberg vor allem um die Frage, wie der gesellschaftliche Fortschritt unter Mitwirkung der Frauen zu befördern sei, der doch die Voraussetzung für die Besserstellung von Mann und Frau sei,[25] so wurde ihnen von ihren Widersachern das konkretistische Einküchenhaus entgegengehalten, in dem alles enden werde, sofern die Frau Herd und Kinder zugunsten der Berufsarbeit verlassen sollte. Der progressive Flügel ging in der Tat zunächst einmal davon aus, dass die Beseitigung der Armut und die Herstellung von Gleichheit unter den Menschen nur durch eine intensive und organisierte Arbeitsleistung aller zu erzielen sei. Waren sie darin noch d'accord mit der Mehrheitsmeinung der SPD, so ergab sich der Dissens bei der Schlussfolgerung, dass es höchste Zeit sei, den am meisten zurückgebliebenen Bereich der materiellen Produktion, den der hauswirtschaftlichen Speisezubereitung im Zwerghaushalt, kapitalistischer Technifizierung und Zentralisierung zuzuführen. Allein die Achtung vor der Arbeit, die die zukünftige Gesellschaft auszeichnen werde, gebiete die Veränderung des häuslichen Kleinbetriebes, denn es „ist doch keine Achtung

vor der Arbeit möglich, wenn etwa ein Drittel der erwachsenen Menschen seine Arbeitskraft für das Instandhalten und Angenehmmachen seines Heims verbraucht und ein anderes Drittel diesen Frevel mit ansehen und aus ihm Vorteil ziehen muss."[26] Also: Rationalisierung des Haushalts, ähnlich wie mehr als ein Dutzend Jahre vorher es schon L. Braun vorgeschlagen hatte, aber Schritt für Schritt, beginnend mit kooperativer Hilfe bei der Kinderbeaufsichtigung und zunehmender Entlastung der Hausfrau durch Zentralisierung der Haushaltsfunktionen. Die Vorurteile der Rechten zeichneten aber sogleich ein düsteres Bild und blockierten mit Vokabeln wie „Kasernen-Massenabfütterung" und „Verstaatlichung der Mutterfreuden" die anlaufende Diskussion. Generell verstärkte sich in der sozialdemokratischen Frauenbewegung, forciert auch durch den Krieg, eine Richtung, vertreten etwa durch E. Fischer und Frauen wie E. Kay, Helene Simon und Adele Gerhard, die nicht mehr in der Berufsarbeit die Chance zur sozialen Befreiung der Frau erblickte.[27] Das Ideal des proletarischen Haushalts wurde wieder die Familie, in der Arbeiter und Hausfrau, umringt von einer Schar fröhlicher Kinder als der Frühlingsanfang einer neuen Welt angesehen wurden. In unserem Zusammenhang wird bereits deutlich, dass die Impulse für eine kollektiv interpretierte Kultur, die aus solidarischen Erfahrungen der aufstrebenden Klasse zu gewinnen gewesen wären, eher abstarben, beziehungsweise in das bürgerliche Familienideal eingingen, das von den sich parzellierenden, individualisierenden Arbeiterschichten übernommen worden ist.

Im Aufwind der Novemberrevolution wurde indes noch einmal das Thema hauswirtschaftlicher Zentralisierung auf genossenschaftlicher Grundlage hochgezogen. Wir müssen allerdings anmerken, dass es nicht etwa die gedienten Führer der Genossenschaftsbewegung gewesen sind, die sich mit dem Entwurf einer neuen genossenschaftlichen Bau- und Wohnkultur hervorgetan haben. Sie kamen von außen, waren Techniker oder Volkswirte. Sie versuchten, die allgemeinen Theoreme und

21 Braun, Lily: „Entgegnung", in: Lang, Marie (Hg.): *Dokumente der Frauen*, Wien 1901, 344f.

22 Bebel: *Die Frau und der Sozialismus*, 465–473 (wie Anm. 12).

23 Walter Curt Behrendt erklärt das Scheitern: „Die geringen Erfolge, die die Praxis dieser Idee in Deutschland beschieden hat, sind in erster Linie begründet in dem tief eingewurzelten Gefühl für Assoziationswerte, die im Wesen des überkommenen Familienlebens liegen und in dem Bewusstsein eines vielleicht nicht unberechtigten Zweifels, ob die neue Einrichtung die Erhaltung dieser Werte nicht in hohem Maße gefährde. So scheiterten die Projekte der von Frau Lily Braun begründeten Genossenschaft an der Angst der im Grunde interessierten Kreise vor sozialdemokratischem Kommunismus" (476). 1909 bezog sich das Gründungskonsortium der oben erwähnten Berliner Einküchenhäuser zwar auf Lily Braun, sah aber nur den kapitalistischen Weg zur Realisierung.

24 Schlusswort von Henriette Fürth auf eine Entgegnung von Lily Braun, in: *Dokumente der Frauen* (1901), 371.

25 Vgl. Zepler, Wally (Hg.): *Sozialismus und Frauenfrage*, Berlin 1919.

26 Olberg, Oda: „Polemisches über Frauenfrage und Sozialismus", in: ebd., 32–45, hier 36.

27 Fischer, Edmund: [...] gibt Zepler, *Sozialismus und Frauenfrage*, 11 (wie Anm. 26).

many single-family households. Economic cooperatives for singles (which Frau Fürth fully accepted) would not have such far-reaching significance."[23]

Frau Braun of course also received positive feedback. Colleagues from the left spectrum of the women's movement agreed with her, along with some party theorists, albeit cautiously. For instance, Bebel spoke out in support of households with the Einküchenhaus model in his book *Die Frau und der Sozialismus* (Woman and Socialism), but he basically hoped they would be realized in future society, similar to Karl Kautsky.[24] With the founding of a "Hausgenossenschaft GmbH" in 1903, Frau Braun took a step toward implementing her ideas. The Berlin-based architect Kurt Berndt had already drafted plans—but the project had to be dropped due to a lack of support.[25] There was no workers' organization willing to experiment with off-shoots, to initiate cultural trials, which "would have fragmented the powers," as the functionary Fürth predicted, for an issue "that, from the standpoint of practical, proletarian contemporary politics, was futile and unfeasible."[26] In the "still capitalist" society of the time, social democracy was limited to the critique of existing conditions and to the struggle for the eight-hour workday; despite seeing the urban tenement block as a stronghold of exploitation, she did not oppose it with her own housing concepts. Once the SPD itself had to create housing, it was only able to cite that which bourgeois housing reformers had long since propounded: the nuclear house and the garden city (the latter purified by agrarian reform).

While in the women's movement the more concrete discussion of a future living and housing model for the Einküchenhaus project accelerated the related discourse, it also always distorted it in the rightest camp. It initially remained open as to what form the housing model would take, and women like Wally Zepler and Oda Olberg were especially concerned with the issue of how social progress could be facilitated through the participation of women, it being the prerequisite for the betterment of man and woman.[27] However, their opponents responded by citing the concretist Einküchenhaus in which everything would end if the woman left the stove and children in favor of professional employment. The progressive wing did, in fact, initially assume that the eradication of poverty and the creation of equality among people could only be achieved through intensive and well-organized work by all. While they were still d'accord with the majority opinion of the SPD, there was dissent related to the conclusion that it was high time to provide capitalist technification and centralization to the most underdeveloped realm of material production, that of domestic food preparation in the dwarf households. Even just a high regard for the work that will characterize future society requires

a change in the small domestic enterprise, because "it is not possible to respect work if about one third of adults use their labor to maintain and make comfortable their own homes and another third are forced to observe this outrage and take advantage of it."[28] So: rationalization of the household, similar to the proposal made by L. Braun more than a dozen years before, but step by step, beginning with cooperative help in childcare and involving increasing relief of the housewife through a centralization of household functions. But the prejudices of the right immediately drew a gloomy picture and blocked the incipient discussion with expressions like "mass feeding of barracks" and "nationalization of mother pleasures." In general, a direction within the social-democratic women's movement became stronger, not least accelerated by the war, represented by E. Fischer and women like E. Kay, Helene Simon, and Adele Gerhard, who no longer saw a chance for the social liberation of women in professional employment.[29] The ideal of the proletarian household again became the family in which the worker and the housewife, surrounded by a flock of merry children, were viewed as the budding spring of a new world. In our context, it already becomes clear that the impulses for a collectively interpreted culture, which were to have been gained from the solidary experiences of the aspiring social class, were actually dying out or becoming swallowed by the bourgeois family ideal adopted by the parceling, individualizing working classes.

In the wake of the November Revolution, meanwhile, the topic of cooperative domestic centralization was raised once again. We must note, however, that it was not the senior leaders of the housing cooperative movement that were distinguishing themselves with the design of a new cooperative

23  Lily Braun, "Entgegnung," in *Dokumente der Frauen*, ed. Marie Lang (Wien, 1901), 344–345.

24  Bebel, *Die Frau und der Sozialismus* (see note 12), 465–473.

25  See Walter Curt Behrendt explains the failure as follows: "The low success rate associated with the implementation of this idea in Germany is primarily due to the deeply rooted sense of association values, which lie in the essence of traditional family life and in the awareness of perhaps quite justified doubts as to whether the new facility might in fact strongly jeopardize the preservation of these values. Thus, the projects initiated by the cooperative founded by Ms. Lily Braun failed, due to the interested parties' fear of social-democratic communism." Behrendt: "Probleme des Einküchenhauses" (see note 6), 476. Although the founding consortium of the aforementioned Berlin Einküchenhäuser referenced Lily Braun in 1909, it actually only considered the capitalist path to realization.

26  Closing remarks by Henriette Fürth in response to a reply from Lily Braun, in: Marie Lang, ed., *Dokumente der Frauen* (see note 23), 371.

27  See Wally Zepler, ed., *Sozialismus und Frauenfrage* (Berlin, 1919).

28  Oda Olberg, "Polemisches über Frauenfrage und Sozialismus," in ibid., 32–45, esp. 36.

29  A question of related illumination. [...] *Frauenfrage* (see note 26), 11.

Losungen der Produktivitätssteigerung und der Sozialisierung (unter der sich jeder etwas anderes vorstellen konnte) mit detailliert technischem Inhalt zu füllen, um sie so einer Realisierung näher zubringen. Sie elaborierten das technische Knowhow und beschrieben zugleich die objektiven Interessen des (ins Auge gefassten) gesellschaftlichen Trägers, sich der Programme auch zu seinem Besten zu bedienen. Da diese Konzepte nicht so sehr im politischen Diskurs entwickelt wurden, sondern als externes technisches Potenzial von außen hinzustießen, nimmt es nicht wunder, wenn bisweilen die rein technische Ausgestaltung der neuen Welt über die politische Grundierung das Übergewicht bekam. Nicht zufällig landete dann auch die zunächst politisch-kulturelle Alternative des Einküchenhauses im Instrumentarsenal der späteren Technokratiebewegung, die sich ab der Mitte der 1920er Jahre eine unter Ausschaltung der Politik, mit rein technischen Mitteln, errichtete klassenlose Gesellschaft halluzinierte.[28]

Keime dieses Endes trugen die Modelle einer genossenschaftlich geleiteten Zentralisierung schon in sich, wie sie nach den Vorschlägen von Robert Adolph, einem Architekten, ab 1919 diskutiert worden sind. Zur gleichen Zeit legte Claire Richter eine umfangreiche, auch historisch fundierte Studie über das Einküchenhaus vor, dem sie, gelernte Volkswirtin, die Bezeichnung „Ökonomiat" gab, um damit die rein ökonomische Bedeutung klarzustellen, die sie dem Projekt beimaß.[29] Ein 1920 gegründeter „Verein für gemeinnützige Einküchenhauswirtschaft" – Vorsitz: Robert Adolph – plante auf einem von der Stadt Lankwitz-Berlin am Rande des Lankwitzer Stadtparkes zur Verfügung gestellten Gelände 42 Einfamilienhäuser und 6 Wohnungen.[30] Wie wir es schon von den anderen Projekten kennen, fehlten die Küchen. Stattdessen war ein Notkochraum vorgesehen, Zentralheizung und Warmwasserversorgung. Die Speisen, von einer horizontalen Hängetransportanlage von der zentralen Küche angefahren, werden nach einem Klingelzeichen dem Wandschrank entnommen. Eine genossenschaftliche Organisation sollte den Bau und sodann die Verwaltung der Gesamtanlage bestreiten, insbesondere war die Aufsicht über die Zentralküche von der Genossenschaft zu übernehmen. Die Küche war der Kernpunkt des Adolphschen Modells, ihr lagerten sich weitere Reformen an. In seinem Buche hat er es deutlich ausgesprochen, dass das Wohnen selbst dezentralisiert stattfinden könne, „so wie es im Kriege [!] populär geworden

sei", die Zentralisierung beziehe sich nur auf die Hauswirtschaft.[31] Sie bilden nun den Kristallisationspunkt für einen Gegenökonomieentwurf, der in der theoretischen Tradition der Genossenschaftsliteratur stand, die insbesondere im Werk Franz Oppenheimers einen „dritten Weg" zwischen Kapitalismus und Kommunismus auf genossenschaftlicher Basis hatte ebnen wollen.[32] Der Haushaltsgenossenschaft sollten in quasi konzentrischen Ringen weitere Genossenschaften des Einkaufs (Konsumgenossenschaften zur Ausschaltung „des parasitären Kleinhandels") und der Lebensmittelproduktion (Landwirtschaft, Bäcker, Fleischer) angelagert werden. Adolph sah die Misere der „unteren Stände" als ein Problem des Marktes, insbesondere solange der „Entlöhnungsfrage natürliche [!] Grenzen" gezogen seien, die selbst eine nichtkapitalistische Gesellschaft respektieren müsse. Der Ungleichheit in der Verteilersphäre könne mit diesem vernetzten Genossenschaftsmodell entgegengesteuert werden, das „in wachsender Vervollkommnung zur höchsten Form ihrer Wirtschaftlichkeit übergeht, vom Großeinkauf zur Eigenerzeugung des Lebensmittelbedarfs".[33]

Indiz für die technokratische Verarmung des Adolphschen Modells ist die Dominanz des technisch-wirtschaftlichen Kalküls, der Sorge um die Entfaltung der Produktivkräfte gegenüber den politisch-demokratischen Kontroll- und Gestaltungsmechanismen, die zumindest theoretisch zu kurz kommen. Möglicherweise ist diese Verkürzung absichtlich und dem Versuch geschuldet, praktisch zu werden. Leider scheiterte es an den Wirren der Inflation. Allerdings ist über die Gegenökonomie hinaus noch ein weiterer Impuls für das genossenschaftliche Einküchenhaus zu erwähnen: die kulturpolitische

28 Vgl. Chase, Stuart: *Tragödie der Verschwendung*, München/Berlin 1927. Insbesondere das Kapitel „20 Millionen Kochherde", 192f.

29 Vgl. Adolph, Robert: *Einküchenwirtschaft als soziale Aufgabe*, Berlin 1919; Richter, Claire: *Das Ökonomiat*, Berlin 1919. Vgl. auch Essig, Olga: *Der hauswirtschaftliche Großbetrieb*, Frankfurt am Main 1920.

30 Dass der von Adolph, Richter, Zepler u.a. gegründete „Verein für gemeinnützige Einküchenwirtschaft", Berlin, nicht nur eine marginale Gruppierung war, zeigt seine Zusammenarbeit mit dem Deutschen Verein für Wohnungsreform und der Deutschen Gartenstadtgesellschaft. Sie veranstalteten zusammen am 27. Oktober 1921 eine öffentliche Kundgebung im Berliner Rathaus zum Thema: „Soziale Einküchenwirtschaft – eine Zeitforderung", in der auch die SPD-Reichstagsabgeordnete M. Juchacz sich für die Einküchenwirtschaft eingesetzt hat. In der von der Kundgebung verabschiedeten Entschließung heißt es: „[…], dass die rationelle Haushaltsführung im Rahmen gemeinnütziger Einküchenwirtschaft geeignet ist, die Lage der Frauen bedeutend zu erleichtern […] Durch die ökonomische Gestaltung des häuslichen Konsums einerseits und ungleich höherer Ausnutzung der baulichen Anlagen für Wohnzwecke andererseits vermag sie die heute volks- wie privatwirtschaftlich gebotene Einschränkung erträglich zu gestalten."

31 Vgl. Adolph: *Einküchenwirtschaft*, 54–55 (wie Anm. 29).

32 Oppenheimer, Franz: *Die Siedlungsgenossenschaft. Versuch einer positiven Überwindung des Kommunismus durch Lösung des Genossenschaftsproblems und der Agrarfrage*, 2. Aufl., Jena 1913.

33 Adolph: *Einküchenwirtschaft*, 25 (wie Anm. 29).

building and housing culture. They came from the outside, were engineers or economists. They tried to fill the general theorems and slogans of increased productivity and of socialization (under which everyone imagined something different) with technical content in order to better achieve a state of realization. They elaborated the technical know-how and described at the same time the objective interests of the (envisaged) social carrier with the aim of arriving at the best way to employ the programs. Since these concepts were not so well developed in political discourse, but rather added later as external technical potential, it is no surprise that the purely technical design of the new world came to dominate the political foundation. So it was no coincidence that the initially political-cultural alternative of the Einküchenhaus ended up in the arsenal of instruments of the later technology movement, which, as of the mid-1920s, dreamed of a classless society erected with purely technical means and without the interference of politics.[30]

The seeds of this ending were already contained in the models of cooperative centralization, as discussed in the proposals of Robert Adolph, an architect, starting in 1919. Around the same time, Claire Richter introduced an extensive and also historically based study on the Einküchenhaus, to which she, as a trained economist, gave the name "Ökonomiat" in order to elucidate the purely economic meaning that she assigned to this project.[31] An organization founded in 1920 called the "Verein für gemeinnützige Einküchenhauswirtschaft" (Association of the Nonprofit Einküchenhaus Domestic Economy)—headed by Robert Adolph—planned forty-two single-family homes and six apartments on a plot of land situated at the edge of the city park in Lankwitz, made available by the City of Lankwitz-Berlin.[32] As was the case with the other projects, there were no kitchens. Instead, there was a small cooking space for emergencies, central heating, and hot water supply. The meals were brought in from the central kitchen by way of an overhead transport system and removed by residents from the wall cupboard after being altered by a bell signal. A cooperative organization was to take care of constructing and thus also managing the entire facility, especially the supervision of the central kitchen. The kitchen was the key aspect of the Adolphian model, which underwent further reforms. In his book, he clearly stated that housing itself could play out in a decentralized way, "as had become popular during the war [!]," with the centralization pertaining only to the domestic economy.[33] In his view, it now formed the crystallization point for a counter-economy plan rooted in the theoretical tradition of the building cooperative literature, which had aimed, especially in Franz Oppenheimer's work, to pave the way for a "third path" between capitalism and communism on a collective basis.[34] The household cooperative was to be attached to, basically in concentric rings, other collectives of buying (cooperative associations for deactivating "the parasitic retail trade") and of food production (agriculture, bakers, butchers). Adolph considered the plight of the "lower classes" to be a market-related problem, especially so long as "natural [!] boundaries" were drawn on the "remuneration issues" that would even have to be respected by a non-capitalist society. In his mind, the disparity in the domain of distribution could be countered by this networked collective model, which "in growing perfection, is transformed into the highest form of its economic efficiency, from bulk purchasing to the production of its own food requirements."[35]

An indicator of the technocratic depletion of the Adolphian model is the dominance of techno-economic considerations, of the concern for the development of productive forces over the political-democratic mechanisms of control and design, which come up short, at least theoretically. Perhaps this shortening is deliberate and is owed to an attempt to become more practical. However, in addition to the counter-economy, another impulse for the cooperative Einküchenhaus should be mentioned: the cultural-political mission of the cooperatives. Their aim was to create a culture of consumption that capitalism would suppress. Although its full power would unfold in the field of production, it would lack creative power in the area of consumption, since it lacks an overview of the actual needs due to the unregulated production of goods. Consumer goods would not be systematically created as cultural goods out of the developing needs, but would result from points of view that were unfamiliar to people. As an example, this somewhat romantic critique of capitalism cited what capitalism itself had yielded in the realm of household centralization to date. Arising naturally would only be facilities like hotels, hospitals, prisons,

30  See Stuart Chase, *Tragödie der Verschwendung* (Munich and Berlin, 1927). Especially the chapter "20 Millionen Kochherde," 192–193.

31  See Robert Adolph, *Einküchenwirtschaft als soziale Aufgabe* (Berlin, 1919). Claire Richter, *Das Ökonomiat* (Berlin, 1919). See also Olga Essig, *Der hauswirtschaftliche Großbetrieb* (Frankfurt am Main, 1920).

32  The fact that the Verein für gemeinnützige Einküchenwirtschaft, Berlin, founded by Adolph, Richter, and Zepler, among others, was not only a marginal group is evidenced by its collaboration with the organizations Deutscher Verein für Wohnungsreform and Deutsche Gartenstadtgesellschaft. On October 27, 1921, they joined together to hold a public rally at Berlin's city hall on the topic of "Soziale Einküchenwirtschaft – eine Zeitforderung" [Social Einküchenhaus Economy: A Requirement of the Times] at which the SPD member of the Reichstag, M. Juchacz, campaigned for an Einküchenhaus economy. The resolution agreed upon at the rally asserted that "rational household management in the scope of a non-profit Einküchenhaus economy is capable of considerably alleviating strain on women … Through the economic design of household consumption, on the one hand, and a much higher utilization of building facilities for residential purposes, on the other, it is able to make the restrictions imposed today by both the economy and the private sector tolerable."

33  See Adolph, *Einküchenwirtschaft* (see note 31), 54–55.

34  Franz Oppenheimer, *Die Siedlungsgenossenschaft: Versuch einer positiven Überwindung des Kommunismus durch Lösung des Genossenschafts-problems und der Agrarfrage*, 2nd ed. (Jena, 1913).

35  Adolph, *Einküchenwirtschaft* (see note 31), 25.

Mission der Genossenschaften. Sie wollten eine Konsumkultur schaffen, die der Kapitalismus unterdrücke. Dieser würde zwar auf dem Gebiet der Produktion seine volle Kraft entfalten, lasse es aber auf dem Gebiet der Konsumtion an gestaltender Kraft ermangeln, da ihm durch die ungeregelte Warenproduktion der Überblick über die Bedürfnisse fehle. Die Konsumgüter würden nicht als Kulturgüter systematisch aus den sich entwickelnden Bedürfnissen heraus geschaffen, sondern sie entstünden nach den Menschen fremden Gesichtspunkten. Als Beispiel führte diese etwas romantische Kapitalismuskritik an, was auf dem Sektor der Haushaltszentralisierung bisher vom Kapitalismus selbst hervorgebracht worden sei. Naturwüchsig entstanden seien nur Anstalten wie Hotels, Krankenhäuser, Gefängnisse, die entweder zu teure gute oder billige schlechte Nahrung erzeugten. Es fehle eine wirklich gestaltete Institution wie das Einküchenhaus. Von diesem Manko, gestaltende Kulturkräfte nicht zu entfalten, seien die Genossenschaften selbst auch infiziert, produzierten sie doch bisher in Deutschland zu hunderttausenden kleinbürgerliche Häuser, ohne dass die „Notwendigkeit eines neuen kulturellen Typs" ins Blickfeld gekommen wäre.[34] Hier scheinen Alternativen auf. Mit der Umwandlung der Genossenschaften zu gemeinwirtschaftlichen AG im Verlauf der 20er Jahre vertrockneten dann diese hoffnungsvollen Blüten.

**3. Von der kooperativen Kultur zum rationalisierten Kleinhaushalt.** Ab 1924 war das Einküchenhaus gestrichen. Der Kleinwohnungsgrundriss ging in Serie. Ein Antrieb zur rationalisierenden Schrumpfung der Wohnungsprogramme war die sozialistische Strategiedebatte selbst. Die Steigerung der materiellen Produktion, die (der Theorie nach) eine Stärkung der Arbeiterklasse und gleichzeitige Schwächung der Bourgeoisie mit sich bringen würde, sollte zunächst durch die Sozialisierung der Großbetriebe (1918–1922), nach dem Scheitern dann (1924–1928) mit der Rationalisierung der Produktion in den Einzelbetrieben vorangetrieben werden.[35] Auch der Wohnungsbau beförderte die neue Rationalisierungslösung ab 1924. Direkt, im organisierten Prozess der Fließ- und Serienproduktion auf der Baustelle, der von sozialistischen Architekten zum ersten Mal im großen Maßstab in Deutschland eingerichtet worden ist. Indirekt im ästhetischen Pathos des „funktionalen" Entwerfens, das ab 1924 die Gestaltung des neuen Massenwohnungsbaus besorgte. Auf der Seite der sozialistischen Bewegung stehende Künstler und Techniker wurden ab 1924, mit der wirtschaftlichen Aufschwungphase der Weimarer Politik, in den Bauprozess eingespannt. Der Einmauerung der Kleinfamilie in der Kleinwohnung konnten sie wenig Widerstand entgegensetzen, im Gegenteil, sie beschleunigten den Prozess. Vorher noch Verfechter der Zentralisierungskonzepte, Einküchenhaus etc., setzten sie nun auf das Globalkonzept Rationalisierung, ohne richtig gewahr zu werden, dass eine Umwertung gegenüber den früheren Zielsetzungen stattfand. Die sozialistischen Techniker hatten ihre Ziele nicht politisch emanzipatorisch bestimmt, sondern sich mit technischen Lösungen wie Vereinfachung der

Hausarbeit zufriedengegeben. Die Mittel dazu waren dann entweder die Vergesellschaftung des Haushaltes *oder* die Verwendung avancierter Technologie im Individualhaushalt. Diese hatte gerade mit der Übernahme der Rationalisierungskonzepte Taylors auf die Küche eine muntere Bereicherung erfahren.

In dieser Gegenüberstellung der zu Mitteln gewordenen Ziele wird klar: Herabgesunken zum austauschbaren wertfreien Mittel, wird das frühere Ziel Vergesellschaftung des Haushaltes/Wohnens als das schwierigere „zunächst" einmal weggelassen und das Mittel zum Ziel erhoben: Rationalisierung der Individualhaushalte. Die früher dem Einküchenkonzept anhängende Architektin Schütte-Lihotzky bekannte: „Wir wollten in erster Linie die Arbeit der Hausfrauen vermindern; da die Rationalisierung des Großhaushaltes noch schwierig zu sein schien, konzentrierten wir uns auf die Mechanisierung der Einzelküche." Mit der daraus entstandenen sogenannten Frankfurter Küche ist das neue Leitbild geprägt.[36] Die neue Bauaufgabe, der Seriengrundriss der Wohnung für die Kleinfamilie, beschäftigte alle progressiven Architekten. Wohnvorgänge wurden zerlegt, gemessen und in Raum umgesetzt. Ganglinien, Handgriffe und Körperbau (der Frau wohlgemerkt) wurden auf den Küchenboden projiziert, sie ergaben die Dimensionen des neuen Küchenlabors.[37] Auf eine knappe Formel gebracht hat dieses hoffnungsvolle Treiben Meta Corßen: Der neue Küchen-Grundriss sei nötig geworden aus dem doppelten Grund: „Einerseits die Forderung, die Hauswirtschaft […] mit der Gesamtwirtschaft in Einklang zu bringen, ihre Produktivität zu steigern, und andererseits die Notwendigkeit, für die Frau die Voraussetzungen wirklichen Lebens zu schaffen. Das bedeutet eine Organisation der Hausarbeit, eine systematische Zerlegung der Gesamtarbeit, die ein Haushalt erfordert, und eine neue Zusammenfassung nach Gesichtspunkten der Zeit und Kraftersparnis, und gleichzeitig eine Verbesserung der

34 Jenssen, Otto: „Genossenschaften und Großhaushalt", *Die sozialistische Genossenschaft* 2 (1921), 19–21, hier 19.

35 Zu den Inhalten und Phasen der sozialistischen Strategiediskussion zwischen den Kriegen (die auch auf die Bau- und Stadtplanung einen prägenden Einfluss hatte) siehe: Novy, Klaus: *Strategien der Sozialisierung. Die Diskussion der Wirtschaftsreform in der Weimarer Republik*, Frankfurt am Main/New York 1978.

36 Die Wiener Architektin Lihotzky wurde von Ernst May nach Frankfurt geholt. Sie gilt als eine der Schöpferinnen der sogenannten „Frankfurter Küche", die als Einbauküche in sämtlichen Frankfurter Siedlungen verwendet wurde. Sie beschreibt ihr Umschwenken von der Zentralküche zur Einzelküche in: Lihotzky, Grete: „Rationalisierung im Haushalt", *Das Neue Frankfurt* 5 (1926/27), 120–123, wiederabgedruckt in: Rodriguez-Lores, Juan/Uhlig, Günther (Hg.): *Reprints aus: Das Neue Frankfurt. Werkberichte des Lehrstuhls, Planungstheorie der RWTH, Planungsgeschichte I*, Aachen 1977, 58–61.

37 Wichtigste Literatur für die neue Richtung der Küchenrationalisierung: Frederick, Christine: *Die rationelle Haushaltsführung. Betriebswissenschaftliche Studien*, Berlin 1922; Witte, Irene: *Heim und Technik in Amerika*, Berlin 1928; Meyer, Erna: *Der Neue Haushalt. Ein Wegweiser zur wissenschaftlichen Hausführung*, Stuttgart 1926. Verarbeitet und verbreitet hat diese Anregungen der Architekt Bruno Taut: *Die Neue Wohnung. Die Frau als Schöpferin*, Leipzig 1924. Vgl. Giedion, Sigfried: *Mechanization takes Command. A Contribution to Anonymous History*, New York 1948, 2. Aufl. 1955, besonders das Kapitel „Mechanization Encounters the Household", 512–527. Einen Überblick gibt auch Stahl: „Von der Hauswirtschaft zum Haushalt" (wie Anm. 1).

which produced either overpriced good or cheap poor food-stuffs. Missing, in his view, was a well-designed institution like the Einküchenhaus. Aside from the shortcoming that formative cultural forces could not unfold, the cooperatives themselves were also infected, producing hundreds of thousands of petit bourgeois houses in Germany, yet without the "necessity of a new cultural type" having come into view.[36] Here, alternatives are arising. With the transformation of the cooperatives into public service corporations during the 1920s, these hopeful blossoms wilted again.

**3. From Cooperative Culture to Rationalized Nuclear Households.** As of 1924, the Einküchenhaus was dropped. Floor plans of nuclear apartments started being produced in series. The debate on socialist strategy itself was a driving force behind the shrinking of housing programs to be streamlined. The increase in material production, which (theoretically) would involve a strengthening of the working class and a simultaneous weakening of the bourgeoisie, was initially supposed to be propelled by the socialization of large companies (1918–1922), but after it failed (1924–1928) by the rationalization of production in individual enterprises.[37] Housing, too, promoted the new rationalization solution starting in 1924. Directly, in the organized process of flow and serial production on construction sites, which was instituted by socialist architects for the first time in Germany on a large scale. Indirectly, in the aesthetic pathos of "functional" design, which as of 1924 provided for the configuration of new mass social housing. Artists and engineers who were on the side of the socialist movement were involved in the construction process from 1924, with the economic upswing phase of Weimar politics. They had a hard time opposing the immurement of the nuclear family within the nuclear apartment; on the contrary, they accelerated the process. Having previously been advocates of centralization concepts, the Einküchenhaus, etc., they were now concentrating on the global concept of rationalization, without really being cognizant of the fact that a reassessment of the previous objectives was taking place. The engineers of socialism had not determined their aims in a political, emancipatory way but instead had been content with a simplification of the household work. The means to this end were then either the socialization of the household or the use of advanced technology in the individual household. They had experienced lively enrichment, especially with the transfer of Taylorist rationalization concepts to the kitchen.

The following is clear in this juxtaposition of ends turned into means: having degenerated to exchangeable, value-free means, the former goal of socializing the household/housing is omitted as the more difficult "for now" and elevated to

a means to an end: rationalization of the individual households. As the architect Schütte-Lihotzky, who had once been a proponent of the Einküchenhaus concept, admitted: "We first and foremost wanted to reduce the work of housewives; since the rationalization of large households still seemed challenging, we concentrated on the mechanization of the individual kitchen." The new leitmotif was shaped by the Frankfurter Küche (Frankfurt Kitchen), which resulted from this.[38] The new building task, the serial layout of the apartment for the nuclear family, engaged all progressive architects. Housing operations were taken apart, surveyed, and implemented in space. Hydrographs, hand movements, and body type (of a woman, let it be noted) were projected onto the kitchen floor, defining the dimensions of the new kitchen laboratory.[39] This hopeful activity is succinctly summed up by Meta Corßen, noting that the new kitchen layout was necessary for twofold reasons: "On the one hand, the demand to bring the domestic economy … into line with the economy as a whole, to increase its productivity, and on the other hand, the need to create real-life conditions for women. This means an organization of the housework, a systematic breakdown of the overall work required by a household, and a new summary in terms of time and energy savings, and at the same time an improvement in working techniques through the machines required by such an organization."[40] Today, the quote reveals to us the hopes placed in technification. Yet the seed of perversity is already clearly apparent. The housewife switching on and caressing machines has meanwhile cultivated fetishes that tend to alter her access to "real life."

36 Otto Jenssen, "Genossenschaften und Großhaushalt," *Die sozialistische Genossenschaft* 2 (1921), 19–21, esp. 19.

37 On the content and phases of socialist discussions of strategy between the wars (which also decisively influenced architectural and urban planning), see: Klaus Novy, *Strategien der Sozialisierung: Die Diskussion der Wirtschaftsreform in der Weimarer Republik* (Frankfurt am Main and New York, 1978).

38 The Viennese architect Lihotzky was called to Frankfurt by Ernst May. She is widely considered to be one of the creators of the "Frankfurt Kitchen," which was installed as a built-in kitchen in all Frankfurt housing estates. She describes her shift from central kitchen to individual kitchen in: Grete Lihotzky, "Rationalisierung im Haushalt," *Das Neue Frankfurt* 5 (1926–1927), 120–123, reprinted in: Juan Rodriguez-Lores and Günther Uhlig, eds., *Das Neue Frankfurt: Werkberichte des Lehrstuhls, Planungstheorie der RWTH, Planungsgeschichte I* (Aachen, 1977), 58–61.

39 For the most important literature on the new direction of kitchen rationalization, see: Christine Frederick, *Die rationelle Haushaltsführung: Betriebswissenschaftliche Studien* (Berlin, 1922); Irene Witte, *Heim und Technik in Amerika* (Berlin, 1928); Erna Meyer, *Der Neue Haushalt: Ein Wegweiser zur wissenschaftlichen Hausführung* (Stuttgart, 1926). These ideas were explored and spread by the architect Bruno Taut, *Die Neue Wohnung: Die Frau als Schöpferin* (Leipzig, 1924). See Sigfried Giedion, *Mechanization Takes Command: A Contribution to Anonymous History* (New York, 1948), 2nd ed. published in 1955, especially the chapter "Mechanization Encounters the Household," 512–527. An overview is also provided by Stahl, "Von der Hauswirtschaft zum Haushalt" (see note 2).

40 [illegible line] cited in Ludwig Hilberseimer, *Großstadtarchitektur* (Stuttgart, 1927), who expressed his utmost approval.

Arbeitstechnik durch die Maschinen, die eine solche Organisation zur Voraussetzung hat."[38] Das Zitat erschließt uns heute die Hoffnungen, die in die Technifizierung gesetzt wurden. Der Keim der Pervertierung allerdings ist auch schon erkennbar. Die maschinenschaltende und -streichelnde Hausfrau hat mittlerweile Fetische gezüchtet, die ihr den Zugang zum „wirklichen Leben" eher verstellen.

Wir möchten unsere kleine Geschichte des Einküchenhauses aber nicht ohne eine optimistische Note schließen. Wir werden es nicht wieder zum Leben erwecken können, aber wir können die Geschichte der Missverständnisse und die Fronten ansehen, die sich historisch längst aufgeweicht und verschoben haben. Möglicherweise lassen sich daraus Argumente für einen neuen Anfang gewinnen. So schauen wir noch kurz auf die Gegner, die immer mit einem schlechten Gewissen und mit kollektiven ästhetischen Symbolen kompensierten, was sie an realer Kollektivität in ihrem Werk ausgeblendet haben. Ab 1924 bestand die Illusion der progressiven Architekten und Ingenieure darin, im Rationalismus und in der Wissenschaft eine Instanz zu sehen, die – besser als der einzelne Mensch und der Diskurs sich verständigender Gruppen – die Bedürfnisse regeln könne. In die Rationalität der endlosen Zeilen und in die Funktionalität der Form der Standardwohnung ist das verschwunden, was wir als soziales Leben und sozialen Raum in den Höfen, Galerien, Versammlungen, Speisesälen, den Genossenschaften der Einküchenhäuser kennengelernt haben. Aber nicht nur die radikale, obwohl so plausible Alternative unseres Einküchenhauses ist darin aufgegangen. Die gesamte „kleine", aber „konkrete" Kultur des bürgerlichen, proletarischen und Angestellten-Wohnens – für die der Architekt Tessenow noch so zierliche, differenzierte Architekturen entworfen hatte – wurde durch die Moderne in die Universalität der rationalen Wohneinheiten überführt und eingeebnet. Die räumliche, gegenseitige Isolierung der Wohnzellen wurde nicht mehr architektonisch, z.B. durch Platz und Hofbildungen, sondern erst auf einer übergeordneten, gedachten, auf das „Volksganze" bezogenen Ebene aufgehoben. Heute ist eine Umwertung eingetreten. Vielleicht werden mit dem Zerfall in regionale Einheiten und in differenzierte Kulturen auch wieder Kräfte frei, die den kollektiven Bedürfnissen auch im „offiziellen" Wohnungsbau zur Entfaltung verhelfen.

Die „Moderne" selbst gibt dafür ein Beispiel. Nachdem Walter Gropius die Entwicklung der Moderne und damit zum individualistischen Wohnen im Zeilenbau theoretisch und praktisch forciert hatte, hielt er 1929 auf dem CIAM-Kongress in Frankfurt eine Rede, die die versammelte Elite der Architektenschaft – auf „Wohnung für das Existenzminimum" im Zeilenflachbau eingeschworen – zunächst verärgert hat.[39] Gropius schlug vor, zumindest partiell wieder zum Großhaus zurückzukehren. Er begründete die Abkehr vom Kleinhaus – Credo aller Wohnungsreformer – soziologisch mit dem Ende der

Kleinfamilie, die von neuen Vergesellschaftungsformen abgelöst werde. Diese würden u.a. die Zentralisierung der Hauswirtschaft mit sich bringen. Nun sei es Aufgabe der Architekten, diese Entwicklung nicht zu verstellen, wie es durch den weitläufigen Flachbau geschehe. Diese Wohnform wollte er nur kinderreichen Familien zubilligen; jene aber, im Großhaus bei kollektiviertem Haushalt und zusätzlichem Service, entspreche dem Bedürfnis der modernen städtischen Industriearbeiter. Mit künstlerischer Sensibilität nahm Gropius eine Wende vorweg, der die sozialistische Strategiediskussion alsbald folgte. Mit dem Ende der Stabilisierungsphase und mit der Weltwirtschaftskrise setzte ab 1930 eine neue Sozialisierungsdiskussion ein, in deren Fahrwasser auch wieder Überlegungen zu Haushaltsreform und Zentralisierung angestellt wurden. Allerdings standen diese Planungen in einem noch größeren Missverhältnis zu den realen Ressourcen als 1919/1922.

Wir haben gesehen: Durch sozialistische Missverständnisse mitbefördert, hat sich das bis heute perpetuierte Wohnschema durchgesetzt. Es hat die Gründe, die für andere, kollektive Wohnmodelle sprechen, nie beseitigt; im Gegenteil, es hat stets an sie erinnert. Die Reformphantasien, die das Einküchenhaus einmal weckte, waren auch nur aus dem Massenwohnungsbau getilgt. Lebendig sind sie indes und stehen in angenehmer Blüte derzeit in den abgeschirmten Refugien für den großbürgerlichen Lebenszuschnitt: Boarding Houses reservieren für einige happy few, was das Einküchenhaus in schlichterer Form für alle vorgesehen hatte.

**Anmerkungen.** Der vorliegende Aufsatz ist Teil einer Gemeinschaftsarbeit mit Gottfried Pirhofer. Ihm verdanke ich wesentliche Gedankengänge der Arbeit, die als Kurzfassung einer geplanten größeren Publikation hier zunächst von mir vorgelegt und verantwortet wird. ∎

38 Corßen, Meta: „Hausarbeit", *Sozialistische Monatshefte* 61 (1924), 51f., zitiert nach Hilberseimer, Ludwig: *Großstadtarchitektur*, Stuttgart 1927, der sie voll Zustimmung anführt.

39 Diesen Hinweis verdanke ich Martin Steinmann: Gropius' Referat wurde in der Kongresspublikation des Centre International d'Architecture Moderne (CIAM) nur in Zusammenfassung abgedruckt. Seine Gedanken sind aber publiziert in Gropius, Walter: „Die soziologischen Grundlagen der Minimalwohnung", *Die Justiz* 5 (1929), wiederabgedruckt in: Gropius, Walter: *Architektur. Wege zu einer optischen Kultur*, Hamburg 1956, 84–93. Die Debatte wurde auf den nächsten Kongress in Brüssel 1930 verschoben. Vgl. Gropius, Walter: „Flach-, Mittel- oder Hochaus?", in: CIAM (Hg.): *Rationelle Bebauungsweisen*, Frankfurt am Main 1931, auch in: *Das Neue Frankfurt* 2 (1931), wiederabgedruckt in: Rodriguez-Lores/ Uhlig: *Das Neue Frankfurt*, 420–432 (wie Anm. 37). Gropius bezieht sich für die Veränderung der Familienstruktur auf den Soziologen Müller-Lyer, der in seinem Hauptwerk: Die Entwicklungsstufen der Menschheit, München 1921, insbes. Bd. 4, *Die Familie*, 339, schon eine Prognose der Entwicklung der Kleinfamilie zum genossenschaftlichen Großhaushalt geliefert hatte. Sein Plädoyer für Gemeinschaft und Großhaus „will übrigens keineswegs ausschließen" (326), wurde bereits von Adolph, Richter etc. als Referenz benutzt.

But we would not wish to conclude our little story of the Einküchenhaus without an optimistic note. Though we cannot bring it back to life, we can take a look at the history of the misconceptions and the fronts that have long since historically softened and shifted. Perhaps arguments can be gained from this for new beginnings. Let us look briefly at the opponents, who always compensated with a bad conscience and with collective aesthetic symbols for the real collectivity that they blocked out in their work. Starting in 1924, the illusion of the progressive architects and engineers involved seeing in rationalism and in science an authority that—better than the individual person and the discourse of more judicious groups—could meet various needs. Disappearing in the rationality of the endless lines and in the functionality of the standard apartment form is that which we have come to know as social life and social space in the courtyards, balconies, assemblies, dining halls, and cooperatives of the Einküchenhaus. But not only the radical yet so plausible alternative of our Einküchenhaus was realized here. The entire "small" but "concrete" culture of bourgeois, proletarian, and employee housing—for which the architect Tessenow had designed such delicate, differentiated architectures—was transposed and leveled out through modernism in the universality of rational housing units. The spatial, mutual isolation of the residential cells was no longer rescinded architecturally, for instance through formations of squares and courtyards, but rather now rescinded on a higher conceptual level related to the "people's whole." Today a reassessment has taken place. Perhaps with the disintegration into regional units and into differentiated cultures, forces will again be released that will help the collective needs to unfold in "official" housing as well.

An example of this is provided by "modernism" itself. After Walter Gropius had theoretically and practically accelerated the development of modernism and thus individualistic *Zeilenbau*[41] apartments, in 1929 he gave a speech at the CIAM congress in Frankfurt that at first angered the elite architectural community—which swore by "housing for the sustenance level" in the style of low-rise *Zeilenbau* apartments—gathered there.[42] Gropius suggested a return to, at least partially, the Großhaus (large-scale housing). He sociologically justified turning away from the Kleinhaus (small-scale housing)—the creed of all housing reformers—by citing the end of the nuclear family, which was being replaced by new forms of socialization. This involved, among other things, the centralization of the domestic economy. According to Gropius, architects were now called upon to not obstruct this development, as in the case of extensive low-rise buildings. He wanted to concede this housing form to families with many children only, asserting that life in a Großhaus with a collective household and additional services would meet the needs of modern urban industrial workers. It was with artistic sensitivity that Gropius anticipated a turning point that was soon followed by the socialist discussion of strategy. At the end of the stabilization phase and in the face of the global economic crisis, a new discussion on socialization began in 1930, in the wake of which considerations on household reform and centralization were again made. However, there was even greater disparity between these plans and real resources than had been the case in 1919–22.

As we have seen: facilitated by socialist misconceptions, the housing pattern still perpetuated today has prevailed. It never fully eliminated the reasons for supporting other, collective-based housing models; on the contrary, it has always reminded us of them. The fantasies of reform aroused by the Einküchenhaus back then were erased only from mass social housing. Meanwhile, they are alive and well, currently blossoming pleasantly in the secluded refuges for upper middle class life: boarding houses now reserve for a happy few what the Einküchenhaus had envisaged for everyone in a more modest form.

**Notes.** This essay was written as part of collaborative effort with Gottfried Pirhofer. To him I extend warm thanks for contributing essential trains of thought to this work, which is initially presented here, under my full responsibility, in an abridged version prior to planned publication in more extensive form. ∎

*Translation: Dawn Michelle d'Atri*

41 [Translator's note: parallel blocks aligned north-south at right angles to the access street.]

42 I am grateful to Martin Steinmann for the following information: Gropius's lecture was only printed in abridged form in the congress publication of the Centre International d'Architecture Moderne (CIAM). However, his thoughts were published in Walter Gropius, "Die soziologischen Grundlagen der Minimalwohnung," *Die Justiz* 5 (1929), reprinted in: Walter Gropius, *Architektur: Wege zu einer optischen Kultur* (Hamburg, 1956), 84–93. The debate was postponed to the next congress, which was to be held in Brussels in 1930. See Walter Gropius, "Flach-, Mittel- oder Hochhaus?," in *Rationelle Bebauungsweisen*, ed. CIAM (Frankfurt, 1931), also published in *Das Neue Frankfurt* 2 (1931), reprinted in: Rodriguez-Lores/Uhlig, *Das Neue Frankfurt*, 420–32 (see note 37). On the change of family structure, Gropius references the sociologist Müller-Lyer, who in his major work *Die Entwicklungsstufen der Menschheit* (Munich, 1921), esp. vol. 4, *Die Familie*, 339, already delivered a forecast on the development of the nuclear family in large cooperative households. The case he made for the garden city and the large household "which, by the way, are certainly not mutually exclusive (320), has already been cited as a reference by Adolph Richter, among others.

# Habitat & Équipement

## Wohnen zwischen Disziplinarprogramm und ökonomischer Technologie

## Housing between Disciplinary Program and Economic Technology

Philipp Markus Schörkhuber

1

Wohnbau „Nemausus" in Nîmes, 1985–1987. Ein Experiment Jean Nouvels zum sozialen Wohnbau Mitte der 1980er Jahre. | The "Nemausus" housing complex in Nîmes, 1985–1987, a mid-1980s social housing experiment by Jean Nouvel. © P. M. Schörkhuber

In den 1880er Jahren verschafft sich ein Komitee des französischen Kultusministeriums einen Überblick darüber, wie die Bevölkerung in Frankreichs Provinzen eigentlich wohnt. Diese öffentlich finanzierte und unter der Leitung des Ökonomen und Statistikers Alfred de Foville durchgeführte Untersuchung tritt an, den Baubestand sowie den Miet- und Kaufwert der Häuser und Fabriken aller *Départements* zu ermitteln und für jede Region einen sogenannten *Maison-type*, ein typisches Haus zu definieren. Zu diesem Zweck soll eine möglichst große Zahl unterschiedlicher Haustypen verschiedener Provinzen dargestellt werden. Die Untersuchung klammert Paris aus und erweitert damit die Betrachtungen, die sich in der Vergangenheit meist auf die Sanierung der Hauptstadt konzentrierten.[1]

Um ein vergleichbares Bild der typischen Behausungen in den Provinzen zu erheben, wird ein standardisierter Fragebogen ausgegeben, der die Anleitung liefert, nach welchen Kriterien der Baubestand untersucht werden soll. Erhoben und beschrieben werden die regionalen Bedingungen (topografische, geologische, hydrologische, meteorologische, etc.) und der typische Kontext (eng aneinander gebaut oder dispers), die prinzipielle Form des Hauses (grundlegende Dimensionen, Aufteilung und Verteilung der Räume, verwendete Materialien, Art der Konstruktion, Kosten) wie auch die Motive für die Wahl bestimmter Konstruktionsformen. Der Haustyp wird außerdem aus Sicht der BewohnerInnen hinsichtlich Nutzungsformen (Wohn- oder gewerbliche Nutzung), Kosten, sowie Hygienestandards bewertet. Folgende Parameter werden mit größter Genauigkeit erfasst: Ausdehnung, Position am Grundstück, Organisation der Wohn- und Freiräume, Fassadenöffnungen, sowie Abmessungen von Gängen und Türen, Bezug und Lage der verschieden genutzten Räume untereinander, sogar die Ausstattung der Oberflächen, infrastrukturelle Ver- und Entsorgung und die gebäudetechnischen Einrichtungen wie Herde und Öfen einschließlich der Rohrdurchmesser sind verzeichnet.

Diese Daten werden von Freiwilligen zusammengetragen, im Anschluss zunächst in den *Départements* gesammelt und dann nach Paris übermittelt, in der Hoffnung, dadurch Auskünfte zur „sozialen Physik" einer typischen Wohnform zu bekommen und funktionale Zusammenhänge zwischen Milieu, Mensch und Haus herzustellen, um, wie es in der Einleitung des Berichts heißt, selbst dem „starrsinnigen Pariser" die Qualitäten der ländlichen Lebensformen näher zu bringen.[2] Foville verweist im Abschlussbericht dieser Untersuchung auf ihren Zusammenhang mit der Weltausstellung von 1889, in der typologische Nachbauten unterschiedlichster, exotischer Provenienz zu sehen waren, deren Vielfalt er in einen Gegensatz zur Monotonie der traditionellen Behausungen des französischen Proletariats stellt.

In der Studie besonders hervorgehoben wird ein Haustypus aus Lille. Als Industriezentrum zu einer sehr reichen Stadt geworden, hat Lille das Problem der Behausung für die zahlreichen ArbeiterInnen zwischen 1850 und 1880 durch großangelegte Stadterweiterungen in den Griff bekommen. Lille gleicht dadurch einer vorbildlichen Modellstadt des späten 19. Jahrhunderts: die Straßen sind „breit, im Allgemeinen gerade. Die Häuser, wohl ausgerichtet, sind auf dem Umfang eines Vierecks errichtet, dessen zentraler Teil von den Höfen und Gärten belegt ist",[3] wie ein gewisser Monsieur Saint-Paul, zuständig für die Sammlung und Kontrolle der direkt eingegangenen Beiträge, berichtet. Seinerzeit entstehen zahlreiche neue Wohnhäuser, die zum Großteil einem bestimmten Typus folgen, der gewissermaßen repräsentativ für Industriestädte im Norden Frankreichs ist. Eine gemeinschaftliche Grenzmauer gewährleistet den Schutz vor dem Wind, ermöglicht jedoch die Zirkulation von Luft bei ausreichender Belichtung. Das städtische Versorgungssystem funktioniert vorbildlich, fließendes Wasser in beinahe allen Häusern löst die Brunnen ab, die nur mehr zu industriellen Zwecken genutzt werden.

Der sogenannte *Maison-type de Lille* (Abb. 2) ist das Resultat jener Regeln, die „vom Straßenbauamt und der Polizei auferlegt wurden […], die zugleich die Auswirkungen des Klimas, die Bedürfnisse der öffentlichen Hygiene, die lokalen Ressourcen an Baumaterial, die Gewohnheiten der Bevölkerung und die Interessen der EigentümerInnen berücksichtigen müssen. Der

1 Die Ergebnisse der Untersuchung erscheinen zusammengefasst 1894 in dem vom Ministerium herausgegebenen Bericht: Ministère de l'instruction publique, des beaux-arts, comité des travaux historiques et scientifiques, section des sciences et sociales (Hg.): *Enquête sur les conditions de l'habitation en France. Les maison-types*, Bd. 1, Paris 1894, online unter: http://gallica.bnf.fr/ark:/12148/bpt6k753202/ (Stand: 19. November 2019). Vgl. dazu auch Teyssot, Georges: „Norm and Type. Variations on a Theme", in: Picon, Antoine/Ponte, Alessandra (Hg.): *Architecture and the Sciences. Exchanging Metaphors*, New York 2003, 146.

2 Vgl. de Foville, Alfred: „Introduction", in: Ministère de l'instruction publique: *Enquête*, VIIff (wie Anm. 1).

3 Saint-Paul: „Les maisons-types de Lille et des autres villes et centres industriels du Département du Nord", in: *Enquête*, 23 (wie Anm. 1). Im Original: „Elles sont larges, généralement droites. Les maisons, bien alignées, sont construites sur le périmètre d'un quadrilatère dont la partie centrale est occupée par des cours et des jardins." (Übers. d. Autors)

In the 1880s, a committee of the French Ministry of Culture commissioned a survey on how the population of France's provinces actually lived. This publicly financed study conducted under the direction of the economist and statistician Alfred de Foville began to assess the building stock and the rental and sale value of houses and factories in all of the *départements* and to define a *maison-type*, a "house type," for every region. To that end, as many housing types as possible from different provinces were to be described. The study excluded Paris and thus expanded the observations, which had previously usually concentrated on redeveloping the capital.[1]

In order to record a picture of the typical homes in the provinces as a basis for comparison, a standardized questionnaire was issued; it provided a guideline for the criteria by which the building stock should be studied. The data to be recorded and described included the regional conditions (topographic, geological, hydrological, meteorological, etc.) and the typical context (built closely together or dispersed), the principle form of the house (basic dimensions, division and distribution of the rooms, materials used, type of construction, costs), and the motives for the choice of certain forms of construction. The *maison-type* was also evaluated from the perspective of the residents for forms of use (residential or commercial), costs, and hygienic standards. The following parameters were recorded with the greatest accuracy: area, position on the lot, organization of the living and open spaces, and façade openings, as well as measurements of corridors and doors, connection and position of the variously used rooms to one another, even the

décor of the surfaces, the supply and disposal infrastructure, and the building equipment such as stoves and ovens, including dimensions of the pipes.

These data were collected by volunteers; next, it was compiled in the *départements* and then sent to Paris, in the hope of getting information about the "social physics" of a typical housing form and of establishing functional connections between milieu, human being, and house in order to, as it states in the introduction to the report, convey even to "intransigent Parisians" the qualities of forms of rural life.[2] In the final report of this study, Foville mentions its connection to the International Exposition of 1889, where typological replicas of wide-ranging, exotic provenance were shown, whose diversity he contrasts with the monotony of the traditional houses of the French proletariat.

One type of house from Lille was especially emphasized in the study. Having become a very rich city as a center of industry, Lille addressed the problem of housing for its numerous workers between 1850 and 1880 in large-scale urban expansions between 1850 and 1880. This made Lille an exemplary model city of the late nineteenth century: the streets are "wide, generally straight. The houses are well laid out, constructed on the perimeter of a quadrilateral whose central part is occupied by courtyards and gardens,"[3] as reported by a certain Monsieur

1   A summary of the results of the study was published in a report from the ministry in 1894: Ministère de l'instruction publique, des beaux-arts, comité des travaux historiques et scientifiques, section des sciences et sociales, ed., *Enquête sur les conditions de l'habitation en France: Les maison-types*, vol. 1 (Paris, 1894), http://gallica.bnf.fr/ark:/12148/bpt6k753202/ (accessed November 19, 2019). On this, see also Georges Teyssot, "Norm and Type: Variations on a Theme," in *Architecture and the Sciences: Exchanging Metaphors*, ed. Antoine Picon and Alessandra Ponte (New York, 2003), 146.

2   See Alfred de Foville, "Introduction," in Ministère de l'instruction publique, *Enquête* (see note 1), VII.

3   M. Saint-Paul: "Les maisons-types de Lille et des autres villes et centres industriels du Département du Nord," in *Enquête* (see note 1), 22–35, esp. 23: "Elles sont larges, généralement droites. Les maisons, bien alignées, sont construites sur le périmètre d'un quadrilatère dont la partie centrale est occupée par des cours et des jardins."

Haustyp vereinigt all das nach Möglichkeit."[4] Im Untersuchungsbericht wird zudem festgehalten: „Das Haus [ist] so entworfen und aufgeteilt, um der Behausung einer einzigen Familie zu dienen. Die Wohnnutzung allein schafft die Gewohnheiten der Reinlichkeit. [...] Die Reinlichkeit ist für sie [die Bevölkerung des Nordens] ein echtes Bedürfnis geworden. Die Sorge der Befriedigung dieses Bedürfnisses zeigt sich in allen Details des Baus."[5] Als Ergebnis neuer Verwaltungspolitik markiert der Haustyp aus Lille den Erfolg dessen, was später Wohnbaupolitik genannt werden wird und schreibt als Prototyp der modernen Wohnung all jene Regeln moderner Hygiene und des Städtebaus fest, die die Verwaltung seit Jahrzehnten durchzusetzen versuchte: Sauberkeit und Ordnung, hergestellt durch die Details der Konstruktion, sowie das Propagieren eines Grundrisses, in dem die Bevölkerung prosperieren kann, eingebettet in eine wohlorganisierte Stadt. Sein Grundriss ist die Zuspitzung der Erkenntnisse aus den Bevölkerungswissenschaften mit den Mitteln der Architektur. Ein Haus, ein Gebäude alleine produziert neue Kenntnisse über die Bedürfnisse, die es selbst notwendig gemacht haben. Der private Wohnraum ist das letzte und entscheidende Element, das zum Erscheinen einer flächendeckenden Baupolitik gefehlt hat, wie wir sie heute aus praktisch allen Staaten kennen. Es macht eine Politik möglich, die sich der Steuerung und Normalisierung des gemeinschaftlichen Lebens mit architektonischen Mitteln widmet.

Was hier exemplarisch als eine isolierte Beschreibung eines einzelnen Hauses aus einer Vielzahl untersuchter Gebäude genannt wird, muss vor dem Hintergrund seines historischen Kontexts betrachtet werden, um seine Relevanz für das Erscheinen einer Wohnbaupolitik als Regierungstechnologie zu verstehen. Denn in dieser Studie, die letztlich trotz der Erfassung qualitativer Eigenschaften als eine statistische Untersuchung geführt wird, verdeutlicht sich der langsame historische Übergang städtebaulicher Reglementierung zur Reglementierung des privaten Wohnraumes als eine neue Form der politischer Verwaltung.

**Machtpolitische Forschungsansätze.** Inwiefern das Wohngebäude selbst zum Instrument dieser Verwaltung werden kann, klären Forschungen aus Frankreich, wo derartige historische, wohntypologische Studien wie jene von Alfred de Foville insbesondere ab den 1970er Jahren breit rezipiert werden. Ein möglicher Grund für dieses rege Interesse dürfte die Frage nach Zusammenhängen von Wohnverhältnissen und Funktionsweisen der (politischen) Macht- und Kontrollmechanismen gewesen sein, bei der sich die Architektur zunehmend als ein Verdichtungsmoment zu erkennen gibt. Dadurch wird sie zum Gegenstand der Analyse von – teils institutionalisierten – Forschungsgruppen, deren Mitglieder sich aus unterschiedlichen Disziplinen durch ihr gemeinsames Interesse am Forschungsgegenstand vereinen. Der Boden für solche Projekte

ist in Frankreich in den 1970er Jahren fruchtbar, da es im Zuge der Umstrukturierung des Ausbildungswesens zur Architektur auch Bestrebungen zu einer Ausweitung der Forschungen zur Architektur gibt, die mit staatlichen finanziellen Mitteln ausgestattet sind.[6] Eine entsprechende Anzahl an Projekten erscheint in Zeitschriften wie den *Cahiers de la recherche architectural*[7] oder gesammelt in geringer Auflage. Diese sind allerdings, in Ermangelung von Übersetzungen, einem nicht frankofonen Publikum ohnehin nur schwer zugänglich.

So publiziert auch der Architekt Georges Teyssot sein Buch *Die Krankheit des Domizils. Wohnen und Wohnbau 1800–1930* erst im Jahr 1989 und ausschließlich in deutscher Sprache.[8] Es lehnt sich an die Ergebnisse jener damaligen Forschungen an, wie den Anmerkungen und Quellenangaben des Textes zu entnehmen ist. Bezugnehmend auf den französischen Philosophen Georges Canguilhem schreibt Teyssot dort, dass „weder das Lebewesen, noch das Milieu als normal bezeichnet werden [können], sondern nur in ihrer Beziehung zueinander."[9] Wie diese Beziehungen nun festgelegt sind, wird unvermittelt zur zentralen Forschungsfrage dieser Zeit, in der das Wohnen und der Wohnbau wichtige Indizien für eine politische

4 Ebd., 29. Im Original: „L'adoption du mode de construction que l'on vient de décrire a été, pour ainsi dire, imposée par les règlements de voirie et de police. Ces règlements sont le fruit de longues et patientes recherches, car ils doivent donner satisfaction à des intérêts souvent opposés, en tenant compte, tout à la fois, les exigences du climat, des besoins de l'hygiène publique, des ressources locales en matériaux de construction, des habitudes de la population et des intérêts du propriétaire. La maison-type concilie tout cela dans la mesure du possible." (Übers. d. Autors)

5 Ebd., 33. Im Original: „La maison est construite et distribuée pour servir au logement d'une seule famille. L'usage de demeurer seul engendre des habitudes de propreté. La propreté est devenue pour elles un véritable besoin. Le souci de satisfaire ce besoin se manifeste dans tous les détails de la construction." (Übers. d. Autors)

6 Zur Geschichte der Forschungen zur Architektur dieser Zeit vgl. Chassel, Francis: „Introduction", in: *Recherche architecturale. Thèmes et bilans. Les cahiers de la recherche architecturale* 13 (1983), 6–11 und Lengereau, Éric: „La recherche architecturale et urbaine, une histoire de quarante ans", *Culture et recherche* 122/123 (2010), 47–55.

7 Die *Cahiers de la recherche architecturale* erscheinen seit 1977. Herausgegeben vom Bureau de la recherche architecturale des französischen Kulturministeriums erscheinen sie seit 1999 unter dem Titel *Les cahiers de la recherche architecturale et urbaine* und seit 2018 unter dem Titel *Les cahiers de la recherche architecturale, urbaine et paysagère*. Das herausgebende Bureau hat übrigens parallel zur Zeitschrift auch seinen Namen laufend erweitert.

8 Teyssot, Georges: *Die Krankheit des Domizils. Wohnen und Wohnbau 1800–1930*, Braunschweig/Wiesbaden 1989. Der Text erscheint in dieser gesammelten Form lediglich auf Deutsch. Der dem Text vorneweg gestellte Hinweis, dass es sich hier um eine Übersetzung aus dem Französischen bzw. Italienischen handelt, kann nur die Ursache haben, dass ein Teil von Teyssot auf Französisch geschrieben wurde, und nur das sechste und letzte Kapitel, „Epilog" genannt, mit Marco De Michelis zusammen geschrieben, und möglicher Weise jener aus dem Italienischen übertragene ist. Die meisten online zugänglichen Bibliografien von Teyssot nennen dieses Buch mit deutschem Titel, wobei aber ein Artikel mit dem Titel „The Disease of the Domicile" in *Assemblage* 6 (1988) erscheint. Der Text ist aber nicht ident mit dem Buch, wobei einzelne Motive und Namen wiederkehren, dem aber auch, wie den Kapiteln im Buch, ein Zitat von Charles Baudelaire vorangestellt ist. Ein am Ende des Artikels angekündigtes Buch der MIT Press mit gleichem Titel scheint allerdings nicht in internationalen Bibliothekskatalogen auf.

9 Teyssot: *Die Krankheit*, 10 (wie Anm. 8).

Saint-Paul, the man responsible for compiling and checking the direct contributions. At the time, numerous new residential buildings were being built, the majority of which followed a certain type that was to an extent typical of industrial cities in northern France. A common boundary wall provides protection against the wind, while providing air circulation and sufficient light. The municipal supply system functioned commendably; running water in nearly all homes replaced water wells, which were now used only for industrial purposes.

The "maison-type de Lille" (fig. 2) is the result of the rules "imposed by the department of public roads and the police … taking into account, all at once, the exigencies of the climate, the needs of public hygiene, local resources of construction materials, the habits of the population and the interests of the proprietors. The house type reconciles all of that as far as possible."[4] The report on the study also observes: "Residential use alone produces habits of cleanliness. … Cleanliness is for them [the populations of the north] a genuine need. The

What we are calling exemplary as an isolated description of a single house from a number of buildings studied must be viewed against the backdrop of its historical context to understand its relevance to the emergence of housing policy as a governing technology. For this study, which was ultimately conducted as a statistical analysis despite having involved the recording of qualitative features, illustrates the slow historical transition of urban planning regulation to the regulation of private housing as a new form of political administration.

**Research Approaches Based on Power Politics.**
The extent to which the residential building can itself become the instrument of this administration is clarified by scholarship from France, where such historical studies of housing typology as that of Alfred de Foville were widely read from the 1970s

„Die Entwicklung kündigt sich in den brüchigen Biografien der Gegenwart an, aber im Wohnbau wird überhaupt nicht auf diese Entwicklungen der Lebenszyklen reagiert, auf diese veränderten, unlinearen Biografien, und das sollte uns zu denken geben! Das müssten wir ändern." Andreas Lichtblau, *GAM.16*, S. 234

concern to satisfy this need is manifested in all of the construction details."[5] As a result of new administrative policy, the Lille type of house marked the success of what would later be called housing policy and established, as a prototype of modern housing, all of the rules of modern hygiene and urban planning that the administration had been trying for decades to impose: cleanliness and order, achieved by the details of construction, and the propagation of a floor plan within which the population can prosper, embedded into a well-organized city. Its floor plan is the architectural culmination of insights from population studies. One house, one building, produces new knowledge of the needs that have made it necessary. Private living space is the final and crucial element that was lacking for the establishment of a blanket housing policy of the sort we know from nearly all countries today. It permitted a policy dedicated to controlling and standardizing community life by architectural means.

onward. One possible reason for this lively interest is presumably the question of connections between living conditions and how mechanisms of (political) power and control function, in which architecture is increasingly revealed as a factor in compaction. This has made it an object of analysis by—in some cases institutional—research groups whose members from different disciplines are united by their common interest in this area

4   Ibid., 29: "L'adoption du mode de construction que l'on vient de décrire a été, pour ainsi dire, imposée par les règlements de voirie et de police. Ces règlements sont le fruit de longues et patientes recherches, car ils doivent donner satisfaction à des intérêts souvent opposés, en tenant compte, tout à la fois, les exigences du climat, des besoins de l'hygiène publique, des ressources locales en matériaux de construction, des habitudes de la population et des intérêts des propriétaires. La maison-type concilie tout cela dans la mesure du possible."

5   Ibid., 33: "La maison est construite et distribuée pour servir au logement d'une seule famille. L'usage de demeurer seul engendre des habitudes de propreté. … La propreté est devenue pour elles un véritable besoin. Le souci de satisfaire ce besoin se manifeste dans tous les détails de la construction."

Erkenntnis von Machtgefügen zu liefern hat. Denn diese Festlegung erfordert zugehörige Mechanismen der Normalisierung, wie sie der Historiker und Philosoph Michel Foucault in seinen Vorlesungen zur Geschichte der Gouvernmentalität 1977/1978[10] als Konzept entlang, oder besser gesagt, zwischen der Technik der Disziplin und dem Dispositiv der Sicherheit entwickelt. Foucault erklärt: „[Die] Disziplin analysiert, dekomponiert, zergliedert die Individuen, die Orte, die Zeiten, die Gesten, die Akte, die Vorgänge, sie zergliedert sie in Elemente, die ausreichend sind, um sie einesteils wahrzunehmen und anderenteils zu modifizieren, [sie] klassifiziert die so gekennzeichneten Elemente nach Maßgabe bestimmter Ziele, [sie] etabliert die Sequenzen oder die Koordinationen, die optimal sind, [sie] legt die Verfahren fortschreitenden Drills und unablässiger Kontrolle fest."[11] Sie spaltet damit das Normale vom Anormalen, indem sie das, was für das Erreichen des vorab als optimal festgelegten Ziels notwendig ist, in ein Taugliches und ein Untaugliches scheidet.

Die Techniken der Disziplin und ihrer Kontrolle erlauben es, ein genau reguliertes Milieu zu definieren, das sich vom umgebenden dadurch unterscheidet, dass es nicht mehr die diffuse Umwelt bezeichnet, sondern einen regulierten und dadurch seinerseits regulierenden Raum. Diese Reform eines *Milieu ambiant* zu einem *Milieu exact* analysiert Teyssot in seiner Publikation entlang dreier Teilbereiche: Programm, Institution und Technologie.[12] Diese bedingen einander, und erst im Dreiklang entfalten sie ihre Wirksamkeit, werden zur Reform. Das Programm ist laut Teyssot „die Gesamtheit der Prinzipien, der Mittel und der Gegebenheiten, die dem Plan gewissermaßen gesetzgebende Kraft verleihen sollen, [der] durch öffentliche oder private Einrichtungen in die Tat umgesetzt [wird]".[13] Während das Machtprogramm als bloße Verbindung aus Programm und Institution lediglich „Utopien [produziert]",[14] ist es erst die Technologie, die „aus dieser Politik, aus all diesen Programmen Wirklichkeit werden ließ, sie mit Hilfe von Taktiken, Einrichtungen aller Art, wie sie von den Institutionen geschaffen wurden, in Materie verwandelt", indem sie die Technik zu beherrschen versucht.[15] Schafft das Machtprogramm Utopien, so „[schafft] [d]ie Verwaltungstechnologie (Verwaltung des Handels, der [Waren]ströme, der Bevölkerung, der sozialen und zwischenmenschlichen Beziehungen) […] Heterotopien."[16] Teyssot identifiziert so eine politische Wirkungsweise, die gleichermaßen machtpolitisch, technologisch und ökonomisch Transformationen der alltäglichen Welt verwirklicht, und langsam „zu einer neuen Art von Stadtverwaltung führen [wird]".[17]

Zu den Techniken, mit der diese neue Art der Stadtverwaltung arbeitet, die die individuelle Behausung nicht mehr dem Einzelnen überlässt, sondern zu einem öffentlichen Interesse macht, legt eine Forschergruppe um Michel Foucault etwas mehr als zehn Jahre vor Teyssots Geschichte des Wohnbaus im verlängerten 19. Jahrhundert Analysen zu den *Équipements collectifs* und zu den *Politiques de l'habitat*[18] vor. Die „Politiken des Habitat" reflektieren Diskurse, so der Architekt François Béguin in der Einleitung zu diesem Buch, die eine Politik des Wohnungswesens zugleich notwendig und möglich machen. Die Perfektionierung der Maßnahmen der Hygiene sei eng verbunden mit der Geschichte des Hauses, wobei die Errichtung von Wohnungen erheblich unter ökonomischem Einfluss stünden. Innerhalb dieser Maßnahmen vollziehen sich Veränderungen anlässlich jener Probleme, um die sich die städtische Verwaltung mit dem Beginn des 19. Jahrhunderts zu kümmern hat: die Krankheit, die Beschäftigung, und verschiedene Formen der Anormalität. Diese Maßnahmen betreffen unterschiedliche Bereiche jenes Gegenstands, der als „Habitat" bezeichnet werden kann: Medizin und Hygiene, Architektur, Ingenieurswesen, Sozialwissenschaften, Rechtsprechung.[19]

Dem Beitrag von Anne Thalamy zufolge steht im Kern des Begriffs des „Habitat" die Geburt eines öffentlichen Raumes und der Schutz der Stadt, ihrer Ordnung, ihres Gleichgewichts und ihrer Ästhetik.[20] Die Politiken des Habitat korrelieren mit etwas, das Foucault eine „Politik der Gesundheit" genannt hat, da „sich ein politisch-medizinischer Zugriff auf eine Bevölkerung heraus[bildet], die man mit Hilfe von Vorschriften führt, die nicht nur die Krankheit betreffen, sondern die allgemeinen Lebensformen und Verhaltensweisen (Nahrungs- und Getränkeaufnahme, Sexualität und Fruchtbarkeit, Kleidungsgewohnheiten und Wohnformen)".[21] Das Habitat

10 Vgl. Foucault, Michel: *Sicherheit, Territorium, Bevölkerung. Geschichte der Gouvernmentalität I*, Frankfurt am Main 2006, 89. Die gesammelten, transkribierten Vorlesungen erscheinen erst 2004 bei Gallimard bzw. in deutscher Übersetzung bei Suhrkamp.

11 Ebd., 89.

12 Vgl. Teyssot: *Die Krankheit*, 12 (wie Anm. 8).

13 Ebd.

14 Ebd.

15 Ebd.

16 Ebd.

17 Ebd., 13f.

18 1976 erscheint *Les machines à guérir (aux origines de l'hôpital moderne)*. Es ist die Zusammenfassung der Ergebnisse zweier Forschungsprojekte: „Recherche sur l'institution hospitalière à la fin du XVIIIe siècle. Généalogie des équipements collectifs", unter der Leitung von Michel Foucault, sowie „La politique de l'espace parisien à la fin de l'Ancien Régime", unter der Leitung von Bruno Fortier. Dieser Ergebnisbericht erscheint drei Jahre später neuerlich, in einer geringfügig überarbeiteten Fassung. 1977 wird *Politiques de l'habitat* (1800–1850) herausgegeben (vgl. Anm. 19), als Ergebnis des Forschungsprojektes „Apparition de l'Habitat dans la Pensée et la Pratique Architecturale aux XVIIIe et XIXe siècles", ebenfalls unter der Leitung von Michel Foucault.

19 Vgl. Béguin, François: „Avant-Propos", in: Alliaume, Jean-Marie/Barret-Kriegel, Blandine/Béguin, François/Rancière, Danielle/Thalamy, Anne: *Politiques de l'habitat (1800–1850)*, Paris 1977, 3f. Béguin wird nicht als Autor genannt, gab sich aber in einem Email-Wechsel zwischen Februar und Juni 2012 mit dem Autor als solcher zu erkennen.

20 Vgl. Thalamy, Anne: „Réflexions sur la notion d'habitat aux XVIIIe et XIXe siècles", in: Alliaume et al.: *Politiques* (wie Anm. 19), 12.

21 Foucault, Michel: „Die Politik der Gesundheit im 18. Jahrhundert", *Österreichische Zeitschrift für Geschichtswissenschaften* 3 (1996), 321f. Der Satz wird zitiert in Thalamy: „Réflexions" (wie Anm. 20), 12. Der Text erscheint unter dem Titel „La politique de la santé au XVIIIe siècle" als Beitrag in *Les machines à guérir. Aux origines de l'hôpital moderne* 1979 bei Pierre Mardaga, Bruxelles/Liège (wie Anm. 18).

of study. The ground in France in the 1970s was fertile for such studies because in the wake of the restructuring of architectural education there were also efforts to expand research into architecture that had state funding.[6] A correspondingly large number of projects were published in journals such as the *Cahiers de la recherche architectural*[7] or in anthologies with small print runs. Because they have not been translated, however, they are not very accessible for a nonfrancophone audience.

The architect Georges Teyssot did not publish his book *Die Krankheit des Domizils: Wohnen und Wohnbau, 1800–1930* until 1989, and then only in German.[8] It relied on the results of the research from that period, as is evident from the notes and sources cited in the text. With reference to the French philosopher Georges Canguilhem, Teyssot writes there that "neither the living creature nor the milieu can be described as normal, but only in relation to each other."[9] How these relationships have been established immediately became the central question of the scholarship of the time, in which housing and residential construction offer important indicators of a political knowledge of power structures. Indeed, this establishment necessitated appropriate mechanisms of standardization, as the historian and philosopher Michel Foucault notes in his lectures on the history of governmentality of 1977–78,[10] describing them as a concept along—or, better between—the technology of discipline and the apparatus (*dispositif*) of security. Foucault explains: "Discipline … analyzes and breaks down; it breaks down individuals, places, time, movements, actions, and operations. It breaks them down into components such that they can be seen, on the one hand, and modified on the other … [D]iscipline classifies the components thus identified according to definite objectives. … [D]iscipline establishes optimal sequences or coordinations … [D]iscipline fixes the processes of progressive training (*dressage*) and permanent control."[11] It thus divides the normal from the abnormal by separating that which is necessary to achieve the goal that is described in advance as optimal into a suitable and unsuitable one.

The technologies of discipline and their control make it possible to define a precisely regulated milieu that is distinguished from its environs by the fact that it no longer describes the diffuse surroundings, but rather a regulated and thus for its part regulating space. In his publication, Teyssot analyzes this reform of an *ambient milieu* into an *exact milieu* along three

subfields: program, institution, and technology.[12] They condition one another, and only as a triad do they unfold their full effect, becoming reform. The program is, according to Teyssot, "the totality of the principles, the means, and the givens that are supposed to lend the plan a legislative force, so to speak, which is turned into reality by public or private facilities."[13] Whereas the power program, as simply the connection between the program and the institution, merely produces "utopias,"[14] it is only technology that "from this policy, from all these programs, transforms it into matter with the aid of tactics, facilities of all kinds as created by the institutions," by trying to master technology.[15] If the power program creates utopias, "the administrative technology (administration of trade, of [commodity] streams, of the population, of social and interpersonal relationships) creates heterotopias."[16] Teyssot identifies in this way a political mechanism that realizes the transformations of the everyday world by means of power politics, technology, and economics in equal measure and will slowly "lead to a new kind of municipal administration."[17]

6   On the history of studies of architecture in this period, see Francis Chassel, "Introduction," in *Recherche architecturale: thèmes et bilans: Les cahiers de la recherche architecturale* 13 (1983), 6–11, and Éric Lengerau, "La recherche architecturale et urbaine: Une histoire de quarante ans," *Culture et recherche* 122–23 (2010): 47–55.

7   The *Cahiers de la recherche architecturale* have been published since 1977. Edited by the Bureau de la recherche architecturale of the French Ministry of Culture, it appeared from 1999 under the title *Les cahiers de la recherche architecturale et urbaine* and since 2018 under the title *Les cahiers de la recherche architecturale, urbaine et paysagère*. The office publishing it changed its name in parallel with that of the journal.

8   Georges Teyssot, *Die Krankheit des Domizils: Wohnen und Wohnbau, 1800–1930* (Braunschweig/Wiesbaden, 1989). The text was published in this compiled form only in German. The only possible explanation for the reference at the beginning of the text to it being a translation from the French and the Italian that some of it was written by Teyssot in French, and only the sixth and last chapter, titled "Epilog," was written together with Marco De Michelis, and that was perhaps translated from the Italian. Most of the Teyssot bibliographies available online cite this book under its German title, though an article titled "The Disease of the Domicile" was published in *Assemblage* 6 (1988). That text, however, is not identical with the book, though certain motifs and names recur, and it has an epigraph by Charles Baudelaire, as do the chapters in the book. An eponymous book announced at the end of the article as forthcoming from MIT Press does not appear in international library catalogs.

9   Teyssot, *Die Krankheit* (see note 8), 10.

10  See Michel Foucault, *Security, Territory, Population: Lectures at the Collège de France, 1977–1978*, ed, Michel Senellart, trans. Graham Burchell (New York, 2009), 56. This is a translation of the complete compiled and transcribed lectures for that academic year published by Gallimard in 2004.

11  Ibid., 56–57.

12  See Teyssot, *Die Krankheit* (see note 8), 12.

13  Ibid.

14  Ibid.

15  Ibid.

16  Ibid.

17  Ibid., 13–14.

ist etwas, das über die Wohnung, ja noch über den Begriff des Wohnbaus hinausgeht und genau in der Verbindung zwischen dem Gebauten und der gesamten Stadt, zwischen dem Bewohner bzw. der Bewohnerin und der staatlichen Aufteilung des städtischen Raumes liegt.[22]

Die Frage der Aufteilung ist eine der Schlüsselfragen bei den Politiken des Habitats. Einerseits geht es um die Organisation eines sauberen städtischen Raumes für alle, aber dennoch geschützt vor den vielfältigen, individuellen Einmischungen. Andererseits geht es um die Einschränkungen, die den privaten Bauplätzen auferlegt werden.[23] Insgesamt erzählt die Analyse des Begriffs des Habitat von dem Wunsch, die vielgestaltige und multifunktionelle Stadt des Mittelalters als einer fast unendlichen Erweiterung privater Bereiche, die sich der Bewohner bzw. die Bewohnerin aneignete, so gut es ihm oder ihr eben erschien, zu rationalisieren und zum Gegenstand von planerischer Ordnung zu machen.[24]

Städtische Ordnung ist also in dem Maß, in dem es ein Rationalisierungsprojekt ist, auch ein Projekt der Beschneidung der Vielfältigkeit, die Menschen hervorbringen können. Es geht darum, die Lebensbedingungen einer Bevölkerung zu verbessern – wobei sich das Konzept der „Bevölkerung", wie es Foucault im Laufe seiner Forschungstätigkeiten herausarbeitet, aus einer Menge von Daten aus medizinisch-wissenschaftlichen oder statistischen Untersuchungen bildet und die nicht mehr als eine Summe von Individuen erscheint – sondern als statistisches Phänomen. Verwaltungstechnisch gilt es nun, den Rahmen herzustellen, innerhalb dessen sich ihre Entwicklung positiv gestalten lässt. In diesem Zusammenhang werden ihre Behausungen, ihre Siedlungen, die Stätten ihres Lebens als das ideale, weil letztlich ökonomischste Interventionsfeld mit großer Breitenwirkung entdeckt, das entlang dieser Daten zur Bevölkerung optimiert werden soll. Das Wohnen wird zur Sache öffentlichen Interesses, und diese Einbindung wird über Vorschriften und Regulierungen organisiert, wie die Forschergruppe zu den *Politiques de l'habitat (1800–1850)* herausfindet.

Als erstes Element einer städtischen Raumordnung nimmt sich die Verwaltung von Paris per Erlass vom Dezember 1607 der Straße an, um „unseren Untertanen das freie und bequeme Passieren zu ermöglichen, sie mögen weder Wirrnis noch Hindernis vorfinden."[25] Nachfolgend wird sehr präzise ausformuliert, dass insbesondere die Erdgeschosszone von allen Vorsprüngen oder Erkern freizuhalten, und „alles, was die Straßen erweitert und verschönert"[26] zu fördern sei. Jedes Anbringen von Schildern, Fensterläden, Eingangsstufen, Ecksteinen, Vordächern, und überhaupt alles, das in irgendeiner Weise in den Straßenraum ragen könnte, ist nunmehr durch die Stadtverwaltung zu genehmigen. Desgleichen gilt für die Entsorgung jedweden Unrats oder „Abfalls durch das Fenster auf die Straße"[27] sowie das Lagern von Erde, Holz, Steinen, was auch für HandwerkerInnen und HändlerInnen gilt, die berufsbedingt damit arbeiten. Sie werden angewiesen, dies alles „zurückzu-

ziehen und zu verdecken, was sie gewöhnlich auf der Straße lagern, das heißt in ihre Häuser oder anderweitig", wobei für die Dauer von vierundzwanzig Stunden eine Ausnahme gilt.[28]

Kümmerte man sich zu Beginn des 17. Jahrhunderts somit noch um das ungehinderte Passieren der Straßen, tritt mit dem 18. Jahrhundert eine neue Sorge auf, die wiederum städtebauliche Reaktionen erfordert: die Zirkulation der Luft. Ein königlicher Erlass vom 10. April 1783 befasst sich mit der „maßlosen Höhe" der Gebäude, die „der Sauberkeit der Luft einer Stadt, so weitläufig wie bevölkert, nicht weniger abträglich ist."[29] Das Problem der Luftzirkulation ist ein komplizierteres, und außerdem erst durch neue Erkenntnisse der Medizin feststellbares, sodass man hier mit entsprechend elaborierteren Maßnahmen reagieren muss, welche die Reglements für die Breite der Straße und die Höhe der Häuser festlegen.[30]

Der entscheidende Unterschied zwischen diesen beiden Erlässen ist die Tatsache, dass eine Verschiebung der Merkmale, die vorgeschrieben und definiert werden, stattfindet. Geht es 1607 noch um die Straße, die freigehalten werden muss,

# "This development is her biographies of the prese tecture has not responde in lifecycles at all, to thes biographies, and that sh We have to change that."

22 Vgl. Thalamy: „Réflexions", 10 (wie Anm. 20).

23 Vgl. ebd., 10f.

24 Vgl. ebd., 13f.

25 „Édit sur les Alignements" (1607) in: Thalamy: „Réflexions", 19 (wie Anm. 20). Im Original: „Ayant reconnu, cy-devant combien il importait au public que les grands chemins, chaussées. ponts, passages, rivières, places publiques et rues des villes de cestuy notre royaume fussent rendues en tel état que pour le libre passage et commodité de nos sujets, ils ne s'y trouvassent aucun destourbier ou empeschement." (Übers. d. Autors)

26 Ebd.

27 Ebd.

28 „Édit", 19f (wie Anm. 25). Im Original: „[...] et pourvoir à ce que les rues s'embellissent et s'élargissent [...] Deffendons à tous nos dits sujets de jeter dans les rues eaues, ny ordures par les fenstre ... ny pareillement tenir siens terreaux, beaux, ny autres choses dans les rues et voyes publiques plus de vingt quatre heures et encore sans incommoder les passant. [...] Ejoindra aux sculpteurs, charrons, marchands de bois et tous autres de retirer et mettre à couvert soit dans leurs maisons ou ailleurs, ce qu'ils tiennent d'ordinaire dans les rues [...]." (Übers. d. Autors)

29 „Déclaration du roi sur les alignements et ouvertures des rues de Paris, 10 April, 1783", in: Thalamy: „Réflexions", 20 (wie Anm. 20). (Übers. d. Autors)

30 Vgl. ebd.

A little more than ten years before Teyssot's history of residential construction in the extended nineteenth century, a research group led by Michel Foucault presented analyses of the *équipements collectifs* and the *politics of the habitat* on the techniques employed by this new kind of municipal administration that no longer left housing to the individual but made it a public interest.[18] According to the architect François Béguin in the foreword to that book, the "politics of the habitat" reflect discourses that made a housing policy at once necessary and possible. The perfecting of hygiene measures is, he argues, closely tied to the history of the house, though home construc-

tion was also considerably influenced by economics. Within these measures, changes take place with regard to the problems that concerned the municipal administration in the early nineteenth century: illness, work, and various forms of abnormality. These measures affected various fields of the object that can be called the "habitat": medicine and hygiene, architecture, engineering, the social sciences, the judiciary.[19]

According to Anne Thalamy's contribution, the core of the concept of the habitat is the birth of a public space and the protection of the city, its order, its equilibrium, and its aesthetics.[20] The politics of the habitat correlate with something that Foucault called a "politics of health," since "there is likewise constituted a politico-medical hold on a population hedged in by a whole series of prescriptions relating not only to disease but to general forms of existence and behaviour (food and drink, sexuality and fecundity, clothing and the layout of living space)."[21]

The habitat is something that goes beyond the house, even beyond the concept of residential construction, and lies precisely in the connection between the built and the city as a whole, between the resident and the state's partitioning of urban space.[22]

The question of division is one of the key issues of the politics of the habitat. On the one hand, it is about organizing a clear urban space for all that is nevertheless protected from diverse, individual intrusions. On the other hand, it is about restrictions imposed on private construction sites.[23] Taken together, the analysis of the concept of the habitat tells a story of the desire to rationalize the medieval city as an almost infinite expansion of private spaces appropriated by the residents as best they could, and to make it the object of a planned order.[24]

Municipal order is therefore—to the extent that it is a project of rationalization—also a project of curbing the diversity that people can produce. The goal is to improve the living conditions of the population, whereby the concept of "population," as Foucault worked it out over the course of his research, consists of a set of data from medical, scientific, and statistical studies and no longer seems to be a sum of individuals, but rather a statistical phenomenon. In terms of administrative technology, the goal was to create the framework within

led in the fragmented
but residential archi-
o these developments
hanged and nonlinear
d make us think!

eas Lichtblau, *GAM.16*, p. 233

18 "Les machines à guérir: Aux origines de l'hôpital modern" (Healing Machines: The Origins of the Modern Hospital) was first published in 1976 and three years later: *Les machines à guérir: Aux origines de l'hôpital moderne* (Brussels/Liège: Pierre Mardaga, 1979). It is the summary of the results of two research projects: "Recherche sur l'institution hospitalière à la fin du XVIIIe siècle: Généalogie des équipements collectifs," under the direction of Michel Foucault, and "La politique de l'espace parisien à la fin de l'Ancien Régime," under the direction of Bruno Fortier. This final report was republished, in slightly revised form, three years later. *Politiques de l'habitat, 1800–1850* (see note 19) was published in 1977 as the result of the research project "Apparition de l'habitat dans la pensée et la pratique architecturale aux XVIIIe et XIXe siècles" (The Emergence of the Habitat in Architectural Thought and Practice in the Eighteenth and Nineteenth Centuries), also under the direction of Michel Foucault.

19 See François Béguin, "Avant-propos," in *Politiques de l'habitat, 1800–1850*, ed. Jean-Marie Alliaume et al. (Paris, 1977), 3–4. Béguin is not identified as the author but he made it clear that he was in an e-mail exchange between February and June 2012.

20 See Anne Thalamy, "Réflexions sur la notion d'habitat aux XVIIIe et XIXe siècles," in Alliaume, *Politiques* (see note 19), 12.

21 Michel Foucault, "The Politics of Health in the Eighteenth Century," trans. Colin Gordon, in Foucault, *Power/Knowledge: Selected Interviews and Other Writings, 1927–1977*, ed. Colin Gordon (New York, 1980), 166–82, esp. 176. This sentence is quoted in Thalamy, "Réflexions" (see note 20), 12. The text was published under the title "La politique de la santé au XVIIIe siècle" as an essay in *Les machines à guérir* (see note 18).

22 See Thalamy, "Réflexions" (see note 20), 10.

23 See ibid., 10–11.

24 See ibid., 13–14.

beschäftigt man sich 1783 schon mit den Elementen, die den Straßenraum konstituieren. Nicht mehr nur das, was in den Straßenraum hineinragt, muss reguliert werden, sondern auch die Beziehungen, die die Gebäude zwischeneinander über den Straßenraum unterhalten, müssen durch Festlegung des Abstands und der Konstruktion definiert werden. Die Straße ist der Ort, der der Zirkulation der Menschen und der HändlerInnen, und ab dem 18. Jhd. auch der frischen Luft vorbehalten ist und sauber bleiben muss. Sie ist nicht nur Symbol des gemeinschaftlichen Territoriums,[31] sondern sie wird vielmehr zu einem funktionalen Element moderner Machttechnologien.[32] Ihre Reglementierung bedeutet eine Normalisierung der Verkehrswege und darüber hinaus eine Normalisierung der Gebäude; und was sich zunächst nur in den Fassaden und Erdgeschosszonen widerspiegelt, setzt sich in den Fragen des Abstandes, der Gebäudehöhe, und schließlich in den immateriellen Eigenschaften der Grundstücke (Preise, Flächenwidmung) fort.

Ein erhebliches Problem der wachsenden Metropolen ab dem 18. Jahrhundert ist die Stadtmauer, die eine doppelt schützende Funktion übernimmt: zum einen wirkt sie gegen das Eindringen von außen, zum anderen dient sie aber auch dazu, das Wachstum der Stadt im Griff zu behalten.[33] Die Grenzen der Stadt auszuweiten ist teuer, und darf also nur im notwendigen Umfang erfolgen. Damit dies geregelt durchgeführt werden kann, muss der Baubestand zuallererst präzise erfasst werden, insbesondere jener der Vororte. Also unternimmt man zwischen 1724 und 1726 eine Erhebung, um Grundlagen für gezielte Maßnahmen innerhalb der Stadt zu erhalten. Anders als bei späteren Erfassungsprojekten geht es hier vor allem um Anzahl und Geometrie, was zu einer genauen Vermessung der Stadt führt. Ziel ist es, über Pläne, Grenzen, Straßennamen und Hausnummern die Stadt in abstrakte, also verwaltbare Einheiten zu zerlegen, um etwaiges Potenzial für eine „Wohnstadt" zu erfassen.[34]

Im Zuge dessen kann der Blick der Verwaltung zunehmend auch in die Häuser eindringen. Man erlässt Normen für die Errichtung der Schornsteine und ihre Wartung; die Sickergrubenpflicht; das Verbot von Glücksspielen und der Prostitution in bestimmten Unterkünften; die Notwendigkeit für jeden Eigentümer und jede Eigentümerin, die Eingangstüre seines bzw. ihres Hauses zu einer bestimmten Stunde zu verschließen. Diese ordnen sich immer dem Gesichtspunkt unter, die Stadt zu schützen und die städtische Betriebsamkeit zu kontrollieren: allgemeine Angst vor Feuer, Furcht vor Epidemien, Sorgen um die allgemeine Ordnung und Moral.[35]

Die Umformung, die Ausrichtung der Stadt erreicht nunmehr eine weitere Ebene: die Bevölkerung. Nachdem man zuvor schon erkannt hat, welche Bedeutung die Straße für das Funktionieren der Stadt hat, greift man diese Frage in der ersten Hälfte des 19. Jahrhunderts erneut auf. Der Comte de Chabrol, zwischen 1812 und 1830 Präfekt des *Départements de la Seine*,

vermerkt, dass durch die Verminderung der Höhe der Gebäude und ihr entsprechendes *alignement* – also ihre „Ausrichtung" – sich die Bevölkerung besser verteilen und außerdem bis dahin nur schwer nutzbare Flächen durch Neubebauung produktiv nutzen würde.[36]

Ein mehrfacher Nutzen also: die befürchtete Überfüllung der Stadt kann abgewendet, die Menschen gleichmäßig neu verteilt werden, und außerdem ergibt sich durch die Beschäftigung der Bevölkerung am Bau und die Aufwertung von Grund und Boden ein doppelter ökonomischen Vorteil. Die Politiken des Habitat sind so auch eine Vermittlungsinstanz zwischen Bevölkerung und Ökonomie; das öffentliche Interesse am Raum verlagert sich von der bloßen Begradigung der Stadt zur Schaffung von Räumen, innerhalb derer auch eine freie Zirkulation des Kapitals stattfinden kann.[37]

„Unproduktive Räume", also ökonomische Brachflächen (die durchaus auch Gebäude sein können), werden zunächst erhoben, kritisiert, und schließlich funktionalisiert, denn „die wesentliche Bedeutung kommt dem ‚Bestimmen des ökonomischsten Maßstabs für die Verteilung des bewohnbaren und vermietbaren Raums zu, sowie des Raums, der für den Verkehr, die Durchlüftung und andere für die Mieter notwendigen Erfordernisse benötigt wird'."[38]

Hier geht es zunächst weniger um eine Wohnbaupolitik als um die Schaffung ökonomischer Möglichkeitsräume durch die Straße, die Foucault als Beispiel für „kollektive Einrichtungen" mit „drei Funktionen"[39] aufzeigt. Erstens als Ort der Verteilung von Gütern und Menschen, um „die Produktion [zu] produzieren", mit der ökonomischen Funktion, „Gebühren zu erheben". Die zweite Funktion ist, „die Nachfrage [zu] produzieren", da sie „zum Markt [führt], [...] Marktplätze [erzeugt], [...] die Waren [...], die Verkäufer und Käufer begleitet". Damit ist „ein ganzes Regelwerk verknüpft", wodurch die Straße als kollektive Einrichtung in dieser „Funktion [...] den merkantilistischen Staat auf den Plan [ruft]." Als dritte

31 Vgl. ebd., 17f.

32 Vgl. Foucault, Michel: „Durch energische Interventionen aus unserem euphorischen Aufenthalt in der Geschichte herausgerissen, nehmen wir ‚logische Kategorien' in Angriff", Gespräch mit François Fourquet und Félix Guattari, in ders.: *Dits et Écrits, Schriften* Bd. 2, Frankfurt am Main 2002, 565. Das Transkript des Gespräches erscheint erstmalig in der von Félix Guattari 1965 gegründeten Zeitschrift *Recherches* 13 (1973). Diese Ausgabe erscheint 1976 neuerlich in Buchform (vgl. Anm. 56).

33 Vgl. Thalamy: „Réflexions", 22 (wie Anm. 20).

34 Vgl. ebd., 27.

35 Vgl. ebd., 28.

36 Vgl. „Mémoire présente Mr. le comte de Chabrol … au Conseil général de ce département concernant l'exécution du projet d'alignement des rues de la ville de Paris", in: Thalamy: „Réflexions" (wie Anm. 20), 35. Der Text, mit Dezember 1819 datiert, erscheint als Schlusswort des Berichts *Recherches statistiques sur la ville de Paris*, Bd. 2, Paris 1823. Die Quellenbezeichnung folgt hier jener aus Anne Thalamys Text, die Auslassungszeichen beziehen sich auf die Titel des Comte de Chabrol. Der gesamte statistische Bericht findet sich online unter: https://archive.org/details/b22009000/page/n291 (Stand: 28. November 2019).

37 Vgl. ebd., 39.

38 Ebd., 35f.

39 Foucault: „Interventionen", 565 (wie Anm. 32).

which it could shape their development in a positive way. In that context, the houses, settlements, and places of their lives were discovered as a field of intervention with broad influence that was ideal because it was the most economical one, and it was to be optimized based on these data about the population. Housing becomes a matter of public interest, and this integration is organized using rules and regulations, as the "Politiques de l'habitat, 1800–1850" research group discovered.

As the first element of an ordering of urban space, by an edict of December 1607 the administration of Paris took responsibility for the streets, "in order to enable our subjects free passage and convenience so they will be neither disturbed nor impeded."[25] Later, it was very precisely formulated that the ground-floor zone in particular should be kept free of all projections and oriels and that "everything that enhances and enlarges the streets"[26] should be encouraged. Any installation of signs, shop windows, front steps, cornerstones, canopies, and anything at all that could extend into the street space in some way must not be approved by the municipal administration. The same was true of any disposal of "trash through the windows onto the streets"[27] and of the storage of soil, wood, and stones, which also applied to workers and merchants who had to work with them professionally. They were advised to "withdraw and cover—that is, in their homes or elsewhere—what they ordinarily store on the streets," though an exception was made for a twenty-four-hour period.[28]

Whereas in the early seventeenth century, the issue was unimpeded passage in the streets, in the eighteenth century a new concern emerged that required urban-planning responses: the circulation of air. A royal edict of April 10, 1783, addressed the "excessive height" of buildings, which was "no less detrimental to the healthiness of the air in a city as extensive as it is populated."[29] The problem of air circulation is a more complicated one, and also it was only recognized thanks to new advancements in medicine, and correspondingly elaborate measures were necessary to address it, which resulted in regulations for the width of streets and height of buildings.[30]

The crucial difference between these two edicts is that a shift takes place in the features stipulated and defined. Whereas in 1607 it was still about keeping the street free, in 1783 it was already about the elements that constitute the street space. It no longer involved regulating only what extends into the street,

but also the relationships that buildings have to one another across the street space; they must be defined by prescribing distances and construction. The street is the place that is reserved for people and merchants and, from the eighteenth century onward, for fresh air as well, and it has to remain clean. It is not simply a symbol of the common territory;[31] rather, it becomes a functional element of modern technologies of power.[32] Regulating it means not only standardizing roads but also standardizing buildings, which was at first reflected only in the façades and ground-floor zones, but it continued in the issues of distances, building height, and ultimately in the immaterial features of the properties (prices, allocation of space).

One considerable problem for growing metropolises from the eighteenth century onward was the city wall, which took on two protective functions: first, it counters penetration from outside, but, second, it also serves to keep the city's growth under control.[33] Expanding the city limits is expensive, and so it can only be done within the necessary scope. In order for it to be carried out in a regulated way, first the existing buildings need to be precisely recorded, especially those of the suburbs.

25 "Édit sur les alignements" (1607), quoted in Thalamy, "Réflexions" (see note 20), 19: "Ayant reconnu, cy-devant combien il importait au public que les grands chemins, chaussées, ponts, passages, rivières, places publiques et rues des villes de cestuy notre royaume fussent rendues en tel état que pour le libre passage et commodité de nos sujets, ils ne s'y trouvassent aucun destourbier ou empeschement."

26 Ibid.

27 Ibid.

28 "Édit sur les alignements" (see note 25), 19–20: "et pourvoir à ce que les rues s'embellissent et s'élargissent … Deffendons à tous nos dits sujets de jeter dans les rues eaues, ny ordures par les fenstre … ny pareillement tenir siens terreaux, beaux, ny autres choses dans les rues et voyes publiques plus de vingt quatre heures et encore sans incommoder les passant. … Ejoindra aux sculpteurs, charrons, marchands de bois et tous autres de retirer et mettre à couvert soit dans leurs maisons ou ailleurs, ce qu'ils tiennent d'ordinaire dans les rues."

29 "Déclaration du roi sur les alignements et ouvertures des rues de Paris," April 10, 1783, in Thalamy, "Réflexions" (see note 20), 20.

30 See ibid.

31 See ibid., 17f.

32 See Michel Foucault, "Equipments of Power: Towns, Territories and Collective Equipments," discussion with Gilles Deleue and Félix Guattari conducted by François Fourquet, trans. Lysa Hochroth, in Foucault Live: Collected Interviews, 1961–1984, ed. Sylvère Lotringer (New York, 1996), 105–12. The transcript of this interview was first published in a journal that Félix Guattari founded in 1965: Recherches 13 (1973). That version was republished in book form in 1976 (see note 56).

33 See Thalamy, "Réflexions" (see note 20), 22.

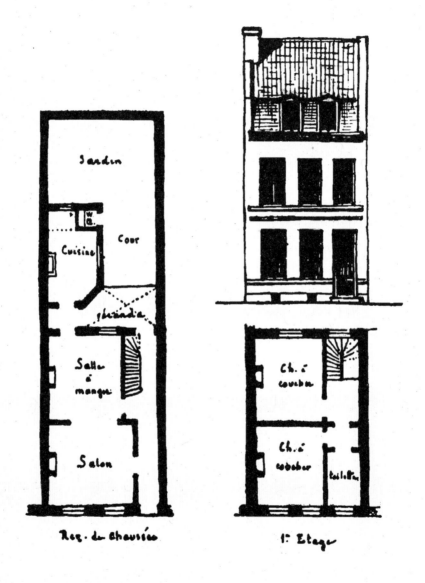

2

„Maison-type de la ville de Lille", veröffentlicht in der *Enquête sur les conditions de l'habitation en France*, herausgegeben vom Ministère de l'instruction publique, des beaux-arts, comité des travaux historiques et scientifiques, section des sciences et sociales (Paris 1894), 25. Der vermutliche Verfasser des zugehörigen Beitrags wird nur als „Übermittler" genannt, ob er selbst der Zeichner ist, ist unbekannt. | "Maison-type de la ville de Lille," published in *Enquête sur les conditions de l'habitation en France*, ed. Ministère de l'instruction publique, des beaux-arts, comité des travaux historiques et scientifiques, section des sciences et sociales (Paris, 1894), 25. The assumed author of the essay is identified only as the "conveyor"; whether he is also the author of the drawing is not known.

So, from 1724 to 1726, a survey was taken to obtain the bases for targeted measures within the city. Unlike later projects to record data, this one was primarily about quantity and geometry, which led to a complete surveying of the city. Its goal was to use maps, borders, street names, and house numbers to break the city down into abstract, manageable units in order to measure its potential as a "residential city."[34]

In this process, the eyes of the administration increasingly entered homes as well. Standards were set for the construction and maintenance of chimneys; dry wells were required; gambling and prostitution were prohibited in certain accommodations; every owner was required to lock the front door of his or her building at a certain hour. These requirements were always subordinated to the goal of protecting the city and controlling urban activity: universal anxiety about fire, fear of epidemics, worries about general order and morality.[35]

The reformation or reorientation of the city reached another level: that of the population. The significance of the street for the city's functioning had been recognized earlier, but this issue was taken up again during the first half of the nineteenth century. The Comte de Chabrol, who from 1812 to 1830 was the prefect of the Département de la Seine, remarked that with the reduction in building height and the corresponding *alignement* (alignment), the population could be better distributed, and even lots that had previously been difficult to use could be made productive with new structures.[36]

Multiple use, as it were: the feared overpopulation of the city could be avoided, the people redistributed more evenly, and there were even two economic advantages; namely, the population could be employed in construction and the value of property and land would increase. The politics of the habitat were thus also a mediating authority between the population and the economy; the public interest in space shifted from simply straightening out the city to creating spaces within which capital could also circulate freely.[37]

"Unproductive spaces"—that is, property not being put to economic use, which could certainly include buildings—were first recorded, critiqued, and finally made functional, since "essential significance was attributed to 'determining the economic standard for the distribution of habitable and rentable space as well as space needed for traffic, ventilation, and for the other necessary requirements of the renters.'"[38]

This was initially less about housing policy than about creating spaces of economic opportunity by means of the roadway which Foucault offered as an example of "collective equipments" with "three functions."[39] First, as a place of the distribution of goods and people in order "to produce production," whose economic function is "to take away payments." The second function is "to produce demand," since it "leads to the market … engenders market places, … transports merchandise, buyers and sellers." "A whole set of rules is linked" to this, in which the roadway, as collective equipment in this "function … calls for the establishment of a mercantilist State." The third function Foucault names is "to normalize, to adjust the production of production and the production of demand."[40] The planner of the roadway, the "engineer," thus becomes "a regulator—agent and subject of normality."[41]

There thus seems to be a clear, economic separation of public and private space. The state then becomes "responsible for the production of demand."[42] He is thus pointing to a situation that would become another component of housing policies, namely, so-called *équipements collectifs* (community facilities). The term covers both buildings and markets, but also schools, public restrooms, stock markets, universities, kindergartens, residences for men and women, and so on, as well as public infrastructure such as gasometers, transformer stations, streets, sewerage, gas and electrical lines. Such *équipements* are the necessary supplement of the *alignement*, since they begin, as the "anchoring points of the power of the State,"[43] as it were, to secure the public interests where increased opportunities are being created for the "regime of private property."[44]

34 See ibid., 27.

35 See ibid., 28.

36 See "Mémoire présente Mr. le comte de Chabrol … au Conseil général de ce département concernant l'exécution du projet d'alignement des rues de la ville de Paris," in Thalamy, "Réflexions" (see note 20), 35. This text, dated December 1819, was published as the conclusion of the report *Recherches statistiques sur la ville de Paris*, vol. 2 (Paris, 1823). The passages have been quoted here from Anne Thalamy's text; the ellipses points in the title are for the Comte de Chabrol's job titles. The entire statistical report is available online: https://archive.org/details/b22009000/page/n291 (accessed November 28, 2019).

37 See ibid., 39.

38 Ibid., 35–36.

39 Foucault, "Equipments of Power" (see note 32), 106.

40 Ibid., 106–107.

41 Ibid., 107.

42 Ibid., 108.

43 Ibid.

Funktion nennt Foucault „Normalisieren: die Produktion der Produktion und die Produktion der Nachfrage in Einklang bringen".[40] Der Planer der Straße, der „Ingenieur", wird so auch zu einem „Vertreter und Subjekt der Regel, Normalisierungsmacht und Normalitätstypus".[41]

Es erscheint so eine klare, ökonomische Trennung von öffentlichem und privatem Raum. Der Staat ist dabei, wie Foucault ergänzt, „nunmehr zuständig für die Produktion der Nachfrage".[42] Damit verweist er auf einen Umstand, der zu einem weiteren Bestandteil der Wohnbaupolitiken werden sollte, nämlich auf die sogenannten *Équipements collectifs*, öffentliche (Gemeinschafts-)Einrichtungen. Der Begriff umfasst sowohl Gebäude wie Märkte, Schulen, öffentliche Toiletten, Börsen, Universitäten, Kindergärten, Männer-/Frauenwohnheime etc., wie auch öffentliche Infrastruktureinrichtungen wie Gasometer, Umspannwerke, Straßen, die Kanalisation, Gas- und Stromleitungen und dergleichen. Diese *Équipements* sind die notwendige Ergänzung zum *Alignement*, zur Ausrichtung, denn sie beginnen, quasi als „Ankerpunkte der Staatsmacht",[43] die

kommen."[46] Seine Formulierung verrät noch Skepsis gegenüber dem Primat der Ökonomie, doch plädiert die öffentliche Verwaltung für eine kleinere, aber vor allem billigere Bauweise, um das Angebot zwar knapp zu halten, den Profit aber maximieren zu können: so sollten Gebäude von maximal zwei oder drei Etagen, aus leichtem und billigen Material (z.B. aus Ziegel) errichtet werden, im Gegensatz zur massiven, praktisch für die Ewigkeit gemachten Steinbauweise.[47] Denn dadurch, dass es mehr kostengünstige Gebäude einfacher Bauart geben würde, handle die Verwaltung nicht nur im Interesse des Bewohners bzw. der Bewohnerin, sondern würde dadurch, dass die Bauindustrie erheblich mehr Umsatz machen würde, auch eine Gesamtverbesserung der sozialen Ordnung bringen.[48]

So entsteht ein dreifacher Profit: zunächst für den bzw. die BauunternehmerIn, der bzw. die schnell und kostengünstig baut, und die niedrigen Preise an den bzw. die AbnehmerIn, beispielsweise an den bzw. die am Bau beschäftigte/n ArbeiterIn, als den zweiten bzw. die zweite (und theoretisch zweifachen bzw. zweifache) ProfiteurIn, weitergeben kann.

öffentlichen Interessen dort zu sichern, wo man dem „Regime des Privateigentums"[44] vermehrt Möglichkeiten einräumt.

Die Konzeption des Habitats ist somit eng an Vorstellungen von Ökonomie geknüpft. Diese Vorstellungen betreffen nicht nur den Grund und Boden, sondern durch die Notwendigkeit zahlreicher Neuerrichtungen auch die Bausubstanz selbst. In einer weiteren, zwischen 1821 und 1826 unternommenen Studie werden als Teil eines enorm umfangreichen statistischen Erfassungsprojekts der Stadt Paris und des *Département de la Seine* die Entwicklungsverläufe der Bevölkerung und der Wohnungen des ersten bis zum vierten Pariser Arrondissement vermessen und verglichen. Der Verfasser des Ergebnisberichts, ein gewisser Monsieur Daubenton, kommt dabei 1829 zum Schluss, dass es in manchen Gegenden zu viele Gebäude gibt, dafür an anderer Stelle nicht ausreichend. Basis für diese Überlegung ist die Ermittlung und Festlegung des bewohnbaren Raumes pro Person, der dann mit dem vorhandenen Raum verglichen wird.[45] Er bekräftigt: „Einzig mit der Hilfe der Unternehmen wird die Verwaltung schneller, und ich fürchte mich nicht es zu sagen, wirtschaftlicher an ihr Ziel

Und schließlich für den Staat, weil diese neuen Gebäude, die jene veralteten des Zentrums ersetzten, zur Gesundheit der Bevölkerung beitragen. Außerdem enthielte ihre bescheidene Architektur die der homogenen Besiedelung innewohnenden moralischen Qualitäten: gute Nachbarschaft, Ordentlichkeit, gutes Benehmen, etc., da man nicht dem verderblichen Kontakt mit einer Menge wilder, unordentlicher Leute ausgesetzt sei.[49]

40 Alle vorangehenden Zitate: Ebd.

41 Ebd., 566.

42 Foucault: „Interventionen", 567 (wie Anm. 32).

43 Ebd.

44 Ebd.

45 Vgl. Thalamy: „Réflexions" (wie Anm. 20), 40f.

46 Daubenton zitiert in Faure, Alain: „Spéculation et société: Les grands travaux à Paris au XIXe siècle", *Histoire, économie & société* 3 (2004), 451, online unter: https://www.cairn.info/revue-histoire-economie-et-societe-2004-3-page-433.htm (Stand: 19. November 2019). Im Original: „C'est seulement avec l'aide des compagnies que l'administration peut arriver plus vite et, je ne crains pas de le dire, plus économiquement à son but."

47 Vgl. Thalamy: „Réflexions" (wie Anm. 20), 41f.

48 Vgl. ebd., 42f.

49 Vgl. ebd., 42.

The concept of the habitat is thus closely tied to economic ideas. These ideas did not just concern land and property, but also, as a result of the necessity of numerous new constructions, the building stock itself. In another study conducted between 1821 and 1826, as part of an enormously ambitious project to collect statistics on the city of Paris and the Département de la Seine, the development of the population and the housing of the first through fourth arrondissements of Paris were surveyed and compared. The author of the final report, a certain Monsieur Daubenton, concluded in 1829 that in many regions there are too many buildings, and elsewhere not enough. The basis for this remark is the determination and prescription of livable space per person, which was then compared to the available space.[45] He affirms: "It is only with the help of companies that the administration can arrive at its goal more quickly—and I am not afraid to say it—more economically."[46] His formulation betrays that he was still skeptical about the primacy of the economy, yet the public administration was arguing for a building smaller but above all more cheaply, and the supply should be kept low in order to maximize profit; buildings should thus have at most two or three stories and be erected using light and cheap materials (e.g., brick), in contrast to solid stone construction, which was essentially built for eternity.[47] Since there would be more low-cost buildings of simple construction, the administration was said to be not only acting in the interest of the inhabitants, but also ensuring that the construction industry would have considerably higher turnover, which would result in an overall improvement of the social order.[48]

This is said to result in three forms of profit: first, for the developer, who can build quickly and inexpensively and can pass on lower prices to the buyer, such as the workers involved in construction, than the second (and, theoretically, double) profiter. And, finally, for the state, because these new buildings, which replace the old ones in the center, contribute to the health of the population. Moreover, their modest architecture of the homogeneous settlement has inherent moral qualities: good neighborhood, orderliness, good behavior, and so on, as residents are no longer exposed to corrupting contact with a crowd of wild, disorderly people.[49]

The concern of improving the general housing situation and making homes affordable conceals a triple interest, as the French attorney and legal scholar Alphonse Grün established in 1849: Grün mentions first the material interest in preserving the strength and well-being of the individual. Then, there is a moral interest, since the order and cleanliness of the home have a strong influence on the family's spirit, because the worker could only hasten to flee the "interior that is repulsive to his eyes" in order to "seek pleasures, often dire ones, elsewhere than in the domestic household."[50] And finally a national interest, since the country has an interest in its citizens who defend it, having a vigorous constitution.[51]

As part of the redesign of urban neighborhoods, the *équipements collectifs* now complement the gradually emerging order of building. The diversity of these *équipements* is predicated on a comprehensive, publicly organized network of medical care of hospitals, outpatient clinics, and physicians' practices that is, according to Foucault, both very special and general: special, because it represents an explicit health policy and general because it has effects that go far beyond hygienic measures.[52]

45 See Thalamy, "Réflexions" (see note 20), 40–41.

46 Daubenton quoted in Alain Faure, "Spéculation et société: Les grands travaux à Paris au XIXe siècle," in *Histoire, économie & société* 3 (2004), 451, http://www.cairn.info/revue-histoire-economie-et-societe-2004-3-page-433.htm (accessed November 19, 2019): "C'est seulement avec l'aide des compagnies que l'administration peut arriver plus vite et, je ne crains pas de le dire, plus économiquement à son but."

47 See Thalamy, "Réflexions" (see note 20), 41–42.

48 See ibid., 42–43.

49 See ibid., 42.

50 Alphonse Grün, "État de la question des habitations et logements insalubres," in Thalamy, "Réflexions" (see note 20), 44.

51 See ibid., 43–44.

52 See Foucault, "The Politics of Health" (see note 21). In their contributions to "Les machines à guérir" (see note 21), Bruno Fortier and Blandine Barret-Kriegel closely associate the reorganization of the hospital with the concept of the "équipement collectif," which therefore turns out to be a crucial point of connection between medical discourses and urban planning

Hinter dem Anliegen, die allgemeine Wohnsituation zu verbessern und Wohnungen leistbar zu machen, verbirgt sich ein dreifaches Interesse, wie der französische Advokat und Rechtsgelehrte Alphonse Grün 1849 festhält: Zunächst erwähnt Grün das materielle Interesse am Erhalt der Kraft und des Wohlergehens der Bevölkerung. Dann, ein moralisches Interesse, da man der Ordentlichkeit und der Sauberkeit der Wohnung einen großen Einfluss auf den Geist der Familie zuschreibt, denn der bzw. die ArbeiterIn konnte aus dem „für seine Augen abstoßenden Interieur" nur zu fliehen sich beeilen, „um oftmals unselige Genüsse zu suchen" und zwar „woanders als im häuslichen Umfeld".[50] Und schließlich ein nationales Interesse, da das Land an einer kräftigen Kondition seiner BürgerInnen interessiert ist, die es verteidigen sollen.[51]

Im Zuge der Neugestaltung von Stadtvierteln ergänzen die *Équipements collectifs* nunmehr die nach und nach entstehende Ordnung des Bauens. Der Vielfalt dieser Einrichtungen geht ein flächendeckendes, öffentlich organisiertes Netzwerk zur medizinischen Versorgung voraus, Krankenhäuser, Ambulatorien und Arztpraxen, die Foucault zufolge ein zugleich sehr spezielles wie allgemeines Netz knüpfen: speziell, da es sich um ein explizit gesundheitspolitisches handelt und allgemein, da es Wirkungen zeitigt, die weit über hygienische Maßnahmen hinausreichen.[52] Es nimmt gleichermaßen jene der Versorgung, der Erholung, der Erziehung und der moralischen Erbauung vorweg, die untereinander Verbindungen über ihre im Grunde gemeinsame Organisation unterhalten. Denn auch das Krankenhaus, die Ambulatorien, die Arztpraxen formen letztlich ein *Équipement collectif*.

Wie Georges Teyssot schreibt, ersetzen diese Gemeinschaftseinrichtungen nach und nach das öffentliche Monument, da sie „die Rolle eines Gegenstands übernehmen [...], dessen Wert sich nicht nur auf das Sichtbare beschränkt, sondern unversehens den Bereich des Notwendigen und des Funktionellen erobert."[53] Sie sind somit Teil jener Politiken des Habitat, die mit der Ausrichtung der Gebäude an die regulierten Straßen beginnt und damit die Rolle der öffentlichen Hand im städtischen Raum fortschreibt. Die *Équipements* werden aufgrund ihrer räumlichen Ähnlichkeiten „in ihrer Ausdehnung zu einem homogenen, oder [...] homotopen Netz. Zugleich werden sie aber auch durch das Spiel der Eingrenzung, denen sie unterworfen sind, und der Wertungen, die die Rationalität ihrer jeweiligen Standorte ihnen auferlegt, zu heterogenen, oder besser noch heterotopen Räumen, d.h. zu einem ‚Anderen' ihrer jeweiligen städtischen Umwelt, [...] [sie stellen] sich zugleich als *homotop* und *heterotop* dar".[54]

Ihre innere Organisation ermöglicht dabei ein Maximum an Zirkulation bei einem – klar definierten – Minimum an Kommunikation nach außen, wobei die Räume durch Vorgabe eines Grundrisses weitgehend defunktionalisiert sind.[55] Im Grunde sind es nutzungsneutrale Räume, die an ein Erschließungssystem von Gängen und Treppenhäusern angeschlossen sind, das im Regelfall zwei Zirkulationsebenen ermöglicht: eine „geheime", die die jeweiligen Räume („Amtszimmer") unmittelbar miteinander verbindet, und eine, die einerseits die einzelnen Abteilungen untereinander, und gleichzeitig das Gebäude über die Haupterschließung an die Zirkulationen des städtischen Raumes anbindet.

Durch ihre Einbindung in den städtischen und historischen Kontext entfalten die *Équipements* ihre Wirksamkeit. Eigentlich Heterotopien – versuchen sie doch eine vollkommene, quasi-utopische (Verwaltungs-)Ordnung zu verwirklichen – homogenisieren sie den städtischen Raum, und über diesen Raum die städtische Bevölkerung, die in den inneren Zirkulationen und Funktionen der Gebäude letztlich überhaupt erst konstituiert wird. Ihre innere Organisationslogik erweitert sich in den städtischen Raum, mit dessen „Ausrichtung" sie sich parallel entwickeln und zur Deckung gelangen. Die *Équipements* werden zur Voraussetzung, um alle anderen Gebäude der Stadt, einschließlich privater Wohngebäude, an die infrastrukturellen Überformungen der Stadt anzuschließen; und indem sie dies tun, überformen sie nach und nach die Gebäude selbst, reformieren Straßenzug um Straßenzug.

Hier tritt die Verbindung mit dem Habitat deutlich hervor. Die *Équipements collectifs* ordnen, gliedern, strukturieren und regulieren die Stadt. Sie produzieren die Stadt als ein komplexes Gefüge verschiedener Mechanismen, sie bilden eine homogene Stadt-Maschine aus homogenisierenden Gebäude-Maschinen, die über verschiedene Zirkulations- und Kommunikationsschleifen miteinander verbunden sind.[56] Diese für die 1970er Jahre sehr spezifische, auf zeitgenössischen (technischen) Diskursen basierende Art, Stadt zu analysieren, geht nicht mehr von einem Zusammenspiel einzelner, letztlich unabhängiger Organe einer Stadt aus, die miteinander in eindeutiger, gar hierarchischer Beziehung stehen, sondern von

50  Grün, Alphonse: „État de la question des habitations et logements insalubres", in: Thalamy: „Réflexions" (wie Anm. 20), 44.

51  Vgl. ebd., 43f.

52  Vgl. Foucault: *Politik der Gesundheit* (wie Anm. 21). So stellen Bruno Fortier und Blandine Barret-Kriegel in ihren Beiträgen in „Les Machines à guérir" (vgl. Anm. 21) die Reorganisation des Hospitals in die Nähe des Begriffs des *Équipement collectifs*, der sich dadurch als ein entscheidender Anknüpfungspunkt der medizinischen Diskurse an städtebauliche Planung erweist.

53  Teyssot: *Die Krankheit*, 9 (wie Anm. 8).

54  Teyssot, Georges: „Geregelte Architektur und gerichtete Städte", in: Hämer, Hardt-Waltherr (Hg.): *Idee, Prozess, Ergebnis. Die Reparatur und Rekonstruktion der Stadt*, Berlin 1984, 346.

55  Vgl. ebd.

56  Vgl. Fourquot, François/Murard, Lion: *Les équipements du pouvoir. Villes, territoires et équipements collectifs*, Paris 1976, 32ff.

It anticipates, as it were, the supply, recreation, education, and moral edification that preserve their interconnections because they are in essence jointly organized, since the hospitals, outpatient clinics, and physicians' practices ultimately form an *équipement collectif*.

As Georges Teyssot writes, these community facilities gradually replace the public monument, because they "take on the role of an object . . . whose value is not limited to the visible but rather suddenly conquers the real of the necessary and the functional."[53] They are thus part of the politics of the habitation that begins with the orientation of the buildings toward regulated streets and thus carries on the role of the state in urban space. Because of their spatial similarities, the *équipements* become "in their expansion a homogeneous or ... homotopic network. At the same time, however, through the play with delimiting to which they are subjected and with the valuations imposed on them by the rationality of their respective locations, they become heterogeneous or better still heterotopic spaces, that is to say, to an 'Other' of their particular urban environment ... [they are] at once homotopic and heterotopic."[54]

Their internal organization permits a maximum of circulation with a—clearly defined—minimum of communication, whereby the spaces are largely stripped of their function by the standardization of a floor plan.[55] They are, in essence, use-neutral spaces that are attached to systems of access made up of corridors and stairwells that, as a rule, permit two levels of circulation: a "secret" one that directly connects the rooms ("offices") with one another; and one that connects, for one, the separate departments with one another, but also the building by way of the main entrance to the circulations of urban space.

The *équipements* acquire their effectiveness through their integration into the urban and historical context. Although they are actually heterotopias, they try to realize a complete, quasi-utopian (administrative) order: they homogenize urban space and through that space the urban population, which is ultimately constituted in the first place in the internal circulations and functions of the building. Their internal organizational logic extends into the urban space, with whose *alignement* they develop in parallel and become congruent. The *équipements* become the prerequisite to connect all of the other buildings of the city, including private residences, to the city's infrastructural reformations; and by doing so they gradually reform the buildings themselves, street by street.

The connection to the habitat is clearly evident here. The *équipements collectifs* order, partition, structure, and regulate the city. They produce the city as a complex structure of different mechanisms; they form a homogeneous city-machine made up of homogenizing building-machines that are connected to one another by various routes of circulation and communication.[56] This way of analyzing the city, which was very specific to the 1970s and based on contemporaneous (technical) discourses, no longer assumes an interplay of individual, ultimately independent organs of a city in a clear, even hierarchical relationship, but rather diverse material and immaterial connections, links, superimpositions, and interferences. The institutions, that produce these connections need not necessarily be borne by the state; rather, it is sufficient for the state to produce the conditions for the possibility of circulation, communication, and building.

In 1970s research, the politics of the habitat and the *équipements collectifs* were seen against the backdrop and without the tension of an overlapping of criticism of capitalist systems, technological innovations, and power structures between the apparatuses of work, health, and the economy. The technology and infrastructure with which homes were equipped in and out of the kitchen, bathrooms, and so on, appear, moreover, to be intersections between the *ville équipé*—the city equipped with technology and infrastructure—and just such a house, which linked the living space to the network of public supply. They form the network that normalizes the dwelling subject by means of diverse kinds of architectural technologies.

53 Teyssot, *Die Krankheit* (see note 8), 9.

54 Georges Teyssot, "Geregelte Architektur und gerichtete Städte," in *Idee, Prozess, Ergebnis: Die Reparatur und Rekonstruktion der Stadt*, ed. Hardt-Waltherr Hämer (Berlin, 1984), 346.

55 See ibid.

56 See François Fourquet and Lion Murard, *Les équipements du pouvoir: Villes, territoires et équipements collectifs* (Paris, 1976), 32ff.

vielfältigen, materiellen wie immateriellen Zusammenhängen, Verknüpfungen, Überlagerungen und Interferenzen. Die Institutionen, die diese Verbindungen hervorbringen, müssen nicht zwingend staatlich getragen sein, vielmehr ist es ausreichend, wenn der Staat die Bedingungen für die Möglichkeit der Zirkulation, Kommunikation und Bebauung herstellt.

In den Forschungen der 1970er Jahre erscheinen die Politiken des Habitat und die *Équipements collectifs* vor dem Hintergrund und im Spannungsfeld einer Überlagerung der Kritik an kapitalistischen Systemen, technologischen Innovationen und Machtstrukturen zwischen den Dispositiven der Beschäftigung, der Gesundheit und der Ökonomie. Technische und infrastrukturelle Wohnungsausstattungen in und aus Küchen, Badezimmern etc. erscheinen darüber hinaus als Schnittstellen zwischen der *Ville équipé*, der technisch ausgerüsteten und infrastrukturell eingerichteten Stadt und dem ebensolchen Haus; durch sie knüpft die Wohnung an das Netz der öffentlichen Versorgungen an, sie bilden das Netzwerk, das das wohnende Subjekt über mannigfaltige Arten architektonischer Technologien normalisiert.

In konzentrierter Form findet man diese Technologien in jenen architektonisch-sozialreformatorischen Bestrebungen, deren Hauptanliegen nicht die Besserung durch Kontrolle, sondern die Besserung durch Komfort ist. Es handelt sich dabei um die *Phalanstères* der Frühsozialisten im Übergang vom 18. zum 19. Jahrhundert, bei denen soziale Reformbestrebungen im Mittelpunkt stehen. Sie sind „utopisch" in Hinblick darauf, was für gemeinschaftliches Wohnen als komfortabel erachtet wird, verzahnen Gebäudetechnik und fortschrittlichen Einsatz von Bautechnik mit exakter Programmierung und maximaler Ausnutzung des zur Verfügung stehenden Raumes.[57]

Interessant ist nun jener Moment, wo die idealen, in sich schlüssig funktionierenden, aber isolierten Projekte in den städtischen Kontext eingebunden werden und mit dem urbanen Leben, mit der Bevölkerung in einen Wechselwirkungsprozess treten, sich auch nicht mehr isoliert auf Fabrikgeländen befinden, sondern ins Innere der städtischen Bevölkerung getragen werden. Emblematisch dafür ist die Errichtung der Cité Napoléon in Paris, die 1849 eingeweiht wird. Anders als die Siedlungen für FabrikarbeiterInnen ist sie nicht an einen Betrieb angeschlossen, sondern wurde von der Stadt finanziert.[58]

Sie ist das Verdichtungsmoment der Politiken des Habitat und der technologischen Entwicklungen; gleichzeitig offenbart sie sich für die ZeitgenossInnen auch als ein erkennbarer Irrweg. Lichtdurchflutet und übersichtlich wird sie zum einen als ein „Gewächshaus für die Blüten sozialistischer Saaten"[59] gefeiert, konservative Stimmen hingegen bemängeln, sie würde „‚die sozialistische Torheit' unter den jungen Arbeitern hervorrufen und ‚die Wirtschaft, die für sie entstünde, in eine Orgie verwandeln'".[60] Wie Teyssot ausführt,[61] sollten die *Cités* in erster Linie die nomadisierende ArbeiterInnenschaft an einem Ort festschreiben, ihnen den geeigneten Rahmen für einen sittlichen, d.h. moralisch einwandfreien und sauberen Lebensstil gewährleisten. Doch ihre regulierte Architektur kehrt sich in ihr Gegenteil; sie scheint die Lasterhaftigkeit der BewohnerInnen eher zu verstärken als aufzuheben. Insbesondere die noch wenig disziplinierte ArbeiterInnenschaft scheint für verdichtete, kollektivierte Wohnformen noch nicht die entsprechende „moralische Festigkeit" zu haben, wodurch andere Wohn-Modelle notwendig werden.

Nach den unerfreulichen Erfahrungen mit den *Cités* und *Phalanstères*, die insbesondere die konservativen Gemüter erhitzen, beginnt man in großem Maßstab, neue Formen für die ArbeiterInnensiedlungen zu propagieren – durch Auflockerung der ArbeiterInnenkasernen für einen moralischen Nutzen. Waren die *Phalanstères* noch beinahe Paläste für ArbeiterInnenkommunen, Monumente der Reform mit zentralen Versammlungsräumen und internen sozialen Einrichtungen, organisiert etwa die *Cité Napoléon* letztlich nur mehr die Erschließungen als prominente Passage, der Wohnraum bleibt privat und der Familie vorbehalten. Eine Verdichtung der städtischen Politiken der Ausrichtung findet hier statt, wie auch die Schaffung eines Schwellenraumes zwischen dem öffentlichen Straßenraum und dem privaten Raum der Wohnung, innerhalb dessen sich die Zirkulation wie die Kontrolle entfalten kann. Um die negativen Aspekte dieses, wie man herausfand, nur unzureichend kontrollierbaren Zirkulationsraumes abzuschwächen, werden durch weitere Vereinzelungstaktiken die Schwellenräume aufgeteilt

57 Vgl. Teyssot, Georges: „Habits/Habitus/Habitat", in: Solà-Morales, Ignasi de (Hg.): *Present and Futures. Architecture in Cities*, Ausst.-Kat., Barcelona 1996, 1, online unter : http://www.cccb.org/rcs_gene/habitat_ang.pdf (Stand: 17. Oktober 2019). Die Paginierung bezieht sich auf die online zugängliche PDF-Version.

58 Vgl. ebd., 3.

59 Victor Meunier zitiert in ebd., 3.

60 L. R. Villermé zitiert in ebd., 4.

61 Vgl. Teyssot: *Die Krankheit*, 15ff. (wie Anm. 8).

These technologies are found in concentrated form in the efforts in architecture and social reform, for which the main concern was improving not control but comfort. These were the phalansteries of the early socialists, of the transition from the eighteenth to the nineteenth century, for which efforts at social reform were central. They were "utopian" in terms of what was regarded as comfortable for communal living, dovetailing building technology and progressive use of construction technology with exact programming and maximum utilization of the available space.[57]

What interests us next is that moment at which the ideal projects, which functioned according to an internal logic but were isolated, were integrated into the urban context of the city and joined in a reciprocal process with the life and people of the city, no longer isolated on factory grounds but brought to the populations of the inner cities. The construction of the *Cité Napoléon* in Paris, dedicated in 1849, is emblematic of this. Unlike the developments for factory workers, it was not attached to a company but was financed by the city.[58]

It was the densification factor in the politics of the habitat and of technological developments; at the same time, it turned out to be a wrong track, as its contemporaries already recognized. Flooded with light and clearly arranged, it was celebrated as a "heated greenhouse for the flowering of socialist seeds";[59] conservative voices, by contrast, criticized it for exciting "'socialist folly' among young workers and were concerned

that 'the economy, which would come about for them, would be transformed into an orgy'."[60] As Teyssot details,[61] the *Cité* was intended first and foremost to establish the nomadic workers in one place, to provide them with a suitable framework for an ethical—that is, morally impeccable and clean—lifestyle. Their regulated architecture turned them into the opposite of that; they seemed to increase rather than eliminate the vice of their residents. Ill-disciplined workers in particular apparently did not yet have the "moral stability" for dense, collective housing forms, so that other housing models became necessary.

After the unhappy experiences with the *Cité* and the phalansteries, which caused conservative feelings in particular to run high, new, larger-scale forms of workers' housing developments began to be advocated—opening up working-class

tenements to moral uses. Whereas the phalansteries were almost palaces for workers' communes, monuments of reform with central assembly halls and internal social facilities, the *Cité Napoléon* ultimately organized only the access roads and prominent passages; the living space remained private and reserved for the family. A densification of the municipal policies of orientation took place here, as well as the creation of a threshold space between the open street space and the private space of housing in which circulation and control could take

57  See Georges Teyssot, "Habits/Habitus/Habitat," in *Present and Futures: Architecture in Cities*, ed. Ignasi de Solà-Morales, exh. cat. (Barcelona, 1996), 1, http://www.cccb.org/rcs_gene/habitat_ang.pdf (accessed October 17, 2019). The page numbers cited are those of the PDF version available online.

58  See ibid., 3.

59  Victor Meunier quoted in ibid., 3.

60  L. R. Villermé quoted in ibid., 4.

61  See Teyssot, *Die Krankheit* (see note 8), 15ff.

und zugewiesen: Zirkulationen aller Art (Verkehr, Wasser, Gas, Elektrizität) verbleiben im öffentlichen und daher allseitig kontrollierbaren Raum der Straße, alles andere wird in den Raum des Privaten verlegt, kommuniziert aber durch die materielle Infrastruktur mit dem öffentlichen Raum.

Man entwickelt diese Technologie letztlich experimentell, durch Versuch und Evaluierung. Im Umfeld der Weltausstellung 1867 in Paris entstehen eine ganze Reihe beispielhafter Modellsiedlungen, denen allen gemein ist, dass sie von der verdichtenden Bauform abweichen, und einem Pavillon-System folgen, das zwischen einem Reihenhaustypus und dem Einfamilienhaustypus variiert. Die Klasse der ArbeiterIn, deren nomadische Lebensweise einerseits, ihre „Anfälligkeit" für sozialistische Ideen andererseits eine latente Gefahr für die Regierung darstellt, wird unter dem Vorwand der Gesundheit, Hygiene und moralischer Lebensführung auseinanderdividiert. Angesichts der *Cité Jouffroy-Renault* in Clichy bei Paris, einer Doppelreihe von 90 Häusern für je eine Familie, begeistert sich der konservative Abgeordnete Comte Foucher de Careil: „Hier übersteigt nichts die wirklichen Verhältnisse des Arbeiters: nichts, das einem Eldorado ähnlich sähe oder einem Phalanstère, einem Paradies auf Erden oder dem Familistère in Guise […]. Das Problem der Hygiene und der Architektur besteht in der Kunst, die Übergänge zu berücksichtigen, und dem Arbeiter aus der Stadt etwas vom Land zurückzugeben, ein wenig von der verlorenen Virilität und Gesundheit also, die unwiederbringlich verloren gegangen ist. Die Architektur kann und muß uns helfen. Sie kann es durch die Wahl des Stadtteils und mit der halb-ländlichen Form."[62]

Was sich als Verbesserung der Lebensumstände ausgibt, ist letztlich eine Reaktion auf die sozialistischen bzw. fortschrittlichen Bestrebungen, „den Lauf des Nomadentums und des kollektiven Lebens mit Hilfe von ‚neuen' technologischen Projekten zu beschleunigen",[63] wie es die kollektiven Wohneinrichtungen fördern würden. Die eigentliche Lösung hingegen scheint es, die ArbeiterInnenschaft zu binden: an Familie, Haus, und Grund; umso mehr, als man sie durch das Bereitstellen der entscheidenden Infrastruktur glauben macht, sie würde es selbst so wollen.

Wenn nun das Haus nicht nur die Bedürfnisse der BewohnerInnen befriedigen und die Gewohnheiten der Reinlichkeit hervorbringen kann, wie das Monsieur Saint-Paul beim eingangs erwähnten *Maison-type de Lille* enthusiastisch schildert, so braucht der Staat letztlich nur mehr die Bedingungen für die Erzeugung des Hauses zu schaffen. Als ökonomisches Projekt ist Wohnbaupolitik, einschließlich der Erschaffung öffentlicher Infrastruktur damit auch ein Disziplinierungsprojekt: man verteilt die Menschen neu, isoliert sie in kleinteilige Familienverbände und verhindert so den Kontakt mit moralisch bedenklichen Ideen. Im Wohnen zeigt sich, wie Disziplinartechnologien mit ökonomischen Programmen umgesetzt werden.

Was hier schlaglichtartig dargestellt wird, ist der Vorschlag eines Modells, wie Wohnen als funktionalisierte Größe von Machttechnologien gedacht werden kann. Weniger – aber auch – sind es die großformatigen, medienwirksamen und brutalen Eingriffe wie Le Corbusiers *Plan Voisin* (der übrigens ein eifriger Leser von Fovilles *Enquête* über die Haustypen war, wie Teyssot zu berichten weiß),[64] die die entscheidenden Wirkungen der Normalisierungsmacht in der alltäglichen Wohnform eher verstellen. Vielmehr sind es jene kleineren juristischen und technologischen Adjustierungen der Architektur, die diese Machtform im Detail verdeutlichen. Mittels der Analysen aus den 1970er Jahren lassen sich diese Adjustierungen als „Mikropolitiken" nachvollziehen; und diese Analysen zu Hilfe nehmend, sozusagen dieses Verständnismodell als Element jenes berühmten Foucaultianischen Werkzeugkastens auch auf jüngere Planungsparadigmata anzuwenden, wird ein lohnendes Unterfangen sein können. Doch den entscheidenden Schlüssel für die Notwendigkeit einer Fortschreibung wie auch einer Aktualisierung dieser letztlich mittlerweile in zweierlei Hinsicht historischen Analysen liefert exakt jener Ansatz, Wohnbau nicht aus sich selbst heraus, als eine stringente Entwicklung parallel zur Kulturgeschichte, oder vielmehr aus seiner bloßen „Funktionalität" heraus zu verstehen, sondern aus der Tatsache, dass die Entwicklung üblicher, heute weitgehend normierter Wohnformen als Konsequenz bewusster politischer und erst in zweiter Linie architektonischer Entscheidungen gedacht werden kann. ∎

---

62 Foucher de Careil zitiert in ebd., 65.

63 Ebd., 66.

64 Vgl. Teyssot: *Norm and Type*, 148 (wie Anm. 1).

place. To mitigate the negative aspects of the circulation space, which, as it turned out, could not be adequately controlled, the threshold spaces were divided and assigned by other tactics of isolation: circulations of all kinds (traffic, water, gas, electricity) remained in the public space of the street, which could thus be controlled from all sides; everything else was shifted to private space, though it communicated with public space via the material infrastructure.

Ultimately, this technology was developed experimentally, by trial and evaluation. For the International Exposition of 1867 in Paris, a whole series of exemplary model housing developments were created; they all move away from dense residential construction and follow a pavilion system that alternates between a row-house type and a single-family-home type. The working class—whose nomadic lifestyle represented, on the one hand, a "susceptibility" to socialist ideas and, on the other, a latent threat to the government—was divided under the pretext of health, hygiene, and moral lifestyle. With an eye to the *Cité Jouffroy-Renault* in Clichy, outside Paris—ninety houses, each for a single family, in two rows—the conservative member of parliament Comte Foucher de Careil enthused: "Nothing here surpasses the true condition of the worker; nothing resembles an Eldorado or a phalanstery, an earthly paradise or the Familistère de Guise. … The problem of hygiene and of architecture that we have set ourselves lies in the art of managing the transitions and giving the worker in the city something of the countryside, that is to say, of the virility and healthiness now lost forever. Architecture can and must help us. It can do so through the choice of the quarter and through semirural form."[62]

What poses as an improvement of living conditions is ultimately a reaction to socialist or progressive efforts "to accelerate the course of nomadism and of collective living with the aid of 'new' technological projects"[63] of the sort that collective housing facilities would foster. The real solution, by contrast, seems to be binding the working class to family, house, and land; all the more so as the provision of the crucial infrastructure makes them believe they want it themselves.

But if now the house cannot only satisfy the needs of its residents, and habits cannot only produce cleanliness, as described by Monsieur Saint-Paul so enthusiastically in his description of the *maison-type de Lille* mentioned at the beginning of this essay, the state ultimately needs to create the conditions for producing the house. As an economic project, housing policy, including the creation of public infrastructure, is also a project of disciplining: people are redistributed; they are isolated into small family units; and this prevents contact with morally dubious ideas. Housing shows how disciplinary technologies were implemented with economic programs.

This essay has shed a spotlight on the proposal of a model for conceiving housing as a functionalized quantity of technologies of power. It is not so much—though it is true—that the large-scale, media-attention-grabbing, and brutal interventions such as the *Plan Voisin* of Le Corbusier (who was, by the way, an enthusiastic reader of Foville's *enquête* on housing types, as Teyssot reports)[64] tend to obscure the critical effects of the power to standardize the everyday housing form. Rather, the smaller legal and technological adjustments of architecture better clarify this form of power in detail. Using the analyses of the 1970s, these adjustments can be understood as "micropolitics"; and with the aid of these analyses, as it were, the application of this model of understanding, as a tool from the famous Foucauldian toolbox, to more recent planning paradigms can be a rewarding enterprise. But the decisive key to the necessity of continuing but also updating these analyses, which in the meanwhile are historical also in a second sense, is provided precisely by the approach of understanding residential construction on its own, as a strict evolution in parallel with cultural history, or rather founded only on its "functionality," but of understanding it based on the knowledge that the development of ordinary, now largely standardized housing forms can be thought of as a consequence of conscious political and only secondarily architectural decisions. ∎

*Translation: Steven Lindberg*

62 Foucher de Careil quoted in ibid., 65.
63 Ibid., 66.
64 See Teyssot, "Norm and Type" (see note 1), 148.

# Ungewohnt

# Architekturen der Gemeinschaft?

## Über deren Unmöglichkeit – und eine Gemeinschaft ohne Gesellschaft

# Architectures of Community?

## On Their Impossibility—and Community Without Society

Heike Delitz

1

Achuar-Dorf | Achuar-Village © Philippe Descola

**Dynamiken moderner Gesellschaft, gesellschaftliche Spaltungen und das Begehren nach Gemeinschaft.**
Moderne, westeuropäische Gesellschaften der Gegenwart – wie sie Andreas Reckwitz unter dem Signum einer „Gesellschaft der Singularitäten"[1] oder Oliver Marchart unter dem Titel einer „Prekarisierungsgesellschaft"[2] beschreibt –, erleben keineswegs zufällig neue Gemeinschaftsprojekte. Auch die vielfältigen Begehren nach Formen gemeinsamen, zum Beispiel Generationenübergreifenden Lebens und die ihnen entsprechenden architektonischen Entwürfe reagieren auf jene intensivierte Erfahrung der Vereinzelung, des Wettbewerbs- und Konkurrenzdenkens, wie es die nach 1989 politisch alternativlos gewordene, neoliberale Wirtschaftsweise erzeugt. Die neuen Gemeinschaftswohn- und Bauprojekte reagieren mindestens ebenso auf die Erfahrung eines zum Kapitalmarkt werdenden Wohnungsmarkts in intensiver urban konzentrierten Gesellschaften. Als dritte Ursache der neuen Begehren gerade nach Lebens-, Wohn- und Baugemeinschaften ist sicher auch die Transformation der sozialen Beziehungen durch die medial vermittelte Kommunikation zu vermuten – die Erfahrung einer digital verbundenen Gesellschaft. Gemeinschaftsbegehren – nun über diese konkreten „kleinen" Gemeinschaftsprojekte hinaus verstanden als Begehren nach einer zurechenbaren *kollektiven Identität* oder einer sozialen Heimat – entstehen zudem aus Gründen der Globalisierung der Märkte und der mit ihnen verbundenen neuen Ungleichheiten und Armutsrisiken;[3] aus Gründen der Infragestellung des Nationalstaats; in Reaktion auf die neuen Kriege und die Folgen der Erderwärmung und den von beiden ausgelösten Migrationsbewegungen. Diese Gemeinschaftsbegehren (nach einer kollektiven Identität und Einheit) spalten die Demokratien: Die Migrationsfrage ist ja gerade deshalb so umstritten, weil sich hier innergesellschaftlich konträre Auffassungen dessen gegenüberstehen, wer zur eigenen Gemeinschaft, zum Kollektiv dazugehört und wer nicht – entlang der Definition der eigenen politischen Gemeinschaft durch eine gemeinsame Herkunft oder aber durch gemeinsam geteilte Werte; entlang der konstitutiven Spaltung der Demokratie in ihrer Berufung auf die Menschenwürde, oder aber auf das Volk.[4]

Im Folgenden geht es vor diesem zeitgenössischen gesellschaftlichen Hintergrund um zwei auf den ersten Blick ganz differente Aufgaben. *Zum einen* geht es darum, den aktuellen architektonischen Gemeinschaftsprojekten eine historische, gesellschaftstheoretische und politische Reflexion hinzufügen. Auch diese aktuellen Gemeinschaftsprojekte kommen nicht aus dem Nichts. Sie stehen in einer spezifischen, architekturhistorischen Linie, in der die politische oder die gesellschaftskritische Bedeutung der Gemeinschaftsprojekte stets prägnant ist. Mit anderen Worten, die Bau-, Wohn- und Lebensgemeinschaften, um deren gegenwärtige und künftige Formen und Initiativen es in diesem Heft geht, haben eine politische Genealogie: Sie entstehen im langen 20. Jahrhundert in der immer erneuten Problematisierung der „modernen Gesellschaft" – vor allem der

Differenzierung und Individualisierung, die negativ gesprochen als „Atomisierung" oder „Desintegration" des Sozialen empfunden werden, als Solidaritäts- und Gemeinschaftsverlust. Von den Gartenstädten über das Bauhaus, die *Ville Contemporaine* Le Corbusiers, die Volksgemeinschaft und deren Siedlungen oder die Kollektivwohnhäuser der Sowjetunion ist die Historie der heutigen architektonischen Gemeinschaftsprojekte auch die Geschichte dieser Gesellschaftskritik.[5] Ganz generell ist das Begehren nach Gemeinschaft ein politisches. Gerade weil nun die heutigen Gemeinschaftsprojekte scheinbar kein „festes ideologisches Fundament"[6] mehr haben, gerade weil sie sich allein auf baurechtliche oder finanzielle Gründe berufen,[7] ist an diesen politischen Gehalt zu erinnern, ein Gehalt, der *bereits im Begriff* der Gemeinschaft selbst steckt. Die historische Semantik des Gemeinschaftsbegriffes ist dabei umso interessanter, als dieser Begriff zunehmend konträre Füllungen erhält: von der Sehnsucht nach der „warmen" Gemeinschaft Ende des 19. Jahrhunderts führt die Reflexion zur Anerkennung der „unmöglichen" Gemeinschaft am Ende des 20. Jahrhunderts.

1 Reckwitz, Andreas: *Die Gesellschaft der Singularitäten. Zum Strukturwandel der Moderne,* Berlin 2017; vgl. auch Maffesoli, Michel: *Le temps des tribus, le déclin de l'individualisme dans les sociétés de masse,* Paris 1988.

2 Marchart, Oliver: *Die Prekarisierungsgesellschaft. Prekäre Proteste. Politik und Ökonomie im Zeichen der Prekarisierung,* Bielefeld 2013.

3 Vgl. z.B. Nachtwey, Oliver: *Die Abstiegsgesellschaft. Über das Aufbegehren in der regressiven Moderne,* Berlin 2016; Butterwegge, Christoph/Hentges, Gudrun/Lösch, Bettina (Hg.): *Auf dem Weg in eine andere Republik? Neoliberalismus, Standortnationalismus und Rechtspopulismus,* Basel 2018.

4 Vgl. Mouffe, Chantal: *Das demokratische Paradox,* Übers. Oliver Marchart, Wien 2010, sowie Delitz, Heike: *Kollektive Identitäten,* Bielefeld 2018.

5 Zu diesen historischen Gemeinschaftsprojekten im Modus der Architektur siehe Delitz, Heike: *Gebaute Gesellschaft. Architektur als Medium des Sozialen,* Frankfurt am Main 2010, Teil III.

6 Temel, Robert, u.a.: *Baugemeinschaften in Wien. Endbericht 1. Potenzialabschätzung und Rahmenbedingungen. Studie im Auftrag der Stadt Wien, MA 5,* Wien 2009, 4.

7 Zu einer solch rein pragmatischen Bestimmung von Baugemeinschaften vgl. z.B. Müller, Hannes: *Baugemeinschaften als städtebauliches Entwicklungsinstrument. Ein möglicher Beitrag nachhaltiger Quartiersentwicklung,* Wiesbaden 2015; zu Fallstudien von Wohn-, Baugemeinschaften und anderen architekturbezogenen Gemeinschaften vgl. z.B. Wonneberger, Eva: *Neue Wohnformen. Neue Lust am Gemeinsinn?,* Wiesbaden 2015, und Rogojanu, Ana: *Kollektives Bauen und Wohnen in Wien. Eine ethnographische Untersuchung zweier gemeinschaftsorientierter Wohnprojekte,* Berlin 2019.

**Dynamics of Modern Society, Social Divisions and the Desire for Community.** It is by no means a coincidence that modern, Western European societies of the present—as described by Andreas Reckwitz under the label of "Gesellschaft der Singularitäten" (society of singularities)[1] or by Oliver Marchart as "Prekarisierungsgesellschaft" (casualization society)[2]—are witnessing the rise of new community projects. The manifold desires for forms of communal life, such as intergenerational ways of living and the architectural designs that correspond to them, are also a reaction to the intensified experience of separation, of competition and of competitive thinking,

unity) divide democracies: The question of migration is so controversial precisely because here, within society, contrary views of who belongs to one's own community, to the collective and who does not are set in opposition to one another—according to the definition of one's own political community by a common origin or by shared values, and according to the constitutive division of democracy in its appeal to human dignity, or to the nation.[4]

Against this contemporary social background, the text at hand deals with two tasks that appear to be quite different at first glance. *On the one hand*, the aim is to add a layer of historical, social-theoretical and political reflection to current communal architectural projects. These current communal projects also do not come from nowhere. They stand as part of

as produced by the neoliberal economic system, which politically became the only possibility after 1989. New communal housing and construction projects react at least as much to the reality of a housing market that is becoming a capital market in more intensively urbanized societies. A third cause of the new desire for living and building communities is certainly the transformation of social relationships due to communication imparted through media—the experience of a digitally connected society. Desire for community—now understood beyond these specific 'small' community projects as a desire for an imputable *collective identity* or social home—also arise for reasons of the globalization of markets and the new inequalities and risks of poverty associated with them;[3] for reasons of questioning the nation state; and as a response to new wars and the consequences of global warming, and the migration movements triggered by both. These communal desires (for a collective identity and

a specific trajectory of architectural history, in which the political or socio-critical significance of communal projects is consistently concise. In other words, the housing construction and residential communities whose present and future forms and initiatives are the subject of this issue have a certain political genealogy: They emerged in the long twentieth century in the constantly renewed problematization of "modern society"—above all in differentiation and individualization, which, negatively speaking, are perceived as "atomization" or "disintegration" of

1   Andreas Reckwitz, *Die Gesellschaft der Singularitäten: Zum Strukturwandel der Moderne* (Berlin, 2017); also see Michel Maffesoli, *Le temps des tribus, le déclin de l'individualisme dans les sociétés de masse* (Paris, 1988).

2   Oliver Marchart, *Die Prekarisierungsgesellschaft: Prekäre Proteste: Politik und Ökonomie im Zeichen der Prekarisierung* (Bielefeld, 2013).

3   See e.g. Oliver Nachtwey, *Die Abstiegsgesellschaft: Über das Aufbegehren in der regressiven Moderne* (Berlin, 2016); Christoph Butterwegge, Gudrun Hentges and Bettina Lösch, eds., *Auf dem Weg in eine andere Republik? Neoliberalismus, Standortnationalismus und Rechtspopulismus* (Basel, 2010).

4   Ann Mundel Idenflaften demokratische Paradoxien, Oliver Marchart (Vienna, 2010) and Heike Delitz, *Kollektive Identitäten* (Bielefeld, 2018).

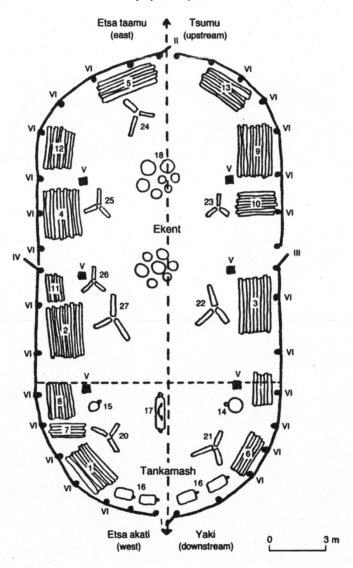

*On the proper use of nature*

Etsa taamu
(east)

Tsumu
(upstream)

Ekent

Tankamash

Etsa akati
(west)

Yaki
(downstream)

0    3 m

2

Grundriss Achuar-Haus | Floorplan of an Achuar house © Philippe Descola

the social, as the loss of solidarity and community. From the Garden Cities to the Bauhaus, the *Ville Contemporaine* of Le Corbusier, the Nazi *Volksgemeinschaft* and its housing estates, or the collective residential buildings of the Soviet Union, the history of communal architectural projects is also the history of this social criticism.[5] Generally speaking, the desire for community is political. Precisely because today's communal projects no longer seem to have a "firm ideological foundation,"[6] and precisely because they rely solely on building law or financial reasons,[7] it is necessary to recall this political content—content that is already part of the concept of community itself. The historical semantics of the concept of community is all the more interesting as this concept was fulfilled in increasingly contrary ways: from the longing for the "warm" community at the end of the nineteenth century, reflection leads to acknowledging the "impossible" community at the end of the twentieth century.

In addition to taking a look at this conceptual and political history of the community, this article also deals—*on the other hand*—with something completely different: namely, from an architectural-sociological and cultural-comparative perspective, the matter of addressing precisely those communal buildings that do *not* follow the European contradiction of community and society, that do *not* originate in the urban context, and of presenting precisely those societies that the European imaginary took as representative of the nostalgic image of lost community. Therefore, the core of this contribution is neither an analysis nor criticism of current building communities, nor an architectural-historical examination of architectures of community. Nor is it a question of rethinking the fact that architectures that create a community to the extent that they enable communication can also serve to control. This is what Michel Foucault, among others, has pointed out: He writes that built "space is fundamental in any form of community life" and continues that it is "fundamental in any exercise of power."[8] The interest in the South American Achuar—which are exemplary and paradigmatic for "extra-modern"[9] societies—is rather about *a step backwards*: What is of interest is an architecture of community that does not owe itself to the criticism of modern society. Or rather, it is about an answer to the question of how architecture establishes community; an answer in which at the same time any romantic idealization of community would be avoided.

**Community: An Excursus into Political Historical Epistemology.** In the European context, the concept of community actually refers to *one* counter-concept in ever new economic cycles: that of modern society, which since the nineteenth century has been experienced as the destroyer of communities, as disintegrated, as atomistic, as cold and impersonal, while the community carries and embodies actual collective life.[10] This is basically still true today, even if neoliberal capitalism is defined as "society" and the attributes for the desired community are worded differently. In any case, since Ferdinand Tönnies' tremendously influential book *Community and Civil Society* (Gemeinschaft und Gesellschaft) from 1887[11] community has been placed in critical opposition to the modern form of socialization—namely due to historical-political reasons of the "belated nation," especially in the political thinking of the German-speaking world.[12] Thereby, a family collective that stands in contrast to the spheres dominated by economically and legally controlled areas, and that is at risk of being "colonized" by these.[13] After initial projects aiming to restore this lost community (also by means of architecture and urban planning) in the midst of modernity, Helmuth Plessner clairvoyantly criticized

---

5  On these historical community projects in the mode of architecture see Heike Delitz, *Gebaute Gesellschaft: Architektur als Medium des Sozialen* (Frankfurt am Main, 2010).

6  Robert Temel et al., *Baugemeinschaften in Wien. Endbericht 1. Potenzialabschätzung und Rahmenbedingungen. Studie im Auftrag der Stadt Wien, MA 5* (Vienna, 2009), 4.

7  On such a purely pragmatic definition of building communities see e.g. Hannes Müller, *Baugemeinschaften als städtebauliches Entwicklungsinstrument: Ein möglicher Beitrag nachhaltiger Quartiersentwicklung* (Wiesbaden, 2015); *Neue Wohnformen: Neue Lust am Gemeinsinn?* (Wiesbaden, 2015) and Ana Rogojanu, *Kollektives Bauen und Wohnen in Wien: Eine ethnographische Untersuchung zweier gemeinschaftsorientierter Wohnprojekte* (Berlin, 2019).

8  Michel Foucault, "Space, Knowledge, and Power," in *The Foucault Reader*, ed. Paul Rabinow (Harmondsworth, 1991), 239–256, esp. 252.

9  Eduardo Viveiros de Castro, "Sur les modes d'existence extramodernes," available online at https://www.academia.edu/25725890/Sur_les_modes_dexistence_des_extra-modernes (accessed November 19, 2019).

10  On the history of concepts and political history see Manfred Riedel, "Gemeinschaft und Gesellschaft," in *Geschichtliche Grundbegriffe: Historisches Lexikon zur politisch-sozialen Sprache in Deutschland*, vol. 2, eds. Otto Brunner, Werner Conze and Reinhard Koselleck, (Stuttgart, 1975), 801–862; Heike Delitz, "Gemeinschaft und Gesellschaft," in *Dorf: Ein interdisziplinäres Handbuch*, eds. Werner Nell and Marc Weiland (Stuttgart, 2019), 326–337; on the philosophy and sociology of community see e.g. *Theorien der Gemeinschaft zur Einführung*, Lars Gertenbach, Henning Laux, Hartmut Rosa and David Strecker, eds., (Hamburg, 2011); or also *Politik der Gemeinschaft: Zur Konstitution des Politischen in der Gegenwart*, Janine Böckelmann and Claas Morgenroth, eds., (Bielefeld, 2008).

11  Ferdinand Tönnies, *Community and Civil Society*, trans. Margaret Hollis (Cambridge, 2001).

12  The thesis in *Die verspätete Nation* is, among other things, that it is the late formation of the nation state in relation to France and England that makes the unity of the "Volk" (nation, people) or the *Volksgemeinschaft* (national community) emerge in German political thinking: Helmuth Plessner, *Die verspätete Nation* (1935; repr., Frankfurt am Main, 2002).

13  See Jürgen Habermas, *Theorie des kommunikativen Handelns*, vol. 2 (Frankfurt am Main, 1981), 522.

Neben einem Blick in diese Begriffs- und politische Geschichte der Gemeinschaft soll es in diesem Beitrag aber auch um ganz anderes gehen: nämlich *zum anderen* darum, in einer architektursoziologischen und kulturvergleichenden Perspektive gerade jene Gemeinschaftsbauten anzusprechen, die *nicht* dem europäischen Gegensatz von Gemeinschaft und Gesellschaft folgen, die *nicht* dem urbanen Kontext entstammen; und gerade jene Gesellschaften vor Augen zu stellen, die das europäische Imaginäre als stellvertretend für das Sehnsuchtsbild der verlorenen Gemeinschaft nahm. Es geht dem Beitrag also im Kern weder um eine Analyse noch Kritik aktueller Bau-Gemeinschaften; noch um eine architekturhistorische Betrachtung der Architekturen der Gemeinschaft. Es geht auch nicht um die erneute Reflexion darauf, dass Architekturen, die eine Gemeinschaft insofern stiften, als sie Kommunikationen ermöglichen, ebenso der Kontrolle dienen können. Darauf hat unter anderem Michel Foucault aufmerksam gemacht: Der gebaute „Raum hat in jeder Form von Gemeinschaftsleben fundamentale Bedeutung", schreibt er, und weiter: der gebaute Raum hat aber auch „bei jeglicher Machtausübung fundamentale Bedeutung."[8] Es geht im Interesse für die südamerikanischen Achuar – die exemplarisch und paradigmatisch für die „extramodernen"[9] Gesellschaften stehen – *vielmehr um einen Schritt zurück*: Es interessiert eine Architektur der Gemeinschaft, die sich gerade nicht der Kritik der modernen Gesellschaft verdankt. Oder, es geht um eine Antwort auf die Frage, wie Architektur Gemeinschaft stiftet; eine Antwort, in der zugleich jede romantische Verklärung der Gemeinschaft vermieden wäre.

**Gemeinschaft: Exkurs in die politische historische Epistemologie.** Der Begriff der Gemeinschaft verweist im europäischen Kontext tatsächlich in immer neuen Konjunkturen auf *einen* Gegenbegriff: den der modernen Gesellschaft, die seit dem 19. Jahrhundert als destruktiv für Gemeinschaften, als desintegriert, als atomistisch, als kalt und unpersönlich erfahren wird, während die Gemeinschaft das eigentliche kollektive Leben trage und sei.[10] Das gilt im Grunde bis heute, auch wenn unter „Gesellschaft" der neoliberale Kapitalismus gefasst wird und die Attribute für die ersehnte Gemeinschaft anders formuliert werden. In jedem Fall gilt, dass seit Ferdinand Tönnies' ungeheuer einflussreichem Buch *Gemeinschaft und Gesellschaft* von 1887[11] die Gemeinschaft – und zwar aus historisch-politischen Gründen der „verspäteten Nation" gerade im deutschsprachigen politischen Denken[12] – in den kritischen Gegensatz zur modernen Form der Vergesellschaftung gestellt wird. Vorgestellt wird dabei ein familiäres Kollektiv, das im Gegensatz zu den ökonomisch und rechtlich beherrschten Bereichen steht und Gefahr läuft, von diesen „kolonialisiert" zu werden.[13] Nach ersten Projekten, diese verlorene Gemeinschaft (auch

# „Neue Wohnmodelle können vergangene Lebenskonzepte Erlebnissen sollten wir uns in pirieren lassen. Für mich lese bereits wie Ausschreibungste

8   Foucault, Michel: „Raum, Wissen und Macht" (1982), in: ders., *Dits et Ecrits. Schriften Bd. IV*, Übers. Michael Bischoff/Hans-Dieter Gondek/ Hermann Kocyba/Jürgen Schröder, Frankfurt am Main 2005, 324–341, hier 337.

9   Viveiros de Castro, Eduardo: „Sur les modes d'existence extramodernes", online unter: https://www.academia.edu/25725890/Sur_les_modes_ dexistence_des_extra-modernes (Stand: 19. November 2019).

10  Vgl. zur Begriffs- und politischen Geschichte Riedel, Manfred: „Gesellschaft, Gemeinschaft", in: Brunner, Otto/Conze, Werner/Koselleck, Manfred (Hg.): *Geschichtliche Grundbegriffe. Historisches Lexikon zur politisch-sozialen Sprache in Deutschland*, Bd. 2, Stuttgart 1975, 801–862; Delitz, Heike: „Gemeinschaft und Gesellschaft", in: Werner Nell/Weiland, Marc (Hg.): *Dorf. Ein interdisziplinäres Handbuch*, Stuttgart 2019, 326–337; zur Philosophie und Soziologie der Gemeinschaft vgl. z.B. Gertenbach, Lars/Laux, Henning/Rosa, Hartmut/Strecker, David: *Theorien der Gemeinschaft zur Einführung*, Hamburg 2011; oder auch Böckelmann, Janine/ Morgenroth, Claas (Hg.): *Politik der Gemeinschaft. Zur Konstitution des Politischen in der Gegenwart*, Bielefeld 2008.

11  Tönnies, Ferdinand: *Gemeinschaft und Gesellschaft. 1887–1935. Tönnies Gesamtausgabe*, Bd. 2., Berlin 2019.

12  Die These in *Verspätete Nation* ist unter anderem, dass es die späte Nationalstaatsbildung gegenüber Frankreich und England ist, die im deutschen politischen Denken die Einheit des „Volkes" oder die Volksgemeinschaft auftauchen lässt: Plessner, Helmuth: *Die verspätete Nation* (1935/1959), Frankfurt am Main 1974.

13  Vgl. Habermas, Jürgen: *Theorie des kommunikativen Handelns*, Bd. 2, Frankfurt am Main 1981, 522.

14  Vgl. Plessner, Helmuth: *Grenzen der Gemeinschaft. Zur Kritik des sozialen Radikalismus* (1924), Frankfurt am Main 2002; und die Beiträge in Eßbach, Wolfgang/Fischer, Joachim /Lethen, Helmut (Hg.): *Plessners „Grenzen der Gemeinschaft". Eine Debatte*, Frankfurt am Main 2002.

15  Aus dem Klappentext von Honneth, Axel (Hg.): *Kommunitarismus. Eine Debatte über die moralischen Grundlagen moderner Gesellschaften*, Frankfurt am Main 1993.

mittels Architektur und Stadtbau) inmitten der Moderne wiederherzustellen, hat Helmuth Plessner das radikalisierte Gemeinschaftsbegehren der 1920er hellsichtig kritisiert: Die Idee der Gemeinschaft, wie sie von links wie von rechts die Zeitgenossen affiziert, führt in eine totalitäre Gesellschaft.[14] Denn ob nun die Volksgemeinschaft oder die Gemeinschaft der Arbeiter versprochen wird, die Gemeinschaft ist notwendig antiliberal, sie vereinnahmt immer (so Plessner) den Einzelnen. Obgleich der Begriff der Gemeinschaft auf diese Weise – in der extremen Spannung der Argumente von Tönnies und Plessner – in der deutschen politischen Semantik besonders aufgeladen ist, geht die Problematisierung der modernen Gesellschaft im Namen der Gemeinschaft weit darüber hinaus. In den USA ist es etwa die Debatte um den Kommunitarismus, als Streit um die „Bedeutung der partikularen, gemeinschaftsgebundenen Wertüberzeugungen",[15] der die Suche nach der besten Gesellschaftsform noch in den 1980ern beherrscht. Eine wiederum andere Form erhält das Nachdenken über die Spannung zwischen Gesellschaft und Gemeinschaft im Französischen. Zwar wird auch hier zunächst die Gemeinschaft dadurch definiert, dass sie

the radicalized desire for community of the 1920s: The idea of community, as it affects contemporaries from both left and right, leads to a totalitarian society.[14] For whether a national community or a community of workers is promised, the community is necessarily anti-liberal; it always (according to Plessner) appropriates the individual. Although the concept of community in this way—in the extreme tension of Tönnies' and Plessner's arguments—is particularly charged in German political semantics, the problematization of modern society in the name of community goes far beyond that. In the USA, for example, it was the debate about communitarianism, as a dispute about the "significance of particular, community-bound value convictions,"[15]

## stehen, indem man sich ...schaut. Von diesen realen ...kunft in der Architektur ins- ...ch diese Wohnbiografien

" Manfred Omahna, *GAM.16*, S. 234

that still dominated the search for the best form of society in the 1980s. Yet another form is given to thinking about the tension between society and community in the French language. Indeed, here too, community was initially defined by the fact that it is the opposite of (modern) society. Jean-Jacques Rousseau was even the first to see modern society as that form of collective life based on the dissolution of community—he was the "first to formulate the problem of society as concern about community." Since then, European political philosophy has generally understood society as the "decay of communal intimacy."[16]

At the same time, new post-Marxist and Deconstructivist concepts of community emerged in this French political theory (again in the 1980s). In the self-critical solution of the Marxist idea of community, French post-Marxist thought is now concerned with thinking of decidedly *non*-exclusive, non-essentialist forms of community. Community is now to be presented as something that presupposes neither a unity of interests nor of motives or qualities of individuals. In other words, what should

be acknowledged is the inaccessibility, impossibility or "unrepresentability" of community (according to Jean-Luc Nancy).[17] For on the one hand, any attempt to create community necessarily excludes others, and is therefore no longer a "real" community. Every collective unity, every idea of a commonality (as Ernesto Laclau and Chantal Mouffe call it) constitutively presupposes exclusion—the assertion of an identity of the collective, of a unity, implies difference, something that community is not.[18] On the other, community also becomes visible as a modern myth, as a social form without internal divisions is impossible. The social is always divided and for this very reason there are always hegemonic attempts to express the unity of community. Thirdly, a non-hierarchical, undivided and apolitical form of the collective has never existed, even historically. It "neither occurred among the Guayaki Indians nor in any age of huts à la Rousseau."[19] Therefore, modern society has "not emerged from the collapse of community."[20] In short, community is *political fiction*. It is just as impossible as the search for it remains necessary: According to Jean-Luc Nancy, community "as question, expectation, event, invitation" remains what "is constantly happening to us … *starting out from*, parting from society."[21]

Insofar as current architectural projects are also about creating community—even if it is one of living and housing—these projects also stand in the tradition of this equally impossible and necessary political desire. And still, the concept of "community" connotes that genuinely modern political desire to be one.

### Architectures of Community—Without Society.
There are however also other forms of collectives; other forms of the political,[22] i.e. the representation of society as unity—those

14 See Helmuth Plessner, *Grenzen der Gemeinschaft: Zur Kritik des sozialen Radikalismus* (1924; repr., Frankfurt am Main, 2002); and the contributions to *Plessners "Grenzen der Gemeinschaft": Eine Debatte*, Wolfgang Eßbach, Joachim Fischer and Helmut Lethen, eds., (Frankfurt am Main, 2002).

15 From the blurb of *Kommunitarismus: Eine Debatte über die moralischen Grundlagen moderner Gesellschaften*, Axel Honneth, ed., (Frankfurt am Main, 1993).

16 Jean-Luc Nancy, *Die undarstellbare Gemeinschaft*, trans. Gisela Febel and Jutta Legeuil (1985; repr., Stuttgart, 1988), 26.

17 Ibid.

18 See Ernesto Laclau and Chantal Mouffe, *Hegemonie und radikale Demokratie: Zur Dekonstruktion des Marxismus*, trans. Michael Hintz and Gerd Vorwallner (1985; repr., Vienna, 2001).

19 Nancy, *Gemeinschaft* (see note 16), 31.

20 Ibid.

21 Ibid. (my emphasis). See also Julian Müller, *Bestimmbare Unbestimmtheiten: Skizze einer indeterministischen Soziologie* (Munich, 2015), 189.

22 On such a concept of the political see Claude Lefort, *Fortdauer des Theologisch Politischen?*, trans. Hans Scheulen and Ariane Cuvelier (Vienna, 1999) and Oliver Marchart, *Die politische Differenz: Zum Denken* ...

das Gegenteil der (modernen) Gesellschaft ist. Jean-Jacques Rousseau hat sogar als erster die moderne Gesellschaft als jene Form des kollektiven Lebens gesehen, die auf der Auflösung der Gemeinschaft basiere – er war der „erste, der das Problem der Gesellschaft als Sorge um die Gemeinschaft" formulierte. Seither hat die europäische politische Philosophie ganz generell die Gesellschaft als „Verfall einer gemeinschaftlichen Vertrautheit" verstanden.[16]

Zugleich tauchen in dieser französischen politischen Theorie (erneut in den 1980ern) auch neue, und zwar postmarxistische und dekonstruktive Gemeinschaftsbegriffe auf. In der selbstkritischen Lösung von der marxistischen Gemeinschaftsidee geht es dem französischen postmarxistischen Denken nun darum, dezidiert *nicht* ausschließende, nicht-essenzialistische Formen von Gemeinschaft zu denken. Gemeinschaft soll nun als etwas vorgestellt werden, das weder eine Einheit der Interessen, noch der Motive oder Eigenschaften der Individuen voraussetzt. Anzuerkennen sei damit mit anderen Worten die Unerreichbarkeit, Unmöglichkeit oder „Undarstellbarkeit" der Gemeinschaft (so Jean-Luc Nancy).[17] Denn zum einen schließt jeder Versuch einer Erzeugung der Gemeinschaft notwendig andere aus, und ist damit bereits keine „wirkliche" Gemeinschaft mehr. Jede kollektive Einheit, jede Vorstellung einer Gemeinsamkeit (so heißt es bei Ernesto Laclau und Chantal Mouffe) setzt konstitutiv eine Ausschließung voraus – die Aussage einer Identität des Kollektivs, einer Einheit impliziert die Differenz, etwas, was die Gemeinschaft nicht ist.[18] Die Gemeinschaft wird zum anderen auch deshalb als moderner Mythos sichtbar, weil auch eine im Inneren ungeteilte Sozialform unmöglich ist. Immer ist das Soziale gespalten und stets gibt es gerade deswegen hegemoniale Versuche, die Einheit der Gemeinschaft auszusagen. Eine nicht hierarchische, ungeteilte und unpolitische Form des Kollektivs hat es drittens auch historisch nie gegeben. Sie „fand weder bei den Guayaki-Indianern noch in irgendeinem Hütten-Zeitalter à la Rousseau statt".[19] Daher ist die moderne Gesellschaft „nicht aus dem Zusammenbruch einer Gemeinschaft entstanden".[20] Kurz, die Gemeinschaft ist eine *politische Fiktion.* Sie ist ebenso unmöglich, wie die Suche nach ihr notwendig bleibe: Die Gemeinschaft „als Frage, Erwartung, Ereignis, Aufforderung" bleibt das, was uns *„von der Gesellschaft ausgehend"* immer erneut „zustößt", schreibt Jean-Luc Nancy.[21]

Insofern es auch in den aktuellen architektonischen Projekten darum geht, eine Gemeinschaft – und sei es eine des Lebens und Wohnens – zu erzeugen, stehen auch diese Projekte in der Tradition dieses ebenso unmöglichen wie notwendigen politischen Begehrens. Und nach wie vor konnotiert dabei der Begriff der „Gemeinschaft" jenes genuin moderne politische Begehren, eins zu sein.

**Architekturen der Gemeinschaft – ohne Gesellschaft.** Es gibt indessen auch andere Formen von Kollektiven; andere Formen des Politischen,[22] also der Repräsentation der Gesellschaft als Einheit – solche, die der modernen Gesellschaft nicht vorhergehen, sondern ihr entgegengesetzt sind. Sie haben ihre eigenen Formen des Politischen, eigene Formen des kollektiven Lebens – *und eine eigene Architektur.* Wir interessieren uns im Folgenden speziell für die südamerikanischen, an der Grenze zwischen Ecuador und Peru lebenden Achuar, und zwar aus mindestens zwei Gründen: Zum einen, weil sie (neben anderen) für jene „vormodernen" Kollektive stehen, die das moderne Imaginäre unter dem Sehnsuchtsbild der „Gemeinschaft" oft vor Augen hatten. Zugleich sind die Achuar besonders interessant, weil sie in mehrfacher Hinsicht gerade das *Gegenteil* der uns eigenen Form kollektiven Lebens instituieren – uns extrem different sind. Die Achuar sind der uns eigenen Form von Gesellschaft und Architektur nicht nur different, sondern *geradezu konträr:* Sie wehren sich (kollektiv, institutionell) mittels ihrer Architektur und Siedlungsweise gegen eine urban konzentrierte, infrastrukturierte, funktional und sozial differenzierte Form kollektiven Lebens; sie erzeugen ihre eigene Form der Gemeinschaft, die gerade nicht im Gegensatz zur Gesellschaft, nicht innerhalb einer solchen steht. Weder wollen wir die Achuar dabei also als Urbild der Gemeinschaft verstehen; noch wollen wir ihre Architektur als irgendwie vorbildhaft darstellen. Es geht um sie, weil sie gerade *keine urbane* Existenz instituieren, weil sie kein Sehnsuchtsbild der Gemeinschaft entwerfen, und weil sie damit einen *nüchternen Begriff von „Gemeinschaft"* erlauben. Bevor diese Form einer Gemeinschaft stiftenden Architektur und diese Form des kollektiven Lebens skizziert werden, ist auf die gesellschaftliche Bedeutung von Architektur einzugehen:

Architektur ist ganz generell als sozial aktiv und nicht passiv zu verstehen, sie ist ein Medium oder Modus der kollektiven Existenz,[23] oder, sie ist die „Basis der sozialen Koexistenz".[24] Jede Form des kollektiven Lebens, ob dieses nun

16 Nancy, Jean-Luc: *Die undarstellbare Gemeinschaft* (1985), Übers. Gisela Febel/Jutta Legeuil, Stuttgart 1988, 26.

17 Ebd.

18 Vgl. Laclau, Ernesto/Mouffe, Chantal: *Hegemonie und radikale Demokratie. Zur Dekonstruktion des Marxismus* (1985), Übers. Michael Hintz/Gerd Vorwallner, Wien 2001.

19 Nancy, *Die undarstellbare Gemeinschaft*, 31 (wie Anm. 16).

20 Ebd.

21 Ebd. (eigene Hervorhebung). Vgl. auch Müller, Julian: *Bestimmbare Unbestimmtheiten. Skizze einer indeterministischen Soziologie*, München 2015, 189.

22 Zu einem solchen Begriff des Politischen vgl. Lefort, Claude: *Fortdauer des Theologisch-Politischen?*, Übers. Hans Scheulen/Ariane Cuvelier, Wien 1999, sowie Marchart, Oliver: *Die politische Differenz. Zum Denken des Politischen bei Nancy, Lefort, Badiou, Laclau und Agamben*, Berlin 2010.

23 Vgl. Delitz: *Gebaute Gesellschaft* (wie Anm. 5).

24 Cache, Bernard: *Earth Moves. The Furnishing of Territories*, Cambridge 1995, 24.

that do not precede modern society but are in opposition to it. They have their own forms of the political, their own forms of collective life—*and their own architecture*. Below, we are particularly interested in the South American Achuar, who live on the border between Ecuador and Peru, and this for at least two reasons: On the one hand, because they (among others) stand for those "pre-modern" collectives that the modern imaginary often envisioned as the nostalgic image of "community." At the same time, the Achuar are particularly interesting because they enact in several respects precisely the *opposite* of our own form

Architecture is generally to be understood as socially active and not passive, it is a medium or mode of collective existence,[23] or, it is the "basis of social coexistence."[24] Every form of collective life, whether it is called community or society,[25] has a specific architectural design—and is permanently co-produced (rather than merely expressed) by it. In the choice of materials, construction, ornamentation, in the relationships of the buildings to body movements and gazes; in the dimensions and in the relation of these artefacts to the ground, a specific social organization is constituted. In each case, individuals are assigned and subordinated to one another, while also in each case an imagination of the unity of the collective and its identity in time is generated, relations between generations and sexes are generated, and specific relationships between nature and culture are established. Within architecture, certain body techniques, ways of movement, postures and glances become possible. Architecturally, the institutions are charged with affective qualities; historical continuity is created in the preservation of

of collective life—they are extremely different from us. The Achuar are not only different, but *downright contrary* to our own form of society and architecture: They defend themselves (collectively, institutionally) against any urbanized, infrastructural, functionally and socially differentiated form of collective life by means of their architecture and mode of settlement; they generate their own form of community, which is not directly in opposition to society, and not part of it. Neither do we want to understand the Achuar as an archetype of community, nor do we want to portray their architecture as exemplary in any way. It is about them, because they *do not institute any urban existence*, because they do not create a nostalgic image of community, and because they allow for a *sober concept of "community."* Before sketching this form of community-building architecture and this form of collective life, the social significance of architecture must be discussed in general:

historical buildings, their reconstruction or destruction. Architecturally, control is exercised and exclusion created; architecturally, social functional systems differentiate themselves, while at the same time the dominance of certain spheres—such as the economic sphere—is created. Within architecture affects and subjects are formed (e.g. Protestant affects and subjects of humility and reverence; or the affects and subjects of the disciplinary society).[26] In short: Societies are established as *these*

23  See Delitz, *Gebaute Gesellschaft* (see note 5).

24  Bernard Cache, *Earth Moves: The Furnishing of Territories* (Cambridge, 1995), 24.

25  In the next section, we leave the strict distinction between "community" and (modern) "society": when it comes to other forms of collective existence (other, extra-modern societies), this contrast becomes obsolete, and the terms "collective," "community," and "society" can be used synonymously. For the Achuar, for example, community coincides with society. A distinction would have rather to be made here between subgroups or collectives (e.g. those of the Achuar) in the shared language family (Jivaro).

26  The classic: Michel Foucault, *Discipline and Punish: The Birth of the Prison,* trans. Alan Sheridan (New York, 1977).

als Gemeinschaft oder Gesellschaft bezeichnet wird,[25] hat eine spezifische architektonische Gestalt – und wird von dieser permanent mit hervorgebracht (statt nur noch ausgedrückt zu werden). In Materialwahl, Konstruktion, Ornamentik; in den Beziehungen der Baukörper zu Körperbewegungen und Blicken; in den Dimensionen und in der Relation dieser Artefakte zum Boden konstituiert sich eine je spezifische soziale Organisation. Je werden Individuen einander zu- und untergeordnet; je wird aber auch eine Imagination der Einheit des Kollektivs und seiner Identität in der Zeit erzeugt; je werden Relationen der Generationen und Geschlechter erzeugt, sowie spezifische Beziehungen zwischen Natur und Kultur etabliert. In Architekturen werden je bestimmte Körpertechniken, Bewegungsweisen und Haltungen, sowie Blicke möglich. Architektonisch werden Institutionen affektiv aufgeladen; in der Erhaltung historischer Gebäude, ihrer Rekonstruktion oder Zerstörung wird eine historische Kontinuität erzeugt. Architektonisch werden Kontrollen ausgeübt und Ausgrenzungen erzeugt; architektonisch differenzieren sich gesellschaftliche Funktionssysteme; und zugleich werden Dominanzen bestimmter Bereiche – etwa des Ökonomischen – erzeugt. In Architekturen werden Affekte und Subjekte geformt (z.B. protestantische Affekte und Subjekte der Demut und Ehrfurcht; oder die Affekte und Subjekte der Disziplinargesellschaft[26]). Kurz: Gesellschaften etablieren sich als *diese* Gesellschaften (mit *diesen* Unterteilungen, Ungleichheiten, Natur-Kultur-Verhältnissen, Subjekten usw.) – auch – im Modus der Architektur, angesichts und in den Gebäuden und Räumen. Architektonisch transformieren sich Gesellschaften auch: Sie werden durch Avantgarden, Bauprogramme, Rekonstruktionen oder Zerstörungen andere. So wurde etwa die technisch affizierte Gesellschaft der 1920er Jahre durch die radikalen, zunächst als außerirdisch empfundenen Bauten der Architekturmoderne eher mit erzeugt, als nur noch „symbolisiert": miterzeugt angesichts der sichtbaren Gegennatürlichkeit, der Negierung der Tradition und Ornamente, in der Hinwendung zum Neuen dieser Architekturen. Noch einmal anders formuliert, ist das Architektonische eine kulturelle Weise, in der sich die „imaginär instituierte Gesellschaft"[27] konstituiert: Stets veränderlich, heterogen und gespalten, *braucht jede Gesellschaft eine kulturell erzeugte Gestalt, in der sie als imaginär einheitliche und als imaginär identische erkennbar wird.* Dabei gibt es ganz differente „architektonische Modi der kollektiven Existenz"[28] in der Spannweite dessen, was sich zwischen nomadischen und fixierten, zwischen verstreuten und urban konzentrierten Gesellschaften ereignet, oder solchen, die Tiefbau oder aber Hochbau betreiben.

**Die Achuar: Nullpunkt sozialer Integration oder Maximalpunkt politischer Unabhängigkeit.** Die Achuar nehmen in diesem Spektrum insofern einen paradigmatischen Punkt ein, als sie sich im Gegensatz zu dem, was für urbane

Gesellschaften gilt, *extrem zerstreuen.* In der Wahl der Siedlungsorte und in der Begrenzung der Häuser wird die Bevölkerungskonzentration auf ein Minimum begrenzt. Die Achuar sind – wie Philippe Descola sagt – eine Gesellschaft des „residentiellen Atomismus".[29] Ihre politische Form ist darauf angelegt, möglichst wenig Machtpotenzial zu erzeugen, indem die Bevölkerung in weit entfernten und kleinen domestischen Einheiten organisiert ist. Die Imagination der kollektiven Einheit und Identität ist hier wesentlich eine, die sich auf die domestische Einheit, die Ansammlung weniger Häuser am Fluss bezieht; in ihr hängt die Vorstellung der kollektiven Identität wesentlich an den Natur-Kultur-Verhältnissen, an den Beziehungen zu den zahlreichen Nichtmenschen, die den Regenwald bewohnen; und nicht zuletzt an der Stellung und Form des Hauses, der Architektur innerhalb der Natur.

Entscheidend für die Frage, was hier eine „Gemeinschaft" ist und welche Rolle die Architektur darin hat, ist tatsächlich die spezifische Form, in der die Architektur und das vorgestellte (imaginär instituierte) Kollektiv zueinanderstehen:

# "New models for housing
# Based on these real expe
# architecture in the future.
# situations already read li

25  Im folgenden Teil verlassen wir die strenge Unterscheidung von „Gemeinschaft" und (moderne) „Gesellschaft": Wenn es um andere Formen kollektiver Existenz geht (um andere, extramoderne Gesellschaften), wird dieser Gegensatz obsolet und die Begriffe „Kollektiv", „Gemeinschaft", „Gesellschaft" sind synonym verwendbar. So fällt für die Achuar z.B. die Gemeinschaft mit der Gesellschaft zusammen. Unterschieden werden müssten hier eher Untergruppen oder Kollektive (z.B. die der Achuar) in der gemeinsamen Sprachgruppe (der Jivaro).

26  Klassisch: Foucault, Michel: *Überwachen und Strafen. Die Geburt des Gefängnisses*, Übers. Walter Seitter, Frankfurt am Main 1976.

27  Castoriadis, Cornelius: *Gesellschaft als imaginäre Institution. Entwurf einer politischen Philosophie* (1975), Übers. Horst Brühmann, Frankfurt am Main 1984. Zur Anwendung dieser Fassung von Gesellschaft auf die Frage der Architektur vgl. Delitz: *Gebaute Gesellschaft* (wie Anm. 5).

28  Delitz, Heike: „Architectural Modes of Collective Existence: Architectural Sociology as a Comparative Social Theory", *Cultural Sociology* 12, 1 (2018), 37–57. Zu den Achuar vgl. auch meine Fallskizze in: „Gesellschaften der Hütten (Sociétés à maisons)", in: Krauthausen, Karin/Ladewig, Rebekka (Hg.): *Zur Typologie der Hütte*, Zürich (im Druck).

29  Descola, Philippe: *La nature domestique. Symbolisme et praxis dans l'ecologie des achuar*, Paris 1986, 19. Vgl. zu diesen und verwandten Gesellschaften auch Dudley, Meredith/Welch, James: „Amazonia", in: Birx, H. James (Hg.): *Encyclopedia of Anthropology*, London 2006, 56–65; und Descola, Philippe: *Jenseits von Natur und Kultur*, Übers. Eva Moldenhauer, Berlin 2011. Alle Übersetzungen aus dem Französischen im Folgenden von der Autorin.

societies (with *these* subdivisions, inequalities, nature-culture relations, subjects, etc.)—also—in the mode of architecture, in the face of and within the buildings and spaces. Societies also transform architecturally: They are changed by avant-gardes, building programs, reconstruction, or destruction. Thus, for example, the society of the 1920s, charmed by technology, was co-produced rather than merely "symbolized" by the radical buildings of modern architecture, initially perceived as extraterrestrial—co-produced in the face of the visible counter-naturalism, the negation of tradition and ornament, in the shift towards the novelty of these architectures. To put it differently once again, the "architectural" is a cultural mode in which the "imaginarily instituted society"[27] is constituted: Constantly

to generate as little power potential as possible by organizing the population in remote and small domestic units. The imagination of collective unity and identity here is essentially one that refers to the domestic unit, the accumulation of a few houses by the river; in it, the notion of collective identity depends essentially on the circumstances of nature and culture, on the relationships with the numerous non-humans that inhabit the rainforest, and not least on the status and form of the house, of architecture within nature.

What is actually crucial for the question of what is a "community" here and what role architecture has in it is the specific form in which the architecture and the imagined (imaginarily instituted) collective interrelate: How is its unity conceived, and what belongs to the collective at all? In contrast to the societies of the cities, the Achuar—the indigenous society

n result from looking at former living concepts.
ices, we can allow ourselves to be inspired by
r me, these biographies of former housing
ompetition announcements." Manfred Omahna, *GAM.16*, p. 233

changing, heterogeneous and divided, *every society needs a culturally-generated form in which it becomes recognizable as imaginarily uniform and imaginarily identical*. There are quite different "architectural modes of collective existence"[28] in the range of what happens between nomadic and settled, between scattered and urbanized societies, or those that engage in structural and civil engineering.

**The Achuar: Zero Point of Social Integration or Maximum Point of Political Independence.** The Achuar occupy a paradigmatic point in this spectrum to the extent that, contrary to what is true for urban societies, they are *extremely scattered*. The population concentration is kept to a minimum in the choice of settlement locations and in the limitation of houses. The Achuar are—as Philippe Descola says—a society of "residential atomism."[29] Their political structure is designed

on the border between Ecuador and Peru that has as much as possible managed to avoid colonization, missionization and urbanization as well as land seizure—belong to those collectives that are, architecturally, characterized initially by the fact that

27 Cornelius Castoriadis, *Gesellschaft als imaginäre Institution: Entwurf einer politischen Philosophie* (1975), trans. Horst Brühmann (Frankfurt am Main, 1984). On the application of this version of society to the question of architecture see Delitz, *Gebaute Gesellschaft* (see note 5).

28 Heike Delitz, "Architectural Modes of Collective Existence: Architectural Sociology as a Comparative Social Theory," *Cultural Sociology* 12, 1 (2018): 37–57. On the Achuar, also see my case study in "Gesellschaften der Hütten (*Sociétés à maisons*)," in *Zur Typologie der Hütte*, eds. Karin Krauthausen and Rebekka Ladewig (Zürich, forthcoming).

29 Philippe Descola, *La nature domestique: Symbolisme et praxis dans l'écologie des Achuar* (Paris, 1986), 19. See on these and related societies Meredith Dudley and James Welch, "Amazonia," in *Encyclopedia of Anthropology*, James H. Birx, ed., (London, 2006), 56–65; and Philippe Descola, *Jenseits von Natur und Kultur*, trans. Eva Moldenhauer, (Berlin, 2011). All translations from French below by myself.

Wie wird dessen Einheit gedacht, und was gehört überhaupt zum Kollektiv? Gesellschaften der Städte entgegengesetzt, gehören die Achuar – jene indigene Gesellschaft auf der Grenze zwischen Ecuador und Peru, die es bislang geschafft hat, sich der Kolonialisierung, Missionierung und Urbanisierung sowie der Landnahme so weit wie möglich zu entziehen – zu jenen Kollektiven, die architektonisch zunächst dadurch gekennzeichnet sind, dass sie sich territorial zerstreuen. Stellvertretend für andere amazonische Gesellschaften, ist für die Achuar die *räumlich dezentrale, zentrifugale* Form von Gesellschaft kennzeichnend – der residentielle Atomismus oder die Zerstreuung bis hin zu einem „Nullgrad sozialer Integration",[30] nämlich einer Bevölkerungsdichte von weniger als einer Person pro Quadratkilometer. Wie bei anderen Jivaro-Gesellschaften, so handelt es sich bei den Achuar um Kollektive, die sich (auch) architektonisch begrenzen, klein halten. Es ist eine sehr kleine Zahl von Häusern an einem Ort zulässig; und es werden Abstände von mindestens einem Tagesmarsch zwischen den Häusern vorgeschrieben. Diese Gesellschaften instituieren sich als solche, die eine geringe Konzentration aufweisen – und damit eine geringe Unterordnung und Teilung der Einzelnen. Oder sie wehren (unter anderem) architektonisch einen abgetrennten Ort der Macht ebenso ab wie eine urbane Konzentration mit der ihr eigenen Tendenz zu funktionaler und stratifikatorischer Differenzierung. Auch, indem das Kollektiv noch einmal in kleine Gruppen – endogame (untereinander heiratende) Familien – aufgeteilt ist; und indem der bevorzugte Beziehungsmodus der Achuar der des Raubes sowie des Krieges ist, institutionalisiert sich diese Gesellschaft weniger als „vorstaatliche", denn als „gegenstaatliche" (wie Pierre Clastres schreibt, um jeden Ethnozentrismus, nämlich die Zuschreibung eines Mangels oder einer Unterentwicklung zu vermeiden):[31] Diesen Gesellschaften „zu eigen ist eine zentrifugale Logik der Aufteilung in kleine Stücke, der Zerstreuung, der Aufspaltung".[32] Wegen der schnell verrottenden pflanzlichen Baustoffe und der Erschöpfung der landwirtschaftlich genutzten Böden sind die Achuar gezwungen, nach zehn bis fünfzehn Jahren ihren Siedlungsort zu verlassen und anderswo neu zu bauen.[33] Auch dies beugt einer Verfestigung der sozialen Ungleichheit vor – stellt einen „gegenstaatlichen" und ebenso „gegenurbanen" Modus der kollektiven Existenz dar. Umgekehrt stellt bereits die permanente Ansiedlung in „Dörfern" und die damit einhergehende feste Ansiedlung eine Transformation dieser Gesellschaftsform dar. Seit den 1960ern haben dies christliche Missionare stets (wenn auch mit begrenztem Erfolg) angestrebt.[34]

Was die Architekturen selbst betrifft, so handelt es sich um Wohnhäuser, die je nach Familienstand drei leicht unterschiedliche Typen aufweisen. Benutzt werden dabei immer dieselben, konventionell vorgeschriebenen Bestandteile derselben Pflanzen; errichtet wird dieselbe statische Konstruktion; dieselbe Raumaufteilung und -form (Abb. 2): Es handelt sich um ein im Grundriss ovales oder elliptisches, 15 bis 23 Meter langes, 12 Meter breites sowie 5 bis 7 Meter hohes, luftdurchflutetes Haus aus einer leichten Pfostenkonstruktion. Sowohl symbolisch als auch praktisch ist für dieses die Dachdeckung von zentraler Bedeutung: Das Dach, das im Halbkreis bis zu einer Höhe von etwa 1,5 Meter abfällt, wird mit den Blättern ganz bestimmter Palmen bedeckt, die eine rituelle Bedeutung haben und das Haus zu einem Lebewesen machen. Im Kriegsfall – der notorisch ist und nach dem eben gesagten konstitutiv, weil er neben der territorialen Zerstreuung für die „Abwehr des Staates", für die Vermeidung der Konzentration von Macht sorgt – werden die Wände verschlossen, verstärkt und durch eine Palisade ergänzt. Sobald inter-tribale Konflikte ausbrechen, versammeln sich mehrere Familien, die durch enge verwandtschaftliche Beziehungen verbunden sind, in einem Haus, das während dieser Zeit (die Jahre dauern kann) bis zu siebzig Personen beherbergt. Auch in dieser Zeit indes tendieren die Achuar zum „Atomismus", der Zerstreuung, zur räumlichen und sozialen Autonomie.[35] In dieser Form der Gemeinschaft gibt es sehr wohl soziale Ungleichheiten. Der Status der Männer ist gebunden an die Größe des Hauses, die Zahl seiner Frauen sowie die Zahl der Gäste, die er zu beherbergen beansprucht. Ebenso werden selbstverständlich Generationen- und Geschlechtertrennungen architektonisch mit erzeugt, etwa indem jedes Haus streng in männliche und weibliche Bereiche unterteilt ist.

Philippe Descola beschreibt diese Gesellschaft nicht nur als residentiellen Atomismus – die Zerstreuung wird nicht nur in der Siedlungsweise konstituiert. Vielmehr folgen die Achuar auch in allen sozialen Beziehungen einer Politik der Zerstreuung in kleine Gruppen. So werden sowohl die Beziehungen zu den Nachbarkollektiven (der notorische Krieg), als auch die Beziehung zu den *Nichtmenschen* als Beziehungen des Konflikts, der Abspaltung gedacht. Die Beziehung der Männer

30 Descola: *La nature domestique*, 19 (wie Anm. 29). Zur „scattered occupation" des Territoriums der Achuar vgl. auch ders.: „Territorial Adjustments Among the Achuar of Ecuador", *Social Science Information/sur les sciences sociales* 21, 2 (1982), 301–320; und ders.: „From Scattered to Nucleated Settlement: A Process of Socioeconomic Change Among the Achuar", in: Whitten, Norman E. (Hg.): *Cultural Transformations and Ethnicity in Modern Ecuador*, Urbana 1981, 614–646.

31 Clastres, Pierre: *Staatsfeinde: Studien zur politischen Anthropologie*, Übers. Eva Moldenhauer, Frankfurt am Main 1976.

32 Clastres, Pierre: „Archäologie der Gewalt. Der Krieg in primitiven Gesellschaften" (1980), in: ders.: *Archäologie der Gewalt*, Übers. Marc Blankenburg, Zürich/Berlin 2008, 33–82, hier 65.

33 Vgl. Descola: *La nature domestique*, 146 (wie Anm. 29).

34 Vgl. Descola: „From Scattered to Nucleated Settlement" (wie Anm. 30); Taylor, Ann-Christin: „God-Wealth: The Achuar and the Missions", in: Whitten, Norman E. (Hg.): *Cultural Transformation and Ethnicity in Modern Ecuador*, Urbana 1981, 647–677.

35 Descola: *La nature domestique*, 129 (wie Anm. 29).

they are scattered territorially as widely as possible. Representative of other Amazonian societies, the Achuar are characterized by a *spatially decentralized, centrifugal* form of society—residential atomism or scattering to a "zero degree of social integration";[30] that is, a population density of less than one person per square kilometer. Just like other Jivaro societies, the Achuar are collectives that (also) architecturally delimit themselves, and remain small. Only a very small number of houses are allowed in one place, and distances of at least a one-day walk between the houses are mandatory. These societies are established as ones of low concentration—and thus of low levels of subordination of and sharing among individuals. Alternatively, they (among other things) architecturally defend a separate place of power in the same way they would defend an urban concentration with its own tendency towards functional and stratificatory differentiation. Additionally, as the collective is once again divided into small groups—endogamous families (marrying only among themselves)—and as the Achuar's preferred mode of relations is that of robbery and war, this society institutionalizes itself less as "pre-state" than as "against the state" (this, as Pierre Clastres writes, in order to avoid any ethnocentrism; that is, the attribution of deficiency or underdevelopment):[31] These societies "possess a centrifugal logic of division into small pieces, of scattering, of division."[32] Because of the rapidly decomposing plant building materials and the exhaustion of the soils used in agriculture, the Achuar are forced to leave their settlement after ten to fifteen years and to build new homes somewhere else.[33] This too prevents a consolidation of social inequality—representing a "society-against-the-state," and also a counter-urban mode of collective existence. Conversely, permanent settlement in villages and associated fixed settlement already represent a transformation of this form of society. Since the 1960s, Christian missionaries have consistently striven for this fixed settlement (albeit with limited success).[34]

As far as the architecture itself is concerned, these are residential houses that have three slightly different types depending on marital status. The same conventionally prescribed components of the same plants are always used; the same static construction is erected, along with the same room layout and shape: In its layout, it is an airy oval or elliptical house, 15 to 23 meters long, 12 meters wide and 5 to 7 meters high, made of a light post construction (fig. 2). Both symbolically and practically, the roofing is of central importance for the house: The roof, which slopes in a semicircle to a height of about 1.5 meters, is covered with the leaves of very specific palm trees, which themselves have a ritual meaning and transform the house into a living being. In the event of war—which is serial and constitutive after what has been mentioned above, as in addition to territorial scattering it ensures the "defense of the state" and the avoidance of a concentration of power—the walls are closed, reinforced and supplemented by a palisade. As soon as intertribal conflicts break out, several families, linked by close kinship, gather in a house that during such a time (which can last for years) accommodates up to seventy people. Also during this time, however, the Achuar tend towards "atomism," scattering, and spatial and social autonomy.[35] There are indeed social inequalities in this form of community. The status of the men is linked to the size of the house, the number of their wives and the number of guests they claim to accommodate. Separation between generations and genders are of course also architecturally created, for example by strictly dividing each house into areas only for men or only for women.

Philippe Descola describes this society not only as residential atomism—the scattering is not only constituted in the mode of settlement. Rather, the Achuar also follow a policy of scattering into small groups in all social relationships. Thus, both the relations with the neighboring collectives (serial war)

30 Descola, *La nature domestique* (see note 29), 19. On the "scattered occupation" of the territory of the Achuar see id., "Territorial Adjustments Among the Achuar of Ecuador," *Social Science Information/sur les sciences sociales* 21, 2 (1982): 301–320; "From Scattered to Nucleated Settlement: A Process of Socioeconomic Change Among the Achuar," in *Cultural Transformation and Ethnicity in Modern Ecuador*, Norman E. Whitten, ed., (Urbana, 1981), 614–646.

31 Pierre Clastres, *Staatsfeinde: Studien zur politischen Anthropologie*, trans. Eva Moldenhauer (Frankfurt am Main, 1976).

32 Pierre Clastres, "Archäologie der Gewalt: Der Krieg in primitiven Gesellschaften" (1980), in id., *Archäologie der Gewalt*, trans. Marc Blankenburg, (Zurich/Berlin, 2008), 33–82, esp. 65.

33 See Descola, *La nature domestique* (see note 29), 146.

34 See Descola, "From Scattered to Nucleated Settlement" (see note 30); Ann-Christin Taylor, "God-Wealth: The Achuar and the Missions," in *Cultural Transformation and Ethnicity in Modern Ecuador*, ed. Norman E. Whitten (Urbana, 1981), 647–677.

zum Wild wie auch die der Frauen zu den von ihnen kultivierten Pflanzen wird nämlich als räuberische Aneignung fremder Wesen verstanden, gegen deren Verteidigungen und Gegenangriffe es sich ständig zu wappnen gilt, und die daher auf spezifische, vorsichtige Weisen behandelt werden.[36] Auch diese Vorstellung, dass selbst die essbaren Pflanzen nicht einfach Produkte sind, sondern Wesen mit eigenem – feindlichen – Willen, folgt der kollektiven Motivation, *so wenig wie möglich von anderen abhängig* zu sein und *für sich* zu bleiben.

Derart laufen Siedlungsweise und Architektur ebenso wie Beziehungen zu Menschen und Nichtmenschen auf eine Gemeinschaft hinaus, die sich gerade dadurch konstituiert, dass sie sich von anderen Gemeinschaften abgrenzt – denen der Tiere und denen anderer Menschen; und dabei jede größere kollektive Einheit vermeidet. Die größte kollektive Einheit ist der „endogame Nexus", eine überlokale, über mehrere Ansiedlungen hinweg reichende Gruppe, die ausschließlich durch (endogame) Heiraten zusammengehalten wird. Da diese überlokalen Einheiten weder eine visuelle Gestalt haben noch ihre Mitglieder einen gemeinsamen Namen tragen oder sich auf einen gemeinsamen Mythos berufen, ist die imaginäre Einheit der Gesellschaft (oder Gemeinschaft) ausschließlich an die domestische Einheit gebunden – und an deren sichtbare und allein dauerhafte Gestalt im Milieu des Regenwaldes: das Haus. Die Architektur ist der *einzige Modus, in dem das Kollektiv konstituiert wird*. Das Haus ist *die einzige Weise, in der eine Vorstellung des Kollektivs erzeugt wird*; denn es ist, so Descola, das „einzige Prinzip der Schließung"[37] im Achuar-System. In diesem System, in dem alles darauf hinausläuft, sich abzugrenzen, unabhängig zu bleiben, ist der architektonisch konstituierte Haushalt die „minimale Einheit der Gesellschaft" und die „einzige, die ausdrücklich als normative soziale und residentielle *Gruppierung* betrachtet wird".[38] Es ist tatsächlich der visuelle und materielle Kern der imaginären „Gemeinschaft".[39] Es ist zudem das Zentrum der Kultur inmitten einer veränderlichen, mit Persönlichkeiten bevölkerten, und „feindlichen" Natur.[40]

**Fazit: Irritationen der Gemeinschaftssuche.** Die Aufmerksamkeit für eine Gesellschaft wie die der Achuar mag – in der Frage nach aktuellen Gemeinschaftsbauten – zunächst irritieren: Was lässt sich aus dieser Form des kollektiven Lebens, die sich im Gegensatz zur urbanen Konzentration und zur politischen Form des Staates durch ihre außerordentliche Zerstreuung auszeichnet (durch ein Leben „am Nullpunkt der sozialen Integration")[41] sehen? Mindestens folgendes: Was hier als „architektonische Form der Gemeinschaft" erscheint, ist

etwas, was in der europäischen Imagination *gerade nicht* angezielt ist, obgleich es genau diese Gesellschaften nur zu oft als unentfremdet verklärt hat. Es ist eine Gemeinschaft, die für sich bleibt; es ist eine, die sich in der permanenten *Abgrenzung*, in feindlichen und räuberischen Beziehungen zu Anderen, in der Vereinzelung konstituiert. In diesem Blick auf extramoderne Gesellschaften wird der moderne Mythos der Gemeinschaft auf eigene Weise durchbrochen, ebenso wie in der Reflexion auf die politischen Gehalte des Gemeinschaftsbegriffes und der vergangenen (architektonischen) Gemeinschaftsprojekte. Auch wenn es in den zeitgenössischen Bau- und Wohngemeinschaftsprojekten „kein ideologisches Fundament"[42] mehr geben sollte, so tendiert die politische Semantik der Gemeinschaft gleichwohl unter der Hand noch immer dazu, Bilder der Gemeinschaft zu transportieren, die stets als friedliche und solidarische vorgestellt wird. Die ethnologischen Einblicke machen die Komplexität dieser Gesellschaften und ihre eigene Form des Politischen, der Unterwerfung und Klassifikation deutlich; ihre eigene Form von Gemeinschaft, die im Fall der Achuar keineswegs auf das Eins-Sein und auch nicht auf Kooperation zielt. Angezielt ist vielmehr Unabhängigkeit, der „Nullpunkt der sozialen Integration".[43] Es sind dies Gesellschaften, die „uns" nicht vorhergehen, sondern in Vielem das gesellschaftliche Gegenteil sind: Gegenstaatlich, gegenurban, extramodern. Sie sind all dies, um ihre kollektive Seinsweise, die auf der Ungeteiltheit der Individuen oder auf einem geringen Machtgefälle beruht, zu bewahren. Was schließlich ihre Architektur betrifft, so wollen wir die der Achuar wie erwähnt selbstverständlich *nicht* als Anleitung zum Gemeinschaftsbau verstehen. Vielmehr sollte deutlich werden, wie diese architektonische Kultur mit dieser sehr spezifischen Form der kollektiven Organisation und Subjektform verknüpft ist – inwiefern es sich um einen Modus handelt, dieses Kollektiv mit zu erzeugen. ∎

36 Vgl. Descola: *Jenseits von Natur und Kultur*, 568 (wie Anm. 29).

37 Descola: *La nature domestique*, 135 (wie Anm. 29, eigene Hervorhebung).

38 Ebd.

39 Vgl. ebd., 119.

40 Ebd., 139.

41 Descola: „Territorial Adjustments" (wie Anm. 30).

42 Temel: *Baugemeinschaften in Wien* (wie Anm. 6).

43 Descola: *La nature domestique*, 19 (wie Anm. 29).

and the relations with the *non-humans* are conceived as relations of conflict, of separation. The relationship of men to wildlife, as well as that of women to the plants they cultivate, is understood as the predatory appropriation of foreign beings against whose defenses and counter-attacks they must constantly arm themselves, and who are therefore treated in specific, cautious ways.[36] This idea that even edible plants are not simply products, but beings with their own—hostile—will, also follows the collective motivation to be *as little dependent as possible on others* and *to keep to oneself.*

In this way, the mode of settlement and architecture, as well as relationships with humans and non-humans, amount to a community that is constituted precisely by distinguishing itself from other communities—those of animals, and those of other human beings, avoiding any larger collective unity. The largest collective unit is the "endogamous nexus," a supralocal group that spans several settlements and is held together exclusively by (endogamous) marriages. Since these supralocal units neither have a visual form, nor do their members have a common name or refer to a common myth, the imaginary unity of society (or community) is exclusively bound to the domestic unit—and to its visible and only permanent form in the milieu of the rainforest: the house. Architecture is the *only mode in which the collective is constituted.* The house is *the only mode in which an idea of the collective is generated;* for it is (says Descola) the "only principle of closure"[37] in the Achuar system. In this system, in which everything boils down to separating oneself and remaining independent, the architecturally constituted household is the "minimal unity of society" and the "only one explicitly regarded as a normative social and residential *grouping.*"[38] It is indeed the visual and material core of the imaginary "community."[39] It is also the center of culture in the midst of a changing and "hostile" nature populated by individuals.[40]

### Conclusion: Irritations of the Search for Community.

The attention paid to a society as the Achuar's may at first be irritating when it comes to the question of present-day communal buildings: What can be seen in this form of collective life, which, in contrast to urban concentration and the political form of the state, is characterized by its extraordinary scattering (by life "at the zero point of social integration"[41])?

The following, at least: What appears here as an "architectural form of community" is exactly that which is *not* aimed for in the European imagination, even though the latter has all too often idealized these very societies as not being alienated. It is a community that remains for itself; it is one that is constituted in permanent *separation,* in hostile and predatory relations with others, in isolation. In this view of extra-modern societies, the modern myth of community is broken in its own way, as it is through reflection on the political substance of the concept of community and the (architectural) community projects of the past. Even if there should no longer be an "ideological foundation"[42] in contemporary building and residential community projects, the political semantics of community still secretly tends to convey images of community always conceived as peaceful and solidary. The ethnological insights make clear the complexity of these societies and their own form of the political, of subjugation and classification, and their own form of community, which in the case of the Achuar is by no means aimed at oneness or cooperation. The aim is rather independence, or the "*zero degree of social integration.*"[43] These are societies that do not precede "us," but are the societal opposite in many ways: counter-state, counter-urban, extra-modern. They are all of this to preserve their collective mode of being, which is based on the indivisibility of individuals or on a small imbalance in power. Finally, as far as their architecture is concerned, we, of course *do not want* to understand the Achuar's architecture as a guide to communal building. Rather, it should become clear how this architectural culture is linked to this very specific form of collective organization and subject form—to what extent it is a mode of co-producing this collective. ∎

*Translation: Otmar Lichtenwörther*

36  See Descola, *Jenseits von Natur und Kultur* (see note 29), 568.
37  Descola, *La nature domestique* (see note 29), 135. (My emphasis).
38  Ibid.
39  See ibid., 119.
40  Ibid., 139.
41  Descola, "Territorial Adjustments" (see note 30).
42  Temel, *Baugemeinschaften in Wien* (see note 6).
43  Descola, *La nature domestique* (see note 29), 19.

# Absolute Beginners
## Living as a Knowledge Worker, from the Parents' Home to Collective Living

## Blutige Anfänger
## Leben als WissensarbeiterIn, vom Elternhaus zum kollektiven Wohnen

Marson Korbi

1

A recreation of the garage where Steve Jobs and Steve Wozniak developed the first Apple computer, set up in Disney World's Epcot theme park, Florida. | Eine Rekonstruktion der Garage, in der Steve Jobs und Steve Wozniak den ersten Apple-Computer entwickelten haben, der im Epcot-Themenpark von Disney World in Florida eingerichtet wurde. © Ted Tamburo

Living as a knowledge worker, i.e. being subject to more flexible and precarious ways of working, often also means living as an *absolute beginner*—as someone constantly forced to reinvent and start life anew, to change cities or neighborhoods, and to implement new skills and knowledge; that is, to keep studying for life. As a student or graduate, living away from the parents (and their financial support) often means living as an isolated subject, forced to either manage life on one's own or being constrained to return to the family home and sphere (which, as many critics argue, in neoliberalism has been transformed into a micro-version of the former welfare state).[1] Being flexible, in continuous mobility, constantly changing job positions, and continuing to take courses after university (to learn languages, or for the improvement of professional skills)—with the ambition of one day becoming a self-made entrepreneur—defines the new *modus vivendi* within a life that is based almost entirely on working time. In such a context, and in order to imagine future forms of housing that take this new labor force into consideration, I will trace a short genealogy of collective forms of living of the knowledge worker, including the parents' home, the architecture of college dormitories, residential hotels and socialist communal houses. This genealogy concludes with contemporary experiments of collective living, providing alternatives to the micro-welfare of the family.

**Living in the Parents' Home.** Since Steve Jobs pronounced the words "stay hungry, stay foolish" in his famous Stanford commencement speech of 2005, many factors have changed in what it means to be a student or a knowledge worker.[2] His motto soon became a popular slogan adopted by students and workers aspiring to become future self-entrepreneurs and prestigious professionals. Jobs's mythology had an even greater effect in the years following his death—considering the subsequent release of many movies and books surrounding his persona and the most intense period of Apple product launches—also mythicizing the story of the garage at his parent's suburban house in Los Altos, in Silicon Valley:[3] When in 1976 Steve Jobs and Steve Wozniak moved to Steve Jobs' childhood home, it was out of the need for space to reassemble and work on the model of Apple I—ideally a large workspace at no personal cost. The suburban house close to Stanford University was transformed into a micro-factory, organized as an assembly line and involving all the family members in production. As described by biographer Walter Isaacson, Steve's ex-girlfriend, his parents, and his pregnant sister, plus Steve Jobs's college friend Daniel Kottke, all contributed, each with a specific task.[4] The rooms and the house

were used as storage for electronic parts and for mounting computer boards, while the garage itself was the main workspace (where Wozniak plugged the assembled board to the TV and keyboard, fig. 1).[5]

As highlighted by Margaret Pugh O'Mara in *Cities of Knowledge*, this historical context shows how the myth of Silicon Valley and the proliferation of the many technological startups with the entrepreneurial spirit of the garages was strongly related to American federal government projects of the Cold War period.[6] It was due to government pressure and the penetration of private companies into scientific research that universities like Stanford, the University of Pennsylvania, and MIT—i.e., the ones that received more funding—started to attract the upper middle-class and the best professionals of the country.[7] According to O'Mara, the "cities of knowledge" planned around these high-tech research centers were represented by the suburban model, composed of houses like that accommodating the famous Apple garage.[8] In this sense, it is arguable that the myth of the garage was only possible when the white American middle-class, often identified with the suburban house of the of the 50s, 60s or 70s, found itself in a contest of prosperity produced by state strategies and incentives that made possible certain domestic businesses.

As the Italian intellectual Sergio Bologna has pointed out, the middle class crisis, with its peak in 2008, has coincided with the rise of an entire generation of *knowledge workers* composed of students, precarious workers, and an increasing number of self-employed and freelance workers.[9] Sergio Bologna is one of the few studying the main problems related to the working conditions, welfare, and ways of life of this new

---

1   See Melinda Cooper, *Family Values: Between Neoliberalism and the New Social Conservatism* (New York, 2017).

2   The term "knowledge worker" defines thus a new type of worker, generally an educated subject possessing intellectual and cognitive skills. This definition not only includes professionals from the classical white-collar bourgeoisie (doctors, lawyers, architects, etc.), but has been extended to include a multitude of people whose jobs are defined by precariousness, flexibility, and mobility, and hence also by new needs and relations in the use of domestic space. On the definition of contemporary knowledge workers and their working and life conditions see Sergio Bologna, *Knowledge Workers: Dall'operaio massa al freelance* (Trieste, 2015).

3   Let us think of the time when many Apple products and Steve Jobs biographies were launched, starting from the first iPad (2010), to the movie releases of *Jobs* (2013) and *Steve Jobs* (2015), or the publication of the authorized Steve Jobs biography in October 2011, a few weeks after his death. These are arguably all narratives strengthening Jobs's "self-made" success story, and the myth around the Apple garage.

4   See Walter Isaacson, *Steve Jobs* (New York, 2011), 96.

5   See ibid., 97–98.

6   See Margaret Pugh O'Mara, *Cities of Knowledge: Cold War Science and the Search for the next Silicon Valley* (Princeton/NJ, 2005).

7   See ibid., 68.

8   Ibid., 4.

9   See Sergio Bologna, *Ceti medi senza futuro? I risvolti della società della conoscenza* (Roma, 2007).

Ein Leben als WissensarbeiterIn, d.h. als jemand, der flexibleren und prekäreren Arbeitsverhältnissen ausgesetzt ist, bedeutet oft auch ein Leben als blutiger Anfänger – als jemand, der ständig gezwungen ist, sein Leben neu zu erfinden und von vorne anzufangen, seine Heimatstadt oder sein Viertel zu wechseln und stets neue Fähigkeiten und Kenntnisse zur Anwendung zu bringen, d.h. sein Leben lang weiterzulernen. Als StudentIn oder HochschulabsolventIn bedeutet das Leben außerhalb des Elternhauses (und seiner finanziellen Unterstützung) oft ein Leben als isoliertes Individuum, das entweder gezwungen ist, seinen Unterhalt alleine zu bestreiten oder in den Schoß des Elternhauses (das sich, wie viele Kritiker behaupten, im Neoliberalismus in eine Mikroversion des einstmaligen Sozialstaates gewandelt hat) zurückzukehren.[1] Flexibilität, permanente Mobilität, ständig wechselnde Arbeitsverhältnisse und Weiterqualifizierung nach dem Studium (zum Sprachenlernen oder zur Verbesserung der Fachkompetenz) – mit dem Bestreben, eines Tages selbstständiger Unternehmer zu werden – definieren den neuen *Modus Vivendi* in einem fast ausschließlich auf Arbeitszeit basierenden Leben. In diesem Zusammenhang, und um zukünftige Wohnformen zu entwerfen, die diese neuen Arbeitskräfte berücksichtigen, werde ich eine kurze Genealogie der kollektiven Lebensformen des Wissensarbeiters bzw. der Wissensarbeiterin verfolgen, einschließlich des Elternhauses, der Architektur von Studierendenwohnheimen amerikanischer Colleges, amerikanischen Residential Hotels und sowjetischen sozialistischen Gemeinschaftshäusern. Diese Genealogie schließt mit zeitgenössischen Beispielen kollektiven Wohnens, die Alternativen zum Mikro-Sozialsystem Elternhaus bieten.

**Wohnen im Elternhaus.** Seit Steve Jobs' berühmter Stanford-Rede 2005 und dem vielzitierten „Stay hungry, stay foolish!" („Bleibt hungrig, bleibt tollkühn!") hat sich im Hinblick darauf, was es bedeutet, StudentIn oder WissensarbeiterIn zu sein, einiges verändert.[2] Jobs' Motto wurde bald zu einem populären Slogan, der von Studierenden wie ArbeitnehmerInnen aufgegriffen wurde, die danach strebten, zukünftige UnternehmerInnen und anerkannte ExpertInnen zu werden. Der Mythos Steve Jobs hatte in den Jahren nach seinem Tod noch größeren Einfluss – wenn man bedenkt, wie viele Filme und Bücher rund um seine Person und die intensivste Phase der Produkteinführungen von Apple anschließend herausgekommen sind. Sogar die Geschichte der Garage im Vorstadthaus seiner Eltern in Los Altos im Silicon Valley wurde zum Mythos:[3] Als Steve Jobs und Steve Wozniak 1976 in das Elternhaus von Steve Jobs zogen, erfolgte dies aus Gründen des Raumbedarfs für den Zusammenbau und die Arbeit am Apple I. Die Garage bot einen großflächigen Arbeitsbereich, der ihnen kostenlos zur Verfügung stand. So wurde das Vorstadthaus in der Nähe der Stanford University in ein Mikrofabrik verwandelt, die als

Fließband-Betrieb organisiert war und alle Familienmitglieder in die Produktion einbezog. Wie sein Biograf Walter Isaacson beschreibt, leisteten alle ihren Beitrag; Steves Ex-Freundin, seine Eltern und seine schwangere Schwester sowie Steve Jobs' College-Freund Daniel Kottke – jede/r hatte eine ganz bestimmte Aufgabe.[4] Die Räume im Haus wurden als Lager für elektronische Teile und für die Montage von Computerplatinen genutzt, während die Garage selbst das erfinderische Zentrum war (wo Wozniak schließlich die zusammengebaute Hauptplatine an den Fernseher und die Tastatur anschloss; Abb. 1).[5]

Wie Margaret Pugh O'Mara in *Cities of Knowledge* hervorhebt, zeigt dieser historische Kontext, wie der Mythos Silicon Valley und die Entstehung zahlreicher Tech Start-ups mit Garagen-Unternehmergeist eng mit Projekten der amerikanischen Bundesregierung aus der Zeit des Kalten Krieges verbunden war.[6] Es war dem Druck der Regierung und dem Vordringen der Privatwirtschaft in die wissenschaftliche Forschung zu verdanken, dass Universitäten wie Stanford, die University of Pennsylvania und das MIT – also die, die mehr Forschungsmittel erhielten – begannen, die gehobene Mittelschicht und die besten Fachleute des Landes anzuziehen.[7] Laut O'Mara wurden die um diese Hightech-Forschungszentren herum geplanten „Städte des Wissens" durch das Vorstadtmodell repräsentiert, das aus Häusern besteht wie dem, in dem die berühmte Apple-Garage untergebracht war.[8] In diesem Sinne lässt sich wohl argumentieren, dass der Mythos der Garage nur möglich war, als sich die weiße amerikanische Mittelschicht, die sich oft mit dem Vorstadthaus der 1950er, 1960er oder 1970er Jahre identifizierte, in einem Wohlstandswettbewerb befand, ausgelöst durch staatliche Strategien und Anreize, die bestimmte Arten von Familienbetrieben möglich machten.

1 Vgl. Cooper, Melinda: *Family Values. Between Neoliberalism and the New Social Conservatism*, New York 2017.

2 Der Begriff „WissensarbeiterIn" definiert somit eine neue Art von ArbeitnehmerIn, in der Regel ein gebildetes Individuum mit intellektuellen und kognitiven Fähigkeiten. Diese Definition umfasst nicht nur Professionisten aus dem klassischen Wirtschaftsbürgertum (ÄrztInnen, AnwältInnen, ArchitektInnen usw.), sondern wurde auch auf eine Vielzahl von Menschen ausgedehnt, deren Arbeitsplätze durch Prekariat, Flexibilität und Mobilität, und somit auch durch neue Bedürfnisse und Beziehungen in der Nutzung von Wohnraum definiert sind. Zur Definition des zeitgenössischen Wissensarbeiters bzw. der zeitgenössischen Wissensarbeiterin und seiner bzw. ihrer Arbeits- und Lebensbedingungen vgl. Bologna, Sergio: *Knowledge Workers. Dall'operaio massa al freelance*, Triest 2015.

3 Denken wir nur an die Zeit, in der viele Apple-Produkte oder Biografien von Steve Jobs auf den Markt kamen, angefangen vom ersten iPad (2010) über die Kinostarts von *Jobs* (2013) und *Steve Jobs* (2015) bis hin zur Veröffentlichung der autorisierten Steve Jobs-Biografie im Oktober 2011, wenige Wochen nach seinem Tod. Dies sind wohl alles Narrative, die die Erfolgsstory des Selfmademan Steve Jobs und den Mythos rund um die Apple-Garage verstärken.

4 Vgl. Isaacson, Walter: *Steve Jobs*, New York 2011, 96.

5 Vgl. ebd., 97–98.

6 Vgl. O'Mara, Margaret Pugh: *Cities of Knowledge. Cold War Science and the Search for the next Silicon Valley*, Princeton/NJ 2005.

7 Vgl. ebd., 68.

8 Vgl. ebd.

multitude of people, which now makes up the most considerable portion of the metropolitan labor force. For Bologna, in order to better understand this transformation and to trace possible forms of political coalition, one should study the bourgeois tradition while keeping in mind that intellectual labor has its origin in the bourgeois lifestyle.[10] Absorbing this same tradition, starting from the 50s, it was the modern middle-class[11] pushing their children to follow university studies for a future prestigious professional career.

Most representative of this development is the domestic space of these individuals. I personally argue that describing the way these new intellectual workers inhabit their living space, along with their personal objects and possessions within their personal room, away from the family home, is revealing of their ways of life and of a certain common and generic *habitus*.[12] The way the so-called Italian "*posto-letto*" (bed-place) or a generic bedroom in a shared apartment in Brussels, Rome, or Berlin is inhabited (with a desk full of books, post-it notes, a laptop or a smartphone and so forth), identifies a certain type of worker and reveals the transformation of the private bedroom into a working place. This confirms that, on the one hand, knowledge workers are isolated from the eyes of the public and thus also from politics, while on the other hand, as Antonio Negri argues, by working and producing in global cooperation, they form the "general intellect" of contemporary society.[13]

**Living Alone with Others.** In 1932, the Czech poet and architectural critic Karel Teige explored this dialectic tension between solitary forms of living and the necessity of being together.[14] In his book *The Minimum Dwelling*, Teige strongly criticizes the modernist approach of reducing the bourgeois family home to a *Existenzminimum*-dwelling and arrives at a new definition of collective living: illustrated by a very simple diagram, Teige's minimum dwelling consisted of reducing the family house to a single private room and collectivizing all aspects related to domestic labor—housekeeping, cooking, working, and communal gathering.[15] For Teige, the provision of an individual cell to each single individual within the shared home was the only possible form of domestic architecture that could correspond to the new ways of life of the proletariat and the working intelligentsia.

To better illustrate his point, Teige collects a series of paradigmatic examples such as the American residential hotel and the Soviet Dom-Kommuna, both complex architectures and the apogee of the total collectivization of living.[16] Seen from a contemporary point of view, these two historical experiments show what it means to live as an autonomous subject within a

domestic structure liberating the knowledge worker from domestic tasks and reproductive labor—labor that, when discussing knowledge, also includes studying, taking courses, and similar *lifelong learning* activities useful, speaking in Marxian terms, for cultivating and reproducing workers' intellectual capacities.[17] In the 1930s this last aspect was of course unknown to Teige, whose criticism was of the reproductive labor left to women of housekeeping and cooking. It can, however, still offer a starting point for exploring how to enrich Teige's diagram, by considering the ways of life of contemporary intellectual workers, from their time as students to professional life.

In medieval times, the collegiate university model provided a place for living, studying and working together for the many adolescents leaving their families and reaching the university of Oxford and Cambridge. Inspired by monastic life

10  Ibid.

11  See Charles Wright Mills, *White Collar: The American Middle Classes* (New York, 1951).

12  The Latin word *habitus*, as clearly highlighted by the Italian philosopher Giorgio Agamben in reference to monastic forms of collective living, means both "a way of being or acting" and "dress," visible in the way monks manifested their customs and ways of life within the community of the monastery. Giorgio Agamben, *The Highest Poverty: Monastic Rules and Form-Of-Life*, trans. Adam Kotsko (Stanford, 2013), 13.

13  See Federico Tomasello, "L'abitazione Del General Intellect. Dialogo Con Antonio Negri Sull'abitare Nella Metropoli Contemporanea," *EuroNomade*, available online at: www.euronomade.info/?p=5228 (accessed August 25, 2019). The expression "general intellect" was used by Karl Marx in his "The Fragment on Machines" (published in *Grundrisse*) to define how social knowledge, as part of human intelligence, is transformed into productive power, determining all the technological and knowledge inventions surrounding our society. See Karl Marx, *Grundrisse* (Milano, 2012), 716–723. The term "general intellect" is still widely used by contemporary Marxist philosophers and thinkers such as Paolo Virno, Antonio Negri, Sergio Bologna, Andrea Fumagalli, etc. to indicate the main composition of the contemporary labor force.

14  See Karel Teige, *The Minimum Dwelling* (Cambridge/MA, 2002).

15  See ibid., 17.

16  See Pier Vittorio Aureli and Martino Tattara, *Loveless: The Minimum Dwelling and Its Discontents* (Milano, 2019).

17  See Karl Marx, *Capital*, vol. 1, trans. Samuel Moore and Edward Aveling (Mission/B.C., 2008), 273.

Wie der italienische Intellektuelle Sergio Bologna betont, fiel die Krise der Mittelschicht an ihrem Höhepunkt im Jahr 2008 mit dem Aufstieg einer ganzen Generation von WissensarbeiterInnen zusammen, die sich aus Studierenden, prekären ArbeitnehmerInnen und einer wachsenden Zahl von Selbständigen und FreiberuflerInnen zusammensetzte.[9] Sergio Bologna ist einer der wenigen, die sich mit den Hauptproblemen im Zusammenhang mit den Arbeitsbedingungen, dem Wohlergehen und der Lebensweise dieser großen neuen Gruppe von Menschen befassen, die in Ballungsräumen heute schon den größten Teil der Erwerbsbevölkerung ausmacht. Laut Bologna sollte man, um diese Transformation besser zu verstehen und mögliche Formen politischer Allianzen aufzuspüren, die bürgerliche Tradition studieren und dabei berücksichtigen, dass intellektuelle Arbeit ihren Ursprung im bürgerlichen Lebensstil hat.[10] Ausgehend von dieser seit den 1950er Jahren bestehenden Tradition war es der moderne Mittelstand,[11] der seine Kinder dazu drängte, für eine zukünftige berufliche Laufbahn und das Ansehen ein Universitätsstudium abzuschließen.

**Zusammen mit anderen alleine leben.** Der tschechische Dichter und Architekturkritiker Karel Teige untersuchte 1932 diese dialektische Spannung zwischen solitären Lebensformen und der Notwendigkeit des Zusammenlebens.[14] In seinem Buch *Nejmenší byt* (1932; in englischer Übersetzung 2002 als *The Minimum Dwelling* erschienen) übt Teige scharfe Kritik am modernistischen Ansatz, das Heim der bürgerlichen Familie auf eine Wohnstätte am Existenzminimum zu reduzieren und kommt zu einer neuen Definition von kollektivem Wohnen: Anhand eines sehr einfachen Diagramms veranschaulicht, bestand Teiges kleinste Wohnstätte darin, das Eigenheim auf einen einzigen privaten Raum zu reduzieren und alle Aspekte im Zusammenhang mit Hausarbeit – Haushalt, Kochen, Arbeiten und Zusammensein – dem Kollektiv unterzuordnen.[15] Für Teige war die Bereitstellung einer eigenen Zelle für jedes einzelne Individuum innerhalb des gemeinsamen Heims die einzig mögliche Form der Wohnarchitektur, die den neuen Lebensweisen des Proletariats und der arbeitenden *Intelligenzija* entsprechen konnte.

Für diese Entwicklung repräsentativ ist der Wohnraum dieser Menschen. Ich bin der Meinung, dass die Beschreibung der Art und Weise, wie diese neuen intellektuellen ArbeiterInnen ihren Lebensraum bewohnen (zusammen mit ihren persönlichen Gegenständen und Besitztümern in ihrem persönlichen Raum, außerhalb des Elternhauses), ihre Lebensweise und einen bestimmten gemeinsamen und allgemeingültigen *Habitus*[12] offenbart. Die Art und Weise, wie der im Italienischen „post-letto" (Schlafplatz) genannte Raum oder ein gewöhnliches Schlafzimmer in einer WG in Brüssel, Rom oder Berlin bewohnt wird (mit einem Schreibtisch voller Bücher, Post-its, einem Laptop oder einem Smartphone etc.) kennzeichnet eine bestimmte Form des bzw. der Erwerbstätigen und veranschaulicht die Transformation des privaten Schlafzimmers in einen Ort der Arbeit. Dies bestätigt, WissensarbeiterInnen sind einerseits von den Augen der Öffentlichkeit und damit auch von der Politik abgeschottet, andererseits – wie Antonio Negri behauptet – bilden sie den „general intellect" der heutigen Gesellschaft, indem sie in globaler Kooperation arbeiten und produzieren.[13]

9  Vgl. Bologna, Sergio: *Ceti medi senza futuro? I risvolti della società della conoscenza*, Rom 2007.

10  Ebd.

11  Vgl. Wright Mills, Charles: *White Collar. The American Middle Classes*, New York 1951.

12  Das lateinische Wort *habitus* bedeutet, wie der italienische Philosoph Giorgio Agamben in Bezug auf klösterliche Formen des kollektiven Lebens klar herausstellt, sowohl „eine Form des Seins oder Handelns" als auch „Kleidung", sichtbar daran, wie Mönche ihre Traditionen und Lebensweisen innerhalb der Gemeinschaft des Klosters ausdrückten. Agamben, Giorgio: *Höchste Armut. Ordensregeln und Lebensform*, Frankfurt am Main 2012, 123.

13  Vgl. Tomasello, Federico: „L'abitazione Del General Intellect. Dialogo Con Antonio Negri Sull'abitare Nella Metropoli Contemporanea", *EuroNomade*, online unter: www.euronomade.info/?p=5228 (Stand: 25. August 2019). Karl Marx verwendete den Terminus „general intellect" (allgemeiner Verstand) in seinem „Maschinenfragment" (erschienen in *Grundrisse*) zur Definition, wie soziales Wissen als Teil der menschlichen Intelligenz in Produktivkraft umgewandelt wird, indem es alle technologischen und wissensbasierten Erfindungen um unsere Gesellschaft herum bestimmt. Vgl. Marx, Karl: *Grundrisse*, Berlin 1983, 590–609. Zur Bezeichnung der wichtigsten geistigen Verfassung der Arbeiterschaft der Gegenwart ist der Begriff „general intellect" unter zeitgenössischen marxistischen Philosophen und Denkern wie Paolo Virno, Antonio Negri, Sergio Bologna, Andrea Fumagalli usw. nach wie vor weit verbreitet.

14  Vgl. Teige, Karel: *The Minimum Dwelling*, Cambridge/MA 2002.

15  Vgl. ebd., 17.

and architecture, the Oxbridge *collegium*[18] or college model was the archetype of a form of dwelling based on knowledge and education for a collective of fellows attending university temporarily, or for others devoted to religious life and lifelong learning.[19] The first college was founded at Oxford in 1264 by the Lord Chancellor Walter de Merton, who sought to provide a "micro-welfare"[20] environment for a group of thirty cohabiting fellows and masters by following the college statutes—a series of norms that ruled domestic life and the rigid discipline of the college, written in Latin by Merton himself. The typical Oxbridge college was shaped as a quadrangle which, according to Paul Venable Turner, derived from monastic influence as the only possible form for a maximum use of the acquired property and as its spatial enclosure permitted better control of students' lives.[21] The architectural form was the result of the aggregation of collective buildings placed around the void of the quadrangle, corresponding to the ordinances of the statutes and its domestic rhythms: morning mass in the Chapel, followed by lessons, dinner at twelve o'clock and supper at seven o'clock in the Hall.

Adopting the same customs a century after Merton, New College—founded by William of Wykeham at Oxford in 1379—fixed the spatial and organizational principles and the standard layout of a typical college building composed by its large chapel, hall, library, kitchen and housing wings. The typical fellows' lodging, introduced at New College and subsequently adopted in all college buildings both in Oxford and Cambridge, was a room shared by three or four fellows with each having an individual *studiorum loca* (a cubicle for private study, the only place for being alone and apart from others).[22] Despite this low grade of privacy, for the college founders it was important to provide their students with a well-organized model of education and domestic life, facilitated by servants, cooks, warden, teachers, heads of colleges and a rector, where lodging was considered a sort of basic right in order to educate a select group of people.

It was only after the USA foundation ethos that the university became a territorial political project. Thomas Jefferson's Virginia Campus invented a new concept of education, similar to the domestic life and the organizational model of the family where professors, their families, and students lived together in close proximity.[23] This new paradigm, on the one hand, can be interpreted as the transposition of students' life to a new enlarged family-like environment, while, on the other hand, the Virginia campus can be viewed as symbolizing a new democratic university, considered by Jefferson as a basic right for all American citizens without religious- or gender-based discrimination. His collegiate concept consisted of the aggregation of the professors' two-story villas (with a classroom and dining hall on the ground floor and a family apartment above) with the rooms of the students, along the main portico. In its final version, as built in 1822, Jefferson's "academic village" appeared as an inhabitable limit of individual rooms, given rhythm by the sequence of the ten professors' pavilions, paralleled by two external wings of other six hotel pavilions for transient guests, altogether forming a territorial composition governed by the circular library of the Rotunda (which itself represented the tangible passage from sacred to secular university, replacing the role of the college chapel).

The proliferation of many American university campuses, as has been pointed out by historian Thomas Bender, produced a tangible effect on the new role assumed by knowledge workers within the cities of Fordism capitalism in America,

# "This is one of the last places the most varied of origins and groups, various social groups reasons gather for an evening on an analog event." Karla Mäder, *GAM.16*, p.

18  From Latin, the term "*collegium*" refers to a society (intended in the modern sense of the word) of contracted men living together comfortably and unanimously by respecting common juridical rules. See Anthony Wood, *The History and Antiquities of the Colleges and Halls in the University of Oxford* (Oxford, 1786), 1.

19  See Robert Rait, *Life in the Medieval University* (Cambridge/MA,

20  With this expression, I intend to denote a miniature version of the (modern) welfare state, condensed within the college microcosm and providing all the necessary services for (male) fellows living away from the family, including: a place to sleep and spaces for learning, working, and domestic facilities, and sometimes also scholarships.

21  See Paul Venable Turner, *Campus: An American Planning Tradition* (Cambridge/MA, 1984), 9–15.

22  See Rait, *Life in the Medieval University* (see note 19), 63.

23  As highlighted by Paul Venable Turner, Thomas Jefferson "considered [ideal] education to be best when familial in character and based on close relationships." Turner, *Campus* (see note 21), 83. Although American in spirit, Jefferson's model recalls the didactic model of the "seminar," practiced in European universities from the eighteenth century onwards, in which independent research within a familial-like learning environment was based on close relationships and participatory activities between a small group of students and the professor or researcher. The "seminar" stood in contrast with the "lecture," a format which was characterized by individual note-taking and an indirect relationship with the docent. See also Carlos Spoerhase, "Seminar Versus MOOC," *New Left Review* 96 (2015): 77–82.

Zur besseren Veranschaulichung seines Arguments sammelt Teige eine Reihe paradigmatischer Beispiele wie das amerikanische Residential Hotel und das sowjetische Dom-Kommuna, beides Gebäudekomplexe und der Höhepunkt der totalen Kollektivierung des Wohnens.[16] Aus heutiger Sicht zeigen diese beiden historischen Experimente, was es bedeutet, als autonomes Subjekt in einer Wohnstruktur zu leben, die den Wissensarbeiter bzw. die Wissensarbeiterin von häuslichen Aufgaben und reproduktiver Arbeit befreit, die bei der Diskussion von Wissen auch das Studium, die Teilnahme an Kursen und ähnliche Aktivitäten des lebenslangen Lernens beinhaltet, die, marxistisch gesprochen, von Nutzen für die Kultivierung und Reproduktion der intellektuellen Fähigkeiten der ArbeitnehmerInnen ist.[17] In den 1930er Jahren war dieser letzte Aspekt Teige natürlich unbekannt, dessen Kritik der reproduktiven Arbeit der Frauen in Haushalt und Küche galt. Er kann jedoch noch einen Ansatzpunkt bieten, um zu erforschen, wie sich Teiges Diagramm bereichern lässt, indem man die Lebensweise

## society where people from
## cial strata, from various age
## d for completely different
## d concentrate profoundly

heutiger Intellektueller von ihrer Zeit als Studierende bis zum Berufsleben betrachtet.

Im Mittelalter bot das Modell der Kollegiatsuniversitäten den Heranwachsenden, die ihre Familien verließen und die Universitäten von Oxford und Cambridge besuchten, einen Ort zum gemeinsamen Wohnen, Lernen und Arbeiten. Inspiriert vom Klosterleben und seiner Architektur war das Oxbridge Collegium[18] oder College-Modell der Archetyp einer Wohnform auf der Grundlage von Wissen und Bildung für ein Kollektiv von Studierenden, die zeitweilig eine Universität besuchen, oder für andere, die ihr ganzes Leben der Religion und dem Studium widmeten.[19] Das erste College wurde 1264 in Oxford von Lordkanzler Walter de Merton gegründet, der sich darum bemühte, einer Gruppe von dreißig zusammenlebenden Studierenden und Meistern das Umfeld eines „Mikro-Sozialsystems"[20] zu bieten, wenn sie die College-Statuten befolgten – eine Reihe von Normen, die das häusliche Leben und die strenge Disziplin des College bestimmten und von Merton selbst auf Latein verfasst wurden. Das typische Oxbridge College war ein Viereck, das sich nach und nach, mithin Turner aus dem klösterlichen Einfluss ableitete, sowohl als einzig mögliche Form für

die maximale Nutzung des erworbenen Grundstücks als auch als räumliche Einfriedung, die eine bessere Kontrolle des Lebens der Studierenden ermöglichen sollte.[21] Die architektonische Form war das Ergebnis der Verdichtung von Gemeinschaftsgebäuden, die um die Leere des Vierecks herum angeordnet waren und den Ausführungen der Statuten sowie dem Rhythmus des Hauses entsprachen: Morgenmesse in der Kapelle, gefolgt von Unterricht, Mittagessen um zwölf Uhr und Abendessen um sieben Uhr in der Halle.

Das 1379 von William of Wykeham in Oxford gegründete New College, das ein Jahrhundert nach Merton die gleichen Traditionen aufgriff, legte die räumlichen und organisatorischen Prinzipien und den Standardgrundriss eines typischen College-Gebäudes fest, das aus einer großen Kapelle, einem Saal, einer Bibliothek, einer Küche und Wohnflügeln besteht. Die typische Studierendenunterkunft, die am New College eingeführt und später in allen College-Gebäuden sowohl in Oxford als auch in Cambridge übernommen wurde, war ein Raum, den sich drei oder vier Studierende teilten, von denen jeder einen eigenen *Locus Studiorum* hatte (eine Nische für das private Lernen, der einzige Ort, an dem man allein und getrennt von anderen sein konnte).[22] Trotz dieses geringen Maßes an Privatsphäre war es für die Gründer von Colleges wichtig, ihren Studierenden ein gut organisiertes Modell der Bildung und des häuslichen Lebens zur Verfügung zu stellen, in dem sie Unterstützung von Bediensteten, Köchen, Heimleitern, Lehrern, Mastern und einem Rektor fanden, wo die Unterbringung als eine Art Grundrecht angesehen wurde, um eine ausgewählte Gruppe von Menschen auszubilden.

Erst mit dem Gründungsmythos der Vereinigten Staaten von Amerika wurde die Universität zu einem territorial-politischen Projekt. Thomas Jeffersons Campus der University of Virginia erfand ein neues Bildungskonzept, ähnlich dem häuslichen Leben und dem Organisationsmodell der Familie, in dem Professoren, ihre Familien und Studierende in unmittel-

---

16 Vgl. Aureli, Pier Vittorio/Tattara, Martino: *Loveless. The Minimum Dwelling and Its Discontents*, Mailand 2019.

17 Vgl. Marx, Karl: *Das Kapital. Kritik der politischen Ökonomie*, Bd. 1, Hamburg 1867.

18 Aus dem Lateinischen stammend bezeichnet der Begriff *Kollegium* eine Gesellschaft (im modernen Sinne des Wortes) vertraglich gebundener Männer, die unter Beachtung eines gemeinsamen Rechtsrahmens einmütig und in Wohlgefallen zusammenleben. Vgl. Wood, Anthony: *The History and Antiquities of the Colleges and Halls in the University of Oxford*, Oxford 1786, 1.

19 Vgl. Rait, Robert: *Life in the Medieval University*, Cambridge/MA 1912, 30.

20 Mit diesem Ausdruck möchte ich eine Miniaturversion des (modernen) Sozialstaates bezeichnen, der sich im Mikrokosmos des College verdichtet und alle notwendigen Dienstleistungen für (ausdrücklich männliche) von der Familie getrennt lebende Studierende bietet, einschließlich eines Schlafplatzes und Räumen zum Lernen, Arbeiten und Wohnen sowie manchmal auch Stipendien.

21 Vgl. Turner, Paul Venable: *Campus: An American Planning Tradition*, Cambridge/MA 1984, 9–15.

22 Vgl. Rait: *Life in the Medieval University* (wie Anm. 19), 63.

most notably throughout the 1920s and 1930s. According to Bender, the emergence of industrial and corporate capitalism (and the entrance of many graduates into public society) coincided with the passage from "civic professionalism" to "disciplinary professionalism," consisting of the new public large-scale role of intellectuals, white-collar professionals, and clerks in cities like New York, Chicago or Boston.[24] For these often solitary individuals (bachelors, businessmen, journalists, etc.), it was always possible to find a cheap permanent or temporary room within walking distance of their workplace, for whom the hotel, with its manners, dress codes, and services, determined its own *habitus* within its public spaces. American hotels, managed by successful entrepreneurs like Ellsworth Statler (a figure often compared to Henry Ford) or John McEntee Bowman, operated like factories, providing domestic services and a comfortable single room, in particular for knowledge workers.[25]

As praised by architectural magazines and newspapers of the period, American hotels served as an alternative to family living: domestic labor was organized in large kitchens that applied, as in real factories, Taylorist schemes of management, carried out by an army of specialized staff, managers, waiters, laundress, bellboys and cooks.[26] In New York, the peak of hotel construction corresponded to the new Tenement House Act of 1901 (on height regulation and ventilation) with the adaption of standardized H-, U-, I- and E-shaped plans for hotel buildings. A typical hotel of the Progressive Era, such as the Biltmore Hotel (1913) or the Commodore Hotel (1919), both designed by Warren & Wetmore, was composed of a large base (an extrusion of the plot) containing the main collective rooms, majestic lobbies, palm rooms, restaurants, and clubs, followed by the letter-shaped towers with floor plans containing standardized individual rooms with adjoining doors, and the last floors containing other collective spaces and a large ballroom, as in the Biltmore Hotel.[27] In a hotel, one could freely choose between staying alone in his room or joining friends or strangers at one of the many Jazz Era spectacles taking place in the hotel's ballroom or cabarets. Many businessmen, doctors, lawyers, and freelance journalists used the hotel lobbies for working, as extensions of their own offices, while, as Annabella Fick has highlighted in her description of hotels as workplaces, writers such as Maya Angelou reserved a hotel room only for working during the day, and not for overnight stays.[28]

Such expression of Manhattanism, was also well known beyond the capitalist world. During the 1920s in the USSR, Leo Trotsky, in describing the new Soviet man and the *novy byt* (from Russian, "way of life") as a solitary free subject liberated from the constrictions of traditional family life, was referring precisely to this lifestyle of the intellectual worker in Manhattan.[29] Following the revolution of October 1917, the political programs advanced by intellectuals such as Leo Trotsky, Aleksandra Kollontaj or Lenin (focusing on liberating women from domestic labor through the collective organization of large kitchen-factories, through creation of a new habitat of emancipation based on knowledge and education, especially within a context that, as Aberto Asor Rosa has pointed out, sought to overcome the distinction between manual and intellectual labor), corresponded to what was already happening within the American hotel.[30]

When architect Moisei Ginzburg, founder of the OSA Group, was called in 1927 by the building committee of the Russian Soviet Federative Socialist Republic (RSFSR) to design a series of standardized living cells, he very clearly had in mind the organizational model of the American hotel. His work consisted of six living units, from the one-room apartment A-1, the individual room E-1, and the F-1 apartment-studio,[31] verified within different prototypes of Dom-Kommuna and summarized in a "diagram of efficiency": a graphic table which can be interpreted as a "gradient of sharing" illustrating the quantity of shared space obtained through the reduction of private rooms.[32] While in his rational project Ginzburg fixed

24　According to Bender, the "civic professionalism" refers to the intellectual as part of the local scale of the community, as in the Florentine tradition of civic humanism, while "disciplinary professionalism" refers to intellectuals within the metropolitan scale of scientific universities and corporations (offices). See Thomas Bender, *Intellect and Public Life: Essays on the Social History of Academic Intellectuals in the United States* (Baltimore, 1992), 5–6.

25　See Lisa Pfueller Davidson, "Early Twentieth-Century Hotel Architects and the Origins of Standardization," *The Journal of Decorative and Propaganda Arts* 25 (2005): 72–103.

26　Ibid., 77.

27　Ibid., 87–88.

28　See Annabella Fick, *New York Hotel Experience* (Bielefeld, 2017), 37.

29　See Leo Trotzki, *Problems of Everyday Life* (New York, 1973).

30　See Alberto Asor Rosa, "Lavoro intellettuale e utopia dell'avanguardia nel paese del socialismo realizzato," in *Socialismo, città, architettura, URSS 1917–1937*, ed. Alberto Asor Rosa et. al. (Roma, 1971), 217–253. The relation of the American hotel to the Soviet Dom-Kommuna was also clearly highlighted by Karel Teige, who considered the residential hotel "as one of the precursors of the proletarian dwelling when applied to the conditions of a socialist society." Teige, *The Minimum Dwelling* (see note 14), 325.

31　The F-1 apartment-studio was used in Ginzburg's Narkomfin building.

32　Moisei Ginzburg, *Dwelling* (London, 2017), 66–81.

barer Nähe zusammenlebten.[23] Dieses neue Paradigma kann einerseits als die Überführung des studentischen Lebens in eine neue, erweiterte familienähnliche Umgebung interpretiert werden, andererseits kann der Campus der University of Virginia als Symbol für eine neue demokratische Universität angesehen werden, die von Jefferson als Grundrecht für alle amerikanischen StaatsbürgerInnen ohne religiöse oder geschlechtsspezifische Diskriminierung angesehen wurde. Sein College-Konzept bestand aus der Zusammenführung der zweistöckigen Villen der Professoren (mit einem Klassenzimmer und Speisesaal im Erdgeschoss und einer Familienwohnung darüber) mit den Zimmern der Studierenden entlang des Hauptportikus. In seiner endgültigen Version, wie sie 1822 erbaut wurde, erschien Jeffersons „akademisches Dorf" als bewohnbare Grenze für einzelne Räume, die durch die Abfolge der zehn Pavillons der Professoren rhythmisiert wurde, parallel dazu zwei Außenflügel von sechs Hotelpavillons für vorübergehende Gäste, und insgesamt eine territoriale Komposition bildend, die von der kreisförmigen Bibliothek der Rotunde verwaltet wird (die ihrerseits den greifbaren Übergang von der geistlichen zur weltlichen Universität darstellte und die Rolle der Hochschulkapelle einnahm).

Die Ausbreitung vieler amerikanischer Universitätscampus hatte, wie der Historiker Thomas Bender betont, einen spürbaren Einfluss auf die neue Rolle der WissensarbeiterInnen in den Städten des fordistischen Kapitalismus in Amerika, vor allem in den 1920er und 1930er Jahren. Nach Bender fiel die Entstehung des industriellen und korporativen Kapitalismus (und der Eintritt vieler HochschulabsolventInnen in die öffentliche Gesellschaft) mit dem Übergang von der „bürgerlichen Professionalität" zur „fachlichen Professionalität" zusammen, der aus der neuen großen Rolle von Intellektuellen, akademischen FreiberuflerInnen und Büroangestellten in der Öffentlichkeit in Städten wie New York, Chicago oder Boston bestand.[24] Für diese oft alleinstehenden Personen (Junggesellen, Geschäftsleute, JournalistInnen usw.) war es immer möglich, in Gehweite ihres Arbeitsplatzes ein günstiges unbefristetes oder zeitweiliges Zimmer zu finden. Für sie legte das Hotel mit seinen Gepflogenheiten, Bekleidungsvorschriften und Dienstleistungen seinen eigenen *Habitus* innerhalb seiner öffentlichen Räume fest. Amerikanische Hotels, die von erfolgreichen Unternehmern wie Ellsworth Statler (eine Persönlichkeit, die oft mit Henry Ford verglichen wird) oder John McEntee Bowman geführt wurden, funktionierten wie Fabriken, die für die Bereitstellung von häuslichen Dienstleistungen und einem komfortablen Einzelzimmer, insbesondere für diese WissensarbeiterInnen, bestimmt waren.[25]

Von Architekturzeitschriften und Zeitungen der damaligen Zeit gepriesen, dienten amerikanische Hotels als eine Alternative zum Familienleben, in der Hausarbeit in großen Küchen organisiert wurde, die, wie in traditionellen Fabriken, tayloristische Managementkonzepte anwandten, die von einem Heer von Fachpersonal, ManagerInnen, KellnerInnen u. Waschsalonangestellten, HoteldienerInnen und KöchInnen durchge-

führt wurden.[26] In New York deckte sich der Höhepunkt des Hotelbaus mit dem neuen „Tenement House Act" (Mietshausgesetz) von 1901 (über Höhenregulierung und Belüftung) mit der Anpassung standardisierter H-, U-, I- und E-förmiger Pläne für Hotelgebäude. Ein typisches Hotel der Progressiven Ära, wie das Biltmore Hotel (1913) oder das Commodore Hotel (1919), beide von Warren & Wetmore entwörfen, bestand aus einem großflächigen Sockel (einer Extrusion des Grundstücks) mit den Hauptgemeinschaftsräumen, majestätischen Lobbys, Ballsälen, Palmenzimmern, Restaurants und Clubs, flankiert von den buchstabenförmigen Türmen mit standardisierten Zimmern mit angrenzenden Türen, und mit weiteren Gemeinschaftsräumen und einem großen Ballsaal in den obersten Stockwerken, wie im Biltmore Hotel.[27] In einem Hotel konnte man frei wählen, ob man allein in seinem Zimmer bleiben oder mit Freunden oder Fremden eines der vielen Spektakel der Jazz-Ära besuchen wollte, sei es im Festsaal des Hotels oder in den Varietés. Viele Geschäftsleute, ÄrztInnen, AnwältInnen und freie JournalistInnen nutzten die Hotellobbys zur Arbeit, als Erweiterung ihrer eigenen Büros, während (wie Annabella Fick in ihrer Beschreibung von Hotels als Arbeitsplätze hervorgehoben hat) Schriftsteller wie Maya Angelou ein Hotelzimmer nur für die Arbeit während des Tages und nicht für Übernachtungen reservierten.[28]

Ein solcher Ausdruck des Manhattanismus war auch außerhalb der kapitalistischen Welt bekannt. In den 1920er Jahren in der UdSSR bezog sich Leo Trotzki mit der Beschreibung des neuen Sowjetmenschen und des *novy byt* (aus dem Russischen, „Lebensweise") als alleinstehendes freies Subjekt, befreit von den Einschnürungen des traditionellen Familienlebens, genau auf diesen Lebensstil des intellektuellen Arbeiters bzw. der intellektuellen Arbeiterin in Manhattan.[29] Nach der Oktober-

23 Wie von Paul Venable Turner herausgestellt, „betrachtete Thomas Jefferson [ideale] Bildung als die beste, wenn sie familiären Charakter hat und auf engen Beziehungen beruht". Turner: *Campus*, 83 (wie Anm. 21). Obwohl im Geiste amerikanisch, erinnert Jeffersons Modell an das didaktische Modell des „Seminars", das seit dem achtzehnten Jahrhundert an europäischen Universitäten praktiziert wird, in dem unabhängige Forschung in einer familienähnlichen Lernumgebung auf engen Beziehungen und partizipativen Aktivitäten zwischen einer kleinen Gruppe von Studierenden und dem Professor oder Forscher beruht. Das „Seminar" steht im Gegensatz zur „Vorlesung", einem Format, das sich durch eigenständige Notizen und eine indirekte Beziehung zum Dozenten auszeichnet. Vgl. auch Spoerhase, Carlos: „Seminar Versus MOOC", *New Left Review* 96 (2015), 77–82.

24 Nach Bender bezieht sich „zivile Professionalität" auf den Intellektuellen bzw. die Intellektuelle als Teil der lokalen Ebene der Gemeinschaft, wie in der Tradition des Florentiner Bürgerhumanismus, während sich „fachliche Professionalität" auf Intellektuelle innerhalb der großstädtischen Skala wissenschaftlicher Universitäten und Unternehmen (Büros) bezieht. Vgl. Bender, Thomas: *Intellect and Public Life. Essays on the Social History of Academic Intellectuals in the United States*, Baltimore 1992, 5–6.

25 Vgl. Pfueller Davidson, Lisa: „Early Twentieth-Century Hotel Architects and the Origins of Standardization", *The Journal of Decorative and Propaganda Arts* 25 (2005), 72–103.

26 Ebd., 77.

27 Vgl. ebd., 87–88.

28 Vgl. Fick, Annabella: *New York Hotel Experience*, einzeln? 2019, 117.

29 Vgl. Trotzki, Leo: *Fragen des Alltagslebens*, Essen 2001.

some general guidelines on typological and spatial aspects for the Dom-Kommuna through using a simple *rue intérieur* and the design of various standardized living cells for different grades of sharing, in later "super-collectivization" experiments many Soviet architects reduced the private sphere to mere sleeping-cabins, seeking to produce radical examples of collective houses in the form of the complex "social condenser."[33]

Mikhail Baršč and Vyacheslav Vladimirov's Dom-Kommuna for 1,000 people can be considered as the apogee of the Soviet experiments on the total collectivization of living, composed by a myriad of communal spaces, auditoriums, classes for research, children's schools, libraries, and individual and shared working spaces—in short, all types of functions useful

Moccia's project for student housing for the University of Bari (2003) shows the limitations of this typology, but also its domestic potentials. With its symmetric L-shaped blocks, Moccia's project is based on a spatially articulated *rue intérieure*, a hotel-like corridor giving access to the units. Each unit is then composed of three individual rooms with a shared bathroom, a kitchenette and a small living/dining room. Although shared domestic services in the project are limited to laundry and cleaning, offered by the regional students' housing agency as an external service, the spatial arrangements of the corridor and the common living rooms encourage collective life: from the small group of the living-unit, the occasional encounters in the corridors, and then in the angular communal living rooms.

That different degrees of sharing can facilitate the collective organization of dwelling among a large group of inhabitants can be seen in the proposal of DGJ Architektur, developed for a student housing project for 174 students (2015).

# „Das ist einer der letzten Orte unserer Gesellschaft, wo licher Herkunft, aus den unterschiedlichsten sozialen S Altersgruppen, unterschiedlichen Interessensgemeins unterschiedlichen Gründen an einem Abend versamme auf etwas konzentrieren." Karla Mäder, *GAM.16*, S. 220

in reproducing the intellectual capacities of the inhabitants. If, as in the hypothetical living scenario described by the Soviet architect Alexander Zelenko, the commune seems an American grand hotel, full of people working, studying, drinking together in some "American bar" or eating food together in common dining rooms,[34] the reduction of the private sphere to a single bedroom (an E-Cell with a shared toilet) in turn correlates to this large amount of collective space obtained outside the cell.

**Living as a Knowledge Worker Today.** With the dissolution of the campus model in the 1950s, as a result of the subdivision of the American university system into departments and the placing of college functions into separate buildings, student lodgings were reduced to the "dormitory" typology, offering only a few collective facilities (kitchens, reading rooms and recreation rooms).[35] Along these same lines, Carlo

Initiated by a group of activists called the "Collegium Academicum" as a self-managed and crowd-funded concept, this housing model presents an alternative to the high cost commercial student residences in Heidelberg (Germany) in that it consists of flexible apartments for small groups of students (a commune in miniature): each unit has a common living room, a kitchenette, a shared bathroom and private minimum bedrooms (one

33 In Russia the "social condenser" referred to a complex building providing all the cultural and intellectual functions intended to "catalyze" the transformation of the traditional man and his mentality to a new emancipated socialist man. At the beginning of the 1920s "social condensers" referred only to workers' clubs, before evolving to also include the Dom-Kommuna, especially during the radical "super-collectivization" period of 1929–1930. See Anatole Kopp, *Town and Revolution: Soviet Architecture and City Planning 1917–1935* (New York, 1970).

34 See Alessandro De Magistris, *La Città Di Transizione: Politiche Urbane e Ricerche Tipologiche Nell'URSS Degli Anni Venti* (Torino, 1988), 81–83.

35 See Turner, *Campus* (see note 21), 249–308.

revolution 1917 entsprachen die politischen Programme von Intellektuellen wie Leo Trotzki, Alexandra Kollontai oder Lenin (die sich auf die Befreiung von Frauen von der Hausarbeit durch die kollektive Organisation großer Küchenfabriken, durch die Schaffung eines neuen Lebensraums der Emanzipation auf der Grundlage von Wissen und Bildung konzentrierten, insbesondere in einem Kontext, der, wie Aberto Asor Rosa betonte, die Unterscheidung zwischen manueller und intellektueller Arbeit überwinden wollte) dem, was bereits im amerikanischen Hotel geschah.[30]

Als der Architekt und Gründer der Architektengruppe OSA Moisei Ginzburg 1927 vom Bauausschuss der Russischen Sozialistischen Föderativen Sowjetrepublik (RSFSR) berufen wurde, eine Reihe von standardisierten Wohnzellen zu entwerfen, hatte er das Organisationsmodell des amerikanischen Hotels bereits im Hinterkopf. Seine Arbeit bestand aus sechs Wohneinheiten, beginnend bei der Einzimmerwohnung A-1, dem Einzelzimmer E-1 und der Einzimmerwohnung F-1,[31] die in verschiedenen Prototypen des Dom-Kommuna verifiziert und in einem „Effizienzdiagramm" zusammengefasst wurden:

## h Menschen unterschied-
## chten, unterschiedlichen
## ten und auch aus völlig
## nd sich zutiefst analog

einer grafischen Tabelle, die sich als „Gradient der gemeinsamen Nutzung" interpretieren lässt und die Menge des durch die Reduktion des Privatraums gewonnenen Gemeinschaftsraums veranschaulicht.[32] Während Ginzburg in seinem rationalen Projekt für das Dom-Kommuna einige allgemeine Richtlinien zu typologischen und räumlichen Aspekten durch die Verwendung einer einfachen *Rue Intérieure* und die Gestaltung verschiedener standardisierter Wohnzellen für unterschiedliche Grade des Teilens festlegte, reduzierten viele sowjetische ArchitektInnen in späteren „Superkollektivierungs"-Experimenten die Privatsphäre auf reine Schlafkabinen und versuchten, radikale Beispiele für Kollektivhäuser in Form des komplexen „sozialen Kondensators" zu schaffen.[33]

Mikhail Barščs und Wjatscheslaw Wladimirows Dom-Kommuna für 1.000 Menschen markierte den Höhepunkt der sowjetischen Experimente zur totalen Kollektivierung des Lebens, und zeichnete sich durch eine Vielzahl von Gemeinschaftsräumen wie Auditorien, Forschungsklassen, Kinderschulen, Bibliotheken sowie individuellen und gemeinsamen Arbeitsräumen aus. Kurzum, von nun in die Dom-Kommuna alle Arten von Funktionen, die bei der Reproduktion der intellek-

tuellen Fähigkeiten ihrer BewohnerInnen nützlich waren. Wenn, wie in dem vom sowjetischen Architekten Alexander Zelenko beschriebenen hypothetischen Wohnszenario, die Kommune einem amerikanischen Grandhotel gleicht, d.h. voller Menschen ist, die in einer „American Bar" arbeiten, studieren, zusammen trinken oder in Gemeinschaftsspeisesälen speisen,[34] hängt die Reduktion der Privatsphäre auf ein Einzelschlafzimmer (eine E-Zelle mit einer gemeinsamen Toilette) wiederum mit dem großen Angebot an Gemeinschaftsraum außerhalb des Zimmers zusammen.

**Das Leben der WissensarbeiterInnen heute.** Mit der Auflösung des Campusmodells in den 1950er Jahren (durch die Unterteilung des amerikanischen Universitätssystems in Departments und die Unterbringung von College-Funktionen in getrennten Gebäuden) wurden die Unterkünfte für Studierende auf die Typologie des „Dormitory" (Wohnheim) reduziert und boten nunmehr nur wenige Gemeinschaftseinrichtungen (Küchen, Lese- und Aufenthaltsräume).[35] In genau diesem Sinne zeigt Carlo Moccias Projekt für Studierendenwohnungen für die Universität Bari (2003) die Grenzen dieser Typologie auf – aber auch ihre Potenziale für das Wohnen. Moccias Projekt basiert mit seinen symmetrischen L-förmigen Blöcken auf einer räumlich ausgeprägt gestalteten *Rue Intérieure*, einem hotelähnlichen Flur, von dem aus man zu den Wohneinheiten gelangt. Jede Einheit besteht dann aus drei Einzelzimmern mit einem Gemeinschaftsbad, einer Kitchenette (Miniküche) und einem kleinen Wohn-/Esszimmer. Die räumliche Anordnung des Ganges und der Gemeinschaftsräume fördern das gemeinsame Leben, obwohl gemeinschaftliche Dienste wie Wäschewaschen und Reinigung von einem externen Dienstleister übernommen werden. Man begegnet sich in der Kleingruppe der Wohneinheit, gelegentlich in den Gängen und in den verwinkelten Wohnzimmern.

Dass unterschiedliche Nutzungsgrade die kollektive Organisation von Wohnraum unter einer großen Gruppe von

30 Vgl. Asor Rosa, Alberto: „Lavoro intellettuale e utopia dell'avanguardia nel paese del socialismo realizzato", in: ders. et al. (Hg.): *Socialismo, città, architettura, URSS 1917–1937*, Rom 1971, 217–253. Das Verhältnis des amerikanischen Hotels zur sowjetischen Dom-Kommuna wurde auch von Karel Teige deutlich hervorgehoben, der das Residential Hotel „als einen der Vorläufer der proletarischen Wonstätte betrachtete, wenn es auf die Bedingungen einer sozialistischen Gesellschaft angewendet würde". Teige: *The Minimum Dwelling* (wie Anm. 14), 325.

31 Die Einzimmerwohnung (F-1) wurde in Ginzburgs Narkomfin-Kommunenhaus umgesetzt.

32 Ginzburg, Moisei: *Dwelling*, London 2017, 66–81.

33 In Russland stand der „soziale Kondensator" für einen Gebäudekomplex, der alle kulturellen und intellektuellen Funktionen erfüllt, um die Transformation des traditionellen Menschen und seiner Mentalität zu einem neuen emanzipierten sozialistischen Menschen zu „katalysieren". In den frühen 1920er Jahren bezog sich der Begriff „soziale Kondensatoren" ausschließlich auf Arbeitervereine, bevor er auch auf das Dom-Kommuna ausgeweitet wurde, insbesondere während der Zeit der radikalen „Super-Zwangskollektivierung" 1929–30. Vgl. Kopp, Anatole: *Town and Revolution: Social Architecture and City Planning 1917–1935*, New York 1970.

34 Vgl. De Magistris, Alessandro: *La Città Di Transizione: Politiche Urbane e [...]*, Turin 1988, 81–83.

35 Vgl. Turner: *Campus*, 249–308 (wie Anm. 21).

module-space with only a single bed and a desk and two-modules space with double bed, desk and a sofa). Room dividers (e.g. sliding doors or furniture) permit different flexible uses and spatial arrangements: from the three-bedroom unit to a more collective scenario obtained by adjoining all the common areas of each unit within the building. Students meet in the large collective area of the ground floor, sharing a common dining room and other facilities, or gather in the large classroom for interdisciplinary workshops, seminars, and lectures provided and organized by the "Collegium Academicum" itself.

In other cases, collectivity and sharing comes out of necessity, as has happened in Japan in recent years with the spread of share houses.[36] Naruse Inkomuma's "LT Josai," a share house for 13 transient workers in Nagoya (2013), for example, reveals how a small-scale prototype of collective living can suggest different spatial compositions, hybridizing a shared kitchen, a dining hall, and a sequence of mezzanines used for working and studying within a central common atrium.[37] However, apart from the spatial possibilities that a housing project can provide, once the private sphere is reduced to the minimum, the projects of Carlo Moccia, DGJ Architektur and Naruse Inkomuma are based on a family-like organizational model similar to Jefferson's concept of domestic life, where activities such as cooking are carried out by students and the workers themselves (thus reinforcing the dormitory-like character of the collective house).

Beyond similar examples, a more complex form of domestic organization can be found in the two proposals for a collective house in the ex-industrial area of Lagerplatz 141 in Winterthur (2014), a property shared by the Zurich University of Applied Sciences and Zusammen_h_alt, a cooperative of elderly persons and former workers. In response to the need for more collective spaces, both proposals, that of Schneider Studer Primas and the winning proposal by Beat Rothen Architektur, put forth the idea of a "city within the city," used by students during the day for lessons and laboratories and by the elderly, who will live in the building permanently.[38]

The first proposal, reinterpreting the lofty spaces of the surrounding factories, is based on a large full-height gallery where coworking, didactic, and free-time activities can take place together. Minimum apartments with private kitchens face onto the gallery, forming a type similar to an immense theater. The proposal of Beat Rothen, on the other hand, absorbs the complexity of the program within a simple central corridor, linking the apartments with a sequence of collective episodes: the laundry, common living rooms, university library, classrooms, ateliers, etc. The building (now under construction) will also offer individual rooms for temporary guests, while the cooperative is also open to young couples and single inhabitants.

In light of these considerations, these projects can stimulate different suggestions in spatial and organizational terms as soon as a clear program of living together—beyond mere necessity—is accepted as a new alternative once away from the sphere of the family. At the same time, the presence of the university, in spatial terms (as in the Winterthur examples), means also integrating classes, halls, and libraries within the collective house. Moreover, the collective organization of inhabitants sharing similar ways of life can inspire new spatial topics only within a clear political and programmatic agenda including architects, welfare institutions, such as universities and schools, and small-medium enterprises offering domestic service, catering and restaurants—a strategy that in spatial terms also means the collective organization of kitchens, dining rooms, mechanized laundries and, of course, lodgings for the service staff.

Historical instances of housing have anticipated many of the contemporary *habitus* of the knowledge worker, giving spatial form to their ways of life. In these terms, the collegiums, hotels, and communes introduced here provide not only typological models, but also organizational prototypes to be revisited in order to inspire future projects of collective living which manage to be responsive to more flexible and precarious situations of young knowledge workers while at the same time establishing new microcosms of welfare and social protection. ∎

36 On the topic of share houses see Philip Brasor and Masako Tsubuku, "Doling out Some Truths About Japan's 'Share Houses,'" available online at: https://www.japantimes.co.jp/community/2018/03/04/how-tos/doling-truths-japans-share-houses/#.W1WZ-COB17g (accessed September 1, 2019).

37 See Mateo Kries, Mathias Müller, Daniel Niggli, Andreas Ruby and Ilka Ruby, *Together! The New Architecture of the Collective* (Weil am Rhein, 2017), 322–323.

38 Ibid., 308–309.

BewohnerInnen erleichtern können, zeigt der Vorschlag von DGJ Architektur, der 2015 für ein Studierendenwohnungsprojekt für 174 Studierende entwickelt wurde. Als selbstverwaltetes und schwarmfinanziertes Konzept der AktivistInnengruppe „Collegium Academicum" stellt dieses Wohnmodell eine Alternative zu den teuren gewerblichen StudierendenwohnHeimen in Heidelberg dar, indem es aus flexiblen Wohnungen für kleine Gruppen von Studierenden besteht (eine Miniaturkommune): Jede Einheit verfügt über ein gemeinsames Wohnzimmer, eine Kitchenette, ein Gemeinschaftsbad und private Minischlafzimmer (Singlemodule mit nur einem Einzelbett, Schreibtisch und Paarmodule mit Doppelbett, Schreibtisch und einem Sofa). Raumteiler (z.B. Schiebetüren oder Möbel) ermöglichen unterschiedliche flexible Nutzungen und räumliche Anordnungen: von der Dreibettzimmer-Einheit bis hin zu einem kollektiveren Szenario, das sich aus der Zusammenführung aller Gemeinschaftsbereiche jeder Einheit innerhalb des Gebäudes ergibt. Die Studierenden treffen sich im großen Gemeinschaftsbereich des Erdgeschosses, teilen sich einen gemeinsamen Speisesaal und andere Einrichtungen oder treffen sich im großen Klassenzimmer zu interdisziplinären Workshops, Seminaren und Vorlesungen, die vom „Collegium Academicum" selbst angeboten und organisiert werden.

In anderen Fällen sind Kollektivität und Teilen das Produkt reiner Notwendigkeit, wie die in den letzten Jahren in Japan verbreiteten sogenannten Share Houses.[36] Naruse Inkomumas „LT Josai", ein Share-House für 13 temporäre Arbeitskräfte in Nagoya (2013), zeigt zum Beispiel, wie man mit einem kleinen Prototyp des kollektiven Wohnens verschiedene Raumkompositionen vorschlagen kann, indem man eine Gemeinschaftsküche, einen Speisesaal und eine Reihe von Zwischengeschossen, die innerhalb eines zentralen Gemeinschaftsatriums zum Arbeiten und Lernen genutzt werden, hybrid gestaltet.[37] Abgesehen von den räumlichen Möglichkeiten, die ein Wohnprojekt bieten kann, wenn die Privatsphäre auf ein Minimum reduziert wird, basieren die Projekte von Carlo Moccia, DGJ Architektur und Naruse Inkomuma jedoch auf einem familienähnlichen Organisationsmodell (ähnlich Jeffersons Konzept des häuslichen Lebens), bei dem Aktivitäten wie das Kochen von Studierenden und ArbeitnehmerInnen selbst durchgeführt werden und dadurch der wohnheimähnliche Charakter des Gemeinschaftshauses verstärkt wird.

Eine komplexere Form der Wohnraumorganisation findet sich in den beiden Vorschlägen für ein Kollektivhaus im ehemaligen Industriegebiet Lagerplatz 141 in Winterthur (2014), einer gemeinsamen Liegenschaft der FH Zürich und Zusammen_h_alt, einer Genossenschaft von sowohl noch im Arbeitsleben stehenden als auch schon im Ruhestand befindlichen älteren Menschen. Als Reaktion auf die Notwendigkeit von mehr kollektiven Räumen haben sowohl der Vorschlag von Schneider Studer Primas als auch der Siegervorschlag von Beat Rothen Architektur die Idee einer „Stadt in der Stadt" hervorgebracht, die von den Studierenden tagsüber für Unterricht und Labors und von den Seniorinnen, die in dem Gebäude wohnen, genutzt wird.[38]

Der erste Vorschlag, der die hohen Räume der umliegenden Fabriken neu interpretiert, basiert auf einer großflächigen Galerie in voller Höhe, in der Coworking, Lern- und Freizeitaktivitäten zusammen stattfinden können. Miniwohnungen mit privaten Küchen blicken auf die Galerie und bilden einen Typus, der einem riesigen Theater ähnelt. Der Vorschlag von Beat Rothen hingegen nimmt die Komplexität des Programms in einem einfachen zentralen Gang auf und verbindet die Wohnungen mit einer Abfolge von kollektiven Raumsituationen: Wäscherei, Gemeinschaftswohnzimmer, Universitätsbibliothek, Klassenzimmer, Ateliers, etc. Das (im Bau befindliche) Gebäude wird auch individuelle Räume für vorübergehende Gäste bieten, während die Kooperative auch für junge Paare und Singles offen ist.

Im Lichte dieser Überlegungen bieten diese Projekte räumlich und organisatorisch verschiedenste Anregungen, sobald ein klares Programm des Zusammenlebens – über die bloße Notwendigkeit hinaus – als neue Alternative außerhalb der Familiensphäre akzeptiert wird. Gleichzeitig bedeutet die räumliche Präsenz der Universität (wie in den Winterthurer Beispielen) auch die Integration von Klassen, Sälen und Bibliotheken in das Gemeinschaftshaus. Darüber hinaus kann die kollektive Organisation von BewohnerInnen mit ähnlichen Lebensweisen nur innerhalb einer klaren politischen und programmatischen Agenda neue räumliche Themen anregen, zu denen Architekturschaffende, gemeinnützige Einrichtungen wie Universitäten und Schulen sowie kleine und mittlere Unternehmen gehören, die Haushaltsdienstleistungen, Gastronomie und Restaurants anbieten – eine Strategie, die raumplanerisch gesehen auch die kollektive Organisation von Küchen, Speisesälen, mechanisierten Wäschereien und natürlich Unterkünften für das Servicepersonal umfasst.

Historische Beispiele des Wohnens haben viel vom heutigen *Habitus* junger WissensarbeiterInnen vorweggenommen und ihren Lebensweisen eine räumliche Form gegeben. Somit bieten die hier vorgestellten Colleges, Hotels und Kommunen nicht nur typologische Modelle, sondern auch wiederzuentdeckende Organisationsprototypen, die zukünftige Projekte des kollektiven Lebens inspirieren können. Denn sie schaffen es, auf flexiblere und prekäre Lebensumstände junger WissensarbeiterInnen zu reagieren und gleichzeitig neue Mikrokosmen der Gemeinnützigkeit und des sozialen Schutzes zu etablieren. ∎

*Übersetzung: Otmar Lichtenwörther*

36 Zum Thema Share Houses vgl. Brasor, Philip/Tsubuku, Masako: „Doling out Some Truths About Japan's ‚Share Houses'," online unter: https://www.japantimes.co.jp/community/2018/03/04/how-tos/doling-truths-japans-share-houses/#.W1WZ-COB17g (Stand: 1. September 2019).

37 Vgl. Ruby, Ilka/Ruby, Andreas/Kries, Mateo/Müller, Matthias/Niggli, Daniel (Hg.): Together! The New Architecture of the Collective, Weil am Rhein 2017, 322–323.

38 Fl.il. 222, 222l.

# Learning from Delhi?
## Subaltern Commoning

Nikolai Roskamm | Gesa Königstein

Auf den Dächern des JJ Clusters Govindpuri spielt sich ein Großteil des öffentlichen Lebens ab. Als Ort kollektiver Alltagspraktiken nehmen sie eine besondere Rolle im Camp ein. | A large part of public life plays out on the roofs of the JJ Cluster Govindpuri. As a site of collective everyday practices, roofs play a special role in the camp. © Gesa Königstein

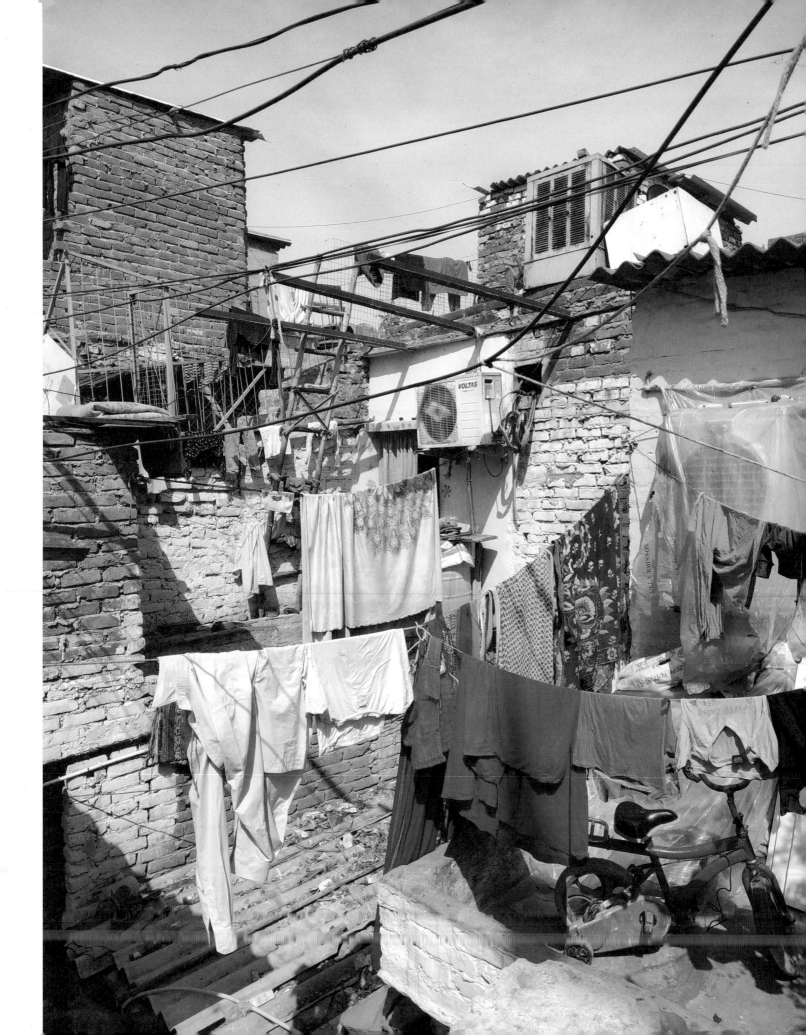

Delhi wird künftig die größte Stadt der Welt. In ein paar Jahren wird die indische Hauptstadt diesen Titel von Tokio übernehmen, so prophezeien es zumindest die Demografie-Demiurgen der UN.[1] Delhi ist eine globale Megacity, die in ihrer Dimension kaum zu fassen, geschweige denn zu begreifen ist. Wie die meisten anderen Megacities dieser Welt besteht auch Delhi in weiten Teilen aus sogenannten *informal settlements*, also aus nicht-formell-geplanten und daher auch nicht planungsrechtlich genehmigten Ansiedlungen unterschiedlicher Prägung. Diese massive urbane Informalität ist enorm vielschichtig. Alleine in Delhi gibt es sieben unterschiedliche Oberkategorien, die das Phänomen in eine zumindest statistische Ordnung bringen sollen. Delhi ist ein Moloch, mehr gehasst als geliebt, angefüllt mit sozialer Ungleichheit, Armut, Verkehr und Smog, aber auch mit Lebendigkeit, Kreativität, Spontanität und Dynamik.[2] Delhi ist sowohl ausufernder räumlicher Widerspruch als auch komplexes Fanal einer vielleicht planetarischen Urbanisierung.

Im Folgenden nehmen wir einen Workshop,[3] den wir in Delhi zu den *informal settlements* durchgeführt haben, zum Anlass, unsere dort gewonnenen Eindrücke mit einigen weiterführenden Überlegungen zu verbinden. Wir betrachten zum einen unterschiedliche Zugänge in der Stadtforschung und führen den von Ananya Roy aufgeworfenen Begriff des *subaltern urbanism* ein, mit dem die Autorin eine begriffliche Fassung der urbanen Informalität vorschlägt. Zum anderen berichten wir von zwei informellen Siedlungen in der indischen Hauptstadt. Die Verbindung zwischen den informellen Siedlungen des globalen Südens und den *commons* beruht dabei nicht zuletzt darauf, dass beide Phänomene auf Ressourcen jenseits von Markt und Staat zurückgreifen.[4] In unserem Beitrag setzen wir – aufbauend auf diese Ähnlichkeit – die informellen Siedlungen in Delhi als eine besondere Form der *commons*. Damit aktivieren wir auch das Thema der Subalternität. In den *informal settlements* leben die Subalternen dieser Erde, also diejenigen Menschen, die strukturell in sozialer und politischer Hinsicht an den Rand gedrängt und marginalisiert sind. Der Fokus auf die Verfasstheit solch subalterner Unterordnung nimmt nicht zuletzt die Praxen der Wissensproduktion in den akademischen Diskursen des globalen Nordens ins Visier. Die Debatten zu den *commons* betrachten wir als eine solche Praxis. Unsere These ist also zum einen, dass das, was wir in den *informal settlements* entdecken können, als eigene Ausprägung des *commoning* verstanden werden kann. Zum anderen schlagen wir den Begriff der *subaltern commons* vor, mit dem unterschiedliche Problematiken – aus den Debatten zur urbanen Informalität, über die räumlichen *commons* und zu den Möglichkeiten von akademischer Stadtforschung – miteinander in Beziehung gebracht werden.

In unserem Beitrag gehen wir wie folgt vor: Erstens geben wir einen kurzen Überblick zu einigen aktuellen Versuchen in der Literatur, die *informal settlements* der Megacities zu theoretisieren. Zweitens werfen wir einen Blick auf die bestehende offizielle Typologie der informellen Siedlungen in Delhi. Im dritten Teil berichten wir von den Siedlungen Govindpuri und Kotla Mubarakpur, um die abstrakte Typisierung mit unseren Eindrücken vor Ort zu konfrontieren und den thesenhaft hergestellten Zusammenhang mit den *spatial commons* zu überprüfen. In der abschließenden Diskussion stellen wir die Fragen, was wer von Delhi lernen kann und ob unser von außen kommende Blick überhaupt zu legitimieren ist. Hier erwägen wir dann auch, ob sich (und wenn ja wie) die *informal settlements* als so etwas wie ein *uncomfortable space of commoning* zukünftiger Urbanität denken lassen und in welchem Zusammenhang das mit dem Konzept des Subalternen stehen könnte.

**Urban Informality.** Vor fast 20 Jahren haben Rem Koolhaas und seine MitstreiterInnen mit ihrem *Harvard Project on the City* den Blick auf die Megacities im globalen Süden verändert und den informellen Urbanismus ein Stück weit neu codiert.[5] In einer gerne als postmodern bezeichneten Volte ersetzt die Faszination an den komplexen informellen Organisationen und Verräumlichungen – vielleicht nicht vollständig, aber doch in großen Teilen – die Kritik an den sozialen und politischen Verhältnissen in den Megacities. Das Argument ist so einfach wie überzeugend: Es gibt in diesen Siedlungen zwar kaum technische und soziale Infrastrukturen und auch keine politische Beteiligungskultur im westlichen Sinne, aber die Städte sind da, sie wachsen kontinuierlich, sie funktionieren. Und es ist tatsächlich beeindruckend zu beobachten, wie die auf engstem Raum konzentrierten Menschenmengen es Tag für Tag schaffen, sich neu zu organisieren. In teils recht blumigen

1    Vgl. United Nations, Department of Economic and Social Affairs, Population Division: *The World's Cities in 2018—Data Booklet* (ST/ESA/SER.A/417), 6f.

2    Vgl. etwa Adiga, Aravind: *Der weiße Tiger*, München 2008; Mitchell, Maurice: *Learning from Delhi*, Farnham 2010; Legg, Stephen: *Spaces of Colonialism. Delhi's Urban Governmentalities*, Malden 2007; Patil, C.B./Ray, Purnima: *Delhi, a Bibliography*, New Delhi 1997; Hosagrahar, Jyoti: *Indigenous Modernities. Negotiating Architecture and Urbanism*, Milton Park 2005.

3    Im März 2019 haben wir, zusammen mit den Kollegen Rolf Gruber (FH Erfurt), Manoj Mathur, Leon A. Morenas, Rajaprakash Purushothaman und Mandeep Singh (Delhi School of Planning and Architecture SPA Delhi), einen interdisziplinären Workshop mit Studierenden der Fachrichtungen Architektur, Landschaftsarchitektur und Stadtplanung in Delhi durchgeführt. Dabei arbeiteten jeweils 18 Studierende aus Delhi und aus Erfurt in gemischten Teams zusammen und beforschten in auto-ethnografischen Streifzügen verschiedene informelle Siedlungen. Ziel der Veranstaltung war es, in Teamarbeit durch persönliche Wahrnehmung, Interviews, Recherche, Fotografien, Skizzen und Kartierungen einen Einblick in die komplexen und ultra-urbanisierten Räume von Delhi zu generieren.

4    Vgl. Helfrich, Silke/Bollier, David: „Commons als transformative Kraft. Zur Einführung", in: Helfrich, Silke/Heinrich-Böll-Stiftung (Hg.): *Commons. Für eine neue Politik jenseits von Markt und Staat*, Bielefeld 2012, 15–23.

5    Vgl. Koolhaas, Rem/Boeri, Stefano/Kwinter, Sanford/Fabricius, Daniela/Obrist, Hans Ulrich/Tazi, Nadia: *Mutations*, Barcelona 2000; siehe auch kritisch dazu: Gandy, Matthew: „Lagos trotz Koolhaas", *Bauwelt* 48 (2004), 20–31; Gandy, Matthew: „Learning from Lagos", *New Left Review* 33 (2015), 37–53.

In the future, Delhi will be the biggest city in the world. The capital of India will adopt this title from Tokyo in just a few years, if the predictions of the UN demography demiurges hold true.[1] Delhi is a global megacity that is almost impossible to grasp in terms of its dimensions, let alone comprehend. Like most other megacities on this planet, large sections of Delhi are comprised of so-called "informal settlements," that is, settlements of varying character that were not formally planned and thus not sanctioned by planning authorities. Such massive urban informality is incredibly eclectic. In Delhi alone there are seven different umbrella categories designed to lend at least statistic order to the phenomenon. Delhi is a juggernaut, more hated than loved, teeming with social inequality, poverty, traffic, and smog, but also with vibrancy, creativity, spontaneity, and momentum.[2] Delhi is both a rampant contradiction and a complex beacon of almost planetary urbanization.

In the following, we are taking a workshop on the informal settlements,[3] which we carried out in Delhi, as an occasion to link the impressions we gained there with some subsequent reflections. On the one hand, we will consider various approaches taken in urban research and introduce the term "subaltern urbanism" coined by Ananya Roy, used by the scholar to suggest a conceptual interpretation of urban informality. On the other hand, we will discuss two informal settlements in India's capital city. Here, the connection between the informal settlements of the Global South and the "commons" depends not least on both phenomena falling back on resources that extend beyond the market and the state.[4] In our contribution, we are positing—based on this similarity—the informal settlements in Delhi as a special form of commons. In the process, we are also activating the topic of subalternity. Living in the informal settlements are the subalterns of this planet, meaning those people who are structurally pushed to the periphery and marginalized in both social and political terms. The focus on the state of such subaltern subordination targets not least the practices of knowledge production in the academic discourse of the Global North. We consider debates about the commons to be just such a practice and thus argue, on the one hand, that everything discovered in the informal settlements can be understood as a unique form of commoning. On the other, we propose the term "subaltern commons," which interrelates various issues—ranging from discourse on urban informality and the spatial commons to the possibilities presented by scientific urban research.

In our contribution, we are proceeding as follows. First, we will offer a brief overview of several recent attempts to theoretically analyze in literature the informal settlements of megacities. Second, we will take a look at the existing official typologies of the informal settlements in Delhi. In the third section, we will report on the settlements of Govindpuri and Kotla Mubarakpur, in order to confront the abstract typification with our impressions on site and to review the analytically constructed connection with the spatial commons. In the closing discussion, we will pose questions related to what can be learned about Delhi and to whether our view from the outside can even be legitimized. At this juncture we will then also reflect on whether (and if yes, then how) the informal settlements are conceivable as something like an "uncomfortable space of commoning" for future urbanity and consider which connection this might have to the concept of the subaltern.

**Urban Informality.** Almost twenty years ago, Rem Koolhaas and his colleagues altered the view of megacities in the Global South with their *Harvard Project on the City* and, to a certain extent, newly codified informal urbanism.[5] In a slight of hand usually called postmodern, the fascination with the

1   See United Nations, Department of Economic and Social Affairs, Population Division, *The World's Cities in 2018—Data Booklet* (ST/ESA/SER.A/417), 6–7.

2   See, for instance, Aravind Adiga, *The White Tiger: A Novel* (New York, 2008); Maurice Mitchell, *Learning from Delhi* (London and New York, 2010); Stephen Legg, *Spaces of Colonialism: Delhi's Urban Governmentalities* (Malden/MA, 2007); C. B. Patil and Purnima Ray, Delhi: *A Bibliography* (New Delhi, 1997); Jyoti Hosagrahar, *Indigenous Modernities: Negotiating Architecture and Urbanism* (Milton Park, 2005).

3   In March 2019, in collaboration with our colleagues Rolf Gruber (FH Erfurt), Manoj Mathur, Leon A. Morenas, Rajaprakash Purushothaman, and Mandeep Singh (Delhi School of Planning and Architecture SPA Delhi), we held an interdisciplinary workshop in Delhi with students from the fields of architecture, landscape architecture, and urban planning. In the workshop, eighteen students from Delhi and the same amount from Erfurt worked in mixed teams to research informal settlements through auto-ethnographic forays. The goal of the event was to foster insight into the complex and ultra-urbanized spaces of Delhi through teamwork involving personal perception, interviews, research, photographs, sketches, and mapping.

4   See Silke Helfrich and David Bollier, "Commons als transformative Kraft: Zur Einführung," in *Commons: Für eine neue Politik jenseits von Markt und Staat*, ed. Silke Helfrich and Heinrich-Böll-Stiftung (Bielefeld, 2012), 15–23.

5   See Rem Koolhaas, Stefano Boeri, Sanford Kwinter, Daniela Fabricius, Hans Ulrich Obrist, and Nadia Tazi, *Mutations* (Barcelona, 2000); for a critical analysis, see also: Matthew Gandy, "Lagos trotz Koolhaas," *Bauwelt* 10 (2001), 28–31; Matthew Gandy, "Learning from Lagos," *New Left Review* 33 (2015), 37–53.

Formulierungen bezeichnen Koolhaas und KollegInnen ihr Fallbeispiel Lagos als Paradigma und Ikone der globalen Urbanität, das geniale informelle Alternativsysteme der Stadtentwicklung hervorgebracht habe.[6] Die alltäglich neu unter Beweis gestellte Wirksamkeit zeige das eigentliche Potenzial der informellen Systeme. Die Begeisterung von Koolhaas für die – so lautet die Analyse – nicht geplante und daher aus sich selbst entstehende und also irgendwie organische Selbstorganisation der Megacities mündet in der These, dass Lagos den Endzustand der Urbanisierung und des Kapitalismus darstellt, der dem Lebensstil der Städte im globalen Norden um zwanzig, fünfzig oder gar hundert Jahre voraus sei.[7]

Eine empirisch unterlegte und auch im nicht-wissenschaftlichen Diskurs gut verbreitete Publikation ist Mike Davis' Bestseller *Planet of Slums*.[8] Anders als Koolhaas ist Davis weniger begeistert von den Möglichkeiten der ständig wachsenden Informalität. Vielmehr interpretiert er die gleichen Phänomene als pathologisches und wucherndes Endprodukt der globalisierten kapitalistischen Gesellschaft. Aufbauend auf einem umfangreichen Zahlenwerk aus den offiziellen Statistiken der UN[9] entwirft Davis das beunruhigende Bild einer extrem polarisierten, verarmten und unsicheren Zukunft der Erde, die in den

Ausrichtungen gemein zu sein scheint die allgemeine These, dass die informellen Gebiete etwas mit der Zukunft unseres Planeten zu tun haben.

Einen möglichen Ausweg aus den jeweiligen Problemlagen dieser beiden Ausrichtungen eröffnet die Forschung, die unter dem Label der *planetary urbanization* versammelt ist. Die Idee einer vollständig urbanisierten Welt als Endzustand des Kapitalismus wurde vor allem von Neil Brenner und Christian Schmid entwickelt.[10] Die beiden Stadtforscher beziehen sich auf die Schriften von Henri Lefebvre, dem Säulenheiligen der kritischen postmarxistischen Stadtphilosophie, der schon Ende der 1960er Jahre den Gedanken der globalen Verstädterung zum Ausgangspunkt seiner Überlegungen zur Bedeutung des Urbanen erklärt hatte.[11] Die planetarische Urbanisierung ist sowohl bei Lefebvre als auch bei Brenner und Schmid eine Mischung aus empirischer Diagnose, theoretischem Konzept und

# „Was eine Stadt ausmacht, ist unser *Gemeinsa* schaft, die allein dadurch entsteht, dass wir als Kräften und Mächten und ihrer urbanen Raum

Megacities heute bereits bestehende und beobachtbare Realität ist. Davis entwirft eine apokalyptisch-düstere Vision der Megacities und setzt ein Gegenbild zum faszinierten Architektenblick von Koolhaas.

Bei den gängigen Forschungsansätzen zur urbanen Informalität in den Megacities lassen sich also zunächst zwei analytische Ausprägungen unterscheiden: Auf der einen Seite der faszinierte Blick auf die alltäglichen Prozesse und Abläufe in den *informal settlements*, bei dem großes Interesse an den alltäglichen Mikroprozessen besteht, der aber Gefahr läuft, die Abläufe zu schön zu malen und die Kritik an den prekären Lebensverhältnissen und auch ihre politischen Bedingtheiten aus dem Blick zu verlieren; auf der anderen Seite die politisch-ökonomische Analyse, bei der auf einer Makro-Ebene und gestützt von sozio-ökonomischen und demografischen Daten die Beschaffenheit und die Ausbreitung der informellen Gebiete in Augenschein genommen wird, die jedoch nicht dagegen gefeit ist, in dystopischen und mitunter reißerischen Diagnosen die Ängste vor dem unkontrollierten Anderen zu bedienen. Beiden

apokalyptischer Weissagung und soll eine politökonomisch und räumlich ausgerichtete Machtkritik an den urbanen Materialisierungen des Kapitalismus den Weg weisen. Die Megacity und der informelle Urbanismus sind hier wichtige Bestandteile einer postkolonialistischen Perspektive, die sich an den kleinen Geschichten einer solchen Urbanisierung interessiert zeigt. Dabei soll gerade auch den Stimmen eine Plattform gegeben werden, die aus dem globalen Süden selbst kommen.

6   Vgl. Koolhaas: *Mutations*, 652 (wie Anm. 5).

7   Vgl. ebd., 718.

8   Davis, Mike: *Planet der Slums*, Übers. Ingrid Scherf, Berlin 2007.

9   Vgl. UN-Habitat: *The Challenge of Slums. Global Report on Human Settlements 2003*, London/Sterling/VA. 2003, online unter: https://www.un.org/ruleoflaw/files/Challenge%20of%20Slums.pdf (Stand: 20. November 2019).

10  Vgl. Brenner, Neil (Hg.): *Implosions/Explosions: Towards a Study of Planetary Urbanization*, Berlin 2014; Brenner, Neil/Schmid, Christian: „Towards a New Epistemology of the Urban?", *City* 19, 2–3 (2015), 151–182; Brenner, Neil: *Critique of Urbanization: Selected Essays*, Basel 2016.

11  Vgl. Lefebvre, Henri: *The Urban Revolution*, Minneapolis/London 2003.

complex informal organizations and spatialization came to replace—perhaps not fully, but certainly to a large extent—the criticism of the social and political conditions prevalent in megacities. The argument is simple and convincing in equal measure: in these settlements there is hardly any technical and social infrastructure, nor is there any political culture of participation as in the West, but the cities are there—they continue to grow, and they function. And it really is impressive to see how the masses of people, concentrated in the smallest imaginable space, succeed in newly organizing their lives day in and day out. Koolhaas and his colleagues at times use quite flowery language to depict their case study of Lagos as a paradigm and icon of global urbanity, which gave rise to ingenious informal

## Sein, ist die Gemein-
## adtbewohnerInnen ihren
## nung ausgesetzt sind.“

Fritz Strempel, *GAM.16*, S. 123

alternative systems of urban development.[6] They note that this effectuality, which is proven anew every day, shows the actual potential of the informal systems. The enthusiasm that Koolhaas displays—according to the analysis—for the not planned, thus self-emerging and also organic self-organization of the megacities leads to the theory that Lagos represents the end state of urbanization and of capitalism, which is twenty, fifty, or even a hundred years ahead of the lifestyle of the cities in the Global North.[7]

An empirically substantiated and also widely disseminated publication in non-academic discourse is Mike Davis's bestseller *Planet of Slums*.[8] In contrast to Koolhaas, however, Davis is less interested in the possibility of continually growing informality. Instead, he interprets the same phenomena as the pathological and proliferating end product of globalized capitalist society. Based on comprehensive figures from official UN statistics,[9] Davis sketches the discomforting picture of an extremely polarized, impoverished, and uncertain future of the

Earth, which in the megacities is already the existing and observable reality today. Davis outlines an apocalyptically bleak vision of the megacities and presents an antitype to Koolhaas's fascinating architect's perspective.

In the popular research approaches on urban informality in the megacities, it is initially possible to differentiate between two analytical forms. On the one hand, the compelling view of everyday processes and operations in the informal settlements, with a strong interest in the daily microprocesses, yet with the danger of painting too pretty of a picture of these very operations and thus of losing sight of criticism of the precarious living conditions and their political limitations. On the other hand, the political-economic analysis which, on a macrolevel and supported by socioeconomic and demographic data, takes a close look at the nature and sprawl of the informal areas, yet without being immune to spreading fear of the uncontrolled Other in dystopian and sometimes lurid assessments. Both orientations appear to share the general argument that the informal areas have something to do with the future of our planet.

Research under the label of "planetary urbanization" offers a possible escape from the respective problem areas of these two orientations. The idea of a completely urbanized world as the end state of capitalism was developed by Neil Brenner and Christian Schmid in particular.[10] The two urban researchers reference the writings of Henri Lefebvre, the stylite of critical post-Marxist urban philosophy, who in the late 1960s had already expressed the idea of global urbanization as the point of departure for his reflections on the urban.[11] Planetary urbanization, for Lefebvre and also for Brenner and Schmid, is a mixture of empirical study, theoretical concept, and apocalyptical divination, which should point the way to a political-economically and spatially aligned critique of power directed at the urban materializations of capitalism. Here, the megacity and

6   See Koolhaas, *Mutations* (see note 5), 652.

7   See ibid., 718.

8   Mike Davis, *Planet of Slums* (London and New York, 2006).

9   See UN-Habitat, *The Challenge of Slums: Global Report on Human Settlements 2003* (London and Sterling/VA, 2003), available online at: https://www.un.org/ruleoflaw/files/Challenge%20of%20Slums.pdf (accessed in December 12, 2019).

10  See Neil Brenner, ed., *Implosions/Explosions: Towards a Study of Planetary Urbanization* (Berlin, 2014); Neil Brenner and Christian Schmid, "Towards a New Epistemology of the Urban?," City 19, nos. 2–3 (2015), 151–82; Neil Brenner, *Critique of Urbanization: Selected Essays* (Basel, 2016).

11  See Henri Lefebvre, *The Urban Revolution* (Minneapolis and London, 2003).

Eine Weiterentwicklung der Theorie der planetarischen Urbanisierung ist die Intervention von Ananya Roy, Professorin an der UCLA und ebenfalls eine exponierte Figur in der kritischen Stadtforschung. In ihrem einschlägigen Text „Slumdog Cities: Rethinking Subaltern Urbanism" (2011) macht sich Roy für einen Ansatz stark, der die politökonomische Analyse mit poststrukturalistischen Theoriemodellen zusammendenkt.[12] Roy versucht mit der Hinzufügung des Subalternen einen Weg zu finden, mit dem die urbane Informalität weder skandalisiert noch romantisiert, sondern als ein Phänomen ernstgenommen wird, anhand dessen „Räume der Unentscheidbarkeit" untersucht werden können.[13] Für Roy sind die informellen Siedlungen und peripheren Grauzonen der Megacities gleichbedeutend mit einem „konstitutiven Außen",[14] welches als topologischer Ausnahmezustand das kulturelle, politische und soziale Innen erst zusammenhält. Aus dieser Sicht werden der Slum und seine subalternen BewohnerInnen ein gründendes Element des glänzenden Kapitalismus, indem sie dessen Logiken und Routinen unaufhörlich durchkreuzen.

**Delhi Settlements.** Wie in fast allen Megacities des globalen Südens sind auch in Delhi die *informal settlements* das dominierende Stadtentwicklungsmodell. Welche Phänomene versammeln sich unter dieser Bezeichnung? Welche Gemeinsamkeiten und Unterschiede gibt es, und lässt sich die These bestätigen, dass die *informal settlements* eine eigene Version der *spatial commons* darstellen? Schauen wir zunächst auf die Kategorisierung der urbanen Informalität in der indischen Hauptstadt. In den offiziellen Stadtplanungs-Dokumenten sind die städtischen Bereiche von Delhi in acht Kategorien eingeteilt: Slum Designated Areas, JJ Cluster, JJ Resettlement Colonies, Unauthorised Colonies, Regularised-Unauthorised Colonies, Rural Villages und Urban Villages. In den als „planned colonies" bezeichneten Gebieten, also in den stadtplanerisch geordneten und genehmigten sowie infrastrukturell gut ausgestatteten Räumen, leben nach der offiziellen Statistik knapp ein Viertel der Bevölkerung. Alle anderen Kategorien bezeichnen unterschiedliche Erscheinungsformen von informellen Siedlungen.[15]

Alle Typen der *informal settlements* konstituieren sich dadurch, dass sie keine staatlich initiierten Entwicklungen sind und dass sie der informellen Ökonomie angehören. Die skizzierte in Delhi gängige Einteilung der informellen Siedlungen richtet sich an den unterschiedlichen Schattierungen der Informalität aus und entwirft eine nach Grad der Illegalität unterschiedene Kategorisierung, die selbst wiederum direkte Auswirkungen auf die Prekarität der Siedlungen entwickelt. Allgemein bestimmt die Entfernung zur stadtplanerischen Norm die Abstufungen der einzelnen Typen der *informal settlements*. Je abwesender der Staat ist – etwa in Form von nicht vorhandener Infrastruktur –, desto größer wird für die BewohnerInnen das Erfordernis, die Gestaltung des Wohnumfeldes durch Praktiken des *commoning* selbst in die Hand zu nehmen. Ein solches

*commoning* unterscheidet sich erheblich von den Aktivitäten der *commons*-Bewegung im globalen Norden: Es gibt keine übergeordnete Zielsetzung, die sich etwa auf eine Programmatik der Nachhaltigkeit bezieht. Vielmehr geht es darum, in der von den Dynamiken des globalen Kapitalismus hervorgerufenen, tendenziell feindlichen Umgebung der Megacity ein nischenhaftes gemeinsames alltägliches Überleben zu organisieren.

*Govindpuri.* Govindpuri liegt im South East District von Delhi und fällt in die Kategorie der *jhuggi jhopri cluster* (JJ Cluster),[16] die als die gefährdetsten Gebiete der Stadt gelten. Die in dieser Kategorie versammelten Siedlungen unterscheiden sich deutlich hinsichtlich Materialitäten, Zustand und Ausstattung der Gebäude und der Infrastruktur, aber auch hinsichtlich des sozialen Status ihrer BewohnerInnen. JJ Cluster werden vorrangig von sozial schwachen Bevölkerungsschichten bewohnt, d.h. von Menschen niedriger Kasten, die sich häufig in geografisch benachteiligten Lagen, also entlang von Bahnlinien oder Schnellstraßen, an verschmutzten Flüssen und Kanälen, in direkter Nachbarschaft zu industrieller Produktion, niedergelassen haben. Die JJ Cluster sind damit so etwas wie die klassische Slumkategorie, definiert als illegal besetzte Siedlungen – „squatter settlements" – auf Land in öffentlichem Eigentum. In der Statistik des Delhi Urban Shelter Improvement Board werden 675 JJ Cluster gelistet, in welchen geschätzte zehn Prozent der Stadtbevölkerung leben.[17]

Die Camps von Govindpuri sind in Relation zu anderen JJ Clustern in Delhi eine relativ etablierte Siedlung. Sie

12  Roy, Ananya: „Slumdog Cities: Rethinking Subaltern Urbanism", *International Journal of Urban and Regional Research* 35, 2 (2011), 223–238.

13  Ebd., 224.

14  Ebd., 235.

15  Vgl. Sheikh, Shahnana/Banda, Subhadra: *Categorization of Settlement in Delhi*, Cities of Delhi, Centre for Policy Research, 2015, online unter: https://www.cprindia.org/sites/ default/files/policy-briefs/Categorisation-of-Settlement-in-Delhi.pdf (Stand: 26. August 2019).

16  Weil der von den Briten eingeführte Begriff „Slum" einen stigmatisierenden Beiklang hat, haben die entsprechenden Gebiete in den indischen Städten eigene Namen erhalten: In Mumbai nennt man sie *chawls* in Kalkutta *bastis*, in Delhi ist die Bezeichnung *JJ Cluster* üblich.

17  Statistik des Delhi Urban Shelter Improvement Board, online unter: http://delhishelterboard.in/main/wp-content/uploads/2017/01/ jjc_list_for_website.pdf (Stand: 26. August 2019).

informal urbanism are important facets of a postcolonial perspective that shows interest in the small histories of such urbanization. In the process, it is precisely such voices that are to be given a platform, actually originating from the Global South.

A further development of the theory of planetary urbanization is the intervention of Ananya Roy, UCLA professor and prominent figure in the field of critical urban research. In her pertinent text "Slumdog Cities: Rethinking Subaltern Urbanism" (2011), Roy campaigns for an approach that associates political-economic analysis with poststructural theoretical models.[12] By adding in the subaltern, Roy attempts to forge a path that neither scandalizes nor romanticizes urban informality, but rather is taken seriously as a phenomenon lending itself to study of its spaces of "radical undecidability."[13] For Roy, the informal settlements and peripheral gray zones of megacities are synonymous with a "constitutive outside,"[14] which as topological state of exception holds together the cultural, political, and social inside. From this point of view, the slums and their subaltern inhabitants become a founding element of shiny capitalism by perpetually thwarting its logics and routines.

**Delhi Settlements.** As in almost all megacities of the Global South, in Delhi informal settlements are the dominant urban-planning model. Which phenomena are assembled under this designation? Which commonalities and differences are there? And can the theory be confirmed that the informal settlements represent a unique form of spatial commons? Let us first examine the categorization of urban informality in the capital of India. In the official urban-planning documents, the Delhi city districts are divided into eight categories: Slum Designated Areas, JJ Clusters, JJ Resettlement Colonies, Unauthorised Colonies, Regularised-Unauthorised Colonies, Rural Villages, Urban Villages, and Planned Colonies. According to official statistics, nearly a quarter of the population lives in areas designated as "Planned Colonies," that is, in spaces that are structured and approved by urban planners and are also infrastructurally well equipped. All other categories denote different manifestations of informal settlements.[15]

All types of informal settlements have in common that they are not state-initiated developments and that they belong to the informal economy. The usual division of informal settlements in Delhi, as outlined here, is oriented to the different shades of informality and frames a categorization differentiated by degree of illegality, which in turn directly affects the precarity of the settlements. In general, the distance from urban-planning norms determines the gradations of the individual type of informal settlements. The more absent the government is—such as in the form of non-existent infrastructure—the greater is the necessity for the residents to take control of designing their own living environment through commoning practices. Such commoning considerably differs from the activities of the commons movement in the Global North: there is no overall objective that applies, for instance, to an agenda of sustainability. Instead, it is more about facilitating niche-like, common, everyday survival in the tendentially hostile megacity environs evoked by the dynamics of global capitalism.

*Govindpuri.* Govindpuri is situated in the South East District of Delhi and is included in the category of *jhuggi jhopri clusters* (JJ Clusters),[16] which count among the most vulnerable parts of the city. The settlements gathered under this category clearly differ in terms of materiality, state, and configuration of buildings and infrastructure, but also in terms of the social status of the residents. JJ Clusters are predominately inhabited by socially weak strata of the population, meaning by

12 Ananya Roy, "Slumdog Cities: Rethinking Subaltern Urbanism," *International Journal of Urban and Regional Research* 35, no. 2 (2011), 223–38.

13 Ibid., 224.

14 Ibid., 235.

15 See Shanhana Sheikh and Subhadra Banda, *Categorization of Settlement in Delhi*, Cities of Delhi, Centre for Policy Research, 2015, available online at: https://www.cprindia.org/sites/ default/files/policy-briefs/ Categorisation-of-Settlement-in-Delhi.pdf (accessed December 12, 2019).

16 Since the word "slum," which had been introduced by the British, has a stigmatizing connotation, these areas have been given their own names in each Indian city: in Mumbai they are called "chawls," in Kolkata "bastis," while in Delhi the name "JJ Clusters" is usually used.

bestehen seit vielen Jahren, vermutlich seit 1977. Einige der BewohnerInnen erzählen uns, dass sie schon seit 30 Jahren dort wohnen. Die Verhältnisse sind deutlich weniger prekär als in vielen der Elendssiedlungen, in denen die Menschen in unbefestigten Behausungen leben und die ebenfalls als JJ Cluster geführt werden. Vom äußeren Erscheinungsbild sind die Camps von Govindpuri eine aufgeräumte und geregelte Siedlung. Auch scheinen die Camps derzeit nicht in ihrer Existenz bedroht zu sein. Das unterscheidet sie ebenfalls von vielen anderen JJ Clustern in Delhi, die von der Stadtplanung stets als zu entwickelnde und zu urbanisierende Gebiete betrachtet werden. Dennoch – auch den von uns erkundeten Camps ist der Status der Informalität und Illegalität eingeschrieben. Informalität ist immer eine Zuschreibung, eine Etikettierung zum nicht-offiziellen, immer vorläufigen Außen der geregelten, geplanten und deshalb formellen Entwicklung. Jedes JJ Cluster hat bereits mit seiner Kategorisierung das Stigma des ungewollten und zu beseitigenden Missstandes, und seine BewohnerInnen leben strukturell in einem städtebaulichen Ausnahmezustand.

keine Möglichkeit, in das Innere des Camps zu gelangen. Aus diesem Grunde ist es im Inneren des JJ Cluster ziemlich ruhig. Entlang der schmalen Durchwegung fließt das Oberflächenwasser in offenen Rinnsalen, die vermutlich für die Regenzeit nicht ausreichend groß dimensioniert sind. Seit einigen Jahren gibt es im Camp fließendes Wasser und eine durchgehende, überirdisch verlegte Stromversorgung, wobei aber nur ein Teil der Gebäude an dieses Netz angeschlossen ist. In den frühen Morgen- und Abendstunden wird jeweils für zwei Stunden das Wasser in die Leitungen gepumpt.[18] Einige der Gebäude haben auch sanitäre Anlagen; im benachbarten Bhoomiheen-Camp befindet sich seit 2017 eine kommunale Sanitäranlage.

Ein Großteil des öffentlichen Lebens spielt sich auf den Dächern der Gebäude ab. Die meisten dieser Dächer sind über kleine gemauerte Treppen oder Leitern zugänglich und erfahren diverse Nutzungen, beispielsweise als Kinderspielplatz, Waschküche oder Lagerstätte. Die Camps machen einen abgeschlossenen und ziemlich privaten Eindruck. In den labyrinthischen Gängen herrscht Getümmel, die Haustüren stehen offen. Im Inneren des Camps sind die Grenzen zwischen halb-privat

# "I say, what makes a city is among the forces and cond are exposed to."

Fritz Strempel, *GAM.16*, p. 124

Seit dem Jahre 2010 ist Govindpuri mit einem eigenen U-Bahnhof (*violet line*) an das stetig wachsende U-Bahnnetz von Delhi angeschlossen. Das von uns betrachtete JJ Cluster liegt ca. 1,5 Kilometer vom U-Bahnhof entfernt und umfasst eine Fläche von ca. 10 Hektar. In den beiden Camps des JJ Clusters (Navjeevan Camp und J.L. Nehru Camp) gibt es nach offiziellen Angaben über 4.500 Haushalte, die in ein- bis dreigeschossigen Gebäuden mit Backsteinwänden und Wellblechdächern mit einer durchschnittlichen Grundfläche von 10 bis 20 Quadratmetern untergebracht sind. Die Häuser an den umgebenden Straßen sind mit Läden und Mikro-Industrien ausgestattet, in denen vor allem Haushaltsgegenstände, Töpferware, Lebensmittel und Geflügel gehandelt werden. Zudem gibt es Büros, Garküchen und Teestuben. Die die Camps umgebenden Straßen sind intensiv befahren und bilden mit ihren Erdgeschosszonen einen eigenen Markt. Die Erschließung des inneren JJ Cluster erfolgt über schmale befestigte Gänge mit Breiten von 80 bis 120 Zentimeter. Dadurch gibt es für die meisten Kraftfahrzeuge

und ganz-privat weniger stark sichtbar. Auf der 10 Hektar großen Fläche gibt es kaum Bäume. Eine Ausnahme ist der kleine Freiraum vor dem Hindu-Tempel, der eine versteckte zentrale Fläche im Camp bildet. Die BewohnerInnen berichten uns von einer gewachsenen Gemeinschaft im JJ Cluster, die dem halböffentlichen Raum des Camps einen intimen und gemeinschaftlichen Charakter verleiht und ihn zu etwas macht, was als *spatial commons* bezeichnet werden könnte.[19]

Ein beträchtlicher Teil der offiziellen Stadtentwicklung von Delhi findet auf den Flächen abgeräumter JJ Cluster statt. Die Menschen sind konstant möglichen Übergriffen ausgesetzt, durch die lokale Polizei, durch die MitarbeiterInnen der

18 Vgl. Chandola, Tripta/Rice, Tom: *Govindpuri Sound*, 2015, documentary for the BBC World service, online unter: https://www.bbc.co.uk/mediacentre/proginfo/2015/05/govindpuri-sound.

19 Vgl. Pelger, Dagmar/Kaspar, Anita/Stollmann, Jörg (Hg.): *Spatial Commons. Städtische Freiräume als Ressource*, Berlin 2016.

people of lower castes who have often settled in geographically disadvantaged locations, such as next to railway tracks or highways, along polluted rivers and canals, or in direct proximity to industrial production. The JJ Clusters are thus something like the classic slum category, defined as illegally occupied areas—"squatter settlements"—on public land. In the statistics of the Delhi Urban Shelter Improvement Board, there are 675 listed JJ Clusters, in which approximately 10 percent of the city's population reside.[17]

As compared to other JJ Clusters in Delhi, the Govindpuri camps are a relatively well-established settlement. They have been in existence for many years, probably since 1977. Some of the residents told us that they have already been

Since 2010, Govindpuri has been connected to Delhi's ever-growing subway network, with its own subway station (the "violet line"). The JJ Cluster observed by us is located about 1.5 kilometers from this subway station and covers a surface area of around 10 hectares. In both camps within this JJ Cluster (Navjeevan Camp and J.L. Nehru Camp) there are, according to official documents, over 4,500 households accommodated in one- to three-story buildings with brick walls and corrugated sheet roofs with an average floor area of 10 to 20 square meters. The buildings on the surrounding streets are filled with stores and microindustries, where household articles, pottery, food, and poultry are traded. There are also offices, cookshops, and teahouses. The streets surrounding the camps are full of heavy traffic and, with their ground-level zones, form their own marketplace. Access to the inner JJ Clusters takes place through narrow, paved passages with widths ranging from 80 to 120 centimeters. This means that most vehicles cannot reach the inner camp area. For this reason, the inside of this JJ Cluster is rela-

# ur *being-in-common*
## ons that we, its dwellers,

living there for thirty years. The conditions are considerably less precarious than in many of the miserable slums, which also go by the name of JJ Clusters, where people live in unsurfaced dwellings. With regard to outward appearance, the Govindpuri camps reflect a tidy and orderly settlement. What is more, the existence of these camps no longer appears to be endangered. This also sets them apart from many other JJ Clusters in Delhi, which are always viewed from an urban-planning perspective as areas still to be developed and urbanized. However, the status of informality and illegality is even inscribed in the camps that we explored. Informality is always an ascription, an act of labeling the unofficial, always tentative exterior of regulated, planned, and thus formal development. With its categorization, each JJ Cluster has already been subject to the stigma of an unwanted state of disgrace that needs to be resolved, with its inhabitants living, in terms of structure, in an urban-planning state of exception.

tively quiet. Along the narrow thoroughfare, the surface water flows in open rivulets, which are likely not largely dimensioned enough for the monsoon season. The camp has had running water for several years now, and also continuous above-ground electricity, though only some of the buildings are connected to the grid. In the early morning hours and in the evening, water is pumped into the water pipes for two hours.[18] Some of the buildings also have sanitary facilities; in the neighboring Bhoomiheen camp there has been a communal sanitary facility since 2017.

A large segment of public life takes place on the roofs. Most of these roofs are accessed via small enclosed staircases or ladders and are utilized in various ways, for instance

17  Statistics of the Delhi Urban Shelter Improvement Board, available online at: http://delhishelterboard.in/main/wp-content/uploads/2017/01/jjc_list_for_website.pdf (accessed December 12, 2019).

18  See Tripta Chandola and Tom Rice, *Govindpuri Sound*, 2015, documentary for BBC World, available online at: https://www.bbc.co.uk/mediacentre/proginfo/2015/05/govindpuri-sound (accessed December 12, 2019).

Delhi Development Authority (DDA) oder durch andere VertreterInnen der formellen Stadt.[20] Sie leben in permanenter Ungewissheit und stehen in einem speziellen und oftmals angstvollen Verhältnis zu den Behörden. Die BewohnerInnen der Slums sind durch ihren Wohnort häufig nicht mit den sonst üblichen Staats- oder Stadtbürgerrechten ausgestattet – was durch die jahrhundertealten und weiter wirksamen Praxen des indischen Kastensystems und der damit verbundenen extremen sozialen Hierarchisierung noch einmal verstärkt wird. Und auch als Kunden – das wäre wahrscheinlich der Ansatz einer neoliberalen Stadtpolitik – treten die in die urbane Informalität verschobenen Menschen kaum in Erscheinung: Die in den informellen Siedlungen generierte Wirtschaftsleistung bleibt meist auch im Umfeld der informellen Ökonomie und wird nach außen kaum sichtbar. In den *informal settlements* erhält das „jenseits von Staat und Markt" eine ungemütliche Eigendynamik, die in der andauernden Gefahr der Vertreibung durch Slumsanierung kulminiert.

Sanierung bedeutet hier stets Flächensanierung. Die Flächen werden erneuert, nicht die Gebäude. Im Regelfall geht eine solche Sanierung also mit der kompletten Abräumung der Behausungen und der Vertreibung der BewohnerInnen einher. Seit einigen Jahren gibt es in Delhi eine Richtlinie, die die Art und Weise der JJ Cluster-Sanierung neu regeln soll.[21] Dabei wird bestimmt, dass bei einem solchen Projekt auf einem Drittel der Fläche Ersatzwohnraum für die ursprünglichen BewohnerInnen bereitzustellen ist, und zwar theoretisch für alle. Durchgeführt werden diese Maßnahmen meist von der Delhi Development Authority (DDA), die über die Hälfte des Landes besitzt, auf dem sich die JJ Cluster befinden. Die Richtlinie ist aus Sicht der Menschen in den JJ Clustern sicherlich ein Fortschritt, wenn sie auch keineswegs einen ausreichenden Schutz vor Vertreibung bietet. Der Ersatzwohnraum wird denjenigen BewohnerInnen bereitgestellt, die ihren Wohnort auf der Fläche nachweisen können. Ein solcher Nachweis ist in einem informellen System systematisch schwierig. Es geht um formelle Bescheinigungen und Verwaltungsakte, die oft den Regeln der Korruption unterliegen. Zudem ist es keineswegs gesichert, dass sich die DDA an die Richtlinie hält, und ein Einklagen der versprochenen Substitution ist zwar möglich, aber langwierig und mit hohen Kosten verbunden. Dadurch, dass die Behörden für die EinwohnerInnen der JJ Cluster oft weniger Schutz als Bedrohung darstellen, bleibt den Menschen in den Slums nur die Selbstorganisation. Nur durch kollektives und gemeinsames Handeln eröffnet sich die Chance, etwas für die Verbesserung der eigenen Lebensverhältnisse oder gegen Räumung und Vertreibung zu unternehmen.[22]

*Kotla Mubarakpur.* Kotla Mubarakpur ist ein Stadtteil im Süden von Delhi, in dem fünf Urban Villages liegen: Kotla, Pilanji, Khairpur, Aliganj & Jodbagh und Aliganj & Pilanji. Die Urban Villages grenzen direkt an zwei der bekanntesten Enklaven der Oberschicht (die South Distinction im Westen und die Defence Colony im Osten) an. Das direkte Nebeneinander von luxuriöser Gartenstadt der Reichen und überfülltem Urban Village der Armen macht die bestehenden sozialen Unterschiede in der indischen Gesellschaft deutlich sichtbar. Der zentrale Bereich der Villages besteht aus höchst geschäftigen Marktstraßen, die ein wichtiges Zentrum von Delhis informeller Ökonomie bilden. Der Markt hat einen großen Einzugsbereich und zieht auch die Menschen aus den umliegenden Gegenden an. Beispielsweise nutzen auch die Reichen das Urban Village als Einkaufszentrum. Um den Markt gruppieren sich mehrgeschossige Wohnsiedlungen, die durch ein äußerst dichtes Wegesystem erschlossen sind. Durch die beträchtliche Gebäudetiefe der meisten Bauten entstehen Wohnräume, die kaum oder nur sehr spärlich durch Tageslicht belichtet werden. Der Platz innerhalb der Erschließungssysteme ist begrenzt und begehrt und dementsprechend ökonomisiert. Jeder Zentimeter des extrem verdichteten Raumes, der – etwa zum Unterstellen von Fahrzeugen – genutzt werden kann, ist vermietet.

Die Urbanisierung der Urban Villages erfolgte in verschiedenen Phasen.[23] Am Anfang dominierten eingeschossige Gebäude, die zum Wohnen genutzt wurden. Die Straßen und Wege zwischen den Häusern sind für diese Nutzungsanforderungen ausgelegt. Mit dem weiteren Zuzug und dem Anwachsen der Familien werden die Gebäude nach und nach erweitert. Diese Verdichtung auf der Parzelle hat eine starke ökonomische Dynamik. Durch den enormen Zuzug lohnt es sich, auf der bestehenden Gebäudestruktur zusätzlichen Wohn- und Geschäftsraum zu errichten. Die Urbanisierung beruht auf einem anpassungsfähigen Grundprinzip, bei dem die Gebäude Stockwerk um Stockwerk erhöht werden. Auf der einen Seite

20 Vgl. Banda, Subhadra/Bhaik, Varsha/Jha, Bijendra/Mandelkern, Ben/Sheikh, Shahana: *Negotiating Citizenship in F Block: A Jhuggi Jhopri Cluster in Delhi*, Cities of Delhi, Centre for Policy Research, 2014, online unter: https://www.cprindia.org/research/reports/negotiating-citizenship-f-block-jjc/ (Stand: 26. August 2019).

21 Vgl. Sheikh, Shahana/Banda, Subhadra: *Rehabilitation of Jhuggi Jhopri Clusters in Delhi*, Cities of Delhi, 2014, online unter: https://www.cprindia.org/research/ reports/rehabilitation-jhuggi-jhopri-clusters-delhi (Stand: 26. August 2019).

22 Vgl. Datta, Ayona: *The Illegal City. Space, Law and Gender in a Delhi Squatter Settlement*, New York/London 2012; Pierce, Gregory: „How Collectively Organised Residents in Marginalised Urban Settlements Secure Multiple Basic Service Enhancements: Evidence from Hyderabad, India", *Urban Studies* (2019), online unter: https://doi.org/10.1177/0042098019863960; Bautès, Nicolas/Dupont, Véronique /Landy, Frédéric: „Acting from the Slums: Questioning Social Movement and Resistance", in: Saglio-Yatzimirsky, Marie-Caroline/Landy, Frédéric (Hg.): *Megacity Slums. Social Exclusion, Space and Urban Policies in Brazil and India*, London 2014, 363–408.

23 Vgl. Singh Kushwaha, Dilip: „Transformation in Built Environment of Urban Villages in India Case Study – Urban Villages, Delhi", *International Journal for Research in Applied Science & Engineering Technology* 6, 2 (2018) 579–580.

as playground, laundry, or storage areas. The camps convey a self-contained and rather private impression. There is a lot of commotion in the labyrinthine passageways, for the front doors are open. Inside the camp, the boundaries between semi-private and totally private are less clearly evident. Hardly any trees populate the 10 hectare expanse. An exception is the small open area in front of the Hindu temple, which forms a hidden central space within the camp. The residents told us about a grown community within the JJ Cluster that lends an intimate and collective character to the semipublic space of the camp, turning it into something that might be called "spatial commons."[19]

A considerable portion of official urban development in Delhi takes place on the surfaces of cleared off JJ Clusters. People are constantly exposed to possible violations, by the local police, by employees of the Delhi Development Authority (DDA), and by other representatives of the formal city.[20] They live in a state of perpetual uncertainty and have a special relationship to the city authorities that is frequently angst-ridden. Inhabitants of slums are often, due to their place of residence, not granted the usual state or citizenship rights—which is again intensified by the centuries-old and still valid practices of the Indian caste system and the concomitant extreme social hierarchization. And these people who have been pushed into urban informality hardly even make an appearance as consumers—as would likely be the approach of neoliberal urban policy—for the economic output generated in the informal settlements usually remains in the sphere of the informal economy and is hardly visible to the outside. In the informal settlements, that which lies "beyond state and market" gathers unpleasant momentum, culminating in the enduring threat of displacement through slum clearance.

In this context, clearance means rehabilitating an entire area. It is the surface area that is renewed, not the buildings. As a rule, such clearance goes hand in hand with the total removal of dwellings and the eviction of residents. For several years, there has been a directive in Delhi that is meant to newly regulate the way in which JJ Clusters are cleared out.[21] It determines that such a project is required to provide new living space for the original residents on a third of the surface area, and theoretically this applies to everyone. Such measures are usually carried out by the Delhi Development Authority (DDA), which owns more than half of the land on which JJ Clusters

are situated. From the perspective of the people living in the JJ Clusters, the directive surely signifies progress, even if it utterly fails to offer sufficient protection against eviction. The replacement accommodation is given to those residents who can prove that they had lived on this land. Such proof is, of course, systematically problematic in such an informal system. It involves formal certificates and administrative decisions, which are frequently governed by rules of corruption. Moreover, it is by no means certain that the DDA will hold to its directives; and the act of suing to gain the promised substitution may be possible, but it is protracted and associated with high costs. Since the authorities often tend to be more of a threat to the residents of the JJ Clusters than a protective power, the only recourse left to people living in slums is self-organization. Only through collective and joint action does the opportunity emerge to do something to improve one's own living conditions or to protect against eviction and displacement.[22]

*Kotla Mubarakpur.* Kotla Mubarakpur is a city district to the south of Delhi that is home to five urban villages: Kotla, Pilanji, Khairpur, Aliganj & Jodbagh, and Aliganj & Pilanji. These urban villages directly border two of the most well-known enclaves of the upper class (South Distinction to the west and Defence Colony to the east). The immediate juxtaposition of a luxurious garden city of the affluent and an overcrowded urban village of the poor makes the existing social gaps within Indian society blatantly obvious. Running through the center of the villages are very busy market avenues that form an important center for Delhi's informal economy. The market

19  See Dagmar Pelger, Anita Kaspar, and Jörg Stollmann, eds., *Spatial Commons: Städtische Freiräume als Ressource* (Berlin, 2016).

20  See Subhadra Banda, Varsha Bhaik, Bijendra Jha, Ben Mandelkern, and Shahana Sheikh, *Negotiating Citizenship in F Block: A Jhuggi Jhopri Cluster in Delhi*, Cities of Delhi, Centre for Policy Research, 2014, https://www.cprindia.org/research/reports/negotiating-citizenship-f-block-jjc/.

21  See Shahana Sheikh and Subhadra Banda, *Rehabilitation of Jhuggi Jhopri Clusters in Delhi*, Cities of Delhi, Centre for Policy Research, 2014, https://www.cprindia.org/research/ reports/rehabilitation-jhuggi-jhopri-clusters-delhi.

22  See Ayona Datta, *The Illegal City: Space, Law and Gender in a Delhi Squatter Settlement* (New York and London, 2012); Gregory Pierce, "How Collectively Organised Residents in Marginalised Urban Settlements Secure Multiple Basic Service Enhancements: Evidence from Hyderabad, India," *Urban Studies* (2019); Nicolas Bautès, Véronique Dupont, and Frédéric Landy, "Acting from the Slums: Questioning Social Movement and resistance," in *Megacity Slums: Social Exclusion, Space and Urban Politics in Brazil and India*, ed. Marie-Caroline Saglio Yatzimirsky and Frédéric Landy (London, 2014), 363–408.

2

Die Gebäudestruktur des Urban Village Kotla Mubarakpur wird durch stetigen Zuzug und steigenden Raumbedarf kontinuierlich – jenseits planerischer Steuerungsprozesse – nachverdichtet und führt teils zu einer fast vollständigen Überbauung der Parzellen und angrenzender Erschließungssysteme. | Due to a constant influx of people and an increasing need for living space, the building structure of the urban village Kotla Mubarakpur is continually densified retrospectively—beyond the scope of planning—based governance processes. © Gesa Königstein

has a large catchment area and also draws people from the surrounding districts. For example, the affluent also use the urban village as a shopping center. Grouped around the market are multistory residential areas, accessible via an extremely dense system of paths. Due to the considerable depth of most of these buildings, living spaces arise that receive hardly any or a very meager amount of daylight. The space within the access systems is limited and in high demand, and thus strictly economized. Every centimeter of this extremely dense space—which is utilizable, such as for sheltering vehicles—is rented out.

The urbanization of the urban villages played out in various phases.[23] In the beginning, one-story dwellings dominated, utilized for housing. The streets and paths beween the buildings are used for these usage requirements. With more people moving in and families growing, the buildings were expanded bit by bit. The densification on this plot of land has strong economic momentum. Through the enormous influx, it makes sense to erect additional living and business space on the existing architectural structures. The urbanization is based on an adaptable basic principle, allowing for the buildings to be extended upward story for story. On the one hand, and from a European architectural and urban-planning perspective, such on-demand expansions are extremely interesting. Rem Koolhaas might call this organic urban development, with (spatial) production always adapting to the requirements, yet without any kind of state or municipal guidelines or control. On the other hand, urbanization in the urban villages displays the downside of this principle. Due to the tremendous density, it is not possible to implement urban planning that is aligned to the needs of single-story development. The plots of land, which were initially designed as having a courtyard structure, are now completely overbuilt, the paths and streets are almost too small, all routes are totally overcrowded, the circulation of light and air in the now four-, five-, or six-story buildings is miserable, and the mixed use so sought after in our latitudes here leads to entirely unromantic burdens like noise and pollution.

In order to understand the principle of the urban villages of Kotla, it is helpful to explore once again the category itself and its historical development. An urban village is, just like the JJ Clusters, initially a concept of formal planning; it is one of the categories in which the informal settlements of Delhi have been divided. The allocation is not carried out according to a clearly recognizable attribute of the area—in all informal areas, this actually involves hybrid forms that are much less clearly distinguishable and delimitable than the statistics suggest—but according to a historical, planning-related feature. Since 1908, the periphery of Delhi has been defined by the planning authority in order to delimit the areas intended for sheltering the population. The red edging used to mark these areas led to the name "Lal Dora" (literally: "red thread"). The process of planning has two drastic effects on the plots of land. First, these areas are no longer taxed based on their agricultural crop yield, and the jurisdiction for registering the plots has now changed to the financial division of the authority for urban development. Second, the Lal Dora areas have been sweepingly designated as building land, meaning that construction activity is now allowed in the respective areas without a building permit.[24] So from the perspective of formal urban planning, construction is allowed without a permit in the urban villages, yet in the JJ Clusters building activity without a permit is illegal but accepted. Strictly speaking, this situation involves two different intensities of the case of *beyond-the-state*.

The Lal Doras are areas of land zoned for construction, on which urbanization is made possible without any further formal planning. To this end, the land is allotted into parcels and sold in a complicated plexus of different property titles. Here, too, there is a parallel systemic informality at play, alongside the formal procurement rules: the existing ambiguities and inconsistencies in the buying and selling of plots in the Lal Dora areas give rise to a nontransparent web of market and logic of path dependencies. This tends to cement the existing social conditions or to reinforce the existing state of inequality.[25]

23 See Dilip Singh Kushwaha, "Transformation in Built Environment of Urban Villages in India Case Study – Urban Villages, Delhi," *International Journal for Research in Applied Science & Engineering Technology* 6, no. 2 (2018), 579–85.

24 See Subrata Chattopadyhay, Priyanka Dey, and Joel Michael, "Dynamics and Growth Dichotomy of Urban Villages: Case Study Delhi," *International Journal for Housing Science* 38, no. 2 (2014), 81–94.

25 See Sushmita Pati, "The Productive Fuzziness of Land Documents: The State and Its Capital Accumulation in Urban Villages of Delhi," *Contributions to Indian Sociology* 53, no. 2 (2019), 249–71.

und aus europäischer architektonischer und städtebaulicher Sicht sind solche Erweiterungen-nach-Bedarf höchst interessant. Rem Koolhaas würde das vielleicht einen atmenden Städtebau nennen, bei dem sich die (Raum)Produktion immer den Erfordernissen anpasst, ohne jegliche staatliche oder kommunale Vorgabe und Steuerung. Auf der anderen Seite zeigen die Urbanisierungen in den Urban Villages aber auch die Kehrseite des Prinzips. Ein sich an den Bedürfnissen einer eingeschossigen Bebauung ausgerichteter Städtebau lässt sich der enormen Verdichtung nicht einfach anpassen. Die zunächst häufig als Hofstruktur angelegten Parzellen werden nun komplett überbaut, die Wege und Straßen sind bald zu klein, alle Verbindungen sind vollkommen überfüllt, Licht- und Luftzirkulation der nun vier-, fünf- oder sechsgeschossigen Gebäude sind miserabel, und die in unseren Breitengraden so ersehnte Nutzungsmischung führt zu gänzlich unromantischen Belastungen wie Lärm und Verschmutzung.

Um das Prinzip der Urban Villages von Kotla zu verstehen, ist es hilfreich, sich noch einmal mit der Kategorie selbst und mit deren historischer Entwicklung zu beschäftigen. Ein Urban Village ist, genauso wie das JJ Cluster, zunächst ein Konzept der formellen Planung, es ist eine der Kategorien, in die die informellen Siedlungen von Delhi eingeteilt werden. Die Zuschreibung erfolgt dabei nicht durch eine klar erkennbare Eigenschaft der Gebiete – tatsächlich handelt es sich bei allen informellen Bereichen um hybride Formen, die weit weniger klar voneinander unterscheidbar und abgrenzbar sind, als es die Statistik suggeriert –, sondern durch eine historisch-planungsrechtliche Besonderheit. Seit 1908 wurden von der Planungsbehörde in der Peripherie von Delhi für die Unterbringung der Bevölkerung gewidmete Gebiete umgrenzt. Die rote Umrandung, mit der die Flächen gekennzeichnet wurden, führte zu der Benennung „Lal Dora" (wörtlich: „roter Faden"). Der planerische Akt hat für die Grundstücke zwei einschneidende Folgen: Erstens werden die Bereiche nicht mehr auf der Grundlage ihres landwirtschaftlichen Bodenertrags besteuert und die Zuständigkeit für die Erfassung der Parzellen wechselt zur Finanzabteilung der Behörde für Stadtentwicklung; zweitens sind die Lal Dora-Gebiete pauschal zu Bauland erklärt, auf den entsprechenden Flächen darf fortan offiziell ohne Baugenehmigung gebaut werden.[24] Während in den JJ Clustern also – aus Sicht der formellen Stadtplanung – illegal ohne Baugenehmigung gebaut wird, wird in den Urban Villages planerisch zugelassen ohne Baugenehmigung gebaut. Genaugenommen handelt es sich also um zwei unterschiedliche Intensitäten des *jenseits-vom-Staat*.

Die Lal Doras sind Bauland, auf dem die Urbanisierung ohne weitere formelle Planung ermöglicht ist. Das Land wird dafür in einem komplizierten Geflecht von unterschiedlichen Eigentumstiteln parzelliert und veräußert. Auch hier ist eine neben den formellen Vergabevorschriften parallele Informalität des Systems wirkmächtig: Bestehende Unklarheiten und Ungereimtheiten beim Grundstücksverkehr in den Lal Dora-Bereichen produzieren ein schwer durchschaubares Geflecht von Markt- und Pfadlogiken, die dazu tendieren, die bestehenden sozialen Verhältnisse zu zementieren beziehungsweise die bestehenden Ungleichheiten noch zu verstärken.[25]

In Folge der politisch verfügten Baufreiheit in den Lal-Dora-Gebieten wurden die Gebiete bald zu Sammelbecken der ländlichen Migration. In kollektiven Bevölkerungsbewegungen siedelten sich die zuströmenden Menschen – mit planungsrechtlichem Segen aber ohne planerische Steuerung – in den urbanisierten Dörfern an. Auch hier kommt es also zu einer Praxis des *spatial commoning* jenseits (aber mit Erlaubnis) der staatlichen Planung und auch jenseits der formellen Ökonomie des Investment- und Developer-Business. Die Urbanisierung in den Urban Villages entsteht weitgehend in Eigenregie und verdichtet sich nach und nach von innen. Im Grunde ist die Entwicklung der Urban Villages – nicht ganz unähnlich zu der massiven Urbanisierung durch den Bau von Mietskasernen in vielen europäischen Städten im späten 19. Jahrhundert – auf der einen Seite eine gigantische Bereitstellung von leistbarem Wohnraum und ein nicht staatlich aufgelegtes Wohnungsprogramm für die Massen; auf der anderen Seite repräsentiert sie eine bauliche Verfestigung von sozialer Ungleichheit in prekären Verhältnissen. In jedem Fall haben auch die Urban Villages deutliche Merkmale von räumlichen, nicht staatlich geplanten oder verordneten Gemeinschaftswerken, und sind in diesem Sinne ebenfalls als *spatial commons* zu bezeichnen.

**Subaltern Spatial Commons.** Was lässt sich für wen aus Delhi lernen? Ist es überhaupt möglich und ist es legitim, einen Blick von so weit außen auf die *informal settlements* zu werfen? Und hilft dabei die Annahme weiter, dass es sich bei den dort sichtbaren Phänomenen und Praktiken um Formen des *commoning* handeln könnte? Das sind einige Fragen, die wir hier abschließend diskutieren und zusammenbringen möchten. Die *informal settlements*, in diesem Punkt sind sich interessanterweise die Beiträge aus der Stadtforschung – seien sie dystopischer oder faszinierter oder hoffnungsvoller Natur – weitgehend einig, haben eine zunehmende Bedeutung für das, was Urbanität weltweit ausmacht. Sie sind aus dieser Sicht die materialisierte Form einer ungewissen Zukunft des Planeten, ein Fenster, in dem die Entwicklung der Stadt sichtbar wird, aber nicht in Gestalt von Modernisierung, Kapitalisierung und Befriedung, sondern in einem Zustand, der die Geister der Vergangenheit mit Spurenelementen aus der Zukunft zusammenzubringen versteht.

24 Vgl. Chattopadhyay, Subrata/Dey, Priyanka/Michael, Joel: „Dynamics and Growth Dichotomy of Urban Villages: Case Study Delhi", *International Journal for Housing Science* 38, 2 (2014), 81–94.

25 Vgl. Pati, Sushmita: „The Productive Fuzziness of Land Documents: The State and Processes of Accumulation in Urban Villages of Delhi", *Contributions to Indian Sociology* 53, 2 (2019), 249–271.

In the wake of the politically decreed freedom to build in the Lal Dora areas, these zones soon became reservoirs of urban migration. During collective population flows, the people flooding in settled down—with the blessing of the planning laws, but without any planning-related control—in the urbanized villages. So emerging here is likewise a practice of spatial commoning beyond (but with the permission of) governmental planning, and also beyond the formal economy of investment and developer business. To a great extent, urbanization in the urban villages evolves of its own accord, gradually

to bring together and discuss in conclusion. The informal settlements—interestingly, contributions to urban research largely agree on this, whether of dystopian, fascinated, or promising nature—increasingly hold meaning for urbanity on a global scale. From this perspective, they are the materialized form of our planet's uncertain future, a window displaying the development of the city—not in the guise of modernization, capitalization, and pacification, but in a state that attempts to bring together the specters of the past with trace elements of the future.

The precarious infrastructural and architectural-spatial relations in the JJ Clusters and in the urban villages correspond to a second kind of precarity, namely, the vulnerability

densifying from the inside out. Essentially, the development of the urban villages—not unlike the mass urbanization that arose in the late nineteenth century with the building of tenement blocks in many European cities—signifies, on the one hand, a huge provision of affordable living space and a non-governmental housing program for the masses; on the other, it represents an architectural stabilization of social inequality under precarious conditions. In any case, the urban villages also display clear features of joint spatial effort not planned or decreed by the state and, in this sense, are also to be designated as spatial commons.

**Subaltern Spatial Commons.** What can we learn from Delhi, and whom does this knowledge benefit? Is it even possible and it is legitimate to examine the informal settlements from such a remote outside perspective? And does it help to assume that the phenomena and practices visible there might be forms of commoning? These are questions that we would like

of the residents, which is generated through the informal status and expressed through a structural state of uncertainty. In their existence outside of the normalcy categorized as formal—which is only an imaginary and not a real normalcy of the megacity: as mentioned above, the formally legalized and planned areas in Delhi are clearly in the minority—they constitute that which Ananya Roy calls the "constitutive outside."[26] It is an outside in relation to the formal and planned city that has empirically become a normal state; but it is also an outside that constitutes the inside in terms of theory. In her explorations of the significance of urban informality for urban theory and urban research, Ananya Roy fields the term "subaltern urbanism."[27] Roy thus

26 See note 14.
27 Roy, "Slumdog Cities" (see note 12), 226.

Die prekären infrastrukturellen und baulich-räumlichen Verhältnisse in den JJ Clustern und Urban Villages korrespondieren mit einer zweiten Prekarität, nämlich der Vulnerabilität ihrer BewohnerInnen, die durch den Status des Informellen produziert wird und sich in einem strukturellen Zustand von Unsicherheit ausdrückt. In ihrer Existenz außerhalb der als formell kategorisierten Normalität – die nur eine imaginäre und keine reale Normalität der Megacity ist: wie berichtet sind die formell legalisierten und geplanten Bereiche in Delhi deutlich in der Minderheit – konstituieren sie das, was Ananya Roy als das „konstitutive Außen"[26] bezeichnet. Es ist ein Außen in Bezug auf die formelle und geplante Stadt, das nicht nur empirisch zum Normalzustand geworden ist, sondern das auch theoretisch das Innen konstituiert, das vom Innen notwendig gebraucht wird.

In ihren Bemühungen, die Bedeutung der urbanen Informalität für Stadttheorie und Stadtforschung zu ergründen, schlägt Ananya Roy den Begriff *„subaltern urbanism"* vor.[27] Roy wendet sich damit gegen das apokalyptische und dystopische Narrativ des Slums und schlägt vor, eine Gegenerzählung mit anderen ontologischen und topologischen Codierungen der subalternen Subjekte und Räume zu entwerfen. Das Subalterne, das in diesem Ansatz zum zentralen Wegweiser wird, ist ein Begriff, den Antonio Gramsci in seinen Gefängnisheften geprägt hat.[28] Er thematisiert und beschreibt damit gesellschaftliche Gruppen, die keinen Zugang zu den hegemonialen Macht- und Entscheidungsstrukturen haben. In ihrem wichtigen Text „Can the Subaltern Speak?" übernimmt Gayatri Spivak den Begriff, verschiebt ihn in den globalen Süden und stellt ihn ins Zentrum einer post-kolonialen Theorie.[29] Es geht Spivak dabei darum, zu ergründen, wie die Subalternität jeweils produziert wird und auch um das Verhältnis, das zwischen Theorie und Forschung auf der einen und der subalternen Mehrheit unseres Planeten auf der anderen Seite besteht. Spivak unterscheidet dafür in zwei Formen der Repräsentation: „Repräsentieren" im Sinne von „vertreten" und im Sinne von „darstellen". Sie fragt, welche Form von Repräsentation zwischen den Ausgebeuteten/Ausgeschlossenen und den Intellektuellen/Theoretikern am Wirken ist. Für die Letzteren könne es, so die Kritik von Spivak, nicht darum gehen, die Ausgeschlossenen zu vertreten, und auch nicht darum, für jene als Fürsprecher aufzutreten – beides wäre eine Form von Paternalismus, mit dem der Kolonialismus nur reproduziert wird. Was den Theoretikern bei der Thematisierung des Subalternen bleibt, sei der Versuch, sich selbst zu verstehen: „To confront them is not to represent (*vertreten*) them but to learn to represent (*darstellen*) ourselves."[30]

In diesem Sinne ist unseres Erachtens auch eine urbanistische Forschung zur urbanen Informalität der Megacities zu konzipieren. Es ist wenig weiterführend, den Blick auf den globalen Süden aus der Perspektive von WissenschaftlerInnen

und Planenden aus dem globalen Norden grundsätzlich auszusparen. Die Forschenden an ihre Position zu erinnern und Konsequenzen aus dieser Position zu fordern, ist dagegen nicht nur legitim, sondern auch notwendig. Die *informal settlements* in der hiesigen Stadtforschung zu untersuchen, hätte in dieser Auslegung nicht den Zweck, die Siedlungen neu zu verhandeln und auch nicht, die Menschen dort zu vertreten, sondern es ginge vor allem darum, etwas über sich selbst zu erfahren.

Damit kommen wir wieder im Diskurs zu den *commons* an. In der Erzählung des subalternen Urbanismus wird die Megacity mit ihrer urbanen Informalität einerseits zur eigentlichen Bedingung des globalen Südens, anderseits ist sie aber auch – als Außen – konstitutiv für den Urbanismus im globalen Norden. Die Megacity markiert die Limitierungen der urbanistischen Möglichkeiten und wird selbst zu einem subalternen Element der Stadtforschung. In diesem Ansatz wird der Slum zur Theorie, und zwar in Form eines Habitus des informellen Lebens, der geprägt ist durch Pragmatismus, Flexibilität und dem permanenten Kampf ums Überleben.[31] Diese Perspektive, mit der der faszinierte Blick des Architekten, die neoliberale Vereinnahmung des Ökonomen und die post-kapitalistische Utopie der Linken miteinander in Berührung kommen, ist das sonderbare Amalgam des subalternen Urbanismus. Spivak fordert uns auf zu untersuchen, wie das Subalterne als Kategorie der Repräsentation und des Wissens produziert ist. Unser Blick auf die Kategorisierungen der *informal settlement*-Kategorien und auf die räumliche Verfasstheit der Fallbeispiele hatte genau diesen Zweck.

Dass dabei einiges im Unklaren bleiben mag, ist Teil des Programms. Das Nicht-Eindeutige wird Teil der Betrachtung der *informal settlements*. Es saugt die Informalität auf und absorbiert sie im eigenen Denkraum. Sie produziert eine uneindeutige Substanz, die unaufhörlich in unsere eigenen Theoretisierungen einsickert. In dieser Weise schlagen wir vor, die informellen Siedlungen als *subalterne commons* zu benennen. Eine solche Zuweisung untergräbt zumindest ein Stück weit die bestehende *Commons*-Identität und setzt den Blick in den globalen Süden als Instrument, das gegen ein Ausruhen in der eigenen Identifikation gerichtet ist. Es verunklart sozusagen vorsätzlich die Eigenbeschreibung der *Commons*-Bewegung und macht sie zu einem tendenziell ungemütlichen Ort. ∎

26 Wie Anm. 14.

27 Roy: „Slumdog Cities", 226 (wie Anm. 12).

28 Vgl. Gramsci, Antonio: *Gefängnishefte*, Hamburg/Berlin 1991–2002.

29 Spivak, Gayatri Chakravorty: „Can the Subaltern Speak?", in: Nelson, Cary/ Grossberg, Lawrence (Hg.): *Marxism and the Interpretation of Culture*, Basingstoke 1988, 271–313.

30 Ebd., 288.

31 Vgl. Roy: „Slumdog Cities", 232 (wie Anm. 12).

turns against the apocalyptic and dystopian narrative of the slum and proposes a counter-narrative with other ontological and topological codifications of the subjects and the spaces. The subaltern, which becomes a main roadmap in this approach, is a term that Antonio Gramsci employed in his prison notebooks.[28] He uses it to thematize and describe societal groups that lack access to the hegemonic structures of power and decision-making. Gayatri Spivak, in her important text "Can the Subaltern Speak?," takes the term and shifts it into the context of the Global South, positing it at the center of postcolonial theory.[29] Here, Spivak is interested in fathoming how subalternity is respectively produced and also in the relationship existing between theory and research, on the one side, and the subaltern majority of our planet, on the other. To this end, Spivak differentiates between two forms of representation, questioning which form of representation is active between the exploited/excluded and the intellectuals/theorists. For the latter, according to Spivak's critique, the idea cannot be to represent the excluded, nor to represent oneself as their advocate—both would be a form of paternalism only serving to reenact colonialism. The only thing that remains for theorists when analyzing the subaltern is the attempt to understand themselves: "To confront them is not to represent them but to learn to represent ourselves."[30]

We thus believe that it is important to also conduct urbanistic research on the urban informality of the megacities. It is of little further relevance to omit the view of the Global South from the perspective of scientists and planners in the Global North. Reminding researchers of their position and demanding consequences from this position, by contrast, is not only legitimate but also necessary. In this interpretation, the analysis of the informal settlements within the context of local urban research does not aim to renegotiate the settlements, nor to represent the people living there; instead, the main point was to learn something about ourselves.

This leads us back to discourse about the commons. In the narrative of subaltern urbanism, the megacity with its urban informality on the one hand becomes an actual condition of the Global South, but on the other hand it is also—as an "outside"—constitutive of urbanism in the Global North. The megacity marks the limitations of urbanistic possibilities and itself turns into a subaltern element of urban research. In this approach, the slum becomes theory, namely, in the form of a habitus of informal life that is shaped by pragmatism, flexibility, and the perpetual struggle for survival.[31] This perspective, which associates the fascinating gaze of the architect, the neoliberal appropriation of the economy, and the postcapitalist utopia of the left, is the peculiar amalgam of subaltern urbanism. Spivak calls upon us to examine how the subaltern is produced as category of representation and of knowledge. Our view of the categorizations of the informal settlement categories, and of the spatial state of the case examples, had this very purpose in mind.

It is in the nature of the program that some aspects remain unclear. The equivocal becomes part of the reflection on the informal settlements. It soaks up the informality and absorbs it in its own conceptual space. It produces an ambiguous substance that incessantly seeps into our own processes of theorization. In this sense, we suggest calling the informal settlements "subaltern commons." Such an ascription at least partially undermines the existing commons identity and situates the gaze in the Global South as an instrument that is directed against resting in one's own identification. It deliberately obscures, as it were, the individual description of the commons movement and turns it into a tendentially uncomfortable space. ∎

*Translation: Dawn Michelle d'Atri*

28 See Antonio Gramsci, *Prison Notebooks*, ed. Joseph A. Buttigieg (1992; repr., New York, 2011).

29 Gayatri Chakravorty Spivak, "Can the Subaltern Speak?," in *Marxism and the Interpretation of Culture*, ed. Cary Nelson and Lawrence Grossberg (Basingstoke, 1988), 271–313.

30 Ibid., 288.

31 See Roy, "Slumdog Cities" (see note 12), 232.

# Together We Thrive!

## Informal Appropriation of Space and Resistance in the Urban Density of Hong Kong

## Informelle Raumaneignung und Widerstand in der urbanen Dichte Hongkongs

Fritz Strempel

1

(1–5) Every Sunday in Hong Kong 400,000 Filipino domestic workers peacefully occupy the streets of the financial district by erecting thousands of temporary cardboard shelters, mimicking the privacy and homeliness they dramatically lack six out of seven days. | Jeden Sonntag besetzen 400.000 philippinische Hausangestellte den Finanzdistrikt von Hongkong, indem sie Tausende temporäre Kartonbehausungen errichten und damit jene Privatsphäre und Wohnlichkeit informell leben, die ihnen sechs von sieben Tagen der Woche verwehrt werden. Copyrights of all illustrations | Copyrights aller Bilder © Fritz Strempel, 2019

Hong Kong of 2019 is symbolic for how many of the most pressing social questions of our time, about human life, and, rightly, about urban commons need to be looked at through the lens of the conditions of urban cohabitation. At no point in recent history have we seen a city articulate its frictions and its historic ambivalences in the manner of such large-scale informal appropriations of its space as in Hong Kong of 2019, with millions of people on the streets for months. The thoughts and photos to this essay were produced in July 2019 during the first height of the first popular protests of two million urban residents against the feared loss of fundamental democratic freedoms. In this moment in Hong Kong's history, the city can, in many ways, act as a laboratory of speculative futures around urban density as a whole: in Hong Kong, amid the highest population density and lowest housing affordability in the world, all urban frictions and all questions about density, about public and private space, eastern and western conceptions of cities, formal and informal processes, them and us—here, they obtain a more momentous meaning than elsewhere. This essay's title, "Together we thrive!" quotes the advertising slogan that covers the full facade of Hong Kong's built icon of its hegemony of financial power, the HSBC Bank Tower in Central—in front of which the popular protest has been played out for months. The slogan on the facade becomes a physical and architectural backdrop to the resistance to the city's regime of corporate and political power, proving how the informal appropriation of urban space in ways contrary to its formal programming can even invert its built iconography and narratives: "Together we thrive!" is informally appropriated by the protesters and gains a new, opposite meaning, becoming a slogan suddenly owned—commoned,[1] I would say—by the public.

In Hong Kong, the definition of and attitude towards public space in the urban realm reflects its history as caught between Chinese heritage and British colonial rule. Both influences have contributed in their own ways to a lack of public space that is rooted in what scholars have identified as a cultural disregard of the importance of public space.[2] In some denser neighborhoods, this results in less than 0.5 square meter of public space per capita.[3] While the traditional custom of ancient Chinese culture, in which gathering in public space was widely forbidden "for the country's well-being,"[4] may have contributed to this, the influence of Hong Kong being perceived as a "borrowed land on borrowed time"[5] by the British inevitably shifted the colonial government's priorities to being primarily focused on economic performance rather than the long-term well-being of its residents in urban planning.[6]

In recent generations, as a Special Administrative Region under the government of China, Hong Kong has become the twenty-first century paradigmatic capital of consumerism. Of all cities in the world, Hong Kong has the most shopping malls, some reaching tens of stories which have "become cities in and of themselves, accommodating tens of thousands of people who live, work, and play within a single structure."[7] The countless privately-owned passages, adjacent to commercial buildings, malls and plazas have become an important contribution to connectivity and pedestrian mobility in the dense city. With one mall per square mile,[8] places of consumerism have become more than just additional spaces for a kind of public, but rather have become the replacement of traditional public space itself. Overpowered by this consumerist paradigm as the vernacular of Hong Kong's contemporary public space, any idealist notion of public space as a *commons*, owned by the public and accessible *for all*, has lost its clarity as a symbol of civil society.[9]

# "The trend towards living one's own small cell. The with diverse, gradual trar dichotomy: there is either ainers of individual privat

1   While the term *commons* is known to most from political economics as resources that are being made accessible to all members of a society (e.g. material or spatial commons such as a public park or immaterial commons such as language …) the verb *commoning*, in this context, describes the process by which a society or community turns a resource into being commonly shared, thus, *commoning* it.

2   See Claire Lo Ka Man, "A Critical Study of the Public Space in Hong Kong" (paper presented at the MCS symposium, Hong Kong, Lingnan University, February 23, 2013).

3   Ibid., 4 (quoting from the Chinese original source).

4   Charlie Xue and Kevin Manuel, "The Quest for Better Public Space: A Critical Review of Hong Kong," in *Public Places in Asia Pacific Cities*, ed. Pu Miao (Boston, 2001), 185.

5   A term widely used by Hong Kongers to refer to the colonial rule. It was made popular in the late 60s after Richard Hughes book titled *Hong Kong: Borrowed Place – Borrowed Time* (New York, 1968).

6   See Lo Ka Man, "A Critical Study of the Public Space in Hong Kong" (see note 2).

7   Stefan Al quoted from the book cover of ibid., ed., *Mall City: Hong Kong's Dreamworlds of Consumption* (Honolulu, 2016).

8   Ibid., 7.

9   See Alexander Cuthbert and Keith McKinnell, "Ambiguous Space, Ambiguous Rights: Corporate Power and Social Control in Hong Kong," *Cities* 14, no. 5 (1997): 295–311, esp. 302.

Das Hongkong von 2019 versinnbildlicht, wie viele der drängendsten sozialen Fragen unserer Zeit, Fragen des menschlichen Lebens und des urbanen Commons, an den Bedingungen des menschlichen Zusammenlebens im urbanen Raum ablesbar sind. Noch nie in der jüngeren Geschichte hat eine Stadt ihre sozialen Friktionen und historischen Ambivalenzen so deutlich anhand informeller Raumaneignungen sichtbar gemacht wie Hongkong im Jahr 2019, wo sich seit Monaten Millionen BürgerInnen auf der Straße befinden und den Stadtraum verändern. Die Gedanken und Fotos in diesem Essay sind im Juli 2019, auf dem ersten Höhepunkt des breiten Protests von zwei Millionen BürgerInnen der Stadt gegen den befürchteten Verlust demokratischer Freiheiten, entstanden. Zu diesem Zeitpunkt in der Geschichte Hongkongs kann die Stadt in vieler Hinsicht als ein Labor für mögliche Zukunftsszenarien für Leben in urbaner Dichte gesehen werden: In Hongkong, der Stadt

informell von den BürgerInnen angeeignet wird. Durch die gemeinschaftliche, informelle Aneignung der Bedeutung des Slogans durch den erkämpften räumlichen Kontext der DemonstrantInnen nimmt „Together we thrive!" eine neue, gegenteilige Bedeutung an, wird zu einem Spruch, dessen einst kommerziell-werbliche Diktion plötzlich vergemeinschaftlicht wird, zum Commons wird. Allein der neue räumliche Kontext verändert die Deutungshoheit über den Slogan, der so einem Commoning[1] unterworfen wird, also „gemeingeschaffen" wird.

Die Art und Weise, wie in Hongkong öffentlicher Raum definiert und bewertet wird, spiegelt sich im einzigartigen historischen Spannungsfeld der Stadt – zwischen dem kulturellen Erbe Chinas und der britischen Kolonialherrschaft. Beide historischen Einflüsse haben auf ihre eigene Weise zu einem eklatanten Mangel an öffentlichem Stadtraum beigetragen. Laut Kulturforschung liegt die Ursache dafür in der kulturell bedingten, allgemeinen Geringschätzung von öffentlichem Raum.[2]

**privately owned homes favors the retreat into y evolves from being a heterogeneous space ons from the public to the private into being a ivate or public. Residential buildings are cont- its with no relation to one another."** Jakob Öhlinger, *GAM.16*, p. 19

mit der größten Bevölkerungsdichte und geringsten Wohnraumbezahlbarkeit der Welt, wiegen alle urbanen Friktionen und Konsequenzen von Dichte, Fragen zur Öffentlichkeit und Privatheit von Raum, östlicher und westlicher Stadtkonzeptionen, Formalität und Informalität in der Stadt, Eigenem und Anderem, schwerer als anderswo. Der Titel dieses Essays „Together we thrive!" zitiert den Werbespruch, der sich über die gesamte Fassade des HSBC-Bank Towers, dem gebauten Symbol von Hongkongs hegemonialer Stellung als Finanzzentrum, zieht. Es war dieser Slogan, vor welchem sich über Monate hinweg die BürgerInnenproteste formierten. Der Slogan und seine imposante architektonische Geste wurden zum Symbol für den Widerstand gegen die herrschende wirtschaftliche und politische Macht in der Stadt. Sie zeigten, wie die informelle Aneignung des urbanen Raums seine formelle Programmierung, ja sogar seine bauliche Ikonografie und seine Narrative invertieren kann und so

In einigen der am dichtesten besiedelten Viertel der Stadt kommen heute auf einen Bewohner bzw. eine Bewohnerin weniger als 0,5 Quadratmeter öffentlicher Raum.[3] Diese Entwicklung ist auf die historische chinesische Tradition zurückzuführen, die Versammlungen auf öffentlichen Plätzen „zum Wohl des Landes"[4] verbietet. So sehr die Wurzeln dafür in der traditionellen chinesischen Kultur liegen mögen, so sehr hat die britische

---

1 Während der Begriff „Commons" den meisten aus der politischen Ökonomie bekannt sein dürfte, als eine allen Mitgliedern einer Gesellschaft zugängliche Ressource (ein materielles oder räumliches Gemeingut wie ein öffentlicher Park oder ein immaterielles wie eine Sprache), meint das Verb *commoning* – im Deutschen meist als „Gemeinschaffen" übersetzt – den Prozess, durch den eine Gesellschaft oder Gemeinschaft eine Ressource in eine gemeinsam bewirtschaftete verwandelt.

2 Vgl. Lo Ka Man, Claire: „A Critical Study of the Public Space in Hong Kong", Vortrag im Rahmen des MCS Symposiums, Lingnan Universität Hongkong, 23. Februar 2013.

3 Ebd., 4 (wo aus der chinesischen Originalquelle zitiert wird).

4 Xue, Charlie/Mandel, Kevin: „The Quest for Better Public Space: A Critical Review of Hong Kong", in: Miao, Pu (Hg.): *Public Places in Asia Pacific*

2

Haltung gegenüber der Stadt als „geborgtes Land auf geborgte Zeit"[5] die Prioritäten in der Stadtplanung unweigerlich mehr auf wirtschaftliche Leistungsfähigkeit als auf das Wohl der Stadtbevölkerung gelegt.[6]

Als Sonderverwaltungszone unter chinesischer Oberherrschaft ist Hongkong in jüngster Geschichte zur paradigmatischen Symbolstadt des Konsums geworden. Die Tempel ihrer Konsumkultur machen es deutlich: Keine Stadt der Welt beheimatet so viele Shoppingmalls wie Hongkong. Viele von ihnen ziehen sich über mehrere zehn Stockwerke und sind zu eigenständigen Städten geworden, Wohn-, Arbeits- und Freizeitraum für zehntausende BürgerInnen, deren Leben sich primär in der Blase einer gezähmten Konsumkultur abspielt.[7] Die zahllosen in Privatbesitz befindlichen Passagen, Gänge und Brücken, die an Geschäftsgebäude, Malls und „Plazas" angrenzen, leisten einen entscheidenden Beitrag zur Konnektivität und Fußgängermobilität, ohne die der Fluss der Menschen schlicht undenkbar wäre. Mit einer Shoppingmall auf 2,5 Quadratkilometern[8] sind Hongkongs kommerzialisierte Räume zum Ersatz für den traditionellen öffentlichen Raum geworden. Angetrieben von einer durch Konsum dominierten Öffentlichkeit, hat sich die Mall als ortsübliche Baukultur für den öffentlichen Raum durchgesetzt und damit die idealistische Vorstellung von öffentlichem Raum als ein allen zugängliches Gemeingut und traditionelles Sinnbild einer Zivilgesellschaft verunklart.[9]

Doch was macht dann eine Stadt jenseits ihrer gebauten Form aus?[10] Und wie müssen wir die Urban Commons in einer solchen Stadt in ihrer sozialen Dimension neu denken? Was eine Stadt ausmacht, ist unser *Gemeinsam-Sein*,[11] ist die Gemeinschaft, die allein dadurch entsteht, dass wir als StadtbewohnerInnen ihren Kräften und Mächten und ihrer urbanen Raumordnung ausgesetzt sind. Mit Jean-Luc Nancys inspirierendem Bildnis der „community of being"[12] im Hinterkopf, könnte die Gemeinschaft der StadtbürgerInnen gemeint sein, die, ihren Unterschiedlichkeiten zum Trotz, als Ganzes eine „gemeinschaffende" inklusive Community darstellt.[13] Eine gebaute Dichte macht noch keine Stadt, sondern das soziale Phänomen Stadt wird erst durch die BewohnerInnen, ihre Interaktion, ihre Reibungen zum Leben erweckt. Stadt besteht aus sozialen Beziehungen, Machtausübungen, menschlichen Interessen und Ambitionen und ihren räumlichen Überlagerungen und Schichtungen. Eine solche Stadt, in denen Interessen und Realität in unterschiedliche Richtungen gehen, eine Stadt als Netzwerk sozialer Beziehungen, *ist* Friktion, ist Spannung",[14] und in einem solchen Spannungsfeld materielle oder immaterielle Commons zu erschließen oder zu gewährleisten, beinhaltet stets „informelle, chaotische Prozesse".[15] Definiert man also Stadt in diesem Geiste, kommt man nicht umhin, eine Theorie über ihr soziales Gemeingut, das soziale urbane Commons zu entwickeln.

Kann die bauliche Konsequenz solcher Spannungen und Machtverhältnisse überhaupt einen Raum bieten, der wirklich für alle da ist, ein echtes Commons? Kann ein gebauter, architektonisch geplanter Raum als Ergebnis einer ökonomischen Kette an Planungen und gleichwohl auch als architektonische Form überhaupt jemals *allen gleich zugänglich* sein, also überhaupt ein echtes Commons darstellen? Kann ein Stadtraum das? Diese Frage legt schnell die Begrenztheit traditioneller Theorien über Commons in der Stadt offen. Die formale Programmierung der gebauten Stadt, also ihre bewusst geplanten, gestalteten und formalisierten Räume können mit Recht als etwas beschrieben werden, das „niemals *allen* zugute kommt",[16] d.h. für alle Identitäten, alle Nutzungen offen ist. So Horst Rittel in einer Formulierung, die seine eigene legitime Diagnose des Dilemmas widerspiegelt, in dem sich Planung und Design ganz allgemein befinden. Selbst der noch so gut gestaltete und demokratisch geplante urbane Raum wirkt exkludierend gegenüber manchen – sei es physisch, rechtlich oder sozial. Um Commons im urbanen Raum zu finden, müssen wir den Begriff auf eine Ebene heben, die nicht den Beschränkungen von Planung und Gestaltung unterliegt, ihn von der physischen Infrastruktur ablösen. Commons, wie auch die Stadt selbst, kann man nicht entwerfen oder bauen, man kann sie zum Leben erwecken, performen, fördern, oder wenigstens passiv tolerieren.

5  Ein in Hongkong vielbenutzter Ausdruck für die Kolonialzeit. Populär wurde er in den späten 1960er Jahren, nach der Veröffentlichung von Richard Hughes Buch *Hong Kong: Borrowed Place – Borrowed Time*, New York 1968.

6  Vgl. Lo Ka Man: „A Critical Study of the Public Space in Hong Kong" (wie Anm. 2).

7  Vgl. Al, Stefan (Hg.): *Mall City: Hong Kong's Dreamworlds of Consumption*, Honolulu 2016 (Klappentext).

8  Ebd., 7.

9  Vgl. Cuthbert, Alexander/McKinnell, Keith: „Ambiguous Space, Ambiguous Rights: Corporate Power and Social Control in Hong Kong", *Cities* 14, 5 (1997), 295–311, hier 302.

10  Mit der Frage, was eine Stadt überhaupt ausmacht, muss man auch einräumen, dass sie nie frei von westlichen Auffassungen von Stadt, Freiheit und Demokratie sein kann. Selbst wenn sich in westlichen Städten vielfach, wenn auch in geringerem Ausmaß und nicht so intensiv, die gleichen Phänomene ausbilden wie die für Hongkong beschriebenen, wird ein solcher Ansatz unvermeidlich von einem westlichen Blick auf eine östliche Stadt gefärbt sein. Ich fordere also dazu auf, Begriffe wie „Freiheit", „Demokratie" und selbst „Stadt" (so das möglich ist) nicht nur in einem engen politischen oder kulturellen Sinn, sondern auf einer Metaebene zu verstehen: als Aspekte zwischenmenschlicher Beziehungen, offen für verschiedene Lesarten und nicht an konkrete kulturelle Definitionen gebunden.

11  Vgl. Nancy, Jean-Luc: „Of Being-in-Common", in: Miami Collective (Hg.): *Community at Loose Ends*, Minneapolis 1991, 1–12.

12  Ebd., 1.

13  Nancy definiert „Sein" als das stärkste aller Commons, schafft es doch eine „Gemeinschaft von Seienden", trotz aller Differenzen, einfach durch ihr Sein. Vgl. ebd.

14  Unteidig, Andreas/Domínguez Cobreros, Blanca/Calderón Lüning, Elizabeth/Joost, Gesche: „Digital Commons, Urban Struggles and the Role of Design", *Design Journal* 20 (2017), 3106–3120 (Übers. Wilfried Prantner).

15  Gibson-Graham, J.K./Cameron, Jenny/Healy, Stephen: „Commoning as a Postcapitalist Politics", in: Amin, Ash/Howell, Philip (Hg.): *Releasing the Commons: Rethinking the Futures of the Commons*, London/New York 2016, 20.

16  Rittel, Horst: *The Reasoning of Designers*, Montreal 1987, 7 (Hervorhebung vom Autor).

What makes a city beyond its built form, I ask?[10] And how do we have to rethink commons in such a definition of the city? I say, what makes a city is our *being-in-common*[11] *among* the forces and conditions that we, its dwellers, are exposed to. A commonness in which our *being together* despite all differences as a community is a commons[12] itself, echoing how Jean-Luc Nancy inspiringly thinks of us as a "community of being."[13] While the planned urban form is merely *built*, a city, however, is *performed into being* through its inhabitants. A city consists of the relationality between its dwellers, and conceptualizing the city in this way includes the unknowns, the ambivalences, contradictions and—above all—the informality of the non-planned-for, informal. The city as a network of social relations "*is* friction, is tension,"[14] and commoning it will certainly consist of "informal, messy processes."[15] The city is enacted through the inhabitants' co-creating, co-dreaming, co-claiming of its spatial resources in often contradictory ways. Such a city is made of the simultaneousness of differences, through the co-existence of various informal social practices of commoning the city's spatial assets. Such a definition of the city inevitably asks us to develop a theory on its social commons, the *social urban commons*.

How can the built form of such a city offer space that is truly for all, that is truly a commons? In such a context, the commons prerequisite of being truly *for all* is debatable, hinting at the natural limitations of traditional theories around commons in the city. In the city's built form, being the most distinctly planned-for, designed and formalized spatiality, its formal programming can quite rightly be seen as "never beneficial to *everyone*"[16] or to all identities and uses—a phrase used by Horst Rittel that echoes his own legitimate diagnosis of the dilemma of planning and design as a whole. Even the most well-designed or democratically planned-for urban space is somehow of a distinctly exclusive nature to some, whether physically, legally, or socially. To identify a commons in the city we must therefore elevate the concept to a sphere unbound by the limitations of design and planning, separate it from physical infrastructure. We cannot design or build a commons, but instead can only enact it, perform it, encourage it, or in turn, accept it, allow it.

In challenging traditional theories of the urban commons, asking them to be far more than a shared technical facility of public convenience or a piece of urban green open for picnics, we might arrive at an understanding of what inspired the (otherwise uninspiring) idea of Hardin's "Tragedy of the Commons."[17] His theory did not pay tribute to the inclusive character within the idea of commons, framing them as being cared for *by none* because of being available *to all*. His theory outlines an understanding of commons where everyone would feel entitled to individual gains from the commons, disrespecting the community of commoners and thus calling for laws and exclusion to maintain the commons, and limit individual freedom. The narrowness of this theory is in its rigid understanding of what functions are attributed to the commons, as it implies that a commons would be dedicated to one purpose only as a programmed space: common land for grazing cattle, a public toilet for bodily relief or a public park for civilized leisure activity. If we keep such a narrow understanding of a commons, it will hardly work as an inclusive space of identification for all people.

A public park, surely, can be seen as an urban commons—not by being a park owned by public authority, rather by the diversity of ways it is appropriated. While it may have been designed for recreational leisure activity for use by the neighborhood, formalized by design and behavioral norms, it is the informal occupation of the park for unplanned, multiple, spontaneous uses in spite of its designed purpose that commons the space of the park. The park's occupation by demonstrators, by communities engaging in a spontaneous religious practice, groups of skateboarders grinding on its rails or simply by people coming to the park to find, offer, negotiate or exercise labor in public space: these processes of informal appropriation create the commons; they "common" the space. The latter example of finding and offering labor is striking as it shows

10  By questioning what at all makes a city, it must be recognized that it can naturally never be free of western conceptions of city, freedoms and democracy. While in many ways, western cities do represent equal phenomena like the ones described in Hong Kong on smaller or less intense scale, it cannot fully avoid to be tainted by a western perspective onto an eastern city. That is why I invite to understand terms such as "freedom," "democracy" and even "city," beyond their political or cultural definitions (for as much as possible), but rather on a meta level as aspects of human interrelations, open for different understandings and unbound to concrete cultural definitions.

11  See Jean-Luc Nancy, "Of Being-in-Common," in *Community at Loose Ends*, ed. Miami Collective (Minneapolis, 1991), 1–12.

12  Nancy defines "being" to be the strongest of all commons, creating a "community of beings," thus, despite their differences, simply through being. See ibid.

13  Ibid., 1.

14  Andreas Unteidig, Blanca Dominguesz Cobreros, Elizabeth Calderon Lüning and Gesche Joost, "Digital Commons, Urban Struggles and the Role of Design," *Design Journal* 20 (2017): 3106–3120.

15  J.K. Gibson-Graham, Jenny Cameron and Stephen Healy, "Commoning as a Postcapitalist Politics," in *Releasing the Commons: Rethinking the Futures of the Commons*, eds. Ash Amin and Philip Howell (London and New York, 2016), 20.

16  Horst Rittel, *The Reasoning of Designers* (Montreal, 1987), 7. The author's own emphasis.

17  Garrett Hardin, "The Tragedy of the Commons," *Science* 162 (1968): 1243–1248.

3

how abstract fundamental rights, such as collective bargaining, depend on public space. We see no designs for public space to cater to unemployed, marginalized social groups, allowing them to congregate for finding occasional labor, and yet the International Labour Organization has rightly connected many labor-related rights to public spaces.[18] In reality, therefore, some fundamental rights that depend on public space also depend on its informal appropriation. To stick with a traditional example of an urban commons, the park, I claim that it becomes a commons through the multiplicity of its uses, claimed informally contrary to its purpose, design, or terms of use.

Why is it important to highlight this informality? Because we are facing the age of the "urbanocene,"[19] the age in which almost all of the human population will live in cities. In one generation, 6.3 billion people will live urban lives, that is seven out of ten humans.[20] With many social implications already visible today: housing prices in cities continue to soar causing a growing set of social challenges of spatial injustice.[21] Distances to be travelled within cities have increased due to spatially segregating housing to other locales of daily life in the city, raising the attractiveness of non-physical venues for public life, simply by dislocating the urban residents from potential places of identification. A culture of competition enforces a singularization of the individual in society, weakening the foundations of community identity and democracy, the sense of belonging to a "we," as urban residents simply lose the physical sites to emplace the narratives and practices that constitute community.[22]

While living in cities is commonly considered to be conducive to human development,[23] the density of the built environment and the discouragement of participation within today's megacities breed an epidemic of loneliness, abstraction, and disembodiment, driven by neoliberal paradigms of economic growth and a traditionally capitalist but pervasive idea of efficiency.[24] The built environment formalizes this culture of competition, resulting in what Hardt and Negri paradigmatically describe as a "desocialization of the common"[25] within the urban. Physical density acts as an accelerant to many of the biggest social challenges in the urban realm. In Hong Kong, the densest urban environment in the world, this attains a poignant manifestation: Its seven million residents use only as little as 26 percent of total available land due to historic, economic, and political reasons. The built-up area is contained, condensed, and kept under pressure, resulting in as little as 3.8 percent of land utilization for housing[26] amidst a grave housing crisis.

While in some areas as many as 400,000 residents share a square kilometer,[27] London's most dense neighborhood is home to 10,000 residents per square kilometer. As a result of such high economic competition around space in the built environment, in which commercial activity dominates in the competition over private needs and activities, the area claimed by private housing was forced to be dramatically reduced: Depending on the source, Hong Kong's average flat is as small as 43 square meters; that is, the size of two parking spaces. This urban condition comes necessarily and dramatically at the cost of privacy, recreation, and community life.

As part of this dispersing force to a cohesive urban society, most spatial qualities establishing social interaction and community identity traditionally related to our homes (to the common corridors and the porches and steps in front of our homes) have been bequeathed to programmed public spaces or

**„Die Entwicklung zum Wohn**
**den Rückzug in die eigene K**
**sich vom heterogenen Raum**
**Übergängen vom Öffentliche**
**Dichotomie: es gibt entwede**
**gebäude sind Behälter einzel**
**keinen Bezug zueinander pfl**

18 See David Tajgman and Karen Curtis, *Freedom of Association: A User's Guide-Standards, Principles, and Procedures of the International Labour Organization* (Geneva, 2000).

19 The term is pretty new, starting to be reflected in academia and most recently coined by the physicist Geoffrey West in his book *Scale – The Universal Laws of Growth, Innovation, Sustainability, and the Pace of Life in Organisms, Cities, Economies, and Companies* (New York, 2017).

20 UN World Urbanisation Prospects 2018.

21 See Edward Soja, "The City and Spatial Justice," *Spatial Justice* 1 (2009), available online at: https://web.archive.org/web/20100702145709/http://www.jssj.org/media/jssj_focus.pdf (accessed December 11, 2019).

22 See John Parkinson, *Democracy and Public Space: The Physical Sites of Democratic Performance* (Oxford, 2012).

23 See Emma Harries, "Social Isolation and its Relationship to the Urban Environment," Research to Practice Paper (Montreal, 2016).

24 See Rittel, *The Reasoning of Designers* (see note 16), 158.

25 Michael Hardt and Antonio Negri, *Commonwealth* (Cambridge, 2009), 258.

26 See Hong Kong Planning Department, available online at: https://www.pland.gov.hk/pland_en/tech_doc/hkpsg/full/index.htm (accessed December 11, 2019).

27 See Anthony Yeh, "High-Density Living in Hong Kong," in *Cities, Health and Well-Being*, eds. Ricky Burdett, Myfanwy Taylor and Adam Kaasa (London and Berlin, 2011), 31, available online at: https://lsecities.net/wp-content/uploads/2011/11/2011_chw_3050_Yeh.pdf (accessed December 11, 2019).

Wenn wir die aktuell gängigen Theorien urbaner Commons infrage stellen, von ihnen verlangen mehr zu sein, als eine öffentliche Bedürfnisanstalt oder eine städtische Grünfläche mit der Erlaubnis zum Picknicken, wird vielleicht verständlich, was Hardin auf die (sonst wenig inspirierende) Idee einer „Tragedy of the Commons"[17] brachte. Seine Deutung, die Tragödie der Commons sei, dass sich niemand darum kümmere, eben weil sie allen zur Verfügung stünden, weshalb die Commons zur individuellen Ausnutzung einlüden und so in ihrer Zugänglichkeit beschränkt werden müssten, ist bei einer öffentlichen Bibliothek vielleicht noch der Ordnung halber vorstellbar. Doch missachtet sein Commons-Verständnis den inhärent inklusiven Charakter, den des *Open Access*. Die Beschränktheit dieser Theorie liegt in ihrem engen Verständnis von den Funktionen eines Commons, impliziert sie doch, dass es sich dabei um einen

Brüstungen „grinden", oder einfach Personen, die im öffentlichen Raum des Parks Arbeit suchen, anbieten, aushandeln oder verrichten – diese Prozesse informeller Aneignung konstituieren ein Commons; sie „gemeinschaffen" den Raum. Das Beispiel der Arbeitssuche und des Anbietens der eigenen Arbeitskraft, oder gar der Ausübung von Arbeit im öffentlichen Raum ist insofern bezeichnend, als es zeigt, wie sehr allgemeine arbeitsbezogene Grundrechte, wie seine Interessen kollektiv zu vertreten, zu streiken, öffentlich zu versammeln etc., oft ganz konkret öffentlichen Raum benötigen. Doch existieren keine dafür geplanten öffentlichen Versammlungsräume, keine Parkbereiche für Arbeitslose und Randgruppen, um Gelegenheitsarbeiten zu finden, und das, obwohl die Internationale Arbeitsorganisation ILO viele arbeitsbezogene Rechte direkt an öffentliche Räume gebunden sieht.[18] Tatsächlich sind also einige fundamentale Grundrechte davon abhängig, dass öffentlicher Raum informell angeeignet wird, also gegen seine formale Bestimmung genutzt wird. Ja, ich möchte behaupten, dass der Park – um bei diesem traditionellen Beispiel eines urbanen Commons zu bleiben – überhaupt erst durch die Vielfalt der Nutzungsweisen, die ihm gegen seinen Zweck, gegen seine Gestaltung und seine Nutzungsbedingungen abgerungen werden, zum Commons wird.

Warum ist es wichtig, überhaupt über die Informalität der Raumaneignung nachzudenken? Weil wir auf das Zeitalter des „Urbanozäns"[19] zugehen, dem Zeitalter, in welchem fast die gesamte Menschheit in Städten leben wird. In einer Generation werden 6,3 Milliarden, d.h. sieben von zehn Menschen, StadtbewohnerInnen sein.[20] Viele soziale Auswirkungen dieser Urbanisierung sind bereits heute sichtbar: Der anhaltende rasante Anstieg der Wohnungspreise führt zu einer wachsenden sozialen Ungerechtigkeit allein durch sozial ungerechte Gefüge im Stadtraum.[21] Die in Städten zurückzulegenden Entfernungen werden immer größer aufgrund der Segregation des Wohnraums von anderen Lokalitäten des täglichen Lebens und erhöhen so die Attraktivität nicht-physischer Räume für das öffentliche Leben. StadtbewohnerInnen werden schlicht von potenziellen Orten der Identifikation disloziert. Die Kultur des gegenseitigen Wettbewerbs führt unweigerlich zur Vereinzelung des Individuums im Raumgefüge der Stadt und schwächt so die auch räumlichen Grundlagen von gemeinschaftlicher Identität

n Eigentum begünstigt
elle. Die Stadt entwickelt
diversen, abgestuften
m Privaten hin in Richtung
vat oder öffentlich. Wohn-
privater Einheiten, die

Jakob Öhlinger, *GAM.16*, S. 16

jeweils nur einem Zweck dienenden, programmierten Raum handelt: gemeinschaftlich als Viehweide genutztes Land, eine öffentliche Toilette, oder einen öffentlichen Park zur zivilisierten Freizeitbetätigung. Bei einem so engen Verständnis wird ein Commons wohl kaum als inklusiver Identifikationsraum für alle funktionieren.

Selbstverständlich kann man einen öffentlichen Park als urbanes Commons sehen – allerdings ist er das nicht als Eigentum einer öffentlichen Behörde, also ideell im Besitz aller, sondern wird zum Commons erst durch die vielfältigen Arten der informellen Aneignung des Parkraumes durch diverse Communities. Er mag für die Erholungs- und Freizeitaktivitäten eines Viertels geplant und durch Design und soziale Normen dafür formalisiert worden sein, „commonned" wird er erst durch seine informelle Nutzung für die ungeplanten, vielfältigen, spontanen Aktivitäten jenseits des vorgesehenen Zwecks. Die Nutzung des Parks durch DemonstrantInnen, durch Gemeinschaften, die hier spontan ihre Religion ausüben, handeln oder

17  Hardin, Garrett: „The Tragedy of the Commons", Science 162 (1968), 1243–1248.

18  Vgl. Tajgman, David/Curtis, Karen: *Freedom of Association. A User's Guide-Standards, Principles, and Procedures of the International Labour Organization*, Genf 2000.

19  Der erst kürzlich vom Physiker Geoffrey West in seinem Buch *Scale. Die universalen Gesetze des Lebens von Organismen, Städten und Unternehmen* (2017; dt. von Jens Hagestedt, München 2019) geprägte Begriff wird im akademischen Kontext zunehmend diskutiert.

20  UN World Urbanization Prospects 2018.

21  Vgl. Soja, Edward: „The City and Spatial Justice", *Spatial Justice* 1 (2009), online unter: https://www.jssj.org/media/jssj_focus.pdf (Stand: 12. Dezember 2019).

shopping malls. Especially in large housing developments for low- and middle-income residents, as those most vulnerable to economic pressures in the urban realm, the sanitized vernacular of housing blocks discourages any uncontrolled, informal penetration of the residents' private space into the public realm. Private lives are stored away behind apartment doors, public life is channeled into locales of consumption or programmed behavior. So called "public" spaces, or "plazas,"[28] are used to buffer the social consequences of the industrial production and reduction of private spaces. What housing developments lack, public space was asked to make up for. And, whilst public space today is far from being neglected by often well-meaning urban planning even public space—which progressive urban theorists have recently and rightfully conceptualized to be a right of urban residents[29]—has most dramatically fallen victim to the culture of transforming even public entitlements into consumer goods.[30] New "public spaces" open "for all" are being created, most often only in exchange for the increased financial profit of very few (as in Hong Kong's storied POSPDs[31]). In considering the social urban commons, I propose to conceive of commons beyond patterns of ownership or governance of space but rather as diverse practices of how spaces are interpreted and appropriated.

Symptomatic of a global trend is Hong Kong's built icon of the city's hegemony of corporate power, the HSBC bank tower in the Central District. It received a "bonus"[32] (*nota bene the language*) commercial floor area of an extra 14,801 square meters[33] of the city's most precious resource—space—for making less than 20 percent of this bonus area available to the public as a privately owned, highly controlled and strongly policed pedestrian passage on ground level. While in 2014 Hong Kong headed the global ranking of the crony-capitalism index by *The Economist*, with billionaire wealth making up for as much as 80 percent of the local GPD[34] (largely that of real estate tycoons), today the average wait time for an affordable flat in a public housing estate is roughly six years.[35]

This represents an urban reality in dense cities around the world and is a stark display of the political socio-spatial dialectic, where the urban regime of politics and business shapes urban space, which itself is then in turn shaped by spatial order.[36] This highlights the political dimension of urban density as it introduces the question of sovereignty into the conceptualization of urban commons. It reminds us to ask who takes control of the city's resources and who inhibits the appropriation of space of some by others. This environment of socio-spatial competition and friction undoubtedly gives evidence of

Ambrose King's sociological analysis, that rapid urbanization causes a politicizing of the apolitical strata.[37] In Hong Kong's recent history, this is evidenced by the urban conflicts that gave expression to the contesting *Stadtanschauungen*[38] within the city: the *Hijacking Public Space* movement in 2008 around Times Square Mall, the large anti-capitalist *Occupy Central* movement in 2011, the large-scale pro-democracy-driven *Umbrella Movement* of 2014 occupying the central highway for months, and this year's mass protests which are growing into a protest against the current political culture as a whole and its impacts on the residents' daily lives in the city.

Nobody will argue that making political demands visible, a role commonly and traditionally attributed to public space, is independent of the physical sites of a city that enable communities to do so. But beyond that, and fundamental to this essay's definition of the *social urban commons*, are the (informal) processes by which these physical sites are being appropriated, the circumstances under which these appropriations are being performed and, most importantly, which force claims sovereignty in this process. The political protests in Hong Kong exemplify the question of sovereignty in a theoretical but striking way: if, for example, freedom of assembly—the fundamental freedom held by all urban citizens in a democracy—requires a physical site in which to be carried out, do its assemblies depend on being protected *by* the state

28 To use the contemporary term which, to me, never ceases to resound the language of real estate marketing brochures and shopping malls.

29 For example, Gregory Smithsimon.

30 See Judith Butler, *Notes Towards A Performative Theory of Assembly* (Cambridge, 2015), 159.

31 Abbreviation for Public Open Space in Private Development.

32 Yang Yu, "The Changing Urban Political Order and Politics of Space: A Study of Hong Kong's POSPD Policy," *Urban Affairs Review* 51, no. 4 (2018): 732–760.

33 Ibid., 744.

34 Ibid., 741.

35 See Naomi Ng, "Waiting Time for A Hong Kong Public Housing Flat Longest in 18 Years," *South China Morning Post*, August 10, 2018, available online at: https://www.scmp.com/news/hong-kong/community/article/2159237/waiting-time-hong-kong-public-housing-flat-longest-18-years (accessed December 11, 2019).

36 See Yu, "The Changing Urban Political Order" (see note 32), 734.

37 See Ambrose Yeo-chi King, "Administrative Absorption of Politics in Hong Kong: Emphasis on the Grass Roots Level," *Asian Survey* 15, no. 5 (1975): 422–439, esp. 438.

38 *Stadtanschauungen* is an update to the philosophical term *Weltanschauungen*, a calque from German for "worldviews," describing the grand political ideologies on a global scale. Alternatively, the term *Stadtanschauungen* ("views on the city") clearly alludes to how grand political ideologies are expressed most evidently in the politics of urban space.

und Demokratie, dem Zugehörigkeitsgefühl zu einem kollektiven „Wir", da StadtbewohnerInnen schlicht die physischen Orte verlieren, an denen sie ihre gemeinschaftsstiftenden Narrative erleben.[22]

Während das Leben in Städten weithin als förderlich für die menschliche Entwicklung gesehen wird,[23] ist der dicht bebaute Raum auch Brutstätte der allgegenwärtigen Epidemie der sozialen Isolation, ist städtisches Leben meist das Sinnbild für die Abstraktheit und Entkörperlichung modernen Lebens. Angetrieben wird die Kultur der Optimierung städtischen Lebens vom neoliberalen Paradigma wirtschaftlichen Wachstums und vom traditionell kapitalistischen, mittlerweile allgegenwärtigen Dictum der Effizienz.[24] Die gebaute Umwelt formalisiert diese kompetitive Kultur und führt zu dem, was Hardt und Negri paradigmatisch als „Entsozialisierung des Gemeinschaftlichen"[25] beschrieben haben. Räumliche Dichte wirkt zudem als Brandbeschleuniger für viele der größten sozialen Herausforderungen im urbanen Raum. In Hongkong erreicht sie erschreckende Ausmaße: Sieben Millionen EinwohnerInnen bewohnen – aus historischen, ökonomischen und politischen Gründen – lediglich 26 Prozent der verfügbaren Landmasse. Das bebaute Gebiet ist begrenzt, hoch-verdichtet und schwer umkämpft, weshalb lediglich 3,8 Prozent seiner Fläche für Wohnraum genutzt sind.[26] In einigen Teilen der Stadt leben 400.000 EinwohnerInnen auf einem Quadratkilometer[27] – wogegen das am dichtesten besiedelte Viertel Londons nur 10.000 EinwohnerInnen pro Quadratkilometer aufweist. Im erbitterten Wettbewerb um den gebauten Raum, in dem Geschäftsinteressen über private Bedürfnisse siegen, reduzierte sich der private Wohnraum aufs Äußerste: Je nach Quelle beträgt die durchschnittliche Wohnungsgröße in Hongkong 43 Quadratmeter, was der Fläche von zwei Parkplätzen entspricht. Ein solcher urbaner Zustand geht zwangsläufig und dramatisch auf Kosten von individueller Privatsphäre und den vielseitigen Faktoren mentaler und körperlicher Gesundheit in der Stadt.

Teil dieser sozialen Fliehkraft der urbanen Gesellschaft ist, dass Raumfunktionen, die soziale Interaktion, Familienleben, gemeinschaftliche Identität fördern und traditionell im Wohnraum oder auf angrenzenden Fluren und Verandas ausgelebt wurden, heute auf programmierten öffentlichen Raum oder Shoppingmalls übertragen wurden. Vor allem im Wohnungsbau unterer und mittlerer sozialer Milieus, also bei jenen, die am stärksten dem ökonomischen Druck der Stadt ausgesetzt sind, verhindert die sterile Formensprache und die räumliche Programmierung jegliche unkontrollierte, informelle Durchmischung von privatem und öffentlichem Raum. Das Privatleben wird hinter verschlossene Wohnungstüren verbannt, das öffentliche Leben an Orte des Konsums oder restringierten Verhaltens kanalisiert. Die (sogenannten) „öffentlichen" Plätze oder „Plazas"[28] sollen heute die sozialen Folgen der industriellen Produktion von Wohnraum und die Rückbildung privater Räume gesellschaftlich und sozial abfedern. Was

unter ökonomischem Druck im Wohnungsbau keinen Platz hat, soll der öffentliche Raum wettmachen. Der wahrhaft öffentliche Raum, welchen progressive UrbanistInnen heute[29] zum Recht von StadtbewohnerInnen ausrufen (und der in moderner Stadtplanung auch nicht mehr vernachlässigt wird), steht insbesondere in Hongkong als Symbol für eine Entwicklung, in welcher gemeinschaftliche Güter und gesellschaftliche Ansprüche in Konsumgüter verwandelt werden.[30] Dafür spricht, dass heute neue öffentliche Räume, meist nur im Tauschhandel mit noch größeren Raumgewinnen für wenige entstehen, wie Hongkongs berühmt-berüchtigte POSPDs[31].

Symptomatisch für einen globalen Trend ist wiederum die bereits erwähnte gebaute Ikone für Hongkongs hegemoniale Wirtschaftsmacht, der Turm der HSBC-Bank im Bezirk Central. Hier wurde der Bank ein „Bonus"[32] (nota bene die Sprache) von zusätzlichen 14.801 Quadratmetern[33] der wertvollsten Ressource der Stadt – Raum – genehmigt, im Tausch gegen die Zugänglichmachung des Erdgeschosses (ca. 20 Prozent der Bonusfläche), als stark kontrollierte und überwachte Fußgängerpassage. Die Stadt, in welcher 80 Prozent des BIP[34] auf Milliardärsvermögen entfallen (vorwiegend die der mächtigen Immobilien-Tycoons), führte noch in 2014 den Crony Capitalism Index des Economist an, dem weltweiten Ranking der am meisten von Nepotismus und privaten Seilschaften regierten Städte. Im Schatten dieser Spitzenposition beträgt die durchschnittliche Wartezeit für eine erschwingliche Wohnung in einem öffentlichen Wohnbau heute rund sechs Jahre.[35]

22 Vgl. Parkinson, John: *Democracy and Public Space: The Physical Sites of Democratic Performance*, Oxford 2012.

23 Vgl. Harries, Emma: „Social Isolation and its Relationship to the Urban Environment", Research to Practice Paper, McGill University Montreal 2016.

24 Vgl. Rittel, *The Reasoning of Designers*, 158 (wie Anm. 16).

25 Hardt, Michael/Negri, Antonio: *Commonwealth. Das Ende des Eigentums*, Übers. Thomas Atzert und Andreas Wirthensohn, Frankfurt am Main 2010, 270.

26 Vgl. Hong Kong Planning Department, online unter: https://www.pland. gov.hk/pland_en/tech_doc/hkpsg/full/index.htm (Stand: 12. Dezember 2019).

27 Vgl. Yeh, Anthony: „High-Density Living in Hong Kong", in: Burdett, Ricky/ Taylor, Myfanwy/Kaasa, Adam (Hg.): *Cities, Health and Well-Being*, London/ Berlin 2011, 31, online unter: https://lsecities.net/wp-content/uploads/ 2011/11/2011_chw_3050_Yeh.pdf (Stand: 12. Dezember 2019).

28 Um einen zeitgenössischen Begriff zu verwenden, der für mich nie den Geruch nach Immobilienprospekten und Shoppingmalls verliert.

29 Zum Beispiel Gregory Smithsimon.

30 Vgl. Butler, Judith: *Notes Towards a Performative Theory of Assembly*, Cambridge 2015, 159.

31 Abkürzung für „Public Open Space in Private Development".

32 Yu, Yang: „The Changing Urban Political Order and Politics of Space: A Study of Hong Kong's POSPD Policy", *Urban Affairs Review* 51, 4 (2018), 732–760.

33 Ebd., 744.

34 Ebd., 741.

35 Vgl. Ng, Naomi: „Waiting Time for A Hong Kong Public Housing Flat Longest in 18 Years", *South China Morning Post*, 10. August 2018, online unter: https://www.scmp.com/news/hong-kong/community/article/ 2159237/waiting-time-hong-kong-public-housing-flat-longest-18-years (Stand: 2. Dezember 2019).

and its norm-enforcing allies of capital power, or does it depend on being protected *from* them *by* the people?[39] The question of popular sovereignty versus the sovereignty of the state over the city's spatial articulation of claims thus hints at the vital contribution of forms of resistance to the system's norms, laws or architecturally-coded formalities. The protest, as a form of popular sovereignty, empowers a process of "reflexive self-making" of communities which is "separate from the very representative regime it legitimates."[40]

Resistance, including resistance to architecturally-coded formalities of the city such as blocking some streets with barriers and flooding others with millions of people, becomes a practice of commoning the city's spatial assets (in this case, the asset of the diversity of political claims and the freedom to make them both visible and spatial). It gives evidence to Hershkovitz's view on the appropriation of symbolic political spaces such as Beijing's Tiananmen Square. There, no less than in Hong Kong, "the power of oppositional movements rests on their ability to appropriate 'the space of the other.'"[41] While commons are traditionally defined in literature as "collectively shared property,"[42] I argue that the informal process of resistance, the sovereignty reclaimed by a collective through engaging in such an act, is likewise a type of collectively shared property[43] and a right owned by everyone who desired to resist. Resistance is proven to be a spatial potential, abstractly available to all. It is held by and exercised by the protesters blocking a street in the same way as a skater resists behavioral norms and interprets a handrail to be sports gear. While I certainly do not argue for an abolishment of laws or a general disregard of considerate social norms, I assert that within the system of contradictory forces of a city, it is often only the abstract process of resistance by a minority that guarantees and claims the spatial coexistence of diverse positions, interpretations, and identities within the urban realm. Scholars (such as Nicholas Blomley[44]) see resistance—for example, against the enclosure of a commons—merely as the proof of the existence of a commons. I argue, however, that resistance itself is fulfilling the core quality to define it as a commons itself. Simply by *informally enacting* and *reclaiming* and not by *planning* or *designing* that "open access," which is itself a "central social value arising from open democratic societies,"[45] the space is commoned through resistance.

Resistance, beyond a political dimension, takes on diverse manifestations in the density of Hong Kong, even and possibly most poignantly in the consequences of the housing crisis. In Hong Kong, housing prices have spiked 445 percent over the past 15 years,[46] identified by the 2019 Annual Demographia International Housing Affordability Survey as the least affordable city in the world.[47] In such a regime of competition for urban space, informal appropriation of interstitial spaces (of rooftops, underpasses, back alleys or any other commercially non-cultivable urban niches) becomes the only means by which urban residents can individually participate in co-creating more diverse forms of urban housing, in resistance to the dominant and formal methods. The sheer extent of Hong Kong's rooftop slums tells a story about commoning the city through resistance: the thousands of informal, illegally built, dense dwellings on extensive and connected rooftops in the most central parts of the city form rural structures of cohabitation, autonomous from traditional real estate markets, built from sheet metal, brick and plastic, sharing and informally claiming access to electricity and other infrastructures. While space itself is a "subtractive resource,"[48] as Elinor Ostrom conceptualizes the commons,[49] such resistance—which allows for the informal appropriation of space—is itself certainly not subtractive, but rather a symbol of claimed co-existence of more than one system of producing housing in the city, and therefore fundamentally "additive." Here, too, it is this resistance that is a practice of commoning the city. While I most certainly wish to avoid fetishizing deprived circumstances, these tens of thousands of alternative lives among modern urbanites do at least serve as an example of large-scale participation in the discussion of what else the city can be.

39  See Parkinson, *Democracy and Public Space* (see note 22).

40  Butler, "Notes Towards a Performative Theory of Assembly" (see note 30), 171.

41  Linda Hershkovitz, "Tiananmen Square and the Politics of Place," *Political Geography* 12 (1993): 395.

42  Amanda Huron, "Working with Strangers in Saturated Space: Reclaiming and Maintaining the Urban Commons," *Antipode* 47, no. 4 (2015), 963–979, esp. 963.

43  See Miriam Williams, "Urban Commons Are More-Than-Property," *Geographical Research* 56, no. 1 (2018): 16–25.

44  Nicholas Blomley, "Enclosure, Common Right, Property of the Poor," *Social & Legal Studies* 17, no. 3 (2008): 311–331.

45  Maja Bruun, "Communities and the Commons: Open Access and Community Ownership of the Urban Commons," in *Urban Commons: Rethinking the City*, eds. Christian Borch and Martin Kornberger (Milton Park, 2015), 153–170, esp. 156.

46  See Shirley Zhao, "Law and Crime – One in Four Hong Kong Properties Has Illegal Structures, but Most Owners Get Away with Their Misdeeds," *South China Morning Post*, January 22, 2018.

47  Annual Demographia International Housing Affordability Survey (2019).

48  Elinor Ostrom, "Beyond Markets and States. Polycentric Governance of Complex Economic Systems," *American Economic Review* 100, no. 3 (2010): 641–672.

49  See also Huron, "Working with Strangers in Saturated Space" (see note 42) or Phil Hubbard, "Sex Zones: Intimacy, Citizenship and Public Space," *Sexualities* 4, no. 1 (2001): 51–71.

4

5

Diese Dynamik in dichten Städten ist Ausdruck für eine zeitgenössische sozio-räumliche Dialektik, wonach das Regime aus Politik und Business den urbanen Raum formt und umgekehrt vom Raum geformt wird.[36] Das unterstreicht die politische Dimension der Commons, da es im Machtverhältnis zwischen BürgerInnen, Wirtschaft und Politik die Frage nach der Souveränität auf den Plan ruft. Es erinnert uns daran zu fragen, wer die Kontrolle über die Ressourcen der Stadt besitzt, und wer die Aneignung des Raums von den einen durch andere verhindert. Ein Kräftemessen um die Souveränität über den Stadtraum ist zweifellos ein Beleg für Ambrose Kings soziologischen Befund, nach welchem rasche Urbanisierung zu einer Politisierung apolitischer Schichten führt.[37] In der neueren Geschichte Hongkongs zeigt sich das an einer ganzen Historie an urbanen Konflikten, die Ausdruck konkurrierender *Stadtanschauungen*[38] sind: der *Hijacking Public Space*-Bewegung um die Times Square-Mall 2008, der großen antikapitalistischen *Occupy Central*-Bewegung von 2011, der breiten prodemokratischen *Regenschirmbewegung* von 2014, die monatelang den Highway in Central blockierte und den diesjährigen Massenprotesten, die sich zu einem Protest gegen die politische Kultur der Stadt insgesamt und deren Auswirkungen auf das tägliche Leben ihrer BewohnerInnen ausweiten.

Der öffentliche Raum hat hierbei – das ist wohl in jedem Demokratieverständnis westlicher Deutung unbestritten – die essenzielle Funktion, das Sichtbarmachen politischer Forderungen zu erlauben, als sichtbares Forum, Bühne und „Raumwerdung" des sonst abstrakten Grundrechts der Versammlungs- und Meinungsfreiheit. Doch ist es entscheidend, in Betrachtung der Social Urban Commons-Theorie und der Stadtkonzeption dieses Essays, die Prozesse zu bedenken, die Informalität, mit welcher der Stadtraum im Zuge dieses Souveränitätskampfes informell angeeignet wird. An den politischen Protesten in Hongkong lässt sich die Frage der Souveränität gut theoretisch verdeutlichen: Wenn etwa die Versammlungsfreiheit – die fundamentale Freiheit aller BürgerInnen in einer Demokratie – zu ihrer Ausübung einen physischen Ort benötigt, bedürfen dann Versammlungen des Schutzes *durch* den Staat, oder bedürfen sie des Schutzes *vor* dem Staat *durch* das Volk?[39] Die Frage, ob die Souveränität in der räumlichen Artikulation von Forderungen in einer Stadt dem Volk oder dem Staat zukommt, verweist mithin auf den wesentlichen Beitrag, den Widerstand gegen die Normen, Gesetze oder architektonisch codierten Formalismen eines Systems leisten. Der Protest im Stadtraum als eine Form der angeeigneten Souveränität der StadtbürgerInnen stärkt einen Prozess der „reflexiven Selbstschaffung" von Communities, der „unabhängig ist von dem repräsentativen Regime, das es legitimiert".[40]

Widerstand, auch jener gegen die architektonisch codierten Formalismen der Stadt, wie das Blockieren wichtiger Straßen, durch das Errichten von Barrikaden oder ihre Überflutung mit Millionen Menschen, wird zu einer Praxis, mit welcher das gesellschaftliche „Kapital" des Stadtraumes als Commons erschlossen und, in diesem Fall, der Vielklang unterschiedlicher politischer Ansichten verräumlicht wird. Das untermauert Hershkovitz' These über die Aneignung symbolträchtiger politischer Räume, wie etwa den Tiananmen-Platz in Peking. Ebenso wie dort beruht auch im Fall von Hongkong „die Macht oppositioneller Bewegungen [...] auf deren Fähigkeit, sich ‚den Raum des anderen' anzueignen."[41] Werden Commons in der Literatur meist als „kollektiv geteiltes Eigentum"[42] definiert, so sage ich, dass der informelle Prozess des Widerstands, die dadurch errungene Souveränität, zu einer Art kollektiv geteiltem Eigentum wird.[43] Widerstand erweist sich als ein räumliches Potenzial, das, abstrakt betrachtet, allen zugänglich ist. Es wird von Demonstrierenden, die eine Straße blockieren, ebenso in Anspruch genommen wie von SkaterInnen, die sich Verhaltensregeln widersetzen und ein Geländer zum Sportgerät umdeuten. Auch wenn ich mich keineswegs für die Abschaffung von Gesetzen oder die Missachtung selbstverständlicher sozialer Normen ausspreche, so möchte ich doch behaupten, dass innerhalb des Systems widerstreitender Kräfte, das eine Stadt ausmacht, oft erst der abstrakte Widerstand durch eine Minderheit die räumliche Koexistenz diverser Positionen, Interpretationen und Identitäten im urbanen Raum fordert und gewährleistet. Manche WissenschaftlerInnen (wie etwa Nicholas Blomley[44]) betrachten den Widerstand – z.B. gegen die Eingrenzung eines Commons – lediglich als Beweis für die Existenz desselben. Ich behaupte darüber hinaus, dass der Widerstand selbst die Grundeigenschaften für ein Commons erfüllt. Es ist oft der Widerstand und nicht das Design oder die Planung, wodurch der

36 Vgl. Yu: „The Changing Urban Political Order", 734 (wie Anm. 32).

37 Vgl. King, Ambrose Yeo-chi: „Administrative Absorption of Politics in Hong Kong. Emphasis on the Grass Roots Level", *Asian Survey* 15, 5 (1975), 422–439, hier 438.

38 *Stadtanschauungen* ist ein Update des Begriffs *Weltanschauungen* für die großen, auf die ganze Welt bezogenen politischen Ideologien. Dagegen deutet der Begriff *Stadtanschauungen* an, dass die großen politischen Ideologien sich heute am deutlichsten in der Politik des urbanen Raums zeigen.

39 Vgl. Parkinson, *Democracy and Public Space* (wie Anm. 22).

40 Butler, *Notes Towards a Performative Theory of Assembly*, 171 (wie Anm. 30, Übers. Wilfried Prantner).

41 Hershkovitz, Linda: „Tiananmen Square and the Politics of Place", *Political Geography* 12 (1993), 395 (Übers. Wilfried Prantner).

42 Huron, Amanda: „Working with Strangers in Saturated Space. Reclaiming and Maintaining the Urban Commons", *Antipode* 47, 4 (2015), 963–979, hier 963.

43 Vgl. Williams, Miriam: „Urban Commons Are More-Than-Property", *Geographical Research* 56, 1 (2018), 16–25.

44 Blomley, Nicholas: „Enclosure, Common Right, Property of the Poor", *Social & Legal Studies* 17, 3 (2008), 311–331.

Having grown quickly during large waves of immigration since the 1970s, such informal phenomena prove the coexistence of alternative modes of producing housing under intense urban pressure and informally juxtapose more autonomous, improvised, heterogeneous, less sanitized and less controlled spaces to be represented on the spectrum of different interpretations of the city. They offer an antithesis to the dominant modes of production by using materials at hand, reusing it to constantly alter the built form over time. They are built and maintained by the residents; anyone is an architect, and the residents become the urban planners. Echoing the growing literature on the contribution of informal dwellings to questions of how to deal with rapid urbanization, such alternative housing practices in Hong Kong give agency and physical space to communities who would otherwise be displaced to the neglected margins of the city.[50] Here, they have informally appropriated the most central, theoretically most valuable space in the city in the rooftops of very central neighborhoods. These alternative practices of housing remind us to be "learning to see past the spatial irregularity, the surface grime and the patchy aesthetic to understand the economic resilience, the social cohesion, the autonomy, the technological ingenuity, the remarkable skills of everyday living that can flourish in informal housings."[51] The informal appropriation of space that provided housing to tens of thousands of urban residents also reclaimed a "social breathing space"[52] in the dense network of social relations and its frictions. This participation, thus, is a practice of commoning the urban space.

Under these strained housing conditions, physical proximity, a culture of competition and lack of real public communal space open for diverse interpretations by diverse communities, the most fundamental qualities of what spatially constitutes a *home* are eroded. With Hong Kong rising as an international financial hub and with increasing living costs, household structures are increasingly becoming double income households, leaving household work to an incoming community of several hundred thousand live-in domestic workers, mostly from the Philippines. But with space being the scarcest urban resource in Hong Kong, this has resulted in fundamental violations of the most basic living standards of this large community of migrants: hundreds of thousands of people were deprived of privacy and cultural expression by being forced to sleep on the floor, in corridors or kitchens of their employer's already too small apartments. These circumstances of spatial, cultural and social deprivation have given rise to a unique practice of resistance to the spatial regime or architecturally coded norms of behavior of the modern city. every Sunday in Hong

Kong 400,000 Filipino domestic workers (that is, one in twenty Hong Kong residents) peacefully occupy the streets of the financial district, skywalks, underpasses, traffic islands, stairways or entries of the banking towers, shopping malls and even entire highways by erecting thousands of temporary cardboard shelters, mimicking the privacy, homeliness and autonomy they dramatically lack six out of seven days being housed in the corridors of their employers. (figs. 1–5) This appropriation of space is an act of informally reclaimed and non-planned-for participation in the city. It commons the city and gives visibility to more than just a community. It makes visible the social dimension of a complex system of strained urban conditions through a large-scale informal appropriation of city space. Every Sunday, on their one day off work, from dawn until late at night, the urban landscape of bank towers, highways and shopping malls is temporarily reinterpreted by this large community, juxtaposing the architecture of cosmopolitanism with temporary informal "transnational"[53] architectures in a temporary urban assemblage.

By occupying the ground of much of Hong Kong's Central district, they claim, control and create spaces that are connected to both Hong Kong and Philippine national imaginaries.[54] The erected structures, ranging from approximately two to thirty square meters in size, most often consist of cardboard covering the floor and a circumference arrangement of

50 See also note 10, as most of such commentary on informal dwellings are representing a western understanding, such as the following source in note 51 by the World Economic Forum being, in my understanding, the epitome of a western capitalism-driven *Weltanschauung*. While this does not eradicate the point of the argument, it shall simply be noted.

51 Stephen Cairns, "What Slums Can Teach Us About Building the Cities of the Future," World Economic Forum, 2019, available online at: https://www.weforum.org/agenda/2019/03/why-slums-could-provide-the-housing-inspiration-of-the-future/ (accessed December 11, 2019).

52 Pamela Shaw and Joanne Hudson, *The Qualities of Informal Space: (Re) Appropriation Within the Informal, Interstitial Spaces of the City*, proceedings of the conference "Occupation: Negotiations with Constructed Space," July 2–4, 2009, University of Brighton (Brighton, 2009).

53 Lisa Law, "Defying Disappearance: Cosmopolitan Public Spaces in Hong Kong," *Urban Studies* 39, no. 9 (2002): 1625–1645, esp. 1629.

54 The term "imaginaries" is worth to be defined here: Rooted in sociology and often used as "social imaginaries," it refers to how a group of people, here Philippine nationals, perceive, or imagine, the social whole of their community through a common understanding of social codes, laws, institutions and symbols. See also Law, "Defying Disappearance" (see note 53).

„offene Zugang" zu einem Raum gewissermaßen informell erkämpft wird. Dieser „offene Zugang" zum Stadtraum findet sich nicht nur in der Definition von Commons, sondern ist ein „zentraler sozialer Wert, der aus offenen demokratischen Gesellschaften erwächst".[45] Erst durch Widerstand wurde der Raum in seiner Funktion, allen ein Indentifikationsort sein zu können, gemeingeschaffen.

Widerstand äußert sich in der Dichte Hongkongs auch jenseits der politischen Dimension in vielfältiger Praxis, vielleicht sogar am eindringlichsten im Umfeld der Wohnungskrise. In Hongkong sind die Wohnungspreise im Lauf der letzten 15 Jahre um 445 Prozent gestiegen,[46] was die Stadt nach dem *Annual Demographia International Housing Affordability Survey* von 2019 zur unerschwinglichsten der Welt macht.[47] Angesichts dieses Konkurrenzkampfs um den urbanen Raum wird die informelle Aneignung von Zwischenräumen, von Dächern, Unterführungen, Hinterhöfen und anderen kommerziell unkultivierbaren urbanen Nischen, oft zur einzigen Möglichkeit für StadtbewohnerInnen, der dominanten Maschinerie industrieller Wohnraumproduktion und ihren Folgen zu entkommen. Allein das Ausmaß der Slums auf Hongkongs weitläufigen Dachlandschaften tausender Hochhäuser erzählt etwas davon, wie Widerstand urbane Commons ins Leben ruft: Die Tausenden informeller, illegal gebauter, dicht an dicht stehender Hütten und oft gar mehrstöckiger Behausungen auf den ausgedehnten, miteinander verbundenen, besetzten Dächern in den zentralsten Vierteln der Stadt bilden dörfliche Strukturen des Zusammenlebens. Losgelöst vom regulären Immobilienmarkt, erbaut aus Blech, Ziegeln und Plastik, Strom und andere Infrastruktur teilend, erschaffen sie reale Alternativen zur Frage des Besitzes und des Zugangs zu Ressourcen. Während Raum selbst eine „subtraktive Ressource"[48] ist, wie Elinor Ostrom definiert,[49] ist der Widerstand, der mittels der informellen Raumaneignung zum Ausdruck gebracht wird, keineswegs *subtraktiv*, sondern ein Symbol für die erkämpfte Koexistenz von mehr als nur einem dominanten System der Wohnraumproduktion in der Stadt und damit fundamental *additiv*. Auch in diesem Fall ist der Widerstand eine Praxis des Gemeinschaffens der Stadt. Auch wenn es mir fern liegt, benachteiligte soziale Umstände formal zu fetischisieren, so können diese Zehntausende alternativer Lebensformen doch als ein Beispiel für eine veritable Partizipation an der Frage dienen, was die Stadt „sonst noch" sein kann.

Diese informellen Wohnsiedlungen über den Dächern der Millionenmetropole, die während der großen Immigrationswellen seit den 1970er Jahren rasch zugenommen haben, erringen das Nebeneinander alternativer Methoden der Wohnraumschaffung unter extremem urbanem Druck und fügen dem Interpretationsspektrum der Stadt informellere, autonomere, provisorischere, heterogenere, weniger sterile, „gezähmte" und kontrollierte Räume hinzu. Sie bilden eine Antithese zu den herrschenden Produktionsweisen, indem die Architektur aus Materialien entsteht, die zur Hand sind, sich die Bauformen kontinuierlich ändern. Sie werden von ihren BewohnerInnen errichtet und erhalten. Dabei wird alles zu Baumaterial, jeder ist ArchitektIn und die BewohnerInnen selbst werden zu StadtplanerInnen. In Anlehnung an die wachsende Literatur über den wichtigen Beitrag informeller Bauformen und Siedlungen zur Frage des Umgangs mit der rasenden Urbanisierung weltweit, kann man sagen, dass solche alternativen Praktiken der Wohnraumbeschaffung Handlungsmacht und schlicht physischen Raum für Gruppierungen schaffen, die sonst an die vernachlässigten Ränder der Stadt verdrängt würden.[50] In Hongkong haben sich BürgerInnen mit dem Besetzen und informellen Bebauen von Dächern äußerst zentral gelegener Stadviertel den theoretisch wertvollsten Raum der Stadt angeeignet. Diese alternativen Formen des Wohnens erinnern uns daran, dass wir lernen müssen, „über das räumliche Durcheinander, den scheinbaren Schmutz und die improvisierte Ästhetik hinauszuschauen und die ökonomische Resilienz, den sozialen Zusammenhalt, die Autonomie, den technischen Einfallsreichtum und die bemerkenswerten Alltagsfähigkeiten zu erkennen, die oft in informellen Siedlungen gedeihen."[51] Die informelle Raumaneignung, die für Zehntausende StadtbewohnerInnen Wohnraum schuf, erkämpfte dem dichten sozialen Netzwerk der Stadt auch einen „sozialen Atemraum"[52] zurück. Der Widerstand, der den informellen Wohnformen innewohnt, ist also ebenso eine Praxis des Gemeinschaffens von urbanem Raum, ein Urban Commons.

45  Bruun, Maja: „Communities and the Commons. Open Access and Community Ownership of the Urban Commons", in: Borch, Christian/Kornberger, Martin (Hg.): *Urban Commons: Rethinking the City*, Milton Park 2015, 153–170, hier 156.

46  Vgl. Zhao, Shirley: „Law and Crime – One in Four Hong Kong Properties Has Illegal Structures, but Most Owners Get Away with Their Misdeeds", *South China Morning Post*, 22. Januar 2018.

47  *Annual Demographia International Housing Affordability Survey* (2019).

48  Ostrom, Elinor: „Beyond Markets and States. Polycentric Governance of Complex Economic Systems", *American Economic Review* 100, 3 (2010), 641–672.

49  Vgl. dazu auch Huron: „Working with Strangers in Saturated Space" (wie Anm. 42) oder Hubbard, Phil: „Sex Zones: Intimacy, Citizenship and Public Space", *Sexualities* 4, 1 (2001), 51–71.

50  Vgl. dazu Anm. 10, da die meisten derartigen Kommentare über informelle Behausungen einen westlichen Standpunkt repräsentieren, wie etwa der in der nächsten Anmerkung angeführte Artikel des Weltwirtschaftsforums, der, meiner Meinung nach, der Inbegriff einer vom westlichen Kapitalismus bestimmten Weltanschauung ist. Das hebt die Gültigkeit des Arguments zwar nicht auf, soll aber doch nicht unerwähnt bleiben.

51  Cairns, Stephen: „What Slums Can Teach Us About Building the Cities of the Future", World Economic Forum, 2019, online unter: https://www.weforum.org/agenda/2019/03/why-slums-could-provide-the-housing-inspiration-of-the-future/ (Stand: 12. Dezember 2019).

52  Shaw, Pamela/Hudson, Joanne: The Qualities of Informal Space. (Re)Appropriation Within the Informal Interstitial Spaces of the City [illegible] Constructed Space", 2.–4. Juli 2009, University of Brighton 2009.

cardboard walls that are held up by wire or cords suspended from ceilings or railings, often with roofs. Stretching kilometers on sidewalks, stairs, and under bridges, thousands of cardboard shelters compose a city within the city. From an urban perspective, this congregation is more than simply a social gathering of a community. It is an ephemeral city, built and dedicated entirely to the temporary creation of qualities of life that are traditionally enacted in homes—privacy, sharing a home-cooked meal, watching movies or hosting friends—for a community lacking homes in which to do so. Inside these makeshift compartments, a phantasma[55] of private housing is enacted: shoes are left "outside" and different corners are dedicated to

open spaces and privately-owned corporate spaces, the sheer scale of this informal appropriation of space has resulted in a surprising degree of tolerance[58] from government and businesses which neither encourages, nor effectively restricts it. They instead have come to pragmatically add Tagalog, the national language of the Philippines, to the public signs in this area,[59] thus rendering it a community legitimately associated with this space.

It's the same streets that were being occupied by protesters on a Saturday, domestic workers on Sunday and bankers on Monday, at times overlapping, adding periodical layers of very different identities, demands and realities to the urban experience. The process of appearing and the ability to do so in urban space, resisting the programming of a heterogenous account of public decency, is a process of commoning the network of relations that make the city. The coming together of

different uses, from eating to sleeping, with those in adjacent compartments becoming neighbors for a day. Together these assemblages compose a temporary urban enclave with its own kind of housing density, its own architectural articulation with its own (cardboard) borders between public and private spheres.[56] It is a way to very informally reclaim a degree of sovereignty over very basic deprived domestic qualities and activities by way of this informal appropriation of the city: the day is spent sleeping, singing karaoke, and exchanging goods and gossip across this network of a temporary city, which at night is disassembled again and disappears without a trace, making way for the bankers and business people to dominate the space only a few hours later. The community disappears again to work under strained housing conditions, with one in ten domestic workers being forced to sleep in a kitchen, toilet, or corner of the living room.[57] While the temporarily occupied territories morph public

bodies in distinct spatialities articulates the complex claims of the community simply by being present, even without public chanting and without acting in concert.[60] This commoning, as

55 In the Aristotelian terminology, "phantasma" refers to the "mental picture" of something we imagine, fantasize.

56 See ibid.

57 See Joseph Hincks, "In the World's Most Expensive City, 1 in 10 Maids Sleeps in a Kitchen, Toilet, or Corner of the Living Room," *Time Magazine*, May 19, 2017, available online at: https://time.com/4775376/hong-kong-migrant-workers-maids-helpers-conditions/ (accessed December 11, 2019).

58 Strictly speaking only after decades and a number of different legal approaches of relocating the phenomenon to other locals which were simply not effective.

59 See Jasmine Tillu, "Spatial Empowerment: The Appropriation of Public Spaces by Filipina Domestic Workers in Hong Kong" (Master Thesis, MIT, 2011).

60 See Gibson-Graham, "Commoning as a Postcapitalist Politics" (see note 15), 171.

Unter Einfluss dieser angespannten Wohnverhältnisse, der kompetitiven Kultur um Raum und dem kritischen Mangel an wahrhaft öffentlichen Räumen erodieren auch die essenziellen Faktoren, die das Empfinden eines „Zuhauses" schaffen, als einem Ort der individuellen oder kulturellen Entfaltung. Mit dem Aufstieg Hongkongs als internationalem Finanzzentrum und den steigenden Lebenskosten wächst seit Jahrzehnten der Anteil der Doppelverdienerhaushalte. Diese gesellschaftliche Neuordnung führte zur Immigration von mehreren hunderttausend Haushaltskräften – primär von den Philippinen – nach Hongkong, die aufgrund lokaler Gesetze in den Wohnungen ihrer ArbeitgeberInnen unterkommen müssen. In einer Stadt, in der Raum die knappste Ressource ist, hat dies zu eklatanten Verletzungen der fundamentalsten Lebensbedingungen dieser großen migrantischen Community geführt: Gezwungen, auf dem Boden, im Gang oder in der Küche der ohnedies zu kleinen Wohnungen ihrer ArbeitgeberInnen zu schlafen, werden Hunderttausende ihrer Privatsphäre und ihrer kulturellen und individuellen Entfaltungs- und Ausdrucksmöglichkeit beraubt. Diese Umstände räumlicher, kultureller und sozialer Deprivation haben eine einzigartige Praxis des Widerstands gegen das Raumregime und die architektonisch codierten Verhaltensnormen der modernen Stadt entstehen lassen: Jeden Sonntag besetzen in Hongkong 400.000 philippinische Hausangestellte (d.h. einer von zwanzig BewohnerInnen der Stadt) im Finanzdistrikt friedlich sämtliche Fußgängerübergänge und -unterführungen, Verkehrsinseln, Treppenaufgänge oder Eingangsbereiche von Bankentürmen und Shoppingmalls, ja sogar ganze Straßen. Durch das Errichten Tausender temporärer Kartonbehausungen leben sie jene Privatsphäre, Wohnlichkeit und Autonomie informell nach, die ihnen an sechs von sieben Tagen der Woche verwehrt werden (Abb. 1–5). Diese großflächige informelle Aneignung von Raum ist ein Akt einer informell errungenen Partizipation an der Stadt und ihrer Öffentlichkeit. Sie erschließt die Stadt als Commons, nicht nur räumlich, sondern auch gesellschaftlich: Durch die Sichtbarmachung einer sonst unsichtbaren Community wird die gesamte soziale Dimension eines komplexen Systems an Macht-, Arbeits- und Familienverhältnissen für alle öffentlich sichtbar. Jeden Sonntag, an ihrem einzigen freien Tag, von frühmorgens bis spätnachts, wird die urbane Landschaft aus Bankentürmen, Straßen und Shoppingmalls von philippinischen Hausangestellten neu interpretiert, indem sie der Architektur des Kosmopolitismus die urbane Assemblage ihrer temporären „transnationalen"[53] Architekturen aus Pappe und Koffern gegenüberstellen.

Mit der Besetzung eines Großteils der öffentlichen Fußgängerbereiche von Central beanspruchen, kontrollieren und schaffen sie Räume, die mit dem nationalen Imaginären[54] Hongkongs ebenso verbunden sind wie mit dem der Philippinen. Die zwischen zwei und dreißig Quadratmeter großen räumlichen Strukturen bestehen meist aus einem auf dem Boden liegenden Karton und Kartonwänden, gehalten durch an

Decken oder Geländern befestigten Drähten oder Schnüren, oft gar mit einer Dachkonstruktion aus Stoffen. Sich kilometerweit über Fußwege, Treppen und unter Brücken erstreckend, ergeben die vielen tausend Kartonbehausungen eine „Stadt in der Stadt". Aus urbanistischer Sicht handelt es sich bei dieser Kongregation nicht nur um eine soziale Zusammenkunft. Es ist eine ephemere, informelle Stadt, einzig und allein dazu errichtet, einer Community, in der keine/r über ein eigenes privates Heim verfügt, vorübergehend häusliche Raumqualitäten zu ermöglichen – Privatsphäre, gemeinsames Verzehren eines selbstgekochten Mahls, Filmeschauen, Freunde einladen. In diesen behelfsmäßigen vier Wänden wird ein Phantasma[55] privaten Wohnens in der Öffentlichkeit arrangiert: Schuhe werden „vor der Tür" abgestellt, verschiedene Ecken unterschiedlichen Funktionen, vom Essen zum Schlafen, gewidmet, und die Menschen in den angrenzenden vier Wänden werden für einen Tag lang zu NachbarInnen. Zusammen bilden diese Assemblagen eine temporäre urbane „Enklave" mit ihrer eigenen Bebauungsdichte, ihrer eigenen architektonischen Artikulation, ihren eigenen (Pappe-)Grenzen zwischen öffentlichem Raum und privatem Raum.[56] Es ist eine informelle Praxis, die durch diese Form der Raumaneignung ein gewisses Maß an Souveränität über fundamentale häusliche und soziale Qualitäten und Aktivitäten zurückgewinnt: Der Tag wird schlafend oder Karaoke singend verbracht, es werden Güter und Gerüchte getauscht im Netzwerk dieser temporären Stadt, die nachts wieder abgebaut wird und spurlos verschwindet, den BankerInnen und Geschäftsleuten weichend, die den Raum nur wenige Stunden später wieder beherrschen. Die Community zerstreut sich erneut in die beengten Wohnverhältnisse, die ihnen auch noch Arbeitsstätte sind, einer von zehn gezwungen, in der Küche, auf der Toilette oder in einem Winkel des Wohnzimmers zu schlafen.[57] Obwohl die temporär angeeigneten Bereiche öffentliche und in Privatbesitz

53  Law, Lisa: „Defying Disappearance. Cosmopolitan Public Spaces in Hong Kong", *Urban Studies* 39, 9 (2002), 1625–1645, hier 1629.

54  Der Begriff des „Imaginären" bedarf hier einer Definition: Aus der Soziologie kommend, wo meist vom „sozialen Imaginären" die Rede ist, verweist er darauf, wie eine Gruppe von Menschen, in diesem Fall philippinische StaatsbürgerInnen, das soziale Ganze ihrer Community durch ein gemeinsames Verständnis sozialer Codes, Gesetze, Institutionen und Symbole begreift. Vgl. auch Law: „Defying Disappearance" (wie Anm. 53).

55  Aristotelisch gesprochen meint „Phantasma" ein „inneres Bild" von etwas Vorgestelltem, Erdachtem.

56  Vgl. auch Anm. 53.

57  Vgl. Hincks, Joseph: „In the World's Most Expensive City, 1 in 10 Maids Sleeps in a Kitchen, Toilet, or Corner of the Living Room", *Time Magazine*, 19. Mai 2017, online unter: https://time.com/4775376/hong-kong-

any, "is a messy and fragmented process in which transformation takes place,"[61] as Gibson-Graham et al. argue, echoing my account of commoning the city as being informal and non-planned-for.

This example from Hong Kong's very particular urban condition of today exemplify how resistance—and, therefore, informal processes of appropriating the city against the programming of its hegemonic forces of political and financial power—shows that commons are enacted through a push and pull of passive toleration and the proactive processes of informal appropriation: The popular protest, which, driven by a lack of truly public space, physically altered the built environment and its narratives through occupying it, gave evidence of this informally claimed sovereignty just as much as the informal dwellings of the rooftop slums do informally claim co-existence of more diverse forms of habitation in central neighborhoods. Thirdly, and most strikingly, also the community of domestic workers proved the same: in strained urban conditions, only the resistance, the informal occupation of space had guaranteed this community their rightful space in the spatial competition amid high-density and commodification of even public spaces. In all three phenomena, multiplicity is the result of a spatially-articulated debate, where claiming and letting-be-claimed sustain an informal balance in a system otherwise dominated by control. This acknowledgement gives evidence that "taking it to the streets" becomes more than a metaphor for public discontent and demonstrations. The streets, the built environment of the city, its architecture and public space become actors in the democratic performativity of society at large.[62] The informal appropriation of spaces thus empowers claims and realities to be taken seriously and to be scrutinized—not by erasing, but by allowing or even creating friction.[63] The city, beyond a democratic participation in political terms, becomes participatory at large by allowing the informal appropriation and re-interpretation of physical sites of representation for its diverse communities. Any urban planner or politician, any architect or developer must come to acknowledge that this is an essential contribution to a socially cohesive life in the city. This is *commoning* the city's social assets. While I certainly do not want to reduce political responsibility for governing the city and certainly discourage any act of destructive violence in any informal appropriation, this theory must be understood as a gesture of bowing to alternative, informal methods of interpreting the city.

So how do we approach the challenging friction that is inherent to the definition of the city acquired herein? While today's modern megacities have mostly embarked on dealing with frictions with police and policy, I believe we should be reminded that it is the attitude of letting-be, often of not-acting, not enforcing in our human-to-city relation, the gesture of tolerating coexistence and juxtapositions as the strategy for dealing with urban friction that brings into being *social urban commons* and, thus, contributes to the resilience, discursivity, and openness of any city. With this acknowledgment, urban space can and must become the abstract higher representative of the diversity it accommodates. ∎

---

61 Ibid.

62 See also note 10.

63 See Parkinson, *Democracy and Public Space* (see note 22).

befindliche Räume sind, wurde dieser großflächigen informellen Raumaneignung von Regierung und Unternehmen ein überraschendes Maß an Toleranz entgegengebracht;[58] man ermutigt sie weder, noch verbietet man sie wirklich. Vielmehr wurden an einigen Orten die öffentlichen Schilder pragmatisch um Tagalog, die Sprache der PhilippinerInnen, erweitert[59] und damit die errungene Verbindung der Community mit diesem Raum praktisch legitimiert.

Es sind ein und dieselben Straßen, die samstags von DemonstrantInnen, sonntags von Hausangestellten und montags von BankerInnen besetzt sind. Mitunter überlappend, werden der Erfahrung der Stadt periodisch zusätzliche Schichten verschiedener Identitäten, Ansprüche und Realitäten hinzugefügt. Der Prozess und die Fähigkeit, im urbanen Raum in Erscheinung zu treten und sich der Programmierung einer homogenen Vorstellung von anständigem Verhalten in der Öffentlichkeit zu widersetzen, transformiert den Stadtraum in ein Commons. Die Zusammenkunft von Menschen in Räumen artikuliert die komplexen Forderungen der Community allein durch ihre Präsenz, auch ohne Sprechchöre, ohne Agenda oder konzertierte Aktionen, durch nicht mehr als ein „Dortsein".[60] Dieses Gemeinschaffen, dieses Commoning, ist wie allerorts, ein „chaotischer, fragmentierter Prozess der Transformation",[61] wie Gibson-Graham et al. schreiben. Das Chaotische, Fragmentierte eines solchen Prozesses ist das, was die hierin entwickelte Würdigung des Informellen, alles Ungeplanten und Errungenen als Prozess des Commoning nachhallen lässt.

Dieses Beispiel aus der speziellen urbanen Situation des heutigen Hongkong zeigt, wie Widerstand und Commons – informelle Prozesse der Stadtaneignung gegen die Programmierung durch die hegemonialen Kräfte von Politik- und Finanzmacht oder architektonisch codierte Normen – durch Zug und Druck von passiver Toleranz und proaktiven Prozessen zustande kommen: Getrieben von einem Mangel an echtem öffentlichen Raum, hat der BürgerInnenprotest die gebaute Umwelt und ihre Narrative durch deren Besetzung physisch verändert und ist damit genauso ein Beleg für eine solch informell beanspruchte Souveränität wie die informellen Behausungen auf den zentralsten Dächern, die das Spektrum von möglichen Wohnformen außerhalb der mächtigen Systeme zumindest erweitern. Gleiches belegt am frappantesten auch die Community der Hausangestellten: In angespannten urbanen Verhältnissen vermochte nur die Praxis des Widerstands, die informelle Besetzung von Raum, dieser Community ihren rechtmäßigen Platz im Ringen um den knappen Raum zu verschaffen, wo selbst öffentliche Plätze privatisiert sind. Bei allen drei Phänomenen ist

die Vielfalt, die Koexistenz, die Heterogenität der Räume, ihre errungene Offenheit das Ergebnis einer räumlich artikulierten Debatte, bei der Erringen und Erringen-Lassen ein informelles Gleichgewicht in einem ansonsten von Kontrolle dominierten System erhalten. Das zeigt, dass die Dinge „auf die Straße zu tragen" mehr ist, als nur eine Metapher für öffentliche Unmutsbekundungen. Die Straße, die gebaute Umwelt der Stadt, ihre Architektur und ihr öffentlicher Raum werden zu AkteurInnen in der demokratischen Performativität von Gesellschaft überhaupt.[62] Die informelle Aneignung von Räumen sorgt also dafür, dass Forderungen und Realitäten ernst genommen und zur Rechenschaft gezogen werden können, indem sie Reibungen nicht verbannt, sondern zulässt oder sogar erzeugt.[63] Die Stadt wird – jenseits demokratischer Partizipation im politischen Sinn – insgesamt partizipatorisch, wenn sie die informelle Aneignung und Reinterpretation physischer Orte durch ihre verschiedenen Communities zulässt.

StadtplanerInnen und PolitikerInnen, ArchitektInnen und ImmobilienentwicklerInnen müssen endlich erkennen, dass dies ein wesentlicher Beitrag zum sozialen Zusammenhalt in der Stadt ist. Gemeinschaffen des sozialen Gewebes der Stadt heißt, die Stadt als Commons zu begreifen. Diese Theorie bedeutet nicht, dass ich die politische Verantwortung für das Regieren der Stadt mindern möchte oder Akte destruktiver Gewalt bei informellen Aneignungen befürworte, sie versteht sich vielmehr als Verneigung vor alternativen Interpretationsweisen von Stadt, als Verneigung vor dem Nichtgeplanten, allem informell Errungenen. Wie sollen wir also mit den herausfordernden Friktionen umgehen, die der hier geführten Definition von Stadt inhärent sind? Während moderne Megacities unserer Zeit Friktionen meist mit Polizei und Policy bekämpfen, möchte ich daran erinnern, dass es die Haltung des Gewähren-Lassens ist, oft auch das Nicht-Handeln, das Nicht-Erzwingen, das Tolerieren von Koexistenz und Nebeneinander im Umgang mit urbanen Friktionen, was soziale urbane Commons entstehen lässt und so zur Resilienz, Diskursivität und Offenheit einer jeden Stadt beiträgt. Wird das erkannt, kann und muss die Stadt zum abstrakten höheren Repräsentanten der in ihr geborgenen Vielfalt werden. ∎

*Übersetzung: Wilfried Prantner*

58 Strenggenommen erst nach Jahrzehnten und einer Reihe rechtlicher Versuche, das Phänomen in andere Gegenden umzusiedeln, die aber nicht erfolgreich waren.

59 Vgl. Tillu, Jasmine: „Spatial Empowerment: The Appropriation of Public Spaces by Filipina Domestic Workers in Hong Kong", Master Thesis, MIT 2011.

60 Vgl. Gibson-Graham: „Commoning as a Postcapitalist Politics", 171 (wie Anm. 15).

61 Ebd.

62 Vgl. auch Anm. 10.

63 Vgl. Parkinson: *Democracy and Public Space* (wie Anm. 32).

# Let's Live Together!

## Vier Wohnprojekte im kollektiven Eigentum

## Four Housing Projects in Collective Ownership

wohnlabor – Jomo Ruderer | Rebekka Hirschberg

In Österreich sind in den letzten Jahren mehr als ein Dutzend gemeinschaftliche Wohnprojekte entstanden, die auf gesellschaftliche Phänomene wie die Individualisierung von Lebensentwürfen, den Wandel von Haushalts- und Familienformen sowie auf das Altern der Gesellschaft reagieren.[1] Als Alternativen zum undifferenzierten Wohnungsangebot liefern sie durch soziokratische Organisations- und Arbeitsformen[2] Antworten auf steigende Immobilienpreise sowie auf drängende ökologische Probleme. Im gemeinsamen Handeln sowie dem Teilen von Räumen, Gütern und Arbeit gelingt es vielen Projekten, soziale und ökologische Potenziale zu aktivieren. Sie kompensieren die sich ausdünnenden sozialen Netze auf Basis der Verwandtschaft und wirken mit ihrer sozial-integrativen Ausrichtung in ihr Umfeld.[3] Der vorliegende Beitrag stellt vier gemeinschaftliche Wohnprojekte in Österreich vor, an welchen sich unterschiedliche Organisations- und Finanzierungsmodelle ablesen lassen. Allen Projekten gemeinsam ist das kollektive Eigentum, die soziokratische Organisation von Wohn- und Lebenswelten in Arbeitsgruppen, sowie die Entscheidungsfindung im Kollektiv.

**Cambium – Eine Kaserne wird zum Ökodorf.** Auf dem Platz vor dem Haupteingang stehen ehemalige, umfunktionierte Feldbetten und Heuballen, die zum Verweilen einladen. Am Fahnenmast flattert eine Cambium-LiG Fahne. „Wir sind jetzt da und wir bleiben auch!", insistiert Marlene[4] vom Verein Cambium – Leben in Gemeinschaft (LiG), der im April 2019 nach zweijähriger Pacht den Kauf der ehemaligen Kaserne in Fehring nahe der burgenländischen Grenze unter Dach und Fach bringt. Das steirische, selbstorganisierte Kollektiv Leben in Gemeinschaft (LiG), das sich mit dem Ziel formierte, „ein naturnahes, generationsübergreifendes Dorf aufzubauen [um] ressourcenschonend und selbstbestimmt zu leben",[5] hatte die aufgelassene Kaserne, die für ein Jahr lang auch als temporäre Unterkunft für Asylwerber genutzt wurde, im Jahr 2015 durch einen Fernsehbeitrag entdeckt. Zu dem Kasernenareal gehört auch ein 16 Hektar großes Gelände aus Bau-, Bauerwartungs- und Grünland inklusive Wald und Nebengebäuden. Da das Areal für das LiG-Kollektiv zu groß war, fusionierte man mit der Wiener Forschungsgruppe Cambium, die 2015 aus einem einjährigen Forschungslehrgang zur Frage „Wie kann ein Leben in Gemeinschaft gelingen?" hervorgegangen war. So fanden zwei selbstorganisierte Initiativen zusammen, die beide von dem Konzept des Ökodorfs inspiriert waren und sich schon lange mit dem Thema der Gemeinschaftsgründung beschäftigt hatten.

Die Kaserne ist ein rigider, zweigeschossiger Massivbau aus dem Jahr 1960. Es gibt ein zentrales Stiegenhaus, von dem aus auf jedem Geschoss zwei breite, 80 Meter lange Gänge anschließen. An diesen fensterlosen Mittelgängen sind links und rechts die gleichförmigen Zimmer angeordnet, wobei die

einen alle nach Norden, die anderen alle nach Süden ausgerichtet sind. Jeder Gang bildet ein sogenanntes „Grätzel", in dem aktuell bis zu 15 Menschen leben. Aus dem Verhältnis der Anzahl der BewohnerInnen zu den vorhandenen 22 oder 44 Quadratmeter großen Räumen hat sich ergeben, dass für jede Person ab dem Schulalter ein Rückzugsraum mit 22 Quadratmeter vorhanden sein soll. Es gibt Familien, die ihre Räume verbunden haben, aber auch Paare, die sich gegen ein räumliches Miteinander entschieden haben. Die vier Grätzel verfügen jeweils über den original erhaltenen Waschbereich der Kaserne, welcher aus offenem Duschraum, Raum mit Waschbecken und Toilettenanlage besteht. Anstelle der Pissoirs wurden Waschmaschinen und zahlreiche Wäscheständer installiert. Zusätzlich zu den vereinzelten kleinen Kochnischen in manchen Zimmern und den drei Grätzel-Küchen gibt es im Erdgeschoss die ehemalige Kasernenkantine, in der zweimal täglich für alle gekocht wird. Das neue Raumprogramm verfügt auch über viele weitere gemeinschaftliche Räume: ein Wohnzimmer mit Bibliothek und Klavier, zwei große Seminarräume, ein Co-Working-Raum, ein Gästezimmer, ein Kinderspielzimmer, eine Sauna, sowie der „Kost-Nix"-Laden zum Austausch von Kleidung und Gegenständen und das Ladencafé, das im ehemaligen Offizierscasino untergebracht ist und in dem zweimal täglich für alle gekocht wird. Am ehemaligen Fußballplatz findet sich heute der Gemüse- und Obstgarten der Gemeinschaft. Die angegliederten Werkstätten und Hallen werden sowohl von den BewohnerInnen als auch von ansässigen Unternehmen genutzt. Mit der Zukunftswirkstatt Fehring betreibt die Gemeinschaft beispielsweise ein Impulszentrum für soziale und ökologische Innovationen im Austausch mit der Region.[6] Seit dem Einzug der BewohnerInnen vor zwei Jahren wurde die Kaserne bereits im Eigenbau Stück für Stück transformiert. „Obwohl wir so viele Menschen sind, ist es eine Riesenherausforderung für uns, dieses ganze Haus wirklich zu beleben und heimelig zu machen.

1  Vgl. Fedrowitz, Micha/Gailing, Ludger: *Zusammen Wohnen. Gemeinschaftliche Wohnprojekte als Strategie sozialer und ökologischer Stadtentwicklung*, Dortmund 2003, 32.

2  Die Soziokratie ist ein System von Managementinstrumenten und kann von jeder Organisation angewandt werden, die eine gemeinsame Vision verfolgt. Sie strukturiert sich über weitgehend autonome, verbundene Kreise im Gegensatz zu einer pyramidenförmigen Hierarchie. Dabei werden die verschiedenen Aufgaben in Arbeitskreise und untergeordnete Arbeitsgruppen verteilt. Übergeordnet bildet der Leitungskreis, der aus jeweils zwei Delegierten aller Arbeitskreise besteht, die leitende und koordinierende Ebene. Ziel der Soziokratie ist es, möglichst viele Entscheidungen in den spezialisierten Arbeitsgruppen und nicht auf Leitungsebene zu treffen. Vgl. dazu auch Strauch, Barbara/Reijmer Annewiek: *Soziokratie. Kreisstrukturen als Organisationsprinzip zur Stärkung der Mitverantwortung des Einzelnen*, München 2018.

3  Vgl. Fedrowitz/Gailing: *Zusammen Wohnen*, 61 (wie Anm. 1).

4  Aus Gründen der Privatsphäre werden alle BewohnerInnen nur mit ihrem Vornamen genannt.

5  Aus der Chronik von Leben in Gemeinschaft (LiG), online unter: http://www.cambium.at/chronik/ (Stand: 2. Dezember 2019).

6  Vgl. Zukunftswirkstatt Fehring, online unter: http://www.zukunftswirkstatt.at (Stand: 29. August 2019).

In Austria, more than a dozen collective housing projects have emerged in recent years, which react to social phenomena such as the individualization of life plans, the change in household and family forms and the ageing of society.[1] As alternatives to the undifferentiated supply of housing, they provide answers to rising property prices and pressing ecological problems through sociocratic forms of organization and work.[2] By acting together and sharing spaces, goods and work, many projects succeed in activating social and ecological potentials. They compensate for the thinning social networks on the basis of kinship and have an effect on their environment with their socially integrative orientation.[3] The contribution at hand presents four collective housing projects in Austria, which show different organizational and financing models. Common to all projects is collective ownership, the sociocratic organization of housing and living environments in working groups, and collective decision-making.

**Cambium — Barracks Turn into an Ecovillage.** On the square in front of the main entrance, former, converted camp beds and hay bales invite to linger, and a Cambium-LiG flag flutters on the flagpole. "We are here now and we will stay," insists Marlene[4] from the association Cambium – Leben in Gemeinschaft (LiG), which, in April 2019, after a two-year lease, is finalizing the purchase of the former barracks in Fehring near the border to Burgenland. The Styrian self-organized collective Leben in Gemeinschaft (LiG; translator's note: Life in Community), which was formed with the aim of "building a near-natural, generation-spanning village in order to live in a resource-saving and self-determined manner,"[5] had discovered the abandoned barracks, which were also used as temporary accommodation for asylum seekers for one year in 2015, through a television report. The barracks area also includes a 16-hectare area of development land, expected development land and grassland, including a forest and outbuildings. Since the area was too large for the LiG collective, they merged with the Vienna-based research group Cambium, which emerged in 2015 from a one-year research course on the question of "How can life in community be successful?" Thus, two self-organized initiatives came together, both inspired by the concept of the ecovillage and long concerned with the issue of community building.

The barracks are a rigid, two-story solid construction dating from 1960. There is a central staircase from which two wide, 80-meter-long corridors connect on each story. The uniform rooms are arranged on the left and right of these unlit central corridors, with some facing north and others south. Each corridor forms a so-called *Grätzel* (translator's note: neighborhood), in which currently up to 15 people live. From the ratio of the number of residents to the existing 22 or 44 square meter rooms, it emerged that there should be a 22 square meter retreat for every person of school age and above. There are families that have connected their rooms, but there are also couples who have decided against living next to each other. The four *Grätzel* each have the original bathroom unit of the barracks, which consists of an open shower room, a room with washbasin and toilet facilities. Instead of the urinals, washing machines and numerous laundry stands were provided. In addition to the occasional small kitchenettes in some rooms and the three *Grätzel* kitchens, there is the former barracks canteen on the ground floor where meals are prepared for everyone twice a day. The new spatial program also includes many other collective spaces: a living room with library and piano, two large seminar rooms, a co-working area, a guest room, a children's playroom, a sauna, as well as the "Kost-Nix" (It's free) swap shop for swapping clothes and objects and the shop café which is housed in the former officer's mess. The former football pitch is now home to the community's vegetable garden and orchard. The adjoining workshops and halls are used both by the residents and by local companies. With Zukunftswirkstatt Fehring, for example, the community operates an impulse center for social and ecological innovations in exchange with the region.[6] Since the residents moved in two years ago, the barracks have already been transformed step by step through their own DIY construc-

1   See Micha Fedrowitz and Ludger Gailing, *Zusammen Wohnen. Gemeinschaftliche Wohnprojekte als Strategie sozialer und ökologischer Stadtentwicklung* (Dortmund, 2003), 32.

2   Sociocracy is a system of management tools and can be applied by any organization with a shared vision. It is structured by largely autonomous, connected circles in contrast to a pyramid-shaped hierarchy. The various tasks are divided into working circles and subordinate working groups. The management circle, which consists of two delegates from each of the working groups, forms the management and coordinating level. Sociocracy aims to facilitate as many decisions as possible in specialized working groups and not on the management level. On this, see also Barbara Strauch and Annewiek Reijmer, eds., *Soziokratie. Kreisstrukturen als Organisationsprinzip zur Stärkung der Mitverantwortung des Einzelnen* (Munich, 2018).

3   See Fedrowitz and Gailing, *Zusammen Wohnen* (see note 1), 61.

4   For reasons of privacy, all residents are mentioned only by their first name.

5   From the timeline of Leben in Gemeinschaft (LiG), available online at: http://www.cambium.at/chronik/ (accessed December 2, 2019).

6   See Zukunftswirkstatt Fehring, available online at: http://www.zukunftswirkstatt.at (accessed August 29, 2019).

Es gibt noch sehr viele tote Ecken, die noch ungenutzt und nicht renoviert sind", sagt Marlene.[7]

Zur Finanzierung des Areals hat der Verein das Prinzip des Vermögenspools gewählt. In dieser partizipativen Finanzierungsform legen BewohnerInnen und UnterstützerInnen Geld auf ein gemeinsames Konto, das von einem Treuhänder verwaltet wird. Auf diese Weise konnten im Laufe eines Jahres 2,2 Millionen Euro von über 250 UnterstützerInnen gesammelt werden.[8] Pro erwachsener Person ist, so hat sich der Verein geeinigt, eine Einlage von 2.000 Euro angemessen. Auf eine Beitragspflicht wird verzichtet. So soll eine finanzielle Einstiegshürde vermieden und die Nutzung von Eigentum entkoppelt werden. Die monatlichen Kosten errechnen sich nicht nach der individuell zur Verfügung stehenden Fläche, sondern aus einem bedarfsgerechten Beitrag. Der Richtwert liegt bei 250 Euro Nutzungsgeld plus 100 Euro Vereinsbeitrag. Die meisten zahlen diesen Richtwert, manche geben mehr und manche weniger. Kinder werden von der Gemeinschaft finanziell mitgetragen. Je nach

Mitglieder der Initiative ihre alten Mercedes-Benz Busse am Grundstück geparkt, andere wohnen in der Nähe und verbringen ihre Freizeit am Gelände. Momentan besteht der Hausverein aus 13 Mitgliedern zwischen 24 und 40 Jahren und einem Baby. Die Mitglieder tragen je nach Möglichkeit 5 bis 40 Stunden pro Woche zur Umsetzung des Projekts bei. Mit dem Ziel, ein Zentrum für das ganze Grätzel zu werden – „egal ob Jugendzentrum oder SeniorInnenkränzchen!"[11] – zieht durch Open House Events oder Sommerkinoabende Leben in die Räume ein.

Mit Gabu Heindl wurde eine Architektin ausgewählt, die ihren Beruf als politische Handlung und nicht als reine Dienstleistung versteht. Ihr Leitbild stellt sich klar gegen das Bauen von Spekulationsarchitektur und suburbanisierenden Einfamilienhäusern.[12] „Schön ist, dass Projekte, die man sich selbst gar nicht ausdenken kann, zu einem finden", erzählt sie uns bei einem Gespräch. In fünf gemeinsamen Workshops wurde die Vision der Gruppe mit den Potenzialen des 3.000 Quadratmeter großen

# „Statt einer rein produktorientierten Tech ches Leben zum Gegenstand von Gesch bühnen für die neuen Phänomene, in der Künstler gemeinsam Zukunftsentwürfe e

Verbrauch zahlt jedes erwachsene Mitglied zusätzlich einen Beitrag von 7–10 Euro pro Tag in die gemeinsame Essenskasse.

**SchloR – Zwischen Autoverwertung und Fiakerhof.** Das antikapitalistische Kollektiv „SchloR – Schöner leben ohne Rendite" arbeitet in Wien seit fünf Jahren daran, ein solidarisches Wohn- und Kulturzentrum aufzubauen, das auf Inklusion, Kapitalneutralisierung und der Idee des Nutzungseigentums statt Privateigentum beruht.[9] Zwei Jahre lang suchte die Gruppe, die ursprünglich aus einer Wohngemeinschaft mit sechs BewohnerInnen hervorging, nach einem geeigneten Grundstück, um ihre Vision für leistbare und selbstverwaltete Räume zu verwirklichen. „Uns war klar, dass wir als Gruppe für ein normales Zinshaus nicht schnell genug für den Markt sind und dass wir nach einem speziellen Objekt Ausschau halten müssen", erzählt uns Eva.[10] 2016 wurden sie schließlich im Betriebsbaugebiet in Simmering fündig. Auf dem Gelände – in unmittelbarer Nachbarschaft eines Autoverwertungshändlers und eines Fiakerhofs – bestehen bereits eine Halle und mehrere Nebengebäude des Feuerzirkus Phoenix. Seit dem Kauf im Juli 2019 haben zwei

Grundstücks in Einklang gebracht. Ein L-förmiges Gebäudeensemble umgibt die große Halle – dazwischen entstehen Plätze, Gassen und ein Garten. Im ersten Bauabschnitt (ab Frühjahr 2020) soll die Mehrzweckhalle thermisch saniert werden, um ganzjährig gut bespielbar zu sein. Die anderen bestehenden Gebäude werden renoviert, aufgestockt und ausgestattet und im darauffolgenden Jahr durch einen Neubau erweitert. Zudem

7    Interview mit Marlene, geführt von Jomo Ruderer und Rebekka Hirschberg, Fehring, 18. Juli 2019.

8    Vgl. Cambium-LiG: „Finanzierungsinstrument Vermögenspool", online unter: http://www.cambium.at/vermoegenspool-konzept/ (Stand: 10. August 2019).

9    Vgl. SchloR: „Was ist SchloR?", online unter: https://schlor.org/schlor/was-ist-schlor-2/ (Stand: 10. August 2019).

10   Interview mit Eva, geführt von Rebekka Hirschberg und Jomo Ruderer, Wien, 23. Juli 2019.

11   SchloR: „Was ist SchloR?" (wie Anm. 9).

12   Vgl. Heindl, Gabu: „Bürophilosophie", online unter: http://www.gabuheindl.at/de/ueber-uns/buerophilosophie.html (Stand: 10. August 2019).

144

tion efforts. "Although we are so many people, it is a huge challenge for us to make this whole house really lively and homey. There are still a lot of dead corners that are unused and not renovated," says Marlene.[7]

To finance the property, the association has chosen the principle of the asset pool. In this participatory form of financing, residents and supporters place money in a joint account administered by a trustee. In this way, 2.2 million euros could be collected over the course of one year from more than 250 supporters.[8] The association has agreed that a deposit of 2,000 euros per adult is appropriate. There is no obligation to pay membership fees. The aim is to avoid a financial barrier to entry and to disconnect the use of property. The monthly costs are not calculated on the basis of the individually available space, but on the basis of a needs-based contribution. The recommended

normal apartment building and that we had to look for a special property," Eva tells us.[10] In 2016, they finally found what they were looking for in the industrial area of Simmering. On the premises—in the immediate vicinity of a junkyard and a carriage horse ranch—there is already a hall and several outbuildings of the Phoenix fire circus. Since the purchase in July 2019, two members of the initiative have parked their old Mercedes-Benz buses on the premises, while others live nearby and spend their leisure time there. At the moment, the housing association consists of 13 members between 24 and 40 years and one baby. Depending on their possibilities, the members contribute five to 40 hours per week to realizing the project. The aim to become a center for the whole *Grätzel*—"no matter if it is a youth center or a senior citizen's circle"[11]—draws life into the rooms through open house events or summer cinema nights.

ogieentwicklung, die selbst menschli-
smodellen macht, benötigen wir Probe-
soziale Akteure, Wissenschaftler und
oben." Bernd Scherer, zitiert in Karla Mäder, *GAM.16*, S. 220

amount is 250 euros usage fee plus 100 euros membership fee. Most people pay this recommended amount, some give more and some less. Children are financially carried by the community. Depending on consumption, each adult member pays an additional fee of seven to ten euros per day into the collective meal fund.

**SchloR—Between a Junkyard and a Carriage Horse Ranch.** In Vienna, the anti-capitalist collective "SchloR – Schöner leben ohne Rendite" (Living better without returns) has been working for five years on an inclusive residential and cultural center based on solidarity, capital neutralization and the idea of usage property instead of private property.[9] For two years, the group, which originally emerged from six residents who lived together in an apartment-sharing community, looked for a suitable plot to realize its vision of affordable and self-managed spaces. "It was clear to us that as a group we were not fast enough for the market when it comes to the purchase of a

With Gabu Heindl, an architect was chosen who understands her profession as a political act and not as merely a service. Her mission statement clearly opposes the construction of speculative architecture and suburbanizing single-family houses.[12] "It's nice that projects that you can't even think up yourself find you," she tells us in a conversation. In five joint workshops, the group's vision was brought into line with the potential of the plot of 3,000 square meters. An L-shaped ensemble of buildings surrounds the large hall—squares, alleys

7   Interview with Marlene, conducted by Jomo Ruderer and Rebekka Hirschberg, Fehring, July 18, 2019.

8   See Cambium-LiG, "Finanzierungsinstrument Vermögenspool," available online at: http://www.cambium.at/vermoegenspool-konzept/ (accessed August 10, 2019).

9   See SchloR, "Was ist SchloR?," available online at: https://schlor.org/schlor/was-ist-schlor-2/ (accessed August 10, 2019).

10  Interview with Eva, conducted by Rebekka Hirschberg and Jomo Ruderer, Vienna, July 23, 2019.

11  SchloR, "Was ist SchloR?" (see note 9).

12  See Gabu Heindl, "Bürophilosophie," available online at: http://www.gabuheindl.at/de/ueber-uns/buerophilosophie.html (accessed August 10, 2019).

entsteht ein Atelierdorf mit Werkstätten, Gastroküche, Proberäumen, Büro- und Tagungsräumlichkeiten. Schon jetzt beginnt das Kollektiv während der sogenannten „Bautage" so viel wie möglich in Eigenleistung umzusetzen. In Zukunft werden die SchloRs gemeinsam in vier Betriebswohnungen wohnen und die beiden Betriebe TRAP (Trainingszentrum Rappachgasse) und CRAP (Creativecluster Rappachgasse), die die Räumlichkeiten mieten werden, kollektiv leiten.[13] Dabei will man die bereits bestehende Kooperation mit der freien Zirkusszene weiter ausbauen und für vielfältige Veranstaltungen zur Verfügung stehen. CRAP hat es sich zum Ziel gesetzt, eine niederschwellige Nutzung für vielfältige kreative Tätigkeiten im Atelierdorf zu ermöglichen.[14] Die Kostenschätzung für die Umsetzung des Projekts beläuft sich auf 3,8 Millionen Euro. Die erste Finanzierungsrunde über 1,5 Millionen Euro wurde über Direktkredite finanziert – nach dem Leitspruch: „Lieber 1000 FreundInnen im Rücken als eine Bank im Nacken!"[15] Eine Deutsche Stiftung hat zudem ein Kreditvolumen von 2,1 Millionen Euro zugesagt.

SchloR ist das dritte Projekt der österreichischen Hausprojektinitiative habiTAT, das selbstverwaltete und solidarische Wohnformen fördert. Es orientiert sich am Modell des Mietshäuser Syndikats in Deutschland,[16] wo seit der Gründung 1996 bereits 149 Hausprojekte unterstützt wurden.[17] Das Ziel der beiden Dachverbände ist es, leistbaren Wohnraum zu entwickeln und dem Spekulationsmarkt zu entziehen. Gemeinsam gründen der Hausverein (SchloR) mit 51 Prozent und der Dachverband (habiTAT) mit 49 Prozent die SchloR GmbH, welche die Immobilie erwirbt.[18] Die asymmetrische Machtverteilung ist dabei von großer Bedeutung: Sie garantiert dem Hausverein Gestaltungsfreiheit und legt für den Dachverband ein Vetorecht fest, welches gegen Verkauf und Gewinnausschüttungen eingesetzt werden kann. Wenn die Kredite zum Kauf getilgt sind, bleiben die Mieten gleich hoch und unterstützen dann neu entstehende Projekte im habiTAT-Verband. Junge habiTAT-Projekte nutzen zu Beginn Expertise und Knowhow des Dachverbands und geben diese in Zukunft an neue Projekte weiter. Alle Mitglieder der jeweiligen Hausvereine sind auch Mitglieder im Dachverband.

Ziel ist es, die Zimmer der Betriebswohnungen für monatlich 350–400 Euro pro Person zu nutzen. Mindesteinlage gibt es bewusst keine, denn selbstverwaltetes, leistbares Wohnen soll auch ohne Eigenkapital möglich sein. Weitere Einnahmen werden durch die Vermietung der übrigen vielseitig nutzbaren Räume eingehen, die einen Mehrwert für das gesamte Quartier darstellen. Um das Angebot möglichst attraktiv zu machen, wird viel Zeit in die Entwicklung des Nutzungskonzeptes gesteckt. So erzählt uns Hille: „Wenn wir uns zu wenig Gedanken machen, gibt es weniger Möglichkeiten, weniger NutzerInnen, es wird teurer für den einzelnen und ist somit auch politisch weniger interessant."[19]

**Gleis 21: Miteinander Weichen stellen.** „Mit Gleis 21 möchten wir gemeinschaftliche statt anonyme Urbanität leben, kurz gesagt: das Dorf in die Stadt bringen",[20] heißt es im Leitbild des Vereins Wohnprojekt Gleis 21. Das von Architekt Markus Zilker (einszueins architektur) und Prozessbegleiter Gernot Tscherteu (realitylab) 2015 ins Leben gerufene Projekt liegt im Wiener Sonnwendviertel, einem der größten Neubaugebiete Wiens. In einem kooperativen Stadtentwicklungsverfahren setzte man sich 2013 zum Ziel, mit einer vielfältigen Akteursmatrix einen vielfältigen Stadtteil zu erzeugen. Hierfür setzte man auf eine zentrale Fußgängerpromenade, gezielte Nutzungsmischung und kleinteilige Parzellierung. Besonders bemerkenswert sind dabei die unterschiedlichen Vergabeverfahren für die Grundstücke: geförderter Wohnbau, frei finanzierter Wohnbau im Bestbieterverfahren, Festpreise für elf sogenannte Quartiershäuser, bei denen eine gewerbliche Erdgeschossnutzung vorgeschrieben ist und darüber frei finanzierter Wohnbau errichtet werden darf, sowie vier Parzellen, für die ein Baugruppenauswahlverfahren ausgeschrieben wurde.[21]

Im Herzen des neuen Viertels liegt auch das Wohnhaus von Gleis 21, das im Sommer 2019 bezogen wurde. Zilkers Büro einszueins architektur hat dabei den partizipativen Entwurfsprozess betreut. In intensiven Visions- und Entwurfsworkshops wurde gemeinsam mit den BewohnerInnen Gruppenstruktur und Kommunikationskultur aufgebaut: „Die Grundideen kommen dabei von den Menschen. Wir nehmen das und übersetzen es in Gebäude, in eine zusammengehörige Identität", so Zilker.[22] Sobald die Grundstruktur des Hauses entwickelt war, wurden in individuellen Besprechungen die einzelnen Wohnungen geplant und das Skelett mit Leben gefüllt. Dabei waren für das Projektteam vor allem Orte für informelle Begegnungen wichtig.[23] Die zentrale Begegnungszone des siebengeschossigen Hauses ist der großzügige Laubengang.

13  Vgl. Interview mit Gabu Heindl und Hille, geführt von Rebekka Hirschberg und Jomo Ruderer, Wien, 23. Juli 2019.

14  Vgl. SchloR: „Schöner leben…", online unter: https://schlor.org/wp-content/uploads/2019/02/SchloR-Folder-2019.pdf (Stand: 11. August 2019).

15  SchloR: „Was ist SchloR?" (wie Anm. 9).

16  Vgl. Mietshäuser Syndikat, online unter: https://www.syndikat.org/de/unternehmensverbund/ (Stand: 11. August 2019).

17  Vgl. Mietshäuser Syndikat, online unter: https://www.syndikat.org/de/projekte/ (Stand: 7. November 2019).

18  Vgl. SchloR: „Schöner leben …" (wie Anm. 14).

19  Interview mit Gabu Heindl (wie Anm. 13).

20  Aus dem Leitbild von Gleis21, online unter: https://gleis21.wien/wir/unsere-vision/ (Stand: 3. Dezember 2019).

21  Vgl. Temel, Robert: *Ein Stück Stadt bauen. Leben am Helmut-Zilk-Park Wien-Favoriten*, Wien 2019, online unter: https://www.wien.gv.at/stadtentwicklung/projekte/pdf/leben-am-helmut-zilk-park.pdf (Stand: 3. Dezember 2019).

22  Vortrag von Markus Zilker, Haus der Architektur, Graz, 18. Juli 2018.

23  Vgl. Interview mit Markus Zilker, geführt von Rebekka Hirschberg und Jomo Ruderer, Wien, 27. August 2019.

and a garden are created in between. In the first construction phase (from spring 2020), the multi-purpose hall is to be thermally renovated in order to be well operable all year round. The other existing buildings will be renovated, stories will be added and furnished, and a new building is being planned for the year that follows. In addition, a studio village with workshops, restaurant kitchen, band rehearsal rooms, office and conference rooms is being built. Already now, the collective is beginning to implement as much as possible during the so-called "construction days" as its own contribution. In the future, the SchloR people will live together in four company apartments and collectively manage the two businesses TRAP (Training Center Rappachgasse) and CRAP (Creativecluster Rappachgasse), which will rent the premises.[13] The aim is to further expand the existing cooperation with the independent circus scene and make oneself available for a variety of events. CRAP has set itself the goal of enabling low-threshold use for a wide range of creative activities in the studio village.[14] The estimated cost of implementing the project is 3.8 million euros. The first financing round of 1.5 million euros was financed through direct loans—true to the motto: "Better 1,000 friends in the back than a bank at the back of your neck!"[15] Moreover, a German foundation has committed a loan volume of 2.1 million euros.

SchloR is the third project of the Austrian housing project initiative habiTAT, which promotes self-governing and solidarity-based forms of housing. It follows the model of the Mietshäuser Syndikat (Apartment-House Syndicate) in Germany,[16] where 149 house projects have already been supported since its foundation in 1996.[17] The aim of the two umbrella organizations is to develop affordable housing space and withdraw it from the speculative market. Together, the housing association (SchloR) with 51 percent and the umbrella organization (habiTAT) with 49 percent found SchloR GmbH, which acquires the property.[18] The asymmetrical distribution of power is of great importance here: It guarantees the housing association freedom of design and establishes a veto right for the umbrella organization, which can be used against sales and profit distributions. Once the loans for purchase have been repaid, the rents remain the same and then support newly emerging projects in the habiTAT organization. Recent habiTAT projects use the expertise and know-how of the umbrella organization at the beginning and pass it on to new projects in the future. All members of the respective housing associations are also members of the umbrella organization.

The aim is to use the rooms of the company apartments for 350–400 euros per person per month. There is deliberately no minimum investment, because self-administered, affordable housing should also be possible without equity capital. Further revenues will be generated by the letting of the remaining multi-purpose spaces, which represent added value for the entire quarter. In order to make the offer as attractive as possible, a lot of time is invested in the usage concept. For example, Hille tells us: "If we don't give enough thought to it, there are fewer possibilities, fewer users, it becomes more expensive for the individual and is therefore also politically less interesting."[19]

**Gleis 21: Putting Things on the Right Track Together.** "With Gleis 21 we want to live collective instead of anonymous urbanity, in short: bring the village into the city,"[20] says the mission statement of the association Wohnprojekt Gleis 21. The project, initiated in 2015 by architect Markus Zilker (einszueins architektur) and process supervisor Gernot Tscherteu (realitylab), is located in Vienna's Sonnwendviertel, one of the largest new development areas in the city. In a cooperative urban development procedure in 2013, the aim was to create a diverse urban district with a diverse matrix of stakeholders. For this purpose, a central pedestrian promenade, a targeted mix of uses and small-scale parceling were implemented. Particularly noteworthy are the different allocation procedures for the plots: subsidized housing, freely financed housing in the best bidder procedure, fixed prices for eleven so-called quarter houses, for which commercial use of the ground floor is prescribed and above which freely financed housing space may be built, as well as four parcels for which a selection procedure among building communities was put out to tender.[21]

The Gleis 21 apartment building, where people moved in in summer 2019, is also located in the heart of the new quarter. Zilker's firm einszueins architektur supervised the participatory design process. In intensive vision and design workshops, the

13 See interview with Gabu Heindl and Hille, conducted by Rebekka Hirschberg and Jomo Ruderer, Vienna, July 23, 2019.

14 See Schlor, "Schöner leben …," available online at: https://schlor.org/wp-content/uploads/2019/02/SchloR-Folder-2019.pdf (accessed August 11, 2019).

15 SchloR, "Was ist SchloR?" (see note 9).

16 See Mietshäuser Syndikat, available online at: https://www.syndikat.org/de/unternehmensverbund/ (accessed August 11, 2019).

17 See Mietshäuser Syndikat, available online at: https://www.syndikat.org/de/projekte/ (accessed November 7, 2019).

18 See SchloR, "Schöner leben …" (see note 14).

19 Interview with Gabu Heindl (see note 13).

20 From the mission statement of Gleis 21, available online at: https://gleis21.wien/wir/unsere-vision/ (accessed December 3, 2019).

21 See Robert Temel, Ein Stück Stadt bauen. Leben am Helmut-Zilk-Park Wien-Favoriten (Vienna, 2019), available online at: https://www.wien.gv.at/stadtentwicklung/projekte/pdf/leben-am-helmut-zilk-park.pdf (accessed December 3, 2019).

Er weitet sich an mehreren Stellen zu Treffpunkten vor den 34 Wohnungseingängen und schafft durch versetzte Auskragungen Sichtbeziehungen zwischen den Geschossen. Auch das Dachgeschoss dient gemeinschaftlichen Nutzungen – einer Bibliothek, einer Sauna, einer Gemeinschaftsküche, einem Kinderspielraum und einem Dachgarten. Das offene Erd- und Untergeschoss bietet Raum für eine Öffnung nach außen, die das neue Grätzel beleben: Es gibt einen Probe- und Veranstaltungsraum, der unter anderem vom Burgtheater genutzt wird, eine Medienwerkstatt, eine Musikschule und Räumlichkeiten für eine Gastronomie am Park.

Das Haus von Gleis 21 befindet sich nun im gemeinschaftlichen Eigentum und wird von den Vereinsmitgliedern, aktuell 40 Erwachsenen und 20 Kindern, als Wohnheim betrieben. Die acht Arbeitsgruppen treffen sich alle zwei Wochen, das Plenum versammelt sich einmal im Monat. „Gleisler" Florian erzählt uns, er habe Baugruppen und Soziokratie davor nicht gekannt: „Ich bin selber jemand, der gerne Recht hat und entscheidet und bin umso erstaunter, wie gut das funktioniert!"[24] Die Mindesteinlage pro Mitglied beträgt einmalig 6.000 Euro plus 580 Euro pro Quadratmeter Nutzfläche. Das Gebäude wurde zu 20 Prozent durch Eigenmittel, zu 20 Prozent durch eine Wohnbauförderung der Stadt Wien und zu 60 Prozent durch ein Bankdarlehen finanziert. Im Falle eines Ausstiegs werden die bezahlten Einlagen mit einem Abzug von 1 Prozent Abnutzung pro Jahr rückerstattet, eine eventuelle Wertsteigerung des Projekts wird nicht berücksichtigt. Die monatlichen Nutzungsbeiträge belaufen sich auf 10,50 Euro pro Quadratmeter.[25]

Die Wohnungsvergabe ist eine heikle Angelegenheit für jede Baugruppe. Um diese fairer zu gestalten, hat man sich bei Gleis 21 darauf geeinigt, dass alle dreiseitig belichteten Wohnungen zusätzlich zum Nutzungsbeitrag in einen Solidaritätsfond einzahlen.[26] Mit diesem Solidaritätsfond werden unter anderem Wohnungen für geflüchtete Menschen zur Verfügung gestellt, die in Kooperation mit der Diakonie vergeben werden. Florian betont: „Wir wollen vorleben, dass gutes Wohnen und Leben in einer durch und durch kapitalisierten Welt möglich ist. Und dass mit Wohnraum nicht spekuliert werden soll."[27]

**KooWo: Bauernhof neu gedacht.** KooWo ist das erste realisierte Projekt der neu gegründeten Wohnprojekte-Genossenschaft WoGen; die erste und einzige Bauträgerin in Österreich, die ausschließlich Wohnprojekte mit und für Menschen verwirklicht, die in Gemeinschaft leben wollen. Im August 2019 hat der Verein Kooperatives Wohnen (KooWo) sein neu errichtetes Zuhause in und um den alten Dreikanthof am Rande der Ortschaft Purgstall bezogen. 2017 erarbeitete die Kerngruppe um Architekt Werner Schwarz in sechs partizipativen Workshops ein

Konzept, das das Leitbild von KooWo – „ein gelingendes Miteinander und ein Leben im Einklang mit der Natur durch unser Vertrauen in menschlichen Vielklang"[28] – in die Sprache der Architektur übertragen sollte.

Den Eingang zum Grundstück bildet ein historischer Dreikanthof, der zum Gemeinschaftshaus umgebaut wurde. Hier findet sich eine Vielzahl an kollektiv genutzten Räumen: Gemeinschaftsküche mit Essbereich, Koo-Working-Space, Mehrzweckraum, Kinderraum, Bibliothek, Seminarraum, Gästezimmer, Matratzenlager, Therapieräume, Musikzimmer, Werkstätten, Verwaltungsräume, sowie Lagerräume für die landwirtschaftlichen Erträge und die Food Coop. Hinter dem Hof liegen die drei neu errichteten, zeilenartigen Wohngebäude und rahmen den Dorfplatz der Gemeinschaft. In den in Holzriegelbauweise errichteten Häusern gibt es insgesamt 28 Wohneinheiten. An den Rändern und in der Mitte der Gebäude liegen jeweils Geschosswohnungen, dazwischen Maisonetten. Alle Eingangstü-

**"Instead of pure producti development that transfo the object of business m stage for the new pheno scientists and artists test together."** Bernd Scherer quoted in Karla Mäder, *GAM.16*, p. 2

ren orientieren sich zum Dorfplatz. Im Eingangsbereich gibt es eine 2,2 Meter tiefe Ausbauzone, die von den BewohnerInnen individuell gestaltet werden kann.[29] Das Gebäudeensemble wird von Feldern und Wiesen umgeben, auf denen die KooWos in Zukunft Obst und Gemüse anbauen werden.[30]

24 Interview mit Florian, geführt von Rebekka Hirschberg und Jomo Ruderer, Wien, 27. August 2019.

25 Nutzungsbeitrag = ca. 60 Prozent Kredittilgung plus Betriebskosten und Fernwärme. Hat man mehr Eigenmittel einbezahlt, verringert sich der Tilgungsbeitrag entsprechend.

26 Für eine zweiseitig belichtete Wohnung mit 88 Quadratmeter zahlt man warm circa 968 Euro monatlich, für eine dreiseitig belichtete 1.200 Euro.

27 Interview mit Florian (wie Anm. 24).

28 Aus dem Vortrag von Werner Schwarz, Haus der Architektur, Graz, 16. Juli 2018.

29 Ebd.

30 Vgl. KooWo: „Information für InteressentInnen", online unter: http://koowo.at/docs/Papier_KOOWO_2019.pdf (Stand: 30. September 2019).

group structure and communication culture were developed together with the residents: "Here, the basic ideas come from the people. We take them and translate them into buildings, into an identity that belongs together," says Zilker.[22] As soon as the basic structure of the building had been developed, the individual apartments were planned in separate meetings and the skeleton was filled with life. For the project team, places for informal get-togethers were of particular importance.[23] The central meeting zone of the seven-story building is the spacious pergola. At several points, it widens into meeting points in front of the 34 apartment entrances and creates visual relations between the floors by means of staggered jetties. The attic also serves community uses—a library, a sauna, a community kitchen, a children's playroom and a roof garden. The open ground

## oriented technological s even human life into ls, we need a testing na in which social actors, t designs for the future

floor and basement offer space for many community uses that breathe life into the new *Grätzel*: There is a rehearsal and event room, which is used by the Burgtheater, among others, a media workshop, a music school and space for a restaurant near the park.

The building of Gleis 21 is now collectively owned and operated as a residential home by the members of the association, currently 40 adults and 20 children. The eight working groups meet every two weeks, the plenum gathers once a month. Gleis 21 member Florian tells us that he didn't know building communities and sociocracy before: "I'm someone who likes to be right and decide and I'm all the more surprised how well this works."[24] The minimum investment per member is 6,000 euros plus 580 euros per square meter floor space. 20 percent of the building has been financed by own funds, 20 percent by a housing subsidy from the Municipality of Vienna and 60 percent by

a bank loan. In the event of an exit the investment paid will be refunded with a deduction of one percent for wear and tear per year, and any increase in the value of the project will not be taken into account. The monthly usage fees amount to 10.50 euros per square meter.[25]

Apartment allocation is a delicate matter for every building community. To make this fairer, it was agreed at Gleis 21 that all apartments with daylight from three sides would pay into a solidarity fund in addition to the usage fee.[26] Among other things, this solidarity fund provides housing for refugees in cooperation with Diakonie. Florian emphasizes: "We want to exemplify that good housing and living is possible in a world that is capitalized through and through. And that housing space should not be the subject of speculation."[27]

**KooWo: A Farm Newly Conceived.** KooWo is the first project realized by the newly founded housing cooperative WoGen; the first and only property developer in Austria to realize exclusively housing projects with and for people who want to live in community. In August 2019, the association Kooperatives Wohnen (KooWo) moved into its newly built home in and around the old three-sided farmyard on the outskirts of the village of Purgstall. In 2017, the core group around architect Werner Schwarz developed a concept in six participatory workshops that was to translate the KooWo mission statement—"successful coexistence and life in harmony with nature through our trust in human polyphony"[28]—into the language of architecture.

The entrance to the property is a historical three-sided farmyard, which has been converted into a community building. Here you will find a large number of collectively used spaces: Community kitchen with dining area, a so-called Koo Working Space, multi-purpose room, children's room, library, seminar room, guest rooms, "mattress camp" (a dormitory with mattresses on the floor), therapy rooms, music rooms, workshops, administration rooms, as well as storage rooms for the

22  Lecture held by Markus Zilker, Haus der Architektur, Graz, July 18, 2018.

23  See Interview with Markus Zilker, conducted by Rebekka Hirschberg and Jomo Ruderer, Vienna, August 27, 2019.

24  Interview with Florian, conducted by Rebekka Hirschberg and Jomo Ruderer, Vienna, August 27, 2019.

25  Usage fee = approx. 60 percent loan repayment plus operating costs and district heating. If you have paid in more own funds, the repayment contribution is reduced accordingly.

26  You pay approx. 968 euros per month for an 88 square meter apartment (incl. operating costs, electricity and heating) with daylight from two sides, and 1,200 euros with daylight from three sides.

27  Interview with Florian (see note 24).

28  From the lecture held by Werner Schwarz, Haus der Architektur, Graz, July 16, 2019.

Das generationsübergreifende Zusammenleben war einer der sozialen Schwerpunkte des Projekts, wie uns Bewohnerin Babs erzählt: „Dahinter steckt die Idee des Dorfes. Es soll Jüngere, Ältere, Alleinerziehende, Singles und Paare – Menschen in verschiedenen Lebensphasen und Lebenssituationen in der Gemeinschaft geben."[31] Gesucht wurden besonders Menschen ab 40 Jahren, Eltern mit Jugendlichen und eine Familie mit Fluchthintergrund.[32] Im Herbst 2019 lebten 69 Menschen in der Gemeinschaft – davon 41 Erwachsene, 28 Kinder und bald werden es noch zwei mehr sein.[33] Ungefähr 8–12 Stunden im Monat sind für jedes Mitglied für Arbeitskreise, Reinigen, Mähen, Landwirtschaft und Gemeinschaftspflege angedacht. „Es gibt aber Situationen im Leben, in denen es notwendig ist, sich phasenweise auch völlig zurückziehen zu können. Dabei ist es wichtig, dass die Gruppe das Vertrauen hat, dass sich jene dann wieder einbringen, wenn sie können und wollen … Damit das Zusammenleben gut gelingt, ist es wichtig, genügend Platz als Individuum und für die Familie zu haben."[34]

Die WoGen ist Eigentümerin des Grundstückes sowie der Gebäude. Der Verein KooWo mietet sich ein und kann Entscheidungen weitgehend autonom und eigenverantwortlich treffen. Die Vereinsmitglieder sind auch GenossenschafterInnen der WoGen und damit auch MiteigentümerInnen aller Grundstücke und Immobilien der WoGen.[35] Die BewohnerInnen verpflichten sich zu einer einmaligen Zahlung von 3.000 Euro plus einer Mindesteinlage von 551 Euro pro Quadratmeter Nutzfläche.[36] Nach Zahlung des Mindestbetrags belaufen sich die monatlichen Nutzungsbeiträge auf 12,50 Euro pro Quadratmeter und reduzieren sich je nach geleisteter Einlage. Mit diesem monatlichen Beitrag sind alle Kosten für den individuellen Wohnbereich, sowie für den Betrieb aller Gemeinschaftsräume und der Landwirtschaft gedeckt. Wenn der Kredit in 30 Jahren getilgt ist, werden die monatlichen Nutzungskosten deutlich günstiger und sichern somit auf lange Zeit leistbaren gemeinschaftlichen Wohnraum. Im Falle eines Ausstiegs können die Einlagen mittels Wertsicherung und unter Abzug der Abschreibung wieder herausgenommen werden.

**Fazit.** Alle vier Projekte haben eine gemeinsame Basis: Sie setzen auf kollektives Eigentum statt Privatbesitz und nehmen dadurch eine starke Position gegen die Spekulation mit Wohnraum ein. Die dabei entstandenen oder weiterentwickelten Finanzierungsstrukturen sind unterschiedlich: In Fehring und Simmering werden von den BewohnerInnen keine Eigenmittel vorausgesetzt. Cambium – LiG agiert mit dem sogenannten Vermögenspool, SchloR im habiTAT-Modell mit Direktkrediten. In beiden Fällen geht es darum, ein vorhandenes Potenzial der Gesellschaft zu nutzen. In Österreich liegen circa 260 Milliarden Euro auf Sparbüchern und Girokonten, die minimal verzinst (0,125 Prozent) immer weiter an Wert verlieren. Projekte, die den Vermögenspool oder Direktkredite nutzen, wollen eine Möglichkeit bieten, Menschen mit Privatkapital und Menschen, die ein sinnvolles Projekt umsetzen wollen, aber nicht genug Geld haben, zusammenzuführen. Beide bieten eine Verzinsung von bis zu zwei Prozent und ermöglichen, die Einlagen auch kurzfristig wieder zu entnehmen. Wenn AnlegerInnen ihre Einlage herausnehmen, werden neue AnlegerInnen gesucht, die den Betrag wieder ausgleichen. Gleis 21 und KooWo haben jeweils Bankdarlehen aufgenommen. Ihre Mietpreise sind heute marktüblich, jedoch sinken sie, wenn die Kredite getilgt sind. Die dann sehr günstige Miete ist durch das Gemeinschaftseigentum langfristig gesichert. Bei diesen Projekten ist ein einmaliger Vereinsbeitrag und eine Mindesteinlage pro Quadratmeter notwendig.

Die vorgestellten Projekte gestalten Wohnraum, der das Zusammenleben von Menschen in den Vordergrund rückt und der nicht nur persönlichen Wünschen und unterschiedlichen Lebensentwürfen gerecht wird, sondern auch einen positiven Beitrag für das Miteinander und die Umgebung leistet. Ob als Umbau oder Neubau, im urbanen oder ruralen Raum zeigen sie vier mögliche Wege, wie gemeinsames Leben und Wirtschaften unter Einbezug der Bedürfnisse von Mensch und Umwelt gelingen kann. ∎

31 Interview mit Babs, geführt von Jomo Ruderer und Rebekka Hirschberg, Eggersdorf, 22. August 2019.

32 Vgl. KooWo: „Information für InteressentInnen" (wie Anm. 30).

33 Vgl. KooWo: „Wir KooWos", online unter: https://www.koowo.at/pages/wirkoowos.html (Stand: 30. August 2019).

34 Interview mit Babs (wie Anm. 31).

35 Vgl. WoGen: „Was ist die WoGen?", online unter: https://diewogen.at (Stand: 10. August 2019).

36 Die Nutzfläche setzt sich aus dem individuellen Wohnbereich und einer anteiligen Fläche der Gemeinschaftsräume zusammen.

agricultural yields and the food coop. Behind the farmyard there are the three newly erected line-like apartment buildings which frame the village square of the community. There is a total of 28 apartment units in the buildings erected in balloon frame construction. There are (standard) apartments at the edges and in the center, between them there are duplex apartments. All entrance doors are oriented towards the village square. In the entrance area there is a 2.2 meters deep extension zone, which can be individually designed by the residents.[29] The ensemble of buildings is surrounded by fields and meadows on which the KooWo residents will grow fruit and vegetables in the future.[30]

Intergenerational coexistence was one of the social focal points of the project, as resident Babs tells us: "The idea behind it is the village. There should be younger people, older people, single parents, singles and couples—people in different life phases and life situations in the community."[31] The project was especially looking for people aged 40 and over, parents with teenagers and one family with a refugee background.[32] In fall 2019, there were 69 people living in the community—41 adults, 28 children and soon there will be two more.[33] Approximately 8–12 hours per month are planned for each member for working groups, cleaning, mowing, agriculture and community activities. "However, there are situations in life in which it is necessary to be able to withdraw completely at times. When one does so, it is important that the group is confident that those people contribute again when they can and want to. In order to live well together, it is important to have enough space as an individual and for the family."[34]

WoGen is the owner of the plot and the buildings. KooWo rents space and can make decisions largely autonomously and on its own responsibility. The members of the association are also members of the WoGen cooperative and thus co-owners of all plots and real estate of WoGen.[35] The residents undertake to make a one-off payment of 3,000 euros plus a minimum investment of 551 euros per square meter of floor space.[36] After payment of the minimum contribution, the monthly usage fees amount to 12.50 euros per square meter and are reduced depending on the investment made. With this monthly contribution, all costs for the individual living area, as well as for the operation of all community spaces and farming are covered. If the loan is repaid in 30 years, the monthly usage costs will be significantly lower and thus secure affordable community housing space for a long time to come. In the event of exit, the investment may be withdrawn again, index-adjusted and after deduction of depreciation.

**Conclusion.** All four projects have a common basis: They rely on collective ownership instead of private ownership and thus take a strong position against speculation with housing space. The financing structures that have been created or further developed vary: In Fehring and Simmering, the residents are not required to have own funds. Cambium – LiG designed with the so-called asset pool, SchloR in the habiTAT model with direct loans. Both cases are about exploiting an existing potential in society. In Austria, savings books and current accounts are worth approximately 260 billion euros, which continue to lose value at a minimal interest rate (0.125 percent). Projects that use the asset pool or direct loans want to offer an opportunity to bring together people with private capital and people who want to realize a meaningful project but do not have enough money. Both offer an interest rate of up to two percent and enable deposits to be withdrawn again even at short notice. When stakeholders take out their investment, new stakeholders are sought who will balance the amount. Gleis 21 and KooWo have each taken out bank loans. Their rents are now in line with the market, but they will fall once the loans have been repaid. The then very favorable rents are secured by the collective property on a long-term basis. These projects require a one-off membership fee and a minimum contribution per square meter.

The projects presented here create housing space that focuses on the coexistence of people and that not only fulfils personal wishes and different life plans, but also makes a positive contribution to coexistence and the environment. Whether as conversions or new buildings, in urban or rural areas, they show four possible ways in which living and doing business together can succeed while taking into account the needs of people and the environment. ∎

*Translation: Otmar Lichtenwörther*

29 Ibid.

30 See KooWo, "Information für InteressentInnen," available online at: http://koowo.at/docs/Papier_KOOWO_2019.pdf (accessed September 30, 2019).

31 Interview with Babs, conducted by Jomo Ruderer and Rebekka Hirschberg, Eggersdorf, August 22, 2019.

32 See KooWo: "Information für InteressentInnen" (see note 30).

33 See KooWo, "Wir KooWos," available online at: https://www.koowo.at/pages/wirkoowos.html (accessed August 30, 2019).

34 Interview with Babs (see note 31).

35 See WoGen, "Was ist die WoGen?," available online at: https://diewogen.at (accessed August 10, 2019).

36 The floor space is composed of the individual living space and a proportionate surface of the community spaces.

# Learning to Live Against the Norm

## Strategies of Self-Building in US Back-to-the-Land Communes

## Lernen, gegen die Norm zu leben
## Strategien des Selbstbaus in U.S.-Landkommunen

Christina Linortner

1

Octagonal Rock House, Roberta Price and | und David Perkins, Libre, Colorado © Christina Linortner, 2014

"How about building yourself a house? No, no, you don't need money, architect, plans, permits. Why not use what's there? […] Man has a nest building instinct just like the other animals and it is totally frustrated by our lock-step society whose restrictive codes on home-building make it just about impossible to build a code home that doesn't sterilize, insulate, and rigidify the inhabitants […] So it falls down with the first wind storm. The second one won't." ("Open Land Manifesto I," Autumn 1972)[1]

In the 1960s many young US-Americans moved from the big cities to rural areas, organizing themselves in so called back-to-the-land communes and seeking to live self-sufficient lives beyond the consumer-driven and normative social and political concepts of their parents' generation. At a time when modernism had turned into a technocratic dystopia for many and the US government was boosting its military-industrial complex with an imbalanced war in Vietnam, the younger generation's urge to protest manifested in many forms of (political) activism, ranging from anti-war campaigns to the civil rights movement to a more general liberation of the mind through psychedelic and spiritual aid. This cultural environment also gave rise to thousands of self-built, alternative settlements founded across rural America which can be read as an architectural expression of this resistance. In these back-to-the-land communes, a building culture of its own kind developed, materializing around the idea of the shelter. Rejecting any modern day comforts, standard floor plans, or contemporary norms of building aesthetics, this building culture embraced communal forms of living and took on Buckminster Fuller's credo of "doing more with less."[2] By using mostly salvaged and waste material, ecological thought was introduced to building at a larger scale for the first time.

A closer look at two extant US communes, both located remotely high up on a mountain—Libre and Lama Foundation[3]—will show that learning to live and build communally relied on a number of factors, beyond an overall enthusiasm as the primary driving force. These factors included peer-to-peer exchange, trial and error, mutual support and skill exchange,

the calling in of experts, and an extensive educational network. As noted by Greg Castillo and investigated by others,[4] one of the distinctive characteristics of counterculture was its particular networked character. Despite the often remote location of back-to-the-land communes, their residents were well informed and shared a common mindset.[5] In this essay I want to argue that within the counterculture communes, the introduction of unorthodox architectural typologies or floor plans through self-building has been most revolutionary regarding the system of knowledge production and modes of learning. Both, Libre and Lama Foundation are located in remote mountain locations and, in both cases, learning and self education form an essential part of communal life or even act as the collectives' primary driving force.[6] While in both cases similar typologies are used, their spatial organization and understanding of communal social practices differ at a fundamental level.

**Counterculture Architecture.** The so-called back-to-the-land communes exhibited a broad spectrum of lifestyles from political-activist to queer, psychedelic, art–oriented and religious–spiritual, all bringing about new forms of cohabitation. With names such as Lama Foundation, Libre, Drop City, Morning Star Ranch, Wheeler Ranch, or New Buffalo, many of these countryside communes were located in remote areas, where people tried to survive on agricultural subsistence largely without previous experience in farming. Criticized as "escapist" and "apolitical"[7] on the one hand, and branded as "outlaw

1   Ramón Sender Barayón, *Morning Star and Wheeler's Open Land Communes: A Brief Run-Through of Their Histories and Manifesto I and Manifesto II* (San Francisco, 2016), available online at: http://www.badabamama.com/fast%20run%20through%20booklet.pdf (accessed December 6, 2019).

2   Buckminster Fuller quoted in Alastair Gordon, "True Green: Lessons from 1960s–70s Counterculture Architecture," *Architectural Record* 196, no. 4 (2008): 78–86, esp. 80.

3   In 2014 the author visited Libre and Lamas Foundation in course of a study trip.

4   Greg Castillo, "Counterculture Terroir: California's Hippie Enterprise Zone," in *Hippie Modernism: The Struggle for Utopia*, ed. Andrew Blauvelt, Esther Choi, Greg Castillo, and Walker Art Center (Minneapolis, 2015), 87–101. See also Fred Turner, *From Counterculture to Cyberculture: Stewart Brand, the Whole Earth Network, and the Rise of Digital Utopianism* (Chicago, 2008).

5   A great part of information was acquired through the lively circulation of (self-) publications. On self-building see, for example, *The Dome Cookbook, The Outlaw Building News, Shelter*, etc

6   See Richard Fairfield, *The Modern Utopian: Alternative Communities of the '60s and '70s* (Port Townsend, WA, 2010), 212f.

7   Mason Dixon, "Are Country Communes Escapist?," in *The Modern Utopian: Alternative Communities of the '60s and '70s*, ed. Richard Fairfield and Timothy Miller (Port Townsend, WA, 2010), 30–31, esp. 30.

„Was, wenn du dir selbst ein Haus baust? Nein, du brauchst dazu kein Geld, keinen Architekten, keinen Plan, keine Genehmigung. Warum nicht einfach nehmen, was da ist? […] Der Mensch hat einen Nestbauinstinkt wie andere Tiere auch und ist total frustriert von unserer gleichgeschalteten Gesellschaft, deren restriktive Normen des Hausbaus es fast unmöglich machen, ein Haus zu errichten, das seine Bewohner nicht sterilisiert, isoliert und erstarren lässt. […] Soll es ruhig beim ersten Sturmwind zusammenkrachen. Beim zweiten wird das nicht mehr geschehen."
(„Open Land Manifesto I", Herbst 1972)[1]

In den 1960er Jahren zogen viele junge U.S.-AmerikanerInnen von den großen Städten aufs Land, wo sie sich in sogenannten Landkommunen organisierten und ein selbstbestimmtes Leben jenseits der konsumgetriebenen und normgeleiteten sozialen und politischen Vorstellungen ihrer Elterngeneration zu führen suchten. Zu einer Zeit, in der die Moderne für viele zu einer technokratischen Dystopie geworden war und die U.S.-Regierung mit einem ungleichen Krieg in Vietnam den militärisch-industriellen Komplex anheizte, manifestierte sich das Protestbedürfnis der jüngeren Generation in einem (politischen) Aktivismus, der unterschiedlichste Formen annahm, von Anti-Kriegs-Demonstrationen über die Bürgerrechtsbewegung bis zu einer allgemeinen Befreiung des Bewusstseins mithilfe psychedelischer und spiritueller Mittel.

Dieses kulturelle Umfeld führte unter anderem zur Entstehung Tausender im Selbstbau errichteter alternativer Siedlungen, die überall im ländlichen Amerika gegründet wurden und die als eine Art architektonischer Ausdruck dieses Protests gelesen werden können. In diesen Landkommunen entwickelte sich eine eigene Baukultur, die auf der Idee des *Shelters*, einer aus einfachen Mitteln gebauten Behausung, basierte. Jeglichen modernen Komfort, herkömmliche Grundrisse oder zeitgenössische bauästhetische Normen ablehnend, orientierte sie sich an gemeinschaftlichen Lebensformen und machte sich dabei Buckminster Fullers Credo zu eigen, „mehr aus weniger zu machen".[2] Durch die Verwendung großteils gebrauchter Materialien wurden hier erstmals ökologische Grundsätze in einem größeren Maßstab architektonisch umgesetzt.

Anhand der näheren Betrachtung zweier bis heute bestehender U.S.-Kommunen, Libre und der Lama Foundation,[3] beide hoch oben in den Bergen gelegen, wird sich zeigen, dass das Erlernen gemeinschaftlichen Lebens und Bauens – abgesehen vom primären Antrieb allgemeiner Begeisterung – von einer Reihe von Faktoren abhing: Peer-to-Peer-Austausch, gegenseitiger Ansprechpartner inklusive Irrtum, gegenseitiger

Hilfe und Weitergabe von Fertigkeiten sowie der Einbindung von Fachleuten und einem ausgedehnten Wissensnetzwerk. Wie von Greg Castillo festgestellt und von anderen untersucht,[4] bestand eines der spezifischen Merkmale der Gegenkultur in ihrem Netzwerkcharakter. Trotz der oft entlegenen Standorte der Landkommunen waren ihre BewohnerInnen gut informiert und teilten eine gemeinsame Geisteshaltung.[5] In diesem Aufsatz möchte ich darlegen, dass nicht so sehr die unorthodoxen Architekturtypologien, die in den Kommunen der Gegenkultur entstanden, revolutionär waren, sondern vielmehr das angewandte System der Wissensproduktion und die Lernmethodik des Selbstbaus, unter denen sie sich entwickelten. Sowohl in Libre als auch in der Lama Foundation stellen Lernen und Selbstbildung einen wichtigen Teil des gemeinschaftlichen Lebens dar, wenn sie nicht sogar die primäre Triebkraft dieser Kollektive sind.[6] Wiewohl die verwendeten Typologien in beiden Fällen ähnlich sind, unterscheiden sie sich in ihrer räumlichen Organisation und ihrer Auffassung von gemeinschaftlicher sozialer Praxis grundlegend.

**Architektur der Gegenkultur.** Die sogenannten Landkommunen repräsentierten zwar ein breites Spektrum an Lebensstilen, von politisch-aktivistisch über queer und psychedelisch bis zu kunstorientiert und religiös-spirituell, gemeinsam ist ihnen allen, dass sie neue Formen des Zusammenlebens hervorbrachten. Viele der Kommunen mit Namen wie Lama Foundation, Libre, Drop City, Morning Star Ranch, Wheeler Ranch oder New Buffalo lagen in entlegenen Gegenden, wo ihre Mitglieder weitgehend von Subsistenzlandwirtschaft zu

1 Ramón Sender Barayón, Ramón: *Morning Star and Wheeler's Open Land Communes. A Brief Run-Through of Their Histories and Manifesto I and Manifesto II*, San Francisco 2016, 16, online unter: http://www.badabamama.com/fast%20run%20through%20booklet.pdf (Stand: 10. Dezember 2019).

2 Buckminster Fuller zitiert in Gordon, Alastair: „True Green: Lessons from 1960s–1970s Counterculture Architecture", *Architectural Record* 196, 4 (2008), 78–86, hier 80.

3 Die Verfasserin besuchte die Libre- und Lama-Foundation 2014, im Rahmen einer Studienreise.

4 Castillo, Greg: „Counterculture Terroir. California's Hippie Enterprise Zone", in: Blauvelt, Andrew, Choi, Esther, Castillo Greg, and Walker Art Center (Hg.): *Hippie Modernism: The Struggle for Utopia*, Minneapolis 2015), 87–101. Vgl. auch Turner, Fred: From *Counterculture to Cyberculture: Stewart Brand, the Whole Earth Network, and the Rise of Digital Utopianism*, Chicago 2008.

5 Ein großer Teil der Informationen wurde aus vielverbreiteten selbstverlegten Schriften gewonnen. Zum Selbstbau vgl. z. B., *The Dome Cookbook, The Outlaw Building News, Shelter*, etc.

6 Vgl. Fairfield, Richard: *The Modern Utopian: Alternative Communities of the '60s and '70s*, Port Townsend, WA 2010, 212f.

zones" or "outlaw areas"[8] on the other, the communes not only promoted the liaison of technology, nature, and humans but acted as testing grounds for a new model of society guided by the the laws of transcendental consciousness and environmentalism instead of politics.[9] Furthermore back-to-the-land often meant back to native lands. At the time, ancient building techniques that had been handed down from generation to generation by native peoples were embraced by the hippies and appropriated quite naturally, sometimes hiring members of neighboring native communities for some hands-on support. Around Taos in New Mexico, communes like New Buffalo, the Lama Foundation, and also the "Earthships" by Michael Reynolds are located in direct vicinity to Pueblo, Navajo, Ute and Zuni lands.

many cases functions conventionally regarded as co-dependent within a house were separated into individual structures and spread out over a piece of land. This resulted in dormitory structures for individuals, families or "heap-living,"[12] structures for cooking and common dining, outhouses, bath-structures—often rudimentary and many of them outdoors. The degree of communal use of these spaces varied from place to place and, in addition to spaces serving the satisfaction of basic needs, constructions for communal activities, can be found in many of the

# "Informality is always an asc unofficial, always tentative e> and thus formal developmen

The manifold architectural structures which emerged within the communes were quite generally deviant from the prevalent house and building norms of the time and featured interior layouts which radically differed from those of the suburban homes in which many of the communards had likely grown up. Through a mixture of the predominant paradigms of communal living, neo-tribalism, the Open Land Movement,[10] an anti-consumption DIY-culture, a focus on recycling, and a self-imposed poverty, the communards—mostly inexperienced with building—constructed their own dwellings and communal facilities in multiple forms, styles and sizes. This practice of self-building most often entailed a radical renunciation of functional floor plans and room layouts and a general rejection of normative building, hygiene, and fire regulations.[11] Applied spatial programs differed from commune to commune, but in

communes such as gathering spaces for political, performative or spiritual events. Fluctuating numbers of residents in many of the communes lead to ever-changing flows and occupancies between and within these structures.

Dominant forms of building in the back-to-the-land communes can be categorized into groups including domes and zomes, low-technoid structures, A-frames, flexible structures, repurposed artifacts and eclectic vernaculars. Geodesic domes, today an emblematic typology for countercultural building,

8  See, for example, Stewart Brand, Whole Earth. "The Outlaw Area" (1971) and Felicity Dale Scott, Outlaw Territories: Environments of Insecurity/ Architectures of Counterinsurgency (New York, 2016).

9  See Turner, From Counterculture to Cyberculture (see note 4), 36.

10  The Open Land Movement followed the idea that land should be free to access by anyone. Here, the utopia of a non-governed and non-hierarchical community should become reality.

11  See Scott, Outlaw Territories (see note 8), 91ff.

12  Co-living of individuals as well as families within one built structure.

leben versuchten, ohne irgendwelche landwirtschaftliche Erfahrung mitzubringen. Einerseits als „eskapistisch" und „apolitisch"[7] kritisiert, andererseits als „Outlaw-Zonen" oder „Outlaw-Gebiete"[8] gebrandmarkt, traten die Kommunen nicht nur für eine Verbindung von Technologie, Natur und Mensch ein, sondern fungierten auch als Versuchsfeld für ein von den Gesetzen eines transzendentalen Bewusstseins und Achtung für die Umwelt geleitetes neues Gesellschaftsmodell.[9] Überdies bedeutete „Zurück aufs Land" häufig auch zurück auf ein Land, das eigentlich indigenem Land entsprach. Dabei machten sich

einem Fokus auf Recycling und selbstgewählter Armut errichteten die – großteils bauunerfahrenen – KommunardInnen ihre eigenen Wohngebäude und Gemeinschaftseinrichtungen in einer großen Vielfalt an Formen, Stilen und Dimensionen. Diese Praxis des Selbstbaus war oft mit einer radikalen Abkehr von funktionalen Grundrissen und Raumaufteilungen sowie einer allgemeinen Ablehnung normativer Bau-, Hygiene- und Brandschutzvorschriften verbunden.[11] Die konkreten Raumprogramme unterschieden sich zwar von Kommune zu Kommune, aber in vielen Fällen wurden traditionell als zusammenhängend erachtete Funktionen innerhalb eines Hauses auf einzelne Bauten aufgespalten und über ein Stück Land verteilt. Das führte zu Schlafgebäuden für Individuen, Familien oder sogenannten

# otion, an act of labeling the
# erior of regulated, planned,

Nikolai Roskamm | Gesa Königstein, *GAM.16,* p. 109

die Hippies alte, von der indigenen Bevölkerung seit Generationen überlieferte Bautechniken ganz selbstverständlich zu eigen, wobei sie mitunter Angehörige der angrenzenden Indigenen-Communities anheuerten, um sich praktische Unterstützung zu holen. Rund um Taos, New Mexiko, liegen Kommunen wie New Buffalo, die Lama-Foundation, aber auch Michael Reynolds „Earthships" in unmittelbarer Nachbarschaft zu Pueblo-, Navajo-, Ute- und Zunigebieten.

Die vielfältigen architektonischen Formen, die in den Kommunen entstanden, wichen generell von den damals herrschenden Haus- und Baunormen ab und zeichneten sich durch eine Innenraumaufteilung aus, die sich radikal von jener der suburbanen Eigenheime unterschied, in denen wahrscheinlich viele der KommunardInnen aufgewachsen waren. Angeregt durch eine Vermengung der vorherrschenden Paradigmen kommunalen Zusammenlebens, Neotribalismus, der „Open Land"-Bewegung,[10] einer antikonsumistischen DIY-Kultur,

„Haufen",[12] Gebäuden zum Kochen und gemeinschaftlichen Essen, Außentoiletten und Bädern – oft rudimentärer Art und vielfach unter freiem Himmel. Der Grad der gemeinschaftlichen Nutzung solcher Räume variierte von Ort zu Ort, und neben Räumen zur Befriedigung von Grundbedürfnissen gab es in vielen Kommunen auch Bauten für Gemeinschaftsaktivitäten wie politische Versammlungen, performative und spirituelle Veranstaltungen. Die fluktuierende Anzahl von BewohnerInnen führte in vielen Kommunen zu ständig wechselnden Belegungen der Gebäude.

7   Dixon, Mason: „Are Country Communes Escapist?" in: Fairfield: *The Modern Utopian*, 30 (wie Anm. 6).

8   Vgl. z.B. Brand, Stewart: *„Whole Earth. The Outlaw Area"* (1971) und Scott, Felicity Dale: *Outlaw Territories: Environments of Insecurity/Architectures of Counterinsurgency*, New York, 2016.

9   Vgl. Turner: *From Counterculture to Cyberculture*, 36 (wie Anm. 4).

10   Die „Open Land"-Bewegung trat dafür ein, dass Land für alle frei zugänglich sein sollte. Verwirklicht werden sollte dabei die Utopie einer nicht-staatlichen, nicht hierarchischen Gemeinschaft.

11   Vgl. Scott, Outlaw Territories, 91ff (wie Anm. 8).

12   Das Zusammenleben von Individuen und Familien unter einem Dach.

2

Self-built home, Wheeler Farm | Eigenbauheim, Wheeler Farm © Stanford Archive

Vorherrschende Bauformen in den Landkommunen lassen sich in Gruppen wie Kuppelbauten und Zonoeder, Low-tech-Gebäude, Nurdachhäuser, flexible Bauten, umfunktionierte Artefakte und eklektische vernakulare Bauten gliedern. Die heute als emblematische Typologie gegenkulturellen Bauens geltenden geodätischen Kuppeln wurden durch Buckminster Fuller populär, dessen Vision vom Planeten Erde als (geschlossenem) System und frühes ökologisches Denken in Gegenkulturkreisen auf großen Widerhall stieß.[13] Als unkonventionelle und leicht zu errichtende Bauten wurden die Kuppeln von den Kommunen als Standard-Typologie adoptiert: Leicht auf verschiedene Größen skalierbar und wegen ihrer räumlichen Qualitäten – runder Grundriss und große Raumhöhe – geschätzt, wurden die Kuppeln für Gemeinschaftseinrichtungen und gemeinschaftliche individuelle Wohnbauten eingesetzt, oder mit anderen Bautechniken kombiniert (Abb. 3). Eine weitere landkommunentypische geometrische Bauform waren die sogenannten „Zomes", von Fullers Kuppeln inspirierte, aber zonoedrische Kuppeln. Ihr Erfinder war Steve Baer, so getauft hat sie Steve Durkee, der Mitbegründer der Lama-Foundation.

Erbaut wurden diese in Form, Stil und Bauweise vielfältigen Unterkünfte von den KommunardInnen selbst, die (großteils) über keinerlei formelle Bildung in Bauwesen oder Entwurf verfügten. Architektonisches Lernen fand hier außerhalb eines akademischen Rahmens statt.

Das Selbst-Bauen führte auch zu einem starken Interesse an traditionellen und vernakularen Bauformen, meist nicht-westlichen Ursprungs.[14] Zusammen mit dem Dogma der Sparsamkeit entstanden so viele Behausungen, die genauso individuell waren wie ihre ErbauerInnen, architektonische Gebilde, die nicht nur unverkennbar handgemacht aussahen, sondern auch proportionaler und ästhetischer Standards entbehrten (Abb. 2). Ein Blick ins „Open Land"-Manifest[15] macht deutlich, dass diese nicht-normative, improvisatorische Herangehensweise nicht unbeabsichtigt war, sondern vielmehr ein Akt des Protests gegen institutionelle (Bau-)Standards und Verfahrensweisen. Beim Erbauen von Unterkünften ging es in diesem Fall weniger um ästhetische und funktionale Fragen oder architektonische Kenntnisse, sondern eher um Lernen und Selbstbildung. Felicity D. Scott bemerkt dazu, dass zwar die Unterkünfte einen präindustriellen und mitunter sogar nostalgischen[16] Eindruck vermittelten, ihre BewohnerInnen sich aber als die Belegschaft eines Labors für die kybernetische Zukunft sahen[17] – befreit von Erwerbsarbeit, im Überlebenstraining für die Zeit

nach dem Ende der Technologie stehend.[18] Nicht „GhettobewohnerInnen" waren sie, sondern EntwicklerInnen eines „Lebensstils, der dich eines Tages retten wird."[19] Die Aufmerksamkeit sollte nicht auf den formalen Stil der Bauwerke gelenkt werden, sondern auf ihren vermittelten Gebrauch. Die selbsterrichteten Bauten gaben kraftvolle Bilder ab, mit deren Hilfe hegemoniale Machtverhältnisse und althergebrachte Institutionen herausgefordert wurden. Durch die mediale Verbreitung ihrer Bilder dienten solche Gebäude zur Veranschaulichung einer alternativen, selbstbestimmten Lebensweise.

**Access to Tools – Netzwerke des Lernens.** Ein großer Teil dieser besonderen Form der Wissensproduktion und -distribution ist unter anderem dem weitverbreiteten Eigenverlagswesen zuzuschreiben, das in einer Publikation gipfelte, die wohl als „Kernpublikation" der Gegenkultur bezeichnet werden kann: dem *Whole Earth Catalog*. Der von Stewart Brand erstmals 1968 publizierte Katalog gab nicht nur einen Überblick über grundlegende Fragen eines gegenkulturellen Lebensstils,[20] sondern legte seinen LeserInnen auch eine Unmenge an Büchern und Gebrauchsanleitungen ans Herz. Diese Anleitungen trugen – neben anderen Einflüssen – wesentlich zur Blüte selbst errichteter Bauten unterschiedlicher Stile, Größen und Funktionen bei. Ausgangspunkt des *Whole Earth Catalog* war Brands Überlegung, wie er FreundInnen, die sich für ein Leben in Gemeinschaft abseits der Städte entschieden hatten, das Leben erleichtern könne. Inspiriert durch Versandkataloge wie den L. L. Bean Catalogue für das Leben im Freien, entwickelte Brand einen Katalog, der als Leitfaden für ein holistisches gegenkulturelles Leben dienen sollte. Dieser wurde rasch zu einer der erfolgreichsten Publikationen seiner Zeit, mit fast zwei Millionen verkauften Exemplaren bis 1972. Alles in allem gab es davon sechs Ausgaben und zehn Ergänzungsbände.[21] Sein Titel ist mit dem ersten vom Weltraum aufgenommenen Bild von der Erde als Ganzes verbunden, einem Nebenprodukt

13  Vgl. Krausse, Joachim: „Raumschiff Erde und globales Dorf", *Arch+* 139/140 (1998), 44–49.

14  In Lloyd Kahns und Bob Eastons Publikation *Shelter* zeigt sich, dass der Fokus auf Adobe-Lehmbauten, Jurten und Tipis lag. Vgl. Kahn, Lloyd und Easton, Bob: *Shelter*, Bolinas 1990.

15  Barayón: *Morning Star and Wheeler's Open Land Communes* (wie Anm. 1).

16  Vgl. Scott, *Outlaw Territories*, 94 (wie Anm. 8).

17  Ebd., 95f.

18  Vgl. auch Scott, Felicity Dale: „Episodes in the Refusal of Work", *Volume* 24 (2010), 30–33.

19  Scott, *Outlaw Territories*, 101 (wie Anm. 8).

20  Verständnis ganzheitlicher Systeme, Landnutzung, Obdach, Industrie, Handwerk, Gemeinschaft, Nomadisches, Kommunikation und Lernen.

21  Die erste Ausgabe 1969, zwei weitere Ausgaben 1969, eine Ausgabe 1970, 1971 *The Last Whole Earth Catalog*, 1974 erschien *The Last Whole Earth Catalog* noch einmal als *The Last (Updated) Whole Earth Catalog* und *The Whole Earth Epilog*. Vgl. Benton, Maniaque-Benton, Caroline/Gagliu, Meredith (Hg.): *Whole Earth Field Guide*, Cambridge, MA, 2016), 2.

were popularized by Buckminster Fuller, whose vision of Planet Earth as a (whole) system and early ecological thinking resonated well with the countercultural audience.[13] Domes, as unconventional and at the same time easy-to-build structures, were initially embraced within these communes as the go-to typology: Simple to adapt to different sizes by laymen and cherished for their spatial qualities, with a circular layout and high ceilings, domes were deployed for communal facilities, shared and individual homes, or were combined with other building techniques (fig. 3). Another geometric construction typical of back-to-the-land communes, so-called zomes—based on polyhedra and inspired by Buckminster Fuller's geodesic domes—was invented by Steve Baer and named by Steve Durkee, co-founder of Lama foundation.

While spanning a wide spectrum of shapes, styles and construction modes, the shelters were built by communards (mostly) uneducated in construction or design. Architectural learning thus was performed outside an academic framework. Among the communards, taking building matters into their own hands also lead to a tremendous interest in traditional and vernacular building forms, many of them of non-Western origins.[14] The dogma of thriftiness in connection with the ideal of self-building resulted in as many individualistic shelters as there were builders, producing architectural structures which not only looked distinctively handmade, but also lacked proportional and aesthetic standards (fig. 2). A look at the "Open Land Manifesto"[15] reveals that this non-normative, impromptu approach to building was by no means unintentional, but rather a statement of protesting institutional (building) standards and practices. Building the shelters in this case was not so much a matter of aesthetic or functional questions or knowledge of construction, but rather one of learning and self-education. In this regard, Felicity D. Scott notes that while the shelters seemingly created a preindustrial, sometimes even nostalgic[16] impression, their occupants regarded themselves as inhabitants of laboratories for a cybernetic future[17]—free of gainful employment, training for survival for the time after the technological end.[18] They were not "ghetto-dwellers," but developers "of a lifestyle, that will save you someday."[19] It was not the formal

style of the structures that deserves attention, but rather their mediated use. The self-built structures generated powerful imagery and were used to protest hegemonic power relations and long-established institutions. As images of them were disseminated, such buildings functioned to demonstrate an alternative and self-determined way of life.

**Access To Tools – Networks Of Learning.** A great part of this specific form of knowledge production—and distribution—can also be attributed to the widespread practice of self-publication, culminating in what could be described as the "core publication" of counterculture: the infamous *Whole Earth Catalog*. First published in 1968 by Stewart Brand, this publication not only gave an overview on issues considered crucial to a countercultural lifestyle,[20] but moreover recommended countless books and manuals to the reader. These

# „Informalität ist in eine Etikettierung vorläufigen Auße deshalb formeller

manuals, among other influences, strongly contributed to the flourishing of self-built structures, in different styles and sizes and with differing functions. The *Whole Earth Catalog* was born of Brand's reflection upon how to make life easier for

13 See Joachim Krausse, "Raumschiff Erde und globales Dorf," *Arch+* 139/140 (1998): 44–49.

14 Browsing through Lloyd Kahn and Bob Easton's publication *Shelter* reveals a particular focus on adobe building techniques, yurts and tee-pees. See Lloyd Kahn and Bob Easton, *Shelter* (Bolinas, 1990).

15 See Barayón, *Morning Star* (see note 1).

16 See Scott, *Outlaw Territories* (see note 8), 94.

17 Ibid., 95f.

18 See also Felicity Dale Scott, "Episodes in the Refusal of Work," *Volume* 24 (2010): 34–39.

19 Scott, *Outlaw Territories* (see note 8), 101.

20 Understanding Whole Systems, Land Use, Shelter, Industry, Craft, Community, Nomadics, Communications and Learning.

der Eroberung des Weltraums und des Wettlaufs zum Mond. Seinen Erfolg verdankte der *Whole Earth Catalog* einer seltenen Synergie zwischen MacherInnen und LeserInnen, die durch ein konstantes Feedback an Beiträgen, Kritik und Vorschlägen daran mitwirkten, ihm seine endgültige Form zu geben. Der *Whole Earth Catalog* war, wie der Kommunikationstheoretiker Fred Turner bemerkte, für einen Versandkatalog ziemlich eigenartig, da man eigentlich nichts direkt bestellen konnte und der Großteil der gelisteten Artikel Bücher „und nicht Löffelbagger" waren.[22] Die Leserschaft wurde nicht nur als KonsumentIn, sondern als AnwenderIn des im Katalog angebotenen Wissens gesehen. Die Herausgeber machten deutlich, dass sie den LieferantInnen und ProduzentInnen nichts, den NutzerInnen dafür alles schuldeten. Das führte zu einer Kommunikationsstruktur jenseits des üblichen Sender-Empfängermodells, und die HerausgeberInnen verwendeten und verarbeiteten zunehmend Informationen, die von ihrer Leserschaft kamen. Es war ein wachsendes Netzwerk. Heute gilt der *Whole Earth Catalog* als Vorläufer des Internets.

**Libre.** „Es war und ist immer noch dieser unglaubliche Prüfstein in meinem Leben. Nicht bloß die Zeit, auch der Ort. Die Fähigkeit, einen Platz zu schaffen, an dem man seine Arbeit tun kann, aber auch einen Sinn dafür zu entwickeln, wozu man imstande ist. Mit 22 Jahren diese Kuppel zu bauen, hatte erstaunliche Auswirkungen auf das, was ich mir heute zutraue. Das ist also eine geodätische Kuppel mit 13,5 Metern Durchmesser und 6 Metern Höhe. Das heißt, wir mussten 6 Meter hinauf, um diese Platten einzusetzen, das ganze Gerüst zusammenzufügen usw. Und imstande zu sein, das zu tun, war wirklich eindrücklich."[23]

# er eine Zuschreibung, m nicht-offiziellen, immer er geregelten, geplanten und ntwicklung."

Nikolai Roskamm | Gesa Königstein, *GAM.16*, S. 108

Der Untertitel des *Whole Earth Catalog* „Access to Tools" spiegelt nicht nur die Absicht seiner Herausgeber, das zur Verwirklichung eines ganzheitlichen Lebens notwendige Wissen zu vermitteln, sondern zeigt auch, dass die Grundausrichtung des Katalogs auf Konzepte des Lernens und der Selbstbildung zurückgeht. Als die Idee zum Katalog entstand, arbeitete Stewart Brand selbst am Portola Institute, einer „gemeinnützigen Stiftung für Bildung" in Menlo Park. Der Bildungsfokus war aber sicherlich nicht auf den *Whole Earth Catalog* beschränkt, sondern ein wesentlicher Bestandteil der gegenkulturellen Bewegung und der Landkommunen selbst.

Dieser Bericht über den Selbstermächtigungseffekt, den das Erbauen des eigenen Hauses hatte, stammt von Linda Fleming, Mitbegründerin der Landkommune Libre, die vor allem durch die Veröffentlichung von (Bau-)Wissen in verschiedenen Medien und anderen Vermittlungsformen bekannt wurde.[24] Im Fall von Libre wurde der Prozess des Selbstbauens und die so entstandenen Bauten eine besonders wichtige Kraft für die Bildung der Identität (und des Image) der Kommune. Libre ist eine der wenigen Kommunen, die bis heute überlebt

22 Turner, Fred: „The Establishment of Counterculture", *Volume* 24 (2010), 6–8.

23 Fleming, Linda: „Building the Dome", *Echokinesis*, Podcast, online unter: https://audioboom.com/posts/6936013-building-the-dome (Stand: 22. August 2019, Übers. Wilfried Prantner).

24 1969 gingen die Mitglieder von Libre auf eine Vortragsreise mit zwanzig Stationen, die ihre Kommune mitfinanzieren sollte. Vgl. Azzarito, Amy: „Libre, Colorado, and the Hand-Built Home" in: Auther, Elissa/Lerner, Adam (Hg.): *West of Center. Art and the Counterculture Experiment in America, 1965–1977*, Denver und Minneapolis 2012, 98. Ein Artikel

friends who had decided to live a communal life, away from cities. Inspired by mail order catalogs like the L.L. Bean catalogue for life outdoors, Brand developed a catalog that would work as a guide to a wholesome countercultural life. It quickly became one of the most successful publications of its time and by 1972 it had sold almost two million copies. The *Whole Earth* series comprises of six issues and ten supplements.[21] The catalog's name is linked to the emergence of the first image of the whole earth from space, a byproduct of the attempts to explore space and reach the moon. The *Whole Earth Catalog* owned its success to a rare synergy between makers and readers who through a constant feedback circle of contributions, critique and proposals took part in creating the final form of the catalog. As communication theorist Fred Turner noted, the *Whole Earth Catalog* was rather peculiar for a mail order catalog, since one could not really order goods directly and the majority of things in the catalog were books "and not backhoes."[22] Readers were not only seen as buyers, but as those applying the knowledge offered in the catalog. The makers made it clear that they didn't owe anything to the delivery services or producers, but everything to the users. This resulted in a communication structure beyond the usual sender-receiver scheme and the editors increasingly used and processed information provided by their readers. It was a growing network. Today, the *Whole Earth Catalog* is called a forerunner of the internet.

The *Whole Earth Catalog's* subtitle "Access to Tools" not only reflects its makers' commitment to providing the knowledge needed to realize a wholesome countercultural life, but also shows that the catalog's fundamental ideas are rooted in concepts of learning and self-education. While developing the idea of the catalog, Stewart Brand himself worked at Portola Institute, a non-profit educational foundation in Menlo Park. The focus on educational aspects was certainly not restricted to the *Whole Earth Catalog*, but was already a crucial constituent within the countercultural movement and the back-to-the-land communes.

**Libre.** "It was and continues to be that amazing touchstone in my life. Not just that moment in time, but that place. To be able to create a place where you could make your work, but also have a sense of what you are capable of doing. Building this dome when I was 22 has had astounding effect on what I now know I am capable of doing. So this is a 44-foot diameter geodesic dome with a 20-foot ceiling. So we had to go 20 foot up in the air to put in those panels, to put all the structure together, etc. And being able to do that was really profound."[23]

This account of the self-empowering effect of building a home on one's own comes from Linda Fleming, founder of Libre—a back-to-the-land commune that notably became known through the publication of (building) knowledge in a variety of media and other forms of publicity.[24] Here, the process of self-building and the resulting constructions became a particularly critical force in forming the identity (and image) of the place. Libre is one of the few communes which has survived until today, still serving as a good example of a general evolution of counterculture's handmade shelters. Located in Huerfano County in Colorado, on a remote mountain site 9,000 feet (ca. 2,740 meters) above sea level, Libre was founded by two artist couples: Dean and Linda Fleming and Peter "Rabbit" and Judy "Poly Ester" Douthit, who had previously escaped the infamous and overcrowded Drop City commune and were looking for a new place where they could freely pursue their art.

Whereas Drop City's iconic colorful zomes, built from salvaged car-tops, mark a highpoint of the Buckminster Fuller-inspired dome architecture, in Libre, a shift from dome structures to more individual dwellings can be observed.[25] One of the first buildings on the newly acquired site was the earlier mentioned dome structure by Dean and Linda Fleming. Another distinctive structure, still based on the idea of the dome, was a threepart zome first constructed and inhabited by Peter

21 In 1969 the first issue, in 1969 two more issues, in 1970 one issue, in 1971 "The Last Whole Earth Catalog," in 1974 "The Last Whole Earth Catalog" reappeared as "The Last (Updated) Whole Earth Catalog" and "The Whole Earth Epilog." See Caroline Maniaque-Benton and Meredith Gaglio, eds., *Whole Earth Field Guide* (Cambridge, MA, 2016), 2.

22 Fred Turner, "The Establishment of Counterculture," *Volume* 24 (2010): 6–8.

23 Linda Fleming, "Building the Dome," July 17, 2018, in *Echokinesis*, podcast, available online at: https://audioboom.com/posts/6936013-building-the-dome (accessed August 22, 2019).

24 In 1969 members of Libre went on a twenty-stop lecture tour in order to help financing their commune. See Amy Azzarito, "Libre, Colorado, and the Hand-Built Home," in *West of Center: Art and the Counterculture Experiment in America, 1965–1977*, ed. Elissa Auther and Adam Lerner (Denver and Minneapolis, 2012), 98. Libre was also featured in *AD Architectural Design* 44 (1971): 727–736.

25 See Azzarito, "Libre, Colorado" (see note 24), 99.

3

Domes in Libre, Colorado, built by Dean and Linda Fleming. | Kuppel-Konstruktionen in Libre, Colorado, erbaut von Dean und Linda Fleming. © Christina Linortner, 2014

Rabbit and Judy Douthit (fig. 4). Subsequent builders gradually dropped the dome theme and started to experiment with other forms. Later structures built at Libre[26] combined a central dome with adobe walls or pursued a more open architectural approach, as exemplified in Roberta Price and David Perkins' octagonal structure that used a large boulder as its supporting structure (fig. 1). "It was all trial and error, and new builders embraced learning on the job."[27] One member of the commune, Richard Wehrman, who was trained as a jeweler, designed a star-shaped and gem-inspired symmetrical construction set on the ridge. Among the houses, a tower and more conventional constructions evoking homesteading activities of former eras can also be found. The individual houses are spread out on a 360 acre south-facing slope, connected by dirt roads but out of sight of one another.

Whatever direction the designs of the shelters were leaning, scavaging native materials from abandoned buildings and mines and the use of native materials as logs, rock and adobe[28] were common principles. Building their houses themselves was regarded as essential for the communards, as "you learn a lot [when] building a house."[29] Despite existing manuals like the *Dome Cookbook*, Linda Fleming describes building a dome home as a rather informal endeavor:

"I got—what they called—the chord factors, the dimensions for the dome from Drop City from an artist named Clark Richert, a really extraordinary painter. He was really always interested—and still is—in domes and fractals and tessellations. So he was the kind of wizard behind domes and I asked him to tell me how to build one. And he tore off a scrap of brown paper bag and he wrote six chord factors and he drew just a quick sketch of one of these great triangles and divided it and put the letters in, so I could see how long A to B was then in this key he gave me which was this particular decimal point and then you figure out the diameter of the dome you wanna build and you multiply that by the decimal figure and that's the length of a strut. It is pretty brilliant."[30] Though the construction of a dome—with the right formula—could be precisely calculated and parts of it preassembled, in practice, leaking

roofs and difficulties in subdividing its interior led to a gradual decline of interest in these structures.

The first years at Libre were characterized not only by the practice of building one's own shelter but also by getting used to the routines of a daily life up on a high mountain in the wilderness without the comforts of modern life, such as central heating, running water, etc. Children were homeschooled in a different house each day. In her memoir, Roberta Price describes her working routine at Libre: "Work took up most daylight hours: milking the goats, building, gardening, cooking, canning, baking, cleaning, chopping wood, making runs to Walsenburg for food and supplies, sewing, weaving, painting, writing, hauling water, fixing trucks, doing outside carpentry gigs to make money, teaching in Libre's school."[31] In consideration of these hardships and socially challenging tasks in such a tight and remote community, the success of Libre's existence can be attributed to various reasons, among them serious efforts to maintain a livable degree of privacy that manifested in a number of rules: For example, in comparison to other communes, in Libre the number of members remained very low with around eight houses, each for a family. New members were carefully chosen with the requirement to be able to build their own dwelling and to sustain themselves independently. The land was commonly owned, yet to avoid any influx of unwanted visitors (like in Drop City) no central facility was planned, and to further enhance the privacy of the single members, houses were to be built out of sight of each other. Accordingly, communal life was also dispersed among the houses: Together, the houses formed the Libre school and the large dome was used as a shared workshop for woodworking, jewelry, and pottery and as a kitchen for all Libre residents.[32] Instead of erecting communal buildings in Libre communal activities and shared social practices took place in structures which resembled the size of family homes. This method of disguising communal spaces in seemingly private houses protected the communards from outsiders interfering with their community. Despite Libre's strict privacy rules and efforts to prevent unwanted visitors, during building phases, people passing through would be utilized as additional labor force.

26 Altogether the site consists of eight to nine buildings.

27 Azzarito, "Libre, Colorado" (see note 24), 101.

28 "Libre," *AD Architectural Design* 44 (1971): 728.

29 Ibid., 727.

30 Fleming, "Building the Dome" (see note 23).

31 Roberta Price, *Across the Great Divide: A Photo Chronicle of the Counterculture* (Albuquerque, 2010). Kindle.

32 See "Libre," (see note 28), 729.

haben, und immer noch ein gutes Beispiel für die allgemeine Entwicklung der handgefertigten Unterkünfte der Gegenkultur. Gegründet wurde Libre in einer entlegenen Bergregion im Huerfano County, Colorado, in etwa 2.740 Meter Seehöhe von zwei Künstlerpaaren: Dean und Linda Fleming und Peter „Rabbit" und Judy „Poly Ester" Douthit, die aus der berühmt-berüchtigten, überbelegten Kommune Drop City ausgestiegen waren und nach einem neuen Ort gesucht hatten, an dem sie frei ihre Kunst ausüben konnten.

neu baute, lernte bei der Arbeit."[27] Ein Mitglied der Kommune, der gelernte Schmuckdesigner Richard Wehrman, entwarf eine sternförmige, von Edelsteinen inspirierte symmetrische Konstruktion auf dem Bergrücken. Dazu kommen ein Turm und konventionellere, an Siedlerbauten der Pionierszeit erinnernde Gebäude. Die einzelnen Häuser verteilen sich über einen Südhang mit einer Fläche von 145 Hektar und liegen außer Sichtweite des jeweils anderen, sind aber mit unbefestigen Wegen verbunden.

Doch wie immer die Häuser gestaltet waren, die Verwendung vor Ort vorgefundener Materialien wie Holz, Stein und Lehm[28] oder aus verlassenen Gebäuden und Minen geborgener Bauteile war ein Prinzip, das sie alle gemeinsam hatten. Das Bauen des eigenen Hauses wurde von den Kom-

Bilden die bunten, aus alten Autodächern erbauten „Zomes" von Drop City den Höhepunkt der von Buckminster Fuller inspirierten Kuppelarchitektur, so ist in Libre eine Hinwendung zu individuelleren Bauformen zu beobachten.[25] Eines der ersten Gebäude am neu erworbenen Grundstück war die bereits erwähnte Kuppel von Dean und Linda Fleming. Ein weiterer bemerkenswerter, immer noch auf der Idee der Kuppel beruhender Bau war ein dreiteiliger, usprünglich von Peter Rabbit und Judy Douthit errichteter „Zome" (Abb. 4). Spätere ErbauerInnen von Häusern in Libre[26] wandten sich aber von der Kuppel ab und begannen mit anderen Formen zu experimentieren. Sie kombinierten Kuppeldächer z.B. mit Wänden aus Lehm oder verfolgten überhaupt einen offeneren architektonischen Ansatz wie z.B. bei dem um einen großen Felsbrocken errichteten Achteckbau von Roberta Price und David Perkins (Abb. 1). „Es entstand alles durch Versuch und Irrtum, und wer

munardInnen als etwas Grundlegendes angesehen, „da man beim Hausbau viel lernt."[29] Trotz des Vorhandenseins von Bauanleitungen wie dem *Dome Cookbook* war das Errichten eines Kuppelbaus, wie es Linda Fleming beschreibt, ein eher informelles Unternehmen:

„Ich hatte die sogenannten ‚Sehnen-Faktoren', die Grundmaße der Kuppel aus Drop City, von einem Künstler namens Clark Richert, einem wirklich außergewöhnlichen Maler. Er war – und ist immer noch – sehr interessiert an Kuppeln, Fraktalen und Tesselierungen, so eine Art Kuppel-Guru, und ich bat ihn, mir zu erklären, wie man eine baut. Er riss

25 Vgl. Azzarito, „Libre, Colorado", 99 (wie Anm. 24).

26 Insgesamt besteht die Kommune aus acht bis neun Gebäuden.

27 Azzarito, „Libre, Colorado", 101 (wie Anm. 24).

28 Vgl. „Libre", *AD Architectural Design* 44 (1971), 728.

29 Ebd., 727.

It's hard to say what architecture is for us — it seems we needed a way to keep warm — keep the snow & rain off, and the houses? THEY came about as individual responses to the four elements.

Having expended most of our "Architectural" energy in the physical building of the structures, it now becomes hard to explain the structures in terms of words.

The pictures are our best means of relaying information.

GENERAL BUILDING FACTS AND CONSIDERATIONS:

Temperature ranges from 100°+ to −50°

Water run-off collection (water is our scarcest commodity)

Sunlight is our greatest and free-est resource

Scavaging of materials from abandoned buildings & mines

Use of native materials in great abundance: logs, rocks, adobe

Use of "second-hand" or used materials and tools, where the concept of NEW and OLD has no meaning

Realization of the dwelling place as interrelating completely with the total environment, with the greater part of our lives being lived outdoors

The descriptions of individual houses are thoughts of the builders.

We live, eat, work, play, worship, build — no one is separate from the other.

Zome engineering by Steve Baer/building time 6 weeks/5 weeks and 4 days to lay floor and prefab panels/3 days to bolt the structure together/it could be taken apart and moved but probably never will be. Materials/30% scrounged/, 30% cull lumber/ 40% new materials/ total cost $1150.

WE BUILT A 40 FT DOME THINKING, BECAUSE WE'D LIVED IN 100 FT. LOFTS IN NEW YORK, WE COULDN'T GO AN SMALLER. 40 FT. WAS BIG → A CERTAIN MAD FRUSTRATION DEVELOPS BY THE SEEMINGLY ENDLESS REPETITION OF SOCKING UP TRIANGLES. IN 3 MOS. WE MOVED IN BUT IT TOOK A YEAR TO FINISH SHER ROCKING ON THE INSIDE (WE FOUND WE'D AVERAGE 3 PANELS BEFORE INSANITY SET IN AND WE'D HA TO STOP AND ENJOY LIFE INSTEAD).

THE DOME SEEMED ESPECIALLY FIT FOR CHANGES, BEING AN EMPTY UNIMPOSING SHELL. IN FACT, IN ' YEARS, THE INTERIOR DESIGN HAS NOT SETTLED IN. EACH MONTH IT CHANGES AGAIN, MAY NEVER STOP SHIFTING AS NEW NEEDS ARISE, NEW IMAGES ARE LAUNCHED.

4

The 42nd issue of *AD Architectural Design* features a documentation of the construction methods of Libre's zome and dome structures. | Die 42. Ausgabe von *AD Architectural Design* berichtet 1971 über die Konstruktionsweise der Kuppelbauten in Libre. © Vera Schabbon, GAM.Lab

40 foot, 4 phase geodesic dome using 2 x 4 structure, plastic hubs, plywood exterior, rock wool insulation and sheet rock interior, 2 x 4 floor, plastic skylights.

22 foot, 3 phase 3/8 semi-geodesic dome using essentially the same materials.

LIBRE IS A SOCIAL PHENOMENA, THE EXTENDED FAMILY, A CHANCE TO LOVE AND WORK IT OUT TOGETHER.

LIBRE IS A CREATIVE CENTER WITH TIME AND SPACE FOR IMAGINATIONS FREE FLOW THROUGH ALL FORMS.

LIBRE IS A RELATIONSHIP TO THE LAND THRU PLOWING, COMPOSTING, PLANTING AND EATING HER SPROUTING.

BUT LIBRE IS ALSO THE INCREDIBLE SILENCE OF THIS ANCIENT MOUNTAIN WHOSE RECEIVING OF THE INFINITE FORCES SO FAR TRANSCENDS EVEN OUR OWN CAPACITY TO UNDERSTAND THAT WE FEEL THE GENTLE HAND OF GOD ON OUR HEADS TEACHING US SOME /HOLY HUMILITY.

LIFE AND DEATH PASS BY THIS MOUNTAIN AS EASILY AS THE HUMMING OF THE WIND IN PINE AND FIR AND WE SMALL FOLK MUST ACCEPT IT ALL AND GIVE OUR DAILY THANKS.

AQUÍ
COMPRAMOS
DIOS

_____

...O SHE LEAKS LIKE A SIEVE, ALWAYS HAS. BUT THE LIGHT AND LOFTINESS OF A DOME IS ...NIFICENT. THE SPACE IS MORE SUITED FOR COMMUNAL ACTIVITY AND THATS THE WAY ITS GONE. ...N A POT SHOP & KILNS, WELDING, WOODWORKING, JEWELRY, SEWING & A KITCHEN FOR ALL.

...E LITTLE DOME, A 22 FT. BEDROOM, WAS CHEAP, QUICK & EASY —AND IS SEALED! ...HILE THE 40 FOOTER COST $700 IN ITS PRIMAL STATE, THE BEDROOM WAS ABOUT $100 ...D TOOK SCARCELY A WEEK TO BUILD.

...S A CONTINUOUS STRUGGLE TO MAINTAIN DOME SPACE BUT THE DANCES AND MEETINGS ...WAYS HAPPEN AT OUR HOUSE!

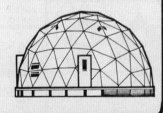

We live on 360 acres on the south facing slope of a mountain above 9000' / rainfall 16-20 inches a year / we seem preoccupied with water & water problems / sun shines over 3000 hours a year / perfect for solar energy conversion / we're messing with it but haven't gotten it together yet.

**Lama Foundation.** A rather different concept concerning not only the relationship of visitors and residents, but also a general idea about communal life, is represented by another still existing commune in the Southwest of the US called Lama Foundation.[33] The commune is located high up on a mountain in San Cristobal, New Mexico and was founded in 1967 as a Center for Basic Studies[34] with a spiritual focus on meditation and a no-drug policy. "The sole purpose of the foundation," according to an 1971 article published in *AD*, "is to serve as a vehicle for the awakening of conciousness [sic]."[35] Distinguishing between permanent residents, stewards, and long-term or short-term visitors during the summer, Lama Foundation is a retreat where residential buildings do not follow individual aesthetic preferences, but instead take a back seat in favor of large communal facilities. In a self-description for *AD* in 1971, the authors see the commune connected to its surrounding Taos Pueblo lands, but also Nepal and Tibet, the moon, the sun, the ocean and refer to ancient times, when the mountain was still a plateau.[36]

Similar to Libre, the built structures of Lama Foundation are scattered all over the plot; however, in contrast to Libre, communal facilities shared by permanent residents and visitors constitute the social but also spatial core of communal life. While dormitories, outhouses and sanitary spots for temporary visitors, and residences for those staying longer were spatially set apart and differed in size and construction technique, the octagonal kitchen in timber construction and a much larger central dome complex with a dome-roof and adobe walls were built along an axis that followed the slope of the mountain, with the dome majestically facing towards the valley. In 1996 a large wildfire destroyed not only almost all the forest surrounding the commune, but also most of the dormitory buildings. Of the original structures the dome complex and the kitchen survived, though a new larger kitchen building has been erected on the Southwestern end of a road perpendicular

to the main axis. Designed by Steve Durkee, one of the founders of Lama Foundation, the main structure, a hybrid of adobe walls and a dome, houses the main meditation and common gathering space as well as an expansive library in one of its wings (fig. 5). Even though the shared structures by far exceed the size of a single-family-home and more closely resemble the public facilities found in small towns, they were also self-constructed. A contemporary report of the foundation describes the building process as following:

"Work begins, clearing spring, digging water system, beginning main communal building. Indians from Taos Pueblo hired to teach us how to make & use adobe, how to work. 3 original members began before land found to meet nightly & have short meditations. Over 90 people come thru & help the first year, some stay awhile. Steve Baer brings plans for the domes & helps erect the first ones with assistance from Drop City people. We publish his 'Dome Cook-book.' Living in tp's & school bus. First winter sees two roads built, water line in, shell of main dome & south wing; winter drives us down to the valley. Next spring kitchen & dining room up, 6 A-frames built, plumbing, gas 5 K generator, greenhouse, garden. […] 24–25 Newclear age. Finish north wing enclosure & interior south wing, kitchen, skin domes. Erect 3 small enneacontahedron domes, designed by Baer for dwelling, one a teacher's house."[37]

---

33 The name Lama refers to "La Lama," Portugese for "mud." See https://www.lamafoundation.org/about-lama-foundation/history-of-lama-foundation/ (accessed December 10, 2019).

34 The Center for Basic Studies was described by Steve Durky in an interview with Richard Fairfield: "So what we did in relation to the government is that we became a nonprofit tax-exempt foundation, founded for educational and scientific purposes, because as we see ourselves, we are a center for basic studies. And by basic studies I mean how to make an adobe brick, or learning how to plumb and how to carpenter, learning what's basic, learning what it is that people really need and what are their desires, and what is the relationship between needs and desires." Fairfield, *The Modern Utopian* (see note 6), 212.

35 "Lama Foundation," *AD Architectural Design* 42 (1971), 743–752, esp. 743.

36 See ibid., 746.

37 "Lama Foundation" (see note 35), 749.

ein Stück Papier von einem braunen Papiersack, schrieb sechs Sehnen-Faktoren drauf und machte eine Zeichnung von einem dieser großen Dreiecke, unterteilte es und versah es mit Buchstaben, so dass ich sehen konnte, wie lang A und B waren. Dann gab er mir diese Dezimalzahl, und wenn man beschlossen hat, welchen Durchmesser die eigene Kuppel haben soll, multipliziert man ihn mit dieser Dezimalzahl und hat die Länge einer Strebe. Es ist ziemlich genial.“[30]

Doch auch wenn sich der Bau einer Kuppel mit der entsprechenden Formel genau berechnen und die Teile vorfertigen ließen, so führten undichte Dächer und die schwierige Unterteilung des Innenraums allmählich dazu, dass das Interesse an Kuppeln nachließ.

Die ersten Jahre in Libre waren nicht nur vom Bauen der eigenen Unterkunft gekennzeichnet, sondern auch von der Einübung in die täglichen Routinen eines Lebens in der Wildnis, hoch oben in den Bergen, ohne Annehmlichkeiten des modernen Lebens wie Zentralheizung, Fließwasser und dergleichen. Die Kinder erhielten reihum Hausunterricht, jeden Tag unter einem anderen Dach. In ihren Erinnerungen beschreibt Roberta Price ihre Arbeitsroutinen in Libre: „Die Arbeit nahm den Großteil der Tagesstunden in Anspruch: Ziegenmelken, Bauen, Gärtnern, Kochen, Einkochen, Backen, Putzen, Holzhacken, nach Walsenburg fahren, um Lebensmittel und andere Vorräte zu besorgen, Nähen, Weben, Wasserholen, Lastwagenreparieren, zum Geldverdienen externe Zimmererarbeiten machen, Schulunterricht geben.“[31] Dass Libre trotz der harten Arbeit und den sozial fordernden Aufgaben in einer dermaßen kleinen und entlegenen Gemeinschaft so erfolgreich war, liegt an verschiedenen Faktoren: u. a. dem ernsthaften Versuch, ein lebenswertes Maß an Privatsphäre zu wahren, was sich in einer Reihe von Regeln niederschlug. Zum Beispiel blieb die Anzahl der Mitglieder verglichen mit der anderer Kommunen sehr klein: nur um die acht Häuser für je eine Familie. Neue Mitglieder wurden sorgfältig ausgewählt. Sie mussten in der

Lage sein, ihre eigene Unterkunft zu bauen und sich selbständig zu erhalten. Der Landbesitz war gemeinschaftlich. Um den Zustrom unerwünschter BesucherInnen (wie in Drop City) zu vermeiden, wurde aber kein zentrales Gemeinschaftsgebäude geplant. Und zum weiteren Schutz der Privatsphäre wurden die Häuser ohne Sichtverbindung zueinander errichtet. Das Gemeinschaftsleben wurde somit auf die Häuser verteilt: Alle zusammen bildeten die Schule von Libre, und die große Kuppel wurde als gemeinsame Werkstatt für Holz-, Schmuck- und Töpferarbeiten sowie als Küche für alle BewohnerInnen genutzt.[32] Statt eigene Gemeinschaftgebäude zu errichten, fanden in Libre die gemeinschaftlichen Aktivitäten und die gemeinsame soziale Praxis in Gebäuden statt, die die Größe von Familienhäusern hatten. Diese Tarnung gemeinschaftlicher Räume als Privathäuser schützte die KommunardInnen vor der Störung ihrer Gemeinschaft durch Außenstehende. In Bauphasen allerdings wurden Durchreisende trotz der strikten Regeln zum Schutz der Privatsphäre und der Bemühungen, unerwünschte BesucherInnen fernzuhalten, sehr wohl als Arbeitskräfte genutzt.

**Lama Foundation.** Für ein ganz anderes Konzept, nicht nur was das Verhältnis von BesucherInnen und BewohnerInnen, sondern die ganze Auffassung von Gemeinschaftsleben betrifft, steht eine andere immer noch bestehende Kommune im Südwesen der USA: die Lama Foundation.[33] Auch diese Kommune liegt hoch oben auf einem Berg – in San Cristobal, New Mexico. Gegründet wurde sie 1967 als Zentrum für Grundstudien,[34] mit einem Fokus auf Meditation und auf dem Grundsatz der Drogenfreiheit. Laut einem Artikel in *AD* aus dem Jahr 1971 war „[d]er einzige Zweck der Foundation […] der eines Vehikels der Bewusstseinserweckung.“[35] Mit ihrer Unterscheidung zwischen permanenten BewohnerInnen, BetreuerInnen und lang- oder kurzfristigen BesucherInnen während des

30 Fleming, „Building the Dome“ (wie Anm. 23).

31 Price, Roberta: *Across the Great Divide: A Photo Chronicle of the Counterculture*, Kindle Edition, Albuquerque 2010, Pos. 534.

32 Vgl. „Libre“, 729 (wie Anm. 28).

33 Der Name Lama geht auf das portugiesische Wort für „Schlamm“ zurück. Vgl. https://www.lamafoundation.org/about-lama-foundation/history-of-lama-foundation/ (Stand: 10. Dezember 2019).

34 Das „Zentrum für Grundstudien“ wurde von Steve Durky in einem Interview mit Richard Fairfield folgendermaßen beschrieben: „Wir regulierten also unser Verhältnis zum Staat, indem wir eine steuerbefreite gemeinnützige Stiftung wurden, als deren Zweck wir Bildung und Wissenschaft angaben, denn wir sehen uns tatsächlich als ein Zentrum für Grundstudien. Und unter Grundstudien verstehe ich das Herstellen von Lehmziegeln, das Erlernen des Klempnerns und Tischlerns, das Erlernen grundlegender Dinge, dessen, was Menschen wirklich benötigen und wünschen, und was das Verhältnis zwischen Bedürfnissen und Wünschen ist.“ Fairfield: *The Modern Utopian*, 212 (wie Anm. 6).

35 „Lama Foundation“, *AD Architectural Design* 42 (1971), 743–752, hier 743.

5

Central meditation space, main building. | Zentraler Meditationsraum, Hauptgebäude, Lama Foundation, San Cristobal, New Mexico. © Christina Linortner

Sommers ist die Lama Foundation ein Zufluchtsort, wo die Wohngebäude nicht unbedingt individualästhetischen Vorlieben folgen, sondern sich zugunsten großer Gemeinschaftseinrichtungen zurücknehmen. In ihrer Selbstbeschreibung für *AD* sehen die GründerInnen die Kommune in direkter Verbundenheit mit dem sie umgebenden Taos-Pueblo-Territorium, aber auch mit Nepal und Tibet, dem Mond, der Sonne, dem Ozean, und verweisen auf alte Zeiten, als der Berg noch eine Hochebene war.[36]

Ähnlich wie in Libre sind die Bauten über das gesamte Grundstück verteilt; anders als dort bilden aber die von BewohnerInnen wie BesucherInnen benutzten Gemeinschaftsanlagen das soziale und räumliche Zentrum des kommunalen Lebens. Während Wohnheime, Außentoiletten und Sanitärbereiche für BesucherInnen sowie die Wohnhäuser für Längerbleibende räumlich abgesetzt waren und sich in Größe und Bauweise unterschieden, waren die Holzkonstruktion der achteckigen Küche und ein viel größerer zentraler Komplex mit Kuppeldach und Lehmwänden auf einer zentralen Achse entlang dem Berghang errichtet, so dass die Kuppel majestätisch das Tal überblickte. 1996 zerstörte ein großer Waldbrand nicht nur fast den gesamten Wald rund um die Kommune, sondern auch die meisten Wohnheime. Von den ursprünglichen Bauten überlebten nur der Kuppelkomplex und die Küche; dennoch wurde danach ein neues, größeres Küchengebäude errichtet, das am südwestlichen Ende eines rechtwinkelig zur Hauptachse verlaufenden Weges liegt. Das von Steve Durkee, einem der Gründer der Lama Foundation, errichtete Hauptgebäude, ein Hybrid aus Lehmbau und Kuppel, beherbergt den allgemeinen Meditations- und Versammlungsraum sowie – in einem der Seitenflügel – eine umfangreiche Bibliothek (Abb. 5). Wiewohl

die Größe eines Einfamilienhauses bei weitem übersteigend und eher den öffentlichen Gebäuden einer Dorfgemeinde gleichend, wurden auch die gemeinsam genutzten Anlagen im Selbstbau errichtet. Ein zeitgenössischer Bericht der Foundation beschreibt den Bauprozess wie folgt: „Die Arbeit beginnt, Quelle klarmachen, Ausheben der Wassergräben, Beginn Errichtung Kommunen-Hauptgebäude. Indianer vom Taos-Pueblo als Lehrer für Herstellung & Verwendung von Lehm angeheuert, das Arbeiten damit. Bevor das Grundstück gefunden wurde, hielten 3 Gründungsmitglieder nächtliche Treffen & kurze Meditationen ab. Im Lauf des ersten Jahrs kommen über 90 Personen vorbei, um mitzuhelfen, manche für längere Zeit. Steve Baer bringt Pläne für Kuppeln & hilft, mit Unterstützung von Leuten aus Drop City, die ersten zu errichten. Wir veröffentlichen sein ‚Dome Cookbook'. Leben in Tipis & Schulbus. Bis zum ersten Winter sind zwei Wege angelegt, die Wasserleitung in der Erde, das Gerüst der Hauptkuppel & der Südflügel gebaut. Der Winter treibt uns ins Tal. Im Frühling entstehen Küche & Speiseraum, werden 6 Nurdachhäuser gebaut, Sanitäranlagen & 5KW-Gasgenerator installiert, Treibhaus & Garten gemacht. […] 24–25 Neuklarzeitalter. Stellen Rohbau Nordflügel & Innenraum Südflügel fertig, Küche & Kuppeldächer. Errichten 3 kleine von Baer als Wohnräume entworfene enneakontaedrische Kuppeln, eine davon als Lehrerhaus."[37]

Wer sich der Kommune permanent anschließen wollte, musste vorher eine „ganze Arbeitssaison lang"[38] dort verbracht haben und, ähnlich wie in Libre, genügend Finanzmittel und Expertise mitbringen, um seine eigene Unterkunft zu bauen. Das Ziel des unabhängigen Überlebens wurde mithilfe einer autarken Landwirtschaft (samt Erdgewächshaus, beheiztem Gewächshaus und einer kleinen Tierhaltung), der Publikation von Schriften, einer bis heute existierenden Manufaktur für tibetische Gebetsfahnen, Einkünften aus Unterrichtstätigkeit und Übernachtungsgebühren der im Sommer kommenden BesucherInnen zu verwirklichen versucht.

36 Vgl. ebd., 746.

37 „Lama Foundation", 749 (wie Anm. 35).

38 Fairfield, *The Modern Utopian*, 211 (wie Anm. 6).

Joining the commune as a permanent resident required spending a "whole working season"[38] beforehand and, similar to Libre, being able to provide sufficient finances and expertise to build one's own shelter. The goal of surviving independently as a commune was pursued by establishing a self-sufficient agricultural system (including a grow hole, a heated greenhouse, and farming a small number of animals), as well as publishing, a Tibetan flag manufacturing plant that still exists today, income from tuition, and boarding fees from summer visitors.

**Looking Back and Forward.** Despite the communards' effort to create a world of egalitarian rule[39] while regarding the "mind" as the key to social change,[40] Fred Turner claims that the communards, mostly white and middle-class, were not able to overcome traditional conceptions concerning class, race, and gender.[41] Traditional gender roles were maintained, with activities such as child rearing or domestic duties left mostly to women.

And yet, until today, counterculture in the US is widely still regarded as an opposition to the cold war politics of its time. However, as Turner has argued, "among *New Communalists*, though, this was simply not the case: even as they set out for the rural frontier, the communards of the back-to-the-land movement often embraced collaborative social practices, celebration of technology, and the cybernetic rhetoric of mainstream military-industrial-academic research."[42]

The two case studies outlined here illustrate not only that different forms of social life can be practiced within identical building layouts and building styles, but also that building and living in unconventional floor plans and experimental communal constellations does not inevitably result in radical social change[43]—as demonstrated, for example, by the proclaimed anti-consumerism that itself spawned a new kind of entrepreneurism and demand for alternative goods.[44] At the same time, the self-imposed poverty of mostly white middle-class people in their twenties sharply contrasted with the structurally impoverished native population and their living conditions shaped by infrastructural neglect and high unemployment rates, among other factors. While today many of the communes have vanished, the living conditions of native people have remained widely unchanged. As Margaret Crawford put it: "In spite of their interest in radical change, the *Whole Earth Catalog*, dome

and hand-built-house movements demonstrated very little allegiance with parallel movements that addressed the housing problems of the urban and rural poor. Yet during these years major social and political coalitions were forming supporting tenants' unions, community design centers, and other types of housing reform."[45]

Today counterculture's architectural legacy is reflected in its vast impact on ecological discourses in building matters, that in the meantime have manifested in a highly engineered and economized manner in building codes and regulations worldwide. However, as illustrated by the two case studies, another of the communes' successes lies in bringing forward a building culture of its own by mostly inexperienced people from outside the architectural profession.[46] The practices of learning performed in countercultural environments were innovative and took place outside the traditional academic framework. Such a system of learning is possibly what comes closest to what Ivan Illich called a "deschooled society":[47] An educational scheme without certificates or curriculums and based on skill centers, and an educational network where "choosing a life of action over a life of consumption" would lead to self-initiated learning.[48] While the countercultural movement proves to be a very successful example of self-initiated learning, it failed on one level: by not being able to provide the social and ethnic porosity that was key to such a radical learning scheme. Starting from such an observation, the lesson to take away for architecture today lies in how we can break social boundaries not by inventing new forms and floor plans, but rather by reconsidering how different methods of knowledge production might be used in the future. ∎

38 Fairfield, *The Modern Utopian* (see note 6), 211.

39 See Turner, *From Counterculture to Cyberculture* (see note 4), 37.

40 Ibid., 36.

41 Ibid., 77.

42 Ibid., 33.

43 See ibid., 36 and Scott, *Outlaw Territories* (see note 8), 73–114.

44 See Margaret Crawford, "Alternative Shelter: Counterculture Architecture in Northern California," in *Reading California: Art, Image, and Identity, 1900–2000* (Los Angeles and Berkeley, 2000), 268 and Castillo, "Counterculture Terroir" (see note 4), 87–101.

45 Crawford, "Alternative Shelter" (see note 44), 269.

46 Looking at counterculture architecture today, there are likely more visible entanglements and continuities with "mainstream" architecture institutions than their protagonists were aware of.

47 Illich himself recognized the countercultural movement, claiming that "more than a few reject degrees and prepare for a life in a counterculture, outside the certified society. They seem to choose the way of medieval Fraticelli and Alumbrados of the Reformation, the hippies and drop outs of their day." Ivan Illich, *Deschooling Society* (Milano, 2013). Kindle.

48 Ibid., 01

**Rückblick und Ausblick.** Trotz ihres Versuchs, eine Welt nach egalitären Regeln[39] zu schaffen, und trotz ihrer Auffassung vom „Bewusstsein" als Schlüssel gesellschaftlicher Veränderung,[40] ist es den großteils weißen, mittelständischen KommunardInnen laut Fred Turner nicht gelungen, die traditionellen Diskriminierungsformen (*class, race, gender*) zu überwinden.[41] Traditionelle Geschlechterrollen wurden etwa insofern beibehalten, als Tätigkeiten wie Kindererziehung und Haushaltspflichten meist Frauen überlassen wurden. Dennoch gilt die Gegenkultur in den USA bis heute als Opposition gegen die damalige Politik des Kalten Krieges. Turner zufolge trifft das allerdings „auf die Neuen Kommunalisten einfach nicht zu: Denn auch wenn sie in entlegene ländliche Gebiete zogen, neigten die Mitglieder der Landkommunenbewegung meist zu kollaborativen sozialen Praktiken, Technologie-Verehrung und zur kybernetischen Rhetorik der militärisch-industriellen akademischen Mainstreamforschung."[42]

Die zwei hier skizzierten Fallstudien belegen nicht nur, dass in gleichen Grundrissen und Baustilen verschiedene soziale Lebensweisen möglich sind, sondern auch, dass die Umsetzung von – und das Leben in – unkonventionellen Grundrissen und experimentellen kommunalistischen Konstellationen nicht unbedingt zu einem radikalen gesellschaftlichen Wandel führen muss.[43] Das zeigt sich etwa darin, dass der erklärte Antikonsumismus seinerseits in ein neues Unternehmertum und eine Nachfrage nach alternativen Produkten mündete.[44] Gleichermaßen stand die selbstgewählte Armut der meist weißen Mittelschicht-Twens in einem scharfen Gegensatz zur strukturellen Armut der sie umgebenden indigenen Bevölkerung mit ihren von infrastruktureller Vernachlässigung, hoher Arbeitslosigkeit und dergleichen geprägten Lebensbedingungen. Diese sind bis heute weitgehend unverändert geblieben, während viele Kommunen mittlerweile wieder in der Versenkung verschwunden sind. Margaret Crawford beschrieb das so: „Trotz ihres Interesses an einem radikalen Gesellschaftswandel nahmen die Bewegungen rund um *Whole Earth Catalog*, Kuppeln und Selbstbau-Häuser wenig Anteil an den parallel entstandenen Bewegungen rund um die Wohnungsprobleme der armen Land- und Stadtbevölkerung. Während dieser Jahre bildeten sich nämlich auch bedeutende sozialpolitische Koalitionen zur Förderung von Mietervereinigungen, Community Design Centers und anderen Reformen des Wohnungswesens heraus."[45]

Heute zeigt sich das architektonische Erbe der Gegenkultur vor allem in ihrem enormen Einfluss auf den bauökologischen Diskurs, der sich mittlerweile in hochtechnisierter und -ökonomisierter Form weltweit in Bauvorschriften niedergeschlagen hat. Wie die zwei Fallstudien veranschaulichen, besteht aber ein weiterer Erfolg der Kommunen auch in der Hervorbringung einer eigenen Baukultur durch meist unerfahrene Personen, außerhalb der professionellen Architektenschaft.[46] Die im Umfeld der Gegenkultur praktizierten Formen des Lernens waren innovativ und fanden außerhalb des traditionellen akademischen Rahmens statt. Dieses System entspricht wahrscheinlich am ehesten Ivan Illichs Vorstellung einer „entschulten Gesellschaft":[47] Ein Bildungsmodell ohne Diplome und Curricula, basierend auf der Vermittlung von Fertigkeiten, und ein Bildungsnetzwerk, in dem die „Entscheidung für ein Leben, das das Handeln über den Konsum stellt",[48] zu eigenständigem Lernen führt. Wiewohl sich die Gegenkultur als höchst erfolgreiches Beispiel eigenständigen Lernens erwies, so hat sie in einem doch versagt: ihrem Unvermögen, die soziale und ethnische Durchlässigkeit herzustellen, die der Schlüssel für eine so radikale Form des Lernens ist. Ausgehend von dieser Beobachtung besteht die Lehre, die die Architektur heute daraus ziehen kann, darin, dass man soziale Grenzen nicht durch die Erfindung neuer Formen und Grundrisse überschreitet, sondern indem man sich für die Zukunft andere Methoden der Wissensproduktion überlegt. ∎

*Übersetzung: Wilfried Prantner*

39 Vgl. Turner, *From Counterculture to Cyberculture*, 37 (wie Anm. 4).

40 Ebd., 36.

41 Vgl. ebd., 77.

42 Ebd., 33.

43 Vgl. ebd., 36, und Scott, *Outlaw Territories*, 73–114 (wie Anm. 8).

44 Vgl. Crawford, Margaret: „Alternative Shelter: Counterculture Architecture in Northern California", in: Barron Stephanie/Bernstein, Sheri/Fort Susan Ilene (Hg.): *Reading California: Art, Image, and Identity, 1900–2000*, Los Angeles/Berkeley 2000, 268; Castillo: „Counterculture Terroir", 87–101 (wie Anm. 4).

45 Crawford, „Alternative Shelter", 269 (wie Anm. 44, Übers. Wilfried Prantner).

46 Aus heutiger Sicht zeigen sich bei der Betrachtung der Architektur der Gegenkultur mehr Verbindungen und Kontinuitäten mit Institutionen der „Mainstream"-Architektur, als ihren ProtagonistInnen wahrscheinlich bewusst war.

47 Illich selbst zollte der Gegenkultur Anerkennung, wenn er schrieb: „Nicht wenige lehnen Diplome ab und bereiten sich auf ein Leben in einer Gegenkultur außerhalb der diplomierten Gesellschaft vor. Sie scheinen den Weg der mittelalterlichen Fraticelli und der Alumbrados der Reformationszeit zu gehen – der Hippies und Gammler jener Epochen." Illich, Ivan: *Die Entschulung der Gesellschaft. Eine Streitschrift*, Übers. Helmut Lindemann und Thomas Lindquist, 4. Aufl., München 1995, 62.

48 Ebd., 81 (Übers. modifiziert, Wilfried Prantner).

# The Architect's Mooring:

Petra Eckhard (GAM) in Conversation with Gregory Cowan (GC)

Der Ankerplatz des Architekten: Petra Eckhard (GAM) im Gespräch mit Gregory Cowan (GC)

1

Gregory Cowan aboard his floating home „Dolly" | Gregory Cowan an Bord seines Hausboots "Dolly"
© Petra Eckhard, GAM.Lab 2019

London's boater community includes an estimated number of 4,000–5,000 residential boats, with approximately 10,000 boaters.[1] Residential houseboats come in two forms: as permanently moored live-aboard boats and continuously cruising live-aboard boats. Most live-aboard boats on London's waterways are narrowboats, freight barges 30–70 feet in length and only seven feet in width, designed and used mainly from the eighteenth century onwards for carrying goods through the narrow purpose-built British inland waterways, i.e. canals and navigable rivers with fifteen-foot locks. Gregory Cowan is an architect who, five years ago, traded his apartment for a houseboat permanently moored on one of the basins of Regent's Canal in King's Cross, London. **Petra Eckhard** (**GAM**) visited **Gregory Cowan** (**GC**) on his narrowboat named "Dolly," and talked to him about London's soaring rents, new forms of gentrification and communal life on the city's waterways.

**GC:** This is Narrowboat Dolly. Welcome aboard. Mind your step when boarding. Please come inside and have a look. I'm sorry it's not very tidy on board, but this is probably what many boat people say (laughs). It's difficult to keep a house boat tidy.

> **GAM:** The living space is quite narrow, but incredibly long. How many square meters do you have here?

**GC:** It is about 20 square meters. You have to organize yourself differently. As you can see, I still have too many books and too many musical instruments here. My favorite instrument is actually right next to your leg, it's a Cavaquinho, a Brazilian type of Ukulele.

I also have a bathroom on the boat, but I don't use it much during the day time while on this mooring, because I mainly make use of the communal bathroom located in the facilities on the pontoon. There you'll find two showers, two toilets and a bathtub. There's also a communal laundry room, which I share with the other moorers here.

> **GAM:** In your work as an architect and academic you also deal with the concept of minimal housing. What are, in your opinion, the advantages or potentials of downsizing?

**GC:** The "tiny home" is as much a matter of mindset as it is one of space. It involves constant reconsideration of what is needed in everyday life, from kitchen (galley) to bathroom (heads) to sleeping (sleeping cabin) to recreation (living saloon). The overall physical footprint is small—long and narrow, as mentioned—but also the use of resources becomes much more consciously observed. Water (from a large tank in the bow),

gas (from 15 kilogram bottles stored forward in the bow locker), electricity from 12-volt batteries and a shore line to the pontoon, and daylight (including that reflected from the water through the windows and portholes onto the ceiling of the boat), are all employed very consciously.

Space usage and activity are adaptable as relevant to purpose. When there are two, three or more people on board, the boat moves differently in the water. When crew—whether they be involved in moving, navigating, resting or working on maintenance—or visitors board the boat, the space is used critically differently. Usually, the galley kitchen is only used by one person at a time. The same applies for the washbasin in the heads, or the shower. Dancing, talking, singing or music making by more than one person in the confined space is intimate by nature—because of the constrained narrow physical space. On these central London moorings, the intimacy extends to hearing neighboring moorers alongside (talking, snoring or running water), much like one would in a confined camping spot or caravan park.

The potentials of downsizing are the possibilities of living very close to water, of living more simply and in closer proximity with other compatible people, and living with fewer and different "things." These aspects can also be challenging. Minimal living conditions are not necessarily regarded by outsiders as aesthetically better, in fact some "land lovers" consider some boaters' conditions as impoverished.

> **GAM:** In one of the latest demographic surveys of the Canal & River Trust, 50 percent of all boat residents state that the lower cost of living is the main reason for living on a boat. The other half claims to be motivated by lifestyle, like living in a peaceful environment or close to nature.[2] Why did you choose to own and live on a boat?

**GC:** I was inspired by a first experience of canal boating, when a friend once asked me with my partner to navigate a narrowboat (about 60 foot, similar to Dolly) from Limehouse Basin to Paddington.[3] On this two-day trip I stayed overnight at City Road Basin. There, I realized that I really liked this unconventional way of living. When I separated from that partner several

1   See Environment Committee, "Moor or Less: Moorings on London's Waterways," London Assembly Report, November 2013, available online at: https://www.london.gov.uk/about-us/london-assembly/london-assembly-publications/moor-or-less-moorings-london's-waterways (accessed September 6, 2019).

2   The Canal and River Trust online survey was carried out between September 19th and October 21st, 2016. It identified all boats that had been sighted in London during the twelve-month period (September 1st, 2015 and August 31st, 2016). See Canal and River Trust: "Who's on London's Boats Survey," Summary Report, 2016, available online at: https://canalrivertrust.org.uk/refresh/media/thumbnail/30901-whos-on-londons-boats-survey-summary-report.pdf (accessed December 3, 2019).

3   The Limehouse Basin is located in the London district of Tower Hamlets and forms the navigable connection between Regent's Canal and the Thames.

Die Londoner Boater-Community umfasst geschätzte 4.000–5.000 Hausboote mit ungefähr 10.000 Bewohnern.[1] Die dauerhaft bewohnten Hausboote existieren in zwei Formen: als solche mit permanentem Liegeplatz und als solche mit wechselnden Anlegestellen. Die meisten Hausboote auf den Londoner Wasserstraßen sind Narrowboats, 10 bis 22 Meter lange und nur gut zwei Meter breite Frachtkähne, wie sie seit dem 18. Jahrhundert für den Gütertransport auf den engen britischen Inlandswasserwegen, den Kanälen und schiffbaren Flüssen mit ihren viereinhalb Meter breiten Schleusen, entwickelt und benutzt wurden. Gregory Cowan ist ein Architekt, der vor fünf Jahren seine Wohnung gegen ein Hausboot getauscht hat, das an einem permanenten Liegeplatz in einem der Hafenbecken des Regent's Canal in King's Cross liegt. **Petra Eckhard (GAM)** hat **Gregory Cowan (GC)** auf seinem Narrowboat „Dolly" besucht und mit ihm über rasant steigende Mieten, neue Formen der Gentrifizierung sowie das kommunale Leben auf den Wasserwegen der Stadt gesprochen.

**GC:** Das ist das Narrowboat Dolly. Willkommen an Bord. Vorsicht beim Rüberklettern. Komm herein und schau dich um. Tut mir leid, dass es nicht besonders ordentlich ist, aber das sagen wohl viele Bootshäusler (lacht). Schwer, auf einem Hausboot Ordnung zu halten.

**GAM:** Der Wohnraum ist ziemlich schmal und unheimlich lang. Wie viele Quadratmeter sind das?

**GC:** Ungefähr zwanzig. Man muss sich anders organisieren. Ich habe immer noch zu viele Bücher und zu viele Musikinstrumente auf dem Boot. Mein Lieblingsinstrument liegt übrigens gleich hier neben deinem Bein, es ist ein Cavaquinho, eine brasilianische Form der Ukulele.

Wie du siehst, habe ich auch ein Badezimmer, aber auf diesem Liegeplatz benutze ich es kaum, weil ich hauptsächlich das Gemeinschaftsbad nutze, das sich in den Anlagen auf dem Ponton befindet. Dort gibt es zwei Duschen, zwei Toiletten und eine Badewanne. Auch eine gemeinsame Waschküche, die ich mit den anderen AnliegerInnen hier teile.

**GAM:** In deiner Arbeit als Architekt und Lehrender setzt du dich auch mit dem Thema *Minimal Housing* auseinander. Worin liegen deiner Meinung nach die Vorteile oder Potenziale des Downsizing?

**GC:** „Tiny houses" sind nicht nur eine Raum-, sondern auch eine Einstellungsfrage. Sie erfordern eine ständige Überprüfung des im täglichen Leben Benötigten, von der Küche (Kombüse) zur Nasszelle, vom Schlafraum (Kajüte) zum Wohnraum (Salon). Der physische Fußabdruck ist klein – lang und schmal, wie be-

viel bewusster geachtet. Wasser (aus einem großen Tank im Bug), Gas (aus 15-Kilogramm-Flaschen im Bugkasten), Strom (von 12-Volt-Batterien und einer Stromleitung zum Ponton) und Tageslicht (einschließlich des vom Wasser durch Fenster und Bullaugen an die Decke reflektierten) werden sehr bewusst eingesetzt.

Raumnutzung und Aktivitäten sind an den jeweiligen Zweck anpassbar. Wenn sich zwei, drei oder mehr Leute an Bord befinden, bewegt sich das Boot anders im Wasser. Wenn andere Menschen – sei es zum Bewegen, Navigieren oder Warten des Boots – an Bord kommen, wird der Raum ganz anders genutzt. Die Kombüse wird meist nur von einer Person auf einmal benutzt. Das gleiche gilt für das Badezimmer. Tanzen, Singen oder Musikmachen durch mehr als eine Person wird durch den beengten Raum naturgemäß eine intime Angelegenheit. An dicht bevölkerten Liegeplätzen wie diesem im Zentrum Londons sind auch die benachbarten BootsbewohnerInnen zu hören (reden, schnarchen, fließendes Wasser), ganz ähnlich wie auf einem Campingplatz oder in einem Wohnwagenpark.

Die Potenziale des Downsizing bestehen in der Möglichkeit, direkt am Wasser zu leben, einfacher zu leben, in der Nähe ausgeglichener, sympathischer Menschen, aber auch mit weniger und anderen „Dingen". Diese Aspekte können herausfordernd sein. Minimale Lebensverhältnisse werden von Außenstehenden nicht unbedingt als schöner oder besser erachtet. Ja, einige „Landratten" betrachten die Lebensumstände von BootsbewohnerInnen regelrecht als ärmlich.

**GAM:** Gemäß einer der letzten demografischen Erhebungen des Canal & River Trust nennen 50 Prozent aller BootsbewohnerInnen die niedrigeren Lebenshaltungskosten als Hauptursache dafür, dass sie auf einem Boot wohnen. Die andere Hälfte gibt die Lebensweise als Motiv an – das Leben in einer friedlichen Umgebung oder in Naturnähe.[2] Was hat dich dazu bewegt, dir ein Boot zuzulegen und darauf zu wohnen?

**GC:** Ich wurde ursprünglich von einer Kanalbootsfahrt inspiriert. Ein Freund hatte mich gebeten, ein Narrowboat (etwa 20 Meter lang, ähnlich wie Dolly) vom Limehouse-Basin nach Paddington zu fahren.[3] Auf der zweitägigen Fahrt blieben wir über Nacht im City-Road-Basin. Dort wurde mir klar, dass ich diese unkonventionelle Art zu leben wirklich mochte. Als ich mich einige Jahre später von meiner Partnerin trennte, hatte es nicht eilig, wieder in eine traditionelle Gemeinschaftswohnung einzuziehen und wollte in diesem superzentralen Viertel

1   Vgl. Environment Commitee: „Moor or Less. Moorings on London's Waterways", London Assembly Report, November 2013, online unter: https://www.london.gov.uk/about-us/about-london-assembly/london-assembly-publications/moor-or-less-moorings-london's-waterways (Stand: 6. September 2019).

2   Die Online-Umfrage des Canal and River Trust wurde zwischen 19. September und 21. Oktober 2016 durchgeführt. Der Trust erfasste alle in London in der Periode zwischen 1. September 2015 und 31. August 2016 gesichteten Boote. Vgl. Canal and River Trust: „Who's on London's Boats Survey", Summary Report, 2016, online unter: https://canalrivertrust.org.uk/refresh/media/thumbnail/30001 whos on-londons-boats-survey-summary-report.pdf (Stand: 3. Dezember 2019).

3   Das Limehouse Basin liegt im Londoner Stadtbezirk Tower Hamlets und bildet die schiffbare Verbindung zwischen Regent's Canal und Themse.

2

Entrance | Diele © Petra Eckhard, GAM.Lab 2019

Londons bleiben. Basierend auf meinen Erfahrungen in London, wo ich seit 2003 lebe, schrieb ich meine Dissertation über die Entwicklung von King's Cross. Ich wandte mich an die Moorings Association, die dieses Kanalbecken hier verwaltet und erkundigte mich nach der Möglichkeit, auf einem Boot zu leben. Ich hatte Glück, dass gerade eines zum Verkauf stand und kurz darauf auch ein Liegeplatz frei wurde, denn die Wartelisten für permanente Liegeplätze im Zentrum Londons sind gewöhnlich ebenso endlos lang wie die für Sozialwohnungen.

**GAM:** Was ist so besonders an diesem Ankerplatz?

**GC:** Vor 200 Jahren, bevor es Eisenbahnen und Bahnhöfe gab, entwickelte sich dieser damals periphere Stadtteil von London zu einem Industrieviertel, das maßgeblich an der Industriellen Revolution in Großbritannien beteiligt war. Das Kanalbecken wurde – ebenfalls vor der Existenz der Eisenbahn – zum Zweck des Gütertransports angelegt, wozu in diesem Fall insbesondere der Transport von Eisblöcken aus norwegischen Gletschern gehörte. Die Eiskeller von damals sind heute immer noch als Teil des London Canal Museums erhalten und können besichtigt werden. Nach dem Bau der Eisenbahnen und des Bahnhofs King's Cross in den 1830er Jahren verlor der Gütertransport mittels Kanalkähnen allmählich an Bedeutung. Als sich mit der zunehmenden Motorisierung des 20. Jahrhunderts der Frachtverkehr nach dem Zweiten Weltkrieg großteils auf die Straße verlagerte, begann die Wasserwege-Infrastruktur zu verfallen. In neuerer Zeit dann, in der Ära der Deindustrialisierung, wurden die Kanäle nach und nach für Freizeitaktivitäten adaptiert und es wurde populär, auf modern umgebauten Kanalkähnen zu leben – wie in Wohnwägen. Viele das Hafenbecken umgebende Bauten sind noch aus dem 19. Jahrhundert. Das Becken ist immer noch eine Oase der Ruhe im Zentrum von London, und doch liegt es gleich neben dem bestangeschlossenen Verkehrsknoten Großbritanniens. Von King's Cross gehen Züge nach Paris, Lille und Brüssel und weiter in alle Welt. Das ist fantastisch.

**GAM:** Noch vor dreißig Jahren galt King's Cross als Inbegriff des industriellen Niedergangs: ein Rotlichtbezirk mit verfallenen Lagerhäusern und vielen sozial schwachen Haushalten. Heute befindet sich hier ein ultramoderner Transitknoten, der Campus der Kunsthochschule Central St. Martins und das gerade entstehende Google-Hauptquartier. Wie erlebst du diesen radikalen urbanen Transformationsprozess?

**GC:** Die Revitalisierung der Innenstadt war ein langsamer, schleichender, von den BewohnerInnen nicht selten bekämpfter Prozess, der sich aber heute (in der politischen Unsicherheit des Jahres 2019) zu konsolidieren scheint. Zu Zeiten der urbanen Deindustrialisierung und des Niedergangs, in den 1970er und 1980er Jahren, bildeten Verfall und Elend teilweise das Setting für Kreativ- und Alternativkulturen wie die britische Punkkultur, die dann ihrerseits im Lauf der Revitalisierung – mit der Privatisierung der Grundbesitze der Staatsbahnen und der

privaten Entwicklung von Bahnhöfen und Bahnlinien – wieder verdrängt wurde, zum Teil jedenfalls. In den 1990er und 2000er Jahren versuchten Grundstücksentwicklungsgesellschaften auf unterschiedliche Art in der Gegend wirtschaftlich tragfähige spekulative Projekte zu realisieren, und am Ende folgten dann die Campusse von Central St. Martins und Google sowie zahllose weitere Firmen, die bereit waren, in das Viertel zu investieren. Mit dem sozialen Nutzen für die Community geht auch eine gewisse Profitabhängigkeit oder Ertragsoptimierung einher. Die Entwicklungen stabilisierten sich bereits vor den heutigen Grenzveränderungen in Großbritannien und Europa. An vielen der innerurbanen Transformationsprozesse in King's Cross während des letzten Jahrzehnts war ich selbst beteiligt oder habe selbst erlebt, wie Konzerninteressen und Mediatoren der Gemeindebehörden mit verdrängten BewohnerInnen und Geschäftsleuten zusammengestoßen sind. Es war ein spannungsgeladener Prozess. Jetzt im Nachhinein aber wird die Entwicklung häufig als schickes Hochglanzprodukt dargestellt.

**GAM:** Diese Transformation des Viertels in ein „Hochglanzprodukt", wie du sagst, war auch mit der Vertreibung einkommensschwacher BewohnerInnen und kleiner lokaler Geschäfte verbunden, was zu einer homogenen, marktgängigen Stadtlandschaft geführt hat. Sind die Revitalisierungsmaßnahmen in King's Cross für dich eher eine Erfolgsgeschichte oder eine ernste Gefahr?

**GC:** Es existiert zumindest ein Firniss von Sauberkeit und Neuheit nach der Revitalisierung. Die Hauptgefahr, die von der Revitalisierung und Privatisierung der Stadt ausgeht, bleibt weitgehend unsichtbar. Diese besteht darin, wie Anna Minton[4] und andere geschrieben haben, dass der öffentliche Raum zunehmend in Privatbesitz übergeht und geheim verwaltet wird. Damit einher gehen Homogenisierungstendenzen, etwa durch den Versuch, neue BewohnerInnen anzusiedeln und Arbeitsplätze zu schaffen. Gehörte der Raum der Stadt früher steuerzahlenden BürgerInnen und Lokalbehörden qua „Kommunen", so wurden diese in letzter Zeit durch „Sparpolitik", die Reduktion staatlicher Zuschüsse, ausgehungert. Sie können diese Räume nicht länger erhalten und frei nutzen, sie sind heute von Firmen kontrollierte halb-private Räume. Gemessen an der Karikatur vom alten King's Cross als „gefährlichem, kriminalitätsverseuchtem" Rotlichtbezirk, hat sich das oberflächliche Erscheinungsbild mit der Revitalisierung für viele gebessert. Vielfalt, Ortsverbundenheit und Raumnutzung gingen aber mit der Revitalisierung zu einem gewissen Grad verloren. Während einige spekulative High-End-Wohnungen noch immer leer stehen, hat der Anteil auf der Straße lebender Obdachloser zugenommen.

4   Vgl. Minton, Anna: Ground Control. Fear and Happiness in the Twenty-First-Century City, London 2012 oder, zuletzt, Big Capital: Who Is London for?, London 2017.

years later, I was in no hurry to go back into a traditional shared flat, and I wanted to stay in this very central London neighborhood. Based on my experience in London where I had settled since 2003, I was writing my doctoral thesis on the development of King's Cross. I contacted the Moorings Association in this unique basin here, and enquired about living on a boat. I was lucky that a boat was for sale and a mooring was also to become available here, because waiting lists for permanent moorings in Central London are usually infinitely long, like social housing waiting lists.

**GAM**: What is so special about this mooring area?

**GC**: 200 years ago, before the railways and the train stations existed, this then peripheral part of London developed as an industrial area, and was instrumental in the industrial revolution in Britain. The canal basin was built, also prior to the railways, for transporting goods for trade, which notably included shipping blocks of ice from glaciers in Norway to this basin. The ice wells used still exist today as part of the London Canal Museum. After King's Cross railway station and the railways were built in the 1830s, goods traffic on the canal barges gradually declined. After increasing motorization and road transport developed in the twentieth century to dominate freight transport after the Second World War, the canal waterway infrastructure declined. More recently, in the period of deindustrialization, canals were gradually adapted for leisure, and modern converted liveaboard canal barges became popular, like caravans. Many of the buildings framing the basin were built in the nineteenth century. The basin remains an oasis of tranquility in the center of London, yet it is located right next to the best-connected transport hub in Britain. From King's Cross, there are trains to Paris, Lille, and Brussels, and connecting beyond. This is fantastic.

**GAM**: Only thirty years ago, King's Cross was known as the epitome of industrial decay: a red-light district with derelict warehouses and many deprived households. Today we find an ultra-modern transit-hub, the campus of Central St. Martins Art School, and currently the new headquarters of Google is being built. How do you experience this radical process of urban transformation?

**GC**: Inner city regeneration has been a slow and incremental process, which was often contested by residents, and which appears to be settling down here at the moment (in the political uncertainty of 2019). During times of urban deindustrialization and decay in the 1970s and 1980s, dereliction and deprivation were part of the setting for creative and alternative cultures,

like British Punk culture, which was, in turn, partly at least, gradually displaced during the regeneration with the privatization of the state railway lands, the private development of the stations and railways. Property development companies in various forms in the 1990s and 2000s battled to mount commercially viable speculative development projects in the area, and in the end, Central St. Martins' and Google's campuses and myriad other companies committed to investing in the area. Social benefits to the community include some which have been contingent on profit or have been "value engineered" out. Regeneration developments were stabilizing prior to the current changes to borders in Britain and Europe. Personally, I have participated in and observed many of the processes of inner urban change in King's Cross over the past decade, where corporate interests and local authority mediators have negotiated with local residents and businesses being displaced, and it has been a fraught process. Yet development is often presented in retrospect as a glossy finished product.

**GAM**: This regenerative transformation of the area into a "glossy product," as you call it, has also entailed the dislocation of low-income residents and small locally-owned businesses, leading to a homogeneous, i.e. market-driven urban landscape. Do you consider the revitalization measures in King's Cross a success story or rather a serious threat?

**GC**: There is a veneer at least of successful cleanliness and newness following regeneration. But the main threat of regeneration and privatization of the city is largely invisible. As described by authors like Anna Minton,[4] it is the threat that public space has increasingly become privately owned and managed by stealth. Homogenization tendencies accompany this newness in an effort to bring in new residents and workplaces. The spatial commons of the city were previously owned by tax-paying citizens and local authorities, as "communities." The latter "communities" are lately becoming impoverished by "austerity," reduced state government funding, and no longer maintain and freely occupy these spaces, which are now corporate-controlled semi-private domains. In the caricatured view of the former King's Cross as a "dangerous, crime-infested" red-light area, the surface appearance has improved for many as a result of regeneration. Diversity, attachment to place, and occupation of space have, to some degree, been forfeited as a consequence of regeneration, and although some speculative high-end housing remains vacant, rough sleeping has increased.

4   See Anna Minton, *Ground Control: Fear and Happiness in the Twenty-First Century City* (London, 2012) or, more recently ibid. *Big Capital: Who Is London for?* (London, 2017).

3

Galley kitchen | Kombüse © Petra Eckhard, GAM.Lab 2019

4

A view of Battlebridge Basin and Regent's Canal from Narrowboat Dolly's terrace. | Ein Blick
auf das Battlebridge Basin und den Regent's Canal von Narrowboat Dollys Terrasse.
© Petra Eckhard, GAM.Lab 2019

**GAM:** Stimmt es, dass das Wohnen auf einem Boot billiger ist als in einer klassischen Wohnung?

**GC:** Das hängt völlig vom Liegeplatz, vom Boot, vom Standort des Arbeitsplatzes und vom täglichen Leben ab, aber in meinem Fall dürfte es heute nicht günstiger sein als eine Wohnung ähnlicher Größe. Nur wird man zum gleichen Preis keine ähnlich große Wohnung hier am Wasser finden. Ein privater Liegeplatz wie dieser kostet rund 12.000 Pfund im Jahr, 1.000 Pfund im Monat, plus Gemeindesteuern, Energie-, Wasser- und Betriebskosten. Außerdem fallen Kosten für den Besitz und die Wartung des Boots an, und man benötigt eine Lizenz zur Benutzung des Wasserwegesystems. Die Lizenzgebühren und die Kosten für die Erhaltung des Boots sind nicht unerheblich. Ich streiche mein Boot alle vier bis fünf Jahre, wozu ich es in ein Dock außerhalb von London bringen muss. Ich muss den Platz früh buchen, weil die Nachfrage groß ist. Das kleine Trockendock nebenan wäre eine Alternative, aber es ist bis zu zwei Jahre im Voraus ausgebucht. Ein von der Versicherung verlangtes detailliertes Gutachten eines Schiffssachverständigen kostet mehrere hundert Pfund, ebenso die Wartung des Motors. Dazu verlangen die LiegeplatzeignerInnen und die Wasserwegebehörde weitere Versicherungen und regelmäßige Sicherheitsüberprüfungen zusätzlich zur Rumpfprüfung. Erst vor Kurzem musste ich die Gasventile wechseln, weil die technischen Anforderungen dafür geändert wurden. Ebenso musste ich die Kraftstoffleitungen am Motor ersetzen, die in einer Spezialwerkstatt außerhalb von London eigens angefertigt werden mussten. Einerseits scheint das Leben auf einem Boot einfacher zu sein, andererseits aber sind Erhaltung und Reparatur des Bootes ziemlich schwierig. Irgendwie habe ich das Gefühl in einer Maschine zu leben, mehr als das bei einem Haus an Land der Fall ist, mit zahllosen Rohren und Leitungen, von denen viele ein Eigenleben zu führen scheinen.

Dazu kommen versteckte Kosten. Manche glauben, BootsbewohnerInnen müssten keine Gemeindesteuer und keine Fernsehgebühren zahlen, aber das stimmt nicht. Mit einem permanenten Liegeplatz werde ich steuerlich als normaler Bürger dieses Bezirks geführt – ich bin hier gemeldet und als Wähler registriert. In gewisser Weise besteht kein Unterschied zu einer normalen Mietwohnung. Für sogenannte „Dauercruiser" aber, BootsbewohnerInnen die keinen permanenten Liegeplatz haben, sondern ständig in Bewegung sind, dürfte das Leben auf dem Boot billiger sein als in einer Wohnung. Der Unterschied ist hauptsächlich, dass man die Zeit haben muss, sich dauernd auf dem Wasser aufzuhalten.

**GAM:** „Dauercruisen" klingt nach Bohèmeleben, hat aber wohl auch seine Nachteile. Kannst du mir mehr darüber erzählen?

**GC:** Dauercruiser-Lizenzen kosten zwischen 500 und 1.100 Pfund pro Jahr und gestatten, für einen begrenzten Zeitraum – meist bis zu zwei Wochen – an einem freien Ankerplatz anzulegen. Das heißt, viele Dauercruiser in London sind andauernd mit der Suche nach Anlegestellen beschäftigt, oder nach Möglichkeiten zum Auffüllen der Wassertanks und zum Entleeren der Toiletten. Die meisten Boote haben 12-Volt-Elektrosysteme für Beleuchtung und Wasserpumpen, was bedeutet, dass sie oft ihre Maschinen zum Wiederaufladen der Batterien laufen lassen müssen, sofern sie nicht über große Flächen von Solarmodulen verfügen. Außerdem müssen sich Dauercruiser ständig an neue Stadtviertel anpassen, was sehr problematisch für den Weg zur Arbeit, für Arzt- und Schulbesuche sein kann. Dazu kommt, dass es gewisse Spannungen zwischen Dauercruisern und der Wasserwegebehörde gibt, weil die prüfen muss, ob sie nicht länger an einem Ankerplatz verweilen als erlaubt. LizenzinhaberInnen, die ohne Genehmigung oder zu lange anlegen, werden verwarnt oder mit einer Einschränkung ihrer Lizenz bestraft, um zu verhindern, dass sie die Anlegestellen blockieren.

**GAM:** Nach dem letzten Bericht des Canal & River Trust haben sich die Einnahmen aus Anlegegenehmigungen und Bootslizenzen von 38,1 Millionen Pfund (2017/18) auf 40,2 Millionen Pfund erhöht.[5] Da private Liegeplätze immer rarer und teurer werden, sind vor allem Dauercruiser-Lizenzen weiter heiß begehrt. Wie würdest du diesen steten Anstieg interpretieren, besonders in Bezug auf die Entwicklung der Londoner Wohnraumsituation?

**GC:** Auf „London Boaters", einer beliebten Facebookgruppe der Londoner Bootshäusler-Community, gibt es Tag für Tag Diskussionen mit Leuten, die sich für das Wohnen auf einem Boot interessieren. Die Wasserwegebehörde CRT – eine private gemeinnützige Gesellschaft – investiert derzeit in den Bau neuer permanenter Liegeplätze, nach denen starke Nachfrage herrscht und die immer teurer werden. Bei bestehenden muss die Infrastruktur erneuert werden, damit sie nachhaltig bleiben. Der Mangel an leistbaren permanenten Liegeplätzen erklärt den Zuwachs von Dauercruiser-Lizenzen. Wohnraum ist in London überaus kostspielig und der Zugang zu leistbaren oder Teileigentumswohnungen ist äußerst beschränkt. Es gibt lange Wartelisten für leistbaren Wohnraum und die Definition von „leistbar" liegt außerhalb der Reichweite eines existenzsichernden Lohns.

**GAM:** Die Entwicklung auf den Wasserwegen scheint lediglich ein weiteres Symptom für den turbulenten Londoner Wohnungsmarkt zu sein: Immer weniger leistbarer Wohnraum steht zur Verfügung, einkommensschwache Haushalte werden verdrängt und die soziale Segregation nimmt zu. Mit dem jüngsten Regierungswechsel scheinen die soziopolitischen Ziele der Londoner Wohnungspolitik und die Londoner Tradition einer gut durchmischten Stadtgesellschaft besonders in Gefahr zu sein. Wie schätzt du die aktuelle Situation ein?

5  Vgl. Canal & River Trust, „Annual Report and Accounts 2018/2019", online unter: https://canalrivertrust.org.uk/about-us/annual-report-and-accounts (Stand: 3. Dezember 2019). Eine weitere Untersuchung zur Anzahl der Boote und Lizenzen findet sich auch unter: http://www.londonboaters.

183

**GAM**: Is it true that living on a boat is cheaper than brick-and-mortar housing options?

GC: The comparison depends entirely on the mooring, the boat and the location of one's work and day to day life, but in my case, I don't think that it is now any cheaper than living in a similar-sized flat. However, you won't find a similar-sized flat in this waterfront location for the same price. A private mooring like this costs around 12,000 pounds per year, 1,000 pounds per month, plus rates and energy, water and services costs. In addition, we pay to own and maintain a boat and we require a license to use the waterway system. There are significant waterway license fees and boat maintenance costs. I paint my boat every four or five years, which means I have to take the boat to a yard outside London. I need to book early as there is great demand for the boat yard. The small dry dock nearby would be an alternative but is booked ahead for up to two years. A marine surveyor's detailed report and advice, also required by the insurance company, costs hundreds of pounds, as does engine maintenance. The mooring company and the waterway authority also require insurances and regular boat safety checks additional to the hull survey. Recently, I had to replace gas valves, as the technical requirements for these have been updated. Also, I had to replace fuel hoses on the engine, which had to be manufactured in a specialist workshop outside London. On the one hand, living on a boat seems a simpler lifestyle, but on the other hand, maintenance and repair is quite complex. Somehow, I feel I live within a machine, more than a house on land, with countless leads, tubes and pipes, many of which seem to have minds of their own.

There are hidden costs. Some people believe that boat dwellers don't have to pay council tax (local authority tax), or television license, but that's not true. On a permanent mooring, I am considered a normal resident of my borough for council tax purposes—and I am registered and electorally enrolled as a resident here. In some ways it is no different to renting a flat. However, for so called "continuous cruisers," boaters who don't have a permanent mooring, but constantly cruise the waterways, it may be cheaper than living in a flat. Finding time for boating forms a large part of the comparison.

**GAM**: The concept of "continuous cruising" sounds very bohemian, but probably also has its downsides. Can you tell me a little bit more about it?

GC: Continuous cruising licenses cost between 500 and 1,100 Pounds per year and allow overnight mooring at an available mooring location for a limited time—of usually up to two weeks. This means many continuous cruisers in London are constantly busy finding moorings, while also visiting facilities where they can fill up their water tanks and empty their toilets. Most boats have 12-volt electrical systems for lighting and water pumps, which means they often use their engines when running to recharge the batteries, or they use large banks of solar panels. Also, continuous cruisers have to adjust their lives to fit with constantly changing urban neighborhoods, which, in the long run, can be very strenuous for commuting, or for health and school appointments. In addition, there are some tensions between continuous cruisers and the waterway authorities, because the latter have to supervise movements. Boat license holders mooring their boats without permission or overstaying are warned or given license restrictions in order to maintain movement on the waterways.

**GAM**: According to the latest report of the Canal & River Trust, the income from mooring permits and boating licenses has increased from 38.1 million pounds (2017/18) to 40.2 million pounds (2019).[5] As private moorings are getting more and more rare and expensive, it is the continuous cruising licenses which continue to be most popular. How would you interpret this constant rise, especially in regard to the city's future housing development?

GC: On "London Boaters," a popular Facebook group used by the London boater community, there are day-to-day discussions with people interested in living on boats. The waterway authority CRT—a private charitable company—is currently investing in building new permanent moorings, which are in great demand and becoming more expensive. Existing moorings need renewed infrastructure to remain sustainable. The shortage of affordable residential moorings explains the increase in continuous cruising licenses. Housing in London is very expensive and access to affordable and partial ownership housing is very limited. There are long waiting lists for affordable housing, and "affordable" housing rent is out of reach of those on the living wage.

**GAM**: This development on the waterways seems to be another symptom of London's turbulent housing market: less and less affordable housing is provided, low-income households are displaced and social segregation is on the rise. Especially with the latest change of government, socio-political goals in London's housing policy as well as the city's tradition of a genuinely mixed urban community seem to be at risk. How do you assess the current situation?

GC: Financialized economic development of London has been occurring for a very long time. In the past decade, it seems the

5   Canal & River Trust, "Annual Report and Accounts 2018/2019," available online at: https://canalrivertrust.org.uk/about-us/annual-report-and-accounts (accessed December 3, 2019). For another recent survey on boat numbers and licenses see also: http://www.londonboaters.org/floater-apr2018-bount-count-stats.

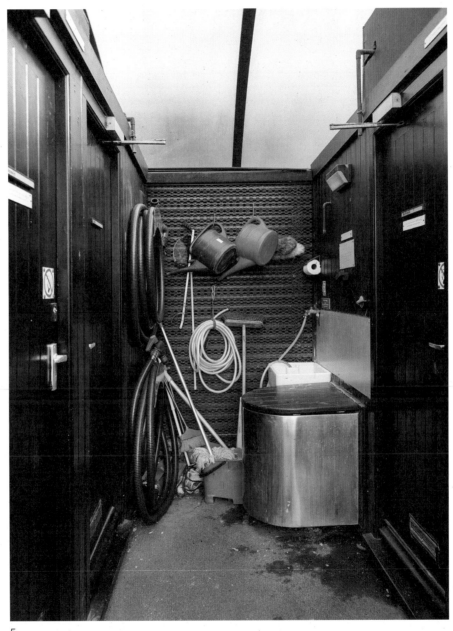

5

Communal laundry room and shared facilities, located on the pontoon | Gemeinschaftsbad und Waschküche auf dem Ponton © Petra Eckhard, GAM.Lab 2019

state has become unable to afford to support localism and a genuinely diverse socio-political mix, as much as it supports more normative corporate business. The effect is polarization between financial wealth and poverty. Government's general policy tendency towards austerity for public services and the poor, alongside neo-liberalism for business and private interests, seems to have increased social segregation. So-called affordable housing is a misnomer, shared ownership is not sustainable, and the formerly diverse mix in London is segregating. The fire disaster at the Grenfell Tower in Inner West London in 2017 suggests that the welfare state as a safety net no longer exists, and the state can no longer reliably afford or maintain the social housing standard which people in Great Britain had come to expect in a developed Western twenty-first century city.

**GAM**: As an architect/urbanist, how do you feel about things going out of control? And, what policies would be needed to counteract these exclusionary processes both on land and on the waterways?

**GC**: As a resident and a citizen with international experience of urban development, I feel that public authorities ought to invest more in empowering people and improving public infrastructure to facilitate development in local communities. If innovation and local initiatives were encouraged and supported by public authorities this would have a more motivating and socially strengthening effect than providing tax advantages for private corporations acting for the state. If the creative, space efficiency and energy efficiency potential of boating and land-based small enterprises could be encouraged and fostered by policy, this unusual urban culture and urban way of life could be developed as a resilient and unique aspect of the city.

**GAM**: The residential boater communities in London still seem to be socially and culturally quite diverse. How would you describe the neighborly relations here at Battlebridge Basin?

**GC**: The community here is quite small but was traditionally fairly diverse. There are seventeen boats on this mooring pontoon. There are people of all age groups and of different types of cohabitation: male and female couples, single women and men and a married couple with their small child. As to the stratification in terms of professions and levels of education, among us are a retiree couple, a theater technician, a lorry driver, a photo journalist, a makeup artist, a railway employee, a teacher, retirees and I am an architect/academic/tour guide. I have the impression that there are proportionally fewer retiree couples or "cave boaters" (older male recluses) or yoga teachers than there are generally found mooring along London Waterway towpaths. In our small mooring community, we try to

help each other in some ways, for example when there are technical problems or when we maintain the boats. Although it is friendly, this also saves money. There is also a little book exchange which we organize and where we exchange goods, furniture or clothes we no longer need. I have done some boating as crew with Narrowboat Blue Sloop and with Narrowboat Misty Morn, two of the neighboring moorers, for a couple of days or a week, sometimes with and sometimes without Narrowboat Dolly. There are currently about eight cats living on three of the boats—although they sometimes seem to think they live across all seventeen—and collectively we take care of those whose owners may be away travelling, for example.

**GAM**: What is the best thing about living on a boat?

**GC**: Being on the water, closer to nature, with a sense of autonomy and the feeling of (potential) freedom are beautiful aspects of living on a boat. An old friend—from my former life far away in Australia—visited in late winter last year, and I took him spontaneously on a short urban cruise on the Regent's Canal to Camden Town, just to sit and chat over breakfast. Sometimes I have to do things spontaneously like that, otherwise, I wouldn't be exercising my freedom as a captain and boat owner. A few summers ago, I took Dolly on the River Thames towards Oxford, requiring detailed navigation planning. I needed two weeks cruising to reach Caversham, above the River Kennet at Reading. Starting from the Regent's Canal in central London, you could cruise for 4,000 miles, travelling constantly for years, navigating hundreds of canals and thousands of locks. There is a remote similarity with a feeling I experienced when I was living among Mongolian nomads. I experienced a community where people were settled, but at the same time, they were not tied to a fixed place. Nomadism is also very much about communal life and sharing space and movement with others.

**GAM**: In case you would one day move back into a conventional form of housing, what aspects would you miss most, and which aspects would you carry over?

**GC**: Space to live and travel alone, being independent, and the feeling of having freedom to move on a whim (in theory at least) are some things I would probably miss. If I moved back into a flat, I would probably want to live in a compact space, trying to save energy, waste, and space. But I would still invite friends into my space, share my apartment with musicians and travelling friends. And, I would carry over my love of travel, and to travel as lightly and slowly as possible.

**GAM**: Thank you for the interview. ∎

**GC:** Die Finanzialisierung der wirtschaftlichen Entwicklung ist in London seit Langem in Gang. Im letzten Jahrzehnt scheint der Staat die Fähigkeit zur Unterstützung lokaler Besonderheiten und echter soziopolitischer Diversität verloren zu haben, während er den eher normativen Großkonzernen entgegenkommt. Das Ergebnis ist eine Polarisierung zwischen finanziellem Reichtum und Armut. Die allgemeine politische Tendenz zum Sparen bei öffentlichen Leistungen und bei den Armen und zur neoliberalen Begünstigung von Wirtschaft und Privatinteressen hat die soziale Segregation anscheinend verstärkt. Das sogenannte leistbare Wohnen ist eine Fehlbezeichnung, Teileigentum ist nicht nachhaltig und der einst vielfältige Londoner Mix zerfällt. Der verheerende Brand 2017 im Grenfell Tower im Westen der Londoner Innenstadt zeigt, dass das Sicherheitsnetz des Wohlfahrtsstaats brüchig geworden ist und der Staat nicht mehr verlässlich einen Sozialwohnungsstandard bereitstellen oder erhalten kann, den sich die Briten in einer entwickelten westlichen Stadt im 21. Jahrhundert erwarten.

**GAM:** Wie geht es dir als Architekt und Stadttheoretiker damit, dass das alles kippt? Und welche politischen Maßnahmen wären notwendig, um diesen Exklusionsprozessen an Land und zu Wasser entgegenzuwirken?

**GC:** Als Bewohner und Bürger der Stadt, der internationale Erfahrung mit urbanen Entwicklungen hat, würde ich sagen, dass die Behörden stärker auf die Ermächtigung der BürgerInnen sowie die Verbesserung öffentlicher Infrastruktur setzen sollten, um die Entwicklung lokaler Communities zu fördern. Die Stärkung von Innovation und lokalen Initiativen wäre motivierender und zusammenhaltfördernder als die Gewährung von Steuervorteilen für die Staatsaufgaben übernehmende Privatwirtschaft. Würde das kreative Potenzial wasser- wie landgestützter kleiner Unternehmen aber auch ihr Raum- und Energieeffizienzpotenzial von der Politik gefördert und unterstützt, könnte diese ungewöhnliche urbane Kultur und Lebensform zu einem resilienten, besonderen Aspekt der Stadt entwickelt werden.

**GAM:** Die Bootshäusler-Communities in London scheinen sozial und kulturell immer noch ziemlich vielfältig zu sein. Wie würdest du die Nachbarschaftsbeziehungen hier im Battlebridge Basin beschreiben?

**GC:** Die Community hier ist recht klein, aber seit jeher ziemlich divers. Es liegen siebzehn Boote an diesem Platz. Mit BewohnerInnen aus allen Altersgruppen und in unterschiedlichsten Beziehungsformen: männliche und weibliche Paare, weibliche und männliche Singles und ein Ehepaar mit Kleinkind. In puncto beruflicher und bildungsmäßiger Stratifikation gibt es ein Rentnerpaar, eine Theatertechnikerin, einen Lastwagenfahrer, eine Fotojournalistin, eine Makeup-Künstlerin, eine Eisenbahnerin, einen Lehrer, einige Ruheständler und mich als Architekten/Universitätslehrer/Reiseführer. Mir scheint, dass es hier ungleich mehr als nur an sich seltene Berufsgruppen, "Sea-Dogs"

(ältere männliche Einsiedler) oder YogalehrerInnen gibt, wie man sie allgemein entlang der Londoner Treidelpfade findet. In unserer kleinen Community versuchen wir, einander zu unterstützen, zum Beispiel bei technischen Problemen oder bei der Wartung der Boote. Das geschieht zwar aus Freundlichkeit, spart aber auch Geld. Es gibt auch eine kleine Tauschbörse, wo wir Bücher, aber auch andere Dinge tauschen, Möbel oder Kleidung, die wir nicht mehr benötigen. Zurzeit leben etwa acht Katzen auf drei Booten, die allerdings manchmal zu glauben scheinen, sie lebten auf allen siebzehn – und wir kümmern uns gemeinsam um diejenigen, deren BesitzerInnen zum Beispiel gerade auf Reisen sind.

**GAM:** Was ist das Beste am Leben auf einem Boot?

**GC:** Das Auf-dem-Wasser-Sein, die Naturnähe, ein Gefühl von Autonomie und (potenzieller) Freiheit, das sind die schönen Seiten des Lebens auf einem Boot. Letzten Winter besuchte mich ein alter Freund aus meinem früheren Leben im fernen Australien und ich unternahm mit ihm spontan eine kurze Stadtfahrt auf dem Regent's Canal nach Camden Town; einfach um zusammenzusitzen und beim Frühstück zu plaudern. Bisweilen muss ich einfach spontan so etwas machen, sonst würde ich meine Freiheit als Kapitän und Bootsbesitzer nicht richtig ausleben. Vor ein paar Sommern steuerte ich Dolly auf der Themse nach Oxford, was eine ziemlich ausführliche Navigationsplanung erforderte. Ich brauchte zwei Wochen, um nach Caversham, oberhalb der Kennetmündung bei Reading zu gelangen. Vom Regent's Canal im Zentrum Londons aus könnte man 6.500 Kilometer befahren, jahrelang unterwegs sein, über Hunderte Kanäle und Tausende Schleusen. Es kommt entfernt dem Gefühl gleich, das ich hatte, als ich bei mongolischen Nomaden lebte. Ich erlebte eine Gemeinschaft, in der die Leute verortet waren, aber ohne an einen festen Ort gebunden zu sein. Nomadentum hat viel mit Leben in Gemeinschaft zu tun, dem Teilen von Raum und Bewegung mit anderen.

**GAM:** Was würdest du am meisten vermissen, wenn du eines Tages in eine konventionelle Wohnung zurückkehren solltest, und was würdest du mitnehmen?

**GC:** Vermissen würde ich vermutlich den Raum zum Alleinleben und Reisen, das Gefühl der Unabhängigkeit, der Freiheit, sich nach Lust und Laune in Bewegung setzen zu können (wenigstens theoretisch). Würde ich in eine Wohnung zurückkehren, würde ich vermutlich in einem kompakten Raum leben wollen, versuchen, Energie, Müll und Raum zu sparen. Aber ich würde weiter FreundInnen einladen, meine Wohnung mit MusikerInnen und reisenden FreundInnen teilen. Und ich würde meine Lust am Reisen mitnehmen – so leicht und langsam wie es geht.

**GAM:** Danke für das Gespräch. ∎

*Übersetzung: Wilfried Prantner*

# Common

# Re.Co.De. Reloading Contemporary Dwelling

## Zeitgenössisches Wohnen im Bestand

Massimo Bricocoli | Gennaro Postiglione | Stefania Sabatinelli

1

(1–2) Fieldwork observations from the *Atlas of Unconventional Households*, a publication collecting the results from a design-based studio at the Department of Architecture and Urban Studies at the Politecnico di Milano, exploring the contemporary social and demographic dynamics in housing policies and projects. | Feldforschungsbeobachtungen aus dem *Atlas unkonventioneller Haushalte*, einer in Buchform erschienenen Sammlung der Ergebnisse eines Designstudios am Institut für Architektur und Stadtforschung am Politecnico di Milano, das sich zeitgenössischen sozialen und demografischen Dynamiken in der Wohnpolitik und in Wohnprojekten widmet. © POLIMI

The profound socio-demographic transformations that have taken place in Europe and Italy over the last few decades have led to major changes in household composition and in what constitutes what is typically referred to as the "family."[1] These transformations have resulted in increasing numbers of single people, divorced couples with children, single parents and the elderly, as well as the spread of the phenomenon of cohabitation not only among students but also among young couples and adult workers. At the same time, changes in the labor market,[2] namely a significant rise in temporary employment and delocalization, have frequently forced people to organize their lives between more than one dwelling.[3] In addition to these phenomena, worsening employment and economic conditions due to the lasting recession have reduced housing affordability and set constraints on access to housing, even for

**Mapping Practices.** Over the past three years, a multi-disciplinary group of colleagues at the Department of Architecture and Urban Studies at the Politecnico di Milano has been exploring how contemporary social and demographic dynamics challenge housing policies and projects. These issues have been at the core of teaching activities at the School of Architecture, Urban Design, and Construction Engineering as part of a design-based studio involving architecture students in their final year of study. Spurred on by a lack of research into the concrete spatial and policy dimension of emerging living practices, our group of scholars from different disciplinary backgrounds (architectural design, interior design, urban policy and sociology)[8] has engaged in field research investigating new

# "One house, one building, produces ne made it necessary. Private living space lacking for the establishment of a blan from nearly all countries today. It perm and standardizing community life by a

middle-income groups.[4] The situation is compounded by a significant increase in cases of rent and mortgage arrears and in consequent evictions.[5] In a context characterized by economic transformation and changes in family patterns, new lifestyles have emerged (such as couples living apart together (LAT) in long-distance relationships,[6] made possible by low-cost air travel and, to a certain extent, digital communication, factors which have significantly shortened physical distances and changed our sense and understanding of what constitutes proximity).

Altogether, these phenomena have challenged the meaning of "home" as inherited from the Modern Movement, and the housing programs implemented under the welfare states of many countries during the twentieth century, imposing the need of a thorough revision of both the understanding of the idea of family and the concept of residence (that is slowly taking over that of home).[7]

1  See Daniel Meyer and Marcia Carlson, "Family Complexity: Implications for Policy and Research," *The Annals of the American Academy* 654 (2014): 259–276.

2  See Johanna Rolshoven, "The Temptations of the Provisional: Multi-Locality as a Way of Life," *Ethnologia Europaea* 37, no. 1–2 (2007): 17–25.

3  See Darja Reuschke, "Dwelling Conditions and Preferences in a Multi-locational Way of Life for Job Reasons," *Journal of Housing and the Built Environment* 27 (2012): 11–30; Nicola Hilti, *Lebenswelten Multilokal Wohnender* (Berlin, 2013).

4  See Giuliana Costa, Gojko Bežovan, Pietro Palvarini and Taco Brandsen, "Urban Housing Systems in Times of Crisis," in *Social Vulnerability in European Cities: The Role of Local Welfare in Time of Crisis*, ed. Costanzo Ranci et al. (Basingstoke, 2014), 160–186.

5  See Massimo Bricocoli and Stefania Sabatinelli, "Case di servizio: Residenzialità temporanea e appropriatezza dell'intervento sociale a Milano," available online at: https://welforum.it/case-di-servizio-residenzialita-temporanea-e-appropriatezza-dellintervento-sociale-a-milano/ (accessed September 2, 2019).

6  See Marjolijn van der Klis and Lia Karsten, "Commuting Partners, Dual Residences and the Meaning of Home," *Journal of Environmental Psychology* 29, no. 2 (2009): 235–245.

7  See STAR strategies + architecture, "The Interior of the Metropolis. Domestic Urbanism," *MONU* 24 (2016): 106–113.

8  The teaching staff of the Design Studio (A.Y. 2015–18) was composed by the authors together with Peter Beard, Martina Bovo, Tommaso Raimondi, Rodrigo Fernjean, and Tommaso Vacchi.

Die tiefgreifenden soziodemografischen Veränderungen, die sich in den letzten Jahrzehnten in Europa und Italien vollzogen haben, führten zu großen Veränderungen in der Zusammensetzung von Haushalten und in dem, was gemeinhin als „Familie" bezeichnet wird.[1] Diese Veränderungen führten zu einer zunehmenden Zahl von Alleinstehenden, geschiedenen Paaren mit Kindern, Alleinerziehenden und älteren Menschen sowie zur Ausbreitung des Phänomens Wohngemeinschaften nicht nur unter Studierenden, sondern auch unter jungen Paaren und erwachsenen ArbeitnehmerInnen. Gleichzeitig haben die Veränderungen auf dem Arbeitsmarkt,[2] nämlich ein deutlicher Anstieg befristeter Beschäftigungsverhältnisse und delokalisierter Arbeitsorte, die Menschen häufig gezwungen, ihr Leben

Alles in allem haben diese Phänomene die Bedeutung von „Heim" als Erbe der Moderne und die Wohnprogramme, die im Laufe des 20. Jahrhunderts in zahlreichen Wohlfahrtsstaaten umgesetzt wurden, infrage gestellt, was die Notwendigkeit einer gründlichen Revision sowohl des Verständnisses des Familiengedankens als auch des Konzepts Wohnsitz (das langsam das des Heims übernimmt) erfordert.[7]

**Kartierungspraxen.** In den letzten drei Jahren hat eine multidisziplinäre Gruppe von KollegInnen am Institut für Architektur und Stadtforschung des Politecnico di Milano untersucht, wie zeitgenössische soziale und demografische Dynamiken eine Herausforderung für die Wohnpolitik und -projekte darstellen. Diese Fragen standen im Mittelpunkt der Lehrtätigkeit an der Scuola di Architettura Urbanistica Ingegneria delle Costruzioni als Teil eines designorientierten Studios, an dem Architekturstudierende im letzten Studienjahr teilnahmen.

# knowledge of the needs that have the final and crucial element that was housing policy of the sort we know d a policy dedicated to controlling tectural means."

Philipp Markus Schörkhuber, *GAM.16*, S. 51

um mehr als einen Wohnsitz herum zu organisieren.[3] Zusätzlich zu diesen Phänomenen wurde durch sich verschlechternde Beschäftigungs- und Wirtschaftsbedingungen aufgrund der anhaltenden Rezession Wohnraum immer weniger leistbar und der Zugang zu ihm auch für mittlere Einkommensgruppen eingeschränkt.[4] Hinzu kommt ein deutlicher Anstieg der Miet- und Hypothekenrückstände und der damit verbundenen Zwangsräumungen.[5] In einem Kontext, der durch wirtschaftliche Transformation und Veränderungen in den Familienmustern gekennzeichnet ist, sind neue Lebensstile entstanden (z.B. Paare, die in Fernbeziehungen voneinander getrennt zusammenleben – sogenannte LAT-Beziehungen (Living Apart Together)[6] – ermöglicht durch günstige Flugreisen und bis zu einem gewissen Grad durch digitale Kommunikation, Faktoren, die physische Entfernungen erheblich verkürzt und unser Verständnis von Nähe verändert haben).

1 Vgl. Meyer, Daniel/Carlson, Marcia: „Family Complexity. Implications for Policy and Research", *The Annals of the American Academy* 654 (2014), 259–276.

2 Vgl. Rolshoven, Johanna: „The Temptations of the Provisional: Multi-Locality as a Way of Life", *Ethnologia Europaea* 37,1–2 (2007), 17–25.

3 Vgl. Reuschke, Darja: „Dwelling Conditions and Preferences in a Multi-locational Way of Life for Job Reasons", *Journal of Housing and the Built Environment* 27 (2012), 11–30; Hilti, Nicola: *Lebenswelten Multilokal Wohnender*, Berlin 2013.

4 Vgl. Costa, Giuliana/Bežovan, Gojko/Palvarini, Pietro/Brandsen, Taco: „Urban Housing Systems in Times of Crisis", in: Ranci, Costanzo et al. (Hg.): *Social Vulnerability in European Cities: The Role of Local Welfare in Time of Crisis*, Basingstoke 2014, 160–186.

5 Vgl. Bricocoli, Massimo/Sabatinelli, Stefania: „Case di servizio. Residenzialità temporanea e appropriatezza dell'intervento sociale a Milano", online unter: https://welforum.it/case-di-servizio-residenzialita-temporanea-e-appropriatezza-dellintervento-sociale-a-milano/ (Stand: 2. September 2019).

6 Vgl. Van der Klis, Marjolijn/Karsten, Lia: „Commuting Partners, Dual Residences and the Meaning of Home", *Journal of Environmental Psychology* 29,2 (2009), 235–245.

7 Vgl. STAR strategies + architecture: „The Interior of the Metropolis. Domestic Urbanism", *MONU* 24 (2016), 106–113.

2

Angespornt vom Mangel an vorhandener Forschung zur konkreten räumlichen und politischen Dimension neu entstehender Lebenspraxen hat sich unsere Gruppe von WissenschaftlerInnen mit unterschiedlichem fachlichen Hintergrund (Architekturdesign, Innenarchitektur, Stadtpolitik und Soziologie)[8] mit der Erforschung neuer Wohnpraxen beschäftigt. Der erste Schritt bestand darin, die unterschiedlichen kulturellen Hintergründe unserer Studierenden, die in der Regel aus mehr als fünfzehn verschiedenen Ländern rund um die Welt stammen, im Designstudio zu nutzen. Wir haben alle Studierenden gebeten, mindestens drei unkonventionelle[9] Haushalte aus ihrer Verwandtschaft und ihrem Freundeskreis vorzustellen. Im Laufe der letzten drei Jahre haben wir eine außergewöhnliche Sammlung von über dreihundert Fallstudien aufgebaut, die eine Fülle von Materialien enthält. Wir analysierten das Material dann zusammen mit den Studierenden, um Muster der signifikantesten (und außergewöhnlichsten) Haushalte zu identifizieren. Im nächsten Schritt wurde ein *Atlas unkonventioneller Haushalte* erstellt, der Haushaltsformen und ihre sozialen Profile veranschaulicht und im Detail konkretisiert. Der *Atlas* enthält schließlich über zweihundert Beispiele für bestehende, „unkonventionelle" Haushaltsprofile, die Lebenspraxen und Wohnformen veranschaulichen. Die erste wichtige Beobachtung war, dass diese neu kartierten Haushalte aus mehreren Personen bestehen, die oft verschiedenen Generationen angehören und kein Verwandtschaftsverhältnis[10] aufweisen (wie in der weit verbreiteten, bewährten Praxis studentischer Wohngemeinschaften).[11] Unsere erste Kartierungsübung bestätigte daher Beobachtungen aus der vorhandenen kritischen Literatur zu diesem Thema.[12] Wir beleuchteten dabei eine Vielzahl von Lebensbedingungen, die wir dann in eine kleinere Anzahl von Kategorien und Unterkategorien einteilten. Eine Vielzahl von Interviews ermöglichte es uns, eine ganze Reihe von Situationen zu erfassen und zu beschreiben: nicht nur die von Arbeitslosen oder Menschen mit einer befristeten und schlecht bezahlten Beschäftigung (eine klare Folge der anhaltenden Wirtschaftskrise), sondern auch von vielen, die von zu Hause aus arbeiten, von Berufstätigen mit zwei oder drei Wohnsitzen aufgrund der für ihren Job erforderlichen Mobilität oder von räumlich getrennt lebenden Paaren, um nur einige der häufigsten Situationen zu nennen.

Unsere Analyse und Kartierung dieser verschiedenen Praxen hat verdeutlicht, wie tiefgreifende soziale Veränderungen auf lokaler und globaler Ebene direkte Auswirkungen auf das Leben der Menschen haben und auch darauf, wie Lösungen für ihre Wohnbedürfnisse entsprechend ihren spezifischen sozioökonomischen Umständen gesucht werden. So haben beispielsweise die Überalterung der Bevölkerung und die strukturelle

Wenn Indirektzeitung Indextreug Julesacherter webrucke un oberer orbek

lichen Anstieg der Zahl jener Haushalte geführt, in denen erwachsene Kinder (mal als Paar und mal allein, mal mit Kindern und mal ohne) ins Elternhaus zurückkehren und so die für vorindustrielle Gesellschaften so typischen Großfamilien wieder aufbauen. Ebenso haben wir in Seniorenhaushalten häufig die Anwesenheit einer im selben Haushalt wohnenden Pflegekraft festgestellt, eine Praxis, mit der teurere Lösungen wie die Übersiedlung in spezialisierte Einrichtungen wie Pflegeheime vermieden wird.[13] Gleichzeitig haben wir aber auch Fälle registriert, in denen sich die ursprüngliche Familieneinheit, bestehend aus einer traditionellen Kernfamilie oder einem bzw. einer Alleinerziehenden, öffnet, um andere aufzunehmen, die nicht in den Kreis von Verwandtschaftsbeziehungen fallen; ein Prozess, der sich als „gegenseitige Hilfe" definieren ließe. Haushalte, die ein Zimmer und etwas Raum für MitbewohnerInnen in ihrer Wohnung anbieten, sei es dauerhaft oder vorübergehend (letzteres ist in den letzten Jahren immer häufiger geworden), werden oft durch die Notwendigkeit, ihr monatliches Einkommen aufzubessern, dazu gezwungen. In ähnlicher Weise sind Haushalte, die die Notwendigkeit von Co-Living-Vereinbarungen erkennen lassen, oft – wenn auch nicht ausschließlich – nicht in der Lage, auf dem Markt verfügbare Wohnungen zu nutzen (z.B. Personen mit fester Anstellung, deren Einkommen immer noch nicht zulässt, sich Wohnraum zum Marktpreis zu leisten). Eine weitere wichtige Gruppe sind Einzelpersonen, die Zimmer in Wohngemeinschaften mieten, was sich aus der Notwendigkeit ergibt, aus beruflichen Gründen an zwei oder mehr Orten zu leben; für diese Gruppe muss die Zweitwohnung nicht über alle Funktionen und Ausstattungsmerkmale ihres Hauptwohnsitzes verfügen, und die Wohngemeinschaft ist eine komfortable und leistbare Lösung. Die Ergebnisse unserer breit angelegten Untersuchungen von Beispielen rund um den Globus zeigen die zunehmende Popularität von Home-Sharing auch für ältere Generationen. Zudem machen sie deutlich, inwiefern solche Phänomene stark zunehmen – insbesondere in großen Metropolen, in denen Wohnraum für viele immer unerschwinglicher wird.

8   Das Lehrpersonal des Designstudios (A.Y. 2015–18) bestand aus den AutorInnen zusammen mit Peter Beard, Martina Bovo, Tommaso Raimondi, Rodrigo Pemjean und Tommaso Vacchi.

9   Unter „unkonventionell" verstehen wir Wohnsituationen, die sich von der aus zwei (heterosexuellen, biologischen) Eltern und einem oder mehreren Kindern bestehenden „konventionellen" Familie unterscheiden.

10  Vgl. Green, Stefan/McCarthy, Lindsey: „Is Sharing the Solution? Exploring the Opportunities and Challenges of Privately Rented Shared Accommodation for Single People in Housing Need", *People/Place/Policy* 9,3 (2015), 159–176.

11  Vgl. Bricocoli, Massimo/Sabatinelli, Stefania: „House Sharing Amongst Young Adults in the Context of Mediterranean Welfare: The Case of Milan", *International Journal of Housing Policy* 16,2 (2016), 184–200.

12  Vgl. Ronald, Richard/Elsinga, Marja: *Beyond Homeownership. Housing, Welfare and Society*, London 2012.

13  Vgl. Giunco, Fabrizio: „Abitare leggero: Verso una nuova generazione di servizi per anziani", *Quaderni dell'Osservatorio Fondazione Cariplo* 17 (2014); Bricocoli, Massimo/Marchigiani, Elena: „Growing Old in Cities: Council Housing Estates in Trieste as Laboratories for New Perspectives in Urban Planning", *European Journal for European Spatial Research and Policy* 19,1 (2012), 49–64.

dwelling practices. The first step was to take advantage of the highly diverse cultural backgrounds of our design studio students, who typically come from more than fifteen different countries around the globe. We asked each student to present at least three unconventional[9] households from among their network of family and friends. Over these past three years we built up an extraordinary collection of over three hundred case studies, providing a wealth of material. We then analyzed the material together with students to identify patterns of the most significant (and exceptional) households. The next step was to produce an *Atlas of Unconventional Households* illustrating forms of households and their social profiles that were further mapped in greater detail. The *Atlas* ultimately contains over two hundred examples of existing, "unconventional" household profiles, illustrating their living practices and dwelling arrangements. The first important observation to emerge was that these newly mapped households consist of several people, often belonging to different generations and without family relationships[10] (as in the widespread, established practice of homesharing among student populations).[11] Our first fieldwork mapping exercise therefore confirmed observations of existing critical literature on the subject,[12] highlighting a wide variety of co-living conditions which we grouped into a smaller number of categories and sub-categories. A large number of interviews allowed us to collect and describe a variety of situations: not only those of the unemployed or people with a temporary and poorly paid job (a clear effect of the protracted economic crisis), but also of many who work from home, workers with two or three residences due to the mobility required by their job, or couples living apart together, to mention some of the most frequent situations.

Our analysis and mapping of these different practices made it clear how profound social mutations at the local and global scale are having a direct impact on people's lives and on how they are seeking solutions to their housing needs according to their specific socio-economic circumstances. Thus, for instance, population aging and the structural economic crisis of the last decade have led—worldwide—to a considerable increase in the number of households in which adult children (sometimes as couples and sometimes alone, sometimes with children and sometimes without) return to live with their

parents, thus rebuilding those extended families that were so typical of pre-industrial societies. In the same way, in elderly households we often recorded the presence of a live-in caregiver, a practice that avoids the use of the more expensive and institutionalizing solutions provided by specialized facilities such as nursing homes.[13] At the same time, however, we also recorded cases in which the original family unit, consisting of a traditional nuclear family or a single parent, opens up to accommodate others who do not fall within the circle of family relationships; a process that we might define as "mutual aid." Households that offer a room and some space to share in their home, whether on a permanent or temporary basis (the latter has become increasingly common over the last few years) are often driven to do so by the need to supplement their monthly income. Similarly, households that manifest the need for co-living arrangements are often—though not exclusively—unable to access housing available on the market (for example individuals with stable employment whose income still does not allow them to afford market housing). Another significant group consists of individuals renting rooms in shared apartments, arising from the need to live in two or more places for work reasons; for this group, the secondary accommodation does not need to have all the features and amenities of their main home, and homesharing is a comfortable and affordable solution. The results of our broad investigations of instances around the globe show the increasing popularity of homesharing, even for older generations, and how such phenomena are greatly increasing—particularly in large metropolises where housing is becoming less and less affordable for many.

9   By "unconventional" we mean housing situations that are different from the "conventional" family made up of two (heterosexual, biological) parents and one or more children.

10  See Stefan Green and Lindsey McCarthy, "Is Sharing the Solution? Exploring the Opportunities and Challenges of Privately Rented Shared Accommodation for Single People in Housing Need," *People/Place/Policy* 9, no. 3 (2015): 159–176.

11  See Massimo Bricocoli and Stefania Sabatinelli, "House Sharing Amongst Young Adults in the Context of Mediterranean Welfare: The Case of Milan," *International Journal of Housing Policy* 16, no. 2 (2016): 184–200.

12  See Richard Ronald and Marja Elsinga, *Beyond Homeownership: Housing, Welfare and Society* (London, 2012).

13  See Fabrizio Giunco, "Abitare leggero: Verso una nuova generazione di servizi per anziani," *Quaderni dell'Osservatorio Fondazione Cariplo* 17 (2014); Massimo Bricocoli and Elena Marchigiani, "Growing Old in Cities: Council Housing Estates in Trieste as Laboratories for New Perspectives in Urban Planning," *European Journal for European Spatial Research and Policy* 19, no. 1 (2012): 49–64.

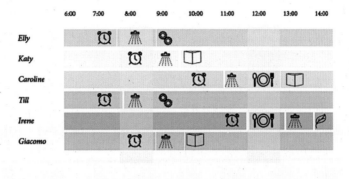

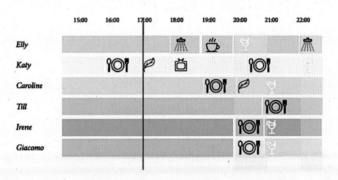

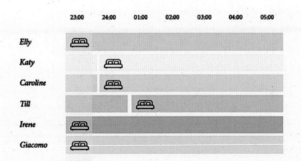

3

Diagram of criticality: Daily household routines were compared to one another in terms of their spatial form, the layout of furniture and the general typology of the dwelling. | Kritikalitäts-Diagramm: Tägliche Haushaltsroutinen werden hinsichtlich der Raumform, Anordnung der Möbel und der allgemeinen Typologie der Wohnstätte miteinander verglichen. © POLIMI

**Interpreting the Empirical Outcomes and Case Studies.** Following the production of the *Atlas*, each case study was further investigated by the individual students through conducting interviews with the various household members, editing a diary of domestic life, and collecting information about the behavior, problems, and wishes of the occupants with regard to the organization and use of space (figs. 1–2). This information was then diagramed and daily household routines were cross-analyzed regarding the shape of the space, the layout of furniture and the general typology of the dwelling, distinguishing between private and collective spaces and their degree of crowding (fig. 3). Finally, each student was asked to redraw the dwelling in plan and section, paying particular attention to the representation not only of the architectural structure but also of any piece of furniture or accessories able to describe how people occupy and live in the spaces in question (fig. 4).

This original research made a valuable contribution to the topic. Indeed, although there have been countless studies with multidisciplinary approaches ranging from social, political, and behavioral analyses,[14] very few scholars have so far been interested in studying the more specifically spatial and architectural aspects of house-sharing conditions/practices in our contemporary city,[15] down to the level of furnishing details, interviews, redrawing and ethno-photography. While such elements have been mentioned in numerous studies, they have not been analyzed in terms of the unique architectural and furnishing characteristics of dwellings to describe their limits, needs, and possibilities. Similarly, there are not many potential case studies able to serve as reference: architects and architectural production appear to be behind the times and old-fashioned when confronted with the requirements of contemporary housing. Some exceptions do exist, and experiments such as Heizenholz (2012) and Dialogweg 6 (2015), both in Zurich and both designed by Duplex Architekten,[16] or the Japanese "LT Josai" (Share House) in Nagoya (2013) by Naruse Inokuma Architects, show that the idea of shared living is present as the main driver for the layout of the space and for new concepts of living.

But even in those case studies, a comparative analysis of floor plans reveals a lack of articulation of private space: in contrast to exciting spatial solutions of collective space, in some cases relying on double height and spatial continuity, private space appears to be highly simplified and mainly conforming the idea of a private room to that of a standard bedroom. This is even more evident in the new trends in the high-end housing market targeting wealthy adults and young couples in some of the growing metropolises of the Western world. "WeLive" in New York City or "The Collective Old Oak" in London well represent the kind of sophisticated co-living idea pushed by real estate investors:[17] hyper-accessorized micro-rooms are part of a large co-working infrastructure that also offers all other (collectivized) domestic services, removed from private space. These are somehow updated versions of the old "home club," a typology established in the US in the eighteenth century to accommodate businessmen, wealthy individuals and/or families for short- and long-term stays in

## „Ein Haus, ein Gebäude alleine notwendig gemacht haben. Der das zum Erscheinen einer fläch tisch allen Staaten kennen. Es n lisierung des gemeinschaftliche

large cities. These represent a sort of proto-hotel typology, unrelated to the domesticity of the co-living tradition that can be traced very back in history in many different cultures, such as the Fujian Tulou in China or the more recent examples of collective housing in the post-war years in Europe.[18]

Shifting from the description of specific and international examples of collective housing to results of the research carried out at the Politecnico, the fieldwork is where our multidisciplinary approach produced some of the most important findings. For instance, the collected examples of unorthodox

14  See Sue Heath, Katherine Davies, Gemma Edwards and Rachael Scicluna, *Shared Housing, Shared Lives* (London, 2012).

15  See Ilka Ruby, Andreas Ruby, Mateo Kries, Mathias Müller and Daniel Niggli, eds., *Together! The New Architecture of the Collective* (Berlin, 2017); Nicola Russi et al., *Re-housing: La casa come dispositivo di integrazione* (Torino, 2018).

16  See Stefano Guidarini, *New Urban Housing* (Milan, 2018); Dominique Boudet et al., *New Housing in Zurich* (London, 2018).

17  See SPACE 10, *Imagine* 2 (2018).

18  See Dogma, *The Room of One's Own* (Milan, 2017).

**Interpretation der empirischen Ergebnisse und Fallstudien.** Nach Erstellung des *Atlas* setzten die einzelnen Studierenden ihre Untersuchung fort, indem sie Interviews mit den verschiedenen Haushaltsmitgliedern führten, eine Art Wohn-Tagebuch erstellten und Informationen über das Verhalten, die Probleme und Wünsche der BewohnerInnen in Bezug auf Raumorganisation und -nutzung sammelten (Abb. 1–2). Diese Informationen wurden im Anschluss grafisch ausgearbeitet und die täglichen Haushaltsroutinen hinsichtlich der Raumform, der Anordnung der Möbel und der allgemeinen Typologie der Wohnstätte miteinander verglichen, wobei zwischen Privat- und Gemeinschaftsräumen und ihrem Grad der Belegung unterschieden wurde (Abb. 3). Schließlich wurden alle Studierenden aufgefordert, die Wohnung im Grundriss und Querschnitt neu zu zeichnen, wobei sie besonderes Augenmerk auf die Darstellung nicht nur der architektonischen Struktur, sondern auch jedes Möbelstücks oder Accessoires legten, das beschreiben kann, wie die Menschen die betreffenden Räume bewohnen bzw. in ihnen leben (Abb. 4).

das Architekturschaffen an sich wirken ihrer Zeit hinterher und altmodisch, wenn sie mit den Anforderungen des zeitgenössischen Wohnens konfrontiert werden. Doch es gibt tatsächlich einige Ausnahmen: Experimente wie Heizenholz (2012) und Dialogweg 6 (2015), beide in Zürich und beide von Duplex Architekten[16] entworfen, oder das japanische „LT Josai" (Share House) in Nagoya (2013) von Naruse Inokuma Architects zeigen, dass die Idee des Shared Living als zentraler Entwurfsparameter für Wohnkonzepte bereits präsent ist.

Aber auch in diesen Fallstudien zeigt eine vergleichende Analyse der Grundrisse die fehlende Artikulierung des Privatraums: Im Vergleich zu den spannenden Gemeinschaftsräumen, die sich teilweise auf doppelte Höhe und räumliche Kontinuität stützen, wirkt der Privatraum stark vereinfacht

uziert neue Kenntnisse über die Bedürfnisse, die es selbst ate Wohnraum ist das letzte und entscheidende Element, eckenden Baupolitik gefehlt hat, wie wir sie heute aus prakt eine Politik möglich, die sich der Steuerung und Norma- bens mit architektonischen Mitteln widmet." Philipp Markus Schörkhuber, *GAM.16*, S. 50

Diese eigenständige Forschungsarbeit leistete einen wertvollen Beitrag zum Thema. Obwohl es in der Tat unzählige Studien mit von Sozial-, Politik- bis hin zu Verhaltensanalysen reichenden multidisziplinären Ansätzen gibt,[14] haben sich bisher nur sehr wenige Forschende dafür interessiert, die spezifisch räumlichen und architektonischen Aspekte der Bedingungen und Praxen des Home-Sharing in unserer heutigen Stadt zu untersuchen[15] – vor allem unter Berücksichtigung von Ausstattungsdetails und von Verfahren wie Interviews, Nachzeichnung und Ethno-Fotografie. Obwohl solche Elemente in zahlreichen Studien Erwähnung finden, wurden sie nicht in Hinblick auf die einzigartigen architektonischen und möblierungstechnischen Eigenschaften von Wohnungen analysiert, mit denen sich deren Grenzen, Bedürfnisse und Möglichkeiten beschreiben ließen. Ebenso gibt es nicht viele potenzielle Fallstudien, die als Referenz dienen könnten: Die ArchitektInnen und

und weitgehend dem Konzept eines herkömmlichen Schlafzimmers angepasst. Dies zeigt sich noch deutlicher in den neuen Trends auf dem gehobenen Wohnungsmarkt, die sich an wohlhabende Erwachsene und junge Paare in einigen der wachsenden Metropolen der westlichen Welt richten. „WeLive" in New York City oder „The Collective Old Oak" in London sind gute Beispiele für die anspruchsvolle Co-Living-Idee von Immobilieninvestoren:[17] Überausgestattete Mikroräume sind Teil einer großen Co-Working-Infrastruktur, die, aus dem Privatbereich ausgegliedert, auch alle anderen (kollektivierten) Haushaltsdienstleistungen bietet. Dies sind gewissermaßen aktualisierte Versionen des alten „Home Club", einer Typologie, die im

14 Vgl. Heath, Sue/Davies, Katherine/Edwards, Gemma/Scicluna, Rachael: *Shared Housing, Shared Lives*, London 2012.

15 Vgl. Ruby, Ilka/Ruby, Andreas/Kries, Mateo/Müller, Mathias/ Niggli, Daniel (Hg.): *Together! The New Architecture of the Collective*, Berlin 2017; Russi, Nicola et al.: *Re-housing: La casa come dispositivo di integrazione*, Turin 2018.

16 Vgl. Guidarini, Stefano: *New Urban Housing*, Mailand 2018; Boudet, Dominique et al.: *New Housing in Zürich*, Zürich 2018.

17 Vgl. SPACE 10: *Imagine 2* (2018)

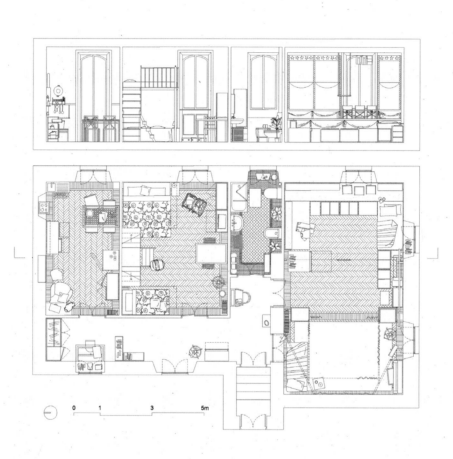

4

Redrawing of a dwelling in plan and section | Grafische Überarbeitung einer Wohnung in
Grundriss und Querschnitt © POLIMI

18. Jahrhundert in den USA eingeführt wurde, um Geschäftsleute, wohlhabende Einzelpersonen und/oder Familien für kurz- und langfristige Aufenthalte in Großstädten aufzunehmen. Diese stellen eine Art Proto-Hotel-Typologie dar, die nichts mit der Häuslichkeit der Gemeinschaftswohntradition zu tun hat, die historisch in viele verschiedene Kulturen zurückverfolgt werden kann, wie im Tulou in der chinesischen Provinz Fujian oder in Beispielen des kollektiven Wohnens aus den Nachkriegsjahren in Europa.[18]

In ihrer Verlagerung von der Beschreibung spezifischer und internationaler Beispiele für kollektiven Wohnbau zu den Ergebnissen der Forschung am Politecnico ist die Feldforschung jener Bereich, in dem unser multidisziplinärer Ansatz einige der wichtigsten Erkenntnisse hervorgebracht hat. So zeigen die gesammelten Beispiele unorthodoxer Haushalte fast ausschließlich Co-Living-Praxen, die in herkömmlichen Wohnungen und Häusern gelebt werden. Gleichzeitig zeigen diese Zeichnungen die deutliche Unzulänglichkeit der bereitgestellten Gemeinschaftsräume und Ausstattungen (z.B. Bäder und Küche) im Verhältnis zur Anzahl der BewohnerInnen; dasselbe gilt für die eher privaten Räume (z.B. Schlafzimmer). Darüber hinaus bestätigten die Interviews die Ergebnisse der Zeichnungen und klärten gleichzeitig mehrere kritische Fragen im Zusammenhang mit der Bestimmung der Größe von Privat- und Gemeinschaftsräumen, wobei sowohl Zeit- als auch Wohnungsnutzungsaspekte hervorgehoben und die verschiedenen Arten von BewohnerInnen berücksichtigt wurden.

**Vom Menschen zum Kern, von der Wohnung zur Verdichtung.** Die Feldforschung ermöglichte eine Reihe kritischer Beobachtungen zum gemeinschaftlichen Wohnverhalten und zu den Anforderungen, die wir für die Architektur von Innenräumen als relevant erachten könnten. Diese wurden in Form von Richtlinien und Empfehlungen für die Entwurfsphase dessen übersetzt, was als neue Gebäudetypologie definiert werden könnte: eine Verdichtung für das Shared Living. Die Erkenntnisse, die aus der Analyse der Wohnungsgrundrisse und den Interviews gewonnen wurden, waren hilfreich, um ein tief greifendes Überdenken der Wohntypologien für das Shared Living zu ermöglichen. Gleichzeitig setzten sie eine Diskussion über einige der grundlegenden Elemente, die konventionell sowohl den Wohnraum als auch den traditionellen Wohnbegriff (und bis zu einem gewissen Grad auch den traditionellen Familiengedanken) definieren, in Gang.

Es reicht im Zusammenhang mit Co-Living nicht aus, die Anzahl der BewohnerInnen zu ermitteln, um die Größe der Räume zu bestimmen; es besteht auch die Notwendigkeit, die Anzahl der Kernzellen zu bestimmen, in die sie gruppiert werden sollen. Im Gegensatz zu rein statistischen Definitionen meinen wir mit „Kernzelle" die Kerneinheit oder die kleinste Haushaltseinheit, die in die eigenständige kleinste Einheit einer einzigen Person

bestehen kann. Mit anderen Worten, wir haben die Kernzelle konsequent als autonome „Familie" verstanden – um den traditionellen Begriff zu verwenden –, die genügend Raum für ihre privaten und gemeinschaftlichen Aktivitäten benötigt, proportional zur Anzahl ihrer Mitglieder. Außerdem ist innerhalb der Kernzelle nicht mehr das Bett als Zentrum des privaten Wohnens zu betrachten, sondern Geselligkeit und Arbeiten von zu Hause aus werden zu neuen Schwerpunkten. Darüber hinaus wurden das Badezimmer und die Küche – gefolgt vom gemeinsamen Wohnzimmer, wenn vorhanden – als Orte der größten Konflikte zwischen den MitbewohnerInnen ermittelt. Die Notwendigkeit einer angemessenen Verteilung von Ausstattungen (Bäder und Küchen) und Wohnräumen (diversifiziert nach Größe und Lage) ist daher eines der Hauptthemen bei der Entwicklung neuer Lösungen für Home-Sharing-Verdichtungen (Abb. 5).

Aus all diesen Informationen wurden verschiedene Designrichtlinien entwickelt und den Studierenden als Orientierung für ihre Designvorschläge zur Verfügung gestellt. Sie lassen sich wie folgt zusammenfassen:

a) Jede „Familien"-Einheit (oder Kernzelle) muss über ein Cluster von Zimmern und ein Badezimmer verfügen, die in Abhängigkeit von der spezifischen Anzahl der Personen, aus denen sie besteht, festgelegt werden.

b) Vom Bereich des Einzel- oder Doppelbettes muss sich der zentrale Bereich des Hauptraums des Clusters überblicken lassen, ohne dass dessen Mitte belegt ist (wenn möglich, sollte sich das Bett in einer Nische/einem Seitenbereich mit nur 140 Zentimetern Breite und möglichst ohne direkten Lichteinfall befinden)

c) Der Cluster-Hauptraum für die Kernzelle muss als Mittelpunkt über einen Raum für geselliges Zusammensein/Arbeiten von zu Hause aus verfügen, mit einem Tisch und zumindest zwei Sesseln.

d) Jede weitere Person mit einem engen Verhältnis zur „Kern"-Einheit (z.B. Kind, Pflegekraft etc.) muss ihr eigenes Zimmer (aber kein eigenes Badezimmer) und eine Verbindung zum Hauptraum des Clusters haben.

e) Mehrere Raumcluster (einer für jeden Kern) bilden zusammen eine so genannte „Verdichtung" (was vorher die Wohnung war), in der die Gemeinschaftsräume und die Küche(n) das „Bindegewebe" darstellen (Abb. 6).

f) Gemeinschaftsräume müssen in Abhängigkeit von der Anzahl der Personen und Kernzellen in mehrere Bereiche mit unterschiedlichen Größen unterteilt werden, damit sie gleichzeitig genutzt werden können.

g) Ebenso muss die Küche in mehrere Bereiche unterteilt werden, um mehrere gleichzeitige Nutzungen zu ermöglichen.

18 Vgl. Dogma: *The Room of One's Own*, Mailand 2017.

households almost exclusively show co-living practices taking place in traditional dwellings. At the same time, these drawings reveal the clear inadequacy of provided collective spaces and amenities/services (e.g. bathrooms and kitchen) in relation to the number of occupants, with the same also applying to more private spaces (e.g. bedrooms). Moreover, the interviews confirmed the findings derived from the drawings while also clarifying several critical issues relating to determining the size of both private and collective spaces, both highlighting certain aspects related to time and use of apartments and taking into account the different types of occupants.

**From People to the Nucleus, From Flats to Aggregations.** The fieldwork enabled a series of critical observations on co-living behaviors and on the requirements that we could consider relevant for the architecture of interiors. These have been translated into forms of guidelines and recommendations for the design phase of what could be defined as a new building typology: an aggregation for shared living. From the study of the apartment floor plans and from the interviews, interesting and useful feedback was obtained. This input was useful in facilitating a profound rethinking of residential typologies addressed to shared living, along with a discussion of some of the fundamental elements that conventionally define both dwelling space and the traditional idea of home (and, to some extent, the traditional idea of the family).

In a context of co-living, it is not enough to count the number of occupants to determine the size of the spaces; there is also the need to determine the number of nuclei into which they are going to be grouped. Unlike strictly statistical definitions, by "nucleus" we meant the core unit or the minimum household unit, which could even consist of one single person. In other words, we consistently understood the nucleus as an autonomous "family"—to use the traditional term—that requires sufficient space for its private and collective activities, proportioned to the number of its members. Furthermore, within the nucleus, the bed is no longer to be considered the center of private living, with socializing and home-working instead becoming the new main focus. Furthermore, the bathroom and the kitchen—followed by the common living room

if present—were identified as being the place of greatest conflicts between cohabitants. The need for adequate distribution of amenities/services (bathrooms and kitchens) and living room areas (diversified in size and location) is therefore one of the key issues in designing new solutions for homesharing aggregations (fig. 5).

Using all of this information, we drew up various design guidelines and provided them to students as orientation for their design proposals. They can be summarized as follows:

a) each "family" unit (nucleus) shall have a cluster of rooms and a bathroom, the number of rooms being decided according to the specific number of people it is composed of;

b) the single or double space for the bed must overlook the central area of the main cluster room, without occupying its center (if possible, the bed should be located in a niche/on a side, as little as 140 centimeters wide, not necessarily receiving direct light);

c) the main cluster room for the nucleus must have as its central focus a space for socializing/working from home, with a table and at least two armchairs;

d) any additional individual(s) with close ties to the "nucleus" unit (e.g., a child, a caregiver, etc.) must have his/her/their own independent room (but not an independent bathroom) and a connection to the main cluster room;

e) several room-clusters (one for each nucleus) together form what we termed an "aggregation" (what before was the apartment), in which the collective spaces and the kitchen(s) are the connective tissue (fig. 6);

f) collective spaces must be divided into several places and sizes in relation to the number of occupants and nuclei, so that they can be used simultaneously;

g) the kitchen, similarly, must be separated into several areas for several simultaneous use.

# DESIGN STRATEGIES

## NUCLEUS

Group of people bound together by blood
or family relationship

### UNIT

Bd  Bt
Lv

Basic room typology

### CLUSTER

K
Bd  Bt
Lv

Bd  Bt
Lv

Lv
Dn

Constellation of units

### AGGREGATION

K
Bd  Bt
Bd  Bt
Lv
Lv
Dn

K
Bd  Bt
Bd  Bt
Lv
Lv
Dn

Constellation of clusters

## UNIT PER FAMILY

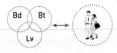

Each family has his own private unit.
Family can be composed by one or more
nucleus

### BED NIECHE

Bed is no longer the
centre of the room. It
can be placed in a niece
separated with a filter
from the rest of the
room

### SOCIAL AREA

Each unit should have a
social area provided
with a couple of
armchairs or a sofa and
a table

### PRIVATE BATHROOM

Each unit should have a
personal private
bathroom·

### THE EXTRA ROOM

Every person connected
with the family need a
room as well

5

Design strategies | Entwurfsansätze © Laura Vanazzi

6

Example of an aggregation plan: Several room-clusters form a spatial "aggregation," in which the collective spaces and the kitchen(s) represent the connective tissue. | Beispiel für einen Verdichtungsplan: Mehrere Raumcluster bilden eine räumliche „Verdichtung", in der die Gemeinschaftsräume und die Küche(n) das „Bindegewebe" darstellen. © POLIMI

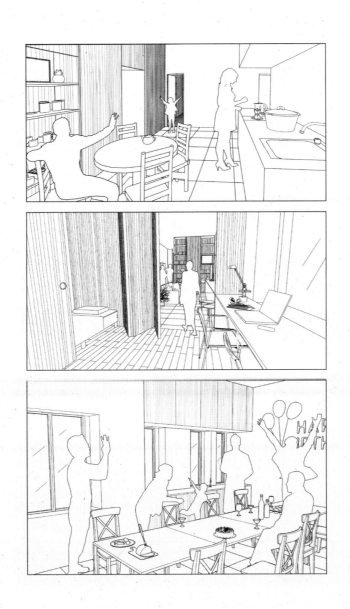

7

Areas for social interactivity | Bereiche für soziale Interaktivität © POLIMI

Each group of students was assigned a housing building in Milano: among them some architectural masterpieces of the past century, others ordinary and market-oriented real estate projects, and some ordinary collective post-war housing. The task was to redesign a floor plan, introducing new typologies of dwellings and matching the guidelines that resulted from the empirical research. These basic recommendations led to an exploration-by-design for homesharing proposals; these brought to light solutions able to respond in spatial, social, and functional terms to the critical issues that emerged from our case studies fieldwork. But they also envision new contents and solutions concerning a topic where too little has been done in terms of architectural and interior design. The new set of spatial nuclei (clusters of rooms) and collective spaces (the connective tissue) that comprise the new dwelling have been named "aggregations," a term which encapsulates both a sense of "being together" and a sense of individuality.

Students then developed aggregations for groups of households taken from the *Atlas* and edited in the first phase, interpreting the provided design guidelines. The results, as seen in the design proposals, immediately reveal differences in spatial and interior organization, deriving also from a highly specific approach to drawing that bears witness to the complexity of housing needs met and the vitality of the new configurations (if compared to the initial configurations). The "continuous" collective living spaces were consistently arranged into several distinct areas with different shapes and sizes to accommodate different groups of occupants at the same time, avoiding tensions or conflicts due to their appropriation and/or occupation. Kitchens with several, sometimes distant cooking areas and sinks meet the need for simultaneous cooking activities without triggering competition based on a perceived priority of use. In some cases, specific areas were created for children and/or for the elderly, two vulnerable categories of occupants requiring special attention. Particular attention was indeed given to the elderly through solutions which shared space and human resources, aiming to minimize feelings of loneliness and isolation for those living alone. Private spaces were also characterized by greater vitality, creating areas for social interactivity to which only members of the cluster have access and thus ensuring a balance between moments of conviviality and sharing and more private, intimate moments (fig. 7).

Overall, the layouts and representations that were conceived and developed are symbolic artefacts that may support intensive innovation in which housing is conceived, planned, and produced. Profound social and demographic changes are strongly affecting the way people organize their lives, and while an extensive revolution in dwelling practices is currently taking place, it is indoors and therefore largely invisible. Frontline research in the field of interiors architecture, design and planning shall be paired with pioneering experimentations. Qualifying the discourse on the variety and destandardized nature of contemporary housing is essential in order to foster housing policies and architectural design that can be more adequate in supporting the way in which people organize their lives. ▪

Figs. pp. | Abb. S. 208–217

(1–10)
"Reloading Contemporary Dwelling" exhibition at the Department of Architecture and Urban Studies | Ausstellung am Institut für Architektur und Stadtforschung, Politecnico di Milano @ POLIMI 2018

(11–12)
"Altes Testament – Aus dem Tagebuch der Menschheit" Schauspielhaus Graz, 2017/2018 @ Lupi Spuma

(13–20)
"Lulu – eine Mörderballade," Schauspielhaus Graz, 2018/2019 @ Lupi Spuma

Jeder Studierendengruppe wurde ein Wohnbau in Mailand zugewiesen, darunter einige architektonische Meisterwerke des vergangenen Jahrhunderts, andere gewöhnliche und marktorientierte Immobilienprojekte und einige gewöhnliche kommunale Nachkriegswohnbauten. Die Aufgabe bestand darin, einen Grundriss neu zu entwerfen, neue Typologien von Wohnungen einzuführen und die aus der empirischen Forschung resultierenden Richtlinien zu übernehmen. Diese grundlegenden Empfehlungen führten zu einer Gestaltung von Home-Sharing-Vorschlägen, die Lösungen aufzeigte, die in der Lage sind, räumlich, sozial und funktional auf die kritischen Fragen zu reagieren, die sich aus unserer Fallstudien-Feldforschung ergaben. Sie stellen aber auch neue Inhalte und Lösungen zu einem Thema vor, bei dem in Bezug auf Architektur und Innenarchitektur bislang zu wenig umgesetzt wurde. Die neuen Raumkerne („Zimmer-Cluster") und Gemeinschaftsräume (das „Bindegewebe"), aus denen sich das neue Zuhause zusammensetzt, bezeichnen wir als „Verdichtungen", ein Begriff, der sowohl das Gefühl des Zusammenseins als auch das der Individualität zusammenfasst.

Die Studierenden entwickelten schlussendlich diese Verdichtungen für Haushaltsgruppen aus dem *Atlas*, die in der ersten Phase bearbeitet worden waren, und interpretierten die bereitgestellten Gestaltungsrichtlinien. Die Ergebnisse, wie sie in den Designvorschlägen zu sehen sind, machen auf einen Blick Unterschiede in der (Innen-)Raumorganisation deutlich, die sich auch aus einer spezifischen Aneignung des Mediums Zeichnen ergeben, der von der Komplexität der gedeckten Wohnbedürfnisse und der Vitalität der neuen Konfigurationen (im Vergleich zu den ursprünglichen Konfigurationen) zeugt. Die „kontinuierlichen" kollektiven Wohnräume wurden konsequent in mehrere unterschiedliche Bereiche mit unterschiedlichen Formen und Größen gegliedert, um verschiedene BewohnerInnengruppen gleichzeitig aufzunehmen und Spannungen oder Konflikte, die sich aufgrund ihrer Aneignung und/oder Belegung ergeben könnten, zu vermeiden. Küchen mit mehreren, teilweise weit entfernten Kochstellen und Spülbecken erfüllen die Notwendigkeit gleichzeitiger Kochaktivitäten, ohne aufgrund einer wahrgenommenen Nutzungspriorität einen Wettbewerb auszulösen. In einigen Fällen wurden spezifische Bereiche für Kinder und/oder ältere Menschen geschaffen, zwei sensible BewohnerInnen-Kategorien, die besondere Aufmerksamkeit erfordern. In der Tat wurde älteren Menschen besondere Aufmerksamkeit geschenkt, indem Lösungsansätze gefunden wurden, in denen Raum und Humanressourcen geteilt werden und die darauf abzielen, das Gefühl von Einsamkeit und Isolation von alleinstehenden Menschen zu minimieren. Die Privaträume waren lebendig gestaltet und schufen Bereiche für soziale Interaktivität ausschließlich für Mitglieder des Clusters. Damit wurde ein Gleichgewicht zwischen Augenblicken der Geselligkeit und des Austauschs und privateren, intimeren Momenten sichergestellt (Abb. 7).

Insgesamt sind die Entwürfe und Pläne symbolische Artefakte, die hohe Innovation dahingehend unterstützen können, wie Wohnraum gedacht, geplant und geschaffen wird. Tiefgreifende soziale und demografische Veränderungen beeinflussen die Lebensgestaltung der Menschen stark, und obwohl derzeit eine umfassende Revolution der Wohnpraxen im Gange ist, ist sie weitgehend unsichtbar, weil sie „drinnen" stattfindet. Pionierforschung in den Bereichen der Innenarchitektur, Design und Planung soll mit zukunftweisenden Experimenten gekoppelt werden. Die Qualifizierung des Diskurses über die Vielfalt und Entstandardisierung des zeitgenössischen Wohnens ist unerlässlich, um eine Wohnungspolitik und architektonische Gestaltung zu fördern, die die Lebensorganisation der Menschen besser unterstützt. ∎

*Übersetzung: Otmar Lichtenwörther*

1

11

13

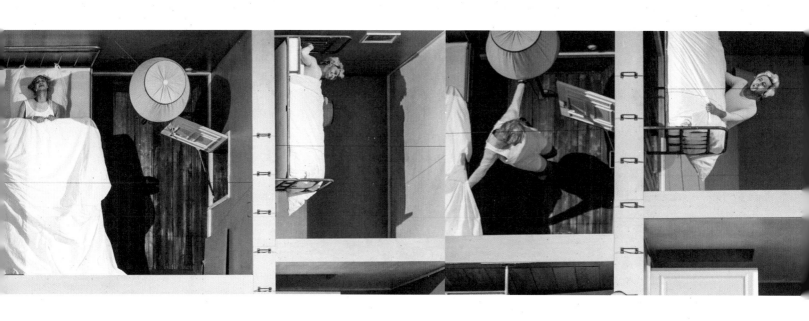

# Lebensraum Theater

## Theater as Habitat

Karla Mäder

Bei der Lektüre von Ayn Rands *The Fountainhead*, der Eröffnungsproduktion in der vergangenen Spielzeit, ist mir klargeworden, wie sehr Architektur unser Leben verändert, indem wir sie konsumieren. Dieser Konsum findet sozusagen schleichend, subkutan statt. Wir Nicht-ArchitektInnen setzen uns nicht bewusst damit auseinander, was wir da eigentlich bewohnen und benutzen. Als Theatermensch ist man immer noch halbnomadisch unterwegs und in der Regel nur ein paar Jahre an einem Ort. Wir ziehen also oft um und einfach in die Wohnungen, die wir uns leisten können. Wohnungen determinieren unser Leben aber natürlich in sehr großem Maße. Sie stellen die Welt her, über die wir am Theater nachdenken, der wir Fragen abringen oder die wir vielleicht spielerisch erproben. Bernd

In unserer Zeit ist das Theater an und für sich ein utopischer Ort. Da wäre zunächst einmal der Zuschauerraum, wo Sie als Zuschauer, als Zuschauerin, als Publikum Platz nehmen. Das ist einer der letzten Orte unserer Gesellschaft, wo sich Menschen unterschiedlicher Herkunft, aus den unterschiedlichsten sozialen Schichten, aus unterschiedlichen Altersgruppen, unterschiedlichen Interessensgemeinschaften und auch aus völlig unterschiedlichen Gründen an einem Abend versammeln und sich zutiefst analog auf etwas konzentrieren. Für die Dauer einer Aufführung glauben all diese Menschen an eine gemeinsame Lüge, anstatt dass jede/r an seine bzw. ihre eigene Lüge glaubt. Jede/r sieht etwas Anderes, jede/r geht mit einem anderen Gedanken nachhause, aber alle teilen ein gemeinsames

# „Umso mehr sich das gesellsch ausdifferenziert, umso mehr br jemanden, der oder die vermitt

Scherer, Intendant vom Haus der Kulturen der Welt in Berlin, hat es in der *Süddeutschen Zeitung* treffend formuliert: „Statt einer rein produktorientierten Technologieentwicklung, die selbst menschliches Leben zum Gegenstand von Geschäftsmodellen macht, benötigen wir Probebühnen für die neuen Phänomene, in denen soziale Akteure, Wissenschaftler und Künstler gemeinsam Zukunftsentwürfe erproben."[1]

Aufgewachsen bin ich in einem Plattenbau in Ost-Berlin, in dem sich alle sozialen Schichten im gleichen Einheitsgrundriss wohlfühlen durften. Heute gibt es ein spezielles Habitat, in dem ich mich zuhause fühle, und das ist das Theater, momentan das Grazer Schauspielhaus am Freiheitsplatz. Theater ist etwas ganz Einfaches, und im ersten Semester des Studiums der Theaterwissenschaften lernt man die Minimaldefinition: „A tut, als ob er [bzw. sie] B wäre, und C schaut zu." Eigentlich gibt es also keine Notwendigkeit, für Theater Gebäude zu errichten (wiewohl es natürlich historische Gründe für die Gebäude gibt und wir sie nicht missen wollen!).

Erlebnis. Orte wie diese sind in unserer Gesellschaft sehr rar geworden. Das Problem der sich immer stärker ausdifferenzierenden Gesellschaft ist, dass es immer mehr Milieus und Soziotope gibt und wir immer kleinere Nischen erschließen: hier ein Stück, das die Studierenden interessieren könnte, dort eines für den klassischen Bildungsbürger bzw. die Bildungsbürgerin usw. Eine unserer größten Herausforderungen ist es, auch jene Menschen zu erreichen, die sich von uns nicht gemeint fühlen. Manchmal beschäftigt uns der Nicht-Zuschauer mehr als der Zuschauer.

Auch hinter der Bühne ist das Theater ein utopischer Ort, eine Gesellschaft im Kleinen, wo sehr viele unterschiedliche Menschen dafür sorgen, dass einige wenige im Rampenlicht stehen. Auch hier sind Menschen verschiedenster Berufsfelder, Herkünfte und Nationalitäten von frühmorgens

1  Scherer, Bernd: „Objekte anthropozäner Weltproduktion", *Süddeutsche Zeitung*, 11. Juni 2018, online unter: https://www.sueddeutsche.de/kultur/technologie-und-kultur-wenn-daten-glaubwuerdiger-werden-als-erfahrungen-1.4011304-3 (Stand: 28. November 2019).

In reading Ayn Rand's *The Fountainhead*, the opening production at Schauspielhaus Graz this past season, it became clear to me how much architecture alters our lives as we consume it. This consumption takes place insidiously, below the surface. We non-architects do not consciously address what we actually inhabit and use in those places. Those who belong to the theater are still half-nomadic, usually only staying a few years in one place. We move often, and into the

# tliche Leben
# cht man

" Manfred Omahna, *GAM.16*, S. 240

apartments we can afford. Of course, apartments play an important role in determining our lives. They create our world that we reflect upon in the theater, that we draw questions from or that we might test out through acting. Bernd Scherer, the director of the Haus der Kulturen der Welt in Berlin, once aptly phrased this sentiment in the *Süddeutsche Zeitung*: "Instead of pure production-oriented technological development that transforms even human life into the object of business models, we need a testing stage for the new phenomena in which social actors, scientists and artists test out designs for the future together."[1]

I grew up in a tower block in East Berlin, in which all levels of society were able to feel comfortable in the same repeated floor plan. Today there is a special habitat where I feel at home, and that is the theater—currently, the Schauspielhaus in Graz, at Freiheitsplatz. Theater is simple, and in the first semester of theater studies one learns the minimal definition: "A acts as though he or she were B, and C watches." There is actually no need to construct a building for theater (although there are of course historic reasons for the buildings, and we do not want to do without them!).

In our time, the theater itself is a utopian place. First there is the auditorium, where you as a spectator, as an audience take a seat. This is one of the last places in society where people from the most varied of origins and social strata, from various age groups, various social groups and for completely different reasons gather for an evening and concentrate profoundly on an analog event. For the duration of the performance, all of these people believe in a collective falsehood instead of each believing in their own personal falsehood. Each individual sees something different, and each goes home with a different thought, but all share a common experience. Places such as these have become rare in our society. The problem of an increasingly differentiated society is that there are increasingly more social environments and sociotopes, and we are catering to ever smaller niches: here with a play that might interest students, there with one for those educated citizens of society, and so on. One of our tasks is also to reach those who don't feel that they are our intended audience. At times the non-spectator preoccupies us more than the spectator.

Even backstage the theater is a utopian place, a miniaturized society in which many different people work to ensure that a few less may stand in the limelight. People from different social strata, origins, and nationalities work together thoughtfully, compassionately and cooperatively, from early in the morning to late at night, all working towards the success of the artistic end product—from the always invisible (and in the best case also inaudible) prompter to the canteen owner who goes home only when the last colleague has finished their drink; from the cleaner to the dresser who prepares, cleans and repairs the costumes; from the host of young director's assistants, stage assistants and costume assistants to the concierge and to all those who work in highly specified technical, manual or artistic fields. We currently have twenty actors with steady

1   Bernd Scherer, "Objekte anthropozäner Weltproduktion," *Süddeutsche Zeitung*, June 11, 2018, available online at: https://www.sueddeutsche.de/kultur/technologie-und-kultur-wenn-daten-glaubwuerdiger-werden-als-erfahrungen-1.4011304-3 (accessed November 20, 2019).

bis Mitternacht mitdenkend, mitfühlend und mitschaffend am Gelingen des künstlerischen Endprodukts beteiligt – von der stets unsichtbaren und im Moment der Aufführung bestenfalls auch unhörbaren Souffleuse bis zum Kantinenwirt, der erst geht, wenn der bzw. die Letzte sein bzw. ihr Getränk ausgetrunken hat; von der Putzfrau bis zur Ankleiderin, die die Kostüme bereitlegt, reinigt und repariert; von der Schar der jungen Regie-, Bühnen- und KostümassistentInnen bis zum Portier und all jenen Menschen, die in hochspezialisierten Berufen in technischen, handwerklichen und künstlerischen Bereichen arbeiten. Derzeit sind bei uns etwa zwanzig SchauspielerInnen mit festen Engagements angestellt, die aus Österreich, Deutschland, der Schweiz und Ungarn kommen, und dazu noch etwa hundert MitarbeiterInnen in allen anderen Abteilungen. Die Jüngsten sind ungefähr zwanzig Jahre alt, und die Ältesten Mitte siebzig. Das heißt: Wir sind eine Gesellschaft im Kleinen, wir sind wie ein Stamm.

Im Stück „Schöne neue Welt: Familie 2.0", das im Sommer 2019 als Produktion der BürgerInnenbühne auf unserem Spielplan stand, haben sich vierzig Mitwirkende aus Stadt und Land, fünf bis fünfundsiebzig Jahre alt, Gedanken über das Zusammenleben gemacht. Das Stück, das auf der Basis von Interviews und dokumentarisch gewonnenen Texten entwickelt worden war, spielte in einem Bühnenbild, das von einem bekannten schwedischen Möbelhaus inspiriert war. Dieser Rahmen gab den Impuls, darüber nachzudenken, wie wir eigentlich (zusammen-)leben und wohnen wollen. Ganz am Ende des Abends stand die – vielleicht naive – Vision eines zukünftig besseren Miteinanders: „Was wäre, wenn Familie nicht mehr nur Mutter, Vater, Kind, Labrador bedeutet? Sondern Gemeinschaft. Was wäre, wenn wir in Familienverbänden leben würden? In Häusern, die wie Bienenwaben angeordnet sind. Ein System, in dem wir alle miteinander verbunden wären. So Co-Housing. Wir hätten gemeinsame Begegnungsräume, Gemüsegärten, Werkstätten … Was wäre, wenn der Staat uns allen Wohnungen schenken würde? […] Wir würden uns mehr umeinander kümmern, wie eine Familie, egal ob biologisch verwandt oder nicht. […] Oder: Was wäre, wenn jeder Familienverband bedingungsloses Grundeinkommen erhalten würde? Und jede Arbeit für die Familie besonders entlohnt würde. […] Was wäre, wenn wir den 16-Stunden-Tag hätten? Mit vier Stunden für Lohnarbeit, vier für Haushalt und Familie, vier für Freizeit und Lernen und vier für politisches Engagement. […] Und einmal in der Woche würden wir uns alle im Hof treffen, zusammen feiern, einmal im Monat die ganze Straße, jedes halbe Jahr das Dorf oder das Stadtviertel. Und einmal im Jahr das ganze Land. Und dieses Gefühl würde sich auf alle übertragen."[2]

Mit dem Theater möchten wir der Stadt und der Gesellschaft etwas geben, das jenseits von materiellen Werten liegt. Wir wollen zum kollektiven Nachdenken anregen und Veränderungsprozesse zumindest denkbar erscheinen lassen. Wir sind dafür da, Luftschlösser zu bauen und Denkräume zu errichten. Wir spielen, wir produzieren etwas, das keinen messbaren, unmittelbaren Wert hat; wir ziehen dem Publikum das Geld aus der Tasche für etwas, das sie nicht nachhause tragen können und entziehen selbiges dem kapitalistischen Verwertungszwang.

Unterhaltung, Provokation, Perspektivwechsel – das sind die Methoden, mit denen wir arbeiten. Und damit ist das Schauspielhaus heute ein Ort des Widerstandes: gegen das Effizienzstreben unserer Gesellschaft, gegen den Wachstums- und Leistungsgedanken – ein utopischer Freiraum, an dem sich die Stadtgesellschaft über Zukunftsmodelle verständigen kann. Vor allem aber wollen wir zunehmend die sogenannte „vierte Wand" – jene angenommene Grenze zwischen Zuschauerraum und Bühne – einreißen, und gemeinsam mit dem Publikum immer wieder neu in Interaktion mit dem räumlichen Geschehen treten. ∎

2   Aus dem Skript von „Schöne Neue Welt: Familie 2.0" mit Texten von Thomas Perle, Uta Plate und Ensemble. Regie: Uta Plate. Schauspielhaus Graz, 2019.

positions, coming from Austria, Germany, Switzerland and Hungary, along with another hundred workers based in all other fields. The youngest are about twenty years old, and the oldest in their mid-seventies. This means: we are a society in miniature, we are like a tribe.

-In the play "Schöne Neue Welt: Familie 2.0" ("Beautiful New World: Family 2.0")—part of our Summer 2019 program as a production of the BürgerInnenbühne ("citizens' stage")—forty participants from the city and from rural areas, aged between five and seventyfive, reflected on the notion of living together. The play, developed on the basis of interviews and documentary texts, took place in a stage set inspired by a well-known Swedish furniture retailer. This framework served

With the theater, we want to give something to both the city and to society that lies beyond material value. We want to encourage collective reflection and make processes of change at least conceivable. We are there to build spaces of thought and castles in the sky. We act, we perform, we produce something that is immaterial, something with no immediate, measurable value; we pull money out of the audience's pocket for something that they cannot take home, and remove them from

# "The more our life as a society diversifies, the more we need a mediator."

Manfred Omahna, *GAM.16*, p. 241

as an impetus for reflection on how we actually want to live (together). The evening ended with a (possibly naïve) vision of a better future coexistence: "What if family were no longer mother, father, child, Labrador? But instead, community. What if we lived in family groups? In houses organized as honeycombs. A system in which we were all connected to one another. As co-housing. We would all have collective meeting rooms, vegetable gardens, workshops […] What if the state gave us all apartments? […] We would take better care of each other, as a family, regardless of biological kinship. […] Or: what if every family group had an unconditional basic income? And if work for the family was particularly rewarded. […] What if we had a 16-hour day? With four hours for paid work, four for housekeeping and family, four for leisure and learning and four for political engagement. […] And once a week we would all meet in the courtyard to celebrate together, once a month the entire street, every half year the town or neighborhood. And once a year the entire country. And this feeling would be transferred to everyone."[2]

the capitalist pressure of consumption. Entertainment, provocation, change of perspective—these are the methods with which we work. And as such the theater today is a place of resistance: against our society's pursuit of efficiency, against growth and thoughts of achievement—a utopian free space in which urban society can converse about models for the future. Above all and increasingly, we wish to tear down the so-called "fourth wall"—that supposed boundary between the space of the audience and that of the stage—and draw the audience into interaction with spatial events. ∎

*Translation: Katie Filek*

From the script of "Schöne Neue Welt: Familie 2.0" with texts from Thomas Perle, Uta Plate and Ensemble. Director: Uta Plate. Schauspielhaus Graz, 2019.

# Über Ungewohntes, Unerhörtes, Ungebautes

**Alexander Hagner (AH), Andreas Lichtblau (AL) und Manfred Omahna (MO) im Gespräch mit Sigrid Verhovsek (GAM)**

# On the Unfamiliar, Unheard-Of, Unbuilt

**Alexander Hagner (AH), Andreas Lichtblau (AL), and Manfred Omahna (MO) in Conversation with Sigrid Verhovsek (GAM)**

1

„VinziRast-mittendrin", ein Projekt des Wiener Architekturbüros *gaupenraub+/-*, bietet gemein-
schaftliches Wohnen für Studierende und ehemals obdachlose Menschen in Wien, 2013. |
"VinziRast-mittendrin," a project by the Vienna-based architectural firm *gaupenraub+/-*, offers
communal living for students and former homeless people in Vienna. © christoph-glanzl

Die eigentlich historische, aber mittlerweile wieder dramatisch aktuelle Forderung nach leistbarem Wohnraum für alle scheint immer unerreichbarer. Adäquater Wohnraum wird zunehmend zu einer luxuriösen Ware, die für Menschen in prekären Lagen unerschwinglich ist. Obwohl das Prekariat heute nicht mehr an eine bestimmte soziokulturelle Klasse gebunden ist und in beinahe allen Gesellschaftsschichten vorkommt, mangelt es an politischer Initiative, um alternative Lebensweisen oder RaumgeWohnheiten, die diesem Mangel auf produktive Weise begegnen, zu fördern. GAM hat sich mit drei Architekten getroffen, für die der gesellschaftspolitische Aspekt des Wohnens zentraler Bestandteil ihrer Entwurfsarbeit ist. Im Interview diskutieren **Alexander Hagner (AH)**, **Andreas Lichtblau (AL)** und **Manfred Omahna (MO)** die Frage, wie man sozialpolitisches Denken in Architektur umsetzen kann.

**GAM:** Alexander, du bist Inhaber der Stiftungsprofessur für soziales Bauen an der Architekturfakultät der FH Kärnten, und euer Büro *gaupenraub+/−* beschäftigt sich auch immer wieder mit unterschiedlichen Wohnprojekten für obdachlose Menschen, wie z.B. „VinziDorf" oder „VinziRast". Wie bist du zu diesen unkonventionellen Bauaufgaben gekommen und was ist bei der Entwicklung sozialer Projekte besonders wichtig?

AH: Wolfgang Pucher, der Pfarrer und Gründer der Vinzenzgemeinschaft Graz-Eggenberg, hat 2002 die Idee des Grazer Vinzidorfes, eine Einrichtung mit niederschwelligem Wohnangebot für obdachlose Menschen, nach Wien gebracht. Ich habe davon gelesen und ihn gefragt, ob er einen Architekten brauchen kann – seine Antwort war, er würde alle brauchen. Seitdem arbeiten wir gemeinsam an dem Thema „Architektur und Mangel". Wenn man für benachteiligte Menschen oder Menschen in prekären Lagen arbeitet, muss man mehr leisten, wenn man denn die NutzerInnen ernst nimmt. Leider wird in die meisten Sozialprojekte nur das investiert, was übrigbleibt: an Geld oder an Grundstück, ein Rest eben. Bedingt durch die ökonomische Zwangslage bedeutet ein Sozialprojekt für die meisten Menschen: weniger, billiger, niedriger, ärmer! Für uns ist das aber keine Lösung, weil wir davon überzeugt sind, dass Hässlichkeit in gewisser Weise auch Hässlichkeit generiert. Das heißt, wenn wir weiterhin in dieser Form agieren und bauen, manifestieren wir ein Stigma für die nächsten dreißig Jahre oder länger. Wenn ich für Randgruppen, für stigmatisierte Menschen, oder Menschen in prekären Lebenslagen baue, dann darf ich nicht auch noch eine Schwelle oder eine Mauer bauen, die soziale Ungleichheiten oder Ausgrenzung verstärkt, sondern, wenn man es richtig machen will, sollte man über das Gemeinsame, über ein „Wir", und nicht über „die Anderen" nachdenken

Wesentlich ist für uns, dass wir das Raumprogramm mitentwickeln können, damit wir einen gestalterischen Vorschlag machen können, der den NutzerInnen zugute kommt, also zunächst den Menschen, die obdachlos sind oder einfach kein Geld haben, um sich eine Wohnung leisten zu können. Das ist zum Beispiel die Zielgruppe unseres aktuellen Auftrages „VinziRast am Land". Dieses Projekt wollen wir für alle öffnen, sprich, auch für die hauptamtlichen BetreuerInnen, die ständig dort leben und arbeiten, für Ehrenamtliche, Workshopbetreuende, Seminargäste, oder auch KurzbesucherInnen. Ein anderes entscheidendes Kriterium ist hier die unterschiedliche Aufenthaltsdauer der NutzerInnen. Es gibt Menschen, die einen Tag lang bleiben, eine Stunde, eine Woche, einen Monat, oder ein Jahr, oder zehn Jahre. Wir haben uns gefragt, ob wir das Raumprogramm in Hinblick auf die Funktionen oder auf die unterschiedlichen temporären Nutzungen ausrichten sollen, ob es vielleicht einen gemeinsamen Schlafsaal geben soll, oder ob Schlafmöglichkeiten nach unterschiedlichen Kriterien geschossweise getrennt angeordnet werden sollen. Nachdem an diesem Ort aber insgesamt eine Community entstehen soll, haben wir das verworfen und das Raumprogramm auf maximale Durchlässigkeit und damit auf maximale Möglichkeiten eines „Miteinanders" ausgelegt.

Wir konnten dabei auf die Erfahrungen von „VinziRastmittendrin" zurückgreifen, einem Projekt, dass wir 2013 in einem Bestandsgebäude mitten in der Stadt Wien umgesetzt haben (Abb. 1). Dort wohnen jetzt seit sechs Jahren Studierende und ehemals obdachlose Menschen zusammen. Diese Tatsache allein nimmt der Information, dass nebenan Obdachlose in die Nachbarschaft einziehen wollen, anscheinend schon einiges an Bedrohlichkeit. Die Behausung von sozialen Randgruppen, die kein Anrainer bzw. keine Anrainerin neben sich haben will, wird einfacher, wenn man sie mit anderen sozialen Gruppen, die als nicht ganz so gefährlich gelten, kombiniert. Die „VinziRast" ist ein Hybrid in allen Belangen, hinsichtlich Bewohnerschaft, Altersstruktur, Nutzungen. Es hat neben Werkstätten (Abb. 3–5), einem Restaurant im Erdgeschoss und einem für externe Nutzungen offenen Dachgeschoss drei Wohngeschosse, mit jeweils drei Wohngemeinschaften mit zwei oder drei Einzelzimmern, einem Bad und einer kleinen Küche. Wir haben die Wohngemeinschaften gemischt, obwohl wir auch hier zuerst überlegt haben, ob wir Studierende und obdachlose Menschen nach Stockwerken oder WGs trennen sollen. Aber jetzt gibt es komplett durchmischte WGs, und das Projekt funktioniert sehr gut. Wenn es vom Raumprogramm ermöglicht wird, ist es nach ein paar Monaten vollkommen egal, ob man gerade studiert oder mal wohnungslos war: Es geht dann nur noch darum, ob man einander mag oder nicht. Ich denke, dafür können wir Weichen stellen, und dafür ist also auch die Architektur zuständig.

The call for affordable housing for all, which is actually long-standing but has meanwhile become urgently topical, seems more and more unattainable. Increasingly, adequate housing is becoming a luxury good that people living under precarious conditions cannot afford. Although the precariat is no longer exclusively tied to a certain sociocultural class but can be found at nearly all social strata, we lack the political initiative to support alternative lifestyles or spatial habit(at)s that address the shortage in a productive way. GAM met with three architects for whom the sociopolitical aspect of housing is central to their design work. In this interview, **Alexander Hagner (AH)**, **Andreas Lichtblau (AL)**, and **Manfred Omahna (MO)** discuss how sociopolitical thinking can be implemented in architecture.

**GAM**: Alexander, you hold the Foundation Chair for Social Building in the Faculty of Architecture at the Kärnten University of Applied Sciences, and your office, *gaupenraub+/-*, has worked on a number of housing projects for the homeless, for example, the "Vinzi-Dorf" and the "VinziRast." How did you end up working on these unconventional architectural tasks and what is particularly important to you when developing social projects?

AH: Wolfgang Pucher, the priest and founder of the Vinzenz-gemeinschaft Graz-Eggenberg, brought the idea of the "Vinzi-Dorf" in Graz, a facility with barrier-free housing for the homeless, to Vienna in 2002. I read about it and asked him whether he could use an architect. He answered that he needed everyone. Since then we have been working together on the theme "Architecture and Shortage." When you work with the disadvantaged or with people in precarious situations, you have to do more if you take the people using the spaces seriously. Unfortunately, in most social projects, only leftovers are invested: money or property, basically anything left over. Because of the economic predicament, for most people a social project means: less, cheaper, lower, poorer! For us, however, this is no solution, because we are convinced that ugliness generates ugliness in a way. So if we continue to work and build in this way, then we are creating a stigma for the next thirty years or more. When I build for marginalized groups, for stigmatized people, or for people living under precarious conditions, I cannot also build a threshold or a wall that will reinforce social inequality or exclusion. If I want to do it right, then I have to be thinking about commonalities, about a "we," not about "the others."

For us, it is essential that we be able to help develop the space allocation program so that we can make a design proposal that will benefit the users, that is to say, people who are homeless or simply have no money to afford an apartment. That is the target audience of our current project, "VinziRast am Land," for example. We want to open this project to everyone, that is, also to full-time caregivers who live and work there permanently, to volunteers, workshop organizers, seminar attendees, and even short-term visitors. Another crucial criterion here is that the users stay for different lengths of time. There are people who stay for just one day, an hour, a week, a month, or a year—or ten years. We asked ourselves whether we should base the space allocation plan on functions or on different temporary uses, whether there should perhaps be a communal dormitory, or whether the sleeping options should be arranged on separate floors based on various criteria. But because this location as a whole was intended to become a community, we threw all that out and designed the space allocation problem to maximize permeability and hence also to maximize the opportunities for "togetherness."

We were able to fall back on our experiences from "VinziRast-mittendrin," a project that we realized in an existing building right in the middle of Vienna in 2013 (fig. 1). Students and former homeless have been living there for six years now. That fact alone seems to take away some of the fear that comes with the knowledge that homeless people will be moving into the neighborhood, right next door. Housing marginal social groups of people that no neighbor wants to have next door becomes easier when they are combined with other social groups who are not considered quite so dangerous. The "VinziRast" is a hybrid in all respects with regard to residents, age distribution, and utilizations. In addition to workshops (figs. 3–5), a restaurant on the ground floor and a top floor that is available for use by nonresidents, there are three residential floors, each with three shared apartments composed of two or three single rooms, a bathroom, and a small kitchen. We mixed the shared apartments, even though we, too, first considered whether we should separate the students and the homeless by floor or unit. But now the shared apartments are completely mixed, and the project functions very well. When the space allocation program permits it, after a few months it makes no difference whether you are studying or used to be homeless: all that matters is whether people like each other or not. I think that we can point things in that direction, and the architecture is also responsible for this.

**GAM**: Andreas, the Institute of Housing (i_w) at Graz University of Technology, of which you are director, addresses similar themes. You offer courses dedicated to temporary and precarious housing. How do students respond to being made sensitive to these themes, which are hardly likely to land on the pages of the glossy architecture magazines?

2

Dachatelier von „VinziRast-mittendrin" als gemeinschaftlicher Treffpunkt | Rooftop of "VinziRast-mittendrin" as a communal space © Alexander Hagner

AL: The designs that students have produced in recent years in the context of the semester themes *wohnen_temporär* (housing_temporary) and *wohnen_prekär* (housing_precarious) show that they respond to this theme with great intensity and interest. Thanks to their own observations and experiences, they are in a position to perceive very precisely the differences between what happens in the reality of housing construction today and the social challenges they face. Questions about the public debate over the increase of a new precariat, over the elderly living in poverty, those needing nursing care, young people who are unable to find permanent jobs with benefits, are no longer being addressed by the production of architecture today. Currently, primarily market-oriented and designed-focused trends dominate.

At i_w, we are working with the students and in conversation with the user groups affected to develop new typologies, new forms of housing that go beyond the existing stereotypical typologies for floor plans. The discussion within the university is also brought to the outside world and expanded in the process, in that we integrate people from other areas of the production of architecture, such as developers, the representatives of the state [of Styria], or the City of Graz.

In 2017, we announced the Herbert Eichholzer Prize for students at the Faculty of Architecture in Graz, with the theme "When or how can architecture can be political?"—and we got outstanding, impressive results. The prizewinners were presented in the plenary hall of the Senate of the City of Graz in a dramatic reading by the jury members in order to give the issue a suitable political framework.

One of the prizewinners further dramatized the theme of her master's thesis—a symbiosis between the increased difficulty of access to community housing for people from outside of Graz, whether from southern Europe or northern Styria, on the one hand, and the problem of the vacancy rate in Graz, on the other hand—by spending a week living in a vacant storefront. The store window of a former store became not only a setting for private life, but also the site of a symposium on vacancy, a kitchen where people cooked and ate together, and finally the location of the oral exam for her master's degree. This store on the ground floor was converted into a contemporary living space for a week, thereby activating and redefining not only the interior space but also the street space on Annenstraße. This action fundamentally questioned the legal definition of what an apartment is not allowed to be and at the same time provided a hint of how those framing conditions should be changed (figs. 6–8).

GAM: In order to think about and implement such new spatial structures of temporary and precarious housing, what role was played by the dimension of programming, that is to say, integrating architects into the conceptual process early on, which Alexander already mentioned?

AL: People underestimate the effectiveness of the texts announcing a competition: these texts are written by lawyers, economics scholars, or project developers. In this essential phase of programming architecture, we are no longer represented at all in our function as architects. It is important that architecture and related disciplines, such as sociology and cultural anthropology, are integrated into this discussion. I like to speak of our function as social general planners, since competition announcements are significantly more than a pure business or legal procedure to set a competition in motion. It is necessary to extend the purely technically quantifiable values—which are stipulated in building codes and standards and are demanded in competitions—and to include social aspects. That could mean that, for example, the results of the relationships of building size or the findings of segregation research on social groups in certain neighborhoods could be required already in the run-up to planning in a development plan or in the state building code as an integral component of the task for a competition or as the basis for planning. This ensures the quality of planning, and it also ensures that the communes once again have authority over the themes concerning building projects run by private investors.

GAM: Manfred, you studied cultural anthropology and architecture, and today you and your firm called kontextual are dedicated to interdisciplinary consulting on the process of construction projects, and in that context you are often entrusted with studying social milieus. How do you perceive this space of interdisciplinary tension?

MO: In 2001, a research group formed around Elisabeth Katschnig-Fasch, who taught cultural studies in Graz, that launched a project based on Bourdieu's study *The Weight of the World* (originally published as *La Misère du monde*). We spent a lot of time talking to people in housing developments in precarious neighborhoods—people who only earned just enough to get by; it was important to us that they have their say. That resulted in our book *Das ganz alltägliche Elend* (This Quite Ordinary Misery).[1] The study was intended to illustrate that it is not just about the 1.5 or 2 percent of the population actually living under the poverty line as defined by our society,

1    Elisabeth Katschnig-Fasch, ed., *Das ganz alltägliche Elend: Begegnungen im Schatten des Neoliberalismus* (Vienna, 2003).

**GAM**: Andreas, am Institut für Wohnbau (i_w) an der TU Graz, das du leitest, geht es um ähnliche Themen. Du bietest Lehrveranstaltungen an, die sich dem temporären und prekären Wohnen widmen. Wie reagieren die Studierenden auf die Sensibilisierung für diese Thematik, die es kaum auf die Seiten von Architektur-Hochglanzmagazinen bringen wird?

**AL**: Die Entwürfe der Studierenden, die in den letzten Jahren im Rahmen der Semesterthemen *wohnen_temporär* oder *wohnen_prekär* erarbeitet wurden, zeigen, dass sie auf dieses Thema sehr intensiv und interessiert reagieren. Sie sind durch ihre eigenen Beobachtungen und Erfahrungen in der Lage, die Differenzen zwischen dem, was in der aktuellen Wohnbauwirklichkeit passiert, und dem, was an gesellschaftlichen Herausforderungen auf sie zukommt, sehr präzise wahrzunehmen. Fragen zur öffentlich geführten Debatte über die Zunahme eines neuen Prekariats, über jene, die in Altersarmut leben, Pflegefälle, junge Menschen, die keine dauerhaften, sozial abgesicherten Jobs mehr finden, werden in der Architekturproduktion aktuell nicht mehr beantwortet. Derzeit dominieren primär marktorientierte oder designfokussierte Tendenzen.

Am i_w entwickeln wir gemeinsam mit den Studierenden und im Gespräch mit den betroffenen NutzerInnengruppen neue Typologien, neue Formen des Wohnens, die über die bestehenden stereotypen Grundrisstypologien hinausgehen. Die universitäre Diskussion wird auch nach außen getragen und dadurch erweitert, dass wir Persönlichkeiten aus anderen Bereichen der Architekturproduktion, BauträgerInnen, oder VertreterInnen des Landes oder der Stadt Graz einbinden.

2017 haben wir am Institut für Wohnbau den Herbert Eichholzer Preis für Studierende der Grazer Architekturfakultät ausgeschrieben, mit dem Thema, „Wann oder wie kann Architektur politisch sein?", und haben dort ganz hervorragende, beeindruckende Ergebnisse bekommen. Die PreisträgerInnen wurden im Grazer Stadtsenatssaal in Form einer szenischen Lesung durch die JurorInnen präsentiert, um dem Thema auch einen entsprechenden politischen Rahmen zu geben.

Eine Preisträgerin hat ihr Thema, eine Symbiose zwischen der erschwerten Zugänglichkeit zu Gemeindewohnungen für Leute, die von außerhalb von Graz kommen – sei es aus dem Süden Europas oder aus dem Norden der Steiermark – einerseits, und der Leerstandsproblematik in Graz andererseits, in ihrer Diplomarbeit nochmals theatralisch überhöht, indem sie eine Woche in einem leerstehenden Geschäftslokal gewohnt hat. So wurde das Schaufenster eines ehemaligen Geschäftslokals in der Grazer Annenstraße nicht nur zu einem Schauplatz des privaten Lebens, sondern auch zum Ort eines Symposiums über Leerstand, zu einer Küche, in der gemeinsam gekocht und gegessen wurde, und schließlich wurde dort auch ihre Masterprüfung abgehalten. Dieses Geschäftslokal im Erdgeschoss wurde für eine Woche in einen zeitgemäßen Lebensraum konvertiert, und dabei wurde nicht nur der Innenraum, sondern auch der Straßenraum der Annenstraße aktiviert und neu definiert. Die

rechtliche Festschreibung von dem, was eine Wohnung nicht sein darf, wurde grundlegend infrage gestellt, und zugleich ein Hinweis darauf geliefert, wie diese Rahmenbedingungen verändert werden sollten (Abb. 6–8).

**GAM**: Um diese neuen Raumstrukturen des temporären und prekären Wohnens zu denken und zu realisieren, welche Rolle spielt dabei die bereits von Alexander angesprochene Dimension der Programmatik, also der frühzeitigen Einbindung von ArchitektInnen in den Konzeptionsprozess?

**AL**: Man unterschätzt die Wirkungsmächtigkeit von Ausschreibungstexten, die einem Wettbewerb zugrunde gelegt werden: Diese Texte werden von JuristInnen oder von WirtschaftswissenschaftlerInnen oder von ProjektentwicklerInnen gemacht. In dieser essenziellen Phase der Programmierung von Architektur sind wir in unserer Funktion als ArchitektInnen gar nicht mehr vertreten. Es ist wichtig, dass Architektur und verwandte Disziplinen wie Soziologie und Kulturanthropologie wieder in diese Diskussion eingebunden werden. Ich spreche gerne von unserer Funktion als soziale GeneralplanerInnen, denn Ausschreibungen sind bedeutend mehr als ein rein betriebswirtschaftliches oder juristisches Prozedere, um einen Wettbewerb in Gang zu bringen. Es ist notwendig, dass man die rein technisch quantifizierbaren Größen, die in der Bauordnung und den Normen festgeschrieben sind, und die in Wettbewerben abgefragt werden, um soziale Aspekte erweitert. Das könnte heißen, dass zum Beispiel die Ergebnisse von raumsoziologischen Studien über soziale und funktionale Zusammensetzung oder die Größenrelationen von Gebäuden, oder Befunde der Segregationsforschung über soziale Gruppierungen in gewissen Stadtteilen schon im Vorfeld einer Planung in einem Bebauungsplan oder im Landesbaugesetz als integraler Bestandteil einer Wettbewerbsaufgabe oder als Planungsgrundlage eingefordert werden. Damit sichert man die Planungsqualität, damit sichern sich die Kommunen auch wieder die Themenhoheit über das von privaten InvestorInnen gelenkte Baugeschehen.

**GAM**: Manfred, du hast Kulturanthropologie und Architektur studiert, widmest dich heute mit deinem Büro kontextual der interdisziplinären Prozessbegleitung von Bauvorhaben und wirst dabei oft mit der Erforschung sozialer Milieus betraut. Wie nimmst du dieses interdisziplinäre Spannungsfeld wahr?

**MO**: Im Jahr 2001 hat sich rund um die Grazer Kulturwissenschaftlerin Elisabeth Katschnig-Fasch eine Forschergruppe zusammengetan, die ein Projekt ins Leben gerufen hat, das an die Studie von Bourdieu, „Das Elend der Welt", angelehnt war. Wir haben uns lange mit Menschen aus Wohnsiedlungen in prekären

3

Werkstatträume von „VinziRast-mittendrin" | Workshop space of "VinziRast-mittendrin" © Kurt Kuball

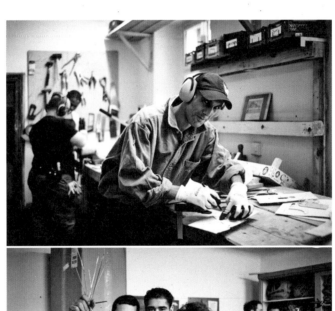

4–5

Gemeinsames Schaffen in den Werkstatträumen von „VinziRast-mittendrin" |
Collaborative activity in the workshop space of "VinziRast-mittendrin"
© Aleksandra Pawloff

but that in the meanwhile precarious living conditions mean that this misery has attained a level of ordinariness that affects many more people. Everyone is aware of situations in which they themselves are pushed to the edge in this way. At the time, I was already interested in the question of whether such precarious urban spaces also lead to precarious distributions of tasks, and above all whether there are not perhaps structural mechanisms that systematically or intentionally, so to speak, push people to the sidelines.

One result of this study was that in our culture of self-assertion there is scarcely any sensorium for the individual available.[2] I don't mean abstract diagnoses or distanced analyses, but rather an understanding, qualitative approach in which the people concerned also have an opportunity to speak. Individual experiences, above all experiences of failure in situations involving social upheaval, are rarely subjects for empirical research; and when they are, they are often interpreted as an unquestioned given, as a deficit that those affected have to overcome themselves. Researchers often ignore the social structures that have an influence in the background.[3]

**GAM**: How can we as architects work to break down or change these social and spatial structures of failure in or for society?

**AL**: One fundamental issue in our day and age, one basic demand, is questioning these "one-to-one" descriptions, this functionalism, these clear allocations of the spaces in which we live and to which we have become accustomed. Our biographies, after all, are no longer unambiguous and linear as they were still perhaps for the generation of our parents: after the Second World War, we grew up with an incredibly linear perspective of social development, having faith in constant growth and personal development in lifecycles that had been prescribed by society and were never questioned. That is reflected in architecture: the residential architecture of recent decades has developed a very homogenous typology that reflects a certain form of social life, namely, the nuclear family. This ideal picture of society has more or less broken down, but the corresponding typologies of floor plans remain.

These standard floor plans, which we know from housing construction in particular, are no longer found in school buildings, for example; and in office buildings, too, there is a movement toward questioning the specific spatial categories, the proportions and allocations of space, of the floor plan and of the shaping of space. These ways of shaping space need to be questioned in residential architecture, just as they already are in architecture for schools and offices, because that is in keeping

with our times. This development is heralded in the fragmented biographies of the present, but residential architecture has not responded to these developments in lifecycles at all, to these changed and nonlinear biographies, and that should make us think! We have to change that.

**GAM**: Manfred, I am familiar with your thesis that you recognize people's ability to adapt precisely to the rifts in the paths their lives have taken. How can one build for people who start out from so many different positions and milieus in a way that is focused on use but still functions in a crisis, in a rift in their personal histories?

**MO**: It requires a lot of work, but you have to establish contact with the people and record their biographies. New models for housing can result from looking at former living concepts. Based on these real experiences, we can allow ourselves to be inspired by architecture in the future. For me, these biographies of former housing situations already read like competition announcements. I have heard many unusual stories, for example, the case of a young man who grew up in a tavern that belonged to his grandparents; the grandfather lived on the second floor with his second wife; the grandmother on the third floor with her second husband; the mother lived there as well, and her brother, too. This patchwork social situation translated spatially into a cluster housing model, of the sort that is being strongly advocated in Switzerland now. So when there are real experiences of the relationship to our social environment and a changed approach to our most intimate private space, then relationships can also be realized in new architectural designs. But the developers and the politicians still always say: "Yes, but people want these standard floor plans, and they work, so how are you going to change them?"

**AL**: Right now, there is indeed an incredible monoculture of residential floor plans and configurations: the consitution of a Smart City is limited to quantifiable factors, such as low energy or the availability of public transportation. However, the social questions are being completely ignored, because all of the developers and all of the housing cooperatives are just reeling off their own program, for economic reasons, because, as I said, there are no legal requirements for the field of the sociology of space analogous to those for insulation or sound proofing—neither on the large scale of urban space nor on the small one of "residential" buildings or interior floor plans.

2   See Manfred Omahna, "In welcher Gesellschaft leben wir?," in *Vom Arbeiten, Aufgeben und Ankommen zu gesellschaftlichen Umbrüchen in städtischen und ländlichen Räumen; Ein Buch für Elisabeth Katschnig-Fasch, Manfred Omahna et al.*

3   See ibid.

Gegenden unterhalten, Menschen, die nur so viel verdienen, dass es sich gerade ausgeht; es war uns wichtig, dass sie selbst zu Wort kommen. Daraus ist unser Buch *Das ganz alltägliche Elend* entstanden.[1] Die Studie soll vor Augen führen, dass es nicht immer um jene 1,5 Prozent oder 2 Prozent der Bevölkerung geht, die wirklich an der von unserer Gesellschaft definierten Armutsgrenze leben, sondern dass dieses Elend durch prekäre Lebenssituationen mittlerweile eine Alltäglichkeit erreicht hat, und weitaus mehr Menschen betrifft. Jeder kennt Situationen, in denen man selbst so an den Rand gedrängt ist. Mich hat damals schon die Frage interessiert, ob eben prekäre Stadträume auch prekäre Auftragserteilungen mit sich ziehen, und vor allem, ob nicht strukturelle Mechanismen bestehen, die die Menschen sozusagen systematisch oder absichtlich ins Abseits drängen.

Ein Ergebnis der Studie war, dass in unserer Kultur der Selbstbehauptung kaum ein Sensorium für den einzelnen Menschen verfügbar ist.[2] Dabei geht es nicht um abstrakte Diagnosen oder distanzierte Analysen, sondern um einen verstehenden, qualitativen Zugang, bei dem die Menschen, um die es geht, auch zu Wort kommen. Individuelle Erfahrungen, vor allem Erfahrungen des Scheiterns im Zuge gesellschaftlicher Umbruchssituationen, sind selten Thema empirischer Forschungen, und dort, wo sie Thema sind, werden sie häufig als fraglose Gegebenheit, als Defizit, das von den Betroffenen selbst bewältigt werden muss, interpretiert. Die Nennung gesellschaftlicher Strukturen, die im Hintergrund beeinflussend wirken, bleibt häufig ausgespart.[3]

**GAM:** Wie können wir als ArchitektInnen daran arbeiten, diese sozialen und räumlichen Strukturen des Scheiterns in oder an der Gesellschaft aufzubrechen und zu verändern?

**AL:** Eine grundsätzliche Frage, eine fundamentale Anforderung unserer Zeit ist, diese „ein-eindeutigen" Beschreibungen, diesen Funktionalismus, diese eindeutigen Raumzuordnungen, in denen wir wohnen und die wir gewohnt sind, zu hinterfragen. Unsere Biografien sind ja auch nicht mehr eindeutig und linear, so wie es vielleicht bei unserer Elterngeneration noch war: Nach dem Zweiten Weltkrieg sind wir aufgewachsen mit einer unglaublich linearen Perspektive einer Gesellschaftsentwicklung im Glauben an ständiges Wachstum, und einer persönlichen Entwicklung in gesellschaftlich vorgezeichneten Lebenszyklen, die nie infrage gestellt worden sind. Das bildet sich in der Architektur ab: Im Wohnbau hat sich in den letzten Jahrzehnten eine sehr homogene Typologie entwickelt, die eine bestimmte Form gesellschaftlichen Lebens abbildete: die Kleinfamilie. Dieses gesellschaftliche Idealbild hat sich mehr oder weniger aufgelöst, die Grundrisstypologien sind geblieben.

Diese Standard-Grundrisse, die wir gerade im Wohnbau kennen, gibt es z.B. in den Schulbauten nicht mehr, und auch in Bürogebäuden gibt es eine Bewegung hin zum Hinterfragen der einzelnen Raumkategorien, Raumproportionen, Raumzuordnungen, im Grundriss und in der Raumbildung. Eben diese

Raumbildungen müssen vor allem auch im Wohnbau genauso hinterfragt werden, wie es im Schulbau und im Bürobau üblich geworden ist, weil das unserer Zeit entspricht. Die Entwicklung kündigt sich in den brüchigen Biografien der Gegenwart an, aber im Wohnbau wird überhaupt nicht auf diese Entwicklungen der Lebenszyklen reagiert, auf diese veränderten, unlinearen Biografien, und das sollte uns zu denken geben! Das müssten wir ändern.

**GAM:** Manfred, die These, dass sich gerade in den Brüchen in den Lebensläufen der Menschen ihre Anpassungsleistung zeigt, kenne ich auch von dir. Wie kann man für Menschen aus verschiedensten Ausgangspositionen und Milieus so nutzungsnah bauen, dass es auch in einer Krise, einem Bruch in der persönlichen Geschichte Bestand haben kann?

**MO:** Es ist aufwendig, aber man muss Kontakt zu den Menschen herstellen und ihre Biografien aufzeichnen. Neue Wohnmodelle können entstehen, indem man sich vergangene Lebenskonzepte anschaut. Von diesen realen Erlebnissen sollten wir uns in Zukunft in der Architektur inspirieren lassen. Für mich lesen sich diese Wohnbiografien bereits wie Ausschreibungstexte. Ich habe viele ungewöhnliche Geschichten gehört, zum Beispiel, wo ein Junge in einem Gasthaus aufgewachsen ist, das seinen Großeltern gehörte; der Großvater hat im ersten Stock mit seiner zweiten Frau zusammengelebt, die Großmutter im zweiten Stock mit ihrem zweiten Mann. Und auch die Mutter hat dort gewohnt und auch der Bruder. Diese soziale Patchwork-Situation hat sich räumlich in ein Cluster-Wohnmodell übersetzt, so wie es aktuell in der Schweiz groß propagiert wird. Wenn es also reale Erlebnisse über das Verhältnis zu unserer sozialen Umgebung gibt und einen veränderten Umgang zu unseren intimsten privaten Räumen, so sind solche Verhältnisse auch in neuen architektonischen Entwürfen realisierbar. Aber die WohnbauträgerInnen und die politisch Verantwortlichen sagen noch immer: „Ja, die Leute wollen doch diese Standardgrundrisse, die funktionieren ja, wieso soll man daran etwas ändern?"

**AL:** Es gibt derzeit tatsächlich eine unglaubliche Monokultur der Wohnungsgrundrisse und der Wohnungskonfigurationen; das, was etwa eine Smart City ausmacht, beschränkt sich auf die quantifizierbaren Größen, wie Niedrigenergie oder Erreichbarkeiten von öffentlichem Verkehr, aber die sozialen Fragen werden vollkommen vernachlässigt, weil natürlich jede/r

1   Katschnig-Fasch, Elisabeth (Hg.): *Das ganz alltägliche Elend. Begegnungen im Schatten des Neoliberalismus*, Wien 2003.

2   Vgl. Omahna, Manfred: „In welcher Gesellschaft leben wir?", in: Omahna, Manfred/Rolshoven, Johanna (Hg.): *Ver-Arbeiten. Aufsätze und Skizzen zu gesellschaftlichen Umbrüchen in städtischen und ländlichen Räumen. Ein Buch für Elisabeth Katschnig-Fasch*, Marburg 2014, 13.

3   Vgl. ebd.

6

(6–8) Im Rahmen des Diplomprojektes von Karina Brünner am Institut für Wohnbau (i_w) der TU Graz wurde ein Geschäftslokal in der Grazer Annenstraße in einen zeitgemäßen Lebensraum konvertiert und der Straßenraum neu definiert. | Karina Brünner's master project developed at the Institute of Housing at TU Graz converted a former shop located on Annenstraße into a contemporary living space, thereby redefining the street space. © Konstantin Knauder, i_w

BauträgerIn und jede Genossenschaft aus marktwirtschaftlichen Gründen genau nur das eigene Programm abspult, und weil es, wie gesagt, analog zu Wärmedurchgang oder Schallschutzqualifikation keine gesetzlichen Bestimmungen für den Bereich der Raumsoziologie gibt – weder im großen Betrachtungsmaßstab des urbanen Raumes noch im kleinen der „Wohn"-Gebäude oder Binnengrundrisse.

GAM: Was könnte man mit einer „Gleichberechtigung" von bauwirtschaftlichen und soziologischen Regularien erreichen?

MO: Eine Gleichberechtigung wäre wichtig, damit man wieder epistemisch planen kann; dass man eine Bauaufgabe aus den Gegebenheiten und Ressourcen entwickelt, die vor Ort da sind. Man reagiert ja auch auf das bauliche Umfeld, aber dass man im Vorfeld auch analysieren muss, welche Infrastruktur da ist, oder welcher Arbeit die Menschen vor Ort nachgehen, darauf wird meist vergessen und dafür fehlt das Verständnis. Es ist aber auch schwierig, weil es in einer Sozialraumanalyse keine harten Zahlen gibt, sondern vieles auf Erfahrungswerten basiert. Man kann einen Ort aber nicht nur quantitativ erfassen, sondern muss ihn auch qualitativ erschließen.

AH: Ich würde gerne ein Institut gründen, an dem erforscht wird, wie Architektur die Soziabilität zwischen Menschen fördern kann. Wenn wir Räume schaffen, also bauliche Hardware, die ein soziales Miteinander der Menschen fördert, dann sind wir dort, wo ich hinmöchte. Das ist einer der wichtigsten Faktoren im Leben. Es gibt Räume, in denen Menschen schlechter oder besser „miteinander" leben. Ich rede über den urbanen Raum, ich rede über den Gebäuderaum, und über den Raum dazwischen. Wir müssen solche Raumbildungen in der Architektur wieder in den Vordergrund stellen und sie auch gezielt lehren.

GAM: Nun ist ja gerade im geförderten Wohnbau der technische Standard schon so hoch, dass viele der Meinung sind, dass dieser Standard zu Kosten der Leistbarkeit der Wohnung geht. Wie könnte man all diese Forderungen gerecht austarieren?

AL: Ich glaube, dass wir die Standards so nicht halten können, wie wir sie haben. Es ist paradox, dass die Zunahme dieser isolierten, schall- und brandgeschützten Klein- und Kleinstwohnungen aktuell im Trend liegt. Sie sind ein wunderbares Geschäftsmodell, das für viele Private lukrativ ist, während die Stadtplanung gleichzeitig Angst vor dieser Monokultur bekommt. Andererseits gibt es natürlich auch eine deckungsgleiche Erwartungshaltung jener Leute, die sich diese Isolation wünschen und den Kontakt zu NachbarInnen scheuen.

AH: Der fehlende Konsens fördert Isolation, der Brandschutz fördert Isolation, der Schallschutz, diese ganzen Richtlinien. Wenn wir glauben und davon überzeugt sind, dass eine

Community, eine gemeinschaftliche Dimension, auch in Zukunft ein wichtiges Thema bleiben wird, dann muss man genau darüber nachdenken. Was haben wir für Möglichkeiten im baulichen Setting, um das Soziale dem Technischen zumindest anzugleichen, um nicht irgendwann den Empathieverlust soweit auszudehnen, bis all diese Dinge passieren, die sich jetzt gerade mitten in unserer Gesellschaft vorbereiten, diese zunehmende Verständnislosigkeit und Skepsis gegenüber Andersdenkenden, Andersgläubigen, dem Anderen schlechthin.

AL: Ich denke, je schlechter es den Leuten geht, je weniger Geld die Leute haben, desto wichtiger wird diese Gemeinschaftsbildung, um sich miteinander auszutauschen. Es wäre sehr wichtig, diese Tendenz zu stärken, die Kommunikation und die Leute zu stärken, indem man zusätzliche Angebote an Kommunikationsräumen anbietet, über Balkone und Erschließungswege, oder über gemeinschaftlich genutzte Räume. Auch die Leistbarkeit kann man nicht weiter über die ständige Minimierung der Wohnfläche aufrechterhalten, sondern nur über ein zusätzliches Angebot an Raum, den man sich teilt. Aber Gemeinschaftsräume sind am Wohnungsmarkt gar nicht erwünscht, bzw. mit dem Stigma belegt, dass sie nur zusätzliches Geld kosten und nichts bringen würden. Ich sehe darin einen unglaublichen Zynismus. Der soziale Wert wird von jenen, die die Ware Wohnung schaffen wollen, einfach weggeredet und wegargumentiert.

GAM: Manchmal ist man ja ganz froh, wenn man abends die Tür hinter sich zu machen kann. Wie sind Raumensembles ausgebildet, die eine Balance zwischen Individuum und Gemeinschaft halten und fördern?

AH: Eine gute Hardware berücksichtigt beide Aspekte: die Sehnsucht nach Rückzug und die Möglichkeit bzw. das Angebot zur Gemeinschaft. Man braucht größere Räume und kleinere Räume, denn in jenen Bereichen, in denen Konflikte, Spannungen oder Beziehungen entstehen, brauche ich mehr Offenheit und viel Platz, und jene Bereiche, in die ich mich zurückziehen will, können schneckenhaus- oder höhlenartig sein. Ich kann einem Menschen neun Quadratmeter zum Wohnen zumuten, wenn der Außenraum stimmt, und wenn die Gemeinschaftsräume stimmen: Das ist ja auch die Idee von gemeinschaftlichem Wohnen: über die Gemeinschaft kann ich Benefits haben, die ich als einzelne Person nie haben könnte. Nicht nur als Kompensation, sondern als Vorteil.

GAM: Was wären Spezifika eines erweiterten Wohnraums, für Außenräume oder für Gemeinschaftsräume?

AH: Bei unseren Sozialprojekten achten wir darauf, dass es im Erschließungsbereich keine engen Passagen gibt, sondern offene Gänge. In Problemsituationen neigen Menschen dazu, auf Drogen zurückzugreifen, und überall, wo Drogen im Spiel sind, ob sie jetzt weich oder hart sind, kommt es vermehrt zu

**MO**: Equal rights would be important in order to make it possible to plan epistemically again, developing an architectural brief from the local existing conditions and resources. After all, one also responds to the architectural surroundings, but in the run-up it is also necessary to analyze what infrastructure is there or what work the local people do. That is usually forgotten, and understanding of it is lacking. But it is also difficult because in an analysis of social space there are no hard numbers, but it is based largely on values from previous experience. But you cannot just assess a place quantitively; it is also necessary to open it up qualitatively.

**AH**: I would like to found an institute that studies how architecture can foster sociability between people. When we create spaces—that is, architectural hardware—that encourage a social togetherness of people, then we have arrived where I would like to go. That is one of the most important factors in life. There are spaces in which people live "together" better or worse. I am talking about urban space, about building space, and about the space in between. We have to make such formations of space the focus of architecture again and also teach them in a targeted way.

**GAM**: In subsidized housing construction especially, the technical standard is now so high that many believe that this standard is achieved at the cost of the affordability of housing. How can all of these requirements be balanced against one another fairly?

**AL**: I believe that we cannot meet the standards we have now. It is paradoxical that the increase of these isolated, sound- and fire-proofed small and minimal dwellings is trendy right now. They are a wonderful business model that is lucrative for many private companies, while at the same time urban planners fear this monoculture. On the other hand, of course, there is a corresponding expectation from those who want this isolation and wish to avoid contact with neighbors.

**AH**: The consensus increases isolation; fire safety increases isolation; soundproofing, all of these guidelines … If we believe, and are truly convinced, that a community, a communal dimension, will remain an important theme in the future as well, then

we have to think about just that. What opportunities do we have in the architectural setting to at least balance the social and the technical so that the loss of empathy will not spread to the point where all of these things happen that are gearing up right now at the center of our society, this increasing lack of understanding and skepticism about people who think differently, believe differently, who are simply different.

**AL**: I think that the worse off people are, the less money they have, the more important this community building becomes in order to engage in exchange with one other. It would be very important to encourage that trend by offering additional kinds of communication spaces: balconies and corridors, but also spaces for communal use. Affordability cannot be achieved by continuing to reduce the minimum standard for living space; there has to be an additional offering of space that is shared. In the housing market, however, communal spaces are not desirable at all, but rather stigmatized for supposedly costing more money without really providing anything. I see incredible cynicism in this. Social value is talked and argued about, only to be dismissed by those creating the commodity of housing.

**GAM**: Sometimes you are happy when you can just close the door behind you at the end of the day. How does one create spatial ensembles that encourage and maintain a balance between the individual and the community?

**AH**: Good hardware takes both aspects into account: the desire to withdraw and the opportunity or offering of community. People need both larger spaces and smaller ones, since in those spaces in which conflicts, tensions, or relationships occur, I need more openness and lots of room, and the places to which I can retreat can be like a shell or cave. An apartment of nine square meters is sufficient when the outdoor space is right, when the communal spaces are right. That is also the idea of communal living: I get benefits from the community that I could never have alone. Not just compensation, but an advantage.

**GAM**: What would be the specific requirements for extended living space, for external spaces, or for communal spaces?

**AH**: In our social projects, we take care that there are no narrow passages in the entry areas but only open corridors. In problematic situations, people tend to fall back on drugs, and wherever drugs come into play, whether they are soft or hard drugs, you will have more situations of conflict. That is why we propose to place all of the access routes outside, because an

7

8

Konfliktsituationen. Deshalb haben wir vorgeschlagen, die komplette Erschließung nach draußen zu legen, weil eine Begegnung im Freien eine ganz andere Begegnung ist als eine in einem Innenraum, womöglich ausgeleuchtet mit irgendwelchen Leuchtstoffröhren. Auf diesen Laubengängen kann man sich, bis auf den Fluchtweg, auch aufhalten, vor den Gemeinschaftsküchen gibt es auch extra Verbreiterungen. Die Gemeinschaftsküchen haben drei Ausgänge bzw. „Fluchtmöglichkeiten". Man weiß, wenn viele zusammenkommen, gibt es eskalierendes Potenzial. Es braucht auch ganz subtile Brücken: Gemeinschaft als Angebot, nicht als Zwang. Aber leider wird das Potenzial der Architekturschaffenden, Räume anzubieten, die soziale Belange fördern oder behindern, von politischen AkteurInnen und EntscheidungsträgerInnen überhaupt nicht mehr erkannt!

**GAM:** Ein Argument, das oft gegen dieses freiwillige Angebot an Gemeinschaftsräumen eingebracht wird, ist, dass sie ohnehin nicht genutzt werden, dass sie dann als verstaubte Lagerräume oder ungeliebte Waschküchen fungieren. Woran fehlt es hier?

**AL:** Wir haben im Rahmen unserer Arbeit am i_w immer wieder diese Forderung formuliert, dass es nicht nur Hausverwaltungen der HausbesitzerInnen geben muss, sondern auch eine soziologische Betreuung der Menschen, die dort wohnen, d.h. Gruppenbetreuung, die Beratung und Unterstützung für BewohnerInnen anbietet, und eben nicht nur quantifizierbare Verwaltungsleistungen. Warum ist es nicht in der Wohnbauförderung verankert, dass es einen fixierten Satz pro Quadratmeter/Wohnung/Jahr für eine soziologische oder psychologische Gruppenbetreuung im positiven Sinn gibt, die die einzelnen Menschen und auch die Gemeinschaft moderiert? Eine solche Anlaufstelle hätte viele Vorteile: Wenn HandwerkerInnen gebraucht werden, wenn Feste organisiert werden, wenn ein Auto gebraucht wird, dann wäre jemand dafür zuständig, konkret als Person, um das zu moderieren. Und wenn es Streit gibt, dann wird das irgendwie auch besprochen.

**AH:** Es ist ein zentraler Hinweis, dass die Hardware allein nicht ausreicht. Wir müssen uns sehr wohl über die Drehbücher zu unseren Räumen Gedanken machen, über eine aktive Betreuung der Menschen, die dort wohnen. Unser wirtschaftliches System und unser ganzes Leben ist immer mehr darauf ausgerichtet, dass Menschen nicht mehr miteinander tun.

Wenn man einen Baum mit einer Zweimannsäge umsägt, dann muss man sich mit dem bzw. der Anderen verständigen. Alleine schaffe ich den Baum mit einer solchen Säge nicht. Aber diese Säge wurde mittlerweile durch die Motorsäge ersetzt, d.h. wir schaffen das Miteinandertun ab, weil Zeit ist Geld. Je weniger Menschen an einem Prozess beteiligt sind, desto günstiger. Wenn alles robotisiert wird, braucht man irgendwann gar keine Menschen mehr, dafür ist es billig. Und daher verlernen die Menschen das miteinander Reden und miteinander in Kontakt

treten, über das fehlende Tun. Vielleicht möchte man mit den NachbarInnen einfach nur tratschen, aber wenn man sich gegenseitig hilft, ist es auch egal, ob er oder sie mir sonderlich sympathisch ist. Dieser Hype um Partizipation ist mir manchmal auch zu viel. Nur an den richtigen Stellen etwas gemeinsam zu machen, ist durchaus sinnvoll.

**GAM:** Ich will jetzt absichtlich nicht von Partizipation sprechen, aber diese Betreuung oder Vermittlung müsste schon während des Planungszeitraumes angelegt werden, oder?

**MO:** Umso mehr sich das gesellschaftliche Leben ausdifferenziert, umso mehr braucht man jemanden, der oder die vermittelt. In meiner Rolle als Kulturanthropologe und Architekt habe ich schon oft erlebt, dass BürgermeisterInnen oder BauträgerInnen überhaupt keine Ahnung von den Menschen haben, die in den geplanten Strukturen wohnen sollen und auch nicht davon, worum es in einer Gemeinde geht. Da kommen ja ganz unterschiedliche Interessen und Ideen zusammen und damit muss kreativ umgegangen werden. Wenn man sich mit ihren tatsächlich bestehenden Bedürfnissen auseinandersetzt, und die Menschen in den Entwurfs- und Bauprozess miteinbezieht, entsteht großes Potenzial, denn sie sind schließlich die ExpertInnen ihres Umgebungsraumes.

**AL:** Wir planen aber aktuell nicht mehr für konkrete Menschen, sondern für InvestorInnen, die diese Wohnungen nur finanzieren, aber nie gesehen haben, und sie eigentlich nur am monatlichen Kontoauszug wahrnehmen. D.h. die Wohnung reduziert sich auf einen digitalen Ausdruck, auf eine digitale Erscheinungsform am Computer, als Gelderzeugungsmaschine. Die Leute, die dort wohnen, haben überhaupt keinen Einfluss mehr in der Diskussion über ihren Wohnraum, und die Größe der InvestorInnenwohnungen wird ja nicht über den Bedarf jener Leute bestimmt, sondern nur über die Frage, wie viel Geld kleine InvestorInnen zusammenkriegen, um so eine AnlegerInnenwohnung zu kaufen. ArchitektInnen zelebrieren den architektonischen Entwurf, stellen aber keine Konnotationen zu den komplexen Notwendigkeiten her, die ein Haus leisten muss.

**AH:** Wir haben es auch uns selbst zuzuschreiben, weil der Architekt bzw. die Architektin jetzt zwanzig Jahre durch die öffentlichkeitswirksamen Medien getrieben wurde, mit schönen Bildern von Theatern, Museen und anderen Prestige-Bauten, die wir zwar gestaltet, inhaltlich aber nicht mitkonzipiert haben. Die Position, die wir in der Außenwahrnehmung haben, ist nicht die der Programmierung. Aber andererseits sind wir auch ExpertInnen auf dem Gebiet der Raumschaffung und wer, wenn nicht wir, muss auf Fehlentwicklungen hinweisen? Wir sind dafür ausgebildet, und wir haben nicht nur hinsichtlich ökologischer und ökonomischer Ressourcenoptimierung eine gesellschaftspolitische Verantwortung.

**GAM:** Ich danke euch für das Gespräch. ∎

240

encounter outdoors is completely different from an indoor encounter, where you might have fluorescent lighting or the like. You can also spend time on these access loggias, even on the fire escape route; and the passageways are widened in front of the communal kitchens. The communal kitchens have three exits or "escape routes." We know that whenever lots of people get together, there is a potential for escalation. Consequently, you also need very subtle bridges: community as an offering, not as an imposition. But, unfortunately, the potential for architects to offer spaces, to encourage or prevent social issues, is no longer recognized by the politicians and decision makers at all!

**GAM**: One argument often made against these voluntary communal spaces is that they don't get used anyway, so that they then function as dusty storerooms or unpopular laundromats. What is missing here?

**AL**: In our work at i_w, we have insisted again and again that there is a need not just for building management by the owners, but also for sociological support for the people living there, offering group support, counseling, and assistance to residents and not just quantifiable administrative services. Why don't the subsidies for housing construction stipulate a fixed rate annually per square meter or per apartment of sociological or psychological group support in a positive sense that moderates the individual residents and also their community? A drop-in center like that would have many advantages: when repairs are needed, when parties are being organized, when someone needs a car, there would be someone, a specific individual, responsible for moderating it. And where there is conflict, that would be discussed somehow as well.

**AH**: It is crucial to point out that hardware alone is not sufficient. We also have to think about the screenplays for our spaces, about actively supporting the people who live there. Our economic system and our entire lives are increasingly based on people having nothing to do with one another.

When sawing down a tree with a two-person saw, you have to come to an agreement with the other person. I can't saw down the tree myself with that kind of saw. But in the meantime, of course, such saws have been replaced by chainsaws, that is, we are getting rid of working together, because time is money. The fewer people involved in a process, the cheaper it is. When robots are doing everything, you won't need people at all, but it will be cheap. And that is why people are forgetting how to talk to one another and contact one another, because they aren't doing it. Perhaps people just want to gossip with

the neighbors, but if they instead help one another, it doesn't matter whether he or she is especially personable. This hype around participation is sometimes too much, even for me. But: doing something together in the right places certainly makes sense.

**GAM**: I am deliberately avoiding talking about participation, but this support or moderating has to be organized during the planning phase already, correct?

**MO**: The more our life as a society diversifies, the more we need a mediator. In my role as cultural anthropologist and architect, I have often found that mayors or developers have absolutely no idea about the people who are supposed to live in the structures they are planning or even what a community is about. Very different interests and ideas are coming together, after all, and you have to approach it creatively. When you address their actual needs, and engage the people in the design and construction process, there is great potential, because, after all, they are the experts when it comes to their surroundings.

**AL**: But today we no longer plan for specific people, only for investors who finance these apartments but have never seen them and only notice how they affect their monthly bank statement. That is to say, housing is reduced to a digital print-out, to a digital manifestation on the computer, a machine to produce money. The people who live there have no influence over the discussion of their living space; and the size of the investment apartments will not determine what those people need, only the opportunity, such as how much money small investors can get together to buy an investment property. Architects celebrate the design, but they do not establish any connotations about the complex necessities that a house has to satisfy.

**AH**: We have to take responsibility for that ourselves, because for the past twenty years architects have been getting publicity in the media from beautiful pictures of theaters, museums, and other prestigious buildings that we have designed but the content of which we have not helped conceive. The position that we occupy in the eyes of outsiders is not program-related. On the other hand, we are also experts when it comes to creating space, and who else will point out the undesirable trends? We have been trained to do so, and we have a sociopolitical responsibility, not just when it comes to optimizing ecological and economic resources.

**GAM**: Thank you for this conversation. ∎

# AutorInnen
## Authors

**Massimo Bricocoli** ist Professor für Stadtplanung und Städtebaupolitik am Institut für Architektur und Stadtforschung am Politecnico di Milano. Seine Forschungsarbeit konzentriert sich u.a. auf urbane Regenerationsprozesse, Wohnungspolitik und die Neuausrichtung ortsbezogener Sozialpolitik. Seit 2016 fungiert er als Beiratsmitglied der Internationalen Bauausstellung Wien zum Thema „Neues Soziales Wohnen".
**Massimo Bricocoli** is full professor of Urban Planning and Policies at the Department of Architecture and Urban Studies at the Politecnico di Milano. His research interests include urban regeneration policies, housing policies and the restructuring of local welfare policies. Since 2016 he has been a member of the International Advisory Board of the *Internationale Bauausstellung Wien* (International Building Exhibition) with its focus on "New Social Housing."

**Gregory Cowan** ist Pädagoge und Stadtforscher mit Sitz in London. Seine beruflichen Wurzeln liegen in der Architekturpraxis, der Lehre, der Nomadologie und im forschungsgeleiteten Stadt- und Straßenentwurf. Seine Dissertation mit dem Titel *Occupying Streets* beschäftigte sich mit der innerstädtischen Straßeninfrastruktur von Bahnhofsarealen und ihrer Revitalisierung. Neben seiner Lehrtätigkeit an den Universitäten in Westminster und Wales arbeitet er auch als Reiseleiter und Musiker.
**Gregory Cowan** is an Australian educator and urbanist, based in London. His background is in architectural practice, teaching, and in nomadology and street design research. His dissertation, which he completed in 2015, is entitled *Occupying Streets* and uses grounded methodology to investigate street design, regeneration in station areas. In addition to lecturing at the Universities of Westminster and of Wales, he is also a city guide and musician.

**Heike Delitz** ist Soziologin und Dozentin am Lehrstuhl für Soziologische Theorie an der Otto-Friedrich-Universität in Bamberg. In ihrer Forschung beschäftigt sie sich zurzeit mit dem Vergleich differenter architektonischer Modi kollektiver Existenz und der Analyse aktueller architektonischer Transformationen von Gesellschaften. Sie ist Autorin von *Bergson-Effekte. Aversionen und Attraktionen im französischen soziologischen Denken* (2015) und von *Gebaute Gesellschaft. Architektur als Medium des Sozialen* (2010).
**Heike Delitz** is a sociologist and lecturer at the Chair of Sociological Theory at the University of Bamberg. Her current research focuses on the comparative analysis of different forms of collective existence and current architectural transformations of societies. She is the author of *Bergson-Effekte. Aversionen und Attraktionen im französischen soziologischen Denken* (2015) and *Gebaute Gesellschaft. Architektur als Medium des Sozialen* (2010).

**Alexander Hagner** ist Mitinhaber des Wiener Architekturbüros gaupenraub+/-. Parallel zu seiner Arbeit im Büro lehrt er an verschiedenen Hochschulen, die längste Zeit davon an der TU Wien. Seit 2016 ist er Professor für Soziales Bauen an der Architekturfakultät der FH Kärnten. Sein vielfach ausgezeichnetes Büro steht mittlerweile für Architektur mit hohen sozialen Anforderungen.
**Alexander Hagner** is co-partner of the Vienna-based office gaupenraub+/-. Parallel to his work as an architect he is also teaching at various universities, most time of it at the TU Wien. In 2016 he was appointed professor for Social Building at Carinthia University of Applied Sciences. His award-winning office has become associated with architectural design that maintains a high level of social awareness.

**Rebekka Hirschberg** absolviert momentan den Master of Advanced Studies für Geschichte und Theorie der Architektur an der ETH Zürich. In ihrer Masterarbeit beschäftigt sie sich mit experimentellen Wohnformen der 1970er Jahre. 2019 war sie als wissenschaftliche Assistentin an der University of Hong Kong tätig. Sie ist Mitbegründerin des Studierenden-Kollektivs wohnlabor und Mitherausgeberin der Publikation *gemeinsam wohnen gestalten* (2019).
**Rebekka Hirschberg** is currently completing her Master of Advanced Studies at the Institute for the History and Theory of Architecture at the ETH Zurich. Her thesis deals with experimental forms of housing in the 1970s. In 2019 she served as a research assistant at the University of Hong Kong. She is also one of the co-founders of the student initiative wohnlabor and co-editor of the publication *gemeinsam wohnen gestalten* (2019).

**Marson Korbi** ist Architekt und Doktorand am Polytechnikum Bari. In seiner Dissertation untersucht er historische und zeitgenössische Formen des gemeinschaftlichen Wohnens von WissensarbeiterInnen. Zu seinen Publikationen zählen: *Camera 47: Abitare come studenti e lavoratori intellettuali nelle case collettive del patrimonio pubblico* (2019) und *Between Rationalization and Political Project: The* Existenzminimum *from Klein and Teige to Today* (2019, gemeinsam mit Andrea Migotto).
**Marson Korbi** is an architect and PhD researcher at the Polytechnic University of Bari. In his research he explores historical and new forms of collective living for different types of knowledge workers. He is the author of *Camera 47: Abitare come studenti e lavoratori intellettuali nelle case collettive del patrimonio pubblico* (2019) and co-author (with Andrea Migotto) of *Between Rationalization and Political Project: The* Existenzminimum *from Klein and Teige to Today* (2019).

**Gesa Königstein** ist Landschaftsarchitektin und Professorin für Gestaltung, Entwerfen und Freiraumplanung an der FH Erfurt. Ihre Arbeits- und Forschungsschwerpunkte sind prozessorientiertes Entwerfen und systemische Entwurfsmethoden im städtebaulich-freiraumplanerischen Kontext.
**Gesa Königstein** is a landscape architect and professor in the fields of design and open space development at the University of Applied Sciences in Erfurt. In her work and research, she focuses on process-oriented planning and systemic design methods in an urban/open space development context.

**Andreas Lichtblau** studierte Architektur an den Technischen Universitäten Wien und Graz und diplomierte im Jahr 1989. Zusammen mit Susanna Wagner leitet er seit 1987 das Büro lichtblau.wagner architekten in Wien. Seit 2011 ist er der Vorstand des Instituts für Wohnbau an der TU Graz.
**Andreas Lichtblau** studied architecture at TU Wien and Graz University of Technology, from which he received his diploma in 1989. Together with Susanna Wagner, he co-directs the office lichtblau.wagner architekten in Vienna. Since 2011, he has been head of the Institute of Housing at Graz University of Technology.

**Christina Linortner** ist Architektin und seit 2013 wissenschaftliche Mitarbeiterin am Institut für Grundlagen der Konstruktion und des Entwerfens der TU Graz. Ihr aktuelles Forschungsinteresse gilt dem Zusammenhang von Architektur und nicht-institutionellen Lernpraktiken. Seit 2014 ist sie im Vorstand der Österreichischen Gesellschaft für Architektur. Gemeinsam mit Gabu Heindl und Michael Klein hat sie den Sammelband *Building Critique. Architecture and its Discontents* (2019) herausgegeben.
**Christina Linortner** is an architect and has been Teaching Fellow and Research Associate at the Institute for Construction and Design Principles at Graz University of Technology since 2013. Her current research focus is on architecture and learning in non-institutional contexts. Since 2014 she has been serving as a board member at the Austrian Society for Architecture. Together with Gabu Heindl and Michael Klein, she co-edited the volume *Building Critique: Architecture and its Discontents* (Spector Books, 2019).

**Karla Mäder** ist leitende Dramaturgin am Schauspielhaus Graz. Neben der alltäglichen dramaturgischen Produktionsbetreuung und Vermittlungsarbeit liegt einer ihrer Tätigkeitsschwerpunkte (gemeinsam mit Intendantin Iris Laufenberg) in der Konzeption des Spielplans und im Nachdenken über die langfristige künstlerisch-strategische Ausrichtung des Theaters, um dieses als attraktiven Identifikationsort zu erhalten.
**Karla Mäder** is chief dramatic advisor at the Schauspielhaus Graz. Next to advising and supporting production processes, she is responsible for the conceptualization of the program (together with artistic director Iris Laufenberg) and the rethinking of the long-term artistic-strategic orientation of

the Schauspielhaus, in order to maintain its role as an attractive place of identification.

**Manfred Omahna** ist Kulturanthropologe und Architekt und leitet seit 2016 das Ingenieurbüro kontextual – Büro für Baukultur. Als Forschender und Lehrbeauftragter an der TU Graz, der KFU Graz und der LMU München beschäftigt er sich mit Wohn- und Regionalentwicklung, Architektur-Anthropologie und qualitativer Feldforschung. Er ist zudem Mitherausgeber der Buchreihe „Cultural Anthropology Meets Architecture", die seit 2014 im Jonas Verlag erscheint.
**Manfred Omahna** is a cultural anthropologist and architect and the director of kontextual—an engineering office established in 2016. In his research and teaching he concentrates on housing and regional development, architectural anthropology and qualitative field research. He is also co-editor of the book series "Cultural Anthropology Meets Architecture" (2014, Jonas Verlag).

**Jakob Öhlinger** studierte Architektur an der TU Graz und RWTH Aachen. Seine Masterarbeit verfasste er zum Thema der politischen Motivation im Wohnbau und seine Wechselwirkung mit dem öffentlichen Raum. Für die Arbeit „Wohnbau und Öffentlichkeit" wurde er 2017 mit dem Herbert Eichholzer Architekturförderungspreis ausgezeichnet. Er ist außerdem Autor des Beitrags „Wohnbau. Politik. Öffentlichkeit" (*Schauraum #6*, 2019).
**Jakob Öhlinger** studied architecture at TU Graz and RWTH Aachen. His master thesis deals with the political motivation in housing and its reciprocal effects with public space. In 2017 he received the Herbert Eichholzer Award for his project "Wohnbau und Öffentlichkeit." He is the author of "Wohnbau. Politik. Öffentlichkeit" published in Schauraum #6 (2019).

**Gennaro Postiglione** ist Architekt und Professor für Innenarchitektur am Politecnico di Milano. In seiner Forschung beschäftigt er sich hauptsächlich mit der Umnutzung von Bestandsgebäuden und Kulturdenkmälern und dem Zusammenhang zwischen kollektivem Gedächtnis, öffentlichem Raum und kultureller Identität. Aktuell arbeitet er zu Wohntypologien in Bezug auf neue Bedürfnisse und Praktiken des Zusammenlebens.
**Gennaro Postiglione** is an architect and full professor in Architecture of Interiors at the Politecnico di Milano. His research focus is mainly on adaptive reuse of minor heritage and on the relationship between collective memory, public space and cultural identity. He has recently been investigating housing typologies in relation to new dwelling behaviors, practices and needs.

**Nikolai Roskamm** ist Autor und Professor für Planungstheorie, Stadtbaugeschichte und Städtebau an der TU Erfurt. Er beschäftigt sich mit Wissensgeschichten des Urbanismus, politischer Theorie und städtischen Aneignungsprozessen. Er ist Autor von *Die unbesetzte Stadt* (Bauwelt-Fundament 158, 2017) und *Dichte. Eine transdisziplinäre Dekonstruktion* (2011). Er gehört zum Redaktions-Kollektiv von sub\urban. *zeitschrift für kritische stadtforschung*.
**Nikolai Roskamm** is a writer and professor of Planning Theory, History of Urbanism and Urban Design at Erfurt University of Applied Sciences. He is the author of *Die unbesetzte Stadt* (Bauwelt-Fundament 158, 2017) and *Dichte. Eine transdisziplinäre Dekonstruktion* (2011). He is also one of the editors of sub\urban. *zeitschrift für kritische stadtforschung*.

**Jomo Ruderer** absolviert aktuell das Masterstudium Architektur an der TU Graz und ist studentischer Mitarbeiter am Institut für Entwerfen im Bestand und Denkmalpflege. In seiner Masterarbeit beschäftigt er sich mit den Qualitäten gemeinschaftlichen Wohnens. Er ist einer der Gründer des Studierenden-Kollektivs wohnlabor, unter dessen Herausgeberschaft auch die Publikation *gemeinsam wohnen gestalten* (2019) entstanden ist.
**Jomo Ruderer** is currently completing his Master's Degree in Architecture at Graz University of Technology and a student assistant at the Institute of Design in Consisting Structure and Architectural Heritage Protection. His thesis explores the qualities of communal housing. He is one of the founders of the student initiative wohnlabor and co-editor of the publication *gemeinsam wohnen gestalten* (2019).

**Stefania Sabatinelli** ist Soziologin und Assoziierte Professorin in Wirtschaftssoziologie am Institut für Architektur und Stadtforschung am Politecnico di Milano, wo sie Sozialpolitik und Stadtsoziologie unterrichtet. Ihre Forschung umfasst die Bereiche Familien- und Pflegepolitik, Maßnahmen der Sozialhilfe sowie Wohnbauprogramme auf lokaler, nationaler und europäischer Ebene.
**Stefania Sabatinelli** is a sociologist and associate professor in Economic Sociology at the Department of Architecture and Urban Studies from the Politecnico di Milano, where she teaches Social Policies and Urban Sociology. Her research mainly focuses on family and care policies, social assistance measures and social services, and housing programs, at the local, national and European scale.

**Philipp Markus Schörkhuber** arbeitet als Architekt in Linz. Sein Studium der Architektur hat er 2012 an der TU Graz mit der Arbeit „Handelnde Räume" abgeschlossen, in der er räumliche Politiken der Normalisierung einer funktionalistischen Analyse unterzog.
**Philipp Markus Schörkhuber** works as an architect in Linz.. In 2012 he completed his studies in Architecture at Graz University of Technology with a thesis themed "Handelnde Räume," in which he analyzed the spatial policies of normalization.

**Fritz Strempel** hat 2019 sein Masterstudium in Architecture and Historic Urban Environment an der Bartlett School of Architecture in London abgeschlossen. Dabei lag sein Schwerpunkt an der Schnittstelle von Urban Studies und politischer Philosophie und der räumlichen Dimension von Gesetzen, Demokratie und zivilen Freiheiten. Derzeit schreibt er an einem Essay mit dem Titel „Smart Cities Without Smart Citizens" für das Strelka Magazin.
**Fritz Strempel** graduated in 2019 from the Bartlett School of Architecture in Architecture and Historic Urban Environment, engaging in theoretical writing along the intersection of urban studies and political philosophy with a focus on the spatiality of law, democracy, and civil liberties. He is currently writing an essay entitled "Smart Cities Without Smart Citizens" for Strelka Magazine.

**Günther Uhlig** ist Architekt und Hochschullehrer, Autor und Architekturtheoretiker sowie Mitherausgeber von *Arch+*. Seine Promotionsschrift „Kollektivmodell Einküchenhaus. Wohnreform und Architekturdebatte zwischen Frauenbewegung und Funktionalismus" wurde zum vielzitierten Standardwerk. Neben seinem Büro für Stadtforschung, Planung und Architektur hatte Uhlig unter anderem von 1984 bis zu seiner Emeritierung 2003 den Lehrstuhl für Wohnungsbau, Siedlungswesen und Entwerfen an der Universität (TH) Karlsruhe inne.
**Günther Uhlig** is an architect, author, architectural theorist and co-editor of *Arch+*. His dissertation entitled "Kollektivmodell Einküchenhaus. Wohnreform und Architekturdebatte zwischen Frauenbewegung und Funktionalismus" has become a widely cited standard reference. A practitioner of architecture with his own office for urbanism, planning and architecture, he also held the chair at the Institute of Housing, Settlement and Design at Karlsruhe University from 1984 to 2003.

**Sigrid Verhovsek** ist Lektorin für Soziologie des Wohnens am Institut für Wohnbau an der TU Graz sowie seit 2019 Mitarbeiterin bei Steiner De Beer Architekten. Ihr Forschungsinteresse gilt architektursoziologischen Aspekten von Allmenden bzw. Commons sowie kulturhistorischen und aktuellen Zusammenhängen zwischen politischer Ökonomie und Siedlungswesen. Sie schreibt regelmäßig für GAT, das steirische Internetportal für Architektur und Lebensraum.
**Sigrid Verhovsek** is a lecturer in the sociology of housing at the Institute of Housing at Graz University of Technology and, since 2019, an employee at Steiner De Beer Architekten. Her research focuses on the sociological aspects of architecture in commons, as well as on the cultural and historical relationships between political economy and settlements. She is a regular contributor to GAT, the Styrian web portal for architecture and living environments.

# Faculty News
## Aus der Fakultät

# Faculty News | Aus der Fakultät

# Faculty

## Architektur als kulturelle Praxis im Entwurf

Alexander Lehnerer (**AL**) im Gespräch mit Daniel Gethmann (**GAM**)

**Alex Lehnerer** ist zum 1. Januar 2020 auf die Professur für Raumgestaltung an die Technische Universität Graz berufen worden. Zuvor hat er an der ETH Zürich und der University of Illinois in Chicago gelehrt. Sein Architekturbüro „Alex Lehnerer Architekten" hat seinen Sitz in Zürich.

Alexander Lehnerer © David von Becker

**GAM**: Alex Lehnerer Architekten schreiben auf ihrer Homepage: „Wir sind ein Architekturbüro, das baut, schreibt und lehrt." Kann man das auch als dein Ziel formulieren, Bauen, Schreiben und Lehren gemeinsam zu denken und zu praktizieren?

**AL:** Ja, alles andere wäre mir zu akademisch. Es gab und gibt immer wieder die Tendenz, Dinge der Komplexität und Hygiene wegen in Sparten aufzuteilen: die Theorie hat sich von der Geschichte getrennt, die Geschichte vom Entwerfen und von der Praxis. Diese Ebenen wieder zusammen zu sehen, ist ein großes Ziel – auch das meiner Arbeit: Keinen Unterschied zu machen zwischen Praxis und Theorie. Natürlich hat die Theorie auch ihre eigene Praxis, aber ich denke, sie wird relevant, wenn sie sich zielorientiert auf das Entwerfen richtet und sich das Haus, der Entwurf auf natürliche Weise aus diesem intensiven Nachdenken herauskristallisiert. Entwerfen ist zuallererst Nachdenken, dann folgen die Entscheidungen.

**GAM**: Du beschreibst Architektur als kulturelle und als persönliche Praxis. Wie hängen diese beiden Bereiche zusammen?

**AL**: Eng. Das Entwerfen sucht immer die Gegenwart als Kontext. Aber es gibt auch Erfahrungen, Erinnerungen, Techniken aus der Vergangenheit – kombiniert mit dem Verlangen nach Zukunft. Kurz, die Architektur ist natürlich eine zeitgenössische Praxis. Wir sind beeinflusst, wenn nicht sogar abhängig von einer unmittelbar kulturellen Umgebung. Gleichzeitig spekulieren wir, d.h. ähnlich der Arbeit eines Börsenspekulanten, bewerten wir das Bestehende immer wieder neu durch den Entwurf. Und dabei besitzen wir mal mehr, mal weniger Autonomie, d.h. persönliche Freiheit. Aber auch das ist eine eigene Entscheidung.

**GAM**: In deiner beruflichen Praxis bist du ja bereits sehr stark in der universitären Lehre verankert. Du warst ab 2012 Assistant Professor an der ETH Zürich und davor von 2008 bis 2012 Professor an der University of Illinois in Chicago, wo du ein Department of Urban Speculation gegründet hast. Was hat es damit auf sich?

**AL**: Als ich nach Chicago kam, war das die Zeit der großen Finanzkrise in den USA und es gab keine Jobs für die AbsolventInnen der Schule. Daher habe ich gemeinsam mit anderen eine kleine Gruppe gegründet, um über die Zukunft von Chicago nachzudenken und das auch mit der Lehre zu verbinden. So gab es dann Studios, die teilweise von den Studierenden mit geleitet wurden, in denen wir versucht haben, eine Art Gefäß für die spekulative Neubewertung unserer städtischen Umgebung zu schaffen. Nicht als Politiker oder Unternehmer, sondern als fröhliche Amateure, die wir ja nun mal sind als Architektinnen und Architekten.

**GAM**: Noch einmal zurück zu deiner Biografie: Du hast deinen Master an der University of California in Los Angeles gemacht, an der ETH Zürich promoviert, als Lehrender danach an der Uni in Chicago gearbeitet, um wieder an die ETH zurückzukehren …

**AL:** Ja, ich hab zweimal versucht, auszuwandern und beide Male hat mich die Zürcher Schule wieder zurückgeholt (lacht). Einmal als Doktorand und dann eben als Assistenzprofessor.

**GAM**: Dein Studium hast du allerdings an der TU Berlin begonnen?

**AL**: Genau, ich bin dann direkt an die UCLA, habe dort meinen Master gemacht und wurde dadurch schließlich mit dem Fach sozialisiert. Die TU Berlin war ein Supermarkt, man hat sich selbst bedient. In den USA gab es damals eine stark theoretische, ideologische und polemische Aufladung der Schulen. Man musste sich entscheiden, wo man dazugehören wollte. Das war neu für mich. Und damit erstmal aufregend. Es gab etwas zu verteidigen und zu bekämpfen. Eine Unternehmung, die man als Diskurs bezeichnen kann.

**GAM**: Und dennoch bist du von der UCLA an die ETH gegangen, um zu promovieren.

**AL**: Ja. Nach soviel Los Angeles hatte ich eine große Frage in meinem Kopf: Was hat die Stadt mit dem Haus, das Objekt mit dem Feld zu tun? Ich dachte, diese Frage kann ich am besten in einem Doktorat beantworten. Heraus kam dann das Buch *Grand Urban Rules*. Mit Kees Christiaanse als meinem Doktorvater.

**GAM**: Nach der Dissertation bist du dann nach Chicago gegangen?

**AL**: Ja, ich wollte zurück in die amerikanische Stadt, die mich als kulturelles Phänomen noch immer stark beeindruckt, mit ihrer stolzen Gelassenheit. Die Stadt als etwas, das einfach da ist – erklärbar, aber schwer lenkbar. Einerseits inspirierend für das geistige Bewusstsein, aber auch sehr frustrierend für die eigene Arbeit als Architekt.

**GAM**: Wann hast du schließlich beschlossen, neben deiner universitären Forschung und Lehre auch ein eigenes Büro zu gründen, um die beiden Bereiche miteinander zu verbinden?

**AL**: Ich hatte einen Plan. Die akademische Arbeit sollte mir das Stipendium liefern, um möglichst unabhängig die eigene, kompromisslose Praxis zu finanzieren. Dieser Plan ging schief. Ehe ich mich versah, steckte ich bis über beide Ohren in der Akademie. Die praktische Arbeit war nur mehr Feigenblatt. Ich redete mich raus, dass ich erst mal schreiben muss, bevor ich baue. Nach ein paar Enttäuschungen, Brüchen, totaler Verzweiflung und schließlich den richtigen Bauherren wächst nun das Büro. Und ich merke, dass es keine Abhängigkeit zwischen Praxis und Theorie gibt, sondern nur ein freudvolles gegenseitiges Inspirieren.

**GAM**: Zur langjährigen Ringvorlesung „Architectural Research" in unserem Doktoratsstudiengang an der TU Graz tragen sowohl Vortragende aus der akademischen Forschung wie aus unterschiedlichen Architekturbüros bei. Wir unterstreichen dadurch, dass der Forschungsbegriff in der Architektur noch offener ist als in anderen Disziplinen und versuchen, diese Offenheit mit einer gewissen Programmatik weiter ʌʌʌʌʌʌʌʌʌʌʌʌʌ noch und unterschiedliche Forschungskonzepte in der

Architektur vorzustellen, ohne von vornherein festzulegen, dass diese nur von einer Universität stammen müssen.

**AL**: Für mich macht den Unterschied eher die Motivation aus, warum man Forschung betreibt. Ich bin weniger daran interessiert, einen allgemeinen Erkenntnisgewinn zu erzeugen, sondern ich finde die Forschung spannend, wenn es tatsächlich persönliche Fragen sind, die einen in der Arbeit beschäftigten, und die man beantwortet haben möchte. Oftmals ist Forschung gerade in der Akademie begleitet von einer Relevanzdiskussion der Architektur, also einem Rechtfertigungsdruck. Was mich langweilt. Anstatt dessen finde ich die (historische) Übersicht – von dem zu lernen, was unsere Vorgänger gemacht haben – viel wichtiger für die Ausbildung, und um schließlich ein Architekt bzw. eine Architektin zu sein.

**GAM**: Du bist hier an der TU Graz auf die Professur für Raumgestaltung berufen und ich frage, ob du innerhalb der Raumgestaltung ein kritisches Potenzial siehst, das dieses Lehrgebiet in die Lage versetzt, auch andere Bereiche der Architektur zu informieren?

**AL**: Es geht immer darum, dass man Projekte macht, die einen Beitrag leisten in ihrem unmittelbaren Kontext, u.a. auch als Service für den Bauherrn, etc. Aber es geht auch immer darum, dass ein Projekt einen Beitrag liefert für die Disziplin. Und meiner Meinung nach tut es das am besten, wenn eine Kritik des Bestehenden formuliert oder eine bestehende Frage behandelt wird. Daher glaube ich nicht, dass die Architektur verschiedene Bereiche/Genres besitzt, sondern maximal verschiedene Fragen. Das sichtbare Suchen nach geeigneten Fragen ist Teil jedes (guten) Entwurfs. Das ist mein Verständnis des Kritischen. Es geht nicht um eine globale Kommentierung, es geht um das Kritisieren von innen – aus dem eigenen Arbeiten heraus – mit den Mitteln, die der Architektur zur Verfügung stehen. Selbstkritik ist immer noch die stärkste Form der Kritik.

Und am Begriff der Raumgestaltung finde ich gut, dass er keinen Maßstab hat. Gestaltung, d.h. der Gestalt Präsenz zu geben ist das, was wir machen; doch Raum hat keinen Maßstab, der als Eingrenzung bereits feststeht. Das ist die aufregende Position des Instituts an der Fakultät, die – soweit ich das jetzt beurteilen kann – ein großes Maß an Freiheit mit sich bringt.

**GAM**: Das Institut versteht sich in erster Linie als ein Entwurfsinstitut, nicht?

**AL**: Darum geht's, um nichts anderes. Für mich persönlich finde ich es nicht richtig, den Entwurf auf einen bestimmten Aspekt, vielleicht auf ein Material, zu reduzieren. Es ist ja das Großartige an unserem Beruf, dass wir die besten Generalisten sind, die man sich vorstellen kann. Dass dieses Dasein als professioneller Amateur ein Plus und kein Manko ist, möchte ich vermitteln.

**GAM**: Wie soll dieser Ansatz in der Lehre umgesetzt werden? Bei der Entwurfsorientierung stellt sich die Frage, welche weiteren Bestandteile notwendig sind und was am Institut davon entwickelt werden soll bzw. wie man mit anderen Instituten zusammenarbeiten und Synergieeffekte nutzen möchte.

**AL**: Wie alle anderen ArchitektInnen bin ich in dieser Frage Opportunist: man nimmt sich das, was man braucht für den speziellen Fall, an dem man arbeitet. Ich glaube, man kann interdisziplinäre Zusammenarbeit nicht erzwingen oder vorschreiben. Bei jeder Weiterentwicklung des Curriculums stellt sich die große Frage, wie die Fächer zusammenarbeiten. Bei einer guten Schule verstehen sich die Leute untereinander, dann kann man auch einiges zusammen machen, wenn die Aufgabe es erfordert. Freundschaft ist viel wichtiger als fachliche Übereinstimmung. Mal sehen, wer hier mein Freund wird. Ich habe schon ein paar im Auge. Das Curriculum wird's mir aber sicher nicht sagen.

**GAM**: Besitzen solche Formen der Zusammenarbeit auch einen Forschungsaspekt, der bei der neuen Ausrichtung des Lehrstuhls für Raumgestaltung ebenfalls eine Rolle spielen wird? Gibt es bereits Ideen für Projekte in Graz?

**AL**: Klar, die Architektur kennt aber gar nicht so viele Forschungsfragen. Es geht um Raum und Ausdruck. Und um das Dilemma, dass die Architektur keine eigene Präsenz hat, sondern sich immer nur innerhalb des Werks manifestiert und artikuliert. Ein Teil dieses Werks ist der Entwurf. Ich unterrichte und untersuche die Verantwortung gegenüber dem eigenen Entwurf.

**GAM**: Traditionell ist das Thema Raumwahrnehmung ein starkes Arbeitsfeld am Institut für Raumgestaltung. Beschäftigt dich dieser Aspekt in Lehre oder Forschung ebenfalls oder überwiegt der Aspekt der Gestaltung und des Entwurfs? Beides hängt ja sicher zusammen, Raumwahrnehmung ist eine Grundvoraussetzung, um entwerfen zu können, oder?

**AL**: Sich über eine rein atmosphärische Weise dem Raum zu nähern finde ich schwierig.

Doch die Raumerfahrung, d.h. letztendlich auch in dem Raum zu stehen, den man entworfen hat, erlaubt die intime Frage, ob er tatsächlich so geworden ist, wie man ihn sich vorgestellt hat. Deshalb interessiert mich an der Raumwahrnehmung der Aspekt der Raumerfahrung. Diese wiederum informiert die Raumvorstellung, ohne die sich keine Idee von Raum entwickeln kann.

Daher finde ich den einstmals kanonischen Disput zwischen Idee und Wahrnehmung immer uninteressanter. Ein Raum ohne Idee ist langweilig und eine Idee ohne wahrnehmbare Präsenz und Atmosphäre kalter Unfug. Aber die Reihenfolge dieser Synthese ist klar. Zuerst kommt die Idee. Dann entsteht die Vorstellung und mit ihr die Bilder im Kopf. Wie diese dann sichtbar werden, gehört zu unserem recht alten Handwerk.

**GAM**: Herzlichen Dank für dieses Gespräch. ∎

# Architecture as Cultural Practice in Design

## Alexander Lehnerer (**AL**) in Conversation with Daniel Gethmann (**GAM**)

On January 1, 2020, Alex Lehnerer took over the professorship for spatial design at Graz University of Technology. He had previously taught at ETH Zurich and at the University of Illinois in Chicago. His architectural firm Alex Lehnerer Architekten is based in Zurich.

**GAM**: On their homepage, Alex Lehnerer Architekten write: "We are an architectural firm that builds, writes, and teaches." Might we say that your objective is to think and practice building, writing, and teaching, all together?

**AL**: Yes, any other approach would be too academic for me. There has always been a tendency to divide things up into categories due to complexity and hygiene: theory has split from history, history from design and from practice. It is a major goal to once again see these levels as related—also a goal of my work: to not draw distinctions between practice and theory. Of course theory also has its own practice, but to me theory becomes relevant when it is applied to the act of designing

and when the building, the design, emerges from this intense reflection in a natural way. Designing is first and foremost a thought process, and then the decisions follow.

**GAM**: You describe architecture as both a cultural and a personal practice. How are these two facets interrelated?

**AL**: Closely. The practice of design always seeks to find context in the present. But there are also experiences, memories, techniques from the past—combined with a claim to the future. In short, architecture is a contemporary practice by nature. We are influenced by, or even dependent on, an immediate cultural environment. At the same time, we speculate—indeed, similar to activity on the stock exchange—which means that we keep reevaluating the existing situation through design. In the process, we have more or less autonomy, that is, personal freedom. But this, too, is a personal decision.

**GAM**: Your professional practice is already very strongly anchored in academic teaching. Since 2012 you have been an assistant professor at ETH Zurich, and prior to that, from 2008 to 2012, a professor at the University of Illinois in Chicago, where you founded the Department of Urban Speculation. What is this all about?

**AL**: I arrived in Chicago during the period of great financial crisis in the United States, and there were no jobs waiting for university graduates. Because of this, several of us created a small group with the aim of thinking about the future of Chicago and tying this into our teaching. So there were studios, at times headed by students, in which we tried to create a kind of vessel for the speculative reevaluation of our urban environment. Not as politicians or entrepreneurs, but as cheerful amateurs, which, as architects, we of course are.

**GAM**: Let's return to your biography. You got your master's degree from the University of California in Los Angeles before earning your doctorate from the ETH Zurich. Then you returned to the States to teach at the university in Chicago, eventually returning to the ETH …

**AL**: Yes, I tried to emigrate twice, but both times the university in Zurich called me back (*laughs*). First as a doctoral candidate, and later as an assistant professor.

**GAM**: Yet you first started college at the Technical University of Berlin?

**AL**: Exactly. Then I transferred directly to UCLA, where I was ultimately acquainted with the social aspects of the discipline. The TU Berlin was like a self-service supermarket. Yet in the States, universities were very theoretically, ideologically, and polemically charged at that time. Everyone had to first decide how they wished to align themselves. This was new to me. And of course exciting at first. There was something to advocate and to fight against. An enterprise that can be called discourse.

**GAM**: And yet you left UCLA for the ETH in order to work on your doctorate.

**AL**: Yes. After so much time in Los Angeles, I had just one big question in my mind: What does the city have to do with the house, and the object with the field? I felt that this question could be best answered in a doctoral context. This resulted in the book *Grand Urban Rules*, with Kees Christiaanse as my doctoral supervisor.

**GAM**: After writing your dissertation, you then went to Chicago?

**AL**: Yes, I wanted to return to an American city, which as a cultural phenomenon has always strongly impressed me. With its proud equanimity. The city as something that is simply there—explainable but hard to steer. It may be inspiring for intellectual consciousness, but it is also very frustrating for one's own work as an architect.

**GAM**: When did you finally decide to establish your own architectural firm, alongside your university research and teaching, in order to connect these two worlds?

**AL**: I had a plan. The academic work was supposed to enable me to get a grant, in order to independently fund my own uncompromising architectural practice. This plan went awry. Before I knew it, I was submerged up to my ears in academics. The practical work was nothing more than a fig leaf. I told myself that I had to first write before I could build. But now—after a few disappointments, failures, utter despair, and then finally the right developers—the firm is growing. And I can tell that there is no interdependency between practice and theory, but rather joyous reciprocal inspiration.

**GAM:** In the longstanding lecture series "Architectural Research" in our doctoral program at Graz University of Technology, there are speakers with academic research backgrounds and from various architectural firms. We are thus emphasizing how the concept of research in architecture remains more open than in other disciplines. We're trying to further develop this openness through a certain agenda that involves introducing new and different research concepts, yet without specifying from the outside that these concepts must originate at a university.

**AL:** For me, the difference lies more in the motivation behind why one does research. I am less interested in promoting a general acquisition of knowledge. Rather, research fascinates me when the work truly involves personal questions that one wishes to have answered. Research, especially in an academic setting, is often accompanied by a discussion on the relevance of architecture, so there is pressure to provide justification. Which I find boring. Instead, I consider a (historical) overview—learning from the actions of our predecessors—to be much more vital for one's education, and for ultimately becoming an architect.

**GAM:** You were hired by Graz University of Technology as a professor of spatial design. I am wondering whether you see any critical potential within spatial design that might put this discipline in a position to also inform other architectural domains?

**AL:** The idea is always to do projects that make a contribution to their immediate context, for instance as a service for the developer, et cetera. But it is also important for a project to make a contribution to the discipline. And in my opinion, it does this best when criticism of the existing situation is formulated or an existing question is addressed. Therefore, I don't believe that architecture possesses different areas/genres, but rather, at most, different questions. The visible seeking of appropriate questions is part of any (good) design. This is my understanding of critical thinking. At issue here is not global commentary, but rather criticism from within—from within one's own work—using the means that are at architecture's disposal. Self-criticism

always remains the strongest form of criticism.

And what I like about the concept of spatial design is that it doesn't have a scale. What we are doing is lending presence to design, that is, to the form—yet space has no scale that has already been defined as limitation. This is the exciting position of this institute in a department that, as far as I can tell, enjoys a large measure of freedom.

**GAM:** The institute sees itself first and foremost as a design institute, correct?

**AL:** Yes, this is precisely the idea. I personally don't feel that it's right to reduce design to a certain aspect, perhaps to a material. The great thing about our profession is that we are the best generalists you could even imagine. I wish to convey that this existence as a professional amateur is an asset, not a deficiency.

**GAM:** How should this approach be implemented through teaching? So when guiding the design, the question arises as to which further components are necessary and what share of this should be developed in the institute or how one wishes to collaborate with other institutes and tap into synergy effects?

**AL:** Like all other architects, I am an opportunist when it comes to this issue: one takes what is needed for the special case on which one is presently working. I don't believe that interdisciplinary collaboration can be forced or stipulated. Each further development of the curriculum raises the major question of how the disciplines are working together. At a good school, people are getting along and can thus work on projects together when the opportunity presents itself. Friendship is much more important than interdisciplinary consensus. We'll see who becomes my friend here. I have my eye on a few people already. But the curriculum certainly won't tell me.

**GAM:** Do such forms of collaboration also have a research aspect that will likewise play a role in the new alignment of the Chair of Spatial Design? Are there already ideas for projects in Graz?

**AL:** Yes, of course, but architecture isn't aware of so many research questions. It deals with ideas and conceptions. And with the dilemma that architecture lacks its own presence,

for it always manifests and articulates itself outside of the work. One part of this work is the design. I teach and explore the responsibility for one's own design.

**GAM:** The topic of spatial perception has traditionally been a strong field of work in the Institute of Spatial Design. Are you also interested in this aspect of teaching or research, or do you place more emphasis on aspects of design? Surely the two realms interrelate, since spatial perception is a prerequisite for being able to design, right?

**AL:** Approaching space in a purely atmospheric way is, let's say, problematic. Yet the spatial experience, which ultimately means standing in the space that one has designed, permits the intimate question of whether it actually turned out the way it had been imagined. This is why, when considering spatial perception, I am interested in the aspect of spatial experience. And this, in turn, informs spatial visualization, which is necessary for an idea of space to develop in the first place.

This is why the once canonical dispute between idea and perception has gradually lost its fascination. A space without an idea is boring, and an idea without perceptible presence and atmosphere is utter nonsense. But the order of this synthesis is obvious. First comes the idea. Then the visualization and, with it, the mental images. How they subsequently attain visible form is a matter of our quite ancient craftsmanship.

**GAM:** Many thanks for this conversation. ∎

# Gastprofessur Petra Simon und Elemer Ploder (epps Architekten)

Petra Simon/Elemer Ploder
© GAM.Lab/Petra Eckhard, TU Graz

Petra Simon und Elemer Ploder von epps Architekten konnten im Wintersemester 2019/20 für eine Gastprofessur am Institut für Entwerfen im Bestand und Denkmalpflege gewonnen werden. Im Rahmen der Lehrveranstaltungen „Entwerfen 3" und „Bauen im Denkmal" entwickelten sie gemeinsam mit den Studierenden Entwürfe zum Um- und Weiterbau des Grazer Schauspielhauses und der Kasematten am Grazer Schlossberg. Ein sensibler Umgang mit der historischen Bausubstanz, eine strukturierte Analyse sowie die interdisziplinäre Vernetzung mit DenkmalpflegerInnen, EigentümerInnen, SchauspielerInnen und DramaturgInnen war für die Konzeptfindung und den Planungsprozess zentral. Der Ausblick auf zukünftige Strategien unter Einbezug von Demografie und Klimawandel setzte Kontext- und Leerstandsanalysen voraus, Methoden, die laut Simon und Ploder im Bausektor, der Stadtplanung und der Stadtentwicklung aktuell von besonderer Relevanz sind. Zudem beschäftigten sich die Studierenden im Kontext der Lehrveranstaltungen mit der historischen und kulturellen Entwicklung der Bestände sowie den Materialitäten vor Ort.

Das 2005 von Petra Simon und Elemer Ploder gegründete Architekturbüro epps Ploder Simon ZT GmbH wurde 2016 mit der GerambRose, einem Preis für innovative und nachhaltige Bauten, ausgezeichnet. ∎

# Visiting Professors Petra Simon and Elemer Ploder (epps Architekten)

Petra Simon and Elemer Ploder of epps Architekten joined the Institute of Design in Consisting Structure and Architectural Heritage Protection as visiting professors during the winter semester of 2019–20. As part of the courses "Entwerfen 3" (Design 3) and "Bauen im Denkmal" (Monument Building), they developed designs in collaboration with students for the conversion and expansion of the Schauspielhaus Graz and the casemates at the Schlossberg in Graz. Vital to concept development and the planning process was a sensitive treatment of the historical building stock, a structured analysis, and interdisciplinary networking with monument preservation experts, property owners, actors, and dramaturges. The prospect of future strategies that embrace demographics and climate change necessitates analyses of context and vacancy—methods which, according to Simon and Ploder, are currently of special relevance in the building sector and in urban planning and development. Moreover, as part of the course, the students explored the historical and cultural development of the consisting structures and also the materials found at the site.

The architectural firm epps Ploder Simon ZT GmbH, founded in 2005 by Petra Simon and Elemer Ploder, was distinguished in 2016 by the GerambRose award for innovative and sustainable architecture. ∎

*Christine Rossegger*

# Gastprofessur Eva Kuß

Die Grazer Architektin Eva Kuß hat im WS 2019/20 im Rahmen ihrer Gastprofessur am Institut für Architekturtechnologie (IAT) das Entwurfsstudio „Urban Living Vienna" geleitet und gemeinsam mit Studierenden Projekte entwickelt, die sich aus der hybriden Struktur eines innerstädtischen Grundstücks in Wien ableiten. Auf der Brache, die inmitten eines Verkehrsknotens liegt, sind spannende Entwürfe entstanden, die überraschende Antworten auf die Komplexität des Ortes sowie auf die vielschichtigen Anforderungen aus dem Raumprogramm ergeben haben.

Eva Kuß ist eine Vertreterin neuer und wichtiger Architekturpositionen in Graz und hat als Gründerin und Inhaberin ihres Architekturbüros coabitare bereits einige feinsinnige Projekte in der Steiermark und in Kärnten realisieren können. Mit einer vielversprechenden Fassadenneugestaltung der Berufsfeuerwehr am Lendplatz in Graz hat sie 2019 einen bedeutenden Wettbewerb gewonnen. Von 2004 bis 2008 war sie Universitätsassistentin am IAT und hat danach eine aufsehenerregende Dissertation über das Werk von Hermann Czech verfasst, die auch als Buch bei Park Books erschienen ist. ∎

Eva Kuß © IAT, TU Graz

## Visiting Professor Eva Kuß

In the winter semester of 2019–20, the Graz-based architect Eva Kuß headed the design studio "Urban Living Vienna" in the scope of her visiting professorship in the Institute of Architecture Technology (IAT). In collaboration with the students, she developed projects that derived from the hybrid structure of an inner-city plot in Vienna. On this fallow land, situated in the middle of a traffic junction, exciting designs took form that offered surprising responses to the complexity of the site and to the multi-faceted challenges of the spatial program.

Eva Kuß is a representative of a new and important architectural position in Graz. As founder and owner of her architectural firm coabitare, she has already realized several sophisticated projects in Styria and Carinthia. In 2019, she won an important competition with a promising redesign for the façade of the professional fire department at Lendplatz in Graz. From 2004 to 2008 she was a university assistant in the Institute of Architecture Technology, before writing a noteworthy dissertation on the work of Hermann Czech, which has been published by Park Books. ■

*Roger Riewe*

# Gastprofessur Silvia Benedito

Silvia Benedito © Stephanie Mitchell, Harvard University 2015

Silvia Benedito, Associate Professorin für Landschaftsarchitektur an der Harvard Graduate School of Design, war im Wintersemester 2019/20 am Institut für Architektur und Landschaft zu Gast. Gemeinsam mit Institutsleiter Klaus K. Loenhart und den Universitätsassistenten Biljana Nikolić und Christoph W. Solstreif-Pirker unterrichtete sie die Projektübung „Pabellón Mextró-poli", in der ein performativer Pavillon für das in Mexico-Stadt jährlich stattfindende Architekturfestival entworfen wurde, der im klimatischen und kulturellen Kontext zu seiner Umgebung stehen sollte. Silvia Beneditos Schwerpunkte in Lehre, Forschung und Praxis konzentrieren sich auf die Schnittstelle zwischen urbaner Form, Architektur und Landschaft im Hinblick auf bioklimatische Performanzen der gebauten Umwelt. Entsprechend lag der Fokus des Masterstudios auf den kleinmaßstäblichen Handlungsmächten, die in der klassischen Architekturproduktion oftmals übersehen werden: Klima, Atmosphäre, Wetter, Temperatur, Interaktion, Performanz. Dabei untersuchten die Studierenden unter anderem traditionelle mexikanische Architektur, den mexikanischen Realismus, die dortige Vegetation, aber auch das Phänomen Mikroklima und dessen Entstehung. Ziel war die Entwicklung eines „Climatized Folly", einer architektonischen Struktur, die trotz limitierter Größe, weniger Materialien und begrenzten Budgets eine klare Position zu Fragen des gegenwärtigen Klimawandels und fortschreitenden Ökozids bezieht.

Silvia Benedito ist außerdem Co-Direktorin des Advanced Studies Postgraduate Program in Art, Design und Public Domain an der Harvard GSD sowie Mitbegründerin von OFICINAA, einem international preisgekrön-ten Architektur-, Städtebau- und Landschaftsarchitekturbüro mit Sitz in Cambridge, Massachusetts (USA) und Ingolstadt (Deutschland). ■

## Visiting Professor Silvia Benedito

Silvia Benedito, Associate Professor of Landscape Architecture at Harvard Graduate School of Design, spent the winter semester of 2019–20 as a visiting professor in the Institute of Architecture and Landscape. In collaboration with institute chair Klaus K. Loenhart and academic assistants Biljana Nikolić und Christoph W. Solstreif-Pirker, she taught the master studio "Pabellón Mextrópoli," in which a performative pavilion was designed for the architectural festival held annually in Mexico City, meant to engage with its surroundings in a climatic and cultural context. Silvia Benedito's focus in teaching, research, and practice is concentrated on the interface between urban form, architecture, and landscape with a view to bioclimatic performance in the built environment. Accordingly, the focus of the master studio was placed on small-scale sources of agency that are often overlooked in the classical production of architecture: climate, atmosphere, weather, temperature, interaction, performance. In the process, the students investigated themes such as traditional Mexican architecture, Mexican realism and local vegetation, as well as the phenomenon of microclimate and how it arises. The objective was to develop a "Climatized Folly," an architectural structure that—despite its limited size, materials, and budget—asserts a clear position in response to issues related to present-day climate change and advancing ecocide.

Moreover, Silvia Benedito is co-director of the advanced studies postgraduate program in Art, Design and the Public Domain at Harvard GSD and also co-founder of OFICINAA, an internationally award-winning firm for architecture, urban planning, and landscape architecture based in Cambridge, Massachusetts (USA) and Ingolstadt (Germany). ■

*Aleksandra Pavičević*

# Gastprofessur Ole W. Fischer

Ole W. Fischer © Ole W. Fischer

Im Sommersemester 2019 konnte das Institut für Architekturtheorie, Kunst- und Kulturwissenschaften Ole W. Fischer von der University of Utah als Gastprofessor verpflichten. Fischer übernahm die Master-Pflichtvorlesung „Architekturtheorie heute", bot ein Wahlfach-Seminar zur Aktualität des Bauhauses an („Bauhaus Today – 100 Years of Modernism?") und leitete das DissertantInnenseminar der Doctoral School. Außerdem fungierte er als Gastkritiker bei der Schlusspräsentation des Masterstudios „Building New Forms of Togetherness".

Fischer studierte von 1995 bis 2001 Architektur an der Bauhaus-Universität Weimar und der ETH Zürich. Zwischen 2002 und 2008 lehrte er am Institut für Geschichte und Theorie der Architektur (gta) der ETH Zürich, wo er mit *Nietzsches Schatten: Henry van de Velde – von Philosophie zu Form* (Berlin 2012) promovierte. Er war Fellow der Klassik Stiftung Weimar, Harvard GSD und der Akademie Schloss Solitude Stuttgart, sowie Gastprofessor an der RISD Providence, der MIT School of Architecture + Planning und der TU Wien. Im Jahr 2010 wurde er an der School of Architecture der University of Utah, Salt Lake City zum Assistant Professor für Geschichte, Theorie und Kritik der Architektur ernannt und ist dort seit 2017 weiterhin als Associate Professor tätig. Fischer publizierte auf internationaler Ebene zu aktuellen Fragen der Geschichte, Theorie und Kritik der Architektur, unter anderem in *Archithese*, *Werk*, *Journal of the Society of Architectural Historians JSAH*, *MIT Thresholds*, *Archplus*, *AnArchitektur*, *Graz Architecture Magazine*, *Umeni/Art* und *log*. Seit 2012 ist er Mitherausgeber der architekturkritischen Zeitschrift *Dialectic*. ∎

*Anselm Wagner (Übersetzung: Otmar Lichtenwörther)*

# Visiting Professor Ole W. Fischer

In the summer semester of 2019, the Institute of Architectural Theory, Art History and Cultural Studies hosted Ole W. Fischer from the University of Utah as visiting professor. Fischer took over the lecture "Architectural Theory Today," offered an elective seminar on the relevance of the Bauhaus ("Bauhaus today – 100 Years of Modernism?") and led the Doctoral School's seminar for doctoral students. He also served as a guest critic at the closing presentation of the master studio course "Building New Forms of Togetherness."

Fischer studied architecture at the Bauhaus University Weimar and the ETH Zurich from 1995 to 2001. Between 2002 and 2008 he taught at the Institute of History and Theory of Architecture (gta) of ETH Zurich, where he also obtained his PhD. In his doctoral thesis, published as *Nietzsches Schatten*, he analyzed the programmatic transcription of central motives and concepts of the philosopher Friedrich Nietzsche into the theory and work of the artist and architect Henry van de Velde. In parallel, he worked as a licensed architect and urban designer in Zurich. He has held fellowships at Klassik Stiftung Weimar, Harvard GSD, and Akademie Schloss Solitude, Stuttgart, and visiting professorships at RISD Providence, MIT School of Architecture + Planning, and TU Vienna. In 2010, he was appointed as assistant professor for history, theory and criticism of architecture at the School of Architecture at the University of Utah, Salt Lake City, where he has continued to serve as associate professor since 2017. Fischer has published internationally on contemporary questions of the history, theory, and criticism of architecture, including work published in *Archithese*, *Werk*, *Journal of the Society of Architectural Historians (JSAH)*, *MIT Thresholds*, *Archplus*, *AnArchitektur*, *Graz Architecture Magazine*, *Umeni/Art*, and *log*. Since 2012, he has been co-editor of the peer-reviewed international critical journal *Dialectic*. ∎

*Anselm Wagner*

# Gastprofessur Bas Princen

Bas Princen © IZK/Simon Oberhofer, TU Graz

„Kann die Natur für sich allein stehen? Oder, ein wenig provokant formuliert, ist das fotografische Objekt, das die Natur abbildet, bloß ein Objekt, das sich nur auf andere gestaltete Objekte beziehen kann, die wir als Architektur- und Kunstschaffende fertigen?"

Mit diesen Fragen wandte sich der Rotterdamer Künstler und Fotograf Bas Princen in seinem Workshop „A Thing Called Nature", der im Sommersemester 2019 am Institut für Zeitgenössische Kunst (IZK) stattfand, an die Studierenden. Princen konterkarierte die These, dass sich die Natur auf Objekte oder Ereignisse beziehen muss, und erkundete Möglichkeiten, die Natur „an sich" einzufangen, ohne dass sie im Nebeneinander mit der Nicht-Natur definiert werden müsse. Im Rahmen des Workshops hielt Princen auch eine öffentliche Vorlesung an der Camera Austria, die das IZK regelmäßig unterstützt, um die Lehre in den öffentlichen Raum zu bringen.

Der studierte Architekt und Industriedesigner Bas Princen wurde Fotograf in genau dem Moment, in dem er bemerkte, dass das Fotografieren die minimale menschliche Handlung ist, die ein Projekt hervorbringen kann. Seine aktuellen Fragen zur (Un-)Möglichkeit, „Natur" zu fotografieren, folgen seinem vorherigen Fokus auf die Definition von Landschaft und Architektur durch das Bild, den er in Büchern, Ausstellungen und großformatigen In-situ-Installationen erforschte. Ausstellungen in jüngerer Zeit sind z.B. „Image and Architecture" im Vitra Design Museum in Weilheim am Rhein (2018), „Reservoir Rebuild" im New Yorker Metropolitan Museum of Art (2017) und „Earth Pillar" in der

Solo Galerie in Paris (2016). Zu seinen neuesten Monografien zählen *The Construction of an Image* (Bedford Press, 2016) und *The Room of Peace* (Roma Publication, 2018). ∎

*Dubravka Sekulić (Übersetzung: Otmar Lichtenwörther)*

## Visiting Professor Bas Princen

"Can nature be by itself? Or, if I am slightly provocative, is it the photographic object that depicts nature just as an object that can only relate to other designed objects, that we as architects and artists are crafting?"

These were the questions with which the Rotterdam-based artist and photographer Bas Princen addressed students in his workshop "A Thing Called Nature," held during the summer semester of 2019 at the Institute for Contemporary Art (IZK). Together with the students, Princen counteracted the thesis that nature has to relate to objects or events and explored possibilities of capturing nature "as such" without defining itself in juxtaposition to non-nature. During the workshop, Princen also gave a public lecture at Camera Austria, which regularly supports the IZK to bring teaching into the public sphere.

Educated as an architect and industrial designer, Bas Princen became a photographer at the precise moment when he noticed that taking a picture was the minimum human act capable of generating a project. His recent questions on the (im)possibility of photographing "nature" follow his previous focus on how the image defines landscape and architecture, which he explored through books, exhibitions, and large scale in situ installations. His most recent exhibitions include "Image and Architecture" at the Vitra Design Museum Gallery in Germany, 2018; "Breuer Revised" at The Met in New York City, 2017; and "Earth Pillar" at the Solo Galerie in Paris, 2016. His latest monographs include *The Construction of an Image* (Bedford Press, 2016) and *The Room of Peace* (Roma Publication, 2018). ∎

*Dubravka Sekulić*

# Gastprofessur Jaume Mayol und Irene Pérez (TEd'A Arquitectes)

Irene Pérez und Jaume Mayol © TEd'A Arquitectes

Im Sommersemester 2019 konnte das Institut für Gebäudelehre zwei Gastprofessoren begrüßen, die diskursbestimmende Positionen innerhalb des europäischen Architekturnachwuchses einnehmen. Jaume Mayol und Irene Pérez vom mallorquinischen Büro TEd'A Arquitectes entwickeln ihre Architektur „territorial" – d.h. aus den Elementen, Materialien, Fügungs-, Konstruktions- und Bauweisen eines Ortes, beschränken diesen Zugang aber nicht auf Mallorca bzw. mediterrane Typologien. Mayol und Pérez verfolgen in ihrer Gestaltung die „präzise Ungenauigkeit" handwerklicher Prozesse, die aus ihrer Auseinandersetzung mit örtlichem Stoffwechsel und Materialkreisläufen ebenso herrühren, wie sie ornamentale Überschüsse und formale Vielschichtigkeit provozieren.

Gemeinsam mit Andreas Lechner leiteten sie das Masterstudio „Building a Palimpsest", in dem das aufgelassene Kasernengelände Son Busquets in Palma de Mallorca zu einem zukunftsfähigen Stadtquartier mit über 800 Wohneinheiten transformiert werden sollte. Die Entwürfe der fünfzehn Studierenden waren von charakteristischen Schwerpunkten gekennzeichnet, für die auch die Bauten und Projekte von TEd'A Arquitectes internationale Anerkennung erfahren: Das umsichtige und behutsame Verwenden von vorhandenen Ressourcen, der möglichst umfassende Rückgriff auf lokale Materialien, handwerkliche Verfahren und Konstruktionsweisen, die grundlegend und identitätsbildend in der Gestaltung verankert werden, sowie höchste Aufmerksamkeit auf die zeichnerische Detaillierung und erzählerische Ausarbeitung. Die Relevanz ihrer „kritisch regionalistischen" Position belegte das 2010 gegründete Büro des Architekten-

paares mit der 2018 erschienenen Ausgabe von *El Croquis* (#196 II), einer der international renommiertesten Zeitschriften für Architektur und Städtebau, eindrücklich. ∎

## Visiting Professors Jaume Mayol and Irene Pérez (TEd'A Arquitectes)

In the summer semester of 2019, the Institute of Design and Building Typology welcomed two visiting professors who count among up-and-coming European architects and occupy positions that influence related discourse. Jaume Mayol and Irene Pérez from the firm TEd'A Arquitectes in Mallorca develop their architecture in a "territorial" way, that is, from the site's elements, materials, and building and construction methods, yet they do not limit this approach to Mallorca or Mediterranean typologies. In their designs, Mayol and Pérez follow the "precise imprecision" of artisan processes which are rooted in their exploration of local metabolic processes and cycles of materials, just as they provoke ornamental excess and intricacy of form.

Together with Andreas Lechner, Mayol and Pérez ran the master studio "Building a Palimpsest," in which the abandoned Son Busquets barracks in Palma de Mallorca was to be transformed into a future-oriented city quarter with over 800 housing units. The designs created by the fifteen students were distinguished by characteristic points of focus, for which the buildings and projects by TEd'A Arquitectes have also received international recognition: a judicious and gentle utilization of existing resources, a comprehensive use of local materials, artisan techniques, and construction methods that are fundamentally anchored in the design so as to help build identity, and utmost attention to technical detailing and narrative composition. Their firm, which was founded in 2010, impressively underscores the relevance of their "critically regional" position with the 2018 issue of *El Croquis* (#196 II), one of the most prestigious magazines for architecture and urbanism in the world. ∎

*Andreas Lechner*

# Events/ Projects

## Double-Degree Master Programm mit dem Politecnico di Milano

In Kooperation mit dem Politecnico di Milano bietet die Fakultät für Architektur der TU Graz ab dem Wintersemester 2019/20 fünf Masterstudierenden pro Jahr die Möglichkeit, im Rahmen eines Double-Degree Master Programms Teile ihres Studiums am Politecnico di Milano zu absolvieren und ihr Masterstudium in Graz sowie in Mailand abzuschließen. Dabei belegen die TeilnehmerInnen des Double-Degree Master Programms jeweils zwei Projektübungen an der TU Graz und zwei Projektübungen aus dem Lehrangebot des Politecnicos in Mailand, sowie die dazugehörigen Pflichtwahlfächer (insgesamt 150 ECTS-Punkte). Die Unterrichtssprache am Politecnico ist Englisch oder Italienisch. Das Double-Degree Master Programm fördert die internationale Vernetzung sowie den interkulturellen Austausch und wird mit kommissionellen Masterprüfungen an beiden Universitäten abgeschlossen.

Das Politecnico di Milano ist eine der führenden Architekturschulen Italiens, die auch im weltweiten Ranking als eine erstklassige Ausbildungsstätte für Architektur und Stadtplanung gelistet ist. ∎

## Double-Degree Master's Program with the Politecnico di Milano

In cooperation with the Polytechnic University of Milan, the Faculty of Architecture at Graz University of Technology is offering a new opportunity to five master's students per year as of the winter semester of 2019–20. As part of a double-degree master's program, these students will be able to do part of their degree program at the Politecnico di Milano and to complete their master's degree in either Graz or Milan. Here, those involved in the double-degree master's program participate in two master studios at Graz University of Technology and two master studios from the available syllabus at the Politecnico in Milan, along with the corresponding electives (totaling 150 ECTS points). The language of instruction at the Politecnico is English or Italian. The double-degree master's program facilitates international networking and also intercultural exchange, and students are able to earn their degree by passing a board examination at either university.

The Politecnico di Milano is one of Italy's leading architecture schools. It is also listed as a first-class educational institution for architecture and urban planning in global rankings. ∎

*Daniel Gethmann*

Vertragsunterzeichnung mit dem Rektor Harald Kainz | Signing of the contract with Rector Harald Kainz © KOEN/ Robert Anagnostopoulos, TU Graz

# Graz Architecture Lectures 2019

**Eine Veranstaltung der Architekturfakultät**, organisiert vom **Institut für Architekturtheorie, Kunst- und Kulturwissenschaften** in Kooperation mit dem **GAM.Lab**

Ein voller Hörsaal, lebhafte Diskussionen: Die sechste Ausgabe der Graz Architecture Lectures, die am 11. März 2019 in der Turnhalle der ehemaligen Kronesschule stattfand, war ein voller Erfolg. Das Programm folgte einem bewährten Konzept: Jedes Institut der Architekturfakultät lädt ohne thematische Vorgabe einen Vortragenden bzw. eine Vortragende ein, dessen bzw. deren Arbeit in einem Naheverhältnis zur eigenen Programmatik steht. Das Resultat war auch diesmal wieder ein buntes Bild der inhaltlichen Breite unserer Fakultät, wobei auffiel, dass sich das Thema des Handwerks, des Machens und der materiellen Kultur wie ein roter Faden durch viele Vorträge zog. ∎

## Graz Architecture Lectures 2019

An Event by the **Faculty of Architecture**, Organized by the **Institute of Architectural Theory, Art History and Cultural Studies** in Cooperation with **GAM.Lab**

A full lecture hall, with lively discussions: the sixth edition of the Graz Architecture Lectures, held on March 11, 2019, in the sports hall of the former Kronesschule, was a big success. The program followed a time-tested concept: each institute from the Faculty of Architecture extended an invitation, without any predetermined themes, to one speaker whose work stands in close proximity to the institute's program. This once again resulted in a colorful picture of the breadth of content found in our faculty, though in this case there was a clear golden thread related to the topics of craftsmanship, the act of making, and material culture in many of the lectures. ∎

*Anselm Wagner*

© akk, GAM.Lab, TU Graz

**Programm | Program**:

**Robin van den Akker** (Erasmus University College, Rotterdam): „On Metamodernism" (Institut für Architekturtheorie, Kunst- und Kulturwissenschaften | Institute of Architectural Theory, Art History and Cultural Studies)

**Irene Pérez/Jaume Mayol** (TEd'A Arquitectes, Palma de Mallorca): „We Are Where We Are" (Institut für Gebäudelehre | Institute of Design and Building Typology)

**Anton Falkeis** (falkeis²architects, Wien/Vaduz | Vienna and Vaduz; Universität für angewandte Kunst, Wien | University of Applied Arts Vienna): „Active Buildings_Innovation for Architecture in Motion" (Institut für Architekturtechnologie | Institute of Architecture Technology)

**Dragan Živadinov** (Ljubljana): „Fifty-Year Theatre Performance, Noordung 1995–2045" (Institut für Zeitgenössische Kunst | Institute of Contemporary Art)

**Ian Ritchie** (Ian Ritchie Architects, London): „Design with the Mind in Mind" (Institut für Gebäude und Energie | Institute of Buildings and Energy)

**Manuel Jiménez García/Gilles Retsin** (The Bartlett School of Architecture, London): „Architecture in the Age of Automation" (Institut für Architektur und Medien | Institute of Architecture and Media)

**Josep Ferrando** (Josep Ferrando Architects, Barcelona): „Flexible System" (Institut für Raumgestaltung | Institute of Spatial Design)

**Matthias Armengaud** (AWP, Paris): „Planning the Instable" (Institut für Städtebau | Institute of Urbanism)

**Jose Alfredo Ramírez** (Groundlab; AA London): „Towards a Territorial Praxis: Design Agency within Landscape Practices" (Institut für Architektur und Landschaft | Institute of Architecture and Landscape)

# „Matters of Facts"

## Artist-in-Residence-Programm von 22.–25. Oktober 2018

Im Zeitraum vom 22. bis 25. Oktober 2018 und im Rahmen des kunstbasierten Forschungsprojekts „The Incomputable: Art in the Age of Algorithms" veranstaltet, wurde das Artist-in-Residence-Programm „Matters of Facts" von der Orthogonal Methods Group von CONNECT des Trinity College Dublin (bestehend aus den Mitgliedern **Fiona McDermott, Tom O'Dea, Jessica Foley, Linda Doyle, Cliona Harmey, Fiona McDonald** und **Dennis McNulty**) als eine Reihe von öffentlichen Workshops, Vorträgen und Filmvorführungen entwickelt. „Matters of Facts" erforschte die Beziehung zwischen Fakten, Datenverarbeitung, Algorithmen, Poetik und Politik, wobei AkademikerInnen und Nicht-AkademikerInnen aus verschiedenen Bereichen zusammengebracht und verschiedene Formate und Arbeitsmethoden angewendet wurden: die Workshops „Engineering Fictions" mit **Jessica Foley**, „Diagram Reading Group" mit **Dennis McNulty** und „Logic Gate Session" mit **Tom O'Dea**, eine Präsentation von Videoarbeiten und ein öffentlicher Vortrag im Grazer Kunstverein.

Die Veranstaltungsreihe untersuchte die Art und Weise, in der sich bestimmte Wissensformen als Teil der Wahrheitssuche und/oder Rechtfertigung für bestimmte Handlungen in der Welt darstellen. Neben dem Aufwerfen von Fragen bot diese Reihe eine Plattform für Gespräche über die Rolle der Mathematik, der Vermessung, der Sprache und der Statistik bei der Beschreibung der Wirklichkeit und der Gestaltung der Gesellschaft – insbesondere in Bezug auf die Rolle der computergestützten algorithmischen Vermittlung und Steuerung im Leben der Menschen von heute – während gleichzeitig ein Glossar des Unberechenbaren erstellt wurde. ∎

*Dejan Marković (Übersetzung: Otmar Lichtenwörther)*

## "Matters of Facts"

## Artist Residency Program from October 22–25, 2018

Taking place over the course of a week from October 22-25, 2018 and set within the framework of the art-based research project "The Incomputable: Art in the Age of Algorithms," the artist residency program "Matters of Facts" was developed as a series of public workshops, talks, and screenings by the Orthogonal Methods Group from CONNECT of Trinity College Dublin (made up of members **Fiona McDermott, Tom O'Dea, Jessica Foley, Linda Doyle, Cliona Harmey, Fiona McDonald**, and **Dennis McNulty**). "Matters of Facts" explored the relationship between facts, computation, algorithms, poetics, and politics, bringing together academics and non-academics from various fields and using diverse formats and working methods: The workshops "Engineering Fictions" by **Jessica Foley**, "Diagram Reading Group" by **Dennis McNulty**, and "Logic Gate Session" by **Tom O'Dea**, a screening session of video-works, and a public talk at the Grazer Kunstverein.

The series of events explored the ways in which particular forms of knowledge present themselves as part of a search for truth and/or as a justification for particular actions in the world. Along with posing questions, this series provided a platform for conversations on the role of mathematics, measurement, language, and statistics in describing reality and shaping society—particularly in relation to the role of computerized algorithmic mediation and governance in people's lives today, while simultaneously building a glossary of the incomputable. ∎

*Dejan Marković*

Externe Workshop-TeilnehmerInnen | External participants of the workshop:
**Reni Hofmüller** (Künstlerin | artist), **Daniel Hofstadler** (Informatiker | computer scientist), **Hannes Hornischer** (Biotechniker | biotechnologist), **Constantinos Miltiades** (Architekt | architect), **David Pirrò** (Informatiker | computer scientist), **Martin Rumori** (Medienkünstler | media artist), **Hanns Holger Rutz** (Medienkünstler | media artist), **Selda Sherifova** (Biotechnikerin | biotechnologist), **Kate Strain** (Kuratorin | curator), **Joshua Varughese** (Biotechniker | biotechnologist), **Bernhard Wieser** (Informatiker | computer scientist)

### Kooperation | Cooperation:
FWF PEEK Projekt „The Incomputable. Art in the Age of Algorithms"
Institut für Zeitgenössische Kunst | Institute for Contemporary Art (IZK), TU Graz
CONNECT, Trinity College Dublin
Grazer Kunstverein

Diagram Reading Group, „Matters of Facts" Artist Residency Program © IZK, TU Graz

# AZ4 Klassiker

### Eine Veranstaltungsreihe des
### Architekturzeichensaals 4

Als autonome und kreative Denk- und Handlungsräume sind die Zeichensäle seit den 1950er Jahren integraler Bestandteil der Architekturfakultät der TU Graz. Als einer der Mitbegründer der Zeichensäle eröffnete **Eugen Gross** am 10. Dezember 2018 die von den Mitgliedern des AZ4 veranstaltete Vortragsreihe „AZ4 Klassiker" und erzählte von Selbststudium im Team, Revolution in den Köpfen der Studierenden und ihrem Bedürfnis nach gesellschaftlicher Veränderung und Selbstorganisation. Der Vortrag von **Bernhard Hafner**, der am 7. Januar 2019 stattfand, thematisierte die Relevanz der Zeichensäle als Werkzeug zur Bewusstmachung der Baukunst. Für Hafner war das Konzept des Zeichensaals eng mit Kritikfähigkeit, freier Meinungsäußerung und geistiger Verwandtschaft verbunden. **Konrad Frey** berichtete schließlich im dritten und letzten Vortrag der Reihe am 14. Januar 2019 von unvergesslichen, bösen wie auch guten Erlebnissen. Für Frey artikulierte die Zeichensaalrevolution vor allem den Wunsch, Architektur zeitrelevant und lebendig zu gestalten und neue Methoden im Entwurf zu erproben. ▪

# AZ4 Classics

### An Event Series by the
### Architecture Design Hall 4

As autonomous and creative spaces for thought and action, the Zeichensäle (design halls) have been an integral part of the Faculty of Architecture at Graz University of Technology since the 1950s. As one of the founders of the design halls, **Eugen Gross** opened the lecture series "AZ4 Classics," organized by members of the AZ4, on December 10, 2018, and talked about self-study in a team, revolution in the minds of students, and their desire for social change and self-organization. The lecture by **Bernhard Hafner**, held on January 7, 2019, thematized the relevance of the design halls as a tool for becoming more aware of architecture.

For Hafner, the concept of the design halls was closely associated with critical capacity, freedom of expression, and intellectual affinity. **Konrad Frey**, in turn, during the third and last lecture in the series on January 14, 2019, spoke about unforgettable, terrible, but also good experiences. Frey associated the design hall revolution mostly with the desire to make architecture relevant to the times and vibrant through design and to try out new design methods. ▪

*Clemens Haßlinger*

Collage Eugen Gross © Felix Dokonal

Collage Bernhard Hafner © Felix Dokonal

Collage Konrad Frey © Felix Dokonal

# Lunch & Guest Lectures

### Vortragsreihe des
### Instituts für Städtebau

Im Rahmen der vom Institut für Städtebau organisierten „Lunch Lectures" fanden sich auch im Studienjahr 2018/19 namhafte internationale Gäste an der Architekturfakultät ein, um aktuelle Positionen aus Urbanistik und Stadtforschung zu präsentieren. Am 7. November 2018 sprach Architektin **Lina Streeruwitz** (Wien) über „Mischungsverhältnisse für die produktive Stadt" und präsentierte alternative Wohnprogramme, die Räume des Arbeitens und Produzierens in den Vordergrund der Stadtentwicklung rücken. In seinem Vortrag „Trying Not to Fail Too Often" sprach **Blaž Babnik Romaniuk** (Ljubljana) am 26. November 2018 über Möglichkeiten und Potenziale von Stadtprojekten in kleinerem Maßstab. **Michael Ryckewaert** (Brüssel) widmete sich am 21. Mai 2019 dem räumlichen Zusammenhang von Universitäten und Städten und stellte neben historischen Beispielen auch die Potenziale zeitgenössischer Campusmodelle, wie jenem der VUB in Brüssel vor.

Im Kontext der Guest Lectures berichtete **Katharina Urbanek** (Wien) am 6. März 2019 über den innovativen Ideenwettbewerb Europan und **Adelheid Weiland** (Graz) am 16. Juni 2019 über Klimawandelanpassung als Kernkompetenz für den Städtebau. ▪

# Lunch & Guest Lectures

### Lecture Series in the
### Institute of Urbanism

As part of the "Lunch Lectures" organized by the Institute of Urbanism, renowned international guests also arrived at the Faculty of Architecture during the academic year 2018–19 to introduce current positions from the fields of urbanism and urban research. On November 7, 2018, the architect **Lina Streeruwitz** (Vienna) spoke about "Mixing Ratios for the Productive City" and presented alternative

© stdb, TU Graz

housing programs that move spaces for work and production to the forefront of urban development. In his lecture "Trying Not to Fail Too Often," **Blaž Babnik Romaniuk** (Ljubljana) talked on November 26, 2018, about the possibilities and potentials of urban projects on a smaller scale. **Michael Ryckewaert** (Brussels) devoted his speech on May 21, 2019, to the spatial link between universities and cities and also introduced, alongside historical examples, the potentials of contemporary campus models, like that of VUB in Brussels.

In the context of the "Guest Lectures," **Katharina Urbanek** (Vienna) explored the innovative ideas competition Europan on March 6, 2019, while **Adelheid Weiland** (Graz) touched on climate change adaptations as a core competency in urbanism on June 16, 2019. ∎

*Sandra Freudenthaler*

# Die „Gruabn"

Ein Modell des **Instituts für Grundlagen der Konstruktion und des Entwerfens** im **GrazMuseum**

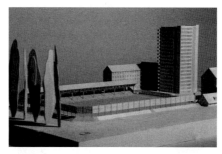

Modell des Fußballstadions mit angrenzendem Studierendenheim am Hafnerriegel | Modell of the soccer stadium with the student residence hall on Hafnerriegel © KOEN/Robert Anagnostopoulos, TU Graz

Unter dem Titel „Die Gruabn. Das Herz von Sturm" zeigte das GrazMuseum zwischen 26. April und 23. Juni 2019 eine Ausstellung zum 100-jährigen Jubiläum der legendären Fußballspielstätte Österreichs. Neben zahlreichen Relikten aus der Geschichte des Vereins wurde ein Teil der Ausstellung der besonderen städtebaulichen Lage des Stadions gewidmet. Dabei verräumlichte ein vom Institut für Grundlagen der Konstruktion und des Entwerfens und der Modellbauwerkstatt entwickeltes und produziertes Architekturmodell den besonderen Charakter des Kultstadions. Das Ziel des Projekts war die Erweiterung der Kompetenzen des Instituts durch den Einsatz experimenteller Modellbautechniken unter der vertieften Anwendung der maschinellen Ausstattung. Das 1:200 Modell wurde aus 1,5 Millimeter starken Birken-Sperrholzplatten mit einigen wenigen MDF-Teilen realisiert. Die Baukörper wurden wie eine Schachtel konzipiert und in einzelne Flächen abgewickelt, die mittels CNC-Fräse produziert und manuell zusammengefügt wurden. Für die Darstellung der 1921 gebauten Holztribüne und ihres charakteristischen Fachwerks wurden sehr filigrane Elemente gefräst. Der erhöhte Detaillierungsgrad sollte die Sportanlage als Hauptakteur des Modells subtil in den Vordergrund rücken. Eine Bilddokumentation sowie ein kurzes Video über die Entstehung des Modells kann auf der Homepage bzw. Facebookseite des Instituts angesehen werden: http://lampz.tugraz.at/~koen/die-gruabn-das-modell-vom-koen/. ∎

# The "Gruabn"

A Model by the **Institute of Construction and Design Principles** at **GrazMuseum**

GrazMuseum presented an exhibition titled "The Gruabn: The Heart of Sturm" from April 26 to June 23, 2019, marking the 100-year anniversary of this legendary soccer venue in Austria. In addition to showing countless relics from the history of the soccer club, part of the exhibition was dedicated to the stadium's special urban-planning site. Here, an architectural model —developed and produced by the Institute of Construction and Design Principles and the model-building workshop—lent the special character of this cult stadium three-dimensional form. The objective of the project was to expand the competency of the institute by employing experimental model-building techniques while exploring a more in-depth use of machine equipment. The 1:200 model was crafted from 1.5 millimeter birch plywood sheets, with a few parts made of medium-density fiberboard. The structures were designed like a box and unfolded into individual surfaces, which were produced using a CNC mill and then assembled manually. For the representation of the wooden bleachers built in 1921 and its characteristic timbered construction, highly delicate elements were milled. The heightened degree of detail was meant to subtly bring the sports facility, as the main protagonist of the model, to the fore. Visual documentation along with a short video about the building of the model can be viewed on the institute's homepage and also on its Facebook page: http://lampz.tugraz.at/~koen/die-gruabn-das-modell-vom-koen/. ∎

*Iulius Popa*

Projektleitung | Project lead: **Iulius Popa**
Team: **Jana Engel, Irnes Fatkic, Johannes Fritzenwallner, Klemens Illek, Lisa Obermayer, Lung Peng, Sebastian Pletzer, Lea Schuiki**

# Am KOEN zu Gast.

Eine Gastvortragsreihe am **Institut für Grundlagen der Konstruktion und des Entwerfens**

„Am KOEN zu Gast." präsentiert seit Mai 2019 Werk und Entwurf im Spannungsfeld von Lehre und Praxis. Nach Umberto Ecos Diktum, dass Kultur im Wesentlichen Kommunikation sei, untersuchen Petra Petersson und Armin Stocker gemeinsam mit ihren Gästen in Vorträgen und Podiumsgesprächen die gegenseitige Bedingtheit von Konstruktion und Entwurf. Drei Veranstaltungen mit lokalen und internationalen Gästen pro Studienjahr ergänzen die Architekturlehre der ersten beiden Semester am Institut für Grundlagen der Konstruktion und des Entwerfens. Die für alle Interessierten offene Veranstaltungsreihe schafft für die Studierenden des ersten Jahres Einblicke in die aktuelle Architekturproduktion sowie in die Lehrkonzepte der Gäste. Gleichzeitig öffnen die unterschiedlichen Positionen einen Möglichkeitsraum, um aktiv am Diskurs teilzunehmen, Konventionen zu hinterfragen und Tendenzen einzuordnen. ∎

## Am KOEN zu Gast.

### A Guest Lecture in the **Institute of Construction and Design Principles**

Since May 2019, "Am KOEN zu Gast." has been presenting work and design in the dynamic realm of teaching and practice. Following Umberto Eco's dictum that culture is essentially communication, Petra Petersson and Armin Stocker explore together with their guests, through lectures and panel discussions, the mutual contingency of construction and design. Three events per academic year with local and international guests complement the architecture classes during the first two semesters in the Institute of Construction and Design Principles. The event series, which is open to all interested persons, gives first-year students insight into current architecture production and into the teaching concepts of the guests. At the same time, the different positions open up a

Am KOEN zu Gast. #2/19. Daniela Novak, Wolfgang Novak, Petra Petersson, Jan Kampshoff und | and Armin Stocker in der Halle der Kronesgasse | in the hall of Kronesgasse © KOEN/Robert Anagnostopoulos, TU Graz

space of potentiality, enabling students to actively engage in discourse, to question conventions, and to evaluate tendencies. ∎

*Armin Stocker*

Vortragende, GesprächspartnerInnen und GastkritikerInnen | Speakers, conversation partners, and guest critics:
8. Mai 2019 | May 8, 2019:
**Marion Wicher** (Marion Wicher Architektur, Graz) und | and **Marc Benjamin Drewes** (marc benjamin drewes ARCHITEKTUREN, Berlin und Vertretungsprofessor an der FH Erfurt | and visiting professor at the University of Applied Sciences Erfurt)
19. Juni 2019 | June 19, 2019:
**Jan Kampshoff** (modulorbeat, Münster und Professor an der TU Berlin | and professor at the Berlin Institute of Technology) sowie | along with **Daniela** und | and **Wolfgang Novak** (ANAH, Salzburg und | and Campos)
29. Januar 2020 | January 29, 2020:
**Elisabeth Hobiger-Feichtner** und | and **Martin Feichtner** (Hobiger Feichtner Architektur Atelier und | and ETH Zürich)

Konzept und Leitung | Concept and direction:
**Armin Stocker**
Durchführung | Implementation:
**Petra Petersson**, **Armin Stocker**, das | the **KOEN-Team**

# KUWI-Vortragsreihe „Performativität in den Künsten" und Ausstellung „Performance Now"

Eine gemeinsame Veranstaltung der **Universität Graz**, der **Kunstuniversität Graz**, der **TU Graz** und des **Kunsthauses Graz** im Rahmen des Kooperationsprojekts **KUWI Graz**

Milica Tomić, Performance Now, Kunsthaus Graz, 1. Juni 2019 | June 1, 2019 © Universalmuseum Joanneum/ J.J. Kucek

2016 schlossen die Rektorate von drei Grazer Universitäten – Karl-Franzens-Universität, Technische Universität und Kunstuniversität – ein Kooperationsabkommen im Bereich der Kunstwissenschaften ab. KUWI Graz bietet seither den zertifizierbaren, interuniversitären Schwerpunkt „Contemporary Arts and Culture" an, der jedes Studienjahr unter einem anderen Schwerpunktthema steht und in dessen Rahmen jeweils sechs im Team-Teaching unterrichtete Lehrveranstaltungen abgehalten werden. Die Architekturfakultät ist an diesem Programm mit dem Institut für Architekturtheorie, Kunst- und Kulturwissenschaften und dem Institut für Zeitgenössische Kunst beteiligt. Zum Jahresthema „Performativität" von 2018/19 veranstaltete das KUWI-Team im Sommersemester 2019 auch eine Vortragsreihe und die Ausstellung „Performance Now", die von 31. Mai bis 1. Juni 2019 im Kunsthaus Graz zu sehen war. Die Ausstellung behandelte die Frage, was Performance für die heutige Kunstpraxis so interessant macht. Neben Performances von **Ron Athey, boychild, Klitclique** und **Barbis Ruder**, Performance-Lectures von **Navaridas & Deutinger** und **Milica Tomić** waren deshalb auch performative Rauminstallationen von **Georg Kroneis,**

**Michikazu Matsune**, **Flora Neuwirth** und **Franz Reimer** zu sehen. Besonders erfrischend: die Paraphrasen klassischer Performances durch Studierende der Schauspielklassen der Kunstuniversität Graz. „Performance Now" wurde kuratiert von **Rosemarie Brucher** (Kunstuniversität Graz), **Anne-Grit Su Becker**, **Sabine Flach** (Universität Graz), **Anselm Wagner** (TU Graz) sowie von **Roman Grabner** (BRUSEUM), **Katrin Bucher Trantow**, **Katia Huemer** und **Barbara Steiner** (alle Kunsthaus Graz). Als KUWI-Koordinator fungierte **Thomas Schweitzer**. ▪

© Michikazu Matsune

## KUWI Lecture Series "Performativity in the Arts" and the Exhibition "Performance Now"

A Joint Event by the **University of Graz**, the **University of Music and Performing Arts Graz**, **Graz University of Technology**, and **Kunsthaus Graz** in the Scope of the Cooperation Project **KUWI Graz**

In 2016, the presidents of three Graz universities—University of Graz, Graz University of Technology, and the University of Music and Performing Arts Graz—signed a cooperation agreement pertaining to the art disciplines. Since

then, the KUWI Graz has been offering the certifiable topic "Contemporary Arts and Culture" shared among these universities. Each academic year, there is a different core subject, and six courses are taught through team teaching. The Faculty of Architecture is involved in this program with the Institute of Architectural Theory, Art History and Cultural Studies and the Institute of Contemporary Art. Focussing on the 2018–19 annual topic "Performativity," the KUWI team also offered a lecture series in the summer semester of 2019 and held the exhibition "Performance Now," which was on show from May 31 to June 1, 2019, at the Kunsthaus Graz. The exhibition addressed the question of why performance is of such strong interest to present-day art practice. In addition to performances by **Ron Athey, boychild**, **Klitclique**, and **Barbis Ruder**, there were also performance lectures by **Navaridas & Deutinger** and **Milica Tomić** and performative spatial installations by **Georg Kroneis**, **Michikazu Matsune**, **Flora Neuwirth**, and **Franz Reimer** to be seen. Especially refreshing: the paraphrases of classical performances by students of the drama classes from the University of Music and Performing Arts Graz. "Performance Now" was curated by **Rosemarie Brucher** (University of Music and Performing Arts Graz), **Anne-Grit Su Becker**, **Sabine Flach** (University of Graz), **Anselm Wagner** (Graz University of Technology), and by **Roman Grabner** (BRUSEUM), **Katrin Bucher Trantow**, **Katia Huemer**, and **Barbara Steiner** (the latter three from Kunsthaus Graz). **Thomas Schweitzer** served as KUWI coordinator. ▪

*Anselm Wagner*

# VoxelStage. Eine kollaborativ entworfene Bühne

Ein Projekt des **Instituts für Architektur und Medien** in Kollaboration mit **Fifteen Seconds**

Im Juni 2019 versammelte das „Fifteen Seconds Festival" mit 300 Vortragenden aus den Bereichen Business, Science, Mobility und Technology pro Tag rund 6.000 BesucherInnen auf dem Messegelände Graz. In Zusammenarbeit mit dem Institut für Architektur und Medien ist dafür im Rahmen der Lehrveranstaltung „Workshop 2" eine von acht Bühnen entworfen worden. Unter der Leitung von **Alexander Grasser** und der Mitarbeit von **Alexandra Parger** sowie **Eszter Katona** und **Kristijan Ristoski** haben die Studierenden mithilfe der kollaborativen Entwurfsplattform VoxelCO eine modulare Bühne gestaltet und umgesetzt. Im Fokus des Workshops stand das gemeinsame Entwerfen mit modularen Objekten, sogenannten *collaborative objects*, in verschiedenen Medien. Auf dem *digital playground* des Computer Lab der TU Graz experimentierten die Studierenden mit der Multi-Player und Cross-Plattform Software VoxelCO und erkundeten ihr Potenzial, indem sie gemeinsam in real-time Designvarianten und Voxel-Formationen digital entwarfen. Auf dem *augmented playground* wurde VoxelCO als App auf den Smartphones der Studierenden installiert, um die virtuellen Voxel im Maßstab 1:1 mit *augmented reality* in den realen Raum zu platzieren. Schließlich wurden die virtuellen Voxel-Formationen mit 400 Gitterwürfeln (40 × 40 × 40 Zentimeter) auf dem *real playground* nachgebaut. ▪

## VoxelStage: A Collaboratively Designed Stage

A Project by the **Institute of Architecture and Media** together with **Fifteen Seconds**

In June 2019, the "Fifteen Seconds Festival"—with 300 lecturers from the areas of business, science, mobility, and technology—drew around 6,000 visitors per day to the trade fair premises in Graz. For this event, one out of eight stages was designed in conjunction with the Institute of Architecture and Media, as part of the course "Workshop 2." Under the supervision of **Alexander Grasser**, together with **Alexandra Parger** as well as **Eszter Katona** and **Kristijan Ristoski**, the students designed and implemented a modular stage with the help of the collaborative design platform VoxelCO. The workshop was focused on working together to design modular objects, so-called "collaborative objects," in various media. In the digital playground of the computer lab at Graz University of Technology, the students experimented with the multiplayer and cross-platform software VoxelCO and explored its potential by working together to digitally create designs as real-time design variants and Voxel formations. In the augmented playground, VoxelCo was installed as an app on the students' smartphones in order to situate virtual Voxel in real space at a scale of 1:1 using augmented reality. Finally, virtual Voxel formations with 400 grid cubes (40 × 40 × 40 centimeter) were replicated on the real playground. The playful use of augmented reality as a design medium, coupled with the possibility of collaborating in real time using various media, ultimately led to the design of the Voxel stage, which was successfully implemented at the festival together with the students. ∎

*Alexander Grasser*

BetreuerInnen | Advisors: **Alexander Grasser, Alexandra Parger, Eszter Katona, Kristijan Ristoski**
Studierende | Students: **Nadina Bajrić, Emir Dostović, Dijana Imsirović, Jelena Josić, Larisa Kolasinac, Anela Milkić, Inas Dizarević, Fabian Jäger, Matea Kelava, Bianka Marjanović, Sali Ren, Sarah Salković, Anela Smajlovoić, Mirna Vujović, Fabian Rigler, Cornelis Backenköhler**

VoxelStage am | at the Fifteen Seconds Festival © IAM/Alexander Grasser, TU Graz

# Interactive Spots

## Eine Kooperation des **Instituts für Architektur und Medien** mit der **Esterhazy Betriebe GmbH**

Im Sommersemester 2019 beschäftigte sich die Lehrveranstaltung „Entwerfen spezialisierter Themen" unter der Leitung von **Milena Stavrić** und **Albert Wiltsche** (Institut für Architektur und Medien) mit der Thematik „design to production" – vom Entwurf über die parametrisierte Detaillierung bis hin zur Umsetzung eines realen Bauprojekts. Die Aufgabe bestand darin, für das Schloss Lackenbach im Burgenland mehrere interaktive Objekte für die BesucherInnen des Parks zu entwerfen, selbst zu produzieren und zu errichten. Aus allen Arbeiten der Studierenden wurden Mitte des Semesters drei Projekte ausgewählt, die dann wiederum von allen Studierenden zusammen ausgearbeitet und umgesetzt wurden. Zu diesen Projekten gehören die „Swirling Flower" von **Nicole Antunović**, die „Landschaftsbank" von **Mona Kainrath** und das „Tischoval" von **Gregor Klepatsch**. Am Ende des Semesters wurden die drei Projekte von allen Studierenden mit fachlicher Unterstützung der Zimmerei Baumgartner aus Kärnten gemeinsam am Bestimmungsort im Burgenland errichtet. Wie schon bei den vorangegangenen Projekten aus den letzten Jahren fand bis zum 30. November 2019 eine begleitende Ausstellung aller Studierendenarbeiten im Museum im Schlosspark Lackenbach statt. ∎

„Landschaftsbank", Mona Kainrath, 2019 © IAM, TU Graz

## Interactive Spots

### A Cooperation between the **Institute of Architecture and Media** and **Esterhazy Betriebe GmbH**

In the summer semester of 2019, the course "Design of Specialized Topics, headed

„Swirling Flower", Nicole Antunović, 2019 © IAM, TU Graz

by **Milena Stavrić** and **Albert Wiltsche** (Institute of Architecture and Media), examined the theme "design to production"—from the design to the parameterized detailing to the implementation of a real construction project. The task was to design, self-produce, and assemble several interactive objects for the visitors of the park at Lackenbach Castle in the Burgenland province. Mid-semester, three projects were selected from all of the student work, which were then in turn revised and implemented by all students: the "Swirling Flower" by **Nicole Antunović**, the "Landschaftsbank" by **Mona Kainrath**, and the "Tischoval" by **Gregor Klepatsch**. At the end of the semester, the three projects were erected by all students together at a destination in the Burgenland province, with the support of experts from the Baumgartner carpentry company in Carinthia. As with the previous projects in recent years, on November 30, 2019, an accompanying exhibition featuring all student work was held in the museum at Lackenbach Castle. ∎

*Milena Stavrić / Albert Wiltsche*

„Tischoval", Gregor Klepatsch, 2019 © IAM, TU Graz

# Spatial Lighting Design

## Ein Universitätskurs des **Lichtlabors** am Institut für Raumgestaltung

Lichtkonzepte tragen wesentlich zum Ambiente eines Raumes bei und spielen in der Entwurfspraxis eine große Rolle. Licht als zentraler Bestandteil der Architektur stand auch im Mittelpunkt des zweiwöchigen englischsprachigen Universitätskurses „Spatial Lighting Design: From Technology to Spatial Perception", in dem das Planen und Arbeiten mit Licht in das Life Long Learning Programm der TU Graz aufgenommen und in Kooperation mit der Lichtindustrie angeboten wurde. Entwickelt wurde die interdisziplinäre Weiterbildung vom Institut für Raumgestaltung gemeinsam mit dem Life Long Learning Team der TU Graz und VertreterInnen aus der Lichtindustrie. Unter der wissenschaftlichen Leitung von **Birgit Schulz** wurden den KursteilnehmerInnen lichttechnische Grundlagen vermittelt und Einblicke in die psychologischen und physiologischen Aspekte der Lichtwirkung gegeben. Darauf aufbauend wurde das erlernte Wissen bei der Erarbeitung eines Beleuchtungskonzepts direkt in die Praxis umgesetzt. Der Universitätskurs „Spatial Lighting Design" findet im Zweijahresrhythmus statt und wird auf Grund des positiven Feedbacks das nächste Mal im Juli 2021 abgehalten. ∎

# Spatial Lighting Design

## A University Course by the **LightLab** of the **Institute of Spatial Design**

Light concepts make a vital contribution to the ambience of a room and play a significant role in design practice. Light as a central component of architecture was also at the focus of the two-week-long English university course "Spatial Lighting Design: From Technology to Spatial Perception." Here, the planning and working with light was included in the Life Long Learning program at Graz University of Technology and offered to students in cooperation with the lighting industry. This interdisciplinary training was developed by the Institute of Spatial Design together with the Life Long Learning team at Graz University of Technology and representatives of the lighting industry. Under the scientific guidance of Birgit Schulz, the course participants were taught photometric basics and given insight into the psychological and physiological aspects of lighting effects. Building on this, the acquired knowledge was directly put into practice by formulating a lighting concept. The English-language university course "Spatial Lighting Design" is held every two years and, due to the positive feedback, will thus start again in July 2021. ∎

*Birgit Schulz*

Intelligente Beleuchtung: Von der Technologie zur visuellen Wahrnehmung. Praktisches Labor für Museumsbeleuchtung / Smart Lighting: From Technology to Visual Perception. Hands on Laboratory for Museum Lighting © ALLES oder Licht

# Smarte Quartiersentwicklung in kleinen und mittelgroßen Städten

Ein Universitätskurs organisiert vom **Institut für Städtebau** in Kooperation mit dem **Life Long Learning** der **TU Graz**, der **Fakultät für Raumplanung und Architektur** der **TU Wien** sowie dem **Salzburger Institut für Raumordnung und Wohnen**

Zunehmende Leerstände im Zentrumsbereich, Schwierigkeiten beim Management einer nachhaltigen Mobilität und eine fehlende Energieraumplanung treffen insbesondere kleine und mittelgroße Städte, die nur über geringe finanzielle und personelle Ressourcen verfügen. Um bestehende Qualitäten zu bewahren und diese Orte zukunftsfähig zu machen, vermittelte dieser Universitätskurs in unterschiedlichen Modulen Wissen zu Themen der nachhaltigen Stadtentwicklung. Die fünfzehn Teilnehmenden aus ganz Österreich bearbeiteten und diskutierten diverse Grundlagenbeispiele, wie zum Beispiel den Leuvener Bahnhof, den Umgestaltungsprozess des Hohen Platzes in Wolfsberg sowie Beispiele landschaftsarchitektonischer Umsetzungen. Ein weiteres Modul vermittelte Grundlagen zu Verkehrsmittelwahl und Mobilitätsverhalten und analysierte vergleichbare Beispiele aus Deutschland, Belgien, Niederlande und Luxemburg als Best Practice. Die Vorzeigeobjekte aus Waidhofen an der Ybbs und Trofaiach wurden im Modul „Innenentwicklung" thematisiert. Für das Modul zum Thema „Governance" lieferten Munderfing und Hartberg vertiefende Ansätze einer Prozesssteuerung. Im nachfolgenden Modul wurde ein Blick auf die Energiewende geworfen und darauf, wie diese in Quartieren und Städten umsetzbar wird. Anregungen und aktuelle Entwicklungen zum automatisierten Fahren und E-Carsharing wurden in einem weiteren Modul zum Thema Technologie und Digitalisierung zur Diskussion gestellt. ∎

# Smart District Development in Small and Mid-Sized Cities

A University Course organized by the **Institute of Urbanism** in Cooperation with the Program **Life Long Learning** at **Graz University of Technology**, the **Faculty of Spatial Planning and Architecture** at **Vienna University of Technology,** and the **Salzburg Institute for Regional Planning and Housing**

Increasing vacancies in downtown areas, difficulties in managing sustainable mobility, and a lack of spatial energy planning all impact small and mid-sized cities in particular, for they have access to only limited financial and personal resources. In order to preserve existing qualities and to make such locations viable in the future, this university course uses various modules to convey knowledge about issues of sustainable urban development. The fifteen participants from all over Austria worked with and discussed many different basic examples, for instance the train station in Leuven, the process of redesigning the Hohen Platz in Wolfsberg, along with examples of landscape architecture applications. Another module imparted basics related to choice of transportation and mobility behavior and analyzed comparable best-practice examples from Germany, Belgium, the Netherlands, and Luxembourg. The showpieces from the towns Waidhofen an der Ybbs and Trofaiach were thematized in the module "Internal Development." For the module on the topic of "Governance," the towns Munderfing and Hartberg offered in-depth approaches to process control. The subsequent module took a look at the energy revolution and at how it can be realized in urban districts and cities. Ideas and current developments related to automated driving and e-carsharing were discussed in yet another module on the topic of technology and digitalization. ∎

*Markus Monsberger*

Universitätskurs „Smarte Quartiersentwicklung in kleinen und mittelgroßen Städten" | University course "Smart District

# „CIVITAS: Cleaner and Better Transport in Cities, Graz 2019"

Eine Veranstaltung organisiert von der **Europäischen Union** und der **Stadt Graz**

Stadtzentren, Umwelt und Wohngebiete werden durch den motorisierten Individualverkehr belastet. Aber auch der Verkehr für Gütertransport wird durch den vermehrten Onlinehandel verschärft und trägt damit in zunehmendem Maße zur Belastung der dichten Stadtzentren bei. Im Projekt „Urban Logistics Hub" arbeitet man gemeinsam an innovativen Lösungen für eine nachhaltige und saubere Logistikmobilität, die sich innerstädtisch in das Stadtgewebe integrieren lässt. Die CIVITAS ist ein Netzwerk von Städten für Städte, die sich bereits seit 2002 mit über 800 innovativen Maßnahmen und Lösungen für einen saubereren und besseren Verkehr in ganz Europa eingesetzt hat. Beim CIVITAS-Forum 2019 in Graz war das Institut für Städtebau mit studentischen Arbeiten aus dem Masterstudio „Urban Logistics" vertreten. Institutsleiterin **Aglaée Degros** referierte über Potenziale für eine aktive urbane Logistik und ihre Bedeutung für den Stadtraum. Wie kann ein innovatives Logistiknetzwerk die Grazer Innenstadt von motorisierten Frachttransporten entlasten? Welche Vorteile bringt ein dezentrales Verteilungssystem? Diese und weitere Fragen lieferten den Studierenden den Ausgangspunkt für ihre Entwürfe räumlicher Lösungen, die von kleinteiligen Implementierungen von Micro-Depots in Bestandsgebäuden, über die Transformation und Nutzungserweiterung einer Tram-Remise in Graz als Mesohub mit Einbeziehung von LogistikTrams bis hin zur integrierten Planung von Microhubs für den neuen Stadtteil Reininghaus in Graz reichten. ∎

# "CIVITAS: Cleaner and Better Transport in Cities, Graz 2019"

An Event Organized by the **European Union** and the **City of Graz**

Urban centers, nature, and residential areas are burdened by motorized personal traffic. But also the traffic needed for the transport of goods has been intensified by an increase in online commerce, thus further contributing to the strain on the dense city centers. The project "Urban Logistics Hub" is geared toward working together to arrive at innovative solutions for sustainable and clean logistics mobility that can be integrated into the urban fabric within inner cities. CIVITAS is a network of cities for cities, which, with over 800 innovative measures and solutions, has already been fighting for cleaner and better transport throughout Europe since 2002.

At the CIVITAS Forum 2019 in Graz, the Institute of Urbanism was represented by student works from the master studio "Urban Logistics." The head of the institute, **Aglaée Degros**, spoke about the potentials for an active urban logistics and its meaning for urban space. How can an innovative logistics network relieve downtown Graz from motorized freight transport? What advantages would a decentralized distribution system have? These questions and others provided the students with a point of departure for designing their own spatial solutions, which ranged from finely detailed implementations of micro-depots in existing buildings, to the transformation and utilization expansion of a tram shed in Graz as a mesohub with an integration of logistics trams, to the integrated planning of microhubs for the new city district of Reininghaus in Graz. ∎

*Radostina Radulova-Stahmer*

Leitung | Supervisors: **Aglaée Degros**, **Radostina Radulova-Stahmer**
Studierende | Students: **Alena Viola Köstl, Christian Hallwachs, Christina Rohrmoser, Elisabeth Mitterfellner, Ernst Schumi, Gerald Lux, Joachim Franz Eckler, Kevin Guttmann, Medina Adzemović, Milan Susić, Milica Milovanović, Dominic Johann Nagele, Robert Michael Papon, Saša Katalina, Yu-Hsin Tzou**

Analysematrix der Best Practice Beispiele zur nachhaltigen Stadtlogistik im internationalen Vergleich | Analysis matrix of the best practice examples of sustainable urban logistics in international comparison © stdb, TU Graz

# November Talks 2019

## Vortragsreihe am **Institut für Architekturtechnologie** in Kooperation mit der **Sto-Stiftung**

Die November Talks 2019 waren wie schon in den vorangegangenen Jahren der Anlass einer differenzierten Auseinandersetzung mit zeitgenössischer Architektur. Im prächtigen Rahmen der Aula der Technischen Universität Graz luden das Institut für Architekturtechnologie gemeinsam mit der Sto-Stiftung zum Vortrag und anschließendem Podiumsgespräch ein. Den Anfang der Vortragsreihe bereitete **Carla Juaçaba** aus Brasilien. Ihre Werke sind von einer feinstofflichen, abstrakten Qualität und vermögen den Betrachter bzw. die Betrachterin trotz einer Reduktion der Mittel zu berühren. Der Vortrag von **Jan Kinsbergen** setzte den Schwerpunkt auf seine ersten Bauten, allesamt kleinere Familienhäuser, die von einer klaren Modellhaftigkeit geprägt sind. Die statischen Mittel, die gewählt wurden um die architektonischen Ideen zu realisieren, setzten so manchen in Erstaunen. **Piet Eckert** präsentierte einen Querschnitt der Arbeiten des Büros E2A. Die „Typological Marriage", die aus Unterschieden und Widersprüchen neue Einheiten schafft, sind mitunter Gedanken, die das Büro schon von

Anfang an begleiteten. Zudem entwickelten E2A gezielt Strategien, um ihren Projekten umsetzbare respektive finanziell mögliche architektonische Qualitäten zu geben. Den Schluss der Vortragsreihe bildete die Künstlerin **Lara Almarcegui**. Ihre Arbeiten verorten sich zwischen Kunst und Architektur und stellen das gewohnte Sehen in Frage. Sie erlaubt uns einen anderen Blick auf die Architektur und unsere übergestaltete Welt.

Herzlicher Dank gebührt der Sto-Stiftung für die langjährige Zusammenarbeit und die finanzielle Unterstützung. ∎

# November Talks 2019

## Lecture Series in the **Institute of Architecture Technology** in Cooperation with the **Sto Foundation**

For years now, the November Talks have been an occasion for engaging in a nuanced discourse on contemporary architecture. In the splendid atmosphere of the auditorium of Graz University of Technology, the Institute of Architecture Technology together with the Sto Foundation extended invitations to lectures, followed by a panel discussion. The lecture series started off with **Carla Juaçaba** from Brazil. Her works are characterized by an ethereal,

abstract quality and are able to reach the beholder despite a reduction of means. The lecture by **Jan Kinsbergen** placed a focus on his first buildings, which were distinguished by a model character and all of which were relatively small family homes. The chosen static approach to realizing his architectural ideas astonished quite a few people. **Piet Eckert** presented a cross-section of the work of his architectural firm E2A. The "typological marriage," which gives rise to new entities from differences and contradictions, is one of the ideas that has accompanied the firm from the outset. Moreover, E2A has specifically developed strategies in order to give their projects workable and financially feasible architectural qualities. The lecture series was concluded by the artist **Lara Almarcegui**. Her artworks can be localized between art and architecture, and they challenge our habitual ways of seeing. She gives us another view of architecture and of our over-designed world.

Warm thanks are extended to the Sto Foundation for many years of collaborative work and for their financial support. ∎

*Christoph Haidacher*

Piet Eckert bei den | at the November Talks 2019 in Graz © Marius Sabo

# Research

## Junge Architektur-forschung Graz

Eine Veranstaltung der **Doctoral School** der **Architekturfakultät** mit dem **HDA – Haus der Architektur Graz**

© ige/Filip Pejic, TU Graz

Am 3. Juli 2019 präsentierten die DoktorandInnen der Doctoral School der Architekturfakultät Konzepte, Methoden und Forschungsergebnisse einer breiten Öffentlichkeit. Durch den Abend führte der Leiter des Koordinationsteams der Doctoral School, **Brian Cody**. Insgesamt stellten sechs ForscherInnen aus unterschiedlichen Fachbereichen – darunter Tragwerksentwurf, Städtebau und Architekturtheorie – ihre Dissertationsprojekte vor und diskutierten im Anschluss gemeinsam mit dem Publikum über mögliche Lösungsansätze und weitere projektbezogene Strategien – von der ersten Recherche bis zur Fertigstellung der Dissertation. ∎

## Young Architectural Research in Graz

An Event by the **Doctoral School** of the **Faculty of Architecture** with the **HDA – Haus der Architektur Graz**

On July 3, 2019, the doctoral candidates of the Doctoral School in the Faculty of Architecture presented concepts, methods, and research results to a broad public. The head of the coordination team of the Doctoral School, **Brian Cody,** led everyone through the evening. Six researchers from different disciplines—including structural design, urbanism, and architectural theory—introduced their dissertation projects and then discussed with the audience possible solutions and other project-related strategies, from the initial research to the completion of the dissertation. ∎

*Christiane Wermke*

**Programm | Program:**

**Eva Sollgruber**: „Oswald Mathias Ungers und die Großform. Lektionen aus der Untersuchung von Projekten des deutschen Architekten O. M. Ungers für ein heutiges Entwerfen" | "Oswald Mathias Ungers and the Large-Scale Form: Lessons for Contemporary Design from the Study of Projects by the German Architect O. M. Ungers" (Hans Gangoly, Institut für Gebäudelehre | Institute of Design and Building Typology)

**Robert Schmid**: „coebro[façade]" (Stefan Peters, Institut für Tragwerksentwurf | Institute of Structural Design)

**Nina Alisa Habe**: „Autonome Lebensweise im Alter in Smart City Quartieren" | "Autonomous Living for the Elderly in Smart City Districts" (Aglaée Degros, Institut für Städtebau | Institute of Urbanism)

**Sophia Walk**: „Den Wohnalltag entwerfen. Das gebaute Werk Konrad Freys als Exempel für die Praxis des Alltags und die Theorie des Wohnens" | "Designing the Everyday Living Environment: The Built Work of Konrad Frey as an Example of Everyday Life Practice and Housing Theory" (Anselm Wagner, Institut für Architekturtheorie, Kunst- und Kulturwissenschaften | Institute of Architectural Theory, Art History and Cultural Studies)

**Stefan Leitner**: „Softwaregestützte Bemessung von Mauerwerksbauten am Gesamtgebäudemodell" | "Software-Supported Dimensioning of Masonry Structures Based on an Overall Building Model" (Stefan Peters, Institut für Tragwerksentwurf | Institute of Structural Design)

**Wolfgang List**: „Entwerfen am Modell – Über die Korrelation expliziter und impliziter Eigenschaften von Arbeitsmodellen" | "Model-Based Design: On the Correlation of the Explicit and Implicit Properties of Work Models" (Petra Petersson, Institut für Grundlagen der Konstruktion und des Entwerfens | Institute of Construction and Design Principles)

# 3. Doktorand_innen Symposium der Architektur an der Kunstuniversität Linz

Eine Kooperation der **Architekturstudiengänge bzw. -fakultäten** der **Akademie der bildenden Künste Wien**, der **Kunstuniversität Linz**, der **TU Graz**, der **TU Wien**, der **Universität für angewandte Kunst Wien** und der **Universität Innsbruck**

Das im Zweijahresrhythmus durchgeführte Doktorand_innen Symposium der Architektur fand am 17. und 18. Oktober 2019 zum dritten Mal und erstmals unter Beteiligung aller sechs Architekturschulen Österreichs statt. Das von Adolf Krischanitz ausgebaute Dachgeschoss der Kunstuniversität am Linzer Hauptplatz bot einen attraktiven Rahmen für die von einer Jury ausgewählten vierzehn Vorträge und sechzehn Posterpräsentationen. Für die Keynote Lecture konnte **Tatjana Schneider** (TU Braunschweig) gewonnen werden. Unter den vortragenden DissertantInnen, die sich den durchwegs kritischen Fragen der Respondenten und des zahlreichen Publikums stellten, waren auch vier VertreterInnen der TU Graz: **Alexander Eberl, Aleksandar Tepavčević** (beide vom Institut für Gebäude und Energie), **Wolfgang List** (Institut für Grundlagen der Konstruktion und des Entwerfens) und **Sophia Walk** (Institut für Architekturtheorie, Kunst- und Kulturwissenschaften). Die Veranstaltung bot einen repräsentativen Querschnitt durch das hierzulande an den Architekturschulen diskutierte Themenspektrum, das, wie **Matthias Boeckl** in *architektur-aktuell.at* resümierte, „mit mehr oder weniger klaren Forschungsfragen, aber stets mit großem Engagement wissenschaftlich bearbeitet wird". Die Tradition, dass DissertantInnen einen überregionalen und internationalen Austausch pflegen, soll in dieser Form 2021 fortgesetzt werden. ∎

# 3. Doktorand_innen Symposium der Architektur

Das öffentliche Symposium bringt Doktorand_innen der sechs kooperierenden Universitäten zusammen mit dem Ziel, aktuelle Perspektiven der Architekturforschung zu diskutieren.

## 17. und 18. Oktober 2019
## Kunstuniversität Linz

Hauptplatz 6, 4020 Linz
Repräsentationsraum West (5.0G)

**Keynote und Diskussion: Tatjana Schneider**
**Geschichten und Theorien von Architektur und Stadt**
17. Oktober 2019 / 18.00 Uhr

Programmgruppe
Akademie der bildenden Künste Wien: Angelika Schnell
Kunstuniversität Linz: Sabine Pollak, Veronika Schwediauer
Technische Universität Graz: Anselm Wagner
Technische Universität Wien: Vera Bühlmann, Dörte Kuhlmann, Christian Kühn
Universität für angewandte Kunst Wien: Matthias Boeckl, Andrea Börner
Universität Innsbruck: Kristina Schinegger

© kunstuniversität linz

# 3rd Doctoral Symposium of Architecture at the University of Art and Design Linz

A Cooperation between the **Architecture Programs or Faculties** of the **Academy of Fine Arts Vienna**, the **University of Art and Design Linz**, **Graz University of Technology**, **Vienna University of Technology**, the **University of Applied Arts Vienna**, and the **University of Innsbruck**

The Doctoral Symposium of Architecture, carried out every two years, was held for the third time on October 17–18, 2019, and for the first time with the participation of all six architecture schools in Austria. The top floor of the University of Art and Design on the Hauptplatz in Linz, which had been renovated by Adolf Krischanitz, offered an attractive setting for the fourteen lectures and sixteen poster presentations that had been selected by a jury. **Tatjana Schneider** (Technical University of Braunschweig) accepted the invitation to give the keynote lecture. Among the doctoral candidates speaking there, who addressed the entirely critical questions of the respondents and the many public attendees, were four representatives of Graz University of Technology. **Alexander Eberl** and **Aleksandar Tepavčević** (both from the Institute of Buildings and Energy), **Wolfgang List** (Institute of Construction and Design Principles), and **Sophia Walk** (Institute of Architectural Theory, Art History and Cultural Studies). The event offered a representative cross-section of the thematic spectrum debated in Austrian architecture schools, which, as **Matthias Boeckl** summarized at *architektur-aktuell.at*, "is academically explored with more or less clear research questions, but always with great devotion." The tradition of doctoral candidates engaging in transregional and international exchange is set to be continued in this form in 2021. ∎

*Anselm Wagner*

# „Architectural Research" Ringvorlesung 2019/20

## Lecture Series 2019–20

© Žiga Testen

# COEBRO. Betonbauteile mittels 3D-Druckverfahren

### Institut für Tragwerksentwurf

Das Forschungsprojekt „Additive Fabrication of Concrete Elements by Robots", kurz COEBRO, wurde nach drei Jahren Projektlaufzeit im März 2019 erfolgreich abgeschlossen. Das interdisziplinäre Forschungsteam rund um das Institut für Tragwerksentwurf (in Kooperation mit dem Institut für Betonbau und dem Labor für Konstruktiven Ingenieurbau) widmete sich dabei zwei Fallstudien, die die Bereiche digitale Produktion und Tragwerksentwurf miteinander verbinden. Im ersten Teil der Studie entwickelte das Forscherteam eine 3D-Betondruckanlage, die das Mischen, Fördern und Platzieren einer mörtelartigen Mischung erlaubt. Der zweite Teil konzentrierte sich auf die Anwendung dieser Technik im Baubereich, genauer gesagt auf den Einsatz von 3D-gedruckten Elementen in Kombination mit konventionell bewährten, tragenden Bauteilen zur Ressourcenoptimierung. Als Demonstrator wurde das wahrscheinlich massenrelevanteste Element im Hochbau gewählt: Die punktgelagerte Flachdecke, die mit einer Spannweite von rund acht Metern und einer Bauhöhe von 30 Zentimetern

als tragendes und robustes Element in großen Mengen zum Einsatz kommt. Forschungsziel war die Produktion einer ressourcenoptimierten Deckenkonstruktion bei identer Bauhöhe und Leistungsfähigkeit sowie minimalem Betonverbrauch. ∎

## COEBRO: Concrete Elements using 3D Printing Methods

### Institute of Structural Design

The research project "Additive Fabrication of Concrete Elements by Robots," or COEBRO, was successfully completed in March 2019 after the three-year project duration. The interdisciplinary research team around the Institute of Structural Design (in cooperation with the Institute of Structural Concrete and the Laboratory for Structural Engineering) focused its efforts on two case studies that connect the areas of digital production and structural design. In the first part of the study, the research team developed a 3D concrete printing system that enables the mixing, conveying, and positioning of a mortar-like blend. The second part concentrated on the use of this technology within the building sector or, more precisely, on the use of 3D printed elements in combination with conventionally proven load-bearing components for

Prototyp der Flippendecke mit 3D-gedruckten Aussparungskörpern aus Beton | Suspended full scale experimental prototype
© ITE/Robert Schmid, TU Graz

resource efficiency. Selected as demonstrator was the element that would likely be the most broadly relevant for structural engineering: the point-supported flat ceiling, which, with a span width of around eight meters and a construction height of 30 centimeters, is employed in large numbers as a robust, load-bearing element. The research objective was to produce a resource-efficient ceiling construction at an identical building height and performance, yet with a minimal use of concrete. ∎

Betondruckanlage im Roboterdesignlabor in Betrieb |
3D printing process for concrete elements
© ITE/Robert Schmid, TU Graz

**Projektlaufzeit | Project duration**:
September 2015 bis März 2019 | September 2015 to March 2019
**Finanzierung | Funding**:
Österreichische Forschungsförderungsgesellschaft | Austrian Research Promotion Agency (FFG)
**Projektteam | Project team**:
- **Institut für Tragwerksentwurf**, TU Graz | **Institute of Structural Design**, Graz University of Technology: Stefan Peters (Leitung | lead), Andreas Trummer, Georg Hansemann, Robert Schmid, Dominik Schraml, Joshua Tapley, Eva Pirker, Christoph Holzinger
- **Institut für Betonbau**, TU Graz | **Institute of Structural Concrete**, Graz University of Technology: Viet Tue Nguyen (Leitung | lead), Huy Hoang Kim
- **Labor für Konstruktiven Ingenieurbau**, TU Graz | **Laboratory for Structural Engineering**, Graz University of Technology: Bernhard Freytag (Leitung | lead), Valentino Slisković
**Projektpartner | Project partners**:
ABB AG
Sika Services AG
Peri GmbH
Kirchdorfer Fertigteilholding GmbH
HALLE SONNENHOCHTENBAU GmbH & Co KG

# Räume des Wohnens. insight/inside out Murtal

## Institut für Wohnbau

Das Institut für Wohnbau beschäftigte sich im Rahmen des Leader-Projekts „Ortsentwicklung: Räume des Wohnens" ab Februar 2017 eingehend mit der Entwicklung der Marktgemeinden Obdach und Unzmarkt-Frauenburg. Auf Basis qualitativer Feldforschung wurden in Lehrveranstaltungen im Studienjahr 2017 gemeinsam mit Studierenden bedürfnisorientierte Projektstrategien und -ideen sowie beispielgebende Entwürfe erarbeitet. Unter dem Motto „insight/inside out murtal" wurden lokale Eigenheiten, Stärken und Schwächen der Gemeinden und der Region identifiziert und konkrete Lösungen zur Ortskernstärkung bzw. -belebung entwickelt. Auf Basis der Grundlagenforschung konnten vorhandene Ressourcen definiert und lokale Potenziale fokussiert werden: Dazu zählen beispielsweise die Stärkung wirtschaftlicher Netzwerke durch innovative Strategien, die Definition und Hervorhebung der lokalen Markenbildung, die Analyse des baulichen Bestandes, der räumlichen Struktur und des Leerstandes in der Gemeinde, sowie die Aktivierung der BewohnerInnen durch künstlerische und partizipative Interventionen, Workshops, Symposien und Arbeitsgruppen. Zudem wurden Leerstandskataster erstellt, sowie Hilfestellung zum Aufbau eines fortführenden Leerstandsmanagements gegeben. Der 2019 abgeschlossene Forschungsbericht bietet einen umfangreichen Ideenpool für die gesamte Region und besteht aus Handlungsempfehlungen für die Weiterentwicklung des räumlichen Leitbildes, Strategieprojekten und innovativen Lösungsansätzen. ∎

Präsentation der Studierenden anlässlich der Murtal-Rallye 2017 | Student presentation on the occasion of the Murtal-Rallye 2017 © T_w/Sigrid Verhovsek, TU Graz

# Spaces of Dwelling: insight/inside out Murtal

## Institute of Housing

Starting in January 2017, as part of the Leader project "Town Development: Spaces of Dwelling," the Institute of Housing took an in-depth look at the development of the market communities of Obdach and Unzmarkt-Frauenburg. In courses during the 2017 academic year, need-oriented project strategies and ideas, as well as exemplary designs, were developed together with the students on the basis of qualitative field research. Under the slogan "insight/inside out murtal," local idiosyncrasies, strengths, and weaknesses of the municipalities and the region were identified and concrete solutions for strengthening and enlivening the town center developed. By conducting basic research, it was possible to define existing resources and focus on local potentials. This included, for example, the strengthening of economic networks through innovative strategies, the definition and accentuation of local branding, the analysis of existing architectural buildings, spatial structure, and vacancies in the town, as well as the activation of the residents through artistic and participative interventions, workshops, symposia, and work groups. Moreover, a vacancy cadastre was created, along with support structures for establishing ongoing vacancy management. The research report completed in 2019 offers an extensive pool of ideas for the entire region and includes recommendations for action in the further development of the spatial model, strategic projects, and innovative solutions. ∎

**Projektlaufzeit | Project duration**:
Februar 2017 bis Juni 2019 | February 2017 to June 2019
**Finanzierung | Funding**:
LEADER (Österreichisches Programm zur Förderung der ländlichen Entwicklung | Austrian Rural Development Programme) Gemeinde | Municipality of Obdach, Gemeinde | Municipality of Unzmarkt-Frauenburg
**Projektteam | Project team**:
Andreas Lichtblau (Leitung | lead), Manfred Omahna, Sigrid Verhovsek, Michael Pleschberger, Thomas Kalcher

# VITALITY.
## Energieoptimierte Designregeln und Planungs-schnittstellen für bauwerkintegrierte Photovoltaik

### Institut für Gebäude und Energie/ Institut für Architektur und Medien

Im Planungsprozess von Gebäuden ist eine frühzeitige und ganzheitliche Planungsrichtlinie erforderlich, um bauwerkintegrierte Photovoltaik (BIPV) erfolgreich umsetzen zu können. Das VITALITY-Projektteam hat zwei Ansätze gewählt, um das BIPV-Potenzial für ein Bauvorhaben bereits in der frühen Entwurfsphase aufzuzeigen. Im ersten Ansatz identifiziert das entwickelte VITALITY-Tool wirtschaftliche Modulplatzierungen auf der gesamten Gebäudeoberfläche für beliebige Geometrien und berechnet den nutzerabhängigen Energiebedarf. Der erste Teil der Abbildung zeigt die Verteilung der verfügbaren, jährlichen Solarstrahlungsmenge (Solar Radiant Exposure) auf der Gebäudehüllfläche eines Lebensmittelmarkts unter Berücksichtigung der Verschattung durch Nachbargebäude. Der zweite Teil zeigt die vorgeschlagene Modulplatzierung des VITALITY-Tools für ein PV-System mit einer Amortisa-

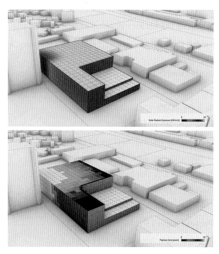

Visualisierung der Solarstrahlung und Amortisationszeit von BIPV Modulen mit dem VITALITY Tool | Visualization of solar radiation and the amortization period of BIPV modules using the VITALITY tool © ige, TU Graz

tionszeit (*Payback time*) von weniger als fünfzehn Jahren. Dieser Ansatz ermittelt Geltungsbereiche für energetische und wirtschaftliche Kennzahlen von repräsentativen Gebäudetypologien im urbanen Kontext. Insbesondere durch die im Sommer 2017 im Parlament beschlossene „kleine Ökostromnovelle", wodurch die Errichtung und der Betrieb von gemeinschaftlich genutzten Erzeugungsanlagen auf Mehrparteienhäusern zur Versorgung einer Gruppe von EndverbraucherInnen mit selbsterzeugter Energie explizit möglich wird, ist dieser Anwendungsfall interessant. Die VITALITY-Broschüre ist unter folgendem Link abrufbar: https://dx.doi.org/10.3217/vitality. ∎

## VITALITY: Energy-Optimized Design Rules and Planning Interfaces for Building-Integrated Photovoltaics

### Institute of Buildings and Energy/ Institute of Architecture and Media

In the process of designing buildings, early and comprehensive planning guidelines are necessary in order to be able to successfully implement building-integrated photovoltaics (BIPV). The VITALITY project team selected two approaches for highlighting the BIPV potential of a building project in the early design phase. In the first approach, the developed VITALITY tool identifies efficient module positions on the entire building surface, taking into account any possible geometrics, and calculates the user-dependent energy needs. The first part of the figure shows the distribution of the available annual amount of solar radiation on the building shell surface of a grocery store while taking into account the shading caused by neighboring buildings. The second part shows the module positioning suggested by the VITALITY tool for a photovoltaic system with an amortization period of less than fifteen years. This second approach determines the scope of energy-related and economic performance indicators of representative building typologies in an urban context. This specific application is of interest especially due to the

"small green electricity amendment" adopted by the Austrian parliament in the summer of 2017, which explicitly allows the setting up and operation of jointly used energy-generating systems on multiparty buildings with the aim of supplying a group of end consumers with self-generated energy. The VITALITY brochure is available under the following URL: http://dx.doi.org/10.3217/vitality. ∎

**Projektlaufzeit | Project duration**:
Februar 2017 bis Januar 2019 | February 2017 to January 2019

**Finanzierung | Funding**:
Osterreichische Forschungsförderungsgesellschaft | Austrian Research Promotion Agency (FFG)
Klima- und Energiefonds, Wien | Vienna

**Projektteam | Project team**:
- **AIT Austrian Institute of Technology** (Konsortialführung | consortium lead): Tim Selke, Marcus Rennhofer, Thomas Schlager, Sean Phillipp
- **Institut für Gebäude und Energie**, TU Graz | **Institute of Buildings and Energy**, Graz University of Technology: Sebastian Sautter
- **Institut für Architektur und Medien**, TU Graz | **Institute of Architecture and Media**, Graz University of Technology: Martin Kaftan
- **EURAC**: Marco Lovati
- **Lund Universität | University**: Jouri Kanters
- **teamgmi**: Anita Preisler
- **ATB-Becker**: Gernot Becker

**Projektpartner | Project partners**:
AIT Austrian Institute of Technology GmbH (Konsortialführung | consortium lead): Österreich | Austria
EURAC research Bozen – Institut für Erneuerbare Energie | Institute for Renewable Energy: Italien | Italy
Lund University – Faculty of Engineering, Department of Architecture and Built Environment: Schweden | Sweden
Teamgmi Ingenieurbüro GmbH: Österreich | Austria
ATB-becker e.U.: Österreich | Austria

# Die Solarhäuser von Konrad Frey. Umweltforschung und solares Wissen im Entwurf

## Institut für Architekturtheorie, Kunst- und Kulturwissenschaften

Als Pionier der Solarforschung hat der Architekt Konrad Frey (*1934) in einer Reihe von Experimenten verschiedene Prototypen von Solarhäusern entwickelt und 1972 das erste Solarhaus Österreichs entworfen. Das unter der Leitung von Anselm Wagner am Institut für Architekturtheorie, Kunst- und Kulturwissenschaften (akk) der TU Graz in Kooperation mit der Abteilung für Bauphysik und Bauökologie der TU Wien durchgeführte FWF-Forschungsprojekt „Die Solarhäuser von Konrad Frey. Umweltforschung und solares Wissen im Entwurf" hat zwischen 2016 und 2019 erstmals Freys Beitrag zum globalen Diskurs der Solararchitektur auf interdisziplinäre Weise untersucht. Als Basis diente der Vorlass des Architekten, der 2015 dem Archiv der TU Graz übergeben worden ist. Eines der Ergebnisse, ein Online-Werkkatalog sämtlicher Projekte, Forschungen und ausgeführter Bauten von Konrad Frey, wurde im April 2019 der Öffentlichkeit vorge-stellt. Ingrid Böck ordnete Freys Verständnis des „Well-Tempered Environment" in sein Werk ein, Matthias Schuß (TU Wien) präsentierte das an einzelnen Bauten durchgeführte Monitoring, Sophia Walk sprach über die Nutzungsgeschichte der Wohnhäuser Freys und Emilian Hinteregger stellte seine fotografische Dokumentation der Bauten Freys vor. So gaben die MitarbeiterInnen des Forschungsprojekts Einblicke in neue Erkenntnisse zum Oeuvre eines der innovativsten österreichischen Architekten des späten 20. Jahrhunderts. Zugang zum digitalen Werkkatalog über konradfrey.tugraz.at. ∎

# The Sun Houses of Konrad Frey: Environmental Research and Solar Design Knowledge

## Institute of Architectural Theory, Art History and Cultural Studies

As a pioneer of solar research, the architect Konrad Frey (*1934) developed various prototypes for solar houses as part of a series of experiments, and in 1972 he designed Austria's first solar house. The FWF research project "The Sun Houses of Konrad Frey: Environmental Research and Solar Design Knowledge," headed by Anselm Wagner, was carried out by the Institute of Architectural Theory, Art History and Cultural Studies (akk) at Graz University of Technology in cooperation with the Department of Building Physics and Building Ecology at Vienna University of Technology. Running from 2016 to 2019, the project took an interdisciplinary approach to investigating Frey's contribution to global discourse on solar architecture. The architect's estate, which was transferred to the archive of Graz University of Technology in 2015, served as the basis for this work. One of the results, an online catalogue of all projects, research endeavors, and built structures by Konrad Frey, was released to the public in April 2019. Ingrid Böck integrated Frey's understanding of a "Well-Tempered Environment" into the context of his work, Matthias Schuß (Vienna University of Technology) presented the monitoring carried out on individual buildings, Sophia Walk spoke about the history of use of Frey's residential homes, and Emilian Hinteregger introduced his photographic documentation of Frey's buildings. Thus, the individuals participating in the research project were able to offer insight into new findings related to the oeuvre of one of Austria's most innovative architects of the late twentieth century. The digital catalogue of works can be accessed online: konradfrey.tugraz.at. ∎

**Projektlaufzeit | Project duration**:
März 2016 bis März 2019 | March 2016 to March 2019
**Finanzierung | Funding**:
Fonds zur Förderung der wissenschaftlichen Forschung Österreich | Austrian Science Fund (FWF)
**Projektteam | Project team**:
• **Institut für Architekturtheorie, Kunst- und Kulturwissenschaften**, TU Graz | **Institute of Architectural Theory, Art History and Cultural Studies**, Graz University of Technology: Anselm Wagner (Leitung | lead), Ingrid Böck, Sophia Walk
• **Abteilung für Bauphysik und Bauökologie**, TU Wien | **Department of Building Physics and Building Ecology**, Vienna University of Technology

Haus Fischer, Grundlsee, Konrad Frey und | and Florian Beigel, 1978 © Jutta und | and Wolfgang Fischer

# Das Kulturerbe von Chamba. Ein Digitalisierungsprojekt

### Institut für Architektur und Medien

Mit 1. Juli 2019 startete am Institut für Architektur und Medien das FWF-Projekt „Digital Chamba", das sich, im Anschluss an das Vorgängerprojekt „Nagara", neben der hinduistischen Tempelarchitektur in den Randgebieten des westlichen Himalaya auch mit der Bildkunst und den rituellen Kontexten des hinduistischen Kulturraums beschäftigt. Durch seine geografische Lage wurde Chamba über die letzten 1.500 Jahre von großen Invasionen und Zerstörungen verschont und konnte somit seine kontinuierliche kulturgeschichtliche Tradition bewahren. Beispielsweise konnten zwei der vermutlich weltweit ältesten Holzbauwerke – die Shakti Tempel von Chhatrari und Brahmour (ca. 7. Jh.n.Chr.) – mit ihren exzellent erhaltenen Portal- und Deckenarchitekturen bewahrt werden. Außerdem umfasst das Projekt die Dokumentation und Analyse der Nagara Steintempel (ab dem 10. Jh.), Skulpturen (ab dem 8. Jh.), sowie der von der Mogulkunst beeinflussten Malereien an den Tempelwänden. Eines der Projektziele ist es, basierend auf digitalen Modellen von Bauwerken und Objekten, die Grundlage einer Datenbank zu erstellen, die langfristig den Status quo des Kulturerbes Chambas zugänglich und seine

Detail eines Nagara Steintempels (ca. 10. Jh.) | Detail of a Nagara stone temple (about 10th century) © Gerald Kozicz

kulturgeschichtliche Veränderungen nachvollziehbar macht. Weitere Informationen zum Projekt können unter folgendem Link aufgerufen werden: https://iam.tugraz.at/nagara/. ∎

## The Cultural Heritage of Chamba: A Digitalization Project

### Institute of Architecture and Media

On July 1, 2019, the FWF-funded project "Digital Chamba" was initiated in the Institute of Architecture and Media. Tying into the previous project "Nagara," not only the Hindu temple architecture found in the peripheral areas of the western Himalayas are being explored, but also the visual arts and the ritualistic contexts of Hindu cultural space. Due to its geographic location, Chamba remained untouched by great invasions and destruction over the last 1,500 years and has thus been able to safeguard its uninterrupted cultural-historical tradition. For example, it has been possible to save two of the world's probably oldest wooden structures—the Shakti Temples of Chhatrari and Brahmour (ca. 7 BC)—with their excellently preserved portal and ceiling architectures. The project also entails the documentation and analysis of the Nagara stone temple (ca. 10th century), the sculptures (ca. 8th century), and the paintings on the temple walls influenced by Mogul art. One of the project goals is to develop, based on digital models of architectural structures and objects, the foundation of a database that will make the status quo of Chamba's culture heritage accessible in the long term and give a transparent view of its cultural-historical changes. Additional project information can be accessed under the following URL: https://iam.tugraz.at/nagara/. ∎

**Projektlaufzeit | Project duration**:
Juli 2019 bis Juni 2023 | July 2019 to June 2023
**Finanzierung | Funding**:
Fonds zur Förderung der wissenschaftlichen Forschung Österreich | Austrian Science Fund (FWF)
**Projektteam | Project team**:
Institut für Architektur und Medien, TU Graz | Institute of Architecture and Media, Graz University of Technology: Gerald Kozicz, Kristijan Ristoski

# Räumliche Vision für das Radnetzwerk Graz

### Institut für Städtebau

Zunehmende Feinstaub-Emissionen, Staus und hohe Unfallraten sind nur wenige Aspekte einer Priorisierung des motorisierten Individualverkehrs. Die Folgen für die Stadtgesellschaft sind offensichtlich. Doch eine Mobilitätswende, wie man sie von Vorreiterstädten wie Amsterdam oder Kopenhagen kennt, lässt in Graz seit Langem auf sich warten. Die neue Radnetzstudie, eine strategische, regionsübergreifende Studie für den steirischen Kernballungsraum, die gemeinsam mit Peter Sturm vom Land Steiermark und den Kooperationspartnern Bike Citizens, dem Planungsbüro PLANUM Fallast Tischler & Partner GmbH und der TU Graz erstellt wurde, dient als Basis für weiterführende Maßnahmen und Detailplanungen. Unter der Projektleitung von Radostina Radulova-Stahmer erstellte das Institut für Städtebau die räumliche Vision für die Radnetzstudie, welche die Potenziale der Radmobilität nicht nur für den Verkehr, sondern auch für die Aufenthaltsqualität im Stadtraum illustriert. Dabei wurden nicht nur beengte innerstädtische Verkehrsräume, sondern auch überdimensionierte Durchfahrtsstraßen in kleinen Orten in der Peripherie untersucht und in ein attraktives, lebenswertes räumliches Leitbild überführt. Das Projekt wurde vom Verkehrsclub Österreich sowohl mit dem steirischen als auch mit dem bundesweiten Mobilitätspreis ausgezeichnet. ∎

## Spatial Vision for the Cycling Network in Graz

### Institute of Urbanism

Increasing particulate emissions, traffic jams, and high accident rates are just a few aspects related to the prioritization of individual motorized traffic. The ramifications for urban society are obvious. Yet a fundamental shift in mobility, as enacted in model cities like Amsterdam or Copenhagen, has yet to be seen in Graz. The

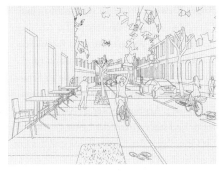

Aufwertung der Straßenräume für mehr Lebensqualität durch Neugestaltung der Fahrradmobilität | Upgrading of roadscapes for enhanced quality of life through a redesign of bicycle mobility © stdb, TU Graz

new bicycle network study—a strategic, transregional study for Styria's core conurbation area, developed in collaboration with Peter Sturm from the Province of Styria and the cooperation partners Bike Citizens, the planning firm PLANUM Fallast Tischler & Partner GmbH, and Graz University of Technology—serves as a basis for continuative measures and detailed planning. With Radostina Radulova-Stahmer as project lead, the Institute of Urbanism created the spatial vision for the bicycle network study, which illustrates the potentials of cycling mobility not for the traffic situation, but also for improving quality of life in urban space. Studied here were not only narrow inner-city traffic spaces, but also oversized thoroughfares in small towns along the periphery, and this was transferred to an attractive, livable spatial model. The project was awarded both the Styrian and the Austrian mobility prizes by the Verkehrsclub Österreich. ∎

**Projektlaufzeit | Project duration**:
Januar 2019 bis Mai 2019 | January 2019 to May 2019
**Finanzierung | Funding**:
Land Steiermark | Province of Styria
**Projektteam | Project team**:
Radostina Radulova-Stahmer, Alex van Dulmen, Anika Lösch
Institut für Städtebau, TU Graz | Institute of Urbanism, Graz University of Technology: Aglaée Degros, Radostina Radulova-Stahmer, Anika Lösch
**Projektpartner | Project partners**:
Institut für Straßen- und Verkehrswesen, TU Graz | Institute of Highway Engineering and Transport Planning, Graz University of Technology

# Dissertationen
## Dissertations

**Shirin Giahi** (2019), *City Clean Transport (CCT) Does Matter. Cycling Strategies Evaluation in Bicycle Friendly Cities and Their Application to Tehran*, Institut für Städtebau | Institute of Urbanism; 1. Gutachterin | 1st reviewer: Aglaée Degros, 2. Gutachter | 2nd reviewer: Maarten Van Acker; 157 Seiten | pages, Englisch | English.

**Andrej Šmid** (2019), *Ähnlichkeiten der ehemaligen jugoslawischen Städte | The Similarities of Ex-Yugoslav Cities*, Institut für Städtebau | Institute of Urbanism; 1. Gutachter | 1st reviewer: Grigor Doytchinov, 2. Gutachter | 2nd reviewer: Rudolf Klein; 212 Seiten | pages, Englisch | English.

**Iris Marie Reuther** (2019), *Best Practice gesucht. Strukturen baulichen Qualitätsmanagements im Hochschulneubau anhand exemplarischer Projekte in Österreich, Deutschland und Luxemburg | Best Practice Wanted: Structural Quality Management in New University Buildings Based on Exemplary Projects in Austria, Germany, and Luxembourg*, Institut für Architekturtechnologie | Institute of Architecture Technology; 1. Gutachter | 1st reviewer: Roger Riewe, 2. Gutachter | 2nd reviewer: Peter Schürrmann; 392 Seiten | pages, Deutsch | German.

**Christoph Walter Solstreif-Pirker** (2019), *Being-Together-With the World-Without-Us. Performative Investigations Into the Traumatized Planetary Space*, Institut für Zeitgenössische Kunst | Institute for Contemporary Art; 1. Gutachterin | 1st reviewer: Milica Tomić, 2. Gutachter | 2nd reviewer: Henk Slager; 220 Seiten | pages, Englisch | English.

**Claudia Verena Volberg** (2019), *Bedeutungsträger Beton. Potenziale der Materialsemantik am Beispiel von Großwohnbauten der 1960er und 1970er Jahre | The Signifier Concrete: On the Potentials of the Material Semantics in Large Scale Housing of the 1960s and 1970s*, Institut für Architekturtechnologie | Institute of Architecture Technology; 1. Gutachter | 1st reviewer: Roger Riewe, 2. Gutachter | 2nd reviewer: Wolfgang Sonne; 319 Seiten | pages, Deutsch | German.

**Tobias Weiss** (2019), *Energy-Flexible Zero-Energy Buildings. The Impact of Building Design on Energy Flexibility*, Institut für Gebäude und Energie | Institute of Buildings and Energy; 1. Gutachter | 1st reviewer: Brian Cody, 2. Gutachterin | 2nd reviewer: Anna Marszal-Pomianowska; 301 Seiten | pages, Englisch | English.

**Renate Weissenböck** (2019), *Roboter als Entwurfsmedien. Erforschung von robotischen Thermoformen im Spannungsfeld zwischen Mensch, Maschine und Material im architektonischen Entwerfen | Robots as Design Media: Exploring Robotic Thermoforming as an Open Negotiation Between Human, Machine and Material in Architectural Design*, Institut für Architektur und Medien | Institute of Architecture and Media; 1. Gutachter | 1st reviewer: Urs Hirschberg, 2. Gutachter | 2nd reviewer: Martin Bechthold; 475 Seiten | pages, Englisch | English.

# Publi-cations

## Learning from Berlin. Die Großstruktur als urbaner Generator

© KOEN/Robert Anagnostopoulos, TU Graz

Roger Riewe/Sorana-Cornelia Radulescu/
Armin Stocker (Hg. | eds.)
Graz: Verlag der TU Graz | Publishing Company of Graz University of Technology, 2019
Deutsch, 167 Seiten, kartoniert |
German, 167 pages, paperback
ISBN 978-3-85125-648-2
ISBN 978-3-85125-647-5 (eBook)
EUR 22,00 | EUR 22.00

Multifunktionale Großbauten sind – wie die Stadt selbst – in ihrer Prozesshaftigkeit zu verstehen. In diesem Sinne erforscht der Sammelband *Learning from Berlin. Die Großstruktur als urbaner Generator* am Beispiel von Berlin die Komplexität der Großstruktur und ihre Bedeutung für das umliegende Stadtgefüge. Gemeinsam mit Masterstudierenden des Instituts für Architekturtechnologie widmeten sich die HerausgeberInnen – Roger Riewe, Sorana-Cornelia Radulescu und Armin Stocker – einem Set von theoretischen Ansätzen, die in drei Kapiteln – „Learning about Berlin", „Learning through Teaching", und „Learning from Berlin" – programmatisch Herangehensweisen an die Gegenwart und Zukunft einer wachsenden Großstadt zur Diskussion stellen. Das Buch wurde im Februar 2019 im Rahmen der gleichnamigen Ausstellung in der Rathausgalerie Charlottenburg der Öffentlichkeit präsentiert. Mit Textbeiträgen von: Miriam Gegidze und Tobias Hönig, Uta Gelbke, Wolfgang Tom Kaden, Jan Kampshoff, Roger Riewe, Oliver Schruoffeneger, Sorana-Cornelia Radulescu, Armin Stocker und Imke Woelk. ▪

**Roger Riewe** ist Professor für Hochbau und Entwerfen und leitet das Institut für Architekturtechnologie. **Sorana-Cornelia Radulescu** war Universitätsassistentin am Institut für Architekturtechnologie. Aktuell ist sie als Senior Marketing Manager des De Gruyter Verlags in Berlin tätig. **Armin Stocker** ist Assistenzprofessor und stellvertretender Leiter des Instituts für Grundlagen der Konstruktion und des Entwerfens der TU Graz.

. . .

Multifunctional large-scale buildings must be understood—like the city itself—with their processuality in mind. To this end, the anthology *Learning from Berlin: Die Großstruktur als urbaner Generator* (Large-Scale Structure as Urban Generator) focuses on Berlin when exploring the complexity of large-scale structure and its meaning for the surrounding urban fabric. Together with master's students from the Institute of Architecture Technology, the editors of this volume—Roger Riewe, Sorana-Cornelia Radulescu, and Armin Stocker—put forth a set of theoretical approaches. In three chapters—"Learning about Berlin," "Learning through Teaching," and "Learning from Berlin"—these approaches put up for discussion programmatic strategies for addressing the present and the future of a growing metropolis. The book was presented to the public in February 2019 in the scope of the eponymous exhibition at the Rathausgalerie Charlottenburg. With text contributions by: Miriam Gegidze and Tobias Hönig, Uta Gelbke, Wolfgang Tom Kaden, Jan Kampshoff, Roger Riewe, Oliver Schruoffeneger, Sorana-Cornelia Radulescu, Armin Stocker, and Imke Woelk. ▪

**Roger Riewe** is a professor of structural engineering and design. He heads the Institute of Architecture Technology. **Sorana-Cornelia Radulescu** was a university assistant in the Institute of Architecture Technology. She is now a senior marketing manager at De Gruyter publishing house in Berlin. **Armin Stocker** is assistant professor and deputy director of the Institute of Construction and Design Principles at Graz University of Technology.

# Jemen. Traumhafte Bauten, wilde Landschaften

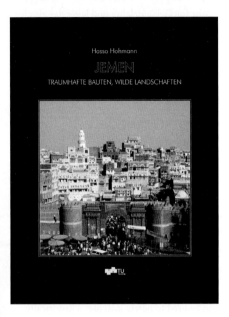

Hasso Hohmann
Graz: Verlag der TU Graz | Publishing Company of Graz University of Technology, 2019
Graz: Academic Publishers, 2019
Deutsch, 303 Seiten, gebunden |
German, 303 pages, hardcover
ISBN 978-3-85125-669-7 (TU Graz)
ISBN 978-3-901519-50-5
(Academic Publishers)
EUR 29,00 | EUR 29.00

Das Buch *Jemen: Traumhafte Bauten, wilde Landschaften* gibt eine vierwöchige Reise durch den Nord- und Südjemen über den Jahreswechsel 1991/92 mit spannenden Erlebnissen wieder. Es ist zugleich eine Darstellung der dekorreichen Klan-Türme aus Stein oder Lehm, die Ausdruck des unglaublichen Gestaltungswillens der Jemeniten sind. Fast 300 oft großformatige Farbfotos dokumentieren Bauten und auch Landschaften. Etliche Zeichnungen deuten auf die konstruktiven Besonderheiten in Architektur und Städtebau sowie auf die kulturellen Wurzeln im Reich der Königin von Saaba hin, das einst bis ins afrikanische Äthiopien reichte. Fast alle Abbildungen wurden hier erstmals publiziert. Die Arbeit verfügt über eine Analyse zu Architektur und Städte-

bau sowie über ein Glossar und eine Bibliografie. ▪

**Hasso Hohmann** ist Architekt und Hochschullehrer und lebt in Graz.

. . .

The book *Jemen: Traumhafte Bauten, wilde Landschaften* (Yemen: Delightful Buildings, Wild Landscapes) documents a four-week-long journey through the north and south of Yemen at the turn of 1991–92, including the exciting experiences along the way. At the same time, it is a rendering of the scenic clan towers made of stone or clay, which are an expression of the incredible creative drive of the Yemenites. Nearly 300 color photographs, many in a large format, document buildings and also landscapes. Numerous drawings indicate the special structural features of architecture and urban construction, but also the cultural roots in the Kingdom of Saba, which once extended well into what is now Ethiopia in Africa. Almost all illustrations have been published here for the first time. The book features an analysis of architecture and urbanism, as well as a glossary and a bibliography. ▪

**Hasso Hohmann** is an architect and university teacher based in Graz.

# Reflections on Camps – Space, Agency, Materiality

Antje Senarclens de Grancy/
Heidrun Zettelbauer (Hg. | eds.)
zeitgeschichte 4/2018
Göttingen-Wien: V&R Unipress, Vienna University Press, 1st Edition, 2018
Englisch, 174 Seiten, broschiert |
English, 174 pages, softcover
ISBN 978-3-8471-0851-1
EUR 19,99 | EUR 19.99

Lager als globales und allgegenwärtiges Massenphänomen der Gegenwart und als flexibles Isolierungsinstrument für bzw. gegen spezifische sozial, politisch oder ethnisch definierte Gruppen stehen im Mittelpunkt aktueller Politik und gesellschaftlicher Debatten. In diesem Band untersuchen die AutorInnen Lager als (kulturelle) Räume in einem breiten Sinn und setzen sich mit deren komplexen Dimensionen als Orte der Moderne auseinander. Sie untersuchen den Raum von Lagern und deren soziale Konstellationen, architektonische Qualitäten, symbolische Funktionen sowie kulturelle Repräsentationen und ergründen die institutionellen Ambivalenzen, Inkonsistenzen und Paradoxien dieses Phänomens.

Die Beiträge sind in unterschiedlichen Disziplinen (Zeitgeschichte, Bildwissenschaft, Architekturgeschichte, Refugee Studies und Gender Studies) verortet. Sie präsentieren ein breites Spektrum an Erkenntnissen und Ansätzen zu Raum, Materialität und den Beziehungen zwischen Governance und individueller Handlungsfähigkeit. ■

**Antje Senarclens de Grancy** ist Dozentin am Institut für Architekturtheorie, Kunst- und Kulturwissenschaften. **Heidrun Zettelbauer** ist außerordentliche Professorin am Institut für Geschichte der Universität Graz.

*Übersetzung: Otmar Lichtenwörther*

. . .

Camps as a global and ubiquitous mass phenomenon of the present and a flexible isolation tool for/against specific socially, politically, or ethnically defined groups are at the center of current policies and societal debates. In this volume, the authors explore camps as (cultural) spaces in a broad sense and deal with their complex dimensions as sites of the Modern. They examine camp spaces and their social configurations, architectural qualities, symbolic functions as well as cultural representations in an intent to define the inscribed ambivalences, inconsistencies and paradoxes of the phenomenon. Positioned within different disciplinary contexts (Contemporary History, Visual Studies, Architectural History, Refugee and Gender Studies), the assembled articles present a wide range of understandings and approaches to space, materiality and the relations between governance and agency. ■

**Antje Senarclens de Grancy** is assistant professor at the Institute of Architectural Theory, Art History and Cultural Studies. **Heidrun Zettelbauer** is associate professor at the Institute of History, University of Graz.

# Trofaiach. Architektonische Konzepte für ein zukünftiges Miteinander

TROFAIACH

ARCHITEKTONISCHE KONZEPTE
FÜR EIN ZUKÜNFTIGES MITEINANDER

Hans Gangoly/Eva Sollgruber (Hg. | eds.)
Graz: Verlag der TU Graz | Publishing Company of Graz University of Technology, 2019
Deutsch, 148 Seiten, kartoniert | German, 148 pages, paperpack
ISBN 978-3-85125-664-2
EUR 35,00 | EUR 35.00

In der Publikation werden Strategien für die Entwicklung und Aktivierung des Ortszentrums von Trofaiach präsentiert. An Hand einer Häuserzeile im Zentrum der steirischen Gemeinde werden Vorschläge für die Transformation bestehender Gebäudestrukturen entworfen und die damit zusammenhängenden Potenziale für eine zukünftige Entwicklung der Stadt reflektiert. Mit welchen Methoden kann eine historisch gewachsene Struktur entwerferisch neu interpretiert werden? Mit welchen Programmen kann das Zentrum einer Gemeinde wieder aktiviert werden? Wie werden wir in Zukunft ein soziales Miteinander gestalten und welchen Beitrag kann hierbei die Architektur liefern? Diesen Fragen widmete sich das Institut für Gebäudelehre der Technischen Universität Graz im Rahmen eines Masterstudios im Wintersemester 2018/19. Neben den Entwurfsarbeiten wird eine fundierte Analyse der be-

stehenden Gebäudestrukturen präsentiert, als auch ein Resümee in Form von sieben Empfehlungen, die als Werkzeug für eine strategische Ortskernentwicklung herangezogen werden können. ■

**Hans Gangoly** ist Architekt, Universitätsprofessor für Gebäudelehre und leitet das gleichnamige Institut der TU Graz. **Eva Sollgruber** ist Universitätsassistentin am Institut für Gebäudelehre.

. . .

In the publication *Trofaiach: Architektonische Konzepte für ein zukünftiges Miteinander* (Architectural Concepts for a Future Commons), strategies are presented for the development and activation of downtown Trofaiach. Citing a row of houses at the center of this Styrian municipality, designs for the transformation of existing building structures are suggested and the related potentials for the future development of this town are reflected on. Which methods can be used to newly interpret a historically established structure in terms of design? What programs might succeed in activating a municipal center? How will we shape social interaction in the future and which contribution can architecture make in the process? The Institute of Design and Building Typology at Graz University of Technology addressed these questions as part of a master's studio in the winter semester of 2018–19. In addition to design work, the book presents a sound analysis of the existing building structures, along with a summary taking the form of seven recommendations which could serve as a tool for engaging in strategic town center development. ■

**Hans Gangoly** is an architect, university professor, and head of the Institute of Design and Building Typology at Graz University of Technology. **Eva Sollgruber** is a university assistant in the Institute of Design and Building Typology.

# amm. architektInnen machen möbel

© amm/Otto Kaltner, TU Graz

Judith Augustinovič (Hg. | ed.)
Graz: Verlag der TU Graz | Publishing Company of Graz University of Technology, 2019
Deutsch, 102 Seiten, kartoniert | German, 102 pages, paperback
ISBN 978-3-85125-680-2
ISBN 978-3-85125-681-9
(Open Access eBook)
EUR 25,00 | EUR 25.00

amm wagt das Unmögliche: Angehende ArchitektInnen entwerfen in einer Lehrveranstaltung Möbel, die einem ganzheitlichen Ansatz verpflichtet sind – und sind damit erfolgreich. Unter der Leitung von Judith Augustinovič und Rainer Eberl hat es amm in den letzten fünf Semestern geschafft, diverse Entwürfe bis zur Marktreife auszufeilen und durch einen markanten Auftritt öffentlich wirksam zu präsentieren. Charakterstarke Bilder und Ausstellungsbeiträge sprechen für sich: Die Ausstellungsgestaltung ist Mittel zum Zweck einer fokussierten Möbelpräsentation. In dem Buch kommen die beteiligten Studierenden als auch andere WegbegleiterInnen von amm zu Wort und ermöglichen mit dem Blick von außen eine Sicht nach innen. Mit Beiträgen von Lilli Hollein, Eva Guttmann, Marina Hämmerle, Marion Kuzmany, Markus Bogensberger, Antje Senarclens de Grancy, Irmgard Frank, Franziska Hederer u.a. ∎

**Judith Augustinovič** war bis Sommer 2019 u.a. als wissenschaftliche Leiterin der Holzwerkstatt am Institut für Raumgestaltung der TU Graz tätig.

. . .

amm dares to achieve the impossible: in a university class, students of architecture design furniture according to a holistic approach—with success. Under the guidance of Judith Augustinovič and Rainer Eberl, over the last five semesters amm has succeeded in refining various designs to the point of commercial viability and in effectively presenting them to the public through a distinctive market presence. Images with strong character and exhibition contributions speak for themselves: the exhibition design is the means to an end of a focused furniture presentation. In the book the participating students have a chance to speak, as do others who collaborate with amm, thus facilitating an inside view through the view from the outside. With contributions by Lilli Hollein, Eva Guttmann, Marina Hämmerle, Marion Kuzmany, Markus Bogensberger, Antje Senarclens de Grancy, Irmgard Frank, and Franziska Hederer, among others. ∎

**Judith Augustinovič** served as academic head of the furniture-building workshop in the Institute of Spatial Design at Graz University of Technology until the summer of 2019.

# Experiment Wohnbau. Die partizipative Architektur des *Modell Steiermark*

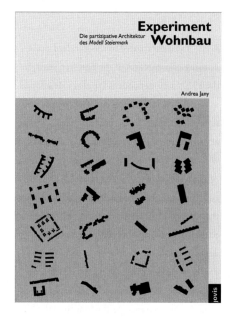

*architektur + analyse 7*
Andrea Jany
Berlin: Jovis, 2019
Deutsch, 200 Seiten, broschiert | German, 200 pages, softcover
ISBN 978-3-86859-589-5
EUR 29,80 (D) | 30,70 (A)
EUR 29.80 (G) | 30.70 (A)

Als Alternative zum normierten Massenwohnungsbau der Nachkriegsjahre entwickelte sich in den frühen 1970er Jahren eine eigenständige Typologie im steirischen sozialen Wohnbau. Es war die Kombination aus reformwilligen PolitikerInnen, visionären BeamtInnen sowie experimentierfreudigen ArchitektInnen und BauherrInnen, die bis zum Anfang der 1990er Jahre den international vielbeachteten Wohnbau des *Modell Steiermark* hervorbrachte. Gemeinsam mit den zukünftigen BewohnerInnen partizipativ geplant, zeugen die Projekte sowohl vom ausgeprägten Individualismus als auch Gemeinsinn der „Grazer Schule". Andrea Janys Monografie schildert erstmals die historisch-gesellschaftliche Entstehungsgeschichte, stellt die 28 Wohnbauprojekte vor und bewertet sie anhand einer Wohnzufriedenheitsbefragung aus heutiger Sicht von NutzerInnen. ▪

**Andrea Jany** ist Lehrbeauftragte am Institut für Architekturtheorie, Kunst- und Kulturwissenschaften. Der siebte Teil der *architektur + analyse* Reihe ist eine adaptierte Form ihrer Dissertation.

• • •

As an alternative to the standard mass housing construction of the postwar years, in the 1970s an independent typology developed in Styrian social housing construction. It was the combination of reformist politicians, visionary officials, as well as architects and clients willing to experiment that brought forth the *Modell Steiermark* ("Styria Model") housing construction until the beginning of the 1990s that drew wide international attention. Planned participatively together with the future residents, the projects bear witness to both the distinctive individualism and the community spirit of the "Graz School." Andrea Jany's monograph recounts for the first time the historical-social development story, presents the 28 housing projects and evaluates them according to a residential satisfaction survey from a present-day user point of view. ▪

**Andrea Jany** is a lecturer in the Institute of Architectural Theory, Art History and Cultural Studies. The seventh volume of the *architektur + analyse* series is an adapted form of her dissertation.

*Übersetzung: Jovis*

# Traffic Space Is Public Space

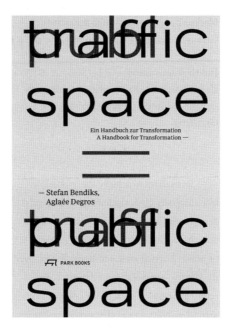

Stefan Bendiks/Aglaée Degros
Zürich | Zurich: Park Books, 2019
Deutsch/Englisch, 224 Seiten, broschiert | German/English, 224 pages, softcover
ISBN 978-3-03860-165-4
EUR 38,00 | EUR 38.00

Dieses Buch ist ein Beitrag zum Metier des Stadtplaners bzw. der Stadtplanerin. Als Ergebnis der praktischen Arbeit am öffentlichen Raum, liefert es kreative Strategien zur Wiederaneignung der vom Verkehr dominierten Flächen. Öffentliche Räume sind die Essenz urbanen Lebens. Um deren Qualität zu erhöhen, bedarf es eines gerechteren Gleichgewichts zwischen den verschiedenen NutzerInnen und der Transformation von reinen Verkehrsräumen in „echte" öffentliche Räume. Stefan Bendiks und Aglaée Degros zeigen internationale Referenzprojekte, präsentieren Arbeiten aus der eigenen Praxis und geben Einblicke in den Berufsalltag um aufzuzeigen, wie die Stadt und ihr Umfeld in einen angenehmeren Lebensraum verwandelt werden kann. ▪

**Stefan Bendiks** ist Architekt und Mitbegründer des Büros Artgineering mit Sitz in Brüssel. Derzeit hat er einen Lehrauftrag am Institut für Grundlagen der Konstruktion und des Entwerfens. **Aglaée Degros** ist Leiterin des Instituts für Städtebau und Mitbegründerin des Städtebaubüros Artgineering.

• • •

This book is a contribution to the profession of the urban planner. As a result of practical work in public space, it offers creative strategies for reappropriating areas dominated by traffic. Public spaces are the essence of urban life. In order to heighten their quality, it is vital to foster a more equitable balance between the different users and to transform spaces solely dedicated to traffic into "real" public spaces. Stefan Bendiks and Aglaée Degros highlight high-profile international projects, present work from their own practice, and offer insight into everyday professional life. The idea is to show how cities and their surroundings can be transformed into more enjoyable living space. ▪

**Stefan Bendiks** is an architect and cofounder of the firm Artgineering based in Brussels. He is currently teaching in the Institute of Construction and Design Principles. **Aglaée Degros** is the director of the Institute of Urbanism and cofounder of the urbanism firm Artgineering.

# Feld. Modelle, Begriffe und architektonische Raumkonzepte

*Daidalia. Studien und Materialien zur Geschichte und Theorie der Kulturtechniken*
Daniel Gethmann
Zürich | Zurich: diaphanes, 2020
Deutsch, 336 Seiten, broschiert |
German, 336 pages, softcover
ISBN 978-3-0358-0213-9
EUR 38,00 | EUR 38.00

Vermittelt über Modelle und Diagramme, die Vorgänge einer relationalen Verbundenheit in räumlichen Feldern darstellen, entstehen in der Architektur Raumkonzepte, die eine objektbezogene Entwurfsauffassung um immaterielle Relationen und Interaktionen erweitern. Die mit dem Begriff und dem Konzept des Feldes verbundenen Transformationen des gestalterischen und architektonischen Handelns in der Gegenwart verbinden eine Wissensgeschichte der Architektur mit der frühen Elektrizitätsforschung des 18. Jahrhunderts, mit dem naturwissenschaftlich geprägten Feldbegriff von Michael Faraday und James Clerk Maxwell im 19. Jahrhundert, wie auch mit kulturwissenschaftlichen Feldkonzepten des 20. Jahrhunderts von Ernst Cassirer, Kurt Lewin oder Pierre Bourdieu. Eine historische Untersuchung der Transformationen, die die Denkfigur des Feldes zwischen Natur- und Kulturwissenschaften bis zur Architektur durchlaufen hat, nimmt die Modelle, Bildtechniken und Raumkonzepte des Feldes genauer in den Blick, um ihren Beitrag zur Wissensgeschichte der Architektur erkennen zu können. ∎

**Daniel Gethmann** ist Associate Professor am Institut für Architekturtheorie, Kunst- und Kulturwissenschaften der TU Graz.

• • •

Conveyed through models and diagrams that present, in spatial fields, processes of relational connectedness, in an architectural context spatial concepts arise which expand an object-related understanding of design to embrace immaterial relations and interactions. Present-day transformations of action related to design and architecture, which are associated with the term and concept of the field, link a history of architectural knowledge with early electricity research from the eighteenth century. It links to the nineteenth-century scientific concept of "field" coined by Michael Faraday and James Clerk Maxwell, but also to the field as conceptualized by twentieth-century cultural scientists like Ernst Cassirer, Kurt Lewin, or Pierre Bourdieu. A historical exploration of the transformations that the figure of thought "field" passed through from the natural and cultural sciences to architecture more closely examines the models, image techniques, and spatial concepts of the field in order to recognize their contribution to the history of architectural knowledge. ∎

**Daniel Gethmann** is an associate professor in the Institute of Architectural Theory, Art History and Cultural Studies at Graz University of Technology.

# Awards

## Auszeichnungen und Preise

### für die ArchitektInnen der TU Graz

Das Architekturbüro Gangoly & Kristiner Architekten ZT GmbH, unter der Leitung von **Hans Gangoly,** Leiter des Instituts für Gebäudelehre und Studiendekan der Fakultät für Architektur und **Irene Kristiner,** erhielt den German Design Award 2020 für das Projekt „Haus zwischen den Bergen". Dieser Preis wurde durch eine internationale Jury für innovative Projekte vergeben, die nicht nur in der deutschen Designlandschaft wegweisend sind. Das ausgezeichnete Projekt, ein Haus für Familie und Gäste im steirischen Ausseerland, sticht besonders durch den spezifischen Umgang mit der Bautradition und dem Respekt vor der Landschaft hervor. Der kreuzförmige Grundriss ermöglicht eine Verbindung zu regionalen Vorbildern und definiert gleichzeitig Ausblicke auf See und Berge.

Mitte November 2019 wurden zahlreiche MitarbeiterInnen der Fakultät für Architektur für ihre innovativen Erfindungen und Patente der letzten zwei Jahre ausgezeichnet. Vom Institut für Architekturtechnologie wurden **Ferdinand Oswald, Aleksandra Pavičevič, Matthias Raudaschl, Roger Riewe** und **Žiga Kreševič** bei der ErfinderInnenehrung für ihre Forschungsarbeit mit Klett als Befestigungsmittel geehrt. **Georg Hansemann, Christoph Holzinger, Stefan Leitner, Stefan Peters, Eva Maria Pirker, Robert Schmid, Joshua Paul Tapley** und **Andreas Trummer** vom Institut für Tragwerksentwurf erhielten Auszeichnungen für ihre Pionierarbeit im Forschungsbereich mit mineralisch-basierten Schalhautelementen.

**Andreas Lechner** vom Institut für Gebäudelehre ist Preisträger des Wettbewerbs „Die schönsten Bücher Österreichs 2018", der vom Bundeskanzleramt der Republik Österreich und dem Hauptverband des Österreichischen Buchhandels ausgerichtet wurde. Lechners Habilitationsschrift *Entwurf einer architektonischen Gebäudelehre* (Gestaltung: CH Studio, erschienen im Park Books Verlag), zeigt Tableaus aus Formen und Programmen des architektonischen Entwurfs und überzeugte die Jury aufgrund der klaren aber raffinierten Typografie sowie der präzisen Auswahl und minimalistischen Reduktion auf Text und Liniengrafik.

Herzlichen Glückwunsch! ∎

## Awards and Prizes

### for the Architects of Graz University of Technology

The architectural firm Gangoly & Kristiner Architekten ZT GmbH—headed by **Hans**

Haus zwischen den Bergen / House between the Mountains, Gangoly & Kristiner Architekten ZT GmbH
© Gangoly & Kristiner Architekten ZT GmbH

**Gangoly**, who is director of the Institute of Design and Building Typology in the Faculty of Architecture, and by **Irene Kristiner**—received the German Design Award 2020 for its project "House between the Mountains." This prize was awarded by an international jury for innovative projects that are groundbreaking in and beyond the German design landscape. This award-winning project, a house for a family and their guests in the Styrian region of Ausseerland, especially captivates with its specific consideration of building traditions and its respect for the landscape. The cross-shaped ground plan fosters a connection to regional archetypes, while simultaneously defining views of the lake and the mountains.

In mid-November 2019, numerous staff members in the Faculty of Architecture were distinguished for their innovative inventions and patents over the last two years. From the Institute of Architecture Technology, **Ferdinand Oswald, Aleksandra Pavičević, Matthias Raudaschl, Roger Riewe,** and **Žiga Krešević** were honored at the inventors' awards for their research work on Velcro as a means of fastening. From the Institute of Structural Design, **Georg Hansemann, Christoph Holzinger, Stefan Leitner, Stefan Peters, Eva Maria Pirker, Robert Schmid, Joshua Paul Tapley,** and **Andreas Trummer** received distinctions for their pioneering work in the research of mineral-based formwork shell elements.

**Andreas Lechner** from the Institute of Design and Building Typology was the prize-winner of the competition "Most Beautiful Books of Austria 2018," organized by the Federal Chancellery of the Republic of Austria and by the Main Association of the Austrian Book Trade. Lechner's habilitation thesis *Design of an Architectural Building Typology* (design: CH Studio, published by Park Books Verlag) shows tableaus composed of forms and programs of architectural design and won over the jury with its clear yet sophisticated typography and its precise selection and minimalistic reduction of text and line graphics.

Warm congratulations! ∎

*Christine Rossegger/Doris Stadler*

Entwurf einer architektonischen Gebäudelehre | Design of an Architectural Building Typology © Park Books/ Andreas Lechner

# Tongji International Construction Festival 2019

**1. Preis** für das **Team** des **Instituts für Grundlagen der Konstruktion und des Entwerfens**

Die strategische Partnerschaft der TU Graz mit der Tongji University führte auch dieses Jahr wieder zur Teilnahme der Architekturfakultät am „International Construction Festival" der Universität in Shanghai, an welchen sich 48 internationale und lokale Teams zu je sechs Studierenden aus dem ersten Studienjahr beteiligten. Die Festivaljury, bestehend aus ProfessorInnen von Tongji und anderen Universitäten, krönte den Pavillon des Grazer Teams, neben jenen der Teams der IUAV University Venedig und der Hunan University, mit dem ersten Preis. Die Grazer TeilnehmerInnen wurden durch einen Wettbewerb im Rahmen des Grundlagenseminars „Gestalten und Entwerfen" am Institut für Grundlagen der Konstruktion und des Entwerfens ausgewählt. Die Jury, bestehend aus **Petra Petersson, Wolfgang List** und **Daniel Schürr,** kürte aus 139 Einträgen zum Thema „Micro Expo Pavillon" die sechs GewinnerInnen: **Stefanie Frauenthaler, Daniel Lucić, Kerstin Neuhold, Christina Radl, Markus Schmoltner** und **Chiara Stepanek.**

Die Aufgabe für alle teilnehmenden Teams war der Entwurf und Bau eines „Pavilion with Patio" für eine Micro Community auf einer Grundfläche von 3 × 4 Meter, unter Verwendung von 30 Polypropylen-Hohlstegplatten (150 × 150 × 0,5 Zentimeter) als Baumaterial. Das Design des Grazer Teams wurde in zwei kurzen Entwurfsrunden vor Ort entwickelt und überzeugte durch Entwurfsklarheit und konstruktive Qualität: Auf einer quadratischen Grundform bilden L-förmig angeordnete Wände mehrere mögliche Wege durch den Raum, während der mit roten Platten verkleidete und nach oben offene Patio den Kern des Pavillons darstellt. Die leichte Konstruktion nutzt die Steifigkeit des Materials effizient, und durch die Einteilung in ein Raster kommt die Struktur ohne Verschnitt aus. ∎

# Tongji International Construction Festival 2019

## 1st Prize for the Team of the Institute of Construction and Design Principles

Once again this year, the strategic partnership between Graz University of Technology and Tongji University resulted in the Faculty of Architecture participating in the "International Construction Festival" of the Shanghai university, with forty-eight international and local teams participating, each with six first-year students. The festival jury, comprised of professors from Tongji and other universities, granted first prize to the pavilion of the Graz team, along with those of the teams from IUAV University Venice and Hunan University. The Graz participants were selected based upon a competition carried out as part of the basic seminar "Gestalten und Entwerfen" in the Institute of Construction and Design Principles. The jury, with the members **Petra Petersson**, **Wolfgang List**, and **Daniel Schürr**, selected the following six winners from 139 submissions on the topic "Micro Expo Pavilion": **Stefanie Frauenthaler**, **Daniel Lucić**, **Kerstin Neuhold**, **Christina Radl**, **Markus Schmoltner**, and **Chiara Stepanek**.

The task for all participating teams was to design and build a "Pavilion with Patio" for a micro community on a base area of 3 × 4 meter, using thirty polypropylene multi-skin sheets (150 × 150 × 0.5 centimeter) as a building material. The design of the team from Graz was developed on site in two short design rounds. It convinced the jury with its clarity of design and structural quality: on a basic square form, an L-shaped arrangement of walls created several ways of passing through the space, while the patio with its red-panel-clad walls and open ceiling formed the core of the pavilion. The lightweight construction efficiently utilized the rigidness of the material, and due to the division into grid form the structure avoided unnecessary waste. ■

*Iulius Popa*

Betreuung | Advisors: **Wolfgang List**, **Iulius Popa**

"Pavilion with Patio" © KOEN/Iulius Popa, TU Graz

# Studierenden-wettbewerb „Nearly Zero"

Studierendenwettbewerb des **Instituts für Gebäude und Energie** in Kooperation mit der **Universität für Angewandte Kunst Wien** und der **ARE Austrian Real Estate**

© ige, TU Graz

Nach den erfolgreichen Studierendenwettbewerben „University 2068" (2017/18) und „Inhabitable Skins" (2016/17) hat das Institut in diesem akademischen Jahr einen weiteren Wettbewerb in Zusammenarbeit und mit freundlicher Unterstützung der Bundesimmobiliengesellschaft (BIG) und der Austrian Real Estate (ARE) abgehalten. Übergeordnetes Ziel des Wettbewerbs war eine gegenseitige Befruchtung zwischen Lehre, Forschung und Praxis. Für den Wettbewerb wurden von der ARE Preisgelder in der Höhe von insgesamt 10.000 Euro zur Verfügung gestellt, welche in drei Kategorien vergeben wurden. Die Wettbewerbsgewinnerinnen wurden von einer externen Jury namhafter Architekten gewählt und bei der feierlichen Preisverleihung am 27. Juni 2019 in der Halle Kronesgasse verkündet. Wir möchten uns im Namen des Instituts für Gebäude und Energie bei der Bundesimmobiliengesellschaft und der Austrian Real Estate für die langjährige gute Zusammenarbeit bedanken! ■

# Student Competition "Nearly Zero"

Student competition organized by the **Institute of Buildings and Energy (ige)** in cooperation with the **University of Applied Arts Vienna** and **ARE Austrian Real Estate**

Following the success of the "University 2068" and the "Inhabitable Skins" student competitions, carried out over the 2017/18 and 2016/17 academic years respectively and in collaboration with ARE (Austrian Real Estate) and BIG (Bundesimmobiliengesellschaft), this academic year the Institute of Buildings and Energy (ige) held the student competition "Nearly Zero." This competition was again generously supported by ARE and BIG, with the goal of achieving a mutually beneficial cross fertilization between teaching, research and practice. ARE granted support with prize money of 10,000 euros in total, which was divided among awards in three categories. Winners were selected by an external jury consisting of well-known architects. The winners were announced at an award ceremony on June 27th, 2019. On behalf of the ige, we would like to thank the BIG and ARE for their many years of fruitful cooperation and cordially congratulate all the award winners! ∎

*Alexander Eberl*

Wettbewerbsjury | Jury:
**Wolfgang Köck**, PENTAPLAN ZT-GmbH
**Martin Lesjak**, INNOCAD Architektur ZT GmbH
**Erich Ranegger**, Atelier Thomas Pucher

Auszeichnungen | Awards:

Kategorie 1, Bachelorstudium TU Graz | Category 1, Bachelor's Degree TU Graz:
1. Preis | 1st prize: **Gwendolyn Ackermann, Nina Keijser, Alma-Esma Oreb, Alexander Rothbart, Konstantin Stocker**: „Officium Vienna"
2. Preis | 2nd prize: **Emir Dostovic, Fabian Jäger, Pia Pollak, Fabian Amatus Steinberger, Paul Zenz**: „onr"
3. Preis | 3rd prize: **Wolfgang Humer, Helmut Kalcher, Elisabeth Strametz, Magdalena Zoller**: „Trionic"

Kategorie 2, Masterstudium TU Graz | Category 2, Master's Degree TU Graz:
1. Preis | 1st prize: **Pablo Guardia Hermida, David Pons Montaner, Gloria Saá Garcia**: „Symbiosis"
2. Preis | 2nd prize: **Laura Gimpl**: „All about the Angle"
3. Preis | 3rd prize: **Saleh Basharat Mahmood, Mário Marin**: „Food Production as an Alternative to ZEB"

Kategorie 3, Masterstudium die Angewandte | Category 3, Master's Degree University of the Applied Arts, Vienna:
1. Preis | 1st prize: **Oliver Alunovic, Malte Wilms**: „Ziggurat Total"
2. Preis | 2nd prize: **Madeleine Malle, Juliette Valat**: „Pixels"
3. Preis | 3rd prize: **Anahita Dehlavi**: „Algae Community"

Pablo Guardia Hermida, David Pons Montaner und Gloria Saá Garcia wurden zusätzlich mit dem „Grand Prix" für ihr Projekt „Symbiosis" ausgezeichnet. | Pablo Guardia Hermida, David Pons Montaner, and Gloria Saá Garcia were honored with the Grand Prix award for their project "Symbiosis."

# GAD Awards 19

Verleihung der
**17. Grazer Architekturdiplompreise** der **Architekturfakultät** der **TU Graz**

Die Grazer Architektur Diplompreise – kurz GAD Awards – wurden am 3. Oktober 2019 zum 17. Mal feierlich in der Aula der TU Graz verliehen. Die Fakultät für Architektur zeichnet damit die besten Diplomprojektleistungen in unterschiedlichen Kategorien aus. Aus 30 nominierten Abschlussarbeiten des vergangenen Studienjahres 2018/19 ermittelte die internationale Fachjury – bestehend aus **Massimo Bricocoli** (Politecnico di Milano), **Hilde Léon** (léonwohlhage, Leibniz Universität Hannover) und **Martin Lesjak** (INNOCAD Architektur) – sechs PreisträgerInnen.

Der 1. Preis ging an **Helena Eichlinger** (Betreuer: Daniel Gethmann, Institut für Architekturtheorie, Kunst- und Kulturwissenschaften), die mit ihrer Arbeit *Löcher. Betrachtungen des rheinischen Braunkohletagebaus als Architektur* die Jury vor allem durch Originalität und Radikalität im architektonischen Denken und die Genauigkeit in Recherche und grafischer Ausarbeitung überzeugen konnte. Den 2. Preis erhielt **Olivera Savić** für ihr Projekt *Kunstuniversität in Niš* (Betreuer: Roger Riewe, Institut für Architekturtechnologie), das aufgrund der gelungenen Verbindung von Altbestand und Neubau sowie durch die Einbettung in den städtischen Kontext als herausragend bewertet wurde. Mit dem 3. Preis wurde **Barbara Gruber** ausgezeichnet, die mit ihrer Arbeit *Sukzession. Revitalisierung des Historischen Botanischen Gartens der Karl-Franzens-Universität Graz* (Betreuerin: Petra Petersson, Institut für Grundlagen der Konstruktion und des Entwerfens) die Jury durch die poetische Qualität des Entwurfs und hochwertige gestalterische Ausarbeitung des Buches überzeugen konnte. Der Tschom Wohnbaupreis ging an **Karina Brünner** (Betreuer: Andreas Lichtblau, Institut für Wohnbau) für ihre Masterarbeit *(Un)genutzt. Reaktivierung von Leerständen*. Den diesjährigen Hollomey Reisepreis erhielt **Lukas Meindl**: *Holz. Konstruktion. Österreich. Norwegen* (Betreuer: Wolfgang Tom Kaden, Institut für Architekturtechnologie, Stiftungsprofessur Holzbau)

„Symbiosis", Siegerprojekt des „Grand Prix" | "Symbiosis," the winning project of the "Grand Prix" © Pablo Guardia Hermida, David Pons Montaner und | and Gloria Saá Garcia

Erstmalig wurde in diesem Jahr auch eine besondere Anerkennung für ressourcen- und klimagerechte Architektur vergeben, die durch die freundliche Unterstützung der Kammer der ZiviltechnikerInnen für Steiermark und Kärnten ermöglicht wurde. Der Preis wurde an **Kevin Fuchs** für das Projekt *Allmende. Wiederentdeckung eines Konzepts für eine nachhaltige Zukunft* (Betreuer: Klaus K. Loenhart, Institut für Architektur und Landschaft) verliehen. Im Anschluss an die Verleihung wurde die Ausstellung aller nominierten Arbeiten in den Studioräumen im Dachgeschoss eröffnet. ▪

# GAD Awards 19

Awarding of the **17th Graz Architecture Diploma Awards** of the **Faculty of Architecture** at **Graz University of Technology**

The Graz Architecture Diploma Awards—in short, GAD Awards—were presented on October 3, 2019, for the seventeenth time at an awards ceremony in the auditorium of Graz University of Technology. The Faculty of Architecture thus distinguished the best diploma projects in various categories. Of the thirty nominated final projects from the previous academic year 2018–19, the international expert jury—**Massimo Bricocoli** (Politecnico di Milano), **Hilde Léon** (léonwohlhage, Leibniz University Hannover), and **Martin Lesjak** (INNOCAD Architektur)—selected six prizewinners.

First prize went to **Helena Eichlinger** (advisor: Daniel Gethmann, Institute of Architectural Theory, Art History and Cultural Studies), who captivated the jury with her work *Holes: Open-Cast Lignite Mining in the Rhineland as an Architecture*, especially due to its originality and radicality of architectural thought, and also its precision in research and graphic design. Second prize was awarded to **Olivera Savić** for her project *Art University in Niš* (advisor: Roger Riewe, Institute of Architecture Technology), which was deemed outstanding for its successful linking of historical buildings and new structures, and for its embedding in the urban context. Third prize was bestowed on **Barbara Gruber**, who with her work *Succession: Revitalizing of the Historical Botanical Garden of the Karl-Franzens-Universität Graz* (advisor: Petra Petersson, Institute of Construction and Design Principles) convinced the jury with the poetic quality of her design and the sophisticated creative design of the book. The Tschom Housing Award went to **Karina Brünner** (advisor: Andreas Lichtblau, Institute of Housing) for her master's thesis *(Un)used: Reactivating Voids*. The Hollomey Travel Award was given to **Lukas Meindl** for *Wood. Construction. Austria. Norway* (advisor: Wolfgang Tom Kaden, Institute of Architecture Technology, Endowed Professor of Timber Engineering).

This year, for the first time, a special recognition prize was awarded for the design of resource- and climate-friendly architecture, made possible through the kind support of the Chamber of Civil Engineers for Styria and Carinthia. This prize went to **Kevin Fuchs** for the project *Commons: A Rediscovered Concept for a Sustainable Future* (advisor: Klaus K. Loenhart, Institute of Architecture and Landscape). After the awards ceremony, the exhibition of all nominated works was opened in the attic studio space. ▪

*Petra Eckhard*

Die PreisträgerInnen der | The prizewinners at the GAD Awards 19 © KOEN/Robert Anagnostopoulos, TU Graz

# IASS Symposium 2019: Form and Force in Barcelona

## 1. Preis und Anerkennungspreis für Studierende des Instituts für Tragwerksentwurf

Beim diesjährigen IASS Symposium zum Thema „Form and Force" in Barcelona konnten sich drei Studierendenteams, unterstützt vom Institut für Tragwerksentwurf, für den Research-Pavillon Wettbewerb qualifizieren. Von insgesamt 30 internationalen teilnehmenden Arbeitsgruppen wurden zwei der Teams mit Preisen ausgezeichnet: **Lorenz Kastner** (Bauingenieurswesen) und **Jana Rieth** (Architektur) erhielten für ihr Projekt „ALiS – Adaptive Lightweight Structure" den ersten Preis. Entwickelt wurde das Projekt im Rahmen der Lehrveranstaltung „Tragwerke im Entwurf", betreut durch **Christoph Holzinger** und **Andreas Trummer** (Institut für Tragwerksentwurf) in Kooperation mit **Michael Bader** (Institut für Maschinenelemente und Entwicklungsmethodik). ALiS ist ein adaptives Leichtbautragwerk. Eine gezielte Formänderung der Struktur ermöglicht es, auf veränderliche Einflussgrößen zu reagieren. Über ein Ansteuerungssystem wird die Vorspannung in den einzelnen Bogensegmenten kontrolliert, wodurch neben der Steifigkeit auch der Öffnungsgrad variabel ist. Das Tragwerk kann sich so an verschiedene Last- bzw. Lichtsituationen anpassen.

**Tonia Ludwig** und **Hannah Melzer** (Architektur) wurden für ihr Projekt „Corn Structure Pavillon" mit dem Anerkennungspreis ausgezeichnet. Die Hauptstruktur des Pavillons besteht aus 300.000 biologisch abbaubaren Maisstärkeflips, die üblicherweise als Verpackungsmaterial verwendet werden. Die Struktur zitiert die Form vierer Spitzbögen in Kombination mit einem Kreuzgewölbe und misst eine Gesamthöhe von 2,20 Meter und wiegt dabei nur knapp neun Kilogramm.

Die Fakultät für Architektur der TU Graz gratuliert den PreisträgerInnen herzlich zu ihren hervorragenden Leistungen! ∎

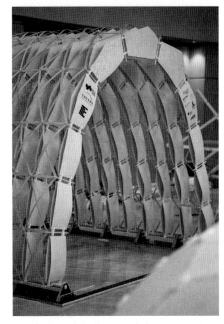

„ALiS – Adaptive Lightweight Structure" © Lorenz Kastner

# IASS Symposium 2019: Form and Force in Barcelona

## 1st Prize and Recognition Prize for Students from the Institute of Structural Design

At this year's IASS Symposium on the topic of "Form and Force" in Barcelona, three student teams from Graz University of Technology, supported by the Institute of Structural Design, qualified for the research pavilion competition. Of the thirty international participating work groups, two of the Graz teams were distinguished by prizes. **Lorenz Kastner** (civil engineering) and **Jana Rieth** (architecture) received first prize for their project "ALiS – Adaptive Lightweight Structure." It was developed as part of the course "Load-Bearing Structures in Design," supervised by **Christoph Holzinger** and **Andreas Trummer** (Institute of Structural Design) in cooperation with **Michael Bader** (Institute of Machine Elements and Development Methodology). ALiS is an adaptive lightweight load-bearing structure. A targeted change of structural form makes it possible to react to variable influencing factors. The prestress in the individual arc segments is controlled by an actuator system, whereby the opening degree and the rigidity are variable. The load-bearing structure can thus adapt to different loads and light situations.

**Tonia Ludwig** and **Hannah Melzer** (architecture) received a recognition award for the project "Corn Structure Pavilion." The main structure of the pavilion is made up of 300,000 biodegradable cornstarch peanuts, which are usually used as packing material. The structure adopts the form of four pointed arches in combination with a cross vault. It measures 2.20 meters in height and weighs only about 9 kilograms.

The Faculty of Architecture at Graz University of Technology warmly congratulates all prizewinners for their outstanding achievements! ∎

*Martina Hanke*

„Corn Structure Pavillon" © Lorenz Kastner

# Europan 15 Finnland

### Special Mention für das Projekt „The Green Ring" vom Institut für Städtebau

Der Europan 15, der größte internationale Wettbewerb für junge ArchitektInnen und StädtebauerInnen, griff im Jahr 2019 zum dritten Mal in Folge das Thema der produktiven Stadt auf. Die Aufgabe in Hyvinkää, Finnland war es, ein städtebauliches Konzept für das Bahnhofsumfeld zu entwickeln, das es ermöglicht, das durch infrastrukturelle Barrieren zergliederte Zentrum auf beiden Seiten der Gleise als Ganzes zu denken und zu aktivieren. Unter der Leitung von **Radostina Radulova-Stahmer** vom Institut für Städtebau und in Zusammenarbeit mit **Viktoriya Yeretska** entstand das städtebauliche Projekt „The Green Ring. Closing Cycles, Linking Spaces", das die Auszeichnung der Special Mention erhielt.

Es schlägt vor, die fragmentierten Infrastrukturinseln durch drei Brücken mit einem fließendem Grünraum miteinander zu verbinden. Eine Platz-Brücke verlängert die Haupteinkaufsstraße und dient an Wochenenden als Marktplatz, die Wald-Brücke im Norden führt den dichten Wald über die Gleise und ermöglicht somit die Querung der Gleise für Flora und Fauna. Die Licht-Brücke, eine reine Rad- und Fußgängerbrücke auf Höhe des Bahnhofs, verbindet das neue Gewächshaus, das gemeinschaftliche und kulturelle Funktionen aufnimmt, mit der Umgebung. Radwege und Fußgängerzonen im grünen Ring werden in der Vision zum Teil des öffentlichen Raumes und schaffen durch diese engmaschige Verknüpfung eine neue Mitte für Hyvinkää. ■

## Europan 15 Finland

### Special Mention for the Project "The Green Ring" by the Institute of Urbanism

Europan 15, the largest international competition for young architects and urban planners, took up the topic of the productive city for the third year in a row in 2019. The task in

Neo-Straßenräume als lebendiges, verbindendes Element in der produktiven Stadt | Neo street spaces as a vibrant connective element in the productive city © STUDIOD3R

Hyvinkää, Finland, was to develop an urban-planning concept for the area around the train station that would make it possible to conceive the city center, which is segmented by infrastructural barriers, as a whole on both sides of the tracks and to activate this area. Headed by **Radostina Radulova-Stahmer** from the Institute of Urbanism and in collaboration with **Viktoriya Yeretska**, the urban-planning project "The Green Ring: Closing Cycles, Linking Spaces" came to life and received the award of Special Mention.

It proposes connecting the fragmented infrastructural islands to a flowing green space through three bridges. A generous "square bridge" elongates the main shopping street and on the weekends serves as a marketplace, while the "forest bridge" to the north brings the dense forest across the tracks and thus makes it possible for flora and fauna to cross the tracks as well. And the "light bridge," at the height of the station and accessible to cyclists and pedestrians only, connects the new greenhouse, which assumes community and cultural functions, to the surrounding environment. In this vision, bicycle paths and pedestrian zones in the green ring become part of public space and, through this tightly meshed connection, engender a new city center for Hyvinkää. ■

*Radostina Radulova-Stahmer*

# Herbert Eichholzer Förderungspreis 2019: „Treibhaus"

### Wettbewerb, Preisverleihung und Ausstellung organisiert vom Institut für Gebäudelehre

Am 20. November 2019 prämierte die Stadt Graz sechs Architekturstudierende der TU Graz für deren Wettbewerbsbeiträge zum diesjährigen Herbert Eichholzer Förderungspreis. Im themenbezogenen „Treibhaus"-Ambiente des HDA – zwischen üppigem Grün und duftenden Speisen – wurden die drei preisgekrönten Projekte präsentiert und von den Mitgliedern der Jury (**Andreas Boden, Bernhard Inninger, Johann Moser, Antje Senarclens de Grancy** und **Hans Gangoly**) vorgestellt. Hans Gangoly und das Institut für Gebäudelehre organisierten mit Unterstützung des GAM.Labors neben der Preisverleihung auch den gesamten Wettbewerb und formulierten eine Aufgabenstellung, die auf das architektonische Schaffen und das gesellschaftliche Engagement Herbert Eichholzers Bezug nehmen sollte.

Gegenstand des Studierendenwettbewerbs war der Entwurf des „Treibhauses", eines Gemeinschaftsgebäudes für die BewohnerInnen der Stadt Graz, das sich – in örtlicher Bezugnahme auf den Kaiser-Josef-Markt – dem Themenschwerpunkt „Essen" widmete. Die bestehende Halle sollte dabei zu einem Glas- und Gewächshaus umgestaltet und das an der Straße befindliche Wohngebäude durch einen Neubau mit öffentlich-gemeinschaftlicher Nutzung ersetzt werden.

Der 1. Preis von **Riham El Moazen** und **Anna Maria Jäger** konnte diese Fragestellung mit einem symbolhaften Ort – einem saisonalen Garten für die Stadt – beantworten. Das Konzept schlägt eine malerische Komposition aus Nutzpflanzen vor, die in „unterschiedlichen Blütezeiten" nicht nur ganzjährigen Ertrag abwirft, sondern – im Wandel der Jahreszeiten begriffen – Wissen über nachhaltigen Anbau vermittelt. Das Rahmenwerk der Eichholzer Garage bleibt als Reminiszenz und Träger von Hagelnetzen bestehen. Nutz- und Aufenthaltsräume werden entlang der Gärten eingebettet und entwickeln in szenenhafter Abfolge einen

Dialog mit den umliegenden Pflanzen. Halb-hohe Mauern bilden sowohl eine sanfte Schwelle vom Marktplatz, der den Eingang zum Garten markiert, als auch zum umliegenden Gründerzeithof. **Katharina Hohenwarter** und **Michael Hafner** schufen mit ihrem Glashaus eine Synergie zwischen industriell-technischer Produktionsstätte und qualitativem Aufenthaltsraum und wurden dafür mit dem 2. Platz ausgezeichnet. Mit einer neuen Dachstruktur in Form von Tonnengewölben binden sie die bestehenden Rahmen in eine neue Logik ein und spielen sie somit frei. Gestaffelte Wandsegmente gliedern das Gebäude und sammeln von den Tonnen abgeleitetes Regenwasser. Zwei „Stahlvorhänge" verbinden das Straßengebäude und die Garagenhalle, übernehmen statische Aufgaben, integrieren Nebenfunktionen und wirken raumbildend für den zentralen Innenhof. Das Projekt des 3. Preises von **Markus Pöll** und **Michael Karnutsch** trennt das Gebäude an der Straße und die Halle, schließt somit den Gründerzeitblock und lässt das Glashaus als Solitär bestehen. Im Gemeinschaftshaus als auch in der Halle flankieren zwei kleine unterschiedlich bespielte Nebenfunktionsschichten einen introvertierten zen-tralen Hauptraum. Im Glashaus setzen diese Nebenschichten die zentrale Anbaufläche in Szene, im Gemeinschaftshaus befreien sie die Mitte von vorgeschriebenen Funktionen und gestalten sie offen für Veränderung. ∎

# Herbert Eichholzer Award 2019: "Greenhouse"

## Competition, Awards Ceremony, and Exhibition organized by the Institute of Design and Building Topology

On November 20, 2019, the City of Graz honored six architecture students from Graz University of Technology for their competition entries to this year's Herbert Eichholzer Award. In the themed "Greenhouse" ambiance of the HDA—amongst lush green and aromatic culinary dishes—the three award-winning projects were presented, introduced by the members of the jury (**Andreas Boden, Bernhard Inninger, Johann Moser, Antje Senarclens de Grancy,** and **Hans Gangoly**). Hans Gangoly and the Institute of Design and Building Typology, supported by GAM.Labor, organized not only the awards ceremony but also the entire competition, defining a conceptual task meant to pay reference to the architectural activity and the social dedication of Herbert Eichholzer.

The subject of the student competition was the design of a "Greenhouse," a community building for the residents of the City of Graz—with a local focus on the Kaiser-Josef-Markt—devoted to the theme of "food." The existing building was to be redesigned as a glass-

and greenhouse, and the street-bound residential building to be replaced by a new structure with public community use.

The first prize proposal by **Riham El Moazen** and **Anna Maria Jäger** responded to this task with a symbolic site: a seasonal garden for the city. This concept proposes a painterly composition of cultivated plants that in "different blossoming periods" not only yields a harvest all year long, but also—with the changing seasons—mediates knowledge about sustainable growing habits. The framework of the Eichholzer Garage remains standing as a reminder and carrier of hail protection nets. Useable spaces and common rooms are embedded along the gardens and develop, through a scenic sequence, a dialogue with the surrounding plants. Medium-high walls form a gentle threshold both to the marketplace, which marks the entrance to the garden, and to the surrounding Gründerzeit courtyard. **Katharina Hohenwarter** and **Michael Hafner**, with their glasshouse, created a synergetic relationship between industrial-technical production site and qualitative common space, which was awarded the second place prize. With a new roof structure in the form of barrel vaults, they integrate the existing framework into a new logic and thus liberate it. Staggered wall segments give order to the building and collect rainwater that has been directed away from the barrels. Two "steel curtains" connect the street building and the garage structure, fulfill static functions, integrate auxiliary functions, and have a space-forming effect on the central inner courtyard. The third prize proposal by **Markus Pöll** and **Michael Karnutsch** separates the building from the street and the hall, thus closing off the Gründerzeit perimeter block and allowing the glasshouse a position as solitary building. In both the community house and the garage structure, two small auxiliary functional layers used in different ways flank an introverted main space. In the glasshouse, these auxiliary layers stage the central cultivated area, while in the community house they liberate the middle area from predefined functions and imbue it with a design that leaves it open to change. ∎

*Tobias Gruber*

Die PreisträgerInnen des Herbert Eichholzer Förderungspreises 2019 (von links nach rechts) | Prizewinners of the Herbert Eichholzer Award 2019 (from left to right) ▮▮▮▮▮▮▮ ▮▮▮▮▮▮, ▮▮▮▮▮▮▮ ▮▮▮▮▮▮▮, Katharina Hohenwarter © GAM.Lab, TU Graz

# 14. Concrete Student Trophy

## Großartige Erfolge für Studierende der TU Graz

Im Rahmen der Lehrveranstaltung „Entwerfen spezialisierter Themen", betreut durch **Gernot Parmann** und **Jana Rieth** vom Institut für Tragwerksentwurf in Kooperation mit **Dirk Schlicke** und **Michael Mayer** vom Institut für Betonbau der TU Graz, konnten insgesamt acht interdisziplinäre Studierendenteams, bestehend aus zwei Bauingenieurstudierenden und zwei Architekturstudierenden, ihre Entwürfe bei der diesjährigen Concrete Student Trophy 2019 einreichen. Drei der Teams qualifizierten sich mit ihren Entwürfen für die zweite Juryrunde und präsentierten ihre Projekte erfolgreich in Wien. Wir gratulieren herzlich dem Team **Diana Bleban, Christian Dollinger, Andreas Galusić** und **Juan Falco Hernandez** mit ihrem Projekt „Concrete Bonding" zum Anerkennungspreis, **Maximilian Deutscher, Nicole Eggenreich, Michael Ortmann** und **Andreas Petermann** mit ihrem Projekt „Spannender Bogen" zum 3. Preis und **Miriam Jäger, Andreas Rogala** und **Lisa Tobitsch** mit ihrem Projekt „Donaustern" zum 1. Preis der Concrete Student Trophy 2019 der Vereinigung der österreichischen Zementindustrie. ∎

# 14th Concrete Student Trophy

## Great Success for Students of Graz University of Technology

As part of the course "Designing Specialized Topics," supervised by **Gernot Parmann** and **Jana Rieth** from the Institute of Structural Design in cooperation with **Dirk Schlicke** and **Michael Mayer** from the Institute of Structural Concrete at Graz University of Technology, a total of eight interdisciplinary student teams (each with two civil engineering students and two architecture students) submitted designs for this year's Concrete Student Trophy 2019. Three teams qualified with their designs for the second jury round and successfully presented their projects in Vienna. We warmly extend our congratulations to the team **Diana Bleban, Christian Dollinger, Andreas Galusić**, and **Juan Falco Hernandez** with their project "Concrete Bonding" as recognition prize; to **Maximilian Deutscher, Nicole Eggenreich, Michael Ortmann**, and **Andreas Petermann** with their project "Spannender Bogen" as third prize; and **Miriam Jäger, Andreas Rogala**, and **Lisa Tobitsch** with their project "Donaustern" as first prize of the Concrete Student Trophy 2019 by the Association of the Austrian Cement Industry. ∎

*Jana Rieth*

PreisträgerInnen und BetreuerInnen | Prizewinners and their advisors © Z+B/Alexandra Kromus

# Exhibi-tions

## „From Performance to Video and Then Back Again"

Ausstellung des Instituts für Zeitgenössische Kunst im Forum Stadtpark, 29.–30. Jänner 2019

Ausstellen war ein entscheidendes Element für die Studierenden des IZK-Kurses Künstlerische Praxis II „From Performance to Video and Then Back Again: How to Explain Pictures to a Dead Hare", der im Wintersemester 2018/19 stattfand und in dem die Studierenden in der Performance-Kunst nach Wegen suchten, wie sich Werke in ein anderes Medium, wie zum Beispiel Video oder Fotografie übertragen lassen. In Anlehnung an bahnbrechende Momente in der Geschichte der Performance-Kunst und Performance-KünstlerInnen wie **Yoko Ono, Joseph Beuys, Andrea Fraser, Francis Alÿs, Adrian Piper, Santiago Sierra, Braco Dimitrijević** und andere begannen die Studierenden, ihre Sichtweisen und Haltungen in Form zu fassen. Jede Untersuchung erwuchs aus bestehenden gesellschaftspolitischen Milieus (die auch weiterhin den Rahmen bildeten), aus denen die Studierenden verortbare Beziehungen und manifestierte Wege erschlossen, um in die von ihnen beobachteten Prozesse einzugreifen. Innerhalb des von den Studierenden behandelten Themenspektrums tauchten (un)sichtbare Macht- und Herrschaftsstrukturen von (Körpern im) Raum in verschiedenen Konstellationen wieder auf und wurden in die Entwicklung der Arbeiten eingebettet.

Durch die Entkoppelung der Werke von dem Kontext von Geschichte und Kunstinstitutionen und ihre Eingliederung in die zeitgenössischen Bedingungen der Stadt Graz wurde eine Reihe von Vorschlägen der Studierenden im Rahmen der Ausstellung „From Performance to Video and Then Back Again" weiterentwickelt. Die zweitägige Ausstellung im Forum Stadtpark ermöglichte die Verlagerung der Arbeiten der Studierenden und gleichzeitig die Schaffung neuer Beziehungen zur Öffentlichkeit und zur Stadt. Der Prozess der Ausstellungsgestaltung selbst vollzog sich im Dialog mit den Studierenden eines anderen IZK-Kurses mit dem Titel „City and the City". ∎

*Milica Tomić/Simon Oberhofer/Anousheh Kehar (Übersetzung: Otmar Lichtenwörther)*

## "From Performance to Video and Then Back Again"

Exhibition of the Institute for Contemporary Art at Forum Stadtpark, January 29–30, 2019

Exhibiting was a crucial moment for the students of the IZK's Artistic Practice II course, "From Performance to Video and Then Back

„From Performance to Video and Then Back Again", Forum Stadtpark © IZK, TU Graz

Again: How to Explain Pictures to a Dead Hare," held in the winter semester 2018/19 and in which students looked to performance art for ways in which to transpose works into another medium, such as video or photography. Taking cues from seminal moments in the history of performance art and performance artists such as **Yoko Ono, Joseph Beuys, Andrea Fraser, Francis Alÿs, Adrian Piper, Santiago Sierra, Braco Dimitrijević** and others, the students began to transfigure their views and attitudes into form. Each investigation grew from (and continued to be framed by) existing socio-political milieus, out of which students drew situated relations and manifested ways through which to intervene in the processes they observed. Within the range of themes covered by the students, (in)visible structures of power and governance of (bodies in) space reappeared in various constellations and became embedded in the evolution of the works.

By taking the works out of the context of history and art institutions and into the contemporary conditions of the city of Graz, an array of students' propositions was developed further within the framework of the exhibition: "From Performance to Video and Then Back Again." The two-day exhibition at the Forum Stadtpark relocated the student works while creating new relations with the public and the city. The exhibition making process itself was done in conversation with the students of another IZK course, titled "City and the City." ▪

*Milica Tomić/Simon Oberhofer/Anousheh Kehar*

# Anna-Lülja Praun

Ausstellung von **amm – architektInnen machen möbel** im **HDA – Haus der Architektur Graz**

Anna-Lülja Praun (1906–2004) war nicht nur eine der ersten Architekturabsolventinnen der Technischen Hochschule Graz, sondern auch Mitarbeiterin von Herbert Eichholzer und Clemens Holzmeister. In ihrem Atelier in Wien, das sie nach dem 2. Weltkrieg gründete, entwarf sie auf die individuellen Bedürfnisse ihrer AuftraggeberInnen abgestimmte, funktionelle Möbel und *Meublements*, die sich durch den vielfältigen Einsatz von unkonventionellen Materialien charakterisierten. Unter der Leitung von **Judith Augustinovič** und **Rainer Eberl** entstanden im Rahmen der Lehrveranstaltung „Möbel Design Herstellung" Beiträge zum Möbelwettbewerb „Anna-Lülja Praun: Persönlichkeit, Leben & Werk". Dabei wurden folgende Möbelentwürfe von der Jury ausgezeichnet und in die Möbelkollektion von amm aufgenommen: Die Bank „LÜLJA" mit Flechtwerksitzfläche von **Hakon Kreilinger**, das elegante Polstermöbel „KARLI" von **Lukas Maier**, der Schalensessel „KENT" von **Quentin Paillat** und der Schaukler „LAURIN" von **Laurenz Neuhauser**.

In der Ausstellung im HDA wurden neben den Mockups und den 1:1 Prototypen der preisgekrönten Möbel weitere ausgewählte Entwürfe präsentiert sowie der Entstehungsprozess vom Entwurf über Skizzen und Zeichnungen zu Modellen und Konstruktionsplänen aufgezeigt. Die Ausstellung wanderte anschließend weiter in die KulturPension Prenning. Etliche der im Wintersemester entworfenen Sitzgelegenheiten wurden unter anderem auch beim SaloneSatellite des Salone del Mobile Milano gezeigt. ▪

amm im | at HDA © amm/Otto Kaltner, 2019

# Anna-Lülja Praun

Exhibition by **amm – architektInnen machen möbel** at **HDA – Haus der Architektur Graz**

Anna-Lülja Praun (1906–2004) was not only one of the first architecture graduates of Graz University of Technology, but also a colleague of Herbert Eichholzer and Clemens Holzmeister. In her studio in Vienna, founded after the Second World War, she designed functional furniture and *meublements* that were custom-tailored to the needs of her clients and distinguished by a varied use of unconventional materials. Under the direction of **Judith Augustinovič** and **Rainer Eberl**, contributions to the furniture competition "Anna-Lülja Praun: Personality, Life & Work" were created as part of the course "Furniture Design Production." The following furniture designs from this class were honored by the jury and entered the furniture collection at amm: the bench "LÜLJA" with a wickerwork seat by **Hakon Kreilinger**, the elegant upholstered furniture piece "KARLI" by **Lukas Maier**, the shell chair "KENT" by **Quentin Paillat**, and the rocking chair "LAURIN" by **Laurenz Neuhauser**.

In the exhibition at HDA, besides the mockups and the 1:1 prototypes of the award-winning furniture, other selected designs were presented, and the development process was also shown, from design to sketches and drawings to models and construction plans. Later, the exhibition traveled to the KulturPension Prenning. Many of the seats designed during the winter semester were also shown at SaloneSatellite of Salone del Mobile in Milan, among other places. ▪

*Judith Augustinovič*

# „Fahr Rad! Die Rückeroberung der Stadt"

**Ausstellung im HDA – Haus der Architektur Graz mit Beiträgen des Instituts für Städtebau, 29. Mai bis 14. August 2019**

Die Wanderausstellung des Deutschen Architekturmuseums (DAM) „Fahr Rad!", die im Sommer 2019 im Haus der Architektur in Graz gastierte, präsentierte Projekte, in denen Stadtentwicklung und aktive Mobilität gemeinsam gedacht wurden. Die Ausstellung zeigte auf, wie die Planung von fahrradgerechten Städten zu einer ökologisch, ökonomisch und sozial nachhaltigen Umwelt beitragen kann. Die ausgestellten Projekte umfassten Beispiele aus den Städten Kopenhagen, Groningen, Barcelona, New York, Graz, Oslo sowie dem Ruhrgebiet. Auch auf die Situation und Geschichte des Grazer Radverkehrs wurde in den Ausstellungsbeiträgen Bezug genommen, die von Studierenden und dem Projektteam des Instituts für Städtebau (**Aglaée Degros, Eva Schwab, Sabine Gindl**) im Rahmen der Lehrveranstaltung „AK Städtebau 2" im Sommersemester 2019 ausgearbeitet wurden. Die studentischen Arbeiten skizzierten und illustrierten die Entwicklung der Grazer Fahrradkultur als emanzipatorische Praxis, getragen von Vereinen und BürgerInnen-Initiativen. Die Lehrveranstaltung wurde in Zusammenarbeit mit dem HDA, der Landesbaudirektion Steiermark und der Stadtbaudirektion Graz konzipiert.

Zu den Begleitveranstaltungen zählte der 12. Österreichische Radgipfel in Graz, Themenabende mit Impulsvorträgen von **Aglaée Degros** (Institut für Städtebau), **Andreas Schuster** (Green City München), **Wolfgang Feigl** (Land Steiermark) und Verkehrsplaner **Markus Frewein**, sowie eine Radexkursion durch Graz. Die Ausstellung des Deutschen Architekturmuseums wurde von **Annette Becker, Stefanie Lampe** und **Lessano Negussie** kuratiert. ∎

# "Ride a Bike! Reclaim the City"

**Exhibition at HDA – Haus der Architektur Graz with Contributions by the Institute of Urbanism, May 29 to August 14, 2019**

The traveling exhibition of the German Architecture Museum (DAM) by the name of "Ride a Bike: Reclaim the City," which visited the Haus der Architektur in Graz in the summer of 2019, presented projects that address both urban development and active mobility. The exhibition demonstrated how the planning of bicycle-friendly cities can contribute to an ecologically, economically, and socially sustainable environment. The exhibited projects include examples from the cities of Copenhagen, Groningen, Barcelona, New York, Oslo, Graz, and the Ruhr Area. Moreover, the situation and the history of cycling in Graz was referenced in the exhibition contributions, which were prepared by the students and the project team from the Institute of Urbanism (**Aglaée Degros, Eva Schwab, Sabine Gindl**) in the scope of the course "AK Urbanism 2" in the summer semester of 2019. The student works sketch and illustrate the development of Graz bike culture as an emancipatory practice, supported by clubs and citizens' initiatives. The course was conceived in collaboration with the HDA, the Provincial Building Authority of Styria, and the City Building Authority of Graz.

Among the accompanying events were the 12th Austrian Cycling Summit in Graz, theme nights with keynote speeches by **Aglaée Degros** (Institute of Urbanism), **Andreas Schuster** (Green City Munich), **Wolfgang Feigl** (Province of Styria), and the traffic planner **Markus Frewein**, along with a biking excursion through Graz. The exhibition at the German Architecture Museum was curated by **Annette Becker, Stefanie Lampe**, and **Lessano Negussie**. ∎

*Sabine Bauer*

Ausstellung „Fahr Rad!" | Exhibition "Ride a Bike!" © stdb, TU Graz

# „In the Ruins of Deregulation. Thinking with Cinema Balkan"

Ausstellung des Instituts für Zeitgenössische Kunst im Cinema Balkan, Belgrad, 6.–13. Juni 2019

Das IZK Masterstudio „In the Ruins of Deregulation" drehte sich in zwei Aktionen rund um das Thema Ausstellen. Studierende des Masterstudios untersuchten die Auswirkungen der regulierten Deregulierung auf die Gesellschaft und die gebaute Umwelt, wobei das Cinema Balkan in Belgrad als Ausgangspunkt und Ausstellungsort diente. Das Studio und die Ausstellungsaktionen konzentrierten sich auf Forschungsfragen wie: „Was bedeutet es, künstlerisch und architektonisch in den Kontext des Übergangs einzugreifen, indem man den Raum zwischen Regulierung und Deregulierung bewohnt? Wer und was verursacht die Ruinen, mit denen wir konfrontiert sind? Wie stellen wir uns den Raum vor, in dem Film, Kultur und Öffentlichkeit heute miteinander verflochten sind?"

Das Studio befasste sich mit drei Schlüsselkonzepten: Ruine, Beziehung und Kino. Das Cinema Balkan wurde sowohl als Institution betrachtet, die sich der Projektion von sich derzeit im Wandel befindlichen Medien widmet, als auch als physischer öffentlicher Kinoraum in Belgrad. Die künstlerische Untersuchung diente als visuelle Apparatur zur Hinterfragung von Zeitgenossenschaft und um zu verstehen, dass das, was sich hinter der Repräsentation verbirgt, in Wirklichkeit konstruiert ist. Die erste Ausstellungsaktion führte die Arbeit von der Universität zurück an den Schauplatz in Belgrad und machte der Öffentlichkeit die permanente Veränderung der Eigentums-, Gesellschafts- und Kulturerbeverhältnisse deutlich und verwandelte so das Cinema Balkan in einen Diskursraum und Ort der Wissensproduktion, und ermöglichte somit einen Zugang zum Verborgenen. Die zweite Aktion war eine Rücküberführung der Ausstellung an die TU Graz und in den Kontext der Ausstellung „Graz Open Architecture". ▪

*Milica Tomić/Dubravka Sekulić*
*(Übersetzung: Otmar Lichtenwörther)*

# "In the Ruins of Deregulation: Thinking with Cinema Balkan"

Exhibition of the Insitute for Contemporary Art at Cinema Balkan, Belgrade, June 6–13, 2019

The IZK master studio "In the Ruins of Deregulation" revolved around exhibiting in two acts. Students of the master studio investigated the effects of regulated deregulation on society and the built environment, using the Cinema Balkan in Belgrade as a point of departure and an exhibiting destination. The studio and acts of exhibiting focused on investigative questions such as: What does it mean to artistically and architecturally intervene in the context of transition by inhabiting the space between regulation and deregulation? Who and what produces the ruins that confront us? How do we imagine the space where film, culture, and the public entangle today?

The studio addressed three key concepts: ruin, relation, and cinema. The Cinema Balkan was considered both as an institution dedicated to the projection of media currently undergoing change and the physical public cinema space in Belgrade. Artistic investigation served as the optical machinery used to interrogate contemporaneity, and to understand that what is hidden behind representation is in fact constructed. The first act of exhibiting brought the work from the university back to the site in Belgrade and exposed to the public the permanent transformation of property, societal and heritage relations, thus transforming the Cinema Balkan into a discursive space and a site of knowledge production, thereby enabling access to the hidden. The second act was a transposition of the exhibition back to TU Graz and into the context of the annual exhibition "Graz Open Architecture." ▪

*Milica Tomić/Dubravka Sekulić*

Studierende | Students: **Gustave Curtil**, **Milica Cvijetić**, **Amela Danner**, **Francois Decurtins**, **Manuel Fasch**, **Daniel Laggner**, **Emeline Louis**, **Tamara Novković**, **Jelena Obradović**, **Quentin Paillat**, **Lung Peng**, **Ettore Porretta**, **Emonda Shefiku**, **Juliana Straetz**, **Timotea Turk**

„In the Ruins of Deregulation – Thinking with Cinema Balkan", Ausstellungsansicht | exhibition view, Cinema Balkan, Belgrad, Juni 2019 | Belgrade, June 2019 © IZK, TU Graz

# Trofaiach. Architektonische Konzepte für ein zukünftiges Miteinander

**Ausstellung in Trofaiach vom Institut für Gebäudelehre, 17. Juni bis 30. September 2019**

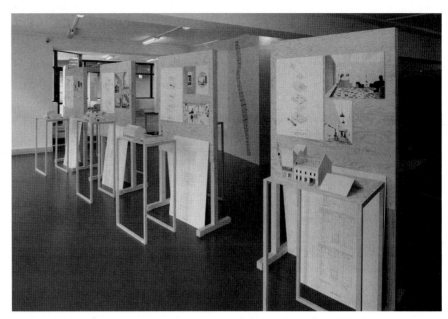

© Helmut Tezak

Das Institut für Gebäudelehre der TU Graz stellte in Kooperation mit der Gemeinde Trofaiach die Ergebnisse der Studie „Trofaiach – An der Hauptstraße" aus. Basierend auf Entwurfsprojekten, die im Masterstudio des Wintersemesters 2018/19 mit 14 Studierenden am Institut für Gebäudelehre entwickelt wurden, behandelt die Studie die Frage nach möglichen Strategien und Visionen für die zukünftige Entwicklung des Zentrums von Trofaiach. Als Experimentierfeld diente eine Häuserzeile entlang der Hauptstraße von Trofaiach, um die Potenziale der bestehenden baulichen Struktur für die Stärkung des Ortszentrums zu illustrieren.

Die Ausstellung, die von **Hans Gangoly** und **Eva Sollgruber** vom Institut für Gebäudelehre kuratiert wurde, zeigte Reflexionen über Zugänge zu Bauen im Bestand sowie dem virulenten Thema der Ortskernstärkung von mittelgroßen Städten in ländlichen Regionen. Im Zuge der Ausstellungseröffnung wurde die gleichnamige Publikation präsentiert, in der die Entwurfsarbeiten der Studierenden sowie die weiterführenden Untersuchungsergebnisse gesammelt veröffentlicht wurden. Des Weiteren wurde die Vernissage durch das Symposium „SMART-Land" ergänzt, bei dem die ausgestellten Arbeiten in einem breiten Kontext zur Diskussion gestellt wurden. ▪

## Trofaiach: Architectural Concepts for Future Togetherness

**Exhibition in Trofaiach by the Institute of Design and Building Typology, June 17 to September 30, 2019**

In cooperation with the municipality of Trofaiach, the Institute of Design and Building Typology at Graz University of Technology exhibited the results of the study "Trofaiach – Along Main Street." Based on design projects, which had been developed with fourteen students during the winter semester 2018–19 in the master studio of the Institute of Design and Building Typology, the study examines the issue of possible strategies and visions for the future development of the Trofaiach city center. Serving as a field of experimentation was a row of houses along the main street of Trofaiach, with the aim of illustrating the potential of the existing building structure for strengthening the downtown area.

The exhibition, which was curated by **Hans Gangoly** and **Eva Sollgruber** from the Institute of Design and Building Typology, showed instances of reflection on approaches to building redevelopment and to the virulent topic of strengthening the town center of mid-sized cities in rural regions. During the exhibition opening, the eponymous book was presented, in which a compilation of the design work of students was published, along with additional study results. Moreover, the vernissage was complemented by the symposium "SMART-Land," during which the exhibited works were put up for discussion in a broader context. ▪

*Eva Sollgruber*

Mit Arbeiten von | With works by **Medina Adžemović, Dominic Bader, Marko Hedl, Nuhi Ismaili, Natalie Kofler, Emeline Louis, Magdalena Margesin, David Neuhold, David Pons Montaner, Pamina Refezeder, Fabian Scheucher, Ferdinand Schmölzer, Lucía Seguro Manteca, Milan Ćušić**

# Architectural Acoustics

**Ausstellung** des **Instituts für Architektur und Medien** in der **Messe Graz**, 15.–19. September 2019

Im Rahmen der Interspeech-Konferenz, die von 15.–19. September 2019 in der Messe Graz stattfand, wurden Arbeiten von Architekturstudierenden der Lehrveranstaltung „Darstellungsmethoden" ausgestellt. Die Studierenden entwickelten im Rahmen der Lehrveranstaltung neue, einzigartige und kreative Vorschläge für eine mögliche Gestaltung von akustischen Paneelen und bauten davon Prototypen im Maßstab 1:1. Die besondere Herausforderung lag in der Benutzung von zweidimensionalen Standardmaterialien, die durch verschiedene geometrische Verformungen wie Schneiden, Biegen, Falten und/oder Schichten eine optimale Lösung für Auge als auch Ohr liefern sollten.

Auf dem Weg von der Idee zum realen Produkt wurden die Studierenden von **Milena Stavrić** und **Jamilla Balint** (Institut für Architektur und Medien) betreut und von Studierenden der Fachrichtung Elektrotechnik-Toningenieur unterstützt, die hilfreiche Hinweise hinsichtlich der Optimierung von Absorptionseigenschaften und akustischer Vermessung beisteuerten. Aufgrund der vielen kreativen Vorschläge zur Gestaltung der akustischen Paneele sowie der akustisch herausragenden Performance bekam das Lehrveranstaltungsteam die weitere Möglichkeit, Prototypen für verschiedene Hörsäle der TU Graz als akustische Verbesserung zu implementieren. Das Buch *Architectural Acoustics ext.* versammelt alle studentischen Arbeiten aus der Lehrveranstaltung und bietet mit den entsprechenden Messdaten eine Inspiration für ArchitektInnen und AkustikerInnen für weitere praxisbezogene Anwendungen. ∎

## Architectural Acoustics

**Exhibition** of the **Institute of Architecture and Media** at **Messe Graz**, September 15–19, 2019

In the scope of the Interspeech conference, held at Messe Graz from September 15 to 19, 2019, works created by architecture students in the course "Representational Methods" were exhibited. During this course, the students developed new, unique, and creative proposals for the possible design of acoustic panels and built related prototypes at a 1:1 scale. The special challenge here lay in the use of two-dimensional standard materials, which were meant to deliver—through various geometric deformations, such as cutting, bending, folding, and/or layering—an optimal solution for both the eyes and the ears.

On the path from the idea to the real product, the students were advised by **Milena Stavrić** and **Jamilla Balint** (Institute of Architecture and Media) and also supported by other students from the discipline of electrical engineering and audio engineering, who contributed helpful hints regarding the optimization of absorption properties and acoustic surveying. Thanks to the many creative suggestions on the design of the acoustic panels and to the outstanding acoustic performance, the course team was given the additional opportunity to install prototypes in different lecture halls at Graz University of Technology so as to improve the acoustic situation. The book *Architectural Acoustics ext.* compiles all student works from this course and, through the respective measurement data, provides architects and acousticians with inspiration for further practice-related uses. ∎

*Milena Stavrić/Jamilla Balint*

Akustische Paneele für die Posterpräsentationen auf der Interspeech-Konferenz 2019 in Graz | Acoustic panels for the poster presentations at the Interspeech Conference 2019 in Graz © IAM, TU Graz

# „The Aotearoa Forest Table"

**Installation** im Rahmen des **Festival of Architecture, Wellington, 20.–29. September 2019**

Das Institut für Architektur und Landschaft (ia&l) unter der Leitung von **Klaus K. Loenhart** wurde eingeladen, die Installation „The Aotearoa Forest Table" im Rahmen des neuseeländischen Festival of Architecture 2019 an der School of Architecture der Victoria University in Wellington auszustellen. Der „Aotearoa Forest Table" ist eine Reflexion über Pflanzenertrag und mikroklimatische Bedingungen in Neuseeland im Kontext des aktuellen Designdiskurses. Begleitet von ausgestellten Designprojekten des ia&l und terrain: integral design studio, und umgeben von der einheimischen Pflanzenwelt der neuseeländischen Wälder, vermittelte die Installation Klaus K. Loenharts Erfahrung und Fachwissen darüber, wie sich durch naturbasierte Designinnovationen urbaner Raum im Einklang mit der Natur gestalten lässt.

Laut Klaus K. Loenhart geht es darum, „diese beiden sehr unterschiedlichen Sphären (Gebäude und Natur) zu einer neuen Einheit zu verschmelzen. Als solche wurde sie nicht als Ausstellung installiert, sondern als eine Einladung in Form eines großen Tisches, der die Gemeinschaft mit Pflanzen und Wald repräsentiert. Wenn sich die BesucherInnen also an den Tisch setzen, sitzen sie in einem in diesen Tisch integrierten kleinen Wald, um zu diskutieren, zu lernen und die unterschiedlichen Sphären zu verschmelzen, und sich eine auf der Natur basierende Zukunft unserer gebauten Umgebungen vorzustellen." Installation und Ausstellung wurden von einer öffentlichen Vortragsreise durch Neuseeland mit dem Titel „Imagine! – The City as a Living Biome" begleitet, in der Klaus K. Loenhart anhand der Zusammenarbeit mit seinen MitarbeiterInnen über Umdenken und architektonische Praxis im Spannungsfeld zwischen Gebäude und Natur referierte. ▪

*Biljana Nikolić (Übersetzung: Otmar Lichtenwörther)*

„The Aotearoa Forest Table" © press_terrain.de

## "The Aotearoa Forest Table"

**Installation** at the **Festival of Architecture, Wellington, September 20–29, 2019**

The Institute of Architecture and Landscape (ia&l), headed by **Klaus K. Loenhart**, was invited to exhibit the installation "The Aotearoa Forest Table" at Victoria University's School of Architecture in Wellington during the 2019 Festival of Architecture, held in Wellington, New Zealand. "Aotearoa Forest Table" reflects on plant performance and microclimatic conditions in New Zealand in the context of the current design discourse. Accompanied by displayed design projects by ia&l and terrain: integral design studio, and surrounded by native plants of New Zealand's forests, the installation shared Klaus K. Loenhart's experience and expertise on how to create urban areas with nature through nature-based design innovation.

According to Klaus K. Loenhart, the aim is "to merge these two very different spheres (building and nature) into a new entity. As such it was not installed as an exhibition, but as an invitation built in the form of a large table that introduces the plant forest community. So, when the visitor sits at the table, he or she is sitting within a small forest, integrated into that table, to discuss, learn and merge the different spheres, and imagine the nature-based future of our built environments." The installation and exhibition were accompanied by a public lecture tour around New Zealand entitled "Imagine! – The City as a Living Biome" in which Klaus K. Loenhart lectured on how he and his teams collaborate in re-thinking and practicing between building and nature. ▪

*Biljana Nikolić*

# Graz Open Architecture 2019

**Jahresausstellung** und **Sommerfest der Architekturfakultät** der **TU Graz**, 28. Juni 2019

Bereits zum sechsten Mal präsentierte die Fakultät für Architektur Ende Juni Studierendenarbeiten und -projekte aus dem vergangenen Studienjahr einer breiten Öffentlichkeit. Unter dem Motto „Graz Open Architecture" konnten MitarbeiterInnen der TU Graz, Studierende, SchülerInnen und Architekturinteressierte im Rahmen einer breit gefächerten Werkschau der 13 Architekturinstitute Einblick in studentische Projekte nehmen. Gezeigt wurde eine Bandbreite an unterschiedlichen Entwurfsexperimenten aus Forschung und Lehre, wie zum Beispiel pneumatische Kissen vom Institut für Tragwerksentwurf, neue Konzepte des gemeinschaftlichen Wohnens vom Institut für Architekturtheorie, Kunst- und Kulturwissenschaften, algorithmische Raumstudien vom Institut für Raumgestaltung oder durch Photobashing gestaltete Alternativ-Welten vom Institut für Architektur und Medien.

Rundgang mit dem Rektor | Tour with the university president © KOEN/Robert Anagnostopoulos, TU Graz

Das Sommerfest-Programm wurde diesmal um einen Archi-Talk zum institutsübergreifenden Thema „Nachhaltigkeit studieren?" sowie eine Pop-Up Radiostation erweitert. Das von **Lisa Obermayer** und **Armin Stocker** (KOEN) konzipierte Radio-Programm, bestehend aus Interviews, Podcasts, Lesungen, einem Architekturquiz und abwechslungsreichen Playlists, wurde per Tube-Stream in alle Ausstellungsräume übertragen. Am Nachmittag gaben geführte Rundgänge Einblick in das breite inhaltliche Spektrum der Lehrtätigkeit an der Fakultät und ermöglichten persönliche Begegnungen mit an den Projektarbeiten beteiligten Lehrenden und Studierenden. Livebands, Kulinarik und ein Kinderprogramm rundeten das Angebot ab und sorgen für festliche Sommerstimmung am Campus. ∎

## Graz Open Architecture 19

**Annual Exhibition** and **Summer Festival** of the **Faculty of Architecture** at **Graz University of Technology, June 28, 2019**

In late June, the Faculty of Architecture presented student works and projects from the previous academic year to a wider public for the sixth time. Under the motto "Graz Open Architecture," the staff of Graz University of Technology, along with students, pupils, and architecture lovers, could gain insight into a broadly ramified show of work from the thirteen architecture institutes. Shown here was a spectrum of different design experiments from the contexts of research and teaching, such as the pneumatic pillows from the Institute of Structural Design, new concepts of communal living from the Institute of Architectural Theory, Art History and Cultural Studies,

Studierendenarbeiten, Institut für Gebäudelehre | Student works, Institute of Design and Building Typology © IZK/Simon Oberhofer, TU Graz

Studierendenarbeiten, Institut für Grundlagen der Konstruktion und des Entwerfens | Student works, Institute of Construction and Design Principles © KOEN/Robert Anagnostopoulos, TU Graz

algorithmic spatial studies from the Institute of Spatial Design, and alternative worlds designed through photobashing from the Institute of Architecture and Media.

Studierendenarbeiten, Institut für Zeitgenössische Kunst | Student works, Institute of Contemporary Art © GAM.Lab, TU Graz

Studierendenarbeiten, Institut für Tragwerksentwurf | Student works, Institute of Structural Design © GAM.Lab, TU Graz

The summer festival program was expanded this time to include an Archi-Talk on the suprainstitutional topic "Studying sustainability?" and also a pop-up radio station. The radio program conceptualized by **Lisa Obermayer** and **Armin Stocker** (KOEN), featuring interviews, podcasts, readings, an architecture quiz, and diversified playlists, was broadcast into all exhibition rooms via tube stream. In the afternoon, guided tours offered a glimpse of the wide spectrum of academic content within the faculty and facilitated personal encounters with the professors and students involved in the project work. Live bands, culinary delights, and a children's program rounded off the activities and ensured a festive summer atmosphere on campus. ∎

*Lisa Obermayer/Martina Hanke*

© KOEN/Robert Anagnostopoulos, TU Graz

**FRANK ADLOFF**

**POLITIK DER GABE**

**NAUTILUS FLUGSCHRIFT**

**Politik der Gabe. Für ein
anderes Zusammenleben**
Frank Adloff
Hamburg: Edition Nautilus, 2018
Deutsch, 320 Seiten, broschiert |
German, 320 pages, softcover
ISBN 978-3-96054-091-5
EUR 19,90 | EUR 19.90

# Über die Möglichkeit,
# Commons zu verstehen

Sigrid Verhovsek

Um Alternativen zu vertrauten Lebens- und Wohnformen finden zu können, ist es zunächst notwendig, die ihnen zugrundeliegenden Denkformen und Handlungsweisen kritisch zu hinterfragen. Bei einer Thematik wie „commons" oder Konvivialismus ist dies schwierig, weil einerseits das vom neoliberalen Kapitalismus geprägte Wissen des durchschnittlichen Mitteleuropäers die Möglichkeit von Alternativen gar nicht so leicht „zulässt", andererseits weil das Empfinden der wachsenden krisenhaften Situation (Erderwärmung, Finanzkrise, Terrorismus) die Angst vor vermeintlich risikoreichen Veränderungen schürt und ein Verbleiben in traditionellen Verhaltensweisen sicherer erscheinen lässt. Dass unsere ökonomischen und politischen Beziehungen aber durchaus nicht nur von Einkaufen und Verkaufen, von „gib mir, dann geb' ich Dir" bestimmt sein müssen, erklärt Frank Adloff in seinem 2018 erschienenen Buch *Politik der Gabe. Für ein anderes Zusammenleben.*

Adloff, Professor für Sozialökonomie an der Universität Hamburg, hat sich eingehend mit Grundlagen der *Zivilgesellschaft* (2005) auseinandergesetzt, und sorgte durch die Herausgabe des *Konvivialistischen Manifestes* (2014) für einen Anstoß dieser Diskussion im deutschsprachigen Raum, die 2015 durch den Sammelband *Konvivalismus. Eine Debatte* erweitert wurde. Aufbauend auf dem Konzept der Konvivialität fragt Adloff in der *Politik der Gabe* nach einer neuen Lebensform abseits von Markt und Staat, nach einem ergänzenden Handlungskonzept für ein gelingendes Zusammenleben, das imstande wäre, auf die heutigen globalen Herausforderungen zu reagieren. Auf der im Menschen angelegten Fähigkeit, auch ohne eine gesicherte Gegenleistung etwas zu „geben", basiert die Vision eines nicht-utilitaristischen und nicht-normativem Interaktionismus. Spannend an dieser Theorie ist, dass die Gabe in Beziehungen nie „verschwunden" war – in Alltagspraxen wie Grußgesten oder im Sorge- und familiären Bereich ist

sie unbemerkt gang und gäbe –, sondern, dass sie schrittweise „unsichtbar" gemacht wurde.

Ein Ausbruch aus dem Konzept des *homo oeconomicus* kann nur gelingen, wenn man die dahinterliegenden Mechanismen versteht, deshalb definiert Adloff in den ersten vier Kapiteln („Von der Doppelkrise des Kapitalismus zur Konvivalität?", „Eigennützige Gaben? Altruistische Gaben?", „Marcel Mauss' Gabe" und „Eine andere Anthropologie: der *homo donator*") zunächst die Grundzüge der „Gabe" selbst, indem er sie dem Tausch gegenüberstellt. Georg Simmel definierte den grundlegenden Unterschied durch die antizipierte Reziprozität: Tausch bedingt eine Gegenleistung, während die Gabe nicht durch eine Gegengabe „entschuldet" wird. Laut Simmel kann eine wirkliche Gabe gar nicht erwidert werden, weil sie den „Charme der völligen Freiheit" (S. 26) besitzt. Die Reziprozität des Tausches ist wiederum für jene „Machtungleichheiten" verantwortlich, die entstehen, weil es Empfängern von Leistungen unmöglich ist, diese in adäquater Form zu beantworten. Eingehend auf die Gretchenfrage zwischen Egoismus und Altruismus stellt Adloff klar, dass seine Theorie der Gabe „nicht bei den Motiven einzelner Akteure ansetzt, sondern die Beziehung ins Zentrum der Untersuchung stellt, das, was sich zwischen ihnen abspielt." (S. 45)

Im dritten Kapitel geht Adloff ausführlich auf den Essay „Die Gabe" von Marcel Mauss (Essay 1925) ein, der sie ebenfalls in Gegensatz zum Tausch stellt: „Denn im Rahmen der Gabe weiß man nicht, *ob* etwas erwidert wird, was man erwidert bekommt und *wann* man etwas zurückerhält. [...] Beim Tausch einigen sich hingegen beide Parteien vor dem Transfer über die Modalitäten, und es fließen vereinbarte Güter in beide Richtungen." (S. 59) Ein Akt der Erwiderung sei nicht notwendigerweise Teil der Gabe, sondern ganz im Gegenteil enthält sie „irreduzibel Unsicherheit, Indeterminiertheit und Risiko; sie tendiert dazu, in einem Zustand struktureller Unsicherheit zu verbleiben, so dass Vertrauen auf diese Weise generiert werden kann." (S. 66) Die Gabe bildet so die Basis für Beziehungen, einen Grundmodus sozialer Interaktion, der zwischen Pflicht und Spontanität, zwischen utilitaristischem Interesse und Spiel oszilliert,

Woher diese Neigung des Menschen, etwas auch ohne „Gewinn" zu geben, kommen könnte, erläutert Adloff anhand von Beispielen aus der frühkindlichen Entwicklung bzw. aus der Evolutionsbiologie und erläutert eine Theorie der Handlungspraxen mit auffälligen Analogien zu qualitativer und quantitativer Forschung, aber auch zu den derzeit wiederentdeckten Arbeiten von Lucius Burckhardt, der offenere Strategien und Planungsprozesse einforderte. Einen deutlichen Hinweis auf partizipatorische Planung gibt Adloff, wenn er in Bezug auf den US-amerikanischen Philosophen und Pädagogen John Dewey ausführt: „Kooperationen, die auf der Basis von Zielen in Sichtweite erfolgen, bleiben erfahrungsoffen und sind von den Beteiligten steuerbar: Alle beteiligten Parteien können sich als Beiträger zu einer Praxis verstehen und auf die Abläufe Einfluss nehmen. […] Gelingt die Kooperation, bekommen die Handlungsakte nicht nur eine Bedeutung, sondern eine Bedeutsamkeit." (S. 97, 98 f) So könnte man auch das ideale Ver-

hältnis zwischen ArchitektIn und BauherrIn verstehen.

Auch Silke Helfrichs zahlreiche Thesen zu „commons" betonen, dass Kooperation innerhalb einer Gruppe nicht nur konstituierend und bestimmend, sondern sogar der zugrundeliegende auslösende Reiz ist, sich gemeinsam um eine Ressource zu kümmern. Kapitel 5 („Die Register der Gabe"), 6 („Die Gabe zwischen Sozialismus und Kapitalismus") und 7 („Waren, Werte, Geld und Gaben") verfolgen anschaulich die Relation der Gabe zum gegenwärtigen europäischen Wirtschaftssystem. Adloffs These folgend ist der Kapitalismus u.a. deshalb so dominant, weil seinem Dogma folgend immer mehr Bereiche des Lebens der „Geldlogik" unterworfen werden und Profit abwerfen müssen, während die ursprünglich auf Tauschbeziehungen aufbauenden, global ineinander verflochtenen Lebensformen immer extremer werdende asymmetrische Interdependenzen (vgl. S. 16) aufweisen. Die letzten fünf Kapitel setzen die Gabe in Beziehung zu Wissen-

schaft und Technik, zur Natur, zur Zivilgesellschaft, zur Kunst und zur Politik, wobei hier die Zusammenhänge nicht so deutlich und zwingend sind wie in den ersten Kapiteln.

Das penibel recherchierte Buch bietet vor allem in den ersten Kapiteln sehr viele Hinweise darauf, wie man „Ungewohntes" in common sense verwandeln könnte und fasst dabei unzählige Quellen und Theorien anschaulich zusammen. Adloff wirft die Frage auf, wie wir miteinander leben wollen – Architektur kann darauf aufbauend ausloten, welche Räume dafür gebraucht werden, und eine dementsprechend neue Programmatik entwerfen. Eine *Politik der Gabe* ermöglicht es, „Nischen auf[zu]bauen, im Hier und Jetzt schon so zu handeln, wie man es sich utopisch ersehnt, und dadurch die Wahrscheinlichkeit zu steigern, dass sich Alternativen ausbreiten, die umsetzbar und attraktiv erscheinen." (S. 251) ▪

# On the Possibility of Understanding the Commons

In order to find alternatives to familiar forms of living and housing, it is first necessary to critically question the underlying forms of thinking and acting. This is difficult with topics such as "the commons" or convivialism because, on the one hand, the knowledge of the average Central European, shaped by neoliberal capitalism, does not "allow" the possibility of alternatives so easily, and, on the other, because the perception of the growing crisis situation (global warming, financial crisis, terrorism) fuels fears of supposedly risky changes and makes staying in traditional modes of behavior appear safer. But Frank Adloff explains in his book *Politik der Gabe. Für eine anderes Zusammenleben* (The Politics of Gifting: For A Different Coexistence), which was published in 2018, that our economic and political relations must not be determined solely by buying and selling, by "give me, then I'll give you."

Adloff, Professor of Socioeconomics at the University of Hamburg, has studied the fundamentals of civil society in depth (*Zivilgesellschaft*, 2005) and, by publishing the *Konvivialistisches Manifest* (Convivialist Manifesto, 2014), he initiated this discussion in the German-speaking world, which was broadened by the anthology *Konvivalismus. Eine Debatte* in 2015. Building on the concept of conviviality, Adloff asks for a new way of life apart from the market and the state in *Politik der Gabe*, for a complementary concept of action for successful coexistence that would be able to respond to today's global challenges. The vision of nonutilitarian and non-normative interactionism is based on the human being's ability to "give" something even without a guaranteed quid pro quo. What is exciting about this theory is that the gift in relationships has never "disappeared"—in everyday practices such as greeting gestures or in the spheres of care and family it is unnoticed common practice—but rather it has gradually been made "invisible."

An escape from the concept of *homo economicus* can only succeed if one understands the underlying mechanisms, which is why Adloff first of all defines in the first four chapters ("Von der Doppelkrise des Kapitalismus zur Konvivalität?" (From the Double Crisis of Capitalism to Convivality?), "Eigennützige Gaben? Altruistische Gaben?" (Selfish Gifts? Altruistic Gifts?), "Marcel Mauss' Gabe" (Marcel Mauss's Gift) and "Eine andere Anthropologie: der *homo donator*" (A Different Anthropology: the *Homo Donator*)), the basic features of the "gift" itself by comparing it with exchange. Georg Simmel defined the fundamental difference by the anticipated reciprocity: Exchange requires a quid pro quo, while the gift is not "deleveraged" by a quid pro quo. Simmel writes that a real gift cannot be reciprocated because it has the "charm of absolute freedom" (p. 26). The reciprocity of exchange is in turn responsible for those "power imbalances" that arise because it is impossible for recipients of services to respond to them adequately. Responding to the crucial question of egoism and altruism, Adloff makes it clear that his theory of the gift "does not start with the motives of individual actors, but places the relationship at the center of the investigation, what happens between them" (p. 45).

In the third chapter, Adloff analyses the essay "The Gift" (1925) by Marcel Mauss in depth, which also places it in opposition to exchange: "For within the scope of the gift one does not know whether something is reciprocated, what one gets reciprocated and when one gets something back. [...] In an exchange, however, both parties agree on the modalities before the transfer, and agreed goods flow in both directions" (p. 59). An act of reciprocation is not necessary but, on the contrary, it contains "irreducibly uncertainty, indeterminacy and risk; it tends to remain in a state of structural uncertainty, so that trust can be generated in this way" (p. 66). The gift thus forms the basis for relationships, a basic mode of social interaction that oscillates between duty and spontaneity, between utilitarian interest and play.

Adloff uses examples from early childhood development and evolutionary biology to explain where this human inclination to give something without "profit" could come from and explains a theory of action practices with striking analogies to qualitative and quantitative research but also to the currently rediscovered work of Lucius Burckhardt, who called for more open strategies and planning processes. Adloff gives a clear indication of participatory planning when he refers to the US philosopher and educator John Dewey: "Cooperation that takes place on the basis of objectives within sight remains open to experience and can be controlled by the parties involved: All parties involved can see themselves as contributors to a practice and influence the processes. [...] If cooperation is successful, the actions will not only become meaningful, but also significant" (pp. 97–98). This could also be used to understand the ideal relationship between architect and client.

Silke Helfrich's numerous theses on "commons" also emphasize that cooperation within a group is not only constitutive and determining, but even the underlying incentive to jointly take care of a resource. Chapters 5 ("Die Register der Gabe"/Registers of the Gift), 6 ("Die Gabe zwischen Sozialismus und Kapitalismus"/The Gift between Socialism and Capitalism) and 7, ("Waren, Werte, Geld und Gaben"/Goods, Values, Money and Gifts) follow the relationship of the gift to the present-day European economic system in a vivid manner. Following Adloff's argument, capitalism is so dominant, among other things, because according to its dogma more and more spheres of life are subjected to the "logic of money" and have to yield profits, while the globally intertwined forms of life originally based on exchange relationships show increasingly extreme asymmetrical interdependencies (see p. 16). The last five chapters relate the gift to science and technology, to nature, to civil society, to art, and to politics, although the connections here are not as clear and conclusive as in the first chapters.

The meticulously researched book offers, especially in the first chapters, many hints on how to transform the "unfamiliar" into common sense, and it vividly summarizes countless sources and theories. Adloff raises the question of how we want to live together—building on this, architecture can sound out which spaces are needed for this and devise a correspondingly new agenda. A "'politics of gifting' makes it possible to build [up] niches, to act in the here and now as one utopically longs for it, and thereby to increase the probability that alternatives will spread that seem feasible and attractive" (p. 251). ∎

*Sigrid Verhovsek (Translation: Otmar Lichtenwörther)*

**The Public Private House.**
**Modern Athens and**
**Its Polykatoikia**

Richard Woditsch (Hg. | ed.)
Zürich | Zurich: Park Books, 2018
Englisch, 272 Seiten, 133 Farb- und
130 SW-Abbildungen, gebunden |
English, 272 pages, 133 color and
130 b/w illustrations, hardcover
ISBN 978-3-03860-084-8
EUR 48,00 | EUR 48.00

# Die osmotische Stadt

Ingrid Böck

Als der IV. Kongress der Congrès Internationaux d'Architecture Moderne (CIAM, Internationaler Kongress für neues Bauen) die Charta von Athen im Juli 1933 verabschiedete, tagten die Teilnehmer an Bord eines Dampfschiffes von Marseilles nach Athen und formulierten die Prämissen „Der funktionalen Stadt". Die Architekten und Planer des CIAM konnten bereits einige frühe Prototypen der *Polykatoikia*, einem für Athen charakteristischen modernen Mehrfamilienhaus, besichtigen und die urbanen und räumlichen Qualitäten dieser Gebäudetypologie erfahren (S. 35). Diese bedeutsame Zusammenkunft der architektonischen Avantgarde prägte nicht nur die Architekturgeschichtsschreibung sowie den Wideraufbau und die Stadtplanung der Nachkriegszeit maßgeblich, sondern liefert auch die Basis für den von Richard Woditsch herausgegebenen Band *The Public Private House. Modern Athens and Its Polykatoikia.*

Woditsch ist Architekt in Berlin und Professor für Theorie der Architektur und Entwerfen an der Technischen Hochschule Nürnberg. Er hat zur Typologie der Polykatoikia in Athen promoviert und zeigt in diesem Sammelband unterschiedliche Perspektiven auf diesen Gebäudetyp auf. Zu Beginn beschreibt Alcestis P. Rodi die Entstehungsgeschichte der modernen Stadtstruktur Athens und illustriert mittels Diagrammen die verschiedenen Schritte der Erweiterung ab 1833 (S. 26ff). Das System von Stützenraster und Platten ermöglicht eine formale Homogenität der Baukörper im historischen Stadtbild, erlaubt aber gleichzeitig funktionale Flexibilität und freie Grundrissgestaltung (S. 36). Panayotis Tournikiotis analysiert die Beziehung zwischen Le Corbusiers Dom-Ino-Schema und der Polykatoikia: Die fünf- bis zehnstöckigen Bauten sind zwar eine formale Adaption der Dom-Ino-Struktur, doch weisen sie – entgegen der in der Charta von Athen formulierten räumlichen Trennung der Stadtfunktionen Wohnen, Arbeiten, Erholung, Verkehr – eine funktionale Vielfalt innerhalb des Gebäudes auf (S. 70ff). Eine

zentrale Funktion der Polykatoikia besteht daher darin, durch die Geschäfte und Passagen in den unteren Ebenen – der *Stoa* – Teil des öffentlichen Lebens zu sein. Richard Woditsch und Mark Kammerbauer analysieren, wie sich durch die räumlich offene Baustruktur der Polykatoikia spezifisch gesellschaftlichen Konstellationen widerspiegeln: Im Gebäude drücken sich nicht nur Status und sozioökonomische Hierarchie der Nutzer aus, durch die Wahl der Materialien, die Größe der Apartments und die geografische Lage wird auch der Wert des Hauses bestimmt. An diese These anknüpfend widmet sich Thomas Maloutas den Bewohnern innerhalb eines Apartmentblocks und schließt damit auf die soziale Struktur der Stadt.

Nach dieser detaillierten theoretischen Erörterung der Polykatoikia illustrieren zwölf Fallstudien die Vielfalt der individuellen Ausformungen (S. 117ff). Sie sind als ganzseitige Fotoessays gestaltet, die mit Kenndaten, Planmaterial und Axonometrien ergänzt werden. In diesen konkreten Beispielen sind die verschiedenen Parameter der Polykatoikia – Stützenraster, Stiegenhaus, Geschosshöhe, Stoa, Balkone, Rücksprünge, Flachdach, sozioökonomische Hierarchie sowie öffentlich und private Funktionen – gut ablesbar und zeigen den Variationsreichtum dieser diagrammatischen Struktur. In einer abschließenden Synopsis diskutieren Woditsch und Kammerbauer mögliche Lesarten der Polykatoikia als Produkt einer Koevolution von ökonomischen, rechtlichen und gesellschaftlichen Rahmenbedingungen (S. 239ff): Sie funktioniert als urbanes Integrationsmodell, das sowohl im Zentrum wie auch an der Peripherie eine programmatische Vermischung bewirkt. Die Stadt wird in ein kontinuierliches Meer von weißen Kuben verwandelt, die wie eine homogene Struktur die Topografie bedeckt. Die Gebäude erzeugen durch die Geschäfte und Büros im Erdgeschoss und erstem Obergeschoss eine „osmotische Sphäre", in der sich ein allmählicher Übergang von öffentlicher, halb-öffentlicher zu privater Zone vollzieht (S. 241). Auf diese Weise setzt sich das städtische Leben im Gebäude selbst fort, es fließt geradezu durch den offenen Raum, der durch den Stützenraster und die Stiegenhäuser gegliedert wird. Die Autoren analysieren auch die Dichotomie zwischen globalen und lokalen Charakteristika, die sich zwischen unteren (global) und oberen (lokal) Geschossen, zwischen Fassade (global) und Wohnungen (lokal), zwischen Stadtzentrum (global) und Peripherie (lokal) zeigt.

Die Polykatoikia von Athen stellt sowohl eine Übersetzung des Dom-Ino-Schemas in den griechischen Kontext, wie auch eine Neuinterpretation dieses räumlichen und funktionalen Diagramms dar. Panos Dragonas gibt einen Ausblick auf die Zukunft der Polykatoikia im einundzwanzigsten Jahrhundert, da diese gewachsene, moderne Gebäudeform seit der Wirtschaftskrise von 2008 immer mehr an Bedeutung verliert (S. 250ff). Obwohl die ersten acht Jahre des neuen Jahrtausends noch eine Zeit wirtschaftlichen Wachstums und gesellschaftlichen Wohlstands waren, wurden kaum mehr neue Apartmentblocks in Form der Polykatoikia gebaut. Vielmehr wurden bereits bestehenden Gebäude saniert, Familienwohnungen zu großzügigen Lofts oder zu Garconnieren umgebaut, während die jungen Familien tatsächlich in das grüne Umland von Athen zogen. Die osmotische Zone der offenen Stoa im Erdgeschoss und in den unteren Stockwerken wich zunehmend Stellplätzen, geschlossenen Lagerflächen oder großen, verglasten Schaufenstern, während die Apartments darüber für Kurzzeitvermietung wie Airbnb genutzt wurden. Obwohl sich das äußere Erscheinungsbild der Fassade, die endlose Wiederholung und Variation bestimmter Parameter, bis auf die Graffitis und außenliegenden Klimaanlagen kaum verändert hat, hat sich die innere Struktur der Polykatoikia den geänderten Anforderungen angepasst.

Das Thema der Polykatoikia wurde bereits von Platon Issaias in seiner Dissertation *Beyond the Informal City: „The Lump City" of Athens and the Possibility of an Urban Common* (2014) in den Architekturdiskurs eingebracht.[1] Issaias analysierte die Dialektik zwischen formeller und informeller – auch spontaner und ungeplanter – Stadtentwicklung, da gerade die Abwesenheit von regulatorischen Rahmenbedingungen den idealen Nährboden für dies Evolution dieser Typologie bereitete. Im Unterschied dazu geht es Woditsch aber, wie schon mit seinem Nürnberger Stadtportrait (2015),[2] im vorliegenden Band über Athen um einen synoptischen Blick auf die Stadt. Die Auswahl der Beiträge wirkt dabei stimmig und deckt ein breites Spektrum an Positionen ab. Es wird deutlich, wieviel Raum das Modell der Polykatoikia für Individualität und Improvisation bietet und wie es sich immer wieder an geänderte Anforderungen anpassen ließ. *The Public Private House* ist eine *überzeugende* methodische Analyse, die ein vielstimmiges und authentisches Bild der Stadt zeichnet. Sie schafft Verständnis für die vielschichtige kulturelle Architekturentwicklung Athens und lässt die Flexibilität der Polykatoikia bzw. des Dom-Ino-Schemas möglicherweise auch als zukünftigen Erfolgsgaranten verstehen. ∎

1   Issaias, Platon: *Beyond the Informal City. „The Lump City" of Athens and the Possibility of an Urban Common*, TU Delft, online unter: https://repository.tudelft.nl/islandora/object/uuid%3A93d641ff-403c-44c4-b19b-d4a66b6b250d (Stand: 21. September 2019); vgl. ders.: „The Absence of Plan as a Project. On the Planning Development of Modern Athens: 1830–2010", in: Aureli, Pier Vittorio (Hg.): *The City as Project*, Berlin 2014, 292–333.

2   Woditsch, Richard (Hg.): *Architekturführer Nürnberg*, Berlin 2016.

# The Osmotic City

When the 4th congress of the Congrès Internationaux d'Architecture Moderne (CIAM, International Congresses of Modern Architecture) adopted the Charter of Athens in July 1933, the participants convened on board a steamship from Marseilles to Athens and formulated the premises of "The Functional City." The architects and planners of the CIAM were able to visit some early prototypes of the *polykatoikia*, a modern apartment building characteristic of Athens, and experience the urban and spatial features of this building typology (p. 35). This memorable meeting of the architectural avant-garde not only had a decisive influence on the historiography of architecture as well as on the reconstruction and urban planning of the postwar period, but also provides the basis for the book edited by Richard Woditsch, *The Public Private House: Modern Athens and Its Polykatoikia.*

Woditsch is an architect in Berlin and Professor of Theory of Architecture and Design at the Nuremberg Tech. He wrote his doctoral thesis on the typology of the polykatoikia in Athens and presents different perspectives on this type of building in this anthology. At the beginning, Alcestis P. Rodi describes the history of the origin of the modern city structure of Athens and illustrates by means of diagrams the different steps of the expansion starting from 1833 (p. 26ff). The system of supporting grids and panels facilitates a formal homogeneity of the buildings in the historical cityscape, but at the same time provides functional flexibility and free floor plan design (p. 36). Panayotis Tournikiotis analyzes the relationship between

Le Corbusier's Dom-Ino House and the poly-katoikia: Although the five- to ten-story buildings are a formal adaptation of the Dom-Ino structure, they nevertheless exhibit a functional diversity within the building—contrary to the spatial separation of the urban functions of living, working, recreation and traffic formulated in the Athens Charter (pp. 70ff). One central function of the polykatoikia is therefore to be part of public life through its shops and arcades on the lower levels—the *stoa*. Richard Woditsch and Mark Kammerbauer analyze how the spatially open building structure of the polykatoikia reflects specific social constellations: The building not only expresses the status and socio-economic hierarchy of the users, but the choice of materials, the size of the apartments and the geographical location also determine the value of the building. Taking up this thesis, Thomas Maloutas dedicates himself to the residents within an apartment block and thus draws conclusions about the social structure of the city.

After this detailed theoretical discussion of the polykatoikia, twelve case studies illustrate the diversity of individual configurations (pp. 117ff). They are presented as full-page photo essays, which are supplemented with key data, plan material and axonometries. In these concrete examples, the various parameters of the polykatoikia—supporting grid, staircase, story height, stoa, balconies, recesses, flat roof, socio-economic hierarchy as well as public and private functions—are easy to read and illustrate the broad range of this diagrammatic structure. In a concluding synopsis, Woditsch and Kammerbauer discuss possible readings of the polykatoikia as the product of a co-evolution of economic, legal and social framework conditions (p. 239ff): It functions as an urban model for integration that produces a programmatic mix both in the center and on the periphery. The city is transformed into a continuous sea of white cubes that cover the topography like a homogeneous structure. Through the

shops and offices on the ground floor and first floor, the buildings create an "osmotic sphere" in which a gradual transition from public, semi-public to private zones takes place (p. 241). In this way, urban life continues in the building itself, flowing through the open space divided by the grid of columns and the staircases. The authors also analyze the dichotomy between global and local characteristics, visible between lower (global) and upper (local) floors, between façade (global) and apartments (local), between city center (global) and periphery (local).

The polykatoikia of Athens represent both a translation of the Dom-Ino pattern into the Greek context and a reinterpretation of this spatial and functional diagram. Panos Dragonas provides an outlook on the future of the polykatoikia in the twenty-first century, as this evolved, modern form of building has become less and less relevant since the economic crisis of 2008 (p. 250ff). Although the first eight years of the new millennium were still a time of economic growth and prosperity in society, hardly any new apartment blocks were built in the form of polykatoikia. Instead, existing buildings were renovated, family apartments converted into spacious lofts or studio apartments, while young families actually moved into the green environs of Athens. The osmotic zone of the open stoa on the ground floor and on the lower floors increasingly gave way to parking spaces, closed storage areas or large glazed shop windows, while the apartments above were used for short-term rentals such as Airbnb. Although the external appearance of the façade, the endless repetition and variation of certain parameters, apart from the graffiti and external air conditioning, has hardly changed, the internal structure of the polykatoikia has been adapted to the changed requirements.

The subject of polykatoikia was already introduced into architectural discourse by Platon Issaias in his dissertation *Beyond the Informal*

*City: "The Lump City" of Athens and the Possibility of an Urban Common* (2014).[1] Issaias analyzed the dialectic between formal and informal—also spontaneous and unplanned—urban development, since it was precisely the absence of regulatory frameworks that provided the ideal breeding ground for the evolution of this typology. In contrast, however, as with his portrait of the city of Nuremberg—*Architekturführer Nürnberg* (2015)[2]—Woditsch's present book on Athens is about a synoptic view of the city. Here, the selection of contributions seems consistent and covers a broad spectrum of positions. It becomes clear how much space the polykatoikia model offers for individuality and improvisation and how it can be adapted time and again to changing requirements. *The Public Private House* is a convincing methodical analysis that paints a polyphonic and authentic picture of the city. It creates understanding for the multifaceted cultural development of architecture in Athens and lets the flexibility of polykatoikia and the Dom-Ino pattern be understood as a guarantee for future success. ∎

*Ingrid Böck (Translation: Otmar Lichtenwörther)*

1  Platon Issaias, *Beyond the Informal City: "The Lump City" of Athens and the Possibility of an Urban Common*, Delft University of Technology, available online at: https://repository.tudelft.nl/islandora/object/uuid%3A93d641ff-403c-44c4-b19b-d4a66b6b250d (accessed September 21, 2019); see id., "The Absence of Plan as a Project: On the Planning Development of Modern Athens: 1830–2010," in *The City as Project*, ed. Pier Vittorio Aureli (Berlin, 2014), 292–333.

2  Richard Woditsch, ed., *Architekturführer Nürnberg* (Berlin, 2016).

**Vorne – Hinten. Wie wird
aus Wohnhäusern Stadt?**

Christoph Mäckler/

Wolfgang Sonne (Hg. | eds.)

(Deutsches Institut für Stadtbaukunst, Konferenz zur Schönheit
und Lebensfähigkeit der Stadt,
Band 8 | Volume 8)

Berlin: DOM publishers, 2018

Deutsch, 288 Seiten,

350 SW-Abbildungen, Softcover |
German, 288 pages,

350 b/w illustrations, softcover

ISBN 978-3-86922-693-4

EUR 39,00 | EUR 39.00

## Das Stadthaus:
## Vorne Schlips,
## hinten Jogginghose

Martin Grabner

*Vorne – Hinten* ist der achte Band der Pu-
blikationsreihe zur „Konferenz zur Schönheit
und Lebensfähigkeit der Stadt", die seit 2011 vom
Deutschen Institut für Stadtbaukunst herausgegeben wird. An der TU Dortmund beschäftigen
sich VertreterInnen verschiedener Fachdiszipli-
nen rund um Christoph Mäckler und Wolfgang
Sonne mit der Frage, wieso Altbauquartiere als
wertvolle und schöne Räume mit hoher Lebens-
qualität empfunden werden, es Städte, PlanerIn-
nen und ArchitektInnen aber heute kaum schaffen, vergleichbare Quartiere zu errichten. Der
Band umfasst eine Auswahl an Vorträgen und Dis-
kussionsrunden sowie die Beiträge einer beglei-
tenden Ausstellung der Konferenz im April 2017.
Strukturiert wird er in die drei Themenblöcke
Nutzungen, Grundrisse und Fassaden, wobei er
hier die Realität insofern authentisch abbildet,
als dass die Themen immer wieder stark inein-
anderfließen und wechselseitig verwoben sind.

Einleitend definiert Sonne das ideale städtische Wohnhaus als potenziell multifunktional
und sozial vielfältig, mit einer flexiblen, langfristig nutzbaren Typologie, die den öffentlichen
Raum formen und zugleich private Außenräume
bieten kann. Hier findet sich das titelgebende
Vorne und Hinten: die bauliche Differenzierung
von öffentlicher und privater Sphäre, der sozialen Struktur der Stadt – heterogen auf der einen,
homogen auf der anderen Seite – und ihrer Gestaltung – anspruchsvoll und repräsentativ gegenüber informell und individuell. Die gebaute
Realität ist jedoch vielfach durch Zeilen und So-
litäre des monofunktionalen und sozial homogenen Wohnbaus seit der Nachkriegsmoderne
geprägt. Wie geht man mit diesen „gebauten Irr-
tümern" (S. 183) um? Warum ist Wohnbau auch
heute in vielen Fällen noch immer Siedlungsbau?
Und wie wird aus den einzelnen Gebäuden
(wieder) Stadt?

Das Spektrum der Beiträge reicht von historischen Überblicken über Analysen der

aktuellen Situation bis zu fast manifestartigen
Aufrufen. So liefert Harald Bodenschatz einen
historischen Abriss von Entwicklung, Funktion
und Qualität des typischen Berliner Hinterhofs
über sein sukzessives Verschwinden auf dem Weg
zur hoflosen Stadt bis zu seiner Renaissance,
die schlussendlich zur Gentrifizierung der ursprünglichen Mietskasernen führte. Thomas Will
blickt auf die erst kurze Geschichte des Privaten
in der Stadt, wie das Vorne und das Hinten aus
Funktion und Ökonomie entstanden und warum
man vom innerstädtischen Block zugunsten der
Egalisierung des Raumes abgerückt ist. Heute
spießt sich der Leitgedanke der sozialen Gleichheit, der sich baulich in allseitig gleichen Wohngebäuden manifestiert, mit der angestrebten sozialen Durchmischung. Peter Zlonicky zitiert
Hartmut Häußermann: „Urbanität lässt sich
nicht planen" (S. 50), was sich aber planen lässt
sind deren Voraussetzungen: Ungleichheit, Un-
gleichzeitigkeit und Ungleichwertigkeit.

Der Kreis um das Institut für Stadtbaukunst hat sehr klare Vorstellungen wie diese sozialen und gesellschaftlichen Forderungen in gebauten Raum umgesetzt werden sollen: Als ge-
schlossene Blockrandbebauung mit privaten
Innenhöfen. Gestützt auf deren unbestrittene
Qualitäten argumentieren sie auf allen Ebenen
für diese Typologie. Der pointierteste Fürsprecher des Blockrandes ist zweifelsohne Mäckler,
der unter anderem Entwürfe Studierender zeigt,
die dichte, vormoderne Hofstrukturen ergänzen
und weiterbauen oder sich der – leider nicht aus-
führlicher betrachteten – Aufgabe der Verdichtung von Zeilenbebauungen stellen. Realisierte
Bauten wie das sehr klassisch auftretende Ge-
schäftshaus am Kurfürstendamm von Nöfer Architekten können hingegen ohne weiteres als
rückwärtsgewandt bezeichnet werden – auch
wenn es an diesem speziellen Ort durchaus seine
Berechtigung haben mag. Es finden aber auch
innovative Projekte wie das Züricher Hunziker-
Areal Erwähnung, die diese strikte Linie aufbre-
chen und für einen spannenden akademischen
Schlagabtausch sorgen. Hier zeigt sich der Reiz
eines Konferenzbandes, der, gut in konferenz-
typischer Höflichkeit verpackt, divergierende
Haltungen aufeinandertreffen lässt. Als interessante Gegenposition zu Mäckler kann der

Beitrag von Anna Jessen gelten: Die Architektin fragt, ob wir uns in zunehmend dichteren Städten das Hinten als ausschließliche Rückseite überhaupt noch leisten können. Sie zeigt Wohnbauten die über die reine Trennung von vorne und hinten hinausgehen und Höfe bilden, die das Hinten als ein introvertiertes, gemeinschaftliches Vorne interpretieren und sich gezielt öffnen um Durchwegungen zu schaffen oder Lagequalitäten zu integrieren oder die Fassade als semiprivate Raumschicht weiterentwickeln. Kaye Geipel bringt eine mehrfach in den Diskussionen geäußerte Kritik auf den Punkt. Die „einfache Dualität" von vorne und hinten ist in der heutigen Stadt „zu simpel", es müssen flexiblere räumliche Antworten gegeben werden. (S. 104)

Einigkeit herrscht im Verständnis des urbanen Wohnhauses als Stadtbaustein, der sich in Gestaltung und Grundriss der Stadt und dem öffentlichen Raum als dem „größten Sozialraum der Gesellschaft" (S. 214) unterzuordnen hat. Nach Walter Benjamin geschieht die Wahrnehmung der Stadt im Modus der Flüchtigkeit. Die städtischen Fassaden sind der „Hintergrund, vor dem sich im Raum die Dinge und Wesen bewegen und ereignen, die dann erst den Sinn der Stadt ausmachen." (S. 215)

Eine gute Ergänzung zu den teilweise doch allgemein gehaltenen Beiträgen bildet die, von drei Architekturzeitschriften kuratierte Ausstellung aktueller Projekte, die typologisch nicht unbedingt dem Haupttenor der Konferenz folgen. Als Beispiel sei die, mit dem *Deutschen Städtebaupreis 2016* ausgezeichnete Wohnanlage *wagnisART* von bogevischs buero erwähnt, die innovativ mit Öffentlichkeit, Hof und Blockrand umgeht. Offene Höfe zwischen fünf, über Brücken verbundenen Einzelgebäuden vermitteln differenziert zwischen öffentlich und privat sowie Wohnen und komplementären Nutzungen. Das Projekt einer jungen, stark partizipativ arbeitenden Genossenschaft zeichnet eine „genau durchdachte Form der Halb-Öffentlichkeit" (S. 231) aus, die auch einen Mehrwert für die benachbarten Quartiere erzeugt. Hier wird mit qualitätsvoller Architektur die gemischte Stadt gebaut ohne dogmatisch am Block festzuhalten.

Die große Qualität des Bandes ist, dass er, obwohl vom sich klar positionierenden Deutschen Institut für Stadtbaukunst herausgegeben, unterschiedliche AkteurInnen mit unterschiedlichen Haltungen zu Wort kommen lässt. Die offenen Diskussionen leiden jedoch über weite Strecken darunter, dass viele individuelle Schwerpunkte in die Runde geworfen werden und so zwar ein breiter Überblick über relevante Aspekte entsteht, allerdings selten einer vertiefenden Betrachtung Raum gegeben wird. Die Podiumsgespräche hingegen bieten interessante Ergänzungen zu den Vorträgen und zeichnen ein gutes Bild der Komplexität der städtebaulichen und sozialpolitischen Zusammenhänge. Die Gedankenstränge entwickeln sich von der Architektur zur Stadt, weiter zur Stadtsoziologie und schließlich zur Gesellschaftspolitik. Die Renaissance des öffentlichen Raums und der Überlagerung von Nutzungen in urbaner Verdichtung verleiht der, vor zehn Jahren noch „belächelten" (S. 190) Konferenz für Schönheit und Lebensfähigkeit der Städte zunehmend Relevanz. Wenn sie nicht „vor lauter Begeisterung über das was war, vergessen […] was sein könnte." (S. 190) ∎

# The Townhouse:
## A Tie in the Front, Sweatpants in the Back

*Vorne – Hinten* (Front—Back) is the eighth volume of the publication series "Konferenz zur Schönheit und Lebensfähigkeit der Stadt" (Conference on the Beauty and Sustainability of the City), which has been published by the German Institute for Civic Art since 2011. At the Dortmund University of Technology, representatives of various disciplines around Christoph Mäckler and Wolfgang Sonne deal with the question of why old building quarters are perceived as valuable and beautiful spaces with a high quality of life, but municipalities, planners and architects rarely manage to build comparable quarters today. The volume contains a selection of lectures and panel discussions as well as contributions to an accompanying exhibition at the conference in April 2017. It is structured into the three thematic blocks of uses, floor plans and façades, whereby it authentically depicts reality in that the themes flow into each other again and again and are mutually interwoven.

As an introduction, Sonne defines the ideal urban residential building as potentially multifunctional and socially diverse, with a flexible typology that can be used in the long term, that can shape the public space and at the same time offer private outdoor spaces. This is where the book's title, *Vorne – Hinten* (Front—Back) comes into play: the structural differentiation between the public and private sphere, the social structure of the city—heterogeneous on the one hand, homogeneous on the other—and its design—sophisticated and representative versus informal and individual. However, the built reality has since post-war Modernism often been characterized by row houses, free-standing buildings and socially homogenous housing. How can one deal with these *built errors* ("gebauten Irrtümer"; p. 183). Why is housing still the construction of estates today? And how do the individual buildings become urban (again)?

The spectrum of contributions ranges from historical overviews to analyses of the current situation and almost manifesto-like calls. Harald Bodenschatz, for example, provides a historical outline of the development, function and quality of the typical Berlin backyard, from its gradual disappearance in the shift to a city without courtyards up to its renaissance, which ultimately resulted in the gentrification of the original tenements. Thomas Will looks at the only short history of the private in the city, how the front and the back emerged from function and economy, and why the move was made away from the inner-city block in favor of the equalization of space. Today, the guiding principle of social equality, which manifests itself structurally in the sameness of residential buildings on all sides, is impeded by the desired social mix. Peter Zlonicky quotes Hartmut Häußermann: "Urbanity cannot be planned" (p. 50), but what can be planned are its prerequisites: Inequality, non-simultaneity and non-equivalence.

The circle around the German Institute for Civic Art has very clear ideas on how these social and societal demands should be implemented in built space: as closed block perimeter developments with private inner courtyards. Based on its undisputed qualities, they advocate this typology on every level. The most pronounced advocate of the perimeter block is undoubtedly Mäckler, who among other things, shows designs by students who supplement and continue to build dense, pre-modern courtyard structures or take on the task of densifying row development, which is unfortunately not considered in more detail. By contrast, buildings such as the very classically appearing commercial building on Kurfürstendamm realized by Nöfer Architekten can easily be described as backward-looking—even though it may well be justified at this special location. But there are also innovative projects such as the Hunziker Areal in Zurich, which break this strict line and provide for an exciting academic cut and thrust. Here, the charm of a conference book is evident, which, well wrapped in typical conference courtesy, allows diverging positions to clash. Anna Jessen's contribution can be regarded as an interesting counterposition to Mäckler's: The architect asks whether, in increasingly dense cities, we can really still afford the back as being only a back-

side. She presents residential buildings that go beyond the pure separation of front and back and form courtyards that interpret the back as an introverted, communal front and open up purposefully to create passageways, integrate qualities of the location or further develop the façade as a semi-private spatial layer. Kaye Geipel summarizes a criticism that has been expressed many times in the discussions: The "simple duality" of front and back is "too simplistic" in today's city; more flexible spatial answers must be provided (p. 104).

There is agreement on the understanding of the urban residential building as a building block, which has to subordinate itself in design and ground plan to the city and the public space as the "largest social space of society" (p. 214). According to Walter Benjamin, the city is perceived in the mode of ephemerality. The urban façades are the "background against which things and beings move and take place in space, which only then constitute the meaning of the city" (p. 215). A good complement to the conference's at times general contributions is offered by the exhibition of current projects curated by three architecture magazines—projects that typologically do not necessarily adhere to the overriding focus of the conference. One example is the residential complex wagnisART by bogevischs buero, which was awarded the "German Prize for Urban Design" in 2016 and deals innovatively with the public, the courtyard and the block edge. Open courtyards between five individual buildings connected by bridges mediate between

the public and private sphere as well as residential and supplementary uses. The project of a young cooperative, working through participative methods, is characterized by a "carefully conceived form of semi-public" (p. 231), which also generates added value for the neighboring districts. Here the mixed city is built with high-quality architecture, without dogmatically holding on to the block.

The significant quality of the book is that, although it has been published by the clearly positioned German Institute for Civic Art, it allows different actors with different attitudes to have their say. However, the open discussions suffer from the fact that many individual focal points are brought up, thus creating a broad overview of relevant aspects but rarely allowing room for in-depth consideration. The panel discussions, by contrast, offer interesting additions to the lectures and paint a good picture of the complexity of urban planning and socio-political contexts. The lines of thought develop from architecture to the city, on to urban sociology and finally to social policy. The renaissance of public space and the overlapping of uses in dense urban situations imparts increasing relevance to the Conference on the Beauty and Sustainability of the City, which was "smiled at" (p. 190) only ten years ago. Provided they don't "forget what could be for all the enthusiasm about what was" (p. 190). ▪

*Martin Grabner (Translation: Otmar Lichtenwörther)*

**Designing Memory:**
**The Architecture of**
**Commemoration in Europe,**
**1914 to the Present**
Sabina Tanovi
Cambridge University Press, 2019
Englisch, 386 Seiten,
48 SW-Fotografien, gebunden |
English, 386 pages,
48 b/w illustrations, hardcover
ISBN 978-1-108-48652-1
GBP 75.00

# Gedenken
# nach Vorschrift

Ena Kukić

Der Anfang des 20. Jahrhunderts markierte einen Wendepunkt in der Entwicklung der Gedenkarchitektur. Nach dem noch nie dagewesenen Blutvergießen des Ersten Weltkriegs wurde mit Gedenkakten in der Regel den Opfern gedacht, anstatt die Sieger zu feiern. Auf welche Weise dieses Gedenken an menschlichen Verlust in greifbare Bauten übersetzt wurde, ist das Hauptforschungsgebiet von Sabina Tanović als Architektin und Autorin. Sie argumentiert, dass Gedenkarchitektur als Demonstration kollektiven Gedenkens und nicht als eine Art Gedenken nach Vorschrift fungieren sollte. Das zentrale Argument von Tanović für Kollektivität als Schlüsselbestandteil bei der Entwicklung aussagekräftiger Gedenkräume baut auf ihrer Analyse zahlreicher und vielfältiger Projekte der Gedenkarchitektur auf. *Designing Memory: The Architecture of Commemoration in Europe, 1914 to the Present* erscheint in der Cambridge University Press-Reihe Studies in the Social and Cultural History of Modern Warfare, und wurde von Tanović vier Jahre nach ihrer Katalogisierung und Analyse prominenter Beispiele der Gedenkarchitektur in ihrer Doktorarbeit „Memory in Architecture: Contemporary Memorial Projects and their Predecessors" geschrieben.[1] Tanović stellt ein interdisziplinäres Arbeitsfeld mit Anhaltspunkten aus Politik- und Sozialgeschichte, Anthropologie, Psychologie und Soziologie in den Vordergrund, mit dem Ziel, einen stabilen Rahmen für die Analyse zeitgenössischer Gedenkstättenprojekte zu schaffen. Die Struktur des Buches lässt sich grob in zwei Abschnitte unterteilen: Der erste (Kapitel eins und zwei) widmet sich den Prozessen der Gestaltung von Gedenkstätten seit 1914, während der zweite (Kapitel drei, vier und fünf) zeitgenössische Gedenkstättenprojekte einschließlich ihrer Gestaltung, Konstruktion und Rezeption kritisch beleuchtet.

In ihrer Einleitung skizziert Tanović ihre persönlichen Motive für die Erforschung der Verbindung von Erinnerung und Raum und er-

kennt die Herausforderungen der Memorialisierung im elektronischen Zeitalter, in dem Informationen reichlich vorhanden und für alle zugänglich sind, indem sie ein „Gedenken der Multitude schafft, das die Geschichte aufweicht und die Parameter des Wer, Was und Warum des Gedenkens verändert." (S. 17) Der erste Abschnitt des Buches trägt den Titel „Scaffolding Memory" (Gedenken mit einem Gerüst versehen) und beginnt mit „Commemorative Architecture Since 1914", einer Kurzführung durch die Kriegsgeschichte des zwanzigsten Jahrhunderts und ihre Gedenkpraxen. Tanovićs Methode zur Aufgliederung der mehrdeutigen Memorialisierungsterminologie legt auch großes Augenmerk auf die großen Herausforderungen der Gestaltung von Gedenkarchitektur: Wie vermeiden wir es, dem Vergessen Vorschub zu leisten und drücken stattdessen aktives Gedenken aus? Sie anerkennt auch die Rolle neuer Zusammenhänge zwischen dem Globalen und dem Lokalen beim architektonischen Gedenken an Großereignisse sowie die Abhängigkeit dieser Projekte von den sozialen und kulturellen Hintergründen, aus denen sie stammen.

Das zweite Kapitel mit dem Titel „The Dual Role of Memorial Architecture" wirft einen genaueren Blick auf die komplexe Beziehung zwischen Architektur und Repräsentationen zum Thema Tod sowie auf die private und öffentliche Rolle der Gedenkarchitektur. Tanović untersucht den Entstehungsprozess der Gedenkwerke, an denen zahlreiche TeilnehmerInnen mit den unterschiedlichsten Erwartungen und Ansprüchen beteiligt sind. Da Bestattungsarchitektur die Entwicklung von Denkmälern im Laufe der Geschichte stark beeinflusst hat, weil sie sowohl Räume des Übergangs als auch Verhandlungsräume von Verlust repräsentiert, widmet sich Tanović auch Friedhöfen als Gedenklandschaften. Dies führt zur zentralen Frage, auf die das Buch eine Antwort sucht: Können wir aus den Schaffungsprozessen von Gedenkarchitektur im zwanzigsten Jahrhundert und dem vorhandenen Wissen über die Psychologie der Trauer

1   Tanovi , Sabina: *Memory in Architecture. Contemporary Memorial Projects and Their Predecessors*, Diss., Universität Delft 2015.

„in einer Weise lernen, dass Kriegsdenkmäler geschaffen werden, die unserer eigenen Zeit postnationaler Gewalt und Terrorismus angemessen sind" (S. 76)?

Im gesamten Buch beschäftigt sich die Autorin nicht nur mit dem Gedenken an Kriegsverbrechen, sondern auch mit Verbrechen gegen die Menschlichkeit im weiteren Sinne, wie zum Beispiel Sklaverei und Terrorismus. Der zweite Teil des Buches ist Fallstudien gewidmet und beginnt mit einem Kapitel, das Gedenkstätten für die Opfer von Terroranschlägen in der jüngeren Vergangenheit gewidmet ist. In ihrer Analyse der 11-M-Gedenkstätte in Madrid beleuchtet die Autorin den Zusammenhang zwischen der unmittelbaren Reaktion auf die Tragödie in all ihrer Banalität und mangelnden künstlerischen Größe und dem öffentlichen Denkmal und dem ihm innewohnenden Gedenken nach Vorschrift. Dieses konkrete Projekt unterstreicht die These der Autorin, dass die offizielle Gedenkarchitektur ein kollektiver Prozess sein sollte, dass wir aber immer noch Schwierigkeiten haben, Methoden der Gestaltung von Gedenkstätten in einer demokratischen Gesellschaft in der Praxis zu organisieren. Mehrere markante Architekturprojekte werden hier untersucht und als Bezugspunkte für aktuelle Bauvorhaben vorgestellt, die noch umgesetzt werden müssen. In den nächsten beiden Kapiteln werden zwei verschiedene Typologien innerhalb der Gedenkarchitektur vorgestellt: Gedenkmuseen und Kriegsdenkmäler. Das vierte Kapitel ist eine vergleichende Analyse von zwei Holocaust-Gedenkmuseen: dem Kazerne Dossin im belgischen Mechelen und der Cité de la Muette in Drancy in Frankreich, da die Erinnerung an den Holocaust den Präzedenzfall für Gedenkarchitektur zum Thema Gewalt geschaffen hat, und die Erforschung dieser Beispiele ihr Augenmerk weniger auf theoretische Beschreibungen als vielmehr auf Probleme in der Praxis legt, wie die Kommunikation mit den BesucherInnen. Das fünfte Kapitel untersucht Projekte, die dem hundertsten Jahrestag des Endes des Ersten Weltkriegs gewidmet sind, und gibt einen interessanten Einblick in ihre Bedeutung für die politische Landschaft des heutigen Westeuropa: Obwohl das Interesse an der Feier des hundertsten Jahrestages des Kriegsendes in sei-

nem Wesen global war, blieb sie in ihrem Narrativ lokal oder vielmehr national, wobei die französische Gedenkstätte Notre Dame de Lorette die erste internationale Gedenkstätte ist, die an alle gefallenen Kämpfer erinnert und ihre Namen ohne Angabe der Nationalität aufführt.

Eine der vielen Funktionen, die Gedenkstätten ermöglichen sollen, ist die Affirmation kollektiver und individueller Identitäten und die Schaffung eines greifbaren Rahmens für Trauernde und Überlebende. In ihrer Forschung über den Zusammenhang zwischen psychologischen Aspekten von Verlust und seiner Übersetzung in den architektonischen Raum erkannte Tanović eine suggestive Kraft von Bauwerken, die gerne politisch ausgeschlachtet wird, ein Thema, mit dem sie sich bei ihren Projekten in Bosnien und Herzegowina auseinandersetzen musste. Wie sie im ersten Kapitel betont, zielt Gedenkarchitektur gelegentlich darauf ab, (nationalistische) politische Ideale durch die Ausschlachtung tragischer Narrative zu untermauern. In diesem Buch analysiert sie sorgfältig ausgewählte Projekte und

argumentiert, dass, um Missbrauch oder Obsoleszenz von Denkmälern zu vermeiden, offizielle Gedenkarchitektur keine Vermittlungsinstanz in der Kommunikation mit Einzelpersonen oder Gruppen haben sollte. Sie versteht vorbildliche Gedenkarchitektur als Manifestation kollektiven Gedenkens, sieht diese Typologie als Bindegewebe für die Gesellschaft und verwirft den Ansatz, der auf Basis von Ästhetik und Betrachtung Bedeutung vorwegnimmt. Durch Betonung der Gestaltungsprogramme des Projekts, die die Besucher nicht nur physisch in die fertige Arbeit, sondern auch in den Entstehungsprozess selbst einbeziehen, zeigt Tanović überzeugend, dass die wichtigste Aufgabe der Gedenkarchitektur darin besteht, Kollektivität auszudrücken und die Öffentlichkeit in den Gedenkprozess einzubeziehen. Wie die Autorin feststellt, „können Gedenkstätten nur für diejenigen von Nutzen sein, die sich einbringen möchten." (S. 251) ∎

*Ena Kukić (Übersetzung: Otmar Lichtenwörther)*

## Prescribing Remembrance

The beginning of the twentieth century marked a turning point in the development of memorial architecture. After the unprecedented carnage of World War I, acts of remembrance generally commemorated the victims instead of celebrating the victors. How these memories of human loss were translated into tangible structures represents Sabina Tanović's main field of research as an architect and author. She argues that memorial architecture should act as a demonstration of collective memory, rather than as a prescribed way of remembering. Tanović's central argument for collectivity as a key ingredient in developing meaningful memorial spaces is built upon her analysis of numerous and diverse projects of memorial architecture. *Designing Memory: The Architecture of Commemoration in Europe, 1914 to the Present* is published in the Cambridge University Press series *Studies in the Social and Cultural History of Modern Warfare*, written by Tanović four years after cataloguing

and analyzing prominent examples of memorial architecture in her doctoral thesis "Memory in Architecture: Contemporary Memorial Projects and their Predecessors."[1] Tanović brings to the fore a body of work using an interdisciplinary approach that takes cues from political and social history, anthropology, psychology, and sociology, with the goal of establishing a stable framework for analyzing contemporary memorial projects. The structure of the book can roughly be divided into two parts: the first (chapters one and two) is dedicated to the processes of designing memorials since 1914, while the second (chapters three, four, and five) critically examines contemporary memorial projects including their design, construction, and reception.

In her introduction, Tanović outlines her personal motives for investigating the bond be-

1 Sabina Tanović, "Memory in Architecture: Contemporary Memorial Projects and Their Predecessors" (PhD diss., University of Delft, 2015).

tween memory and space, and recognizes the challenges of memorialization in the electronic age where information is abundant and available to everyone, creating a "memory of the multitude that softens history, changing the parameters of the who, what and why of remembering" (p. 17). The first section of the book is called "Scaffolding Memory" and opens with "Commemorative Architecture Since 1914," a text which guides the reader through twentieth century war history and its commemoration practices. Tanović's method of parsing the ambiguous terminology of memorialization also draws attention to the great challenge of designing memorial architecture: how can we avoid encouraging oblivion, and instead make manifest active remembrance? She also acknowledges the role of new contexts between the global and the local when memorializing large-scale events, as well as the way these projects are dependent on the social and cultural backgrounds they originate from.

The second chapter, entitled "The Dual Role of Memorial Architecture," takes a closer look at the intricate relationship between architecture and representations concerning death, as well as at the private and public role of memorial architecture. Tanović examines the creation process of the memory works that involve many participants with a variety of expectations and demands. As funerary architecture has strongly influenced the evolution of memorials throughout history, being both mediating spaces of transition and spaces of negotiating loss, Tanović also pays attention to cemeteries as commemorative landscapes. This leads to the central question to which the book seeks an answer: can we learn from the twentieth century's processes of memorial-making and existing knowledge on the psychology of mourning, "in such a way as to create war memorials appropriate to our own time of

post-national era violence and terrorism" (p. 76)?

Throughout the book, the author deals not only with the commemoration of war crimes but also with more extensive crimes against humanity, such as slavery and terrorism. The second part of the book is devoted to case studies and starts with a chapter dedicated to memorials to the victims of contemporary terrorist attacks. In her analysis of the 11-M memorial in Madrid, the author highlights the relation between the immediate reaction to the tragedy, in all its banality and lack of artistic grandeur, and the public memorial and the prescribed remembrance it offers. This specific project underlines the author's thesis that official memorial architecture should be a collective process, but that we still struggle to organize memorial creation methods in a democratic society in practice. Several prominent architectural projects are examined here and introduced as reference points for contemporary developments that still need to be put into practice. The next two chapters present two different typologies within commemorative architectures: memorial museums and war memorials. The fourth chapter is a comparative analysis of two Holocaust memorial museums: the Kazerne Dossin in Mechelen, Belgium, and the Cité de la Muette in Drancy, France, as the commemoration of the Holocaust has set the precedent for memorial architecture dealing with violence, and research on these examples focuses less on theoretical descriptions and more on problems of practice, such as communication with visitors. The fifth chapter investigates projects dedicated to the centenary of World War I, and provides an interesting insight into their significance in the political environment of modern-day Western Europe: Although the interest in marking the centenary of the war was global in character, it remained local or rather national in its narrative, with the

French memorial Notre Dame de Lorette being the first international memorial commemorating all fallen combatants, listing their names without nationalities.

One of the many functions memorial spaces aim to facilitate is to affirm collective and individual identities, while creating a material framework for mourners and survivors. In her research on the relationship between psychological aspects of bereavement and their translation into architectural space, Tanović recognized a suggestive power of built structures prone to political exploitation, an issue she had to deal with on her projects in Bosnia and Herzegovina. As she points out in the first chapter, commemorative architecture occasionally aims to reinforce (nationalistic) political ideals through the exploitation of tragic narratives. Analyzing carefully selected projects in this book, she argues that in order to avoid the abuse or obsolescence of memorials, official memorialization should have no intermediary in communication with individuals or groups. Understanding commendable memorial architecture as the embodiment of collective remembrance, she sees this typology as a connecting tissue for society and dismisses the approach which anticipates meaning based on aesthetics and spectatorship. By emphasizing the project's design programs that involve visitors not only physically in the finished work but also in the creation process itself, Tanović convincingly shows that the most important task of memorial architecture is to express collectiveness and to involve the public in the memorialization process. As the author states, "memorials can only be useful to those who want to engage" (p. 251). ∎

*Ena Kukić*

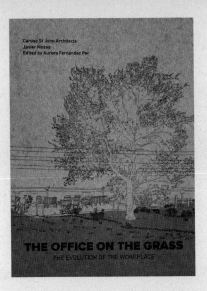

**The Office on the Grass.**
**The Evolution of the Workplace**
Caruso St John Architects,
Javier Mozas, Aurora
Fernández Per (Hg. | eds.)
Vitoria-Gasteiz:
a+t architecture publishers, 2017
Englisch, 160 Seiten, broschiert |
English, 160 pages, softcover
ISBN 978-84-697-5535-8
EUR 22,00 | EUR 22.00

# Das Büro als Produkt und Prozess

Maike Gold

Wie sich heutige Büroarbeitsplätze entlang unterschiedlicher funktionaler, wirtschaftlicher und ideologischer Anforderungen entwickeln und ausdifferenzieren ist Thema der Workforce-Serie des spanischen Verlags a+t architecture publishers. Bürogebäude lassen sich sowohl als ein Produkt identitätsstiftender Markenpolitik als auch als Prozess in einem „flüssigen", von permanenter Veränderung und Spezialisierung charakterisiertem, Feld verstehen. Der Band *The Office on the Grass. The Evolution of the Workplace* von Caruso St John Architects und Javier Mozas zeichnet in diesem Spannungsfeld die Entwicklung des modernen Arbeitsplatzes nach und erläutert dabei die vielfältigen Einflussfaktoren auf Bürobauten, die heute immer schon mehr als bloße Einzel- oder Gruppenarbeitsplätze anbieten müssen.

Das Buch ist in vier Kapitel gegliedert. Die ersten beiden Kapitel verfassten Adam Caruso und Peter St John vom gleichnamigen Londoner Architekturbüro als Sammlung architektonisch bzw. architekturgeschichtlicher bemerkenswerte Aspekte zum Bürobau. Zum einem stellen sie dazu einheitlich gezeichnete Grundrisse und Möblierung zentraler Projekte der Büroarchitektur zusammen, zum anderen stellen sie Möblierungssysteme für verschiedene Arbeitsweisen in Grundriss und Perspektive dar. Diesen beiden ebenso informativen wie inspirativen Entwurfsaspekten folgt Mozas in seinem in Essayform angelegten zweiten Teil des Buches, der sich einerseits dem Zusammenhang von Trends und Lifestyles mit heutigen Arbeitsumgebungen widmet und andererseits das vielschichtige und entwerferisch zentrale Verhältnis von einzelnen Bau- und damit auch Arbeitsplatzelementen zum größeren Ganzen der (Bürohaus-) Architektur aufzeigt. Den Abschluss des Buches bildet ein reichlich bebildertes Glossar sowie ein Zeitstrahl mit den wichtigsten wirtschaftlichen, technischen und baulichen Stationen der Büroentwicklung im 20. Jahrhundert.

Dieser inhaltliche Aufbau macht schon deutlich, was *The Office on the Grass* von bekannten Planungshandbüchern und Entwurfsatlanten zum Bürobau unterscheidet. Hier geht es nicht um technisch-wirtschaftliche Konventionen, sondern um die Frage, welche Aufgaben sich für zukünftige Entwicklungen unserer Arbeitswelt überhaupt noch denken lassen, wenn im digitalen Zeitalter Arbeitsplätze bereits allgegenwärtig geworden sind? Um an die Zukunft zu denken, lohnt sich zunächst ein Blick in die Vergangenheit, wie ihn Caruso St John Architects in ihrem ersten Kapitel unter dem Titel „Eine kurze Geschichte der Entwicklung des Arbeitsplatzes, erklärt durch die Begrifflichkeiten des wirtschaftlichen und sozialen Kontextes der letzten 100 Jahre" werfen: In diesem Überblick zur Entstehung und Entwicklung des Arbeitsplatzes, wird rasch deutlich, wie sehr der von Louis Sullivan im Wainwright Building (St. Louis, Mo., 1890–1891) entworfene Grundtypus dem Wunsch nach mehr Geschwindigkeit und Effizienz im Arbeitsalltag entsprach, und damit ebenso wie die fortlaufend weiterentwickelten Technologien am und um den Arbeitsplatz herum, welche versprechen, Arbeiten schneller und effizienter vom Personal erledigen zu lassen. Über Frank Lloyd Wrights Auffassung des tayloristischen Grundrisses, zur europäischen Bürointerpretation bei Mies van der Rohe und Le Corbusier bzw. den bunt zusammengewürfelten Bürolandschaften in der Bundesrepublik bis hin zum Casual Office, wird jeweils im Zusammenhang mit einem besonders bekannten Beispiel das Zusammenspiel von räumlich-konstruktiven und möblierungs- bzw. organisationstechnischen Aspekten pointiert aufgezeigt. Auf dieser grundlegenden Typologie zur Büroorganisation baut der zweite Teil dieses Kapitels, „Office Paradigms", auf und ergänzt mit zahlreichen Illustrationen und Beschreibungen weitere Möglichkeiten, wie Grundriss- und Möblierungsorganisation Büroarbeitsplätze modulieren können.

Was will Arbeit in unserem heutigen Zeitalter noch sein? Welche Bewegungen und Arbeitsweisen lassen uns effizienter und produktiver werden, ohne den Anteil an Freizeit zu verringern? Was darf und kann unser Arbeitsplatz leisten? Mit diesen und vielen weiteren Fragen setzt sich im Kapitel „Die flüssige Natur des Arbeitsraums" Javier Mozas auseinander. Dazu referiert er die unzähligen Ideen zur innovativen Arbeitsplatzgestaltung, wie sie vor allem die New-Economy-euphorischen 2000er Jahre prägten und ergänzt im Abschnitt „Quellen der Inspiration. Elemente, Qualitäten, Form, Ökologie" das Verhältnis der Bauelemente zur Büroarchitektur. Der bekannte Büro-, Stützen- und Fassadenraster wird hier um die klassischen Elemente der Säule und des Bogens erweitert und eingehend erläutert. Qualität und Materialität werden unter dem Latour'schen Aspekt „to design is always to redesign" neu beleuchtet und mit Projekten von unter anderem David Chipperfield, Max Dudler oder Alison und Peter Smithson ausführlich illustriert. Wie gerade der Bautypus Shopping Mall zur Entwicklungsgrundlage innovativer Büroarchitektur etwa bei Facebook wurde, und sich vom hässlichen Entlein zum schönen Schwan mit begrünten Dächer und ausgefeilter Inneneinrichtung entwickelte, beschreibt Mozas unter dem Aspekt der Ökologie des *Office on the Grass*. Mozas schließt seine Beobachtungen mit einem ungewöhnlichen „Gebäudedialog" zwischen dem Lever House (SOM/Gordon Bunshaft, New York, 1952) und (nicht dem zu erwartendem Seagram Building von Mies, sondern) der Shenzen Stock Exchange (OMA/Rem Koolhaas, Shenzen, 2013) mit detail- und aufschlussreichen Axonometrien und Erläuterungen.

Das Glossar als Sammlung verschiedenster Entwurfs- und Entwicklungskonzepte soll Spielräume im Dickicht „neuer" Büroideen konturieren und Hinweise zu möglichen Weiterentwicklungen des Arbeitsplatzes geben. Pläne, Collagen und Comics zeigen hier eine Vielfalt auf, die ihren Abschluss in der erwähnten Timeline zur „Entwicklung des Büros beitragende wichtige Innovationen seit 1857" findet.

*The Office on the Grass. The Evolution of the Workplace* liefert einen kompakten und dennoch vielschichtigen Überblick über die Querschnittsmaterie „Büroarbeitsplatz". Die zahlreichen, eigens angefertigten Illustrationen zu bekannten Beispielen ermöglichen optimale Vergleichbarkeit der typologischen Bandbreiten, respektive der aus diesen resultierenden Einrichtungs- und damit Büroorganisationsformen und

laden daher besonders zum Studium im Rahmen der Entwurfsrecherche ein. Trotz der relativ geringen Seitenzahl geht *The Office on the Grass* aber deutlich über eine einfache Plan- und Typensammlung hinaus, wenn den wichtigsten geschichtlichen und organisatorischen Stationen im Bürobau sozial- und wirtschaftspolitische Themen unserer Gegenwart gegenüber gestellt

werden: Wie wollen wir Arbeit und Freizeit heute definieren (und räumlich markieren)? Das Buch inspiriert und fordert zum Weiterdenken der Arbeitswelt auf, wenngleich: Revolutionen scheinen sich dabei keine abzuzeichnen. ∎

# The Office as Product and Process

How today's office workplaces develop and differentiate according to different functional, economic and ideological requirements is the theme of the Workforce series of the Spanish publishing house a+t architecture publishers. Office buildings can be understood both as a product of identity-establishing brand policy and as a process in a "liquid" field characterized by permanent change and specialization. *The Office on the Grass: The Evolution of the Workplace* by Caruso St John Architects and Javier Mozas traces the development of the modern workplace in this area of tension and explains the many factors influencing office buildings, which always have to offer more than just individual or group workplaces today.

The book is divided into four chapters. The first two chapters were written by Adam Caruso and Peter St John of the London architecture firm of the same name as a collection of remarkable aspects of the office building in terms of both architecture and architectural history. On the one hand, they compile uniformly drawn floor plans and furniture for central office architecture projects; on the other, they present furnishing systems for different working methods in floor plans and perspectives. Mozas follows these two equally informative and inspirational design aspects in his essay-like second part of the book, which deals on the one hand with the connection between trends and lifestyles with today's working environments and, on the other, points at the multi-layered and central design relation-

ship between individual building elements and thus also workplace elements to the larger whole of (office building) architecture. The book concludes with a generously illustrated glossary and a timeline of the most important economic, technical and structural phases of office development in the 20th century.

The structure of the book's content already makes clear what distinguishes *The Office on the Grass* from well-known planning manuals and design atlases for office buildings. This is not about technological and economic conventions, but about the question of what tasks can be conceived for future developments in our working world at all, when workplaces have already become ubiquitous in the digital age. In order to think about the future, it is worth taking a look at the past, as Caruso St John Architects did in their first chapter titled "A Short History of the Development of the Office Explained in Terms of the Economic and Social Context of the Last 100 Years." In this overview of the origins and development of the workplace, it quickly becomes clear how much the basic building type designed by Louis Sullivan in the Wainwright Building (St. Louis, Mo., 1890–1891) corresponded to the desire for more speed and efficiency in everyday working life, and with it the continuously evolving technologies at and around the workplace, which promise to have work done faster and more efficiently by staff. From Frank Lloyd Wright's conception of the Tayloristic ground plan to the European office interpretation of Mies van der Rohe and Le Corbusier and the ragtag office landscapes in the Federal Republic of Germany to the casual office, the interplay of spatial-constructional and furnishing or organizational aspects is pointedly shown in each case in connection with a particularly well-known example. The second part of this chapter, "Office Paradigms," is based on this fundamental typology of office organization and, with numerous illustrations and descriptions, supplements further possibilities for modulating office workplaces with floor planning and furniture organization.

What exactly is work in our age? Which movements and working methods make us more efficient and productive without reducing the share of leisure time? What can and must our workplace provide? Javier Mozas deals with these and many other issues in the chapter "The Liquid Nature of the Work Space." To this end, he presents the countless ideas for innovative workplace design, as they shaped above all the New Economy euphoria of the 2000s, and adds the relationship of the building elements to office architecture in the section "Sources of Inspiration. Elements, Qualities, Form, Ecology." The well-known office, support and façade grid is extended here by the classic elements of the column and arch and explained in detail. Quality and materiality are reappraised under the Latourian aspect of "to design is always to redesign" and illustrated in detail with projects by David Chipperfield, Max Dudler, Alison and Peter Smithson, among others. How of all things

the building type of the shopping mall has become the development basis for innovative office architecture on Facebook, for example, and how it has evolved from an ugly duckling into a beautiful swan with green roofs and sophisticated interior design is what Mozas describes under the aspect of the ecology of the *Office on the Grass*. Mozas concludes his observations with an unusual "conversation of buildings" between the Lever House (SOM/Gordon Bunshaft, New York, 1952) and (not the Seagram Building by Mies van der Rohe, as expected) the Shenzen Stock Exchange (OMA/Rem Koolhaas, Shenzen, 2013) with detailed and informative axonometries and explanations.

The glossary as a collection of the most diverse design and development concepts is intended to outline the scope in the thicket of "new" office ideas and provide information on possible further developments of the workplace. Plans, collages and comics show a diversity that comes to a conclusion in the aforementioned Timeline on "Important Innovations Contributing to the Development of the Office since 1857."

*The Office on the Grass: The Evolution of the Workplace* provides a compact yet multilayered overview of the cross-sectional area of the "office workplace." The numerous, specifically created illustrations of well-known examples enable optimal comparability of the typological spectrum respectively of the resulting forms of furnishing and thus office organization and therefore invite you especially to study

within the scope of planning research. Despite the relatively small number of pages, however, *The Office on the Grass* goes well beyond a mere collection of plans and types, as the most important historical and organizational phases in office construction are juxtaposed with social and economic policy issues of our time: How do we want to define (and spatially mark) work and leisure today? The book inspires and challenges us to think further about the world of work—even if revolutions do not appear to be on the horizon. ∎

*Maike Gold (Translation: Otmar Lichtenwörther)*

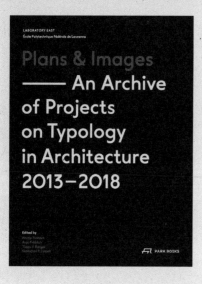

**Plans & Images. An Archive
of Projects on Typology in
Architecture 2013–2018**

Martin Fröhlich, Anja Fröhlich,
Tiago P. Borges, Sebastian
F. Lippok (Hg. | eds.)
Zürich | Zurich: Park Books, 2019
Englisch, 432 Seiten, 161 Farb- und
356 SW-Abbildungen, Softcover |
English, 432 pages, 161 color and
356 b/w illustrations, softcover
ISBN 978-3-03860-138-8
EUR 68,00 | EUR 68.00

## Operatives Archiv

Tobias Gruber

Das Laboratory of Elementary Architecture and Studies of Types, kurz EAST, ist Teil des Instituts für Architektur an der EPFL in Lausanne, das von den beiden assoziierten Professoren Martin und Anja Fröhlich vom Berliner Büro AFF Architekten geleitet wird und sich in Forschung und Lehre mit architektonischen Typologien beschäftigt. Mit der Publikation *Plans & Images: An Archive of Projects on Typology in Architecture 2013–2018* gibt das Lab EAST einen ersten Überblick über seine Lehr- und Forschungstätigkeit. Der Publikation liegen zwei Ideen zugrunde: Inspiration und Dokumentation. Erstere soll im Gegensatz zu einer linearen Lektüre durch eine selektive Lesweise des Buches möglich werden, sodass individuelles „Aufpicken von Brotkrümeln" zu fruchtbaren und neuen Interpretationen führen kann. Die zweitere – Dokumentation – wird anhand der Aufgabe eines Archivs deutlich, das als Repositorium der Pflicht zur Erhaltung und Sicherung nachkommt, dabei aber auch die aktivere Funktion als Leseraum erfüllt. In Verbindung mit der selektiven Lektüre lässt sich das Buch so als „operatives Archiv" verstehen, wo Bruchstücke alter Projekte die Bausteine für neue werden können: „It is its ‚operability' that prevents it from becoming a mere data base." (S. 6)

Diese These führt das Buch in Form und Inhalt aus, indem es zum Lesen und Entdecken von architektonischen Überlegungen und Methoden einlädt. Fünf Entwurfsstudios und deren Ergebnisse werden dafür chronologisch in Kapiteln vorgestellt. Vier farbige Fotoessays unterbrechen und beleben die monochromen Projektkapitel mit Dokumentationen über die im Lab EAST errichteten Pavillons. Im Zentrum jedes Blocks stehen die Illustrationen der Studierenden, gerahmt von je zwei Essays – einer Themenbeschreibung am Beginn und einem theoretischen Exkurs am Ende jedes Abschnitts. Die Aufgabenstellungen präsentieren sich formal kohärent, sind aber inhaltlich sehr vielschichtig: „Private City"

von 2014 untersuchte die Auswirkungen von Besitzverhältnissen auf den Entwurfsprozess von Einzelbaukörpern im größeren Gefüge der Stadt. Die Studierenden wurden – basierend auf den Resultaten zweier städtebaulicher Wettbewerbe – dazu angehalten als Bauherr und Architekt zu agieren und ein Mehrfamilienhaus im Verbund eines gemeinsamen Wohnquartiers zu entwerfen. Das Wohnen in etwas anderer Form behandelte das Studio „The Best Home". In Analogie zu Stanley Tigermans Persiflage des American Dreams „The Best Home of All" – seinem überdimensionierten Mall-Einfamilienhauses von 1979 – wurden die Studierenden vor die Aufgabe gestellt, die programmatische Kombination von Supermarkt und Wohnen in einem Gebäude zu vereinen. Einer Fortsetzung der typologischen Auseinandersetzung mit dem Thema „Hybrid" und „Retail" widmete sich das Studio „Modern Times". Aufgabe war die Neuprogrammierung eines obsolet gewordenen Gewerbegeländes in Zürich-West. Unter Einbindung der baulichen Bestandstrukturen sollte ein „Public Hub" entwickelt werden, das kulturelle und auf Konsum basierende Einrichtungen beherbergt. Das Studio mit dem provokanten Titel „Steal Schinkel" schlug eine Neuinterpretation der Berliner Bauakademie in Form einer Architekturschule und eines Ausstellungszentrums „im Sinne Schinkels" vor. Bauplatz und Gebäudekubatur der ehemaligen Akademie wurden beibehalten und mit Schinkel'schen Ideen – flexibel nutzbare Rastersysteme, Zitate und ein „Entwerfen nach Bildern" – zeitgemäß übersetzt. Im Studio „The Best Room" untersuchten Anja und Martin Fröhlich zusammen mit ihren Studierenden den Raum als kleinste und elementarste Einheit der Architektur und banden diesen aktiv in einen Entwurfsprozess ein, der über mehrere Stufen und architektonische Verfahren bis zu der Errichtung des „Best Room Pavilions" führen sollte. Drei weitere Design Built Pavillons wurden im Laufe der Jahre vom Lab EAST errichtet und finden ebenso ihren Eintrag in die Publikation: Der „Cabanon Art Pavilion" und der „Traverse Art Pavilion" entstanden beide als Recyclingprodukte abgebrochener Architekturen, „A Neuve Twin Pavilions" hingegen wurde zur Reaktivierung und Neuprogrammierung einer in

Vergessenheit geratenen Alpinroute im Kanton Valais verwirklicht.

Mit *Plans & Images. An Archive of Projects on Typology in Architecture 2013–2018* lässt das Lab EAST seine Lehrtätigkeit präzise nachvollziehen und verdeutlicht dabei den fruchtbaren Umgang mit Referenzen für das Entwerfen als Er- und Bearbeitung architektonischer Konzepte. Die Aufgaben für die Studierenden orientieren sich an aktuellen Fragestellungen, beziehen reale Rahmenbedingungen mit ein und finden durch die Konzentration auf die der Disziplin eigenen Methoden auch im Rahmen der Entwurfslehre gestalterisch höchst anspruchsvolle Antworten. Denn allen Übungen ist dieser Fokus auf den methodischen Schwerpunkt des Lehrstuhls gemein, der Typologien bzw. typologische Arbeit als produktives Wissen für den Entwurf einsetzt. Dazu wird Rafael Moneo mit einem Auszug aus seinem bekannten Essay „On Typology" (S. 336) von 1978 zitiert, der auch in einem eigens mit ihm geführten Interview – „Tackle the Type" (S. 352) – besprochen wird. Auch die theoretischen Exkurse bleiben nicht bloßer Appendix zu den Studios, sondern liefern entwurfsbezogenen Input, der sich in den Ergebnissen wiederfindet. So entwickeln die Studierenden in „Private City" Synergien zwischen öffentlichem und privatem Raum für ihre Apartmentblöcke und nehmen damit direkt Bezug auf die Kritik an diesbezüglichen Versäumnissen im mehrgeschossigen Wohnungsbau von Klaus-Dieter Weiß in „Delimiting Dwelling: The House, the Apartment and the City". In „The Best Home" wird mit Joseph Fentons in der Pamphlet-Reihe erschienenen „Hybrid Buildings" nicht nur die Notwendigkeit von Mischnutzungen in der Stadt untermauert, sondern – analog zu dessen zeichnerischer Analyse historischer Gebäude – flexible Grundrisse mit unterschiedlichen Funktionen in einem Gebäude gestapelt und in der Publikation repräsentativ gegenübergestellt.

Besonders eindrucksvoll ist die Deutlichkeit mit der in *Plans & Images* vor Augen geführt wird, dass Grundrisse, Schnitte, Perspektiven und physische Modelle nicht nur die essenziellen Werkzeuge architektonischer Analyse- und Synthesearbeit sind, sondern als bewegliche Scharniere zwischen Entwurfsfindung und Ent-

wurfsdarstellung fungieren. Architekturproduktion, wie sie vom Lab EAST als Entwurfslehre praktiziert wird, ist ein andauernder Prozess – ein operatives Archiv –, der als Dialog mit architektonischen Typen – Vergangenheit – immer wieder neue Verbindungslinien zu konkreten Orten – Gegenwart – herstellen lässt. In Abwandlung zur Einleitung lässt sich über dieses Buch daher auch sagen: *It is its „operability" that prevents it from becoming a mere presentation of student projects.* ■

## Operative Archive

The Laboratory of Elementary Architecture and Studies of Types, or EAST for short, is part of the Institute of Architecture at the EPFL in Lausanne, which is headed by the two associate professors Martin and Anja Fröhlich from the Berlin-based architecture firm AFF Architekten and deals with architectural typologies in research and teaching. With the publication *Plans & Images: An Archive of Projects on Typology in Architecture 2013–2018*, the Lab EAST provides a first overview of its teaching and research activities. The publication is based on two ideas: inspiration and documentation. In contrast to linear reading, the former should be made possible by selective reading of the book, so that individual "pecking of breadcrumbs" can lead to fruitful and novel interpretations. The latter—documentation—is illustrated by the task of an archive that, as a repository, fulfils the duty of preservation and protection, but also serves the more active function of a reading room. In conjunction with selective reading, the book can thus be understood as an "operative archive" where fragments of old projects can become the building blocks for new ones: "It is its 'operability' that prevents it from becoming a mere data base" (p. 6).

The book elaborates on this thesis in form and content by inviting readers to read and dis

cover architectural considerations and methods. Five design studios and their results are presented chronologically in chapters. Four colored photo essays interrupt and animate the monochrome project chapters with documentation about the pavilions erected in the Lab EAST. At the center of each block are the students' illustrations, framed by two essays each—a topic description at the beginning and a theoretical digression at the end of each section. The tasks are presented in a formally coherent manner, but their content is very diverse: "Private City" from 2014 examined the effects of property situations on the design process of individual buildings in the larger structure of the city. Based on the results of two urban planning competitions, the students were asked to act as clients and architects and to design an apartment building in a shared residential quarter. The studio "The Best Home" dealt with living in a somewhat different form. Analogous to Stanley Tigerman's persiflage of the American Dream, "The Best Home of All"—his oversized mall single-family house from 1979—the students were confronted with the task of combining the programmatic combination of supermarket and living in one building. The studio "Modern Times" dedicated itself to a continuation of the typological confrontation with the topics "hybrid" and "retail."

317

The task was the reprogramming of an obsolete industrial site in Zurich West. A "public hub" was to be developed to accommodate cultural and consumer-based facilities by integrating the existing building structures. The studio with the provocative name "Steal Schinkel" proposed a new interpretation of the Berlin Bauakademie in the form of a school of architecture and an exhibition center "in Schinkel's sense." The building site and building cubature of the former academy were retained and translated in keeping with the times with Schinkel's ideas—flexible-use grid systems, quotations and "designing through images." In the studio "The Best Room," Anja and Martin Fröhlich, together with their students, investigated space as the smallest and most elementary unit of architecture and actively integrated it into a planning process that, through several stages and architectural procedures, resulted in the construction of the "Best Room Pavilion." Over the years, three more Design Built Pavilions have been erected by Lab EAST and are also included in the publication: The "Cabanon Art Pavilion" and the "Traverse Art Pavilion" were both created as recycled products of demolished architecture, while "A Neuve Twin Pavilions" was created to reactivate and reprogram a forgotten Alpine route in the Swiss Canton of Valais.

With *Plans & Images: An Archive of Projects on Typology in Architecture 2013–2018*, the Lab EAST allows its teaching activities to be precisely traced and illustrates the fruitful use of references for planning as developing and processing architectural concepts. The tasks for the students are oriented towards topical issues, include real-world framework conditions and, by concentrating on the discipline's own methods, find highly challenging answers in terms of design, even within the framework of design theory—as all exercises have this emphasis on the methodological focus of the chair in common, which uses typologies or typological work as productive knowledge for designing. In this respect, Rafael Moneo is quoted with an excerpt from his well-known essay "On Typology" (p. 336) from 1978, which is also discussed in an interview conducted with him for this book—"Tackle the Type" (p. 352). Likewise, the theoretical digressions do not remain mere appendices to the studios, but provide design-related input that is reflected in the results. In this way, the students develop synergies between public and private space for their apartment blocks in "Private City" and thus make direct reference to the criticism of the relevant omissions in Klaus-Dieter Weiß's multi-story residential building in "Delimiting Dwelling: The House, the Apartment and the City." In "The Best Home," Joseph Fenton's *Hybrid Buildings*, which was published in the Pamphlet Architecture series, not only underscores the need for mixed use in the city, but also—analogous to his graphic analysis of historical buildings—stacks flexible floor plans with different functions in one building and compares them representatively in the publication.

What is particularly impressive is the clarity with which *Plans & Images* demonstrates that floor plans, sections, perspectives and physical models are not only the essential tools of architectural analysis and synthesis work, but also function as movable hinges between design process and design representation. Architectural production, as practiced by Lab EAST as a theory of design, is an ongoing process—an operative archive—which, as a conversation with architectural types—the past—repeatedly allows new lines of connection to concrete places—the present—to be established. Hence, as a variation of the introduction, the following also goes for this book: It is its "operability" that prevents it from becoming a mere presentation of student projects. ∎

*Tobias Gruber (Translation: Otmar Lichtenwörther)*

**Das Buch als Entwurf.
Textgattungen in der
Geschichte der Architektur-
theorie. Ein Handbuch**
Dietrich Erben (Hg. | ed.)
(Schriftenreihe für Architektur
und Kulturtheorie Band 4 |
Volume 4)
Paderborn: Wilhelm Fink, 2019
Deutsch, 517 Seiten, ca. 120 SW-
Abbildungen, broschiert |
German, 517 pages, about
120 b/w illustrations, softcover
ISBN 978-3-7705-6334-0
EUR 92,52 | EUR 92.52

# Vertragsbruch
# mit Mehrwert

Stefan Fink

Der Zusammenhang von Architektur und Architekturbüchern bzw. der Textproduktion in der Architektur im weitesten Sinn ist vor allem in jüngster Zeit in den Fokus der Architektur-debatte gerückt.[1] *Das Buch als Entwurf: Textgattungen in der Geschichte der Architekturtheorie. Ein Handbuch*, 2019 erschienen als vierter Band der „Schriftenreihe für Architektur und Kulturtheorie" im Verlag Wilhelm Fink, beleuchtet nun erstmals die Geschichte der Architekturtheorie als literarische Gattungsgeschichte. Dietrich Erben, Herausgeber des Sammelbandes und Inhaber des Lehrstuhls für Theorie und Geschichte von Architektur, Kunst und Design an der TU München, etabliert im einleitenden Kapitel die grundlegende Hypothese dieses selbsternannten „Handbuchs": Die Geschichte der Architekturtheorie ist vor allem auch Gattungsgeschichte und die jeweilige Gattung eines architekturtheoretischen Textes ist nicht nur äußere Form, sondern bestimmt den vermittelten Inhalt maßgeblich mit.

Die Autorinnen und Autoren der – inklusive Einleitung – neunzehn Beiträge sind keine Architektinnen und Architekten, sondern Wissenschaftlerinnen und Wissenschaftler aus den Bereichen Kunstgeschichte und Philologie, während die behandelten Texte durchwegs von planenden und bauenden Persönlichkeiten der Architekturgeschichte stammen. Die einzelnen Studien folgen größtenteils einem „Masterplan": Für jede behandelte Literaturgattung wurde ein besonders aussagekräftiges Beispiel gewählt und dann nach gattungsspezifischen, architekturhistorischen und biografischen Gesichtspunkten seziert. Gleichzeitig zeichnen die einzelnen Studien die Geschichte der jeweiligen Gattung zumindest oberflächlich nach und versuchen schlussendlich die Anknüpfung an aktuelle Formen des (Architektur-)Diskurses.

Es fällt auf, dass – entgegen dem Universalitätsanspruch eines „Handbuchs" – *Das Buch als Entwurf* gravierende Lucken aufweist: Bei-spielsweise enthält es keinen Beitrag zu den wesentlichen Gattungen „Manifest" und „Architekturvorlesung". Das hat auch keinerlei konzeptionelle Gründe, wie der Herausgeber zugibt: Es habe sich schlicht niemand gefunden, der sich zumindest einer dieser Gattungen annehmen wollte (S. 24, Fußnote). Als Kompensation behandelt Dietrich Erben „Manifest" und „Architekturvorlesung" einfach selbst in der Einleitung. Virtuos gelingt ihm dadurch einerseits eine Verdeutlichung des Konzepts des Buches, andererseits – und trotz der extremen Verkürzung – eine zufriedenstellende Bearbeitung dieser beiden Gattungen.

Wie gut das Konzept grundsätzlich funktioniert, zeigt beispielsweise Gernot Michael Müller in seinem Beitrag über Antonio Filarete zwischen 1461 und 1464 entstandenes *Libro architettonico*, das auf mehreren Ebenen „Architektur in Dialogform" – so auch der Titel von Müllers Beitrag – vermittelt. Die literarische Form des Dialogs wird hierbei nicht nur in den bis zu Platon zurückreichenden gattungsgeschichtlichen Kontext gestellt, sondern als Beförderin eines von Filarete angestrebten neuen Verhältnisses von Architekt und Bauherrn interpretiert, das auf einem intensiven Diskurs auf Augenhöhe basiert und deshalb voraussetzt, dass sich eine Seite – der Bauherr – zumindest auf dem fachlichen Niveau eines gebildeten Laien bewegt und die andere Seite – der Architekt – gesellschaftlich auf ein höheres Niveau gehoben wird.

In ähnlicher Manier und höchst fundiert werden folgende weitere Gattungen (und Autoren) in entsprechend betitelten Beiträgen behandelt: „Der Architekturtraktat" (Leon Battista Alberti, 1452), „Das Buch über die Säulenordnungen" (Sebastiano Serlio, 1537), „Das ‚Architekturporträt' im Modellbuch" (Jacques Androuet du Cerceau, 1576, 1579), „Der Vitruvkommentar" (Claude Perrault, 1673), „Der Architekturessay" (Robert Morris, 1728), „Die Antikenpublikation" (James Stuart und Nicholas Revett, 1762–1816), „Das Handbuch" (David Gilly, 1798), „Das Architektenwerkverzeichnis" (Karl Friedrich

1   Auch die elfte Ausgabe von *GAM* widmete sich diesem Themenfeld. Vgl. Daniel Gethmann/Petra Eckhard/Anselm Wagner (Hg.): *GAM 11: Archiscripts.* Basel 2015.

Schinkel, ab 1819), „Der Bildatlas" (Jakob Ignaz Hittorff und Ludwig Zanth), „Architekturtheorie als Lexikon" (Eugène-Emmanuell Viollet-le-Duc, 1854–1868), „Der Ausstellungskatalog" (Paolo Portoghesi, 1980), „Die Architekturentwurfslehre" (John Hejduk, 1971) und „Die Architektenautobiographie" (Aldo Rossi, 1981).

Drei weitere Beiträge tanzen insofern aus der Reihe, als sie zwar eine bestimmte literarische Gattung thematisieren, jedoch keinen einzelnen Text fokussieren: Erik Wegerhoffs Beitrag mit dem Titel „Der Architekt unterwegs – das Reisebuch" zeichnet die Geschichte architektonischer Reiseliteratur vom 17. bis ins 21. Jahrhundert nach und begleitet dabei unter anderem Johann Bernhard Fischer von Erlach, Gottfried Semper, Le Corbusier, Erich Mendelsohn, Robert Venturi und Denise Scott Brown sowie Emanuel Christ und Christoph Gantenbein bei architektonischen Reisen. Angelika Schnell betrachtet „Architekturzeitschriften und Architekturdiskurse" mit dem Schwerpunkt auf den „diskursbildenden Theoriezeitschriften der 1960er und 1970er Jahre" (S. 469), die sie am Beispiel von ARCH+ analysiert. Stephan Trübys Studie widmet sich der „Polemik" im Architekturdiskurs mit Schlaglichtern auf Gottfried Semper, Adolf Loos sowie Patrik Schumacher und endet mit dem Verweis auf die aktuelle und durchwegs polemisch geführte Architekturdebatte in den sozialen Medien.

Eine Sonderstellung nimmt auch der Text von Matthias Noell ein, der Das Buch als Entwurf mit einer Analyse von S, M, L, XL beschließt. Schon im Titel des Beitrags wird nämlich das monumentale Buchprojekt von Rem Koolhaas/OMA und Bruce Mau apostrophiert als „Ein babylonisches Amalgam, oder: das Ende der Gattungen". Trotz dieser behaupteten Unmöglichkeit einer Gattungszuordnung gelingt Noell eine faszinierende Studie, wobei es gerade bei S, M, L, XL durchaus reizvoll hätte sein können, sich noch deutlicher auf eine Einordnung zu beziehen, die dem Buch gleichsam eingeschrieben ist, wird es doch am hinteren Buchdeckel bezeichnet als „novel about architecture".[2]

Insgesamt ist Das Buch als Entwurf selbst ein ebenso faszinierendes wie lesenswertes Amalgam, das zwar – auch aufgrund inhaltlicher Lücken – nicht dem Anspruch eines „Handbuchs" im engeren Sinn gerecht wird, andererseits aber auch mehr ist als ein reiner Sammelband. Diesen hybriden Charakter scheint auch die Buchgestaltung zu unterstreichen, wenn man Matthias Noells Überlegungen zur äußeren Gestaltung von S, M, L, XL auf Das Buch als Entwurf überträgt: „Das Artefakt Buch spiegelt diese Ambivalenz mit seinem metallisch-silbern schimmernden Einband, der metallurgische Amalgame und damit bleierne Schwere assoziieren lässt" (S. 500). Wenn literarische Gattungen mit Frederic Jameson als „Verträge" zwischen Autor und Publikum aufgefasst werden können, wie es auch Dietrich Erben nahelegt (S. 23), ist Das Buch als Entwurf demnach zwar ein glatter Vertragsbruch, jedoch sicher mit Mehrwert. ∎

# Breach of Contract with Added Value

The connection between architecture and architecture books and text production in architecture in the broadest sense has recently moved into the focus of the architectural debate.[1] *Das Buch als Entwurf: Textgattungen in der Geschichte der Architekturtheorie. Ein Handbuch*, published by Verlag Wilhelm Fink in 2019 as the fourth volume of the "Schriftenreihe für Architektur und Kulturtheorie" (series of publications on architecture and cultural theory), the book sheds light for the first time on the history of architectural theory as the history of a literary genre. Dietrich Erben, who edited the anthology and holds the Chair for Theory and History of Architecture, Art and Design at the Technical University of Munich, establishes the basic hypothesis of this self-proclaimed "handbook" in the introductory chapter: The history of architectural theory is above all also the history of a genre, and the respective genre of an architectural theoretical text is not only the outward appearance but also has a decisive influence on the content it conveys.

The authors of the nineteen contributions—including the introduction—are not architects, but scholars from the fields of art history and philology, while the texts discussed are all from planning and building personalities in the history of architecture. Most of the individual studies follow a "masterplan": For each literary genre discussed, a particularly meaningful example was chosen and then dissected according to genre-specific, architectural-historical and biographical aspects. At the same time, the individual studies at least superficially trace the history of the respective genre and finally attempt to link up with current forms of (architectural) discourse.

It is striking that—contrary to the claim to universality of a "handbook"—*Das Buch als Entwurf* has serious gaps: For example, it contains no contribution to the essential genres of "manifesto" and "lecture on architecture." There are no conceptual reasons for this either, as the editor admits: There was simply nobody available who wanted to take care of at least one of these genres (p. 24, footnote). To compensate, Dietrich Erben simply discusses "manifesto" and "lecture on architecture" himself in the introduction. In a virtuoso manner, he succeeds on the one hand in clarifying the concept of the book, and on the other—and despite extreme abbreviation—in a satisfactory discussion of these two genres.

Gernot Michael Müller, for example, shows in his contribution on Antonio Filarete's *Libro architettonico*, written between 1461 and 1464, how well the concept works in principle. It conveys "architecture in dialog form" on several

2    Koolhaas, Rem/Mau, Bruce: *S, M, L, XL*, New York 1995.

1    The eleventh issue of *GAM* was also devoted to this thematic field. See Daniel Gethmann, Petra Eckhard and Anselm Wagner, eds., *GAM 11: Archiscripts* (Basel, 2015).

levels—as is also the title of Müller's contribution ("Architektur in Dialogform"). The literary form of the dialog is not only placed in the historical context of the genre that dates back to Plato, but is also interpreted as the promotion of a new relationship between architect and client that Filarete strives for, which is based on an intensive discourse at eye level and therefore presupposes that one side—the client—moves at least on the professional level of an educated layman and the other side—the architect—is raised to a higher social level.

The following genres (and authors) are discussed in a similar manner and highly knowledgeably in correspondingly titled contributions: "Der Architekturtraktat" (Architectural Treatise, Leon Battista Alberti, 1452), "Das Buch über die Säulenordnungen" (The Book on the Classical Orders, Sebastiano Serlio, 1537), "Das 'Architekturporträt' im Modellbuch" (The "Architectural Portrait" in the Model Book, Jacques Androuet du Cerceau, 1576, 1579), "Der Vitruvkommentar" (The Comment on Vitruvius, Claude Perrault, 1673), "Der Architekturessay" (The Architectural Essay, Robert Morris, 1728), "Die Antikenpublikation" (The Publication on the Antiquities, James Stuart and Nicholas Revett, 1762–1816), "Das Handbuch" (The Handbook, David Gilly, 1798), "Das Architektenwerkverzeichnis" (The Architect's Work Catalog, Karl Friedrich Schinkel, from 1819), "Der Bildatlas" (The Illustrated Atlas, Jakob Ignaz Hittorff and Ludwig Zanth), "Architekturtheorie als Lexikon" (Architectural Theory as Encyclopedia, Eugène-Emmanuel Viollet-le-Duc, 1854–1868), "Der Ausstellungska-

talog" (The Exhibition Catalog, Paolo Portoghesi, 1980), "Die Architekturentwurfslehre" (Architectural Design Theory, John Hejduk, 1971) and "Die Architektenautobiographie" (The Architect's Autobiography, Aldo Rossi, 1981).

Three other contributions differ in that they address a specific literary genre but do not focus on a specific text: Erik Wegerhoff's contribution titled "Der Architekt unterwegs – das Reisebuch" (The Architect on the Road—the Travel Book) traces the history of architectural travel literature from the 17th to the 21st century and accompanies, among others, Johann Bernhard Fischer von Erlach, Gottfried Semper, Le Corbusier, Erich Mendelsohn, Robert Venturi and Denise Scott Brown as well as Emanuel Christ and Christoph Gantenbein on architectural journeys. Angelika Schnell examines "architectural journals and architectural discourses" with a focus on the "discourse-forming theory journals of the 1960s and 1970s" (p. 469), which she analyzes using *ARCH+* as an example. Stephan Trüby's study is devoted to "polemics" in architectural discourse, highlighting Gottfried Semper, Adolf Loos and Patrik Schumacher, and concludes with a reference to the current and consistently polemically conducted architectural debate in social media.

The text by Matthias Noell, which concludes *Das Buch als Entwurf* with an analysis of *S, M, L, XL*, also stands out prominently. Already in the title of Noell's contribution, the monumental book project of Rem Koolhaas/ OMA and Bruce Mau is apostrophized as "a Babylonian amalgam, or: the end of genres."

Despite this alleged impossibility of genre classification, Noell succeeds in producing a fascinating study, whereby it could have been quite attractive to refer even more clearly to a classification that is, as it were, inscribed in the book—especially in the case of *S, M, L, XL*, where the back cover of the book describes it as "novel about architecture."[2]

Overall, *Das Buch als Entwurf* is itself an equally fascinating amalgam that is worth reading. Although it does not do justice to the claim of being a "handbook" in the narrower sense—also due to gaps in content—it is also more than just an anthology. The book's design itself seems to underline this hybrid nature, if one applies Matthias Noell's considerations on the cover design of *S, M, L, XL* to *Das Buch als Entwurf*: "The artifact of the book reflects this ambivalence with its metallic-silver shimmering cover, which makes us metallurgical amalgams and leaden heaviness associate with it" (p. 500). If, as according to Frederic Jameson, literary genres can be understood as "contracts" between author and readers, as Dietrich Erben also suggests (p. 23), then Das Buch als Entwurf is indeed a blatant breach of contract, but certainly one with added value. ∎

*Stefan Fink (Translation: Otmar Lichtenwörther)*

2   Rem Koolhaas and Bruce Mau, *S, M, L, XL* (New York, 1995).

**Where Are the Women Architects?**
Despina Stratigakos
Princeton/Oxford: Princeton
University Press, 2016
Englisch, 128 Seiten, Taschenbuch |
English, 128 pages, paperback
ISBN 978-1-4008-8020-4
EUR 19,00 | EUR 19.00

# Über den Gender Gap
# in der Architektur

Katie Filek

Der Band ist dünn, sein Titel bringt es auf den Punkt: *Where Are the Women Architects?* Dieses Buch erschien 2016 und ist der erste Band in der von der Princeton University Press in Zusammenarbeit mit dem Online-Magazin *Places* herausgegebenen Reihe Places Books. Seine Autorin, Despina Stratigakos, ist Architekturhistorikerin und außerordentliche Professorin an der Universität Buffalo, beschäftigt sich seit langem mit dem Thema Frauen in der Architektur und hat schon davor zwei Bücher veröffentlicht, *Hitler at Home* und *A Woman's Berlin. Building the Modern City*.

Das Buch nimmt genau das in Angriff, was sein Titel besagt: Nämlich die Frage, wo genau die Architektinnen eigentlich sind und warum der Anteil der Frauen, die den Architektenberuf ausüben, niedrig bleibt, während der Frauenanteil an Architekturschulen in den vergangenen fünfzig Jahren deutlich angestiegen ist. Fachleuten (und/oder jenen, die dieser Diskussion folgen) sollte das Thema im Allgemeinen nicht neu sein: Die Architektur ist eine Profession, die bekanntermaßen von Männern dominiert wurde und auch weiterhin dominiert wird, obwohl die Diskrepanz in anderen traditionell männerdominierten Berufen (wie Medizin und Recht) immer kleiner wird. Aber auch wenn die Existenz des Themas heute allgemein bekannter sein mag, trägt Stratigakos' Buch zur Diskussion bei, indem es eine prägnant verpackte und zugängliche Untersuchung sowohl der historischen als auch der aktuellen Antworten auf diese Frage bietet – eine Untersuchung, die die LeserInnen mit Zahlen und Fakten aufrüstet, Licht auf die Streichung von Frauen aus der Architekturgeschichte und darauf wirft, warum Architektinnen der Praxis den Rücken kehren. Es gelingt, an wichtigen Punkten Empörung zu wecken, und, was wichtig ist, einen optimistischen Ton anzustimmen, um Schritte anzugehen, die gesetzt werden können, um die Profession in dieser Hinsicht voranzubringen.

Eine Stärke des Buches liegt in der Prägnanz, mit der die Argumentation der Autorin fassbar wird: Der Hauptteil des Buches hat nur zweiundachtzig Seiten und umfasst fünf gut strukturierte Kapitel, die zusammengenommen einen beachtlichen Bereich abdecken. Im ersten Kapitel des Buches, „May Women Practice Architecture? The First Century of Debate", umreißt Stratigakos eine Geschichte der Frauenfrage in der Architektur von 1870 bis in die 1970er Jahre. Auszüge aus Zeitschriftenartikeln des frühen 20. Jahrhunderts – wie „May Women Practice Architecture" oder „Should Women Build?" – veranschaulichen erste (definitiv negative) Ansichten, obwohl jüngere Interviews, Artikel und Statistiken in diesem Kapitel einen ähnlich entmutigenden Ton anschlagen. Die Autorin listet jedoch auch zahlreiche Frauen auf, die Architekturwettbewerbe gewonnen haben und deren Projekte in diesen hundert Jahren gebaut worden sind. Dazu gehören Architektinnen wie Alice Hands und Mary Gannon, die die erste weibliche Architekturpartnerschaft in den Vereinigten Staaten gründeten und 1894 den Wettbewerb für das Florence Hospital in San Francisco gewannen; Sophia Hayden, die Architektin der World's Columbian Exposition 1893; Elisabeth Scott, die 1928 mit ihrem Entwurf für das neue Shakespeare Memorial Theatre in Stratford-on-Avon einen internationalen Wettbewerb gewann – und die Liste geht weiter. Die Erwähnung dieser Frauen und ihrer Projekte beginnt eine Schlüsselrolle in Stratigakos´ Story zu spielen: Architektinnen waren zwar da, wurden aber aus der Geschichte weitgehend gestrichen oder ignoriert (einer Geschichte, die, wie sie uns erinnert, keine „bloße Meritokratie" sei (S. 65)).

„The Sad State of Gender Equity in the Architectural Profession" befasst sich dann mit dem aktuellen Status von Frauen in der Architektur; insbesondere werden Gründe für die hohe Fluktuationsrate von Architektinnen nach Abschluss und Eintritt in die Praxis, geschlechtsspezifische Einkommensunterschiede sowie Probleme der geschlechtsspezifischen Diskriminierung und Repräsentation in Architekturschulen untersucht. Auch hier balanciert Stratigakos entmutigende (und beunruhigende) Statistiken mit einem optimistischen Ton aus und beschreibt die Arbeit